Franz Josef Strauß

Die Erinnerungen

Ohne Franz Josef Strauß wäre die Geschichte der Bundesrepublik Deutschland anders verlaufen. Die großen politischen Linien der fünfziger und sechziger Jahre – Westintegration, Wiederbewaffnung, Große Koalition, den politischen Alltag der Ära Brandt/Schmidt, Ostverträge, Mißtrauensvotum, Wahlkampf 1980 – und zuletzt das Erscheinungsbild der Regierung Kohl: dies alles hat er mitbestimmt.

Für viele war er die Leitfigur schlechthin, die Verkörperung eines deutschen Patrioten mit bayerischem Einschlag. Keiner hat wie er die Wählermassen mitzureißen verstanden, keiner hat über eine so lange Zeit so triumphale Erfolge zu verzeichnen gehabt wie Franz Josef Strauß in Bayern. Kennzeichen seiner Politik war die Auseinandersetzung mit dem politischen Gegner, die er fast instinkthaft suchte, die Auffassung, daß Politik keine anonyme Größe ist, sondern von Menschen mit eigenständigem Profil handelt. In diesem Streit, der bei manchen seiner Gegner schon früh in blanken Haß umschlug, wurde er für viele zum Inbegriff des fast unheimlichen Machtpolitikers. Aber noch im verbittertsten Verdikt über Strauß verdichtete sich – gleichsam als Zerrbild – deutsche Geschichte zur Momentaufnahme.

Das Erinnerungsbuch eines der farbigsten Politiker unserer Nachkriegszeit.

Franz Josef Strauß

Die Erinnerungen

Ein Siedler Buch bei Goldmann

Der Goldmann Verlag
ist ein Unternehmen der Verlagsgruppe Bertelsmann

Made in Germany · 10/91 · 1. Auflage
Genehmigte Taschenbuchausgabe

Umschlaggestaltung: Werner Rebhuhn
Druck: Presse-Druck, Augsburg
Verlagsnummer: 12823
Lektorat: Thomas Karlauf
DvW · Herstellung: Barbara Rabus
ISBN 3-442-12823-4

Inhalt

Der Sohn meines Vaters ...

Meine politischen Kindheitserinnerungen gehen zurück zum 9. November 1923, dem Tag des Hitlerputsches in München, an dem ich als kleiner Bub an der Absperrkette stand, die von der Bayerischen Landespolizei, den »Grünen«, gebildet wurde, ohne zu wissen, worum es ging. Aber es war bezeichnend, daß meine Klasse in der Amalienschule in zwei Gruppen gespalten war, die Hitlergegner und die Hitleranhänger, zwischen denen noch tagelang Raufereien stattfanden. Unser Lehrer nahm mir zu meiner Betrübnis eine »Waffe« ab, einen mit Bindfaden selbstgefertigten Knüppel.

Ich erlebte die zunehmende Radikalisierung auch unter dem Druck der wachsenden wirtschaftlichen Not und der ansteigenden Arbeitslosigkeit. Mein Vater war Mitglied und aktiver Mitarbeiter der Bayerischen Volkspartei, bis sie sich unter dem Druck der Nazis 1933 auflöste. Ein Satz aus jener Zeit hat sich mir ein Leben lang eingeprägt. Als ich am 31. Januar 1933 nach Hause kam - wir hatten das »Neue Münchener Tagblatt«, das Blatt der Bayerischen Volkspartei für die einfachen Leute, der »Bayerische Kurier« war das Blatt für die anspruchsvolleren, für die gehobenen Leser -, stand mein Vater unter der Türe seiner Metzgerei und sagte mir mit einer Miene aus tiefster Not und Verzweiflung: »Bub, jetzt ist der Hitler Kanzler. Das bedeutet Krieg, und dieser Krieg bedeutet das Ende Deutschlands.« Es war der 31. Januar 1933 - da wir kein Radio hatten, hatten wir die Vorgänge erst der Morgenpresse entnommen! Ich kannte die Meinung meines Vaters über Hitler, den er für eine Ausgeburt des Teufels gehalten hat, was er de facto auch war. Wenn der Name Hitler fiel, schlug er das Kreuz, um den Dämon zu bannen.

45 Jahre später, am 6. Mai 1978, bin ich auf diesen mir unvergessenen Satz meines Vaters zurückgekommen - in einem Gespräch, zu dem ich mit Leonid Breschnew auf Schloß Gymnich bei Bonn zusammentraf. Die Begegnung erfolgte aufgrund des neuen Protokolls der Bonner Regierung unter Kanzler Schmidt. Zu dem Ritual der damaligen Breschnew-Visite gehörten, wie bei anderen Staatsbesuchen in Bonn, Gespräche mit allen Fraktions- und Parteivorsitzenden, unabhängig von den amtlichen Unterredungen mit Bundespräsident, Bundeskanzler, Außenminister oder anderen Regierungsmitgliedern. Bei der Begrü-

ßung Gedränge, Photographen, Blitzlichtgewitter. Breschnew: »Nehmen Sie Platz, Herr Strauß!« Als wir nebeneinander auf dem Sofa saßen, zog Breschnew ein Papier heraus, das er Satz für Satz vorlas und das von seinem Dolmetscher Satz für Satz übersetzt wurde. Der Vortrag dauerte etwa zwanzig Minuten und geriet in weiten Teilen zu einer Anklagerede gegen die Politik der CSU und damit gegen mich.

Die CSU sei eine einflußreiche Partei in der deutschen Innenpolitik, besonders bei der Gestaltung der politischen Linie der Union. Insgesamt sei, so rügte Breschnew, die Politik der Opposition im Deutschen Bundestag nicht konstruktiv; vor allem in der CSU gebe es Elemente, von denen die Einstellung der Opposition besonders kompromißlos vertreten werde. »Warum will man die nationalistischen Leidenschaften vermehren?« fragte Breschnew an die Adresse der CSU, um drohend hinzuzufügen, daß der gute Wille der Sowjets dort seine Grenze finde, »wo versucht wird, die Ergebnisse des vergangenen Krieges zu revidieren«. Breschnew weiter: »Es ist bekannt, daß die Vertreter der CSU mit allen Mitteln die Angst anheizen. Manchmal gibt es Äußerungen, als ob die UdSSR bereit wäre, sofort ganz Westeuropa zu besetzen.« Nichts liege aber der Wahrheit ferner; Moskau sei bereit, die notwendigen Maßnahmen auf dem Gebiet der Abrüstung einzuleiten - wie könne man also von einer militärischen Bedrohung durch die Sowjetunion sprechen? Dann steigerte sich Breschnew in seinen monoton vorgelesenen Vorwürfen: »Es besteht kein Zweifel, daß dies manchmal erklärt wird, um politische Kriege zu erreichen. Ich möchte diese Stimmen nicht aufzählen. Es ist unannehmbar, mit diesem Klischee als gute Nachbarn zu leben.« Die Sowjetunion bestehe darauf, ein guter Partner zu sein. Ich sollte überlegen, ob man nicht zusammenarbeiten könne.

Es zeigte sich, daß Breschnew auf dieses Gespräch mit mir gut vorbereitet war, denn er sagte: »Vor 40 Jahren haben Sie die militärische Uniform getragen, bei Stalingrad waren Sie auch dabei, Millionen Landsleute haben ihr Leben geopfert wegen des verbrecherischen Amoklaufs Hitlers. Aber alle Opfer und das ganze Elend des Zweiten Weltkrieges können nicht verglichen werden mit den ersten Minuten eines nuklearen Konflikts, wenn er erfolgen würde.« Jetzt hatte ich das Wort.

In meiner Erwiderung bedankte ich mich für die Offenheit seiner Erklärung und bat um Verständnis dafür, daß ich kein Papier vorbereitet hätte wie er; dies sei vielleicht auch besser so, weil ich auf das eingehen müsse, was er gesagt habe. Erstens bäte ich ihn, sich nicht zum

Gefangenen der offiziellen sowjetischen Propaganda zu machen. Das Bild, das er hier von Strauß und der CSU zeichne, entstamme einem Klischee, das durch die Wirklichkeit nicht gerechtfertigt sei. Ich sei es gewohnt, daß es Franz Josef Strauß zweimal gebe: jenen der sowjetischen Propaganda und ihrer deutschen Ableger und jenen, der ich wirklich sei und der ihm gegenübersitze. Die beiden stimmten nicht überein. Ich sei ein leidenschaftlicher Gegner des Krieges, sei als Soldat in Rußland gewesen, bei der 6. Armee, hätte die ganze Tragödie miterlebt. In Europa dürfe es keine Kriege mehr geben, das sei seit Jahren meine feststehende Überzeugung, dieses Zeitalter müsse endgültig zu Ende sein. Die moderne Waffentechnik, insbesondere die Atombombe, habe die Möglichkeit des Einsatzes militärischer Mittel ad absurdum geführt, ein Krieg sei nicht mehr führbar, nicht mehr denkbar, nicht mehr kalkulierbar, nicht mehr gewinnbar. Ein Krieg würde die Zerstörung eines großen Teiles Europas, Amerikas und eines großen Teiles der Sowjetunion bedeuten. Breschnew unterbrach mich: »Nein, die Zerstörung der ganzen Sowjetunion!«

Dann wurde ich persönlich und deutlich zugleich: »Ich möchte Ihnen jetzt etwas sagen, was ich Sie in Ruhe anzuhören bitte. Ich komme aus einer überzeugt katholischen Familie, aus einer Familie, die in leidenschaftlichem Gegensatz zum Nationalsozialismus stand. Ich erzähle Ihnen, was ich am 31. Januar 1933 erlebt habe und was mein Vater mir sagte, als ich von der Schule nach Hause kam – ›Bub, jetzt ist der Hitler Kanzler. Das bedeutet Krieg, und dieser Krieg bedeutet das Ende Deutschlands!‹ Von da an lebte ich als junger Mensch in der Hoffnung, daß kein Krieg kommt, und in der Furcht, daß er kommt. Sechs Jahre war ich hin und her gerissen. Wissen Sie, Herr Generalsekretär, wann bei mir Klarheit bestand, ob Hoffnung oder Furcht siegen würde? Am 23. August 1939. An diesem Tag hat die Nazi-Presse in großer Aufmachung vom möglicherweise bevorstehenden Abschluß eines deutsch-sowjetischen Vertrages berichtet. Noch in der gleichen Nacht wurde der Nichtangriffspakt unterzeichnet. Jetzt wußte ich, daß das Tor zum Tempel des Krieges aufgestoßen war, daß es auf dem Marsch in das Unheil nun kein Halten mehr gab. Ohne diesen Hitler-Stalin-Pakt hätte der Zweite Weltkrieg, bei entsprechender Reaktion auch der Westmächte, vermieden werden können.«

Dann kam der entscheidende Satz zu Breschnew: »Ich bin der Sohn meines Vaters, Sie sind einer der Amtsnachfolger Stalins.« Der sowjetische Dolmetscher hat sich geweigert, das zu übersetzen. Den Stenographen wäre bald der Stift aus der Hand gefallen. Dann habe ich zu dem Dolmetscher gesagt: »Sie übersetzen jetzt, sonst übersetzt mein Dolmetscher. Der Generalsekretär hat einen Anspruch darauf, jeden Satz, den ich hier sage, zu hören, ob er angenehm oder nicht angenehm ist.« Der Satz wurde übersetzt, ich rechnete mit einer heftigen Reaktion. Doch Breschnew hörte mit unbewegtem Gesicht zu, verzog keine Miene, ließ keinerlei Zeichen von Mißmut erkennen. Nur alle Begleiter, die er dabei hatte, zitterten. Nach Mitteilungen, die ich vom Bundesnachrichtendienst bekommen habe, hat ihm Andrej Gromyko später schwere Vorwürfe gemacht, daß er mich überhaupt empfangen, sich in dieser Weise mit mir unterhalten, mich so höflich behandelt habe.

Abschließend fügte ich hinzu: »Ich bin, Sie wissen es, ein Gegner des Kommunismus, aber ich bin kein Feind der Russen. Ich bewundere sie, denn sie sind die einzige Großmacht, die trotz ihrer wirtschaftlichen Probleme eine geschlossene Strategie hat. Im Zimmer Ihres KGB-Chefs Andropow steht ein Globus, und Andropow zeigt daran jedem Besucher, daß die Sowjetunion alle weltpolitischen Ereignisse und ihre Auswirkungen, alle eigenen Aktionen und ihre Folgen rund um den Erdball verfolgt. Die Russen haben eine zielorientierte globale Strategie, die Amerikaner haben leider keine.« Darauf Breschnew: »Gut, Herr Strauß!« Ich fuhr fort: »Natürlich leiden Sie unter einer Gefahr. Ein guter Boxer, der einen schlechten Sparringpartner hat, verliert an Kondition. Dadurch, daß Sie niemanden mehr als Gegenüber haben in der Weltpolitik, das sehen Sie ja an Afrika, Angola und so weiter, laufen Sie Gefahr, Ihre Kondition zu verlieren, weil Sie keiner Herausforderung mehr ausgesetzt sind.« Damit war das Gespräch zu Ende.

Wir stehen auf, ich gebe ihm die Hand, er nimmt sie. Ich gehe zur Tür, er geht mit, rechts hinter mir. Ich reiche ihm an der Tür noch einmal die Hand, er schüttelt sie wieder, ich gehe weiter, er geht mit. Ich gehe bis zur Haustür, gebe ihm wieder die Hand, er ergreift sie wieder; ich öffne die Haustür, gehe die Treppe hinunter, er geht mit mir die Treppe hinunter. Unten schütteln wir uns noch einmal die Hand. Dann muß ich ihn beinahe daran hindern, mir den Wagenschlag aufzumachen.

Das war damals eine Sensation, wie Breschnew mich behandelt hat.

Katholisch, monarchistisch, antipreußisch

Mein Elternhaus war in gewisser Weise noch geprägt vom Lebensstil der kleinen Leute im München der Prinzregentenzeit. Wir wohnten in der Schellingstraße 49, in einem Hinterhof in einfachsten Verhältnissen. Die Wohnung bestand aus einer Wohnküche, einem Schlafzimmer für die Eltern und den jüngeren Sproß, also mich, und einer kleinen Kammer für meine Schwester. Die Toilette lag außerhalb der Wohnung auf dem Gang, dort gab es auch fließendes Wasser. Einen Garten hatte das Haus nicht, im Hof war eine Schlosserei.

Auch wenn mein Vater eine Metzgerei besaß, führten wir ein sehr einfaches Leben. Meine Mutter war eine ausgezeichnete Köchin - vor ihrer Ehe hatte sie als Köchin gearbeitet -, und sie verstand es, aus wenig viel zu machen. Meist bereitete sie eine Suppe und ein einfaches, aber wohlschmeckendes Hauptgericht. Die verkochte Brotsuppe, die es immer wieder gab, ist mir in angenehmster Erinnerung. Die Auswahl war nicht groß; auf den Tisch kam in aller Regel Fleisch wie der Halsstich, das zwar nicht verdorben, aber schwerer abzusetzen war. Nachtisch oder Obst waren bei uns zu Hause unbekannt.

Im Winter hat mein Vater vielleicht 1 000 bis 1 500 Mark zurückgelegt, im Sommer, wenn es heiß war und das Geschäft schlechter ging, hat er dieses Geld wieder zugesetzt. Die Ersparnisse waren praktisch null. Es gab keine Lebensversicherung, keine Sozialversicherung, nichts. Für das Alter rechnete man selbstverständlich damit, daß die Kinder für die Eltern sorgen würden. So hatten wir, als 1923 die Inflation kam, zwar nichts zu verlieren, aber dennoch wurden wir hart getroffen. Wenn mein Vater in der Frühe ein Kalb verkaufte, hat er abends nur noch ein Huhn dafür bekommen. Es war unvorstellbar, wie auf dem Höhepunkt der Inflation 1923 die Währung von Tag zu Tag verfiel.

Trotz aller Einschränkung und Sparsamkeit, zu der meine Eltern gezwungen waren, haben sie sich rührend um uns Kinder bemüht und uns eine gute Ausbildung zukommen lassen. Meine fleißige, tüchtige und besorgte Schwester wurde schon bald eine wichtige Stütze der Familie. Nach der Volksschule hatte sie drei Jahre die hochangesehene Riemerschmid-Handelsschule besucht. Sie bekam so hervorragende

Zeugnisse, daß sie sich auch in der Zeit der größten Arbeitslosigkeit nie Sorgen um einen Arbeitsplatz zu machen brauchte; bei ihrer ersten Stelle war sie unter 102 Bewerberinnen ausgewählt worden. In den ersten Jahren nach Verlassen der Schule hat sie ihr Gehalt den Eltern zur Verfügung gestellt, nur so konnte der Vater seinen kleinen Familienbetrieb überhaupt weiterführen.
Wir hatten weder ein Fuhrwerk noch sonst irgendein Fahrzeug, geschweige denn ein Auto. Mit einem Metzgerkarren marschierte mein Vater frühmorgens zum Schlachthof, lud sein Fleisch ein und zog den Karren nach Hause. Es war ein Weg von einer guten Stunde, auf dem ich meinen Vater oft begleitet und ihm beim Ziehen des Karrens geholfen habe. In den Ferien fuhr ich manchmal mit der Bahn zu den Verwandten nach Niederbayern, sonst kam ich fast nie aus München heraus.

Die Lektüre meiner frühen Kindheit bestand aus christlichen Kalendern, aus den frommen und erbaulichen Erzählungen Christoph von Schmids, aus dicken Heiligenlegenden - wenig Lesestoff also, das wenige aber las ich um so intensiver. Ausgesprochen lesehungrig war ich dann als Gymnasiast der oberen Klassen. Als Student begann ich, mir über die Lehrbücher und das eigentlich Notwendige hinaus eine kleine Bibliothek anzulegen: Helmut Berves »Griechische Geschichte« in zwei Bänden, Gustav Droysens »Geschichte Alexanders des Großen«, später auch den einen und anderen Roman, so »Der wunderbare Fischzug« von Guy de Pourtalès, die Werke des spanisch-amerikanischen Philosophen und Dichters George Santayana, Lessings »Minna von Barnhelm«, Schillers »Don Carlos« und »Wallenstein«, Goethes »Werther« und »Egmont«, aber auch »Dichtung und Wahrheit« und den »Faust«. Gespräche zu Hause über diese Lektüre gab es nicht. Geredet wurde nur über die Bücher der Kindheit, über die Märchen von Grimm und Bechstein, von Hauff und über »Tausend und eine Nacht«.

Gespräche über Politik dagegen gehörten bei uns zum Familienalltag. Als ich 14, 15 Jahre alt war, bestand mein Part durchaus auch darin, kritische Fragen zu stellen. Über die Bayerische Volkspartei entbrannten dabei ebenso Diskussionen wie natürlich über Hitler und seine NSDAP. Das Stichwort Versailles, das ich auch mit meinen Schulfreunden heftig erörterte, stand oft im Mittelpunkt.

Mein beruflicher Weg schien durch meine Herkunft aus einer einfachen Handwerkerfamilie vorgegeben zu sein: Volksschule, Lehrzeit,

Hochzeitsfoto der Eltern Franz Josef und Walburga Strauß, geb. Schießl, 1906

Franz Josef Strauß, um 1924

Vater und Sohn

Handwerksberuf. Daß ich von dieser vorgezeichneten Bahn abweichen würde, war schon in der Volksschule abzusehen. Mein Vater, der trotz seiner großen Beanspruchung stets am Wohlergehen und am Weiterkommen seiner Kinder interessiert war, hat regelmäßig meine Lehrer aufgesucht, um sich nach meinen Leistungen zu erkundigen. Auch der Gang zum Pfarrer, dem Religionslehrer, war ihm feste Gewohnheit. Immer häufiger erhielt er in der Schule die Auskunft, sein Sohn spiele nur noch, gebe nicht mehr Obacht, passe nicht mehr in die Volksschule. Deshalb der Rat der Lehrer an meinen Vater: »Den müssen Sie in die höhere Schule schicken!«

Das war nun ganz und gar nicht die Absicht meines Vaters. Auch die früher weitverbreitete katholische Tradition, daß der begabte Bub vom Pfarrer und vom Lehrer in der Schule ausgesucht wird, um Priester zu werden, bestimmte nicht das Denken in unserer Familie. Zu diesem Thema gibt es in Bayern viele Anekdoten. Eine handelt von Alois Schlögl, dem späteren bayerischen Landwirtschaftsminister. Zu Schlögls Vater, einem niederbayerischen Dickkopf, kam einst der Pfarrer, lobte die Begabung des kleinen Alois und forderte den Vater auf, ihn »auf Pfarrer« studieren zu lassen. Die Reaktion ist negativ: »Nix da, Pfarrer, der werd Bauer!« Ein paar Wochen später wiederholt der Pfarrer den Besuch, wird wieder abgewiesen: »Schlag dir's aus dem Kopf, Pfarrer, i folg' sonst am Pfarrer immer, aber der Alois braucht net Latein und Griechisch, der soll den Hof übernehmen!« Der Pfarrer kommt ein drittes Mal und sagt: »Bauer, hast recht g'habt, dei Sohn ist vui z'dumm zum Studieren, hob i festgstellt!« Schlögl senior braust auf: »Wos host gsagt, der Alois z'dumm? Jetzt werd studiert!«

Mein Wechsel von der Volks- zur Realschule hängt auch mit meiner Tätigkeit als Ministrant zusammen. Schon früh konnte ich die lateinischen Texte aufsagen, ohne allerdings ihren Inhalt zu begreifen. Ich konnte die Gebete fehlerlos rezitieren, was mir gut gefallen hat. Mein Vater hatte eine kleine regelmäßige Fleischlieferung an das Ottilien-Kolleg in der Königinstraße in München, eine Benediktiner-Niederlassung. So kam gelegentlich ein Benediktinerpater zu uns, und der hat dann festgestellt, daß mich die lateinische Sprache interessiert. Er gab mir ein lateinisches Lehrbuch, und damit habe ich im Alter von neun Jahren versucht, als Autodidakt Latein zu lernen, was ein mühsames Unterfangen war.

Als die Entscheidung, daß ich eine weiterführende Schule besuchen sollte, gefallen war, wurde nach dem richtigen Bildungsweg für mich gesucht. Zunächst war nach sechs Klassen Volksschule der Besuch einer vierklassigen Handelsschule vorgesehen. Dieser Plan ist auf Empfehlung der Lehrer abgeändert worden, die dafür plädierten, daß ich nach vier Klassen Volksschule sechs Jahre die Realschule besuchen sollte. So wanderte ich in die Gisela-Realschule, die damals noch nicht Oberrealschule war. Das Lateinische habe ich weiterhin gepflegt, und ich habe auch weiterhin ministriert, im Max-Joseph-Stift. Der Priester, der dort täglich die Messe las, war Professor Dr. Johannes Zellinger von der Universität München, später Ordinarius für kirchliche Kunstgeschichte und Patristik, der nach der Auflösung der Fakultät Professor in Würzburg wurde. Zellinger stellte fest, daß ich schon etwas mehr vom Lateinischen verstand, als nur die Gebete nachzuplappern. Mich zogen an der Sprache Latein ihr geometrischer Aufbau und ihr voller Klang an, lateinische Gedichte las ich immer viel lieber als deutsche. Als der Professor seinen Ministranten dann auch noch beim Lernen aus dem Lateinbuch antraf, festigte sich Zellingers Meinung endgültig, daß ich in der falschen Schule sei. Mein zaghafter Einwand, ich sei nun in der Realschule und könnte nicht ohne weiteres auf ein Gymnasium wechseln, führte zu Zellingers Angebot, mir Nachhilfeunterricht in Latein zu geben, was dann auch geschah. So trat ich ohne Aufnahmeprüfung von der ersten Klasse Realschule mit Englisch in die zweite Klasse Gymnasium mit Latein über. Professor Zellinger hatte mit dem Leiter des Max-Gymnasiums, Oberstudiendirektor Dr. Ernst Bodensteiner, gesprochen und mir diesen Weg geebnet. Als ich die ersten zwei Arbeiten in Latein, die nicht gezählt, aber probeweise bewertet wurden, mit »zwei« absolvierte, war die Sache entschieden.

Mein Vater, der ein gütiger Mann war, hat diesem Wechsel zugestimmt, auch wenn er nicht unbedingt seiner Vorstellung von der Zukunft seines Buben entsprach. Daß der Sohn einmal das Geschäft übernehmen werde, war wohl sein ursprünglicher Gedanke, aber als er merkte, daß ich mich dafür weder interessierte noch eignete, hat er meinen anderen schulischen Weg akzeptiert und unterstützt.

Am Gymnasium kam dann zum Lateinischen, das mir in seinen Anfangsgründen vertraut war, das Griechische, das mich nicht weniger faszinierte. Obwohl ich unmusikalisch bin, rührte mich die Melodie der griechischen Sprache an, es war ein Verstehen, zu dem man keine Tonleitern beherrschen muß.

Neben Latein und Griechisch war Geschichte ein mich stark interessierendes und prägendes Fach, wobei es hier in besonderer Weise vom jeweiligen Lehrer abhing, welchen politischen Akzent er setzte. Es gab eine liberale, deutschnationale Komponente, es gab, erkennbar seit dem Jahre 1931, eine sehr starke nationalsozialistische Komponente, und es gab eine schwarze, klerikal-bayerische Komponente, die in der Einstellung zur Kirche und auch zum Hause Wittelsbach zum Ausdruck kam. Die Weimarer Republik wurde unterschiedlich beurteilt, meist aber negativ.

Unsere Lehrer waren insgesamt sehr solide und verstanden ihr Handwerk. Einige haben großen Eindruck auf mich gemacht, weshalb ich mich besonders an sie erinnere, ungeachtet ihrer politischen Einstellung. Studienprofessor Hans Poeschel – er hatte, glaube ich, einen Lehrauftrag an der Universität München und galt als politisch links – war ein großartiger Pädagoge; wir hatten ihn in Latein, Griechisch und Deutsch. Oberstudiendirektor Bodensteiner, Schopenhauerianer und Atheist, ging freiwillig bei der Fronleichnamsprozession mit, weil sich das für einen bayerischen Beamten so gehörte. Ein herausragender Lehrer war für mich der vor kurzem erst verstorbene spätere Universitätsprofessor Dr. Kurt Vogel, der Mathematik und Physik unterrichtete. Alles in allem galt das Max-Gymnasium in München als liberal, beispielsweise im Vergleich zum Ludwigs-Gymnasium, das als klerikal angesehen wurde.

Das Verhältnis zu meiner Mutter und zu meinem Vater blieb auch nach dem Wechsel auf das Gymnasium stets gut, und es gab keinerlei Entfremdung. Sicher spürten die Eltern, daß der Bub sich jetzt mit Gedanken beschäftigte und in Kreise kam, mit denen sie nicht vertraut waren und mit denen sie wenig anfangen konnten. Aber ihr Stolz überwog. Hervorragende Noten, die ich nach Hause brachte, beschleunigten die Versöhnung mit der neuen Entwicklung. Das persönliche wie das politische Vertrauensverhältnis zum Elternhaus hat unter meinem Eintritt in eine für meine Familie neue Welt niemals gelitten.

Erster Weltkrieg, Revolution, Sturz der Monarchie – diese Erfahrungen haben die politische Atmosphäre in meinem Elternhaus während der zwanziger und dreißiger Jahre geprägt. Mein Elternhaus war durch und durch politisch und insofern gewiß nicht typisch für das Leben in einem kleinen Handwerkerhaus. 1918 war mein Vater Gründungsmitglied der Bayerischen Volkspartei gewesen, der er bis zu der von den Nazis erzwungenen Auflösung treu blieb. Auch meine sieben Jahre ältere Schwester Maria war politisch engagiert und vertrat lupenrein die gleiche Gesinnung wie die ganze Familie, ohne einen Millimeter von der Bahn abzuweichen.

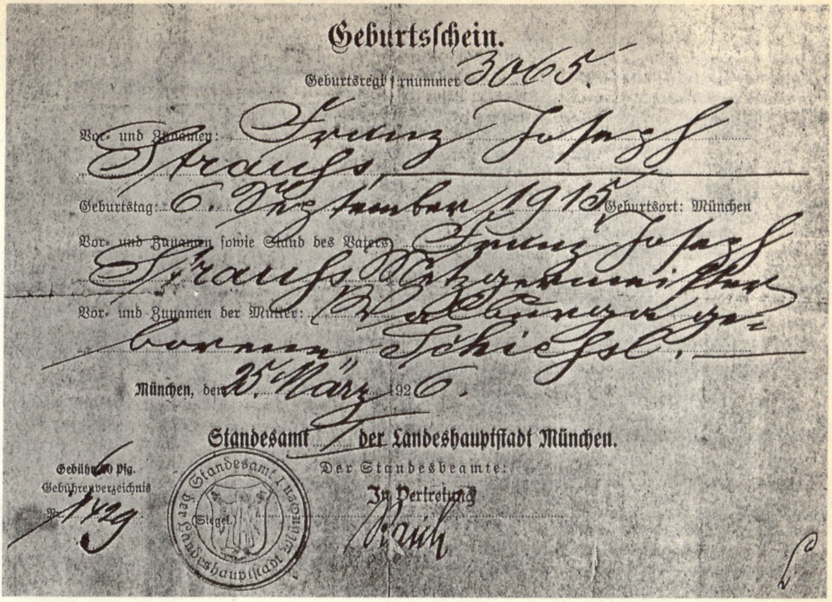

Geburtsschein.

Geburtsregisternummer 3065.

Vor- und Zunamen: Franz Joseph Strauß

Geburtstag: 6. September 1915 Geburtsort: München

Vor- und Zunamen sowie Stand des Vaters: Franz Joseph Strauß Metzgermeister

Vor- und Zunamen der Mutter: Walburga geborene Schießl.

München, den 25. März 1926.

Standesamt I der Landeshauptstadt München.

Gebühr 60 Pfg.
Gebührenverzeichnis
Nr. 1429

Der Standesbeamte:
In Vertretung

Der Großvater
Franz Xaver Strauß

Die Mutter Walburga Strauß,
Aufnahme 1945

Zum anderen herrschte bei uns eine starke katholische Religiosität, die heute in dieser Form nicht mehr verständlich wäre. Sie ist gewachsen aus dem Denken in der fränkischen Diaspora, die in einer dauernden Konfrontation mit den geistigen Nachfahren Martin Luthers und Gustav Adolfs stand und die meinen Vater prägte. Der Name Martin Luther durfte bei uns zu Hause nicht fallen. Daß ich aus einer militant katholischen Familie stamme, schlug bei mir immer wieder durch.

Zum dritten waren meine Eltern Verehrer des bayerischen Königshauses. Über den »Verrat« der Wittelsbacher zugunsten von Bismarcks Reichsgründung waren sie innerlich voller Ressentiments. Der Großvater mütterlicherseits war als Berufssoldat königlich-bayerischer Schwerer Reiter gewesen. Als solcher kämpfte er 1866 in der Schlacht von Kissingen gegen die Preußen, und noch mehr als fünfzig Jahre später hat er seinem Enkel mit Verbitterung erzählt, daß es in der bayerischen Armee Verräter gegeben habe. 1870/71 stand er wieder im Feld, und auch hierüber erzählte er mir, als ich ihn 1922 auf seinem kleinen Bauernhof in Niederbayern besuchte: »Woaßt, Bua, d'Franzosen san schlimm, aber no schlimmer san d'Preißen.« Auch meine Eltern haben ähnlich gedacht.

Väterlicherseits sind die Mitglieder der Familie, soweit sie nicht den Hof übernahmen, zum Militär oder zur Polizei gegangen. Bayerisches Legitimitätsdenken bestimmte die Grundhaltung der Familie. Ich weiß noch, wie nach der Niederschlagung der Räterepublik 1919 zwei Verwandte – der eine war bei der neuen Reichswehr, der andere bei der Polizei – bei uns Haussuchung halten sollten. Damals wurden sämtliche Wohnungen in München nach Waffen durchsucht. Natürlich war das bei uns nur Formsache, mein Vater war schließlich bei der Einwohnerwehr. Als die beiden Verwandten in Uniform bei uns in der Wohnung erschienen, entspann sich ein Dialog, in dem meine Mutter sagte: »Wir haben keine Waffen, aber wenn wir Waffen hätten, dann täten wir auf die Preißen schießen.«

Gewiß liegt darin eine gehörige Portion Ironie. Aber das bayerische Urgefühl, mit dem ich aufgewachsen bin und das ich in mir habe, läßt mich – und wohl die Bayern überhaupt – mit der Vergangenheit leichter fertig werden als vielleicht manche andere. Ich bringe zum Beispiel beim besten Willen keinen generellen Schuldkomplex zustande, obwohl ich die falschen Weichenstellungen, die furchtbaren Untaten und Verbrechen des Dritten Reiches klar sehe. Wohl war ich entsetzt und betroffen über die Irrwege der deutschen Geschichte und ihre

1934 gewann der begeisterte Radsportler Franz Josef Strauß das Rennen »Quer durch das bayerische Hochland«

Die Geschwister Strauß, Aufnahme aus den vierziger Jahren

Maria Strauß, Aufnahme aus den siebziger Jahren

Gratulation zum 80. Geburtstag der Mutter am 6. Februar 1957

schrecklichen Folgen, gipfelnd in Auschwitz. Aber die Vorstellung einer Kollektivschuld kann ich nicht übernehmen.

Diese Sicht der Dinge war es auch, die mich vor der CSU-Fraktion im Bayerischen Landtag lange vor meiner Zeit als Ministerpräsident einen Satz sagen ließ, der berühmt wurde und jahrelang die Runde gemacht hat. Die übrigen Sätze dieser zweistündigen Rede sind in der Versenkung verschwunden. Es ging damals um die Auseinandersetzung über die Ostpolitik, um das Festhalten an der Einheit Deutschlands, und ich prägte den Satz: »Wir Bayern müssen bereit sein, wenn die Geschichte es erfordert, notfalls die letzten Preußen zu werden!«

Mein Vater nahm die Weimarer Republik innerlich als Ergebnis einer unvermeidlichen Entwicklung, aus der man das Beste machen müsse. Bezeichnend für ihn waren die beiden Hauptreden auf dem Katholikentag von 1922 in München, an dem er teilgenommen hatte und von dem er mir später immer wieder berichtete. Kardinal Michael Faulhaber, der Erzbischof von München und Freising, hatte am 27. August, dem Eröffnungstag, in seiner Predigt auf dem Königsplatz davon gesprochen, daß dieser Staat, die Weimarer Republik also, durch Meineid und Hochverrat zustande gekommen sei. Am Schlußtag, drei Tage später, sprach der Kölner Oberbürgermeister Konrad Adenauer als Präsident des Katholikentages. Er brachte Korrekturen an Faulhabers Sicht der Dinge an: Nicht Meineid und Hochverrat hätten diesen Staat geschaffen, sondern der alte Staat habe sich überlebt. Es sei gewesen wie in der Natur, wenn der Herbst komme und der Sturm in die Bäume fahre, dann fielen die Blätter. Faulhaber sitzt unten, blickt voller Zorn, packt seinen Kardinalshut und will gehen. Der Eklat scheint unvermeidbar. Was macht Adenauer? Er hört mitten in der Rede auf und sagt ohne jeden Zusammenhang, daß man nun Eminenz um den oberhirtlichen Segen bitte. Daraufhin hat der Kardinal seinen Hut hingeworfen und voller Wut seinen Segen heruntergedonnert. Mit schneller List hatte Adenauer den Eklat am letzten Tag vermieden. Damals hörte ich zum ersten Mal den Namen Konrad Adenauer, der mir als Kind natürlich nichts sagte, während Kardinal Faulhaber selbstverständlich ein ehrfurchtgebietender Begriff war.

Die häusliche Atmosphäre also war katholisch und monarchistisch und antipreußisch. Hinzu kam von Anfang an der Abscheu gegen die Nationalsozialisten. Bereits nach der Niederschlagung des Hitlerputsches vom 9. November 1923 wurde Hitler zum Inbegriff des politischen Hasses meiner Eltern. Die Abneigung gegen Erich Ludendorff, der seit dem Ersten Weltkrieg als Verkörperung eines negativen Militarismus und als Soldatenschlächter galt, war bei meinen Eltern, die von ihm als dem »Wotansanbeter« sprachen, kaum geringer. Ludendorff war für uns in Bayern der Prototyp des unsympathischen preußischen Generals. In unserer Familie wurde immer wieder über den Prozeß gegen Hitler und seine Mitmarschierer gesprochen, mein Vater war empört darüber, daß so milde Urteile gefällt wurden.

Lebhaft ist meine Erinnerung an einen Bericht meines Vaters über eine Versammlung der Bayerischen Volkspartei. Das muß 1925 gewesen sein. Der damalige Bayerische Ministerpräsident, Heinrich Held, berichtete seinen Parteifreunden, daß Hitler ihn besucht und ihm gesagt habe, er würde seine Fehler einsehen und versprechen, in Zukunft nur noch legal zu arbeiten. Es ging Hitler um die Wiederzulassung der NSDAP in Bayern, und Held wollte seiner Partei erklären, warum das bayerische Kabinett dem zugestimmt habe. Mein Vater geriet in hellen Zorn. Er, ein obrigkeitsgläubiger und geradezu ängstlich die Gesetze beachtender Mann, für den, wie für die meisten kleinen Leute damals, schon beim Ministerialrat die höhere Welt begann und für den Staatsräte und Staatssekretäre, Minister oder gar Ministerpräsidenten ferne Olympier waren, schimpfte im Kreis seiner Familie über die Torheit dieser Entscheidung.

In der Schellingstraße lebten wir gewissermaßen in politischer Nachbarschaft mit der Führung der NSDAP. Gegenüber unserem Haus, in der Schellingstraße 50, lag das Atelier des Fotografen Robert Hoffmann, das erste Hauptquartier Hitlers. Hoffmanns Sohn hat später als Leibfotograf des »Führers« sehr viel Geld verdient, seine Tochter Henriette wurde die Frau des Reichsjugendführers Baldur von Schirach. Die gesamte Naziprominenz verkehrte in der Schellingstraße. Ich erinnere mich an Heinrich Himmler, der seinen Wagen immer vor unserem Haus parkte und auch oft zu meinem Vater in den Laden kam. Immer wieder hat er meinen Vater bedrängt, doch in die NSDAP einzutreten. Mein Vater habe als kleiner Metzgermeister schwer um seine Existenz zu ringen, und wenn die Nazis an die Macht kämen, wovon Himmler felsenfest überzeugt war, könne mein Vater mit Reichswehrlieferungen rechnen. Im übrigen brauche er nur pro forma der Partei beizutreten, schon dies würde ihm auf jeden Fall zu einer besseren materiellen Grundlage verhelfen. Mein Vater hat konsequent abgelehnt, am Abend berichtete er dann: »Heute war er wieder da, der Heinrich Himmler, hat gesagt, ich soll in die Partei eintreten. Eher freß' ich Hundsfutter, als daß ich in die Partei eintrete.« Diese konsequente Haltung hätte meinen Vater nach 1943 beinahe ins KZ gebracht. Mit Rücksicht darauf, daß ich Offizier war, wurde der Haftbefehl nicht vollstreckt. Er lag bei der Ortsgruppe der NSDAP, von dort haben wir auch erfahren, was meinem Vater drohte.

Auch Adolf Hitler habe ich in der Schellingstraße zum ersten Mal gesehen. Er fuhr damals noch mit einem Opel-Laubfrosch. Die Naziprominenz unterschied sich später unter anderem durch die jeweilige Automarke. Die Staats- und Wirtschaftsführung der obersten Etage fuhr Maybach, die in der nächsten Klasse darunter fuhren den Mercedes 7,7 Liter SSK, auf der Stufe darunter fuhr man Horch, dann BMW, Audi und Opel. Zuletzt kam das gemeine Volk. Das war eine geradezu beamtenmäßige Abstufung.

Im übrigen hätte ich – ironisch gesprochen – Anspruch auf das »Goldene Parteiabzeichen« gehabt, die Anerkennung der Partei für verdiente Kämpfer aus den Anfangsjahren der »Bewegung«. Als kleiner Bub, der noch nicht lesen konnte, dem aber wie allen Kindern bunte Bilder gut gefielen, bin ich an einem Samstagnachmittag im Hausgang des Ateliers Hoffmann gestanden, habe willig ein Paket Nazi-Flugschriften unter den Arm genommen, bin damit die Schellingstraße entlangmarschiert und habe die Propagandazettel verteilt. Eine alte Kundin unserer Metzgerei rannte aufgeregt zu meinem Vater und berichtete ihm von dem Treiben seines Sprößlings. Meine Schwester Maria wurde ausgeschickt, mich zu holen. Zu Hause setzte es dann eine gewaltige Maulschelle.

Fast täglich haben wir über die Nazis gesprochen. Hitler, meinte mein Vater, habe recht eigenartige Ideen. Er sei gegen den Versailler Vertrag, für eine bessere Behandlung der Deutschen – vielleicht sei doch etwas an ihm dran. Diese Möglichkeit wurde bei uns zu Hause jedoch nur kurze Zeit erörtert, dann kam die nächste Phase, in der mein Vater endgültig den Stab über Hitler brach. »Was der über die Juden sagt, darf kein Katholik mitmachen. Der ist Judenfeind, und der ist Kirchenfeind.« Von da an war Hitler für meinen Vater nur noch der Verderber und Zerstörer, der Dämon. 1933 hatten meine Eltern vorübergehend die, wie sich bald herausstellen sollte, völlig unbegründete Hoffnung, daß das Reich auseinanderbrechen und Bayern unter Führung von Kronprinz Rupprecht aus dem braunen Reichsverband ausscheiden würde. Mit dieser Hoffnung standen sie nicht allein.

Die Bayerische Volkspartei war eine Art Schwesterpartei der katholischen Zentrumspartei, und sowohl deren Vorsitzender, Prälat Ludwig Kaas, als auch Reichskanzler Heinrich Brüning wurden von meinen Eltern sehr verehrt. Brüning galt bei uns zu Hause als personifizierte Verbindung von christlich-sozialem Politiker und untadeligem deutschen Frontoffizier, als integrer Kanzler, zurückhaltend und bescheiden. In meinem Elternhaus war Brüning, obwohl er alles andere verkörperte als einen bayerischen Idealtypus, gleichsam eine politische Ikone.

Als Brüning Anfang der fünfziger Jahre Professor in Köln war, bin ich ihm mehrmals begegnet. Die CSU hatte damals einen außenpolitischen Arbeitskreis, der der Gründungsmannschaft der CSU noch bekannt ist, und dort wurde Brüning wiederholt eingeladen. Einmal bin ich mit ihm anschließend eine halbe Nacht in den Torggelstuben in München beisammen gesessen. Da brach es aus Brüning heraus: Hundert Meter vor dem Ziel sei er verraten worden. Prälat Kaas habe mit den Nazis Frieden geschlossen, um zum Reichskonkordat mit der Katholischen Kirche zu kommen, und auch der Vatikan habe sich mit Hitler abgefunden; die Engländer hätten ein Zahlungsmoratorium genehmigt und 1935 den Flottenvertrag geschlossen - Entwicklungen, ohne die das Dritte Reich in größte Schwierigkeiten gekommen wäre. Nachträgliche Zweifel an der Rechtmäßigkeit seiner Austerity-Politik in der Weimarer Zeit mit ihren kontraproduktiven Wirkungen, dem sozialen Elend und den verheerenden politischen Folgen, hat Brüning mir gegenüber nicht erkennen lassen.

Brüning machte auf mich den Eindruck eines Mannes, der gebrochen und gescheitert war, der aber nach wie vor davon überzeugt zu sein schien, eigentlich doch recht gehabt zu haben. Ich schloß dies aus der Bitternis seiner Vorwürfe. Die meisten seiner Überlegungen kreisten um die Frage, ob er Hitler nicht doch hätte verhindern können. Daß er dazu in ganz anderer Weise autonome Politik hätte machen müssen, daß er sich nicht hätte so abhängig machen dürfen von Hindenburg, nicht hätte innerlich stramm stehen dürfen vor dem Generalfeldmarschall, darüber sprach er allerdings nicht. Über Hindenburg, der ihn rücksichtslos hatte fallen lassen, verlor Brüning kein böses Wort. Eine ironische Anmerkung: Für mich hat Hindenburgs Metamorphose begonnen, als er seine Hirsche nicht mehr bei uns in Bayern, in Dietramszell, schoß, sondern in Neudeck in Westpreußen. Solange er noch unter bayerischem Einfluß stand, nicht unter dem von ostelbischen Gutsbesitzern wie Oldenburg-Januschau, waren die Dinge noch in Ordnung.

Bei meiner nächtlichen Unterhaltung mit Brüning kam es zu einem heftigen Streit zwischen uns. Die schäbigste Rolle, so sagte ich, hätten doch wohl die Generale gespielt, diese feigen Kerle. Zuerst hat Hitler sie beschimpft, dann hat er sie umworben, dann hat er sie bestochen, und am Ende hat er die, die nicht parierten, aufgehängt. Das war meine Kurzfassung der erbärmlichen Geschichte, wie Hitler die Reichswehr und spätere Wehrmacht behandelt hat und wie sie sich von ihm behandeln ließ. Ganz konkret machte ich meinem Unmut über einen Mann wie Generalfeldmarschall Gerd von Rundstedt Luft, der sich von Hitler habe beliebig oft ein- und absetzen lassen. Da ist Brüning aufgebraust und hat mich angenommen, daß mir die Augen übergegangen sind: »Junger Mann, Sie haben ein völlig falsches Urteil. Das waren Ehrenmänner, auf die lasse ich nichts kommen.«

Hier prallten zwei Welten aufeinander. Nicht nur daß Brüning alle diese Generale aus seiner Reichskanzlerzeit kannte, es sprach aus ihm vor allem der Frontoffizier des Ersten Weltkrieges, dem es der hergebrachte Begriff von Kameradschaft verbot, scharfe Kritik an Offizieren zu dulden. Ich dagegen war voller Zorn über die Generale, die es nicht vermocht hatten, Hitler das Handwerk zu legen. Auch mit dem ehemaligen Generalfeldmarschall Albert Kesselring hatte ich über dieses Thema einmal eine mehr als deutliche Aussprache. Das war Ende 1952, kurz nach seiner Entlassung aus britischer Militärhaft, in den Räumen des Wirtschaftsbeirates der Union in der Münchner Briennerstraße. Kesselring hatte während der Haft die ihm demonstrativ angetragene Präsidentschaft über den 1951 wiederbegründeten »Stahlhelm« angenommen, was ich heftig kritisierte.

Brüning war von irgendwelcher, nicht kompetenter Seite als Verfassungsrichter, wohl gar als Präsident des Bundesverfassungsgerichts vorgeschlagen worden. Da er kein Jurist war, scheiterte dies an den gesetzlichen Bestimmungen. In unserem Gespräch klagte er über das Monopoldenken der Justiz. Über die Bundesrepublik äußerte er sich dabei reserviert und ließ anklingen, daß es sich in seinen Augen nur um einen Teilstaat handle.

Der Union als Idee einer großen Sammlung der christlichen Konfessionen schien Brüning eher kühl gegenüberzustehen, die Anhänglichkeit an das alte Zentrum schien bei ihm, dem prononciert linkskatholischen Politiker, zu dominieren. Da Brüning wußte, daß ich als Führungsmitglied der CDU/CSU-Fraktion in unzähligen Wahlkampfreden schon für Adenauer gesprochen hatte, hielt er sich an diesem Abend mit Wertungen über den Bundeskanzler zurück. Seine Kritik an Adenauer, mit der er ansonsten nicht sparte, fiel vielleicht auch deshalb so scharf aus, weil er lange glaubte, eine Art Kanzler in Reserve zu sein. Adenauer und Brüning waren von ihrer Herkunft und Prägung zu unterschiedlich - Adenauer, der rheinländische Europäer, Brüning, der Preuße aus Westfalen, christlicher Gewerkschaftsführer, Adenauer, der stolz von sich sagte, er habe nicht einen Tag gedient, Brüning, der kriegsfreiwillige Frontoffizier.

Vor dem außenpolitischen Arbeitskreis der CSU hatte Brüning nüchtern und trocken über seine Erfahrungen als Reichskanzler gesprochen. Eine konkrete politische Botschaft hatte er nicht mehr. Der große politische Kontext, den ich bei Adenauer erlebte und den man von einem Staatsmann erwarten muß, fehlte bei Brüning. Für ihn löste sich Politik in Details auf, den Schwerpunkt setzte er in der Finanzpolitik. Das großartige Bild, das ich von Brüning aus meinem Elternhaus in Erinnerung hatte, paßte mit meinem persönlichen Eindruck zwanzig Jahre später nicht zusammen.

Nach der letzten, noch einigermaßen freien Reichstagswahl vom 5. März 1933 ging ich mit meinem Vater zur Versammlung - heute würde man sagen Wahlparty - der Bayerischen Volkspartei im Mathäser-Bräu. Am späten Abend meinte Fritz Schäffer, der Vorsitzende der Bayerischen Volkspartei, der die Versammlung leitete, jetzt gebe es keinen Zweifel mehr, Nationalsozialisten und Deutschnationale hätten die Mehrheit. Dann hat Schäffer einen Ausspruch getan, an den ich ihn erinnert habe, als ich ihn am 4. Dezember 1945 am Bahnhof in Weilheim mit dem Dienstwagen des Landrats abholte und zum Barbarafest nach Peißenberg fuhr. Dieser Satz von Schäffer hatte sich mir tief eingeprägt: »Meine lieben Parteifreunde, jetzt kommt eine furchtbare Zeit. Morgen beginnt die Karwoche für Deutschland. Diese Karwoche wird einen Karfreitag für Deutschland bringen. Wir sind gläubige Christen. Nach dem Karfreitag kommt die Auferstehung, der Ostersonntag.« Schäffer war mit seiner sonoren Stimme ein eindrucksvoller Redner, er wußte sehr plastisch zu formulieren und war ein Meister der deutschen Sprache. Lähmende Stille breitete sich unter den etwa drei- bis vierhundert Zuhörern aus, dann löste sich die Versammlung auf. Bedrückt, schweigend ging ich mit meinem Vater nach Hause, die Stimmung war unheimlich.

Am 9. März erfolgte der Aufmarsch von SA und SS, die Machtübernahme in München. Die bayerische Fahne wurde eingeholt, die Hakenkreuzflagge und die schwarz-weiß-rote Flagge wurden gehißt. Das habe ich selber gesehen. Ich kam von der Schule und radelte gerade durch die Leopoldstraße, als sich dort SA- und SS-Verbände formierten. Es war am späten Nachmittag, und es begann bereits zu dämmern. Ich habe den Zug dann durch die ganze Stadt begleitet, das Hauptpostamt, das Nationaltheater, das Gebäude der Regierung von Oberbayern sind mir als Stationen in Erinnerung, und überall, so weit ich es beobachten konnte, herrschte Jubel. Ich selbst schwankte zwischen Furcht und Haß.

Die Eltern meiner Klassenkameraden am Max-Gymnasium waren überwiegend nationalliberal geprägt. Gegenüber dem Schwabinger Milieu meiner Volksschule und auch im Vergleich zur Gisela-Realschule, deren Zöglinge aus einfacheren, höchstens mittleren Schichten stammten, dominierte am Max-Gymnasium das gehobene Bürgertum. Die Väter waren Ärzte, Regierungsräte, höhere Beamte. In meiner Klasse gab es einen einzigen Arbeitersohn und nur zwei Söhne von Handwerkern. Nach der Machtübernahme durch Hitler herrschte bei vielen eitel Jubel, und es wurde heftig diskutiert, was mitunter auch zu großen, politisch motivierten Raufereien führte. Nach außen wurden die politischen Divergenzen nicht getragen, Schüler und Lehrer hielten alles in allem zusammen. Ich glaube nicht, daß es zu Denunziationen kam.

Es ereigneten sich merkwürdige Szenen. So wurde unter den Nazis 1933 das christliche Schulgebet wieder eingeführt, das in der Weimarer Republik abgeschafft worden war. Zunächst gab es noch keinen vorgeschriebenen Text. Unser Religionslehrer, Studienprofessor Josef Knott, ein hochachtbarer, gütiger Lehrer, sagte, wir müßten jetzt für Führer, Volk und Staat beten und solange wir keinen Text hätten, sollten wir uns etwas überlegen. Da kam ein Vorschlag von hinten, aus der letzten Bank: »Der Herr gebe ihm die ewige Ruhe!« Der gute Herr Professor wäre bald in Ohnmacht gefallen.

Ein paar Wochen später erhielten wir ein Kompendium der jüngsten Geschichte vom Ersten Weltkrieg über die Dolchstoßlegende bis zur Machtergreifung, das schnell in den regulären Lehrplan für den Geschichtsunterricht eingeschoben wurde. Unser damaliger Klassenleiter, Oberstudienrat Dr. Otto Büttner, der kein Nazi war, hat die Broschüre Seite für Seite umgeblättert und vorgelesen. Jedesmal, wenn er mit einer Seite fertig war, hat der in der Bank vor mir sitzende Franz

Xaver Asböck, der Theologe werden wollte und später vor Moskau vermißt wurde, die Seite herausgetrennt und mit dem Taschenmesser sorgsam in zwei Hälften geschnitten. Büttner fragte ihn: »Was machst denn da, Asböck?« Antwort: »Das hänge ich in den Lokus, das hat genau das richtige Format.«

Unsere Lehrer, weitgehend nationalliberal eingestellt, mit Ausstrahlungen in die SPD und in die Bayerische Volkspartei hinein, waren zu distinguiert, um dem nationalsozialistischen Brimborium mit seinen Appellen, Ritualen und Gedenktagen viel Geschmack abgewinnen zu können. Ich erinnere mich lediglich an einen leicht verrückten Chemie- und Biologielehrer, einen Kriegsversehrten aus dem Ersten Weltkrieg, der in SA-Uniform in die Schule kam. Als im April 1933 das »Gesetz zur Wiederherstellung des Berufsbeamtentums« erlassen wurde, war er ironischerweise das einzige Opfer und wurde zwangspensioniert. Die Schulleitung hielt ihn zu Recht für völlig untauglich.

Der Jubel, den ich am 9. März beobachten konnte, gab die Einstellung der Bevölkerung nicht genau wieder. Die Menschen, die trauerten und Angst hatten, sind daheim geblieben – nur die anderen gingen auf die Straße und schrieen Heil. Das Aufmarschieren und das Heil-Schreien gehörten ebenso zur Einschüchterungspraxis des Regimes wie die Übertragung vieler Reden Adolf Hitlers im Rundfunk. Wer nämlich während einer solchen Übertragung auf die Straße ging, galt automatisch als Gegner des Regimes, weil er nicht zu Hause war und dem »Führer« lauschte. Während die einen tatsächlich am Volksempfänger saßen, um Hitler zu hören, blieben die anderen nur deshalb in ihren Wohnungen, weil sie sich nicht auf die Straße wagten. Ich bin mir auf leeren Straßen vorgekommen wie in einer Totenstadt. Und aus den Fenstern dröhnte es: »Volksgenossen ... « Die Übertragung von Hitler-Reden war eine merkwürdige Art von »Straßenfeger«, wie man es eine Generation später bei der Übertragung großer Fußballspiele im Fernsehen erlebte.

Sehr genau erinnere ich mich an den 30. Juni 1934, den Tag des sogenannten Röhm-Putsches. Während des Sportunterrichts am Nachmittag gab es plötzlich Alarm. Ich ging nach Hause. Die Gerüchte gaben nicht viel her, aber abends rückte die Reichswehr mit ein paar Mannschaftswagen in der Schellingstraße an und durchsuchte den Verlag des »Völkischen Beobachters« ganz in unserer Nähe. Von dem, was sich in der Nacht zwischen Bad Wiessee und München abspielte, und von den Erschießungen in Stadelheim erfuhren wir durch einen Hauptmann der

Bayerischen Landespolizei, die seit dem 1. April 1933 Himmler unterstellt war und die es nur noch dem Namen nach gab. Er war der Sohn eines Soziologieprofessors an der Technischen Hochschule München. Am Morgen des 1. Juli erzählte er meinem Vater, den er seit langem kannte, im Laden, daß seine Einheit Exekutionen in Stadelheim habe durchführen müssen.

Die Vorgänge vom 30. Juni sowie Hitlers berüchtigte Rechtfertigungsrede wurden sehr unterschiedlich aufgenommen. Die einen waren der Ansicht, daß Hitler jetzt endgültig den Boden des Rechtsstaates verlassen und sein wahres Gesicht gezeigt habe, indem Mord auf Führerbefehl von nun an eine Frage der Staatsräson sei. Die anderen glaubten seinen Beteuerungen und meinten, jetzt sei die revolutionäre Phase abgeschlossen, wo gehobelt werde, fielen nun einmal Späne. Nicht zu unterschätzen dabei ist die Stimmung, die die Reichswehr gemacht hat. Die Reichswehr war die Komplizin der Morde vom 30. Juni, sie hat sie gedeckt, sie hat sie mit Champagner gefeiert. Da man sich als Sieger fühlte, hat man sogar den Mord an zwei Generalen hingenommen und wagte es nicht einmal, ihnen in Uniform das letzte Geleit zu geben, weil Hitler dies verboten hatte.

Die ambivalente Haltung der Bevölkerung war nicht verwunderlich: Wer auf die Morde an Schleicher, Bredow und anderen sah, den schauderte es; wer auf die Morde innerhalb der SA-Führung schaute, der glaubte, jetzt sei die gewalttätige Phase der Machtergreifung beendet. Bei uns zu Hause hielt man, obwohl man Hitler schon vorher das Schlimmste zugetraut hatte, von diesem Tag an in Deutschland alles für möglich. Der brutale Machtwille der Nazis hatte sich blutig offenbart. Schon im März 1933 war das Konzentrationslager Dachau eingerichtet worden. Dieser Name war mit Grauen verbunden, auch wenn man nichts Genaueres wußte, als daß dort Freiheit und Menschenwürde, Recht und Menschlichkeit endeten. Wenn es hieß, einer kommt nach Dachau, wurden alle blaß.

1935 machte ich mein Abitur – mein Reifezeugnis war in ganz Bayern das beste dieses Jahrgangs. In Religion, Deutsch, Latein, Griechisch, Englisch, Mathematik, Physik, Geschichte und Geographie erhielt ich ein »hervorragend«, also die Note 1, nur im Turnen mußte ich mich mit einem »lobenswert« begnügen. Als erläuternde Bemerkung war hinzugefügt: »In der schriftlichen Prüfung erzielte er in allen Fächern die gleichen vorzüglichen Ergebnisse, wie sie schon der Jahresfortgang aufweist. Die mündliche Prüfung wurde ihm erlassen. Während seines

Aufenthalts an der Anstalt hat er sich durch seinen ernsten, zielbewußten Fleiß, seine lebendige Teilnahme am Unterricht und seine sittliche Führung das volle Lob und Vertrauen aller seiner Lehrer erworben. Er verläßt die Schule mit einem durchweg sehr erfreulichen Maß gediegener Kenntnisse. Er ist körperlich sehr gut entwickelt, ein gewandter Turner und Radfahrer. Besondere Erwähnung verdienen seine hervorragenden Leistungen in Kurzschrift.«

Wenn ich auf meine Mitschüler am Max-Gymnasium zurückblicke, so sind aus ihnen eine Menge tüchtiger Leute hervorgegangen, Chirurgen, Verwaltungsjuristen, Ärzte, Architekten. Die berühmtesten Schüler unseres Gymnasiums hatten zu meiner Zeit natürlich längst Abitur gemacht: Max Planck und Werner Heisenberg.

Aufrecht durch die Jahre des Studiums

Mit meinem Abitur erhielt ich nach einer zusätzlichen mündlichen Prüfung die »unbedingte Aufnahme« in die Maximilianeums-Stiftung, die, von König Max II. im vorigen Jahrhundert gegründet und bis auf den heutigen Tag lebendig, für die begabtesten Schüler Bayerns bestimmt ist. Auf kostenlose Unterkunft und Verpflegung im Maximilianeum am Hochufer der Isar verzichtete ich, da die Wohnung meiner Eltern in unmittelbarer Nähe der Universität lag. Den Einzug in das Maximilianeum, in dem heute der Bayerische Landtag Mieter ist, holte ich 1978 nach – als Abgeordneter und Bayerischer Ministerpräsident.

An das Abitur schlossen sich zunächst sechs Monate Arbeitsdienst an, von denen ich die ersten vier Wochen in Holzgünz bei Memmingen verbrachte, den Rest in München-Freimann. Ich hatte einige Ersparnisse, die ich mir als Nachhilfelehrer erworben hatte; einen Teil davon setzte ich damals ein und machte den Führerschein. Meine Schwester hielt das für völlig sinnlos, da ich mir weder jetzt noch in nächster Zukunft ein Auto kaufen könne. »Was willst du denn mit dem Führerschein anfangen?« Meine Antwort sei gewesen, so erzählt sie noch heute jedermann: »Der fängt doch einen Krieg an. Meinst du, daß ich für den Deppen zu Fuß durch Europa marschiere!« Dieser Führerschein hat dann eine wichtige Rolle gespielt und, wie ich glaube, zur Rettung meines Lebens beigetragen, weil ich damit 1939 zur motorisierten Truppe kam.

Kaum hatte ich den Führerschein in der Tasche, war ich auch schon bald motorisiert. Mein Motorrad versetzte mich in die Lage, die Ziele meiner mit dem Fahrrad begonnenen Entdeckungsreisen erheblich weiter zu stecken. Finanzielle Hilfe der Eltern brauchte ich für den Erwerb meines geliebten Motorrads nicht in Anspruch zu nehmen. Ich gab weiterhin Nachhilfeunterricht, arbeitete mit bei der Herausgabe des »Handbuchs der Altertumswissenschaft« durch Geheimrat Walter Otto und betreute für den Verlag C. H. Beck Veröffentlichungen zur Alten Geschichte und zur Klassischen Philologie.

Obwohl ich das beste Reifezeugnis Bayerns vorlegen konnte, war mein Antrag auf Immatrikulation an der Ludwig-Maximilian-Universität zunächst abgelehnt worden. Eine Begründung dafür gab es nicht. Da ich weder Mitglied der Hitlerjugend noch der SA noch der SS war und da die politische Einstellung meiner Eltern und auch die meine kein Geheimnis waren, ließen sich die Gründe denken. Man verwies mich, was schon aus wirtschaftlichen Gründen nicht möglich gewesen wäre, nach Erlangen oder Würzburg. Wieder war es Professor Zellinger, der intervenierte. Er ging mit meinem Abiturzeugnis zum Dekan der Philosophischen Fakultät der Universität München, Walter Wüst, Professor für »arische Kultur und Sprachwissenschaft«, bekannt als »Rassen-Wüst«, und meinte, es ginge doch nicht an, daß er, Wüst, immer davon rede, tüchtige junge Leute müßten gefördert werden, gleichzeitig aber der beste Abiturient Bayerns nicht zum Studium zugelassen werde. Zwei Tage später war ich immatrikuliert.

Die Verhältnisse an der Alma mater waren wenig erfreulich, das ganze Klima war lähmend. Die Universität war fest in den Händen der Nazis, und das nicht erst seit der Machtübernahme. Viele Universitäten waren alles andere als Stätten der Geistesfreiheit, sie waren Brutstätten des Nationalsozialismus. Unter den Professoren gab es viele stramme Anhänger der neuen Zeit. Professoren, von denen man wußte, daß sie dem Regime kritisch gegenüberstanden, waren der berühmte Romanist Karl Voßler, der an die Luft gesetzt wurde, und auch mein wichtigster akademischer Lehrer, der Althistoriker Walter Otto, der noch den Titel Geheimrat trug.

Professor Otto hatte sich bereits vor dem Ersten Weltkrieg mit seinem zweibändigen Hauptwerk »Priester und Tempel im hellenistischen Ägypten« einen Namen gemacht. Zu ihm fand ich ein enges menschliches Verhältnis, das von großer Offenheit geprägt war. Die politische Entwicklung registrierte er sorgsam und besorgt, und immer wieder hat er gegen den Zeitgeist gewettert. Die Gespräche, die wir führten, wenn ich ihn nach der Vorlesung von der Universität in die Widenmayerstraße quer durch den Englischen Garten begleitete – im Sommer trug er stets einen hellen Anzug und einen hellen Spazierstock, im Winter einen dunklen Paletot –, waren von düsteren Blicken in die Zukunft gekennzeichnet. Schon früh und mehr als einmal sagte er: »Es kommt zum Krieg, Strauß! Und dieser Krieg ist von vornherein verloren.« Im Mai 1939 habe ich in kleinem Kreise ganz ähnliches gesagt: »Wenn der Krieg kommt, dann wird er verloren; der einzige Ausweg für uns sind die Vereinigten Staaten von Europa.« Für dieses Wort gibt es heute noch eine Zeugin in München, die emeritierte Romanistin Dr. Dorothee Grokenberger.

Der Althistoriker Hermann Bengtson war zu jener Zeit noch Student an der Münchner Universität. Zu meinem 70. Geburtstag erinnerte er sich: »Strauß fand bald Zugang zu dem Althistoriker Walter Otto, der sein eigentlicher Lehrer geworden ist. Der Professor aus Breslau und der Student aus München haben viele Gespräche miteinander geführt, vor allem über politische Dinge und nicht nur über Alte Geschichte. Otto war ein prominentes Mitglied der Bayerischen Mittelpartei gewesen (so nannte man hier die Deutschnationalen). In der politischen Grundhaltung trafen die beiden zusammen.

Strauß war Maximilianeer gewesen, er zeichnete sich durch hervorragende Leistungen in der Wissenschaft aus, im Staatsexamen erreichte er ein Prädikat, das noch nie, soweit man dies in den Akten zurückverfolgen konnte, in Bayern von einem Kandidaten erzielt worden war. Strauß war einige Jahre jünger als ich. Dies erklärt die Tatsache, daß wir in den Seminaren Ottos nicht zusammengetroffen sind. Walter Otto hätte es gern gesehen, wenn Strauß eine Dissertation über die Universalgeschichte des Pompejus Trogus in Augusteischer Zeit geschrieben hätte. Doch ist die Arbeit wegen der Zeitumstände nicht zu Ende geführt worden. Sie wäre auch heute noch nützlich.

Was an Strauß besonders auffiel, war sein selbständiges Urteil, die NS-Propaganda war von ihm wirkungslos abgeprallt. So äußerte er sich ganz positiv über das antike Judentum, ähnlich wie seinerzeit Theodor Mommsen. Überhaupt nahm Strauß kein Blatt vor den Mund, er ging den Dingen auf den Grund.«

Mit Begeisterung habe ich die Vorlesungen des Historikers Karl Alexander von Müller gehört. Er besaß eine brillante Darstellungsgabe, aber was er bot, war alles andere als Schaum, es war Fleisch und Substanz. Ich erinnere mich besonders an seine Vorlesungen über die Geschichte der Napoleonischen Kriege, wobei seine Sympathien wohl eher Metternich galten als Napoleon, wie es dem Zeitgeist des Dritten Reiches entsprochen hätte. Von Müller genoß über alle politischen und weltanschaulichen Grenzen hinweg ein hohes persönliches und ein beachtliches wissenschaftliches Ansehen. Bei ihm legte ich mein Staatsexamen in neuer und neuester Geschichte ab, er gab mir die Note 0,5.

Der Umgangston zwischen Professoren, Assistenten und Studenten war, soweit ich es beurteilen kann, kollegial. Ich erinnere mich an Weinabende, bei denen es, in äußerlich sehr bescheidenem Rahmen, außerordentlich gemütlich und freundschaftlich zuging. Sicherlich standen sich zwei verschiedene Welten gegenüber – auf der einen Seite die alte akademische Tradition, auf der anderen die forsche Robustheit der Anhänger der neuen Zeit. Und mit jedem Jahr wurde der Bruch, auch der akademische Stilbruch deutlicher. Die Universität war keineswegs, wie das von der Reichswehr oder der frühen Wehrmacht behauptet wurde, eine Art politisches Refugium. Sie war weitgehend politisiert, und zwar bis in die theologische Fakultät hinein.

Und dennoch: Einer meiner Lehrer, der Altphilologe Franz Dirlmeier, bietet ein anschauliches Beispiel dafür, wie sorgsam man sein Urteil wägen muß, wenn man die Zeit des Dritten Reiches aus dem sicheren Abstand von Jahrzehnten bewertet. Dirlmeier war Gauführer des NS-Dozenten-Bundes, hat in dieser Funktion jedoch vielen geholfen, die mit den Nazis ihre Schwierigkeiten hatten. Sicherlich war er kein getarnter Widerstandskämpfer. Ihn so zu sehen, wäre falsch. Aber er hat sich nie unanständig benommen und ist nie als glühender Nazi aufgetreten. Er genoß absolutes Vertrauen - dies ging so weit, daß ich ihm später aus dem Feld ziemlich offene Briefe schrieb. Daß er je irgend jemanden denunzieren könnte, war völlig undenkbar.

So wurde ich mehrmals bei ihm angeschwärzt, und mehrmals hat er mich gewarnt; ich würde nicht zum Examen zugelassen werden und riskierte Schlimmeres, falls ich nicht endlich meinen Mund hielte. Besonders angelastet wurde mir, daß ich in keiner Parteiorganisation Mitglied war. Dirlmeier riet mir, in das NSKK, das Nationalsozialistische Kraftfahrer-Korps, einzutreten - dies würde es ihm erleichtern, mir zu helfen, andernfalls könne er mich nicht länger halten. So bin ich in das NSKK eingetreten, gleichzeitig mit meinem ehemaligen Schulkameraden Asböck und mit Anton Fingerle, dem späteren Stadtschulrat von München. Unser Trio hieß »die katholische Mafia«.

Im NSKK waren im Gegensatz zur SS, wo es von eifernden Scharfmachern wimmelte, biedere Handelsleute, Prokuristen, Diplomingenieure, Architekten, Handwerker vertreten; ein Hafnermeister aus der Theresienstraße war unser Sturmführer. Über das NSKK hieß es abfällig »Nur Säufer, keine Kämpfer«. Man zahlte einen kleinen Monatsbeitrag, und alle zwei Wochen war »Sturmabend«; dabei ging es um die Verlesung irgendwelcher Organisationsinterna oder um die Vorbereitung der nächsten Geländefahrt.

Um nicht in die peinliche Lage zu kommen, uns ideologische Vorträge anhören zu müssen, haben meine Freunde und ich beschlossen, den Posten des »weltanschaulichen Referenten« mit einem aus unserer Mitte zu besetzen. Ich bin es dann geworden, und dies hat man mir später immer wieder vorgehalten. Dabei hatten meine gelegentlichen Vorträge mit allen möglichen historischen Themen zu tun, nur nichts mit den Nazis und ihrer Ideologie. Wäre ein anderer an meinem Platz gewesen, hätten wir uns die ganze nationalsozialistische und antisemitische Pseudophilosophie anhören müssen. Diese »verkehrte Welt« des Totalitarismus wird von Leuten, die diese Zeit nie kennengelernt haben, oftmals nicht begriffen. Ein Beispiel aus den Kriegsjahren: 1942 wurde im Beurteilungsbogen für Offiziere eine neue Rubrik eingeführt, »Weltanschauung«, in der es um die »nationalsozialistische Haltung« des Betreffenden ging. Ich habe die Personalpapiere in meiner Abteilung geführt, und als wir gegen Ende des Krieges auszusieben begannen, habe ich bei jedem überzeugten Nazi geschrieben: Ist weltanschaulich noch so wenig gefestigt, daß weitere Frontbewährung dringend notwendig ist. Bei denen, von denen man wußte, daß sie gegen Hitlers Herrschaft waren, schrieb ich: Ist so bewährt und ein so glühendes Vorbild, daß er in der Heimat unentbehrlich ist. So haben wir die Truppe »gesäubert«. Wenn dies hinterher jemand zu lesen bekam, mußte er zu völlig falschen Schlüssen gelangen – der größte Nazi hatte auf einmal einen Persilschein.

Einmal hatten wir einen ganz wilden Nazi in der Abteilung, einen hauptamtlichen HJ-Führer, der die Soldaten schikanierte und unablässig sonntägliches Strafexerzieren befahl. Den wollten meine Freunde und ich unbedingt loswerden. Als wieder eine Beurteilung anstand, schrieb ich: Ist leider noch nicht so gefestigt, daß er als Ausbilder in der Heimat angesichts der schwierigen Zeiten weiterhin verwendet werden sollte, Abstellung zur Front wird dringend empfohlen. Der Oberst, bei dem ich eine Vertrauensstellung hatte, unterschrieb, was ich ihm vorlegte. Vierzehn Tage später kam der Marschbefehl. Wütend und mit haßverzerrtem Gesicht stürmte der HJ-Führer, der noch an seiner Uniform das Parteiabzeichen trug, die Schreibstube: »Ich weiß, wem ich das zu verdanken habe!« – »Was wollen Sie denn?« erwiderte ich. »Ihre Abstellung zur Front ist doch eine große Auszeichnung. Wie glücklich wäre ich, wenn ich dieselbe Möglichkeit hätte. Für einen überzeugten Nationalsozialisten gibt es doch kein größeres Glück, als für den Führer kämpfen zu dürfen.«

Ich habe diesen Sprachschatz beherrscht wie ein tibetischer Mönch sein »Om mani padme hum«. Mein Gegenüber hat genau gewußt, was ich denke, aber gegen die Phrase war er machtlos. Das System war auf Lüge und Verlogenheit, auf Täuschung und Hinterlist aufgebaut. Nach dem Krieg – ich war schon Minister – besucht mich der ehemalige Adjutant eines Generals im Bundeshaus. Wir sprechen über alte Zeiten, tauschen Erfahrungen und Erlebnisse aus. Mein Besucher berichtet mir, daß er gut aus dem Krieg herausgekommen sei, nur am Schluß wäre es beinahe schief gegangen. »Ich war Abteilungskommandeur, als mir ein Leutnant zugeteilt wurde, bei dem ich von Anfang an ein ungutes Gefühl hatte. Wir lagen in Schlesien auf einem Gutshof, als der Leutnant die Wände anpinselte: ›Der Führer hat immer recht‹. Der Gutsbesitzer, ein alter Deutschnationaler, beschwert sich bei mir. Ich stelle den Leutnant zur Rede, befehle, daß diese Inschrift wieder entfernt wird. Daraufhin denunziert mich der beim Oberbefehlshaber der Heeresgruppe Weichsel, Heinrich Himmler. Ich komme vor das Reichskriegsgericht, aber das Verfahren wird vorerst ausgesetzt, weil man keine Kommandeure mehr hat.« Der Leutnant war jener, den ich zur Front abgestellt hatte.

Ich studierte in München Alte Sprachen, Geschichte und Germanistik für das höhere Lehramt. Dazu nahm ich noch vier Semester Volkswirtschaft. Dies hatte einen besonderen Grund. Wenn Hitler bleiben sollte, würde ich mit dem Staatsdienst Schwierigkeiten bekommen, und für diesen Fall wollte ich den Diplom-Volkswirt machen, um die Laufbahn als Gymnasiallehrer aufgeben und irgendwo in der Wirtschaft arbeiten zu können. Eine Reihe von ehemaligen Mitschülern hat aus dem gleichen Grund Volkswirtschaft studiert.

Unter den überzeugten Anhängern des humanistischen Bildungsideals gab es eine gewisse Gemeinsamkeit, die zum Teil auch von denen hochgehalten wurde, die das Parteiabzeichen trugen. Mir ist der 1943 wegen Hochverrats zum Tode verurteilte und hingerichtete Professor Kurt Huber, der in enger Fühlung mit oppositionellen Studentengruppen wie der »Weißen Rose« um die Geschwister Scholl stand, aufgefallen.

Bei Professor Huber hörte ich Philosophie; er hat als akademischer Lehrer keinen tiefen Eindruck hinterlassen, seine Vorlesungen erschienen mir nicht nur ziemlich langweilig, sondern auch in einer Weise »angehaucht«, daß ich mir dachte, schon wieder ein Nazi. An diesem Beispiel sieht man, wie einfach es sich im Rückblick die Generation von heute mit ihrer strikten Einteilung in Gut und Böse, in Schwarz und Weiß macht, während derjenige, der diese Zeit erlebt hat, weiß, daß die Dinge oft anders lagen, daß ein äußerer Eindruck über Charakter und Haltung eines Menschen in vielen Fällen gar nichts sagte.

Die Gleichgesinnten an der Universität erkannten sich bereits daran, daß sie »Grüß Gott« sagten statt »Heil Hitler«. »Grüß Gott« konnte nicht bestraft werden, ebensowenig wie »Guten Tag«, wenn auch die Nazis beide Grußformeln mißliebig aufnahmen. Ich war nie sehr vorsichtig. Als ich einmal einem Kommilitonen, der von der »braunen Fakultät« war, mit »Grüß Gott« begegnete, meinte der: »Du gehörst auch zu den ewig Gestrigen. Du bist zehn Jahre zurück.« Da habe ich gesagt: »Vielleicht bin ich schon zehn Jahre voraus!«

Auch als Student lebte ich noch zu Hause, gewissermaßen um die Ecke in der Schellingstraße. Unsere Lebensverhältnisse waren nach wie vor bescheiden. Wein beispielsweise war weitgehend unbekannt, zum Essen trank man dunkles Bier, zwei bis drei Halbe waren die Familientradition. Damals kostete eine Halbe 20 Pfennig, das war natürlich weit mehr Geld als heute. Monatseinkommen von 150 bis 200 Mark waren die Regel, 250 Mark waren schon sehr viel. Mein erstes Monatsgehalt, nachdem ich am 1. Februar 1943 zum Studienrat ernannt worden war, betrug 390 Mark brutto, und mit einem solchen Einkommen war man schon ein »besserer Herr«.

Ins Theater gingen wir kaum, auch von der Schule aus nur gelegentlich. Ein Konzert habe ich zum ersten Mal besucht, als ich in der Unterprima war. Ein Instrument spielte bei uns zu Hause niemand, auch meine Schwester Maria nicht, die jedoch sehr viel musikalischer war als ich und oft in die Oper ging. Meine Musikalität ist sehr begrenzt – als diese Gottesgabe verteilt wurde, sind andere Träger des Namens Strauß offensichtlich schon so reichlich bedacht gewesen, daß für mich nichts übriggeblieben war. Ein Rundfunkgerät gab es bei uns erst nach dem Krieg. Ausländische Sender habe ich zum ersten Mal im August 1939 bei Bekannten gehört, später dann mit den guten Wehrmachtempfängern. Bei Freunden hörte ich während des Krieges auch Radio Beromünster mit der »Weltchronik«, den Lageberichten von Jean Rodolphe von Salis. An ausländischen Zeitungen las ich gelegentlich die Basler »National-Zeitung«, die ich mir am Bahnhof in München besorgte. Die »Neue Zürcher Zeitung« habe ich Ende der vierziger Jahre zum ersten Mal zu Gesicht bekommen. Eine der wichtigsten Informationsquellen während des Krieges bei den Luftwaffenstäben war die Schweizer »Internationale Luftfahrt-Korrespondenz«, die heute noch bestehende »Interavia«, die die genauen Produktionsziffern und weitere aufschlußreiche Angaben über das Luftwaffenpotential der Kriegsgegner brachte.

Ich hatte mir schon als Kind und dann auch während meiner Schulzeit selten etwas gefallen lassen. Aufrecht durchschritt ich auch die Jahre meines Studiums. Szenen wie jene mit dem »Heil-Hitler-Kommilitonen« gab es viel. Deshalb mußten mich auch wohlmeinende Professoren immer wieder ermahnen, doch vorsichtiger zu sein und den Mund zu halten. Ohne daß es mir vielleicht bewußt war, ging es in diesen Jahren wohl darum, die eigene Identität zu wahren gegenüber jedem Angriff und Druck. Es war die Auflehnung der Kreatur gegen eine Ordnung, die mir zutiefst zuwider war. Die Frage, ob ich mir mit ein wenig mehr Selbstbeherrschung die riskanten Konfrontationen ersparen könnte, hat sich mir nicht gestellt. Mein Verhalten war impulsiv und eruptiv, da war keinerlei Filter vorgeschaltet. Wenn man heute die Wahrheit sagt über jemanden, dann kann dieser höchstens beleidigt sein, damals war die Wahrheit, war jedes offene Wort lebensgefährlich.

Wenn ich bei der Beschreibung meines persönlichen Hintergrundes immer wieder zu meiner Herkunft aus bäuerlich-handwerklichen Kreisen zurückfinde, dann deshalb, weil hier meine stärksten Wurzeln liegen. Unsere Familie gehörte zum hauptstädtischen Kleinbürgertum. Der Besuch des Max-Gymnasiums bedeutete für mich nicht den Aufstieg in das Bildungsbürgertum, zumindest nicht bewußt, sondern ganz einfach den Weg, auf dem ich mein Ziel, Gymnasiallehrer zu werden, erreichen konnte. Sicherlich haben mich auch die Jahre am Max-Gymnasium geformt: Die Elemente und Einflüsse, die einen Menschen prägen, lassen sich eben nicht säuberlich trennen und in jede Einzelheit auflösen. Alles in allem sind in meiner Entwicklung wohl zwei Richtungen zusammengetroffen, eine katholisch-konservative und eine bürgerlich-liberale.

Was für einen Menschen gilt, daß man ihn weder eindeutig einordnen noch in seine verschiedenen Komponenten zerlegen kann, gilt auch für Parteien. Eine Partei wie die CSU kann nach meiner Analyse nicht mit einem einzigen Begriff beschrieben werden. Man faßt die CSU nicht mit Worten wie christlich-sozial, konservativ, liberal oder national. Wir sind ebensogut eine liberal-konservative Partei auf christlich-sozialer Grundlage wie eine christlich-soziale Partei mit liberalem Hintergrund, die auch konservativ ist. Es ist unmöglich, ein so kompliziertes Phänomen wie die CSU auf einen einfachen Nenner zu bringen, und gerade das macht die Stärke unserer Partei aus. Eine Partei, die einfach einzuordnen und zu beschreiben ist, hat keine Mehrheitschance.

Vermutlich gehört es zu den ungeschriebenen und vielen gar nicht bewußten Geheimnissen meiner Wahlerfolge, daß die verschiedenen Seiten, die das heutige Bayern und die CSU bestimmen, in mir integriert sind - mit allen Widersprüchen und Rissen. Ich bin eine Identifikationsfigur für viele und auch für Gegensätzliches. Das geht, auf Bayern bezogen, schon bei der Geographie an. Ich bin Franke und Altbayer zugleich, mein Vater stammte aus Franken, meine Mutter aus Altbayern. Vom Elternhaus her bin ich ein strenger Katholik, aber durch ein fast freidenkerisches Gymnasium und durch sechs Jahre Militär, bei dem Konfessionsfragen überhaupt keine Rolle spielten, bin ich ein liberaler Katholik geworden. Auf der einen Seite bin ich ein überzeugter, seine Heimat liebender und in ihr verwurzelter Bayer, auf der anderen Seite war und bin ich ein Gegner jedes separatistischen Denkens, einer, der nach dem furchtbaren Erlebnis des Zweiten Weltkrieges bewußt und unerschütterlich in der nationalen Verantwortung für ganz Deutschland steht. Diese Haltung bestimmt mein Handeln sowohl in der Deutschlandpolitik als auch in der Verteidigungspolitik, und zwar weit über Bayern und auch über Deutschland hinaus.

Es sind die nicht ohne weiteres zu erklärenden oder aufzulösenden Antinomien, die den Menschen ausmachen und die man als Politiker in der Demokratie aushalten und ausgleichen, mit denen man leben muß. Man gehört vielen Welten an, deren Gegensätze man in sich verbindet, und bezahlt dies damit, daß man keiner dieser Welten ganz angehört. So bin ich einerseits ein Mann, der in das bayerische Milieu hineinpaßt, als ob es für mich geschneidert wäre, andererseits habe ich von Beginn meines politischen Wirkens an in weltbürgerlicher Offenheit die globalen Herausforderungen gesehen und mich ihnen gestellt.

Je fester der Boden ist, auf dem man steht, je klarer die Grundsätze sind, nach denen man handelt, um so mehr Freiheit hat man als Politiker, das Mögliche und Notwendige zu tun. Diese feste Bindung ist, um zwei Beispiele zu nennen, eine der Voraussetzungen meines Umgangs mit Ostblock-Potentaten, aber auch des Umgangs mit der Vergangenheit. Ich glaube nicht, daß man mit der Vergangenheit - die in ihrer ganzen geschichtlichen Wahrheit, mit ihren Licht- und Schattenseiten gesehen werden muß - die Menschen prügeln darf. Ich bin katholisch genug zu wissen, daß die Menschen sündhaft und fehlbar sind, allzumal der Gnade bedürftig. Nur eine falsche Vorstellung geht davon aus, daß der Mensch perfekt sei und daß er, wenn er einmal gesündigt hat, deswegen fortwährend gestraft werden müsse. Der versöhnliche Charakter des christlichen Gedankens, der für das Selbstverständnis der

Unionsparteien so wichtig ist, spielt hier eine wesentliche Rolle. Die Mitläufer aus der Zeit des Dritten Reiches waren keine ehrlose Schicht. Daß viele von ihnen nach dem Krieg die Unionsparteien gewählt haben, zeigt, wie kompliziert die Dinge liegen; sie werden nur oft durcheinandergebracht. Ein Mann wie Albert Speer hat, als er dazu in der Lage war, nach eigener Aussage SPD gewählt, obwohl es eine Tendenz der Sozialdemokraten war, noch den letzten NS-Kassenwart zu verfolgen – außer, er ging zu ihnen!

Um von mir einmal in der dritten Person zu sprechen: Strauß, der im öffentlichen Urteil als der große Polarisator erscheint, ist in Wirklichkeit – nicht nur was seine Partei angeht, aber vor allem für seine Partei – der große Integrator, der alle Strömungen und Flügel in sich zusammenfaßt und Gegensätze zum Ausgleich zu bringen weiß. Man lügt sich nicht etwas in die Tasche, wenn man feststellt, daß die CSU keine Flügel hat. Es gibt zwar Ärger und Krach und Streit mit Zukurzgekommenen, aber Flügel, wie sie anderen Parteien Kopfzerbrechen bereiten, kennen wir nicht oder, wenn ich an die Auseinandersetzungen in den Anfangszeiten unserer Partei denke, nicht mehr. Die CSU genießt freilich auch den Vorteil, daß sie eine natürliche Tendenz zur Flügelbildung auffangen kann durch eine starke regionale Ausprägung. Die landschaftliche und landsmannschaftliche Prägung ist als Wesensmerkmal Bayerns nicht nur respektiert, sie wird auch gelebt. Und in der CSU spiegelt sich das wider.

Soldat vom ersten bis zum letzten Tag

Ich kenne den Krieg. Deshalb will ich den Frieden. Das ist meine persönliche Konsequenz aus dem Zweiten Weltkrieg, der Europa an den Rand des Untergangs und die Deutschen in die größte Katastrophe ihrer Geschichte geführt hat. Von Anfang an habe ich im Abfall der deutschen Politik von den Grundnormen des christlichen Sittengesetzes die Ursünde gesehen, aus der alles Unheil erwuchs, das eine verbrecherische und verblendete deutsche Politik über die Völker Europas und nicht zuletzt über das deutsche Volk selbst gebracht hat.

Im Juli 1935 war ich zum ersten Mal gemustert und »tauglich Kraftfahrkampftruppe« befunden worden. »Tauglich Kraftfahrkampftruppe« bedeutete in Wirklichkeit »tauglich Panzertruppe«, aber da keine Panzer zur Verfügung standen, wurde ich nicht einberufen. 1936 wurde ich wegen meines Studiums, 1937 wegen einer schweren Bronchitis zurückgestellt. Im Juli 1939, als ich acht Semester hinter mir hatte und kurz vor dem ersten Staatsexamen stand, wurde ich erneut gemustert. Der Musterungsarzt, ein alter Oberstabsarzt mit goldumrandeter Brille, war ein gütiger Herr, das Gegenteil dessen, was ich bis dahin an forschen Stabsärzten kennengelernt hatte. Einer von ihnen hatte mich 1936 angefahren: »So, Sie wollen sich wohl drücken?« Ein Jahr später, als ich bei der Musterung erneut vor ihm stand, entdeckte er einen Schatten auf der Lunge: »Welcher Esel hat Sie denn tauglich geschrieben?« – »Sie, Herr Stabsarzt, im vorigen Jahr!«

Der Arzt von 1939 war anderer Art; ich hätte eine Bronchitis, meinte er, da müsse man Obacht geben, daß das keine Tuberkulose werde, und Plattfüße hätte ich auch. Ich widersprach: »Plattfüße? Habe ich noch nie gehabt!« Da erst merkte ich, daß er mir ein Gebrechen anhängen wollte, damit ich mit vier Monaten davonkäme. Ich habe schnell geschaltet: »Neuerdings habe ich auch den Verdacht.« Dann mußte ich in der Badehose vor der Musterungskommission antreten.

Musterungskommandeur war Oberst Heyl, Vater von zwei Söhnen, die mit mir am Max-Gymnasium gewesen waren. Er war ein stocksteifer Offizier, ein Oberst wie aus dem Bilderbuch oder besser, aus dem »Simplizissimus«. Er wußte, daß ich aktiver Sportler war und bereits ein großes Radrennen gewonnen hatte. Das »bedingt tauglich« im ärztlichen Befund brachte ihn auf. Der Oberstabsarzt habe anscheinend alle nur bedingt tauglich geschrieben, sei wohl ein ausgesprochener Menschenfreund. Dann nahm er den Arzt an; wenn er noch einmal mit so einem Zeugnis komme, werde er es aufheben. Der Oberstabsarzt beharrte: »Herr Oberst, der medizinische Befund ist meine Sache.« Der Oberst gab nach: »Gut, also vier Monate Infanterie!«

Ich bin rausmarschiert, habe mich angezogen - und bin wieder umgekehrt. Der diensttuende Feldwebel fuhr mich an: »Was wollen Sie denn noch?« Wieder vor dem Musterungskommandeur stehend, habe ich ein Riesentheater aufgezogen, habe geklagt, wie leid es mir täte und wie es mich treffe, daß ich nur vier Monate dienen dürfe. Ich sei auf die kurze Dienstzeit gesetzt worden, weil ich nur schwer marschieren könne, aber gut marschieren könne ich weder zwei Jahre noch vier Monate. Der Oberst unwirsch: »Was wollen Sie denn dann?« - »Ich möchte zu einer motorisierten Truppe, Herr Oberst. Ich habe ein Motorrad, ich habe einen Führerschein, bin bei Wettbewerben mitgefahren, bin ein leidenschaftlicher Motorsportler.« Der Oberst zu seinem Feldwebel: »Haben wir noch etwas frei bei der schweren motorisierten Truppe?« In Landsberg waren noch ein paar Plätze bei der Artillerie frei. Darauf der endgültige Bescheid: »Also gut, streichen Sie die Infanterie, schwere motorisierte Artillerie, ab!« So bin ich zur schweren motorisierten Artillerie gekommen, die im Vergleich zur Infanterie fast eine Art Lebensversicherung war.

Den August 1939 verbrachte ich in der Oberpfalz, wo ich als Hauslehrer bei einer befreundeten Familie tätig war. Mit gespannter Aufmerksamkeit verfolgte ich die Vorgänge, Nacht für Nacht hörte ich die deutschsprachigen Sendungen der BBC und des polnischen Rundfunks. Meine Furcht, daß der Krieg nun unabwendbar sei, verdichtete sich am 24. August mit der Meldung über den deutsch-sowjetischen Nichtangriffspakt zur Gewißheit. Einen Tag später begann ohne öffentliche Bekanntgabe die allgemeine Mobilmachung. Auch ich erhielt in den nächsten Tagen den Gestellungsbefehl zu einer Artillerie-Ersatzabteilung in Landsberg am Lech.

Noch bis in die Abendstunden des 31. August hinein bestand im Kreise meiner Bekannten in der Oberpfalz die Hoffnung auf eine friedliche Lösung des Polen-Konflikts. Ich hingegen trug, als ich gegen Mitternacht zu Bett ging, die bange Sorge im Herzen, daß in den nächsten Tagen der große Krieg ausbrechen werde. Denn ich hatte nicht den leisesten Zweifel, daß der Angriff Deutschlands auf Polen den Kriegseintritt Englands und Frankreichs zur Folge haben werde. Dies hatten führende englische Staatsmänner und Kommentatoren in den Wochen zuvor so eindringlich unterstrichen, daß es an der englischen Entschlossenheit nichts zu deuteln gab. Es war mir damals schon unbegreiflich, daß Hitler und seine engste Umgebung bis in die letzte Stunde hinein sich der Hoffnung hingegeben haben sollen, England werde trotz aller Ankündigungen nicht in den Krieg eintreten.

Am nächsten Tag war es dann soweit. Als ich zum Frühstück erschien, saßen der Hausherr, ein Guts- und Brauereibesitzer in der Nähe von Schwandorf, und seine Frau mit verstörtem Gesicht und mit Tränen in den Augen am Tisch. Im Morgengrauen waren deutsche Truppen in Polen einmarschiert.

Nun trat ich den Rückweg nach München an. Ich mußte in den nächsten Tagen einrücken und wollte mich vorher mit meinen Eltern und meiner Schwester über die Zukunft besprechen. Es gelang mir, noch einige Liter Benzin zu kaufen, um mit meinem Motorrad nach München zu fahren. Als ich dort bei Dämmerung eintraf, bot sich schon das gespenstische Bild der kriegsbedingten Verdunkelung. Die sonst so leuchtende Hauptstadt München war in tiefes Dunkel gehüllt. Die Fahrzeuge fuhren entweder ohne Licht oder bereits mit Verdunkelungseinrichtungen. Im Kreis der Familie bereitete ich mich nun darauf vor, für unbestimmte Zeit Soldat zu sein. Ich ahnte nicht, daß es bis zum April 1945 dauern würde.

Ich kann mich noch sehr genau daran erinnern, wie sich meine Eltern und meine Schwester am Morgen des 3. September mit Tränen in den Augen von mir verabschiedeten. Mit der Eisenbahn ging es nach Landsberg am Lech. Als ich dort aus dem Zug stieg, wurde über Lautsprecher bekanntgegeben, England habe um 11.00 Uhr dem Deutschen Reich den Krieg erklärt. Nach Erledigung der Formalitäten wurde ich einer Artillerie-Nachschubeinheit zugewiesen. In Landsberg am Lech herrschte noch der übliche Sonntagsbetrieb einer Garnison. Als ich am frühen Abend in die Kantine ging, um mein Abendessen einzunehmen, meldete der Rundfunk, daß sich nunmehr auch Frankreich im Krieg mit dem Deutschen Reich befinde. Der deutsche Angriff gegen Polen hatte sich also binnen 60 Stunden zum großen europäischen Krieg ausgeweitet und würde aller Wahrscheinlichkeit nach in einen neuen Weltkrieg einmünden. Noch aus Schwandorf hatte ich unter dem Datum des 18. August 1939 meinem Freund Rudolf Mitterwieser, zu dieser Zeit

Unteroffizier in der Max-II.-Kaserne in München, eine offene Postkarte geschrieben: »Mir geht es gut, but I see black, und ich komme mir vor wie auf der Insel der Seligen vor der Abfahrt in die Hölle.« Eine ebenso deutliche wie leichtsinnige Äußerung.

In Landsberg machte ich die verkürzte achtwöchige Ausbildung durch, verbunden mit einer Kraftfahrerschulung auf Pkw und Lkw. Danach wurde ich dem bereits wieder aus Polen zurückverlegten Artillerieregiment 43 zugeteilt. Bei der Munitionskolonne fuhr ich vier Wochen einen Lastwagen, Marke Opel-Blitz, danach wurde ich zur 5. Batterie des Regiments versetzt, die mit 15-cm-Feldhaubitzen ausgerüstet war.

Auch als Soldat konnte ich nicht aus meiner Haut, ließ nicht ab von meinen freimütigen Bemerkungen, mit denen ich mir schon als Schüler und Student Ärger eingehandelt hatte, machte auch in Uniform aus meinem Herzen keine Mördergrube. Im Dezember 1939 äußerte ich mich auf Munitionswache in einem einsamen Eifeldorf gegenüber meinen Kameraden über den Ernst der Lage: daß ich den Krieg für verloren hielte, daß Hitler, Göring, Goebbels und Himmler Kriegsverbrecher seien, daß ich die Steigerung »dumm, saudumm, kriegsfreiwillig« nur allzu richtig fände.

Es kam, wie es kommen mußte. Als ich von einem Kurzurlaub aus München zurückkehrte, wurde ich zum Batterieoffizier befohlen. Das Verhör sollte fünf Stunden dauern. Pedantisch genau hatte ein Denunziant die defaitistischen Äußerungen des Kanoniers Strauß notiert und Meldung gemacht. Der Krach begann schon damit, daß ich nicht im Stahlhelm antrat, sondern mit dem »Schiffchen«. Vernehmender Offizier war Oberleutnant Helmut Münzing, der Batteriechef; zugegen waren außerdem Leutnant Stengel, ein ehemaliger Schulkamerad, und Leutnant Rohmader, Reserveoffizier und im Zivilberuf Regierungsrat im Bayerischen Kultusministerium.

Ich fühlte, daß es mir an den Kragen gehen sollte, und bot alles auf, was mir an Dialektik zu Gebote stand, um die Vorwürfe zu entkräften. Einen Teil der Beschuldigungen bestritt ich, anderes führte ich auf Verwechslungen zurück. Dumm, saudumm, kriegsfreiwillig – das sei historisch zu verstehen. 1914 seien zwei Millionen Kriegsfreiwillige, die Besten der Nation, sinnlos verheizt worden. 1917 hätten diese Reserven vor allem bei den Offizieren gefehlt, und dies sei einer der wesentlichen Gründe für die Niederlage gewesen. Folglich sei es nicht nur dumm oder saudumm, sondern geradezu verbrecherisch gewesen, 1914 so viele Kriegsfreiwillige einzuziehen. Daß Hitler und Göring, Goebbels und Himmler Kriegsverbrecher seien, behaupte die Feindpropaganda, ebenso wie sie ständig behaupte, daß der Krieg für Deutschland verloren sei - ich hätte doch nur zitiert.

Hartnäckig weigerte ich mich, den aufgrund der Denunziation erstellten Tatbericht zu unterschreiben. Zeugen wurden vernommen. Der eine hatte geschlafen, der andere nichts gehört, der dritte genau das Gegenteil von dem verstanden, was mir vorgeworfen wurde. Meine Einlassungen konnten nicht widerlegt werden. Also wurde ein neuer Tatbericht verfaßt, den ich dann unterschrieb.

Am nächsten Morgen wurde ich zum Batteriechef befohlen, der mir eröffnete: »Strauß, Sie haben wirklich Glück. Der Kommandeur hat den Tatbericht gegen Sie zerrissen.« Der mutige Vorgesetzte, der diese auch für ihn selbst gefährliche Entscheidung getroffen hatte, war Major Ludwig Fergg. Erst nach dem Frankreichfeldzug konnte ich mich bei dem inzwischen zum Oberstleutnant beförderten Fergg bedanken: »Gestatten, Herr Oberstleutnant, ich möchte Herrn Oberstleutnant herzlich danken, denn wahrscheinlich haben Herr Oberstleutnant mein Leben gerettet.« Die offene und ehrliche Antwort: »Reden wir nicht davon. Wenn ich den Tatbericht gegen Sie weitergegeben hätte, wäre ich unehrlich gewesen, denn im Grunde wäre gegen mich der gleiche Tatbericht fällig gewesen. Was Sie damals leichtsinnigerweise gesagt haben und wofür man Sie wegen Dummheit hätte einsperren müssen, das denke ich auch.« Fergg war aktiver Offizier im Ersten Weltkrieg gewesen, dann Wirtschaftsjurist; 1939 war er reaktiviert worden.

Einen der Teilnehmer jenes für mich bedrohlichen Verhörs in der Eifel - Stengel kam nach dem Krieg bei einem Autounfall ums Leben, Rohmader fiel als Hauptmann in Rußland - traf ich viele Jahre später in meiner Zeit als Bundesverteidigungsminister wieder. Bei einem Besuch im Wehrbereichskommando VI stellte mir General Reichelt die Offiziere seines Stabes vor, nannte Namen und Rang, auch einen abwesenden Major Münzing. »Helmut Münzing?« frage ich. Es war eine unglaublich komische Szene: Da bin ich als Verteidigungsminister dagestanden, und der Major Münzing hat gefehlt. Als er hörte, daß alle Offiziere dem Minister Strauß vorgestellt werden sollen, hat er es vorgezogen, nicht dabeizusein.

Während meines ersten Urlaubs vom Militär, an dessen Ende ich in die geschilderten Schwierigkeiten geriet, hatte ich mich mit Professor Leinfelder getroffen, einem Humanisten und leidenschaftlichen Anti-

Nazi, der im Kultusministerium arbeitete. Der sagte zu mir: »Strauß, es ist Ihre moralische Pflicht, überzulaufen. Sobald es zu einer Feindberührung kommt, müssen Sie überlaufen. Das sind Sie Ihrem Gewissen schuldig.« Meine Antwort: »Herr Professor, das kann ich nicht.« Auch wenn ich in der Armee eines Verbrechers diente - und dafür habe ich Hitler immer gehalten -, war Überlaufen für mich kein Ausweg. Ich habe es als Tragik empfunden, an einem solchen Krieg teilnehmen, andere befehligen, sie in den Kampf und vielleicht in den Tod schicken zu müssen - und gleichzeitig zu wissen, daß Hitler den Krieg nicht gewinnen durfte. Da entsteht eine seelische Belastung, die ich niemandem wünsche. Wer ein fröhlicher Nazi war und fröhlich glaubte, der hatte ein leichteres Leben. Die anderen aber hatten eine unendlich schwere Last zu tragen.

Am 22. Juni 1941 erfolgte der Angriff auf die Sowjetunion. Ich lag ganz vorn an der Front. Immer wieder habe ich auf die Leuchtziffern meiner Wehrmachtuhr geschaut - zwei Stunden, eine Stunde, eine halbe Stunde, eine Viertelstunde, zehn Minuten, fünf Minuten. Wir wußten, daß die Artillerie Punkt 3 Uhr 15 das Feuer eröffnen würde. Noch eine Minute. Mit einem Mal brannte die ganze Front, ein schauriges Bild.

Drei, vier Tage später Alarm. Zwei Geschütze müssen aus der Luftabwehr herausgezogen werden, müssen nach vorn zum Bunkerkampf. Ich bin auch dabei. Es ist ein mörderischer Tag, dieser heiße 26. oder 27. Juni. Es gibt viele Tote. Der Kommandierende General verliert ein Bein. Die Bunker sind dann mit Hilfe der Flak von Sturmpionieren geknackt worden. Die Russen hatten diese massiven Bunker nach 1939 an der neuen russischen Grenze westlich von Lemberg gebaut.

Abends wieder Alarm. Die Russen haben sämtliche verfügbaren Panzerkräfte zusammengezogen, um den deutschen Vormarsch zu stoppen. Zum Glück erfolgt der Hauptangriff an einem anderen Abschnitt. Aber der Alarm gilt auch für uns. Hinter mir geht ein Feldwebel mit einer 5-cm-PAK in Stellung. »Was willst du denn mit deiner 5-cm-PAK hinter mir?« frage ich, »du gehörst doch nach vorne!« Seine Antwort war von eigenartiger Logik: »Wenn Ihr die Russenpanzer nicht abschießen könnt, ich kann das sowieso nicht mit der 5-cm-PAK. Also bleibe ich hinter dir!« Die Russen brachen zum Teil bis zu den Sanitätseinheiten der Gebirgsdivision durch, sind dann aber fast restlos aufgerieben worden. Auf der etwa 50 Kilometer langen Strecke von Przemysl über Tarnopol bis Lemberg habe ich mindestens sechshundert vernichtete russische Panzer gesehen. In der Nacht zum 1. Juli wurde Lemberg eingenommen.

An meine Generation und damit auch an mich wird immer wieder die Frage gerichtet, was wir von den Verbrechen des Nationalsozialismus gehört haben und was wir eventuell wußten von Massenmorden, Konzentrationslagern und anderen Greueln. Man läuft heute Gefahr, verlacht, verhöhnt, verspottet zu werden, aber es bleibt dennoch wahr, wenn ich sage, daß ich von Auschwitz und anderen Vernichtungslagern keine Ahnung hatte. Den Namen Auschwitz hörte ich 1945 zum ersten Mal. Ich wußte von Dachau und wußte, daß Dachau ein KZ war, in dem Verbrechen begangen wurden. Mehr wußte ich nicht.

Beim deutschen Einmarsch in Lemberg wurde ich jedoch Zeuge eines doppelten Kriegsverbrechens, eines Kriegsverbrechens der Russen und eines Kriegsverbrechens der SS, das in der Hauptsache von ukrainischer Miliz ausgeführt wurde. Ende Juni hatten sich Teile der Bevölkerung von Lemberg gegen die Russen erhoben, woraufhin die russische Geheimpolizei GPU eine große Säuberungsaktion durchführte. Sie hat noch ermordet, was sie ermorden konnte. Ich fahre mit dem Batterieoffizier Leutnant Wenck nach Lemberg hinein, ich am Steuer, Wenck, im Frankreichfeldzug mit dem EK1 ausgezeichnet, neben mir. Brandgeruch und Leichengestank liegen über der Stadt. Vor einem Gefängnis oder einer Kaserne bemerken wir einen ungeheuren Auflauf. Die Russen haben Hunderte von Gefangenen auf bestialische Weise umgebracht. Tot oder halbtot haben sie ihre Opfer in die Kasematten geworfen, mit Benzin übergossen und angezündet. Als wir dazustoßen, werden gerade die ersten Leichen herausgeholt – bis zur Unkenntlichkeit verbranntes menschliches Fleisch. Die Toten werden auf dem Hof in Reihen gelegt, die Angehörigen werden hereingelassen, um ihre Angehörigen zu identifizieren. Die Szenen sind unbeschreiblich. Immer wieder tritt aus den Wolken eines bestialischen Gestanks eine Polin, eine Ukrainerin auf mich zu, packt mich, weint und schreit, zeigt Fotografien von Mann oder Sohn. Auf einmal sehe ich, wie neben mir Leutnant Wenck umfällt, ein tapferer und kriegserfahrener Offizier. Ich habe ihn aufgehoben und weggetragen.

Wenige Tage später – wir liegen noch in der gleichen Stellung, neben uns ein größeres Waldstück – krachen ununterbrochen Feuerstöße aus einer Maschinenpistole. Wir machen uns auf, wollen sehen, was los ist im Wald. Hinter den Bäumen eine Szene des Schreckens: Zusammengetriebene Juden, kommunistische Funktionäre, unschuldige Menschen mußten mit dem Spaten eine Grube ausheben, vielleicht 50 Meter in der Länge und zwei in der Breite. Die Gefangenen standen da zu vielen Hunderten, vielleicht auch Tausenden – die Erschießungen erstreckten sich über mehrere Tage. Sie mußten sich hinknien vor der Grube, dann ging ein junger SS-Mann, vielleicht 18 Jahre und sternhagelblau, mit der Maschinenpistole von Kopf zu Kopf, drückte ab, die Toten fielen in die Grube. War eine Lage voll, wurde Erde darauf geworfen, das Morden ging weiter. Ein ukrainischer Bauer, der das Geschehen beobachtet hatte und dabei entdeckt worden war, wurde gleich mit erschossen, damit es keinen Zeugen gab. Zum Batteriechef, Oberleutnant Jacob, dem ich später in Frankreich als Kommandeur einer Flakabteilung wieder begegnet bin, sagte ich an diesem Abend: »Lieber als auf die russischen Flugzeuge tät' ich auf die SS-Bande schießen.« Seine Antwort: »Strauß, ich auch«.

Von da an hielt ich alles, was zu hören war, auch für möglich. Das ging bei mir so weit, daß ich Katyn, wo die Russen über 4.000 polnische Offiziere erschossen, zunächst für ein Naziverbrechen hielt. Die SS-Einsatzgruppen haben die polnischen Offiziere ermordet und schieben das jetzt, typisch Goebbelsscher Propagandaschwindel, den Russen in die Schuhe – davon war ich 1943 überzeugt. Erst nach dem Krieg, als das ganze Ausmaß der Nazigreuel bekannt wurde, erkannte ich, daß meine Vermutung falsch, daß Katyn tatsächlich ein russisches Verbrechen war.

Als ich im Sommer 1941 bei unserem schnellen Vormarsch in der Ukraine einmal aus irgendeinem Grund zurückgeschickt wurde, bin ich durch mehrere Dörfer gefahren und sah dort eine eingeschüchterte, völlig verstörte Bevölkerung. Frauen weinten. Ein Einsatzkommando der Einsatzgruppe D (Ohlendorf) hatte alle Männer in den Dörfern erschossen. Ich habe die Tätigkeit dieses Einsatzkommandos zwar nicht mit eigenen Augen gesehen, aber die Spuren, die es hinterließ, waren grausam genug. Hitlers Krieg war ein Vernichtungskrieg.

Anderthalb Jahre später bin ich um Haaresbreite dem Inferno von Stalingrad entronnen. Die Fronterfahrungen, die ich bis dahin gemacht hatte, führten mich zu einer Gesamtbeurteilung der militärischen Lage, wie sie ähnlich auch von der Militäropposition entwickelt wurde. Am 12. Januar 1943 erreichte mich vor Stalingrad die Abkommandierung zu einem Lehrgang an der Feldflak-Artillerieschule XIII in Stolpmünde zur weiteren Ausbildung als Entfernungsmeß- und Batterieoffizier. Soweit

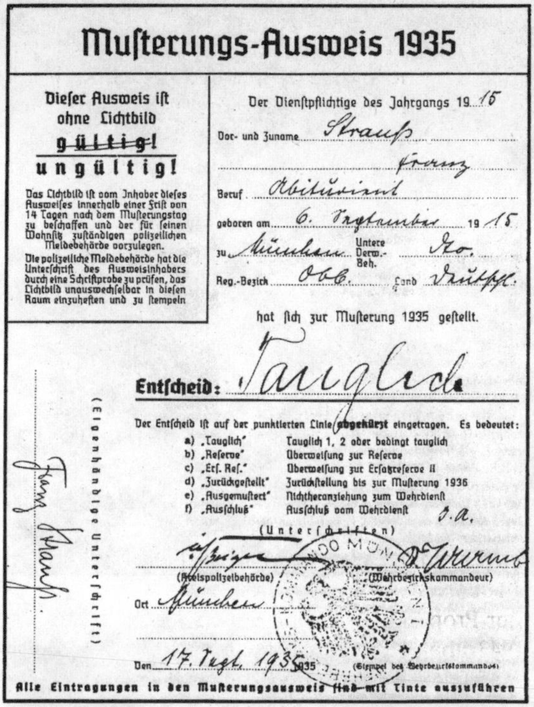

Musterungs-Ausweis 1935

Dieser Ausweis ist ohne Lichtbild ~~gültig!~~ **ungültig!**

Das Lichtbild ist vom Inhaber dieses Ausweises innerhalb einer Frist von 14 Tagen nach dem Musterungstag zu beschaffen und der für seinen Wohnsitz zuständigen polizeilichen Meldebehörde vorzulegen.

Die polizeiliche Meldebehörde hat die Unterschrift des Ausweisinhabers durch eine Schriftprobe zu prüfen, das Lichtbild unauswechselbar in diesen Raum einzuheften und zu stempeln

Der Dienstpflichtige des Jahrgangs 19 15

Vor- und Zuname Strauß
Franz

Beruf Abiturient

geboren am 6. September 19 15

zu München Untere Verw.-Beh. [illegible]

Reg.-Bezirk Obb. Land [illegible]

hat sich zur Musterung 1935 gestellt.

Entscheid: Tauglich

Der Entscheid ist auf der punktierten Linie ~~abgekürzt~~ eingetragen. Es bedeutet:

a) „Tauglich" Tauglich 1, 2 oder bedingt tauglich
b) „Reserve" Überweisung zur Reserve
c) „Ers. Res." Überweisung zur Ersatzreserve II
d) „Zurückgestellt" Zurückstellung bis zur Musterung 1936
e) „Ausgemustert" Nichtheranziehung zum Wehrdienst
f) „Ausschluß" Ausschluß vom Wehrdienst

(Unterschriften)

(Kreispolizeibehörde) (Wehrbezirkskommandeur)

Ort München

Den 17. Sept. 1935 (Stempel des Wehrbezirkskommandos)

(Eigenhändige Unterschrift) Franz Strauß

Alle Eintragungen in den Musterungsausweis sind mit Tinte auszuführen

Als Student

Als Rekrut in Landsberg, 1939

In Rußland

Winter 1942

kam es zunächst nicht. Auf der Fahrt in die Heimat fiel bei einem Fliegerangriff die Lokomotive aus, und der Zug blieb tagelang auf offener Strecke stehen. In der eisigen Kälte erfror ich mir beide Füße – meine warmen Filzstiefel hatte ich meinem Burschen überlassen und war deshalb gegen den Frost unzulänglich geschützt. Unfähig, Stiefel zu tragen, die Füße mit Binden und Lumpen umwickelt, erhielt ich Genesungsurlaub. Wie ich in München bei meiner Familie eintraf, hat meine Schwester Maria geschildert: »In einer eiskalten Winternacht im Januar 1943 kam er völlig überraschend mit erfrorenen Füßen heim. Da erfuhren wir von ihm erstmals von der sich anbahnenden Tragödie von Stalingrad und dem Untergang der 6. Armee. Er sagte wörtlich: ›Bei uns erkennt jetzt der kleinste Leutnant, daß dieser Krieg verloren ist; wenn er (Hitler) jetzt nicht aufhört, ist er der Verbrecher, noch größer, als ich immer schon gemeint habe.‹«

Am 18. Februar 1943 wurden Hans und Sophie Scholl verhaftet, nachdem sie im Lichthof der Universität Flugblätter geworfen hatten. Vier Tage später wurden sie zum Tode verurteilt und hingerichtet, was die Studentenschaft zum Anlaß einer Kundgebung für das Regime nahm. Hermann Bengtson erinnert sich daran: »Die Studentenschaft veranstaltete eine Versammlung im Auditorium maximum der Universität. Der Hörsaal war überfüllt, die Lautsprecher dröhnten, im Saal gab es laute Beifallskundgebungen für die Redner. Die Versammlung protestierte gegen die ›Verräter‹ und ›Drückeberger‹. Ich stand auf der Empore im Lichthof der Universität und konnte in die offene rückwärtige Tür des Auditoriums hineinsehen. Da kam Franz Strauß in der Uniform eines Leutnants der Flakartillerie. Als er mich erblickte, grüßte er und sagte trocken, indem er auf die tobende Protestversammlung zeigte: ›Die müssen alle weg.‹ Ich sah ihn an und sagte: ›Aber Herr Strauß, dann geht der Krieg verloren.‹ Darauf Strauß: ›Der Krieg ist schon verloren.‹ Er legte die Hand an die Mütze und verschwand mit einem ›Grüß Gott‹. Mir ist die Begegnung lange nachgegangen.«

Nachdem ich meine Erfrierungen ausgeheilt hatte, absolvierte ich von Mitte März bis Mitte Mai den vorgesehenen Lehrgang in Stolpmünde. Die veränderte Kriegslage führte dazu, daß ich danach nicht mehr an die Front abkommandiert wurde. Der massiver werdende Luftkrieg gegen Deutschland erforderte eine verstärkte Luftabwehr. Die Flakverbände des Heeres sollten möglichst rasch vergrößert werden. Ausbildungsoffiziere wurden benötigt. So wurde ich als Ausbildungsoffizier zur Lehrgangsgruppe an der Flak-Artillerieschule IV in Altenstadt bei Schongau versetzt.

Während meiner Zeit in Altenstadt – am 1. Juni 1944 erhielt ich meine Beförderung zum Oberleutnant – wurde ich mehrfach abkommandiert, so nach Dänemark, zur Heimatluftverteidigung nach Mülheim an der Ruhr, kurz vor der Invasion nach Frankreich. Die Flakschule in Altenstadt war eine Einrichtung der Luftwaffe. Das Heer, zu dem ich gehörte, hatte dort eine selbständige Lehrgangsgruppe, in der ich zusätzlich zu meiner Tätigkeit als Ausbildungsoffizier auch die Aufgaben des Abteilungsadjutanten und Chefs der Stabsbatterie übernahm. Überdies wurde ich für einige Monate noch mit der Wahrnehmung der Funktion eines »Offiziers für wehrgeistige Führung« betraut. Noch Jahrzehnte später wurde von politischen Gegnern auf der linken Seite immer wieder der freilich völlig untaugliche Versuch unternommen, mich deswegen als Anhänger der nationalsozialistischen Ideologie zu diffamieren. Die Wirklichkeit sieht anders aus. Gerade weil meine eindeutig kritische Einstellung gegenüber dem Hitler-Regime bekannt war, wurde ich in Altenstadt von meinem Kommandeur, Hauptmann Willy Schnieber, bedrängt, diese Aufgabe zu übernehmen: »Strauß, das machen Sie! Wir wollen nicht jemanden kriegen, der nicht zu uns paßt. Wir wollen keinen Weltanschauungsheini.«

Bei den Vorträgen, die ich zu halten hatte, beschränkte ich mich, ähnlich wie schon bei meinen Referaten vor dem NSKK, auf Themen der Geschichte, durchaus im Sinne der Richtlinien, die noch manche Freiheit ließen, wenn man sie geschickt interpretierte. Ich sprach über den Siebenjährigen Krieg, über die Kriege von 1866 und 1870/71, auch über den Ersten Weltkrieg. Hierüber allerdings so, daß es für mich keineswegs ohne Risiko war. Nach einem meiner Vorträge kam ein Lehrgangsteilnehmer, ein Hauptmann, auf mich zu: »Ich habe Ihren Vortrag mit großer Aufmerksamkeit verfolgt, besonders Ihre Darstellung der Gründe für die Niederlage des Deutschen Reiches im Ersten Weltkrieg. Sie haben sich nicht zum Zweiten Weltkrieg geäußert. Wer aber zu denken vermag, der muß annehmen, daß Sie den Zweiten Weltkrieg ebenso für verloren halten. Ich gebe Ihnen als älterer Kamerad den guten Rat, vorsichtiger zu werden, denn alles, was Sie als Ursachen für den Verlust des Ersten Weltkrieges angeführt haben, kann man auch als Ursachen für den Verlust des Zweiten Weltkrieges ansehen.« Genauso war es auch gemeint. Dennoch wies ich den Hauptmann, obwohl er offensichtlich mit meinem Urteil übereinstimmte, darauf hin, daß dies seine eigene Schlußfolgerung aus meinen historischen Überlegungen sei. Wenn nach dem Krieg mit zunehmendem Abstand immer leichtfertiger über das Verhalten der Kriegsgeneration geurteilt wurde und wird, so muß daran erinnert werden, daß jeder, der damals den Krieg für verloren erklärte, im Falle einer Anzeige ohne weiteres mit seiner Hinrichtung zu rechnen hatte.

Vor Jahren schon habe ich mich, wieder einmal rufmörderischen Angriffen ausgesetzt, zu meiner Zeit in Schongau geäußert. Zusammenfassend urteilte ich über meine Tätigkeit als »Offizier für wehrgeistige Führung«, »daß ich nicht nur nicht nationalsozialistisches Gedankengut verbreitet, sondern verhindert habe, daß ein anderer entsprechende Vorträge hielt, daß gegenüber der Truppe nationalsozialistische Hetzpropaganda getrieben wurde und dabei die offizielle Endsieg-Propaganda, die ich für verbrecherisch gehalten habe, noch zusätzlich in unseren Einheiten verbreitet wurde«.

Mit seinen Hoffnungen und seinen Zweifeln stand man ziemlich allein. In Schongau lernte ich Dr. Franz Hochreiter kennen, der heute als Kieferchirurg in München lebt. Er kam als Oberleutnant von der Ostfront, ausgezeichnet mit dem Deutschen Kreuz in Gold. Ich habe in ihm sofort einen anständigen Kameraden erkannt, mit dem ich, obwohl er anderer Meinung war, offen zu reden wagte. An einem Abend, als alle schon gegangen waren, sind wir noch bei einer Flasche Wein sitzengeblieben. »Herr Kamerad«, sagte Hochreiter, »ich komme von der Ostfront und bin an sich gar nicht gern hier. Weil ich mit meiner Batterie zu viele Russenpanzer abgeschossen habe – bei einem einzigen russischen Angriff 20 Panzer –, wurde ich als Ausbilder in die Heimat abkommandiert. Der Krieg ist überhaupt nicht zu verlieren.« Das war Mitte 1944!

Ich war bestürzt ob solcher Blindheit angesichts der militärischen Gesamtlage: »Herr Hochreiter, wir wollen offen miteinander reden, auch wenn ich mich dabei in Ihre Hand begebe. Ich gratuliere Ihnen zu Ihren Erfolgen, zu Ihrem hohen Orden, aber wie schaut es denn aus? Vor einem Jahr Stalingrad, die Wehrmacht seither dauernd im Rückzug, das Afrika-Korps gescheitert, zunehmende Zerstörung in der Heimat, die materielle Überlegenheit der Amerikaner, die Russen von Tag zu Tag stärker statt schwächer, Italien abgefallen – wie soll da der Krieg gewonnen sein?« Das Gespräch wird an einem zweiten Abend fortgesetzt. Meine Argumente sind auf fruchtbaren Boden gefallen: »Strauß, mir fällt's wie Schuppen von den Augen. Du hast recht.«

Viele waren so geblendet, einerseits von der unablässigen Propaganda, andererseits von den persönlichen Erfolgen, daß sie die Realität nur schwer zu erkennen vermochten. Wenn man auf der Seite der Verlierer steht, kann man hunderttausend Feinde umbringen und tausend Panzer abschießen, und doch ändert das nichts an der Gesamtkonstellation des militärischen Potentials, die einen Sieg nicht mehr zuläßt. Die Tapferkeit der deutschen Soldaten stand für mich immer außer Zweifel. Hochreiter, seit dieser Zeit einer meiner besten Freunde, sagt oft zu mir: »Du warst der erste, der mir die Augen geöffnet und mir Demokratie beigebracht hat. Wenn du jemanden brauchst, der dir bestätigt, daß du damals, als die Andeutung eines solchen Gedankens ein Todesurteil bedeuten konnte, aus deiner Gesinnung kein Hehl gemacht hast, ich stehe immer zur Verfügung.« Und Hochreiter war Jahrzehnte später dann auch spontan zur Stelle, als in einer Kampagne versucht wurde, mich als Nazi zu diffamieren.

In jene Zeit fällt auch die erste Begegnung mit Dr. Heinrich Lades, der kurz nach dem Krieg gleichzeitig mit mir Referent im Kultusministerium in München war. Ich hatte das Referat Jugend, er das Referat Sport; später sollte Lades für die CSU erfolgreicher Oberbürgermeister von Erlangen werden. Lades war Ordonnanzoffizier beim Wehrbezirkskommando in München in der Schönfeldstraße 7, im Gebäude des ehemaligen bayerischen Kriegsministeriums. Im Juli 1943 kam er nach Schongau. Soziologie und Psychologie des Lebens unter einer Diktatur sind ebenso faszinierend wie makaber. Jede Begegnung mit einem Unbekannten begann damals mit einem vorsichtigen Abtasten. So war es auch mit Lades. Schnell faßte er jedoch Vertrauen zu mir: »Herr Strauß, so wie wir uns unterhalten, sind Sie doch der Meinung, daß der Krieg nicht gewonnen werden kann?«

Was bei einem anderen durchaus eine Fangfrage hätte sein können, war bei Lades ein offenes und ehrliches Wort gegenüber einem Kameraden, den er richtig einschätzte. Von Lades erfuhr ich damals, im Februar 1944, von der Militäropposition gegen Hitler. Er berichtete mir, daß es in Berlin wie im gesamten Reichsgebiet und vor allem an der Front einen Kreis von Offizieren gebe, der ein organisatorisches Netz zur Vorbereitung eines Staatsstreiches aufgebaut habe. Das Militär sollte die Macht übernehmen, eine Übergangsregierung bilden. Das Stichwort »Walküre I« bedeutete demnach: Attentat durchgeführt, »Walküre II«: Zuschlagen auf regionaler und lokaler Ebene. Auf mich wäre, so das Resultat der Gespräche mit Lades, die Aufgabe zugekommen, in unserem Garnisonsbereich »reinen Tisch zu machen«, was nicht Erschießen, sondern Festnahme eifernder Nazis meinte. Lades, mit dem ich bis heute befreundet bin, hat sich gegen Kriegsende der »Freiheitsaktion Bayern« angeschlossen, wurde deswegen zum Tode verurteilt, konnte aber nicht mehr gefaßt und hingerichtet werden.

Eingeweiht in die Pläne der Militäropposition war auch ein Major Grüneberg, Dozent der Volkswirtschaft aus Norddeutschland, der vom »Tatkreis« kam. Grüneberg sprach mich im Februar 1944 an; er wisse, wie ich denke, deshalb lade er mich zu einem vertraulichen Treffen mit einigen Offizieren ein, an dem auch der Kommandeur der Flakschule, Oberst Günther Kretschmann, teilnehme. Wir treffen uns, der Raum ist völlig abgedunkelt und abgedichtet, die Ordonnanzen sind weggeschickt. Der Gast, den Major Grüneberg angekündigt hatte, erscheint. Es ist Hans Zehrer, der führende Kopf des »Tatkreises«, später Chefredakteur der Tageszeitung »Die Welt« und ein enger Freund des Verlegers Axel Springer, ein Mann, dessen Lebensinhalt, mit allen Träumen und Risiken, Deutschland war. Zehrer entwickelte eine umfassende Darstellung der Kriegslage, aus der sich, was mir nicht neu war, die Niederlage als unabwendbar ergab. Er berichtete von Plänen, durch einen Staatsstreich die Fortsetzung des Krieges und den sinnlosen Tod von Hunderttausenden zu verhindern. Zehrers Analyse stieß in diesem kleinen Kreis von Eingeweihten - zu dem auch Dipl.-Ing. Josef Bader, nach dem Krieg vorübergehend CSU-Bürgermeister in Dießen am Ammersee, gehörte - selbstverständlich auf keinen Widerspruch.

Offensichtlich hatte sich die Einrichtung des »Offiziers für wehrgeistige Führung« nicht bewährt. Sie wurde im Dezember 1943 aufgehoben, statt dessen sollte namentlich bei Ausbildungseinrichtungen ein »Nationalsozialistischer Führungsoffizier (NSFO)« ernannt werden. Mein Kommandeur wollte mich mit den gleichen Argumenten wie zuvor auch für diese Aufgabe gewinnen. Ich lehnte aus drei Gründen ab: Erstens wollte ich mit dem Titel nichts zu tun haben, zweitens schloß diese Funktion die Verbindung zur Partei und zum Sicherheitsdienst (SD) ein, drittens wäre ich gezwungen worden, Kameraden zu denunzieren. Ein Opfer solcher Denunziation wäre ich um ein Haar selbst geworden, und das wenige Tage vor Kriegsende.

Der Kommandeur der Luftwaffenflakschule, der Kommandeur der Heeresflak-Lehrgangsgruppe und die jeweiligen Adjutanten - einer von ihnen Franz Josef Strauß - waren sich nach gründlicher Beratung einig geworden, daß es sinnlos, ja verbrecherisch wäre, gegen die anrückenden Amerikaner Widerstand zu leisten, wie es der am 22. Januar 1945 im gesamten Reich ausgelöste Alarmplan »Gneisenau« vorsah. Um die

Lehrgangsteilnehmer zu bewaffnen, standen lediglich Karabiner zur Verfügung. Die Amerikaner hingegen konnten Artillerie, Panzer und Flugzeuge in Massen aufbieten. Hätte man versucht, entsprechend dem Befehl eine »Lechlinie« als Verteidigungsstellung aufzubauen, wäre, abgesehen von der militärischen Sinnlosigkeit einer solchen Aktion, ein Blutbad nicht zu vermeiden gewesen. Außerdem wäre Schongau mit Sicherheit zerstört worden. Die beiden Kommandeure hatten deshalb zugestimmt, bis auf das Personal der Stammabteilungen und eine Alarmbatterie alle Lehrgangsteilnehmer - rund zweitausend von der Luftwaffe und rund fünfhundert von der Heeresflak - aus der Wehrmacht zu entlassen. Jeder erhielt ordnungsgemäß ausgestellte Papiere. Falsch war lediglich der Hinweis auf die in solchen Fällen notwendige Verfügung des Oberkommandos des Heeres (OKH). Aber das konnte einstweilen niemand nachprüfen, am allerwenigsten konnten dies die Amerikaner. Niemand wußte, ob es überhaupt noch ein funktionsfähiges OKH gab.

Zwei Wochen vor der Kapitulation und wenige Tage vor dem Anrücken der Amerikaner war die Flakschule auf diese Weise ziemlich leer geworden. Bei den Besprechungen, wie die Aktion durchzuführen sei, waren die Kommandeure und ihre Adjutanten allerdings von überzeugten NS-Anhängern belauscht worden. Einer meiner Unteroffiziere eröffnete mir daraufhin, daß er Verbindungsmann zum SD sei und daß er mich warnen wolle. Zwei Lehrgangsteilnehmer, ein Oberwachtmeister und ein Unteroffizier, hätten ihm mitgeteilt, daß ich die Verteidigung entgegen dem Führerbefehl zu verhindern suchte. Sie beabsichtigten, mich deshalb am nächsten Tag beim Morgenappell vor versammelter Mannschaft wegen Defaitismus zu erschießen.

Meine Kameraden und ich trafen Gegenmaßnahmen und schickten die beiden auf Spähtrupp gegen die heranrückenden Amerikaner, die damals in der Gegend um Kaufbeuren standen. Später - ich war schon stellvertretender Landrat von Schongau - hatte ich noch einmal Gelegenheit, mich des Ernstes der damaligen Situation zu vergewissern. Der Oberwachtmeister, noch in Uniform und soeben aus dem Lazarett entlassen, sprach wegen der Zuteilung von Lebensmittelmarken bei mir vor - freilich ohne die geringste Ahnung zu haben, wen er im Landratsamt antreffen würde. Nachdem ich ihn an die Vorgänge während der letzten Tage des Krieges erinnert hatte, fragte ich ihn: »Stimmt es, daß ihr mich habt erschießen wollen?« Die Antwort: »Ich bitte um Verzeihung - ja. Wir waren so verhetzt und fanatisiert, daß ich erst später gemerkt habe, daß Sie recht hatten!«

Das Bemühen, sinnloses Blutvergießen und die Zerstörung der Heimat zu verhindern, bestimmte während der letzten Tage des Krieges mein und meiner Kameraden Verhalten in der Flakschule Altenstadt. So sollte sich der vom zuständigen Gauleiter aufgebotene Volkssturm in der Flakschule versammeln. Es kamen überwiegend alte Bauern aus der Umgebung, die unzulänglich, vielfach nur mit Schrotflinten bewaffnet waren. Die Flakoffiziere nahmen den Männern die Waffen ab und schickten sie auf der Stelle nach Hause. Die Männer, die befürchtet hatten, tatsächlich noch kämpfen zu müssen, atmeten erleichtert auf. So schnell waren sie schon lang nicht mehr gelaufen wie jetzt, als es darum ging, aus der Kaserne heraus und wieder nach Hause zu kommen.

Kämpfen bis zur letzten Patrone wollten die Hitlerjungen aus einem benachbarten HJ-Lager. Ermahnungen und dringende Appelle, daß der Krieg verloren sei, fruchteten bei einigen fanatisierten Jungkämpfern nicht. Daraufhin haben wir das HJ-Lager mit zwanzig oder dreißig Mann umstellt und haben ihnen die Panzerfäuste abgenommen. Als einige aufsässig wurden, haben wir ihnen ein paar heruntergezogen und gesagt: »Geht heim zur Mami, da gehört ihr hin!«

Gefährlicher als die Begegnung mit Volkssturm und Hitlerjugend war das Zusammentreffen mit einem »fliegenden Standgericht« der Waffen-SS. Aus drei Mann bestehend, mit einem PKW unterwegs und wohlversehen mit Stricken als Henkerswerkzeug, war das Hängekommando im Schongauer Bereich im Einsatz. Durch das Aufgreifen und die Hinrichtung von Deserteuren sollte jenseits jeder Vernunft und Verantwortung Durchhaltegesinnung erzwungen werden. Auf das barbarische Treiben des Kommandos wurde ich durch den Wirt des benachbarten Dorfes Hohenfurch aufmerksam. Ich hatte dem Wirtssohn eine vierwöchige Urlaubsverlängerung gewährt; als diese verstrichen war, standen die Amerikaner gewissermaßen vor der Tür, und der junge Mann kehrte nicht mehr in die Flakschule zurück. Im väterlichen Wirtshaus war er von den SS-Männern aufgegriffen worden, und es sollte kurzer Prozeß mit ihm gemacht werden. Rechtzeitig traf ich ein, sprach dem SS-Kommando jede Zuständigkeit ab und nahm den jungen Mann pro forma fest, um ihn später laufen zu lassen. Widerspruch des SS-Kommandos ließen meine Kameraden und ich gar nicht erst aufkommen; erstens waren sie nur zu dritt, zweitens waren sie im Vergleich zu uns schlecht bewaffnet. Ich habe ihnen dann den guten Rat gegeben, in fünf Minuten zu verschwinden, andernfalls würden sie von uns an die

Wand gestellt. Diese rauhe Methode hatte Erfolg, und die SS-Henker machten sich aus dem Staub.

Am 27. April 1945 rollten amerikanische Panzer durch das Haupttor in die Flak-Kaserne von Altenstadt ein - durch ein hinteres Tor machte ich mich mit dem Fahrrad aus dem Staub. Zuvor hatte ich mich selbst aus der Wehrmacht entlassen. Da ich unsere Personalpapiere verwaltete, trug ich in den Wehrpaß den entsprechenden Vermerk ein und als Datum den 20. April 1945. Gekleidet in den einzigen Zivilanzug, der mir geblieben war, fand ich zunächst Unterschlupf beim Pfarrer von Schwabniederhofen. Untätiges Herumsitzen und Warten war nie meine Sache. Am nächsten Morgen schon machte ich mich mit dem Fahrrad auf nach Schongau, um mich dort umzusehen. Wahlloses Maschinengewehrfeuer einer amerikanischen Panzerkolonne ließ mir jedoch die Umkehr ratsam erscheinen. Am Mittag kamen die Amerikaner nach Schwabniederhofen, die gesamte männliche Bevölkerung mußte antreten. Das war meine erste persönliche Begegnung mit den Amerikanern. Es war der 28. April 1945.

Meine Papiere waren kontrolliert und als korrekt akzeptiert worden. Bei einer zweiten Kontrolle - trotz Ausgangssperre besichtigte ich bei einem Spaziergang durchs Dorf interessiert die amerikanischen Panzer - hatte ich weniger Glück. Zunächst verwickelte ich die Soldaten in ein Gespräch, in dem ich ihnen klarzumachen versuchte, daß sie sich jetzt zwar über den Sieg über die Deutschen freuen könnten, daß sie aber mit den Russen noch erheblichen Ärger bekommen würden. Dies wurde von den Soldaten unwillig als »Nazigeschwätz« abgetan. Während wir noch diskutierten, stoppte plötzlich ein Jeep neben uns, zwei Offiziere forderten mich auf, meine Papiere vorzuzeigen. Mein Wehrpaß wurde sorgfältig durchgeblättert. Das Entlassungsdatum erregte Mißtrauen und Anstoß - ich marschierte in die Gefangenschaft nach Schongau.

Man brachte mich in einer Garage unter, und ich wurde korrekt behandelt. Als bei den Vernehmungen herauskam, daß ich umfangreiche Fronterfahrung gesammelt hatte, forderte mich ein gut deutsch sprechender Offizier, Major Rosencranz, offensichtlich ein emigrierter deutscher Jude, auf, einen Erfahrungsbericht niederzuschreiben. Die Amerikaner interessierten sich weniger für militärische Geheimnisse des Deutschen Reiches, die es zu diesem Zeitpunkt ohnehin nicht mehr gab, als vielmehr für die Taktik der russischen Luftwaffe und für unsere

Erfahrungen bei deren Bekämpfung mit der leichten und schweren Flak. Ich konnte daraus schließen, daß die Amerikaner einen militärischen Konflikt mit der Sowjetunion zu einem späteren Zeitpunkt nicht mehr völlig ausschlossen.

Was ich als Voraussetzung für einen solchen Bericht verlangte, wurde anstandslos gewährt - erstens ein Zimmer, zweitens Papier und Schreibmaschine, drittens amerikanische Truppenverpflegung und viertens Bewegungsfreiheit in der Kaserne. Mit dem Ergebnis meiner Arbeit, 20 bis 25 Schreibmaschinenseiten, war man zufrieden. Major Rosencranz, der mir stets außerordentlich höflich begegnete, bedankte sich in aller Form.

Nach der Entlassung aus der Kriegsgefangenschaft, die kaum fünf Wochen gedauert hatte, meldete ich mich bei der Militärregierung, die mir den gewünschten Paß ausstellte und mich, vor allem wegen meiner Englischkenntnisse, zum stellvertretenden Landrat ernannte.

Zu meiner Prägung haben sechs Jahre Dienst in der Wehrmacht, davon mehrere Jahre Fronterlebnis, wesentlich beigetragen. Sie haben mein Verhältnis zu den außerbayerischen Deutschen verändert, haben bei der Formierung der Persönlichkeit und im Kameradschaftsgefühl gegenüber anderen deutschen Stämmen eine wesentliche Rolle gespielt. Das verpflichtende Bewußtsein, für das Ganze einstehen zu müssen, drang unauslöschlich in mich ein. Der Preis für diese Erfahrung ist natürlich überhaupt nicht nennbar. Wenn es denn schon unvermeidlich war, so kann ich nur sagen, daß ich dieser Zeit viel verdanke an Persönlichkeitsbildung, Führungsbefähigung und Bereitschaft zum Risiko. Sicherlich war es ein hohes und bitteres Lehrgeld, und wenn man mich gefragt hätte, ob ich bereit sei, diese Lehrzeit in Kauf zu nehmen, um meine Persönlichkeit zu formen und zu finden, hätte ich nein gesagt - aber ich bin nicht gefragt worden.

Hier drängt sich eine Überlegung im historischen Irrealis auf. Das Deutsche Reich hätte den Zweiten Weltkrieg unter Umständen gewinnen können. Hitler dachte anfangs daran, durch unbegrenzte Aufrüstung ein politisches Erpressungspotential zur Durchsetzung seiner Ziele zu schaffen. Er hoffte, den Vorsprung der deutschen Rüstung in politische Münze umsetzen zu können, indem er England mit Hilfe einer überlegenen deutschen Luftwaffe und Frankreich mit einer modernen Panzerwaffe vor vollendete Tatsachen stellte. Hätte Hitler - ein schauriger und furchtbarer Gedanke - 1938/39 die Atombombe zur

Verfügung gestanden, so hätte dieser Plan durchaus aufgehen können.

Und noch 1941 hätte Hitler theoretisch eine Chance gehabt. Hätte er sich damals - was er allerdings nicht konnte - mit Stalin dauerhaft verständigt über die Teilung der Welt, über Demarkationslinien und Interessensphären in Europa - in der Ostsee, auf dem Balkan, an den Dardanellen - und hätte er Rußland nicht angegriffen, dann wäre das deutsche Militärpotential nicht im Osten verschlissen worden. Die alliierten Bomberverbände hätten nicht diese verheerenden Schäden anrichten können, weil der Ausbau der in der Planung befindlichen deutschen Tag- und Nachtjagd-Waffe konsequent vorangetrieben worden wäre. Die alliierte Luftoffensive wäre entweder von den Deutschen gestoppt oder wegen steigender Verluste von den Alliierten eingestellt worden. Die Amerikaner hatten ohnehin große psychologische Schwierigkeiten mit ihren Bomberbesatzungen, beispielsweise als beim Angriff auf die Kugellagerfabriken in Schweinfurt 55 Maschinen abgeschossen wurden.

Und was wäre wohl geschehen, wenn es gar zu einer gemeinsamen deutsch-russischen Kriegführung gekommen wäre und die Deutschen an einem für die Bomber der Alliierten nicht erreichbaren Ort wie Swerdlowsk oder wo auch immer nukleare Waffen und ballistische Raketen entwickelt hätten? Ob es Roosevelt dann gelungen wäre, die Amerikaner, denen er noch im Wahlkampf Nichteinmischung versprochen hatte, in den Krieg zu führen? All das ist nicht ohne weiteres zu beantworten, auf jeden Fall wäre die Entwicklung anders verlaufen. Zum Glück ist das eine historisch irreale Annahme - ein Alptraum!

Natürlich steckt in diesen theoretischen Gedankenspielen die Frage nach der Natur einer diktatorischen Herrschaft, nach dem, was im Kopf eines verbrecherischen und größenwahnsinnigen Diktators wie Hitler vorging. Eine kühle Ratio, eine nüchterne Einschätzung der eigenen Möglichkeiten und ihrer Grenzen, ein Selbstverständnis von Politik als der Kunst des Möglichen - das alles war Hitler fremd. Auch nach dem Zusammenbruch der deutschen Offensive in Rußland, der das Schicksal des Deutschen Reiches besiegelte, hat Hitler in seiner wahnsinnigen Verblendung nicht einen Augenblick daran gedacht aufzuhören. Eben das unterscheidet ihn von allen anderen Politikern der deutschen Geschichte, daß es für ihn dieses Moment des Innehaltens niemals gegeben hat. Selbst Ludendorff hatte Ende September 1918 gesagt, daß der Krieg nicht mehr zu gewinnen sei und daß er abgebrochen werden müsse; seine Einschränkung bestand darin, daß die Militärs nicht vorangehen dürften, sondern diplomatische Schritte eingeleitet werden müßten. Der Gefreite Hitler hätte noch bis ins Jahr 1920 und, wenn es gegangen wäre, auch länger gekämpft.

Nach zwölf Jahren, sechs davon Krieg, war das »Tausendjährige Reich« vorbei. Deutschland stand vor dem größten Trümmerhaufen seiner Geschichte. Die Stunde Null schien gekommen. Was mich damals bewegte, habe ich in einem Sammelband, der 1980 unter dem Titel »Erwartungen« erschien und in dem prominente Zeitgenossen Rückschau hielten, so formuliert: »In dieser Zeit von 1945 und danach, in der es um das Überleben ging, ums Essen, Heizen, die Behausung, das Wiederfinden der nächsten Angehörigen, kurz gesagt um die nackte Existenz, da haben wir uns die Frage gestellt: Wie soll das eigentlich weitergehen? Hat denn dieses Deutschland noch eine Zukunft? Wie sollen wir mit dem Wiederaufbau der größten Trümmerlandschaft der Weltgeschichte - materiell und geistig gesehen - fertig werden?« Mit meinem Wirken als Politiker wollte ich dazu beitragen, diese Frage positiv zu beantworten.

Landrat in Schongau

Am Anfang war die Potsdamer Konferenz. Alle großen Fragen im Zusammenhang mit der Gründung der Bundesrepublik Deutschland gehen für mich zurück auf diese Konferenz, die vom 17. Juli bis 2. August 1945 dauerte und auf der die Staats- und Regierungschefs Großbritanniens, der USA und der UdSSR zu weitreichender Übereinkunft hinsichtlich der Zukunft Deutschlands gelangten. Das besiegte Deutschland war bei dieser Konferenz sowie bei den sich anschließenden Außenministertreffen nur Objekt, nicht Subjekt.

Die Sowjets haben den Potsdamer Beschluß vom August 1945, Deutschland wirtschaftlich und politisch als Einheit zu behandeln, nachträglich - bezeichnend für ihre verschlagene Taktik - unter den Vorbehalt gestellt, daß drei Forderungen erfüllt würden. Erstens ging es ihnen um Reparationen in Höhe von »10 billion Dollar«, eine Zahl, die zu irriger Auslegung und Verwechslung von Milliarde und Billion geführt hat. Wir dachten, das seien 10.000 Milliarden Dollar, in Wirklichkeit waren es aber »nur« 10 Milliarden Dollar, weil im Englischen »one billion« eine Milliarde heißt. Die zweite Forderung Moskaus war eine Beteiligung der Sowjetunion an der Kontrolle über Rhein und Ruhr. Das dritte Verlangen galt der Herstellung »demokratischer« Verhältnisse in den drei Westzonen, wie sie in der Sowjetischen Besatzungszone bereits eingeführt seien.

Über Punkt 1 hätte man später reden können, Punkt 2 wurde von den westlichen Alliierten rundweg abgelehnt, weil sie doch schon so weit in ihrem Erkenntnisprozeß fortgeschritten waren, daß man die Sowjets nie mehr von Rhein und Ruhr würde vertreiben können, wenn sie sich dort erst einmal festgesetzt hätten. Die Verwirklichung der dritten Forderung hätte praktisch die Gleichschaltung der drei Westzonen mit den Verhältnissen in der SBZ und damit einen ersten Schritt zur Vorbereitung der Einheit unter Hammer und Sichel bedeutet. Nachdem die Sowjets ihr Ziel nicht erreichen konnten, haben sie die westliche Währungsreform als Zerstörung der wichtigsten Voraussetzung ihrer Politik empfunden, nämlich durch wirtschaftliche Not eine Lösung zu erzwingen, die in die Linie ihrer Strategie paßte. Zudem war die Währungsreform an den Marshall-Plan und die neue Deutsche Mark an den Dollar gekoppelt. Damit war in sowjetisch-marxistischer Sicht eine so intensive Symbiose hergestellt, daß dies de facto das Ende der sowjetischen Pläne bedeuten mußte.

Die Frage der sowjetischen Beteiligung an einer Rhein-Ruhr-Besetzung reicht vom Winter 1944/45 bis in die letzte Stunde der Londoner Außenministerkonferenz im November/Dezember 1947. Die Sowjets sagten, sie müßten an der Kontrolle über das Ruhrgebiet als der Waffenschmiede des Deutschen Reiches beteiligt sein. Stalin sprach von 200.000 Mann, die er schicken wolle; das war zu einer Zeit, als die Amerikaner nur noch ungefähr halb so viele Soldaten auf deutschem Boden hatten. Aufmerksam auf dieses Problem wurde ich durch das mir später bekannt gewordene Protokoll dieser letzten gemeinsamen Sitzung des Rates der Außenminister 1947, auf der sehr deutlich nein gesagt wurde zu den sowjetischen Wünschen.

Diesem beabsichtigten Griff der Sowjets über die Grenzen ihrer Zone hinweg an die Ruhr und damit in das Herz des freien Deutschland, in sein wirtschaftliches Zentrum, das es damals noch war, mußten die westlichen Alliierten entgegentreten. Ein Ja hätte ganz Deutschland den Sowjets als Kriegsbeute ausgeliefert. Aus der politischen Umgestaltung in der sowjetischen Zone und aus den weitergehenden Forderungen der Sowjetunion konnten die Westmächte klar ablesen, daß Moskau ein kommunistisches Gesamtdeutschland oder zumindest ein sozialistisch-neutralistisches Gesamtdeutschland wollte, was jede Einflußnahme des Westens zunichte gemacht hätte. Dem Westen gingen die Augen auf. Die Ernüchterung über die wahren Absichten ihres Kriegsalliierten beschleunigte bei den Westmächten die Erkenntnis, daß Stalin die Potsdamer Beschlüsse auf andere Weise in die Wirklichkeit umsetzen wollte als verabredet. Die Überzeugung brach sich Bahn, daß in den drei westlichen Besatzungszonen ein eigener Weg gegangen werden müsse.

Die Sowjets taten alles, um diesen Prozeß zu beschleunigen. Bewußt verhinderten sie durch ihre Politik einen wirtschaftlichen Zusammenschluß aller Besatzungszonen und eine einheitliche Wirtschaftsverwaltung, um dadurch auch in den drei westlichen Besatzungszonen ein weiteres Anwachsen der Not und des Hungers zu erreichen - in ihrem eigenen Machtbereich sah es ohnehin finster genug aus. Auf diese Weise glaubten die Russen, Druck auf die westlichen Alliierten ausüben zu können: Entweder beugten sie sich den sowjetischen Forderungen zur Durchführung der Potsdamer Beschlüsse, oder sie hatten andernfalls die bitteren Folgen ihrer Weigerung in Kauf zu nehmen. Moskau setzte auf wachsende Verzweiflung und wachsende Erbitterung bei der deutschen Bevölkerung und hoffte auf Unregierbarkeit der westlichen Besatzungszonen. In der Tat war die Not für die allgemeine Bevölkerung in den Nachkriegsjahren größer - am schlimmsten im Hungerwinter 1946/47 - als am Ende des Krieges.

Am 6. September 1946 hielt der amerikanische Außenminister Byrnes in der Württembergischen Staatsoper in Stuttgart eine berühmte Rede, die von uns allgemein als Wendepunkt der amerikanischen Deutschlandpolitik angesehen wurde. Vor amerikanischen Offizieren, deutschen Landesministern und hohen Beamten stellte Byrnes fest, daß die Amerikaner in Deutschland bleiben werden, solange die Anwesenheit anderer Besatzungstruppen dies erfordere. In dieser Rede wurde eine neue Haltung der Vereinigten Staaten sichtbar, die ein halbes Jahr später mit der Verkündung der Truman-Doktrin offizielle Politik werden sollte. Zum ersten Mal wurde in einem amerikanischen Regierungsdokument von kommunistischer Machtexpansion gesprochen, die es einzudämmen gelte. Der Westen habe nicht den einen Totalitarismus bekämpft, um den anderen gewähren zu lassen, sagte Churchill damals. Genau ein Jahr vor Verkündung der Truman-Doktrin, am 5. März 1946, hatte er in einer Rede in Fulton, Missouri, jenen Begriff popularisiert, der dann auf Jahre hin die politische Bühne beherrschte: »Iron Curtain« - Eiserner Vorhang. Der amerikanische Kolumnist Walter Lippmann verwendet zum ersten Mal das Wort »Kalter Krieg«, der amerikanische Diplomat George F. Kennan schreibt in einem Aufsatz in »Foreign Affairs« über die Notwendigkeit des »Containment«, der Eindämmung der sowjetischen Expansion, ein Begriff, den auch George Marshall gebrauchte, als er am 5. Juni 1947 das »European Recovery Program« verkündete, Amerikas Beitrag zum Wiederaufbau Europas.

Als sich diese dramatischen politischen Verschiebungen vollzogen, stand ich bereits in der konkreten politischen Verantwortung. Aber die großen Linien wurden hoch über den Köpfen der Deutschen bestimmt, wir waren in keiner Weise beteiligt. Unser Denken und Handeln wurde von der Not und dem Zwang des Alltags beherrscht. Wir waren von den täglichen Problemen und Notwendigkeiten so in Anspruch genommen, daß wir größere, weitergehende Zusammenhänge kaum wahrnehmen, geschweige denn beeinflussen konnten.

Gleich in den ersten Julitagen 1945, nachdem sich die amerikanischen und britischen Truppen vereinbarungsgemäß aus den von ihnen besetzt gehaltenen Gebieten Mecklenburg, Sachsen und Thüringen zurückgezogen hatten, kamen bei uns einige Trecks mit Flüchtlingen aus Thüringen an. Der amerikanische Rückzug war für uns eine unangenehme Überraschung, hatten wir bis dahin doch intensiv in der Vorstellung gelebt, die Amerikaner würden Front gegen die Russen machen. Von da an bestimmte uns die Furcht, die Amerikaner könnten ganz Europa den Russen preisgeben. Diese Furcht war weitverbreitet. Ich erinnere mich an viele Gespräche hierüber, deutlich auch an Unterredungen mit meinen Eltern.

Ich habe auch nie verstanden – und dies hat in mein politisches Bewußtsein nach dem Zweiten Weltkrieg hinübergewirkt und bis heute angehalten –, warum die Amerikaner, nachdem sie den Durchbruch im Westen erzielt hatten und praktisch auf keinen militärischen Widerstand mehr stießen, eine Woche lang an der Elbe stehengeblieben sind, bis sie bei Torgau am 25. April 1945 den Schulterschluß mit den Sowjets vollzogen. Ich war damals noch in Uniform und fragte mich verzweifelt, warum marschieren die Amerikaner nicht auf Berlin, sie könnten längst vor den Russen dort sein. Alle Abwehrmaßnahmen der Wehrmacht, die unter furchtbaren Verlusten stattfanden, so bei den Seelower Höhen und bei Frankfurt an der Oder, dienten nur noch dazu, den russischen Vormarsch aufzuhalten und der Bevölkerung die Flucht in den Westen zu ermöglichen. Die Russen haben dann in einem unglaublichen letzten Einsatz von Material und Menschen den Durchbruch nach Berlin erzwungen.

Wir hatten damals das Gefühl, daß die Amerikaner als kleinkarierte Eisenwarenhändler, die Russen aber als politische Strategen dachten. Für die Amerikaner war Berlin ein Schrotthaufen, ein Trümmerhaufen ohne jeden Wert – von der symbolischen Bedeutung einer Hauptstadt verstanden sie nichts. Für die Russen dagegen galt das alte Denken: Wer die Hauptstadt hat, ist der Sieger, er beherrscht sozusagen das Nervenzentrum des Feindes. Obwohl sie militärisch nichts zur Einnahme von Berlin beigetragen und den Russen die Stadt überlassen hatten, durften die Amerikaner dann als vierte Macht im Jeep mitfahren. Ich habe den Amerikanern ihr verhängnisvolles Zögern vor Berlin nie verziehen.

Der Reflex aus diesem tiefen und anhaltenden Unverständnis des amerikanischen Verhaltens bei Kriegsende bewirkte auch, daß die Berlinkrise von 1948 für uns ein amerikanisches Problem war, kein deutsches. Die Deutschen als Objekte der Weltpolitik waren völlig unfähig, mehr zu tun als in Berlin sozusagen auf anständige Weise durchzuhalten.

Bei einer ausführlichen Unterredung mit dem amerikanischen Botschafter Richard Burt im Jahre 1987, in der wir eine Reihe von Themen wie Null-Lösung, Raketenfrage, Airbus und so weiter behandelten, fragte mich Burt plötzlich, warum ich die juristische Position von Berlin als »heilige Kuh« bezeichnet hätte. Der Hintergrund war eine Diskussion darüber, ob aus Anlaß der 750-Jahr-Feier der Stadt der Regierende Bürgermeister Eberhard Diepgen nach Ost-Berlin gehen sollte oder nicht. Die Amerikaner hatten in diesem Zusammenhang die Frage aufgeworfen, ob ein solcher Besuch mit dem Berlin-Status zu vereinbaren sei, worauf ich in der Öffentlichkeit sagte, der Berlin-Status sei keine heilige Kuh. Dies hat mir Burt vorgehalten. Ich antwortete mit einer Anklagerede: Erstens hätten die Amerikaner am Ende des Krieges ihren Vormarsch eingestellt und Berlin den Russen überlassen. Zweitens hätten sich die Amerikaner nie wirklich bemüht, Berlin als Einheit durchzusetzen. Alle ihre Proteste stammten aus einer Sammlung von Formblättern, die in Schreibtischschubläden bereitlägen, und immer, wenn drüben wieder eine Truppenparade stattfinde, werde ein Formblatt ausgefüllt, was dann Protestnote heiße. Die Amerikaner seien es, die die Position Berlins nie ernst genug genommen hätten, und deshalb sei irgendwelche Aufregung über den von mir verwendeten Begriff »heilige Kuh« überflüssig. Burts Einwand, ich rüttelte damit an Grundpositionen, blieb von mir nicht unbeantwortet. »An Grundpositionen, die Sie längst aufgegeben haben! Auch Kennedy hat doch den Bau der Mauer billigend in Kauf genommen.« Aus bis heute geltenden Gründen sah ich also schon als Landrat von Schongau sowie als Mitglied des Wirtschaftsrates das Problem Berlin aus einer ganz besonderen Sicht.

Natürlich spielten die Amerikaner im Bewußtsein derer, die sich an den politischen Neubeginn wagten, die beherrschende Rolle. Die Briten traten eher regional, eigentlich nur in ihrer Zone in Erscheinung. Und auch die französische Besatzungsmacht war in Bayern weitgehend unbekannt. Charles de Gaulle, der im August 1944 in Paris eingezogen war, tauchte erst später in unserem politischen Denken auf. Er galt als Förderer separatistischer Lösungen, er galt, vor allem auch wegen der zum Teil sehr unfreundlichen Besatzungsmethoden der Franzosen, als unversöhnlicher Feind der Deutschen. Man war in Bayern froh, daß man, abgesehen von Lindau im Bodensee, amerikanische Besatzungstruppen hatte und nicht französische. Die Franzosen waren mit Spitzen ihrer 1. Armee – darunter auch Marokkaner und Kolonialtruppen – bis Dießen am Ammersee gekommen und haben sich brutal aufgeführt. Dießen liegt von Schongau nur wenige Kilometer entfernt. Im Vergleich dazu waren die Amerikaner korrekt und nobel, und wir hatten in sie ein ungleich größeres Vertrauen. Dabei hatten uns die Amerikaner besiegt, sie hatten unser Land zerbombt, während die Franzosen von uns besiegt worden waren. Hier spielte noch das Erbfeinddenken eine Rolle, auch die miserable Behandlung der Deutschen durch die Franzosen nach dem Ersten Weltkrieg, und nicht zuletzt der Vertrag von Versailles, Hitlers zugkräftigstes Propagandaarsenal. Die Amerikaner galten trotz der Bombenangriffe als die besseren, die feineren, das war rational fast nicht erklärbar. In den Franzosen sah man nur diejenigen, die überhaupt kein Deutschland mehr wollten.

So hat man auch weiterhin auf die amerikanische Karte gesetzt in der Überzeugung, daß die Amerikaner die Deutschen nicht im Stich ließen. Zudem herrschte damals eine gewisse Schicksalsergebenheit; man lebte aus dem heute kaum mehr vorstellbaren Gefühl, noch einmal davongekommen zu sein. Die damalige Stimmung ist für die jüngere Generation heute überhaupt nicht mehr verständlich und selbst für diejenigen, die diese Jahre erlebt haben, nur schwer zu rekonstruieren. Wenn ich an meine Arbeit im Landratsamt Schongau denke, welche Probleme und Sorgen wir hatten!

Der Landkreis Schongau hatte 26.000 »Ureinwohner«, eine Zahl, die durch Kriegsverluste kaum beeinträchtigt worden war, die aber innerhalb weniger Jahre auf 35.000 bis 38.000 Menschen anwuchs. Es war ein Landkreis, der zwar weitgehend intakt war, in dem es aber nur Kleinbauern und Kleinhandwerker gab sowie ein bißchen Industrie, die auch nicht viele Möglichkeiten bot. Gemeinschaftsunterkünfte waren schon gar nicht vorhanden. Nun kamen auf einmal Tausende von Menschen, ab 1946 strömten jede Woche ein paar hundert herein. Bayern war das Zuzugsgebiet für die Vertriebenen aus Böhmen und Mähren, aber auch für Schlesier und Ostpreußen. Vor allem die Transportzüge aus der Tschechoslowakei boten ein Bild des furchtbaren Elends, der drückenden Not. Wie sollte man die Leute unterbringen? Wie sollte man sie ernähren? Das waren die Fragen, die mich Tag und Nacht beschäftigten.

Wir als Christlich-Soziale Union mit unserer dem christlichen Sittengesetz verpflichteten Politik sahen es als selbstverständlich an, die Vertriebenen und Flüchtlinge bei uns in Bayern aufzunehmen. Es war also nicht allein eine nationale Aufgabe, zu tun, was in unserer Macht stand. Wir haben auf diesem Felde einen harten Kampf gegen die Bayernpartei geführt, in dem wir erhebliche Blessuren davontrugen, weil sich der Instinkt einer sehr konservativen, bodenständigen Bevölkerung natürlich vielfach gegen die Aufnahme von »Fremden« wandte.

Wir schafften es dann sehr schnell, Heimatvertriebene in politische Funktionen zu bringen. So habe ich zum Beispiel in meinem Landkreis schon früh und mit Nachdruck dafür gesorgt, daß Heimatvertriebene in Gemeinde- und Stadträten sowie im Kreistag vertreten waren. Wir hatten frühzeitig bedeutende Persönlichkeiten aus den Reihen der Sudetendeutschen in der CSU, so den Bundestagsabgeordneten und späteren bayerischen Arbeitsminister Hans Schütz, dessen politisches Lebenswerk die Mitwirkung als Bundestagsabgeordneter bei der Vorbereitung und Ausarbeitung des Lastenausgleichs war. Für die Schlesier in Bayern ist Walter Rinke zu nennen.

Wenn heute mit Selbstverständlichkeit von den Sudetendeutschen als dem vierten bayerischen Volksstamm gesprochen wird – damals wurden die Fundamente gelegt. Unsere Aufgabe wurde uns durch eine natürliche Verbundenheit der Süddeutschen erleichtert. Man empfand die Flüchtlinge und Vertriebenen aus dem ehemaligen österreichischen Staatsgebiet als unmittelbare Nachbarn, im Gegensatz zu den weiter entfernten Schlesiern und Ostpreußen. Darum hat Bayern auch offiziell die Schirmherrschaft über die Sudetendeutschen übernommen. Wir sehen in den Sudetendeutschen einen bayerischen Stamm, in den anderen Deutschen unsere Schicksalsbrüder. Die Integration der Heimatvertriebenen und Flüchtlinge in die CSU war ein wichtiger Teil unserer Gesamtstrategie. Ziel dieses Konzeptes, das in der Hauptsache von mir ausgearbeitet und von anderen, wenn auch von manchen nur bedingt, mitgetragen wurde, war in erster Linie die Zusammenfassung aller Wähler, die zusammengehörten, gleichgültig, ob sie Bayern waren oder nicht. Bei dieser Eingliederungspolitik war unser Hauptgegner, wie gesagt, die Bayernpartei, die Instinkte mobilisiert und Gefühle alarmiert hat, die für uns sehr gefährlich waren.

Zunächst war die Sorge um das tägliche Brot das beherrschende Problem, vor allem für die Leute in der unteren Verwaltung. Ich habe damals, zum Wohl der Bürger meines Landkreises, so viel gestohlen und geschoben, daß ich aus dem Gefängnis nicht mehr herausgekommen wäre, wenn es nach Recht und Gesetz gegangen wäre. Die Kunst

Als stellvertretender Landrat von Schongau auf der ersten Versammlung des Ortsverbandes der CSU im Gasthof »Zur Glocke«, November 1945

Landrat Strauß führt die Schongauer Stadtpolizei in ihr Amt ein des »Organisierens«, die man bei der Wehrmacht gelernt hatte, bewährte sich. Manches war Mundraub, manches ging weit darüber hinaus. Zur Bewältigung der allgemeinen Not war vieles im wahrsten Sinne des Wortes notwendig. Da wir Mangel an Kartoffeln und Getreide litten, dafür aber Überfluß an Käse hatten, haben wir Verbindung aufgenommen mit getreide- und kartoffelreichen Gebieten, hauptsächlich mit Niederbayern, und im Gegenzug Käse angeboten. Da sind unsere LKWs mit Holzvergaser dann gerollt. Weil unser Fuhrpark aber sehr dürftig war, beschlossen wir eine Aufbesserung.

An den Grenzen des Landkreises Schongau, in der Gemeinde Habach, westlich des Staffelsees - eine Gegend, in der ich später als Landrat und als Bundestagsabgeordneter viel zu tun hatte -, standen wundervolle, von den Amerikanern erbeutete Fahrzeuge, PKWs, LKWs, Omnibusse, Reste von Trossen aller möglichen Verbände, in großer Zahl auf einer grünen Wiese, sorgfältig sortiert und aufgereiht. Wir haben einige Spähtrupps ausgesandt, die die Lage an Ort und Stelle erkunden und feststellen sollten, was wir gebrauchen könnten. Unsere Spione haben herausgefunden, daß an den Wochenenden nur farbige Soldaten Wache hielten. Die waren verärgert, weil die weißen Kameraden sich dem Vergnügen, einschließlich der »Fräuleins«, widmen konnten, während sie Wache schieben mußten. Diesen sozialen Konflikt haben wir ausgenutzt. Das Instrument war Schnaps, seltsamerweise Mangelware bei den Amerikanern. Da wir wiederum viele Schnapsbrennereien in unserer Gegend hatten, haben wir mit den Bewachern - das Fahrzeugkarree war nur mit Stricken umgeben - »angebandelt«.

Mit Hilfe meiner ehemaligen Wachtmeister von der Flakschule, die sehr geschickt im Organisieren waren, haben wir in zwei Aktionen, jeweils von Samstag auf Sonntag, den Handel Schnaps gegen Kraftfahrzeuge durchgeführt. Als stellvertretender Landrat war ich dabei, als wir etwa 25 Lastwagen, einige Omnibusse und rund ein Dutzend PKWs abtransportierten. Hierbei wie auch bei anderen unbürokratischen Aktionen konnten wir auf geschultes Personal aus der ehemaligen Flakschule zurückgreifen - Werkmeister, Mechaniker, Kraftfahrer und Handwerker aller Art. Manche Schongauer hat es nicht wenig geärgert, daß mit uns sozusagen eine ortsfremde »Besatzung« die zivile Macht übernommen hatte, auch wenn dies durchaus im Interesse des Landkreises lag. Nach Abschluß unserer Aktion hatten wir mehr Lastwagen, Omnibusse und Personenkraftwagen als zu Beginn des Krieges, das heißt bevor die Requisition durch die Wehrmacht stattfand. Die meisten

Wagen fuhren noch mit Holzvergaser, denn Benzin war knapp. Benzin haben wir ebenfalls im Tauschhandel mit den Amerikanern erworben, dafür haben wir Käse bis nach Heidelberg hinauf geliefert. So sind wir einigermaßen über die Runden gekommen. Die Amerikaner haben immer wieder Razzien durchgeführt. Ihr Treibstoff hatte eine andere Farbe als der deutsche. Wenn sie einen Fahrer mit amerikanischem Treibstoff erwischten, dann war Diebstahl von Truppeneigentum nachgewiesen und der Gang ins Gefängnis in Schongau vorgezeichnet.

Die Wege des Schicksals sind mitunter wunderbar. Bei der Militärregierung in Schongau war eine vorzügliche Dolmetscherin beschäftigt, eine Russin, Frau Apuchtin. Sie war als Emigrantin nach der Oktoberrevolution nach Deutschland gekommen und hatte während des Krieges für die Wehrmacht in Jugoslawien gearbeitet. Ihr erster ziviler Chef 1945 war August Wilhelm Schmidt, ein Versicherungsfachmann, der die Geschäfte eines Generalsekretärs der CSU führte. Frau Apuchtin erzählte mir, daß es in München einen Kreis junger Leute gebe, der das beginnende demokratisch-politische Leben aktiv gestalten wolle; dies sei doch für mich eine Möglichkeit, mein politisches Engagement über den Schongauer Bereich hinaus auszuweiten. Eines Tages sagte Frau Apuchtin, daß Josef Müller mich bei der nächsten Sitzung seines Kreises erwarte.

So gewann ich im Frühjahr 1946 Anschluß an Dr. Josef Müller, den »Ochsensepp«, und wurde Mitglied im sogenannten Gedonstraßen-Kreis, benannt nach der Gedonstraße in München, wo die Wohnung von Josef Müller lag – im Haus Nummer 4, erster Stock links, wohnte er bis zu seinem Tod 1979. Während des Dritten Reiches war Josef Müller wiederholt verhaftet und ins Konzentrationslager gesperrt worden. Im September 1944 brachte man ihn für mehrere Monate ins Hausgefängnis der Gestapo-Zentrale in der berüchtigten Prinz-Albrecht-Straße in Berlin, wo er scharfen Verhören unterzogen wurde, von dort kam er nach Flossenbürg. Als enger Freund und Mitarbeiter von Admiral Canaris im Amt Ausland/Abwehr des Oberkommandos der Wehrmacht hatte Müller zwischen deutscher Opposition und in- und ausländischen Kirchenstellen vermittelt. Josef Müller kannte Tod und Teufel. Nach 1945 nutzte er seine unendlich vielen Verbindungen für den Wiederaufbau.

Seinen Namen hatte ich zum ersten Mal gehört im Zusammenhang mit internen Debatten der späteren CSU über Namen und Richtung der

Partei. Ich hatte ein gutes persönliches, fast freundschaftliches Verhältnis zu einem älteren Geistlichen, dem Dekan Ott von Altenstadt bei Schongau, einer beeindruckenden Erscheinung. Man nannte ihn nur den »Bischof von Altenstadt«. Der berichtete mir eines Tages, daß in München Vorbereitungen zur Gründung einer neuen Partei getroffen würden. Es gebe zwei Strömungen. Die einen wollten die Wiedergründung der Bayerischen Volkspartei unter einem anderen Namen, Bayerische Volksunion beispielsweise. Die Männer, die hierfür einträten, Alois Hundhammer und Fritz Schäffer, würden von der Mehrheit der katholischen Geistlichkeit unterstützt. Die anderen gruppierten sich um Josef Müller und den christlichen Arbeiterführer Adam Stegerwald; sie wollten zwar eine eigenständige bayerische, aber an den christlich-demokratischen Gesamtgedanken angelehnte Partei. Ich fühlte mich, nach kurzfristiger Sympathie mit der ersten Gruppe, doch von der zweiten, der christlich-sozialen, angesprochen. Die verhängnisvolle Vergangenheit und sechs Jahre Krieg waren an mir nicht spurlos vorbeigegangen; es sollte Schluß sein mit dem Weimarer Parteiensystem, das so kläglich versagt hatte, es sollte eine andere parteipolitische Architektur entstehen, ein wirklicher Neuanfang gemacht werden.

In meiner Grundanalyse stimmte ich - obwohl er mir damals noch völlig unbekannt war - mit Konrad Adenauer überein, der ebenfalls die Meinung vertrat, daß das Parteiensystem der Weimarer Republik gescheitert war und nicht neu belebt oder wiederhergestellt werden könne. Das war auch meine felsenfeste Überzeugung. Darum war ich ein Anhänger des Mehrheitswahlrechtes, ohne damit allerdings durchzukommen, und ein Verfechter der Fünf-Prozent-Klausel, um wenigstens die gröbsten Auswüchse zu verhindern und eine verhängnisvolle Parteienzersplitterung weitgehend auszuschließen. An sich wollte ich ein Mehrheitswahlrecht nach englischem Vorbild, also Einerwahlkreise, in denen die relative Mehrheit der Stimmen entscheidet. Es ging mir um demokratisch funktionsfähige, große Parteien, und nur bei einem relativen Mehrheitswahlrecht haben Splitterparteien keinerlei Chancen, während sie bei der Fünf-Prozent-Klausel immerhin einige Möglichkeiten haben. Zweitens ging es mir um eine klare parlamentarische Verantwortungsteilung mit starken demokratischen Regierungen, die sich auf ausreichende Mehrheiten stützen können, ohne ständig zu lähmenden Koalitionsverhandlungen und -absprachen gezwungen zu sein. Aber schon in Bayern sind meine Freunde und ich mit dieser Vorstellung nicht durchgekommen. Zwischen den verschiedenen partei-

Landrat Strauß mit dem ersten Nachkriegsbürgermeister von Schongau, Otto Maier, um 1947

Franz Josef Strauß, Josef Müller, genannt der Ochsensepp, und Fritz Schäffer bei einer Fahrradtour der »Roten Radler« in Rott am Inn, 1959

politischen Gruppen in der verfassunggebenden Landesversammlung, gekennzeichnet durch die Namen Hundhammer und Hoegner, gab es nämlich eine nichtkodifizierte Absprache, daß die CSU auf das Mehrheitswahlrecht verzichtet, das den Sozialdemokraten nur wenig Chancen gegeben hätte, und daß die SPD dafür im Gegenzug die Konfessionsschule und das Amt eines bayerischen Staatspräsidenten zugestand. An meinem späteren Schwiegervater Max Zwicknagl ist die Einführung des Staatspräsidenten dann gescheitert - was natürlich für jeden gilt, der dagegen war, weil es nur um eine Stimme ging -, aber mein Schwiegervater war mit seinem Namen unter »Z« nach dem Alphabet der letzte bei der Stimmabgabe.

Die CSU war eine neue Partei in einer zerstörten Geschichtslandschaft, die versuchte, das Historische neu zu definieren, neu auszufüllen. Durch mein Lebensalter war ich weit getrennt von den Parteien der Weimarer Republik. Aus deren Tun und Scheitern ließ sich allenfalls lernen, wie man es unter keinen Umständen machen durfte. Ihren Vertretern gegenüber war ich deshalb auch oft kritisch und ungeduldig.

Mein politisches Handwerk hatte ich in der Praxis meines Amtes als Landrat gelernt. Zunächst war ich von den Amerikanern ernannt, dann zweimal vom Kreistag in geheimer Wahl gewählt worden. Ich hatte im November 1945 den Ortsverband Schongau der CSU mitgegründet, und ich hatte einige Auseinandersetzungen mit der Militärregierung hinter mir. Von einem dieser Zwischenfälle will ich berichten.

Im bitterkalten Winter 1945/46, dem kältesten Winter seit Jahrzehnten, fanden bei uns die ersten Gemeindewahlen statt, ein paar Monate später, am 28. April 1946, waren Landkreiswahlen. Am 13. Januar, einem Sonntag, hatte ich drei Rednereinsätze, am Vormittag in Rottenbuch, am Nachmittag in Böbing, am Abend in Hohenpeißenberg.

Mit meiner Rede in Hohenpeißenberg handelte ich mir große Schwierigkeiten mit der Militärregierung ein. Ich hatte gesagt, daß einem manchmal speiübel werden könnte bei dem Gedanken, was sich bei der Militärregierung alles an Gesindel einfinde, das sei unerträglich. Ich meinte nicht die Amerikaner, sondern gewisse Deutsche. Die Militärregierung habe bereits den Teppich auswechseln müssen, weil die Denunzianten den ersten durchgelaufen hätten. Die Leute haben begeistert Beifall geklatscht.

Am nächsten Morgen - ich saß in meinem Büro - klopfte es an die Tür. Herein trat Helmut Hammerschmidt, der spätere Intendant des Südwestfunks. Hammerschmidt arbeitete damals als Dolmetscher der

Christlich Soziale Union

Kreisverband Starnberg

Einladung

zur öffentlichen

Versammlung

am Freitag, 29. Nov. 1946, um 20 Uhr

im Saale ______________________ in Inning

Als Redner sprechen zu uns:

Landrat Oberregierungsrat Strauß aus Schongau

Bürgermeister Andreas Lang, Landtagskandidat des Kreises Starnberg

---

Freie Diskussion nach demokratischen Grundsätzen

Alle Einwohner und Flüchtlinge sind herzlich willkommen

Ortsverband Inning
H. Schonder

Kreisverband Starnberg
Karl Köhler

9011 46 Druck: Land- und Seebote, Josef Jägerhuber, Starnberg amerikanischen Militärregierung in Schongau. Er müsse mich warnen, es laufe ein Haftbefehl gegen mich. »Der Gerichtsoffizier Leutnant Trott hat den Haftbefehl schon unterschrieben. Aber er kann erst vollzogen werden, wenn der Kommandeur da ist, der ihn gegenzeichnen muß. Der Kommandeur kommt erst nachmittags, und die Zeit müssen Sie nutzen. Verschwinden Sie aus Schongau, aber sofort!« Ich fiel aus allen Wolken. Was sollte denn der Grund sein? »Trott hat eine Riesenwut auf Sie, weil Sie die Militärregierung beleidigt und irgend etwas von einem Teppich erzählt haben, der hätte ausgewechselt werden müssen. Ich warne Sie, aber das darf niemand wissen, sonst kriege ich auch noch Schwierigkeiten. Sie waren immer anständig zu mir, und ich will auch anständig zu Ihnen sein. Nutzen Sie die Zeit, gehen Sie nach München, wo Sie wahrscheinlich in Sicherheit sind, in Schongau gibt es einen Riesenwirbel.«

Ich weigerte mich. Erstens sei das nicht meine Art, einfach zu verschwinden, und zweitens würde ich die Sache gern offensiv angehen. Jetzt müßte ich mir halt etwas einfallen lassen. Und mir ist etwas eingefallen. Dieser Leutnant Trott, ein jüdischer Rechtsanwalt, war ein notorischer Deutschenhasser. Der Kommandeur hingegen, ein Major, Reserveoffizier und im Zivilberuf Postbeamter, war ein ausgesprochener Antisemit. Bevor er nach Schongau kam, war er Chef der größeren Militärregierung in Landsberg gewesen. Dort hatte ihn auf der Straße ein sogenannter DP (Displaced Person) nicht gegrüßt, woraufhin der Major tätlich wurde und Ohrfeigen austeilte. Offensichtlich handelte es sich um einen Juden, denn der Major wurde von einem Gerichtsoffizier namens Trott, einem Bruder des in Schongau tätigen Gerichtsoffiziers, wegen Mißhandlung eines Juden angezeigt, was zur Strafversetzung des Majors nach Schongau führte. Diese Zusammenhänge waren mir bekannt, und ich wollte sie mir zunutze machen.

Gegen Mittag rief ich den Kommandeur, zu dem ich ein gutes Verhältnis hatte, im Offizierkasino an und teilte ihm mit, daß ich ihn dringend unter vier Augen sprechen müßte. Wir beide seien Opfer einer Verschwörung geworden, unser beider Name sei gefallen. Alarmiert durch diese Nachricht, nahm sich der Major sofort Zeit; ich sollte in sein Büro kommen, wo wir während der Mittagszeit ungestört miteinander reden könnten.

»Sie kennen meine Einstellung zum Dritten Reich«, eröffnete ich das Gespräch, »meine Einstellung zu den Amerikanern, zum Wiederaufbau der Demokratie. Sie kennen aber auch meine Einstellung gegenüber Denunzianten. Die mögen Sie auch nicht. Sie sind ja in Landsberg selber Opfer einer Denunziation geworden. Ein Leutnant Trott hat Sie doch denunziert?« Der Major bestätigte das. »Auch mich hat ein Leutnant Trott denunziert, sein Bruder, und der wird gleich kommen und Ihnen einen Haftbefehl gegen mich vorlegen. Wenn Sie den unterschreiben, werde ich festgenommen, angeklagt und verurteilt werden.« Kaum hatte ich das gesagt, ging die Tür auf, Leutnant Trott stürzte herein, den Haftbefehl in der Hand. Als er mich sah, stutzte er. Der Kommandeur reagierte kühl: »In Ordnung, Leutnant, gehen Sie nur wieder, Herr Strauß wird zu Ihnen kommen.« Trott ist mit seinem Haftbefehl und einer Riesenwut im Bauch wieder abgezogen – für den Kommandeur war die Angelegenheit erledigt.

Ich ging dann in das Büro des Gerichtsoffiziers Trott, wo es zu einem Zusammenstoß kam, der für damalige Verhältnisse sensationell war. Dolmetscher und Sekretärinnen liefen auf dem Gang zusammen, denn das hatten sie noch nicht gehört, daß ein Deutscher einen amerikanischen Offizier anbrüllt. Trott zu mir: »Sie haben die Militärregierung beleidigt!« Ich darauf: »Ich habe sie nicht beleidigt. Sie wissen doch ganz genau, daß hier viele Denunzianten aus und ein gehen, zum Teil auch ehemalige Nazis, die sich gegenseitig beschuldigen. Und wenn ich das feststelle, hat das doch mit der Militärregierung nichts zu tun. Sie kann doch nichts dafür, wenn die Denunzianten kommen. Aber sie kommen!« Darauf der Offizier: »Außerdem sind Sie Antisemit!« Meine Lautstärke nahm zu: »Wie kommen Sie denn zu dieser Behauptung?« Trott: »Sie haben eine Partei gegründet, die schon wegen ihres Namens zwangsläufig antisemitisch ist, weil sie auf Christen beschränkt ist und die Juden ausschließt!« In der Tat hatte ich mit einer Reihe von Gesinnungsfreunden den Antrag auf Gründung der Christlich-Sozialen Union unterschrieben und war bei der Gründung des CSU-Ortsverbandes Schongau am 1. November 1945 zum stellvertretenden Vorsitzenden gewählt worden. Daß mir dieser Vorgang einmal als Antisemitismus ausgelegt werden würde, hätte ich mir in meinen kühnsten Phantasien nicht vorstellen können. Jetzt gewann ich Oberwasser: »Wissen Sie was, Herr Leutnant, ich widerlege Ihnen diesen Vorwurf auf der Stelle. Ich habe einen Aufnahmeantrag in die CSU bei mir. Sie sind Jude, unterschreiben Sie, und Sie sind aufgenommen in die Partei. Dann können Sie diesen Unsinn nicht mehr länger behaupten.«

Trott geriet sichtlich in Verlegenheit. Ich wurde noch massiver und redete mir meinen Zorn über die Denunzianten von der Seele. Dann ging ich, ausgestattet mit guten Informationen, die ich als stellvertretender Landrat hatte, zum Frontalangriff über: »Übrigens, Herr Leutnant, gibt es da noch ein Problem. Sie haben als der zuständige Offizier Beschlagnahmen vorgenommen, Radios in der Hauptsache und andere Wertgegenstände, bei Personen, die Verbindungen mit dem Nazi-Regime hatten. Diese Gegenstände sind im Speicher der Berufsschule gelagert. Zu diesem Speicher gibt es zwei Schlüssel, den einen haben Sie, den anderen habe ich. Meine Polizei hat festgestellt, daß ein Teil der dort verwahrten Gegenstände von Ihren Leuten auf dem schwarzen Markt in Weilheim verkauft worden ist. Wünschen Sie, daß wir uns darüber an höherem Orte, bei der Militärregierung in München zum Beispiel, unterhalten? Ich bin jederzeit bereit, diese Unterhaltung zu führen!«

Ich hatte einen außerordentlich wunden Punkt berührt und endgültig gewonnen. Leutnant Trott wollte nichts mehr von mir und war nur noch froh, als ich ging.

Über den Gedonstraßen-Kreis kam ich 1946/47 ziemlich schnell in die aktive Parteipolitik. Obwohl ich anfangs nur zu den »Ministranten« gehörte – im Gegensatz zu den »Prälaten« wie August Haußleiter, Hans Schütz oder Michael Horlacher –, wurde ich von Josef Müller als »Vorzugsschüler« behandelt. Und Müller drängte. Es gehe jetzt wieder darum, Politik zu machen über den Landkreis, über Bayern hinaus. Die CSU war eine Gründung vor allem auf den Prinzipien Hoffnung und Gottvertrauen. Es gab weder klare Erkenntnisse noch klare Informationen noch klare Absprachen über den künftigen Weg Deutschlands. Und auch als sich am Horizont allmählich ein westdeutscher Staat abzeichnete, war für uns noch lange nicht abzusehen, wohin die Entwicklung führen würde.

Josef Müller und seine Mitstreiter standen in engster Verbindung mit Konrad Adenauer und Jakob Kaiser. Ursprünglich sollten diese drei sozusagen die Spitze der Unionsparteien darstellen, die anderen sollten sich um diesen Kern gruppieren. Geographisch waren damit das Rheinland, Berlin und München markiert.

Josef Müller, den nach seinen eigenen Worten der Gedanke leitete, aus dem Trümmerfeld Deutschland zu retten, was noch irgendwie zu retten war, hatte auch vielfältige Kontakte zur Sowjetischen Militäradministration in Karlshorst, er war dort mehrmals zu Besuch. Sein häufigster Gesprächspartner war Oberst Sergej Tulpanow, Politischer Kommissar in der Sowjetischen Militäradministration, mit dem Müller lange Unterredungen über das künftige Schicksal Deutschlands führte. Bei seinen deutschlandpolitischen Exkursionen nach Ost-Berlin wurde Josef Müller häufig von Parteifreunden aus der CSU begleitet, so auch von meinem späteren Schwiegervater Dr. Max Zwicknagl, der zunächst tief beeindruckt war von der Aussicht, gesamtdeutsch zu wirken. Bald aber meinte er ernüchtert, daß die Russen Josef Müller wohl nie ernsthafte Angebote machen würden.

Der Ochsensepp selbst war von den Gesprächen in Karlshorst fasziniert. Als ehemaliger Widerstandskämpfer und KZ-Häftling wurde er von den Russen stets zuvorkommend behandelt. Immer wieder berichtete er von seinen Gesprächen, wonach auch die Russen an der Bildung eines gesamtdeutschen demokratischen Staates - der später übliche Terminus »friedliebend« ist mir nicht in Erinnerung - in irgendeiner Form interessiert seien. Hier war Josef Müller näher an Jakob Kaiser als an Adenauer.

Josef Müller war kein besonderer Freund Konrad Adenauers. Weder persönlich noch politisch lagen sie auf der gleichen Wellenlänge. Müller war ein eigenständiger und widerspenstiger Kopf, der als Gründungsvorsitzender der CSU die von Adenauer anfangs verlangte Unterordnung strikt ablehnte. Berühmt ist jene Szene geworden, von der der Ochsensepp immer wieder erzählt hat: Josef Müller, der gern ein Glas Wein trank, und Adenauer, der im allgemeinen eher zurückhaltend und sparsam war, trafen sich in Adenauers Haus in Rhöndorf. Der Gastgeber stellte eine Flasche Wermut auf den Tisch, goß dem Gast und sich selbst ein Gläschen ein. Josef Müller hatte das kleine Glas bald geleert, Adenauer aber schenkte nicht nach. Müller griff selbst zur Flasche und bediente sich. Adenauer dazu: »Herr Müller, wenn Sie die Flasche stört, wollen wir sie auf den Nachbartisch stellen«. Er stand auf und räumte die Flasche tatsächlich weg.

Die Frage, ob ich meinen politischen Weg in München oder Bonn gehen sollte, stellte sich für mich nicht. Die Entwicklung war für mich so gelaufen, wie sie lief. Ich war durch Josef Müller sehr früh Mitglied des geschäftsführenden Vorstandes der CSU geworden, also des engsten Führungskreises der Partei, weil der Ochsensepp in mir offensichtlich ein politisches Talent entdeckt zu haben glaubte, sehr zum Mißvergnügen anderer, vor allem der Hundhammer-Riege. Ich hatte als Landrat weder Lust noch auch eine echte Chance, Mitglied des Bayerischen Landtags zu werden, wo vorläufig noch die alten Politiker aus der Zeit der Bayerischen Volkspartei den Ton angaben. Das war eine andere Generation, für die ich, im September 1945 gerade erst dreißig Jahre alt geworden, noch zu jung war.

Zu meiner eigenen Überraschung kam ich im Februar 1948 in den Wirtschaftsrat der Bizone nach Frankfurt. Josef Müller als Parteivorsitzender - aufgrund des Widerstands von Hundhammer wurde er nicht Ministerpräsident - erreichte es mit seinem politischen Gewicht, daß die Landtagsfraktion, durch die die Mitglieder des Wirtschaftsrates bestimmt wurden, ausgewogen entschied. So kamen Franz Elsen, ein Exponent der Hundhammer-Linie, und ich für die Müller-Linie zum Zuge. Damit war ich bereits auf der Bonner Schiene, ohne es damals zu wissen, ohne es zu planen und ohne es ursprünglich zu wollen. Ich habe die Gelegenheit, als sie sich bot, beim Schopf ergriffen, zuerst nach Frankfurt und dann nach Bonn zu gehen.

Das Gedränge auf dem Weg dorthin war aus vielerlei Gründen nicht sehr groß. Die Länder waren vergleichsweise stark etabliert, ihre führenden Politiker deshalb nicht ohne weiteres dazu zu bewegen, nach Bonn zu gehen. Noch wußte man nicht, was aus diesem merkwürdigen Staatsgebilde, das da im Entstehen war, werden würde. Was 1949 für den Bundestag galt, galt zuvor erst recht für den Wirtschaftsrat und den Parlamentarischen Rat. Man traute diesen Zukunftsunternehmen nicht. Der Spatz in der Hand war vielen in den Ländern, auch in Bayern, lieber als die Taube auf dem Frankfurter oder Bonner Dach. Auch mangelndes Vertrauen in die Absichten und Pläne der Alliierten schlug hier durch. Nicht zuletzt wirkten auch die schlechten Erfahrungen mit dem Zentralstaat Weimarer Republik noch nach.

Die ungeklärte Situation in Bonn, eher gekennzeichnet von vagen Hoffnungen und mancherlei Befürchtungen als von sicheren Erwartungen, bot auf der anderen Seite natürlich Mitwirkungsmöglichkeiten und Gestaltungschancen. Nachdem ich schon mein ursprüngliches Berufsziel, Professor für Geschichte zu werden, unter dem Druck der Verhältnisse hatte aufgeben müssen, wollte ich nun deutsche Politik mitgestalten und dazu beitragen, daß sich die verhängnisvolle deutsche Vergangenheit niemals wiederholte. Daß ich allerdings schon nach wenigen Jahren Bundesminister werden würde, hätte ich nie geglaubt. Als mich Hans Ehard nach der Bundestagswahl von 1953 über eine entsprechende Information, die er bekommen hatte, unterrichtete, sagte ich spontan: »Hans, du spinnst!«

Im Frankfurter Wirtschaftsrat

Zur Vorgeschichte der Bundesrepublik Deutschland gehört die Gründung der Bizone, die aufgrund einer britisch-amerikanischen Vereinbarung vom Dezember 1946 zustande kam. Die britische und die amerikanische Zone wurden, insbesondere aus wirtschaftlichen Gründen, aber doch schon mit Blick auf eine mögliche spätere Staatsgründung im Westen, zusammengelegt. Das Parlament dieses vereinigten Wirtschaftsgebietes, dieser Bizone, wurde der Wirtschaftsrat, der sich am 25. Juni 1947 in Frankfurt konstituierte. Er hatte zunächst 52 Mitglieder, dann wurden es 104. Mit dem zweiten »Peers-Schub« 1948 wurde ich als jüngster Abgeordneter Mitglied dieses von den Landtagen beschickten Parlaments, dem, politisch gesehen, überwiegend Männer aus der Weimarer Zeit angehörten.

Die politische Großwetterlage 1947 wurde von den gescheiterten Außenministerkonferenzen in New York, Moskau und London bestimmt. Die Westalliierten hatten ihre sowjetischen Verbündeten immer wieder daran erinnert, daß man sich in Potsdam verpflichtet habe, die politische und wirtschaftliche Einheit des Deutschen Reiches, allerdings unter Berücksichtigung der Gebietsabtretungen im Osten, zu erhalten beziehungsweise wiederherzustellen. Die Verweigerung der Durchführung der Potsdamer Übereinkunft durch die Sowjetunion mußte zu einer immer stärker werdenden Wirtschafts- und vor allen Dingen Hungerkrise führen. Ähnlich wie die Alliierten vermuteten wir, daß die Sowjets ohne Rücksicht auf die Menschen die Dinge auf die Spitze treiben wollten, weil sie auf dem Wege einer wirtschaftlichen Verelendung und einer Hungerkatastrophe eine politische Entscheidung in ihrem Sinne erzwingen zu können glaubten. Die Reaktion darauf war, daß wir uns gemeinsam mit den Alliierten darum bemühten, wenigstens die wirtschaftliche Einheit der westlichen Besatzungszonen herzustellen, um so die deutsche Wirtschaft wieder einigermaßen in Ordnung zu bringen. Auch die Amerikaner und Engländer hatten bald eingesehen, daß sie mit ihren obendrein unterschiedlich akzentuierten Industrieplänen das Übel nur vermehrten. In Wirklichkeit mußten sie bald Hilfe leisten, wobei ich den Marshallplan nur als Wiedergutmachung für die amerikanische Dummheit betrachte, nach dem Krieg die Zerschlagung der deutschen Wirtschaft betrieben zu haben.

Hier ergänzten sich viele Fakten und Faktoren sozusagen wie von selbst – das wachsende Interesse der Amerikaner an den Deutschen als Partner ihrer Wirtschaft, der Marshallplan, die Soziale Marktwirtschaft, die zunehmende Besserung der Lebensumstände der Bevölkerung. Wer den Aufstieg, der sich innerhalb von zehn Jahren vollzog, erlebt hat, der war davon ganz anders beeindruckt und beeinflußt als die junge Generation von heute, die das Wirtschaftswunder nur vom Hörensagen kennt. In zehn Jahren erlebt sie höchstens, daß das Einkommen des Vaters steigt, aber sie kann sich kaum vorstellen, wie sich das Leben damals in einem Jahrzehnt aus drückendster Not zu einem nicht mehr für möglich gehaltenen allgemeinen bescheidenen Wohlstand erhob.

Entscheidend war natürlich auch, daß sich die Amerikaner seit 1946/47 einer sowjetischen Bedrohung ausgesetzt fühlten. Es kam 1947 die Truman-Doktrin, es kam der Marshallplan, und es kam die Berlinkrise mit der Blockade, in der die Amerikaner merkten, daß die Deutschen, die sie immer für Militaristen, Opportunisten und Nationalisten gehalten hatten und nicht für Demokraten, sich standfest und zuverlässig zeigten. Auf deutscher Seite spielte – trotz der Erinnerung an den Bombenkrieg, trotz des oft unangenehmen Besatzungsregimes und trotz der Willkür auch der westlichen Sieger – die stillschweigende Überzeugung eine Rolle, daß uns die Westmächte nicht umbringen würden, sondern uns ein Leben mit harter Arbeit, aber auch mit wachsender Freiheit ermöglichen wollten. Demgegenüber herrschte Haß gegen die Sowjetunion, verbunden mit einer tiefen Angst vor einer möglichen Sowjetisierung.

Ich habe das für mich immer an einem besonderen Beispiel empfunden und dargestellt: Gegen Ende des Krieges hatte ich unter Lebensgefahr in meiner begrenzten militärischen Verantwortung dafür gesorgt, daß der Vormarsch der Amerikaner nicht behindert wurde. Ich habe alles getan, um jeden Gedanken an eine militärische Verteidigung gegen die vorrückenden Amerikaner im Keim zu zerstören, bis hin zur gewaltsamen Auflösung jener fanatisierten Hitlerjugend-Einheit durch meine Leute. Wären es nicht die Amerikaner, sondern die Russen gewesen, dann hätte ich auch unter Inkaufnahme der unvermeidlichen Folgen bis zur letzten Patrone gekämpft. Das war nicht nur meine Einstellung. Wir haben die Bolschewiken gehaßt, weil wir Rußland gesehen hatten. Wir wußten von den grauenhaften Untaten Stalins zum Beispiel in der Ukraine, wo in den dreißiger Jahren Hunderttausende, wenn nicht Millionen von Bauern mit ihren Familien zum Hungertod verurteilt worden waren. Wir haben die russische Kriegführung erlebt, wir haben russische Grausamkeiten mit eigenen Augen gesehen, in Lemberg und anderswo. Ende 1944 kamen dann die ersten Berichte über das Verhalten der Roten Armee in Ostpreußen und in Schlesien – Vergewaltigungen, Raub und Mord an der Zivilbevölkerung. Ein Leben nach russischem Muster wäre für uns die Hölle auf Erden gewesen, während das Leben unter westlicher Vorherrschaft selbst bei eigener Recht- und Machtlosigkeit im Vergleich dazu ein Fegefeuerzustand war mit der Aussicht auf spätere Aufnahme in den Himmel.

Es war und ist meine Überzeugung, daß unsere Geschichte einen gewissen Verhängnischarakter hat, auch wenn dieser Meinung von manchen Historikern widersprochen wird. Ohne den Vertrag von Versailles und ohne Weltwirtschaftskrise wäre Hitler nicht an die Macht gekommen. Die Weltwirtschaftskrise mit ihrer Massenarbeitslosigkeit, die sich in Deutschland am allerstärksten auswirkte, hat Hitler jene Massen an Wählern zugeführt, ohne die er den Marsch zur Macht nie hätte antreten können. Das war die Zeit, die ich noch in eigener Erinnerung habe, als an der Türe unserer sehr bescheidenen Wohnung in München die Zahl der bettelnden Menschen buchstäblich von Woche zu Woche stieg. Man gab ihnen, die nach jeder nur denkbaren Arbeit fragten, einen »Zweiring«, ein Zweipfennigstück, oder ein Stück Brot, das dankbar angenommen wurde. Der Unterschied zur Arbeitslosigkeit von heute könnte nicht augenfälliger sein. Heute sorgt sich der durchschnittliche Arbeitslose darum, ob er weiter sein Auto halten, ob er seine Mittelmeerreise oder seinen Skiurlaub finanzieren kann. In den dreißiger Jahren bedeutete Arbeitslosigkeit, ob man noch Brot hatte für den nächsten Tag. Diese Existenzangst erzeugte eine politische Radikalisierung, die den Kommunisten und den Nationalsozialisten Auftrieb gegeben hat.

Diese Situation hatten wir nach dem Krieg vor Augen: Das Deutsche Reich zerschlagen und verstümmelt, in vier Zonen aufgeteilt, die in keiner Wirtschaftsverbindung mehr zueinander standen; das Transportwesen zerstört, der Produktionsapparat weitgehend vernichtet, die Handelsflotte versenkt oder beschlagnahmt; von den Weltmärkten abgeschnitten; das Restgebiet des Reiches mit Flüchtlingen überfüllt – das muß, so dachten wir, zu einer Arbeitslosigkeit mit ähnlichen politischen Wirkungen wie in den dreißiger Jahren führen. Wie die wirtschaftliche Not damals Hitler die Wähler in die Arme getrieben hatte, so fürchteten wir diesmal die Kommunisten als Gewinner einer unvermeidlichen Radikalisierung. Das war unser düsteres Zukunftsbild. Die Menschen würden nicht lange in diesem Zustand extremster Not verharren können, sie wollten und brauchten einen Ausweg.

Auch die Besatzungsmächte konnten nicht auf die Dauer sozusagen auf ihren Bajonetten sitzen, konnten diese Entwicklung nicht unter Kontrolle halten. Sie hätten zwar einen Aufstand niederschlagen, aber nicht auf Dauer ein verzweifeltes Volk niederhalten können. Laut Direktive 1067 der Joint Chiefs of Staff (JCS), der vereinigten Stabschefs der Amerikaner, sollte jedoch nur das Allernötigste zur Vermeidung von Epidemien und Aufständen getan werden dürfen, aber nichts, was einen Aufstieg der Deutschen begünstigt oder ermöglicht hätte - ein Schanddokument, ein in die Amtssprache übersetzter Morgenthau-Plan. Ein solcher Weg, das war auch die Sorge Adenauers, mußte in die Radikalisierung führen, deren bittere Ernte diesmal in die Scheunen der Kommunisten gehen würde.

Das Bestreben der Alliierten, die Deutschen klein zu halten, war durchgehend. Unter ihren Plänen, von denen sich manche im Rückblick ebenso erbärmlich wie grotesk ausnehmen, gab es den sogenannten Industrieniveauplan, der vorsah, daß man den Deutschen pro Jahr die Produktion von höchstens 10.000 Motorrädern unter 250 ccm erlauben sollte. Für Personenwagen wurden 16 Prozent der Vorkriegsproduktion als Obergrenze festgelegt. Bei der Verwirklichung solcher Vorstellungen wäre das Dauerelend programmiert gewesen. Die Westalliierten hätten die Lage auf Dauer kaum unter Kontrolle halten können. Die Herzen der Deutschen und ihre Hoffnungen - nur der Osten kann uns noch retten vor dem Hungertod! - hätten sich dann den Kommunisten zugewendet. Stalin appellierte zwar an den deutschen Nationalismus, tat aber Gott sei Dank nichts, um diesem Appell eine materielle Grundlage zu geben, Theorie und Praxis klafften weit auseinander. Die Sowjetunion bediente sich großzügig aus ihrer Besatzungszone und dachte gar nicht daran, das Gebiet des Deutschen Reiches - minus der Territorien jenseits von Oder und Neiße - gemäß dem Potsdamer Abkommen als wirtschaftliche Einheit zu behandeln und die wirtschaftliche Erholung auch nur in dem bescheidenen Ausmaß, das möglich gewesen wäre, zu begünstigen. Die Sowjets waren von vornherein auf eine gründliche Änderung der deutschen Gesellschaft aus. Ziel der sowjetischen Politik, auf die das Verhalten der Westmächte nur eine Reaktion darstellte, war es, das Elend so zu steigern, daß der Topf zu sieden begann und eines Tages explodierte.

Ich phantasiere hier nicht. »Rude Pravo«, die Zeitung der Kommunistischen Partei der Tschechoslowakei, hat die Vertreibung der Deutschen damit begründet und dahingehend kommentiert, daß die Auffüllung des deutschen Elendsvakuums mit Menschen zwangsläufig den Kommunismus als einzigen Ausweg erscheinen lassen müßte. Die Sowjets hofften darauf, daß die Westmächte das Interesse an Deutschland verlieren würden, wenn dort die Not unaufhaltsam stiege. Man wollte die Amerikaner in eine Situation bringen, aus der durch Rückzug herauszukommen ihr höchstes Ziel sein sollte.

In diesem Zusammenhang verdienen Überlegungen Beachtung, die Willy Brandt 1943/44 in Stockholm anstellte. Es ging um die politisch-gesellschaftliche Neuordnung Deutschlands, in deren Mittelpunkt die Ausschaltung aller konservativen Kräfte stehen sollte, jener »Gruppen von Junkern, Großindustriellen, Generalen, Bürokraten und Professoren, die daran beteiligt waren, den Terror und den Krieg zu entfesseln. Diese Gruppen müssen ausgeschaltet werden.« Offen blieb, auf welche Weise sie entmachtet werden sollten. Brandt schwebte damals ein sozialistischer deutscher Staat mit einer »Sozialistischen Einheitspartei auf demokratischer Basis« vor. Daneben wären noch antifaschistische Parteien des christlichen und vielleicht des liberalen Spektrums zugelassen gewesen. Ein ähnliches Modell ist dann in der DDR weitgehend realisiert worden.

Brandt hat später versucht, seine Abwendung von diesen Vorstellungen zu bekräftigen, doch finden sie sich noch 1968 in seinem Vorwort zu Fritz Erlers Buch »Politik für Deutschland«. Ich habe ihm das mehrmals kritisch vorgehalten. Brandt sprach auch dort davon, daß die Umgestaltung und Umstrukturierung der deutschen Gesellschaft leider nicht gelungen sei, weil die konservativen Kräfte nicht hätten ausgeschaltet werden können. Das ist die auf der Linken weit verbreitete These der Restauration, wonach sich in Staat und Gesellschaft der Bundesrepublik im Gegensatz zu früher nicht viel geändert habe.

Am 23. Juli 1947 war ich in Frankfurt bei der ersten Direktorenwahl des Wirtschaftsrates. Ich begleitete den Parteivorsitzenden der CSU, Dr. Josef Müller, der auch auf dieser Ebene ein kräftiges Wort mitredete. Müller legte größten Wert darauf, daß der Norden kein Übergewicht bekam. Leiter des Verwaltungsamtes für Wirtschaft in der Bizone war seit Januar Viktor Agartz, ein Linkssozialist, der zehn Jahre später vom Bundesgerichtshof von der Anklage landesverräterischer Beziehungen zur SED und zum »Freien Deutschen Gewerkschaftsbund« der DDR freigesprochen wurde. Agartz kandidierte zum Glück jedoch nicht mehr. Der Ochsensepp wollte Dr. Johannes Semler als Direktor der Verwaltung für Wirtschaft, und nach langem Hin und Her wurde dieser auch durchgesetzt - bei Stimmenthaltung der Sozialdemokraten. Dr. Josef Baumgartner, damals noch bei der CSU, wollte Direktor für Ernährung, Landwirtschaft und Forsten werden. Da es aber nicht möglich war, daß die CSU zwei Vorschläge durchbrachte, mußte Baumgartner verzichten - der Ochsensepp hatte die Weichen nun einmal anders gestellt. Diesen Posten besetzte die CDU mit Hans Schlange-Schöningen, einem ehemaligen Rittergutsbesitzer aus Pommern, am Ende der Weimarer Republik Reichskommissar für Osthilfe. Seine Zurücksetzung hat Baumgartner dann veranlaßt, unter Protest die CSU zu verlassen und sich der Bayernpartei anzuschließen. Damit erhielt die Bayernpartei den Treibsatz, mit dem sie 1949 in der ersten Bundestagswahl 17 Mandate erringen konnte.

Seit Herbst 1946 war ich Mitglied des sogenannten geschäftsführenden Vorstandes der CSU, das war das oberste Gremium der Partei, aus dem später das Präsidium wurde. Als der unbekannte Landrat von Schongau, der sich durch eine markante Rede beim ersten Parteitag der CSU am 31. März 1946 in Bamberg - noch in umgeänderter Uniform - offensichtlich deutlich bemerkbar gemacht hatte, war ich in den engsten Parteivorstand gewählt worden. Weil ich meine vier Semester Volkswirtschaft bei Adolf Weber als unzureichende Voraussetzung ansah, war ich um so überraschter, als Josef Müller mir sagte, ich müßte nach Frankfurt in den Wirtschaftsrat gehen, er schlage mich der Landtagsfraktion vor, diese werde mich wählen. So bin ich als Landrat von Schongau im Februar 1948 in den Wirtschaftsrat gekommen. Unter den CSU-Mitgliedern im Frankfurter Wirtschaftsrat erinnere ich mich besonders an Hugo Karpf aus Aschaffenburg, einen beeindruckenden christlich-sozialen Gewerkschafter, der von Anfang an zu denen gehörte, die Ludwig Erhard unterstützten.

Daß im Wirtschaftsrat nicht die großen Führer der Parteien saßen, weder Adenauer noch Schumacher noch der Ochsensepp, hängt nicht nur mit einer gewissen Distanz der Parteispitzen zu wirtschaftspolitischen Fragen und Gremien zusammen, sondern auch damit, daß sich der Wiederaufbau des politischen Lebens in jenen Jahren nicht von oben nach unten, sondern von unten nach oben vollzog. Nicht zufällig bin ich als politischer Redner der von mir mitgegründeten Partei zum

Als Landrat bei der Einweihung der neuen Lechbrücke in Schongau, 1947

Als Mitglied des Frankfurter Wirtschaftsrates, 1948

ersten Mal bei den Kommunalwahlen 1946 aufgetreten. Parteien wurden zunächst nur zugelassen auf Kreisebene, dann erst auf Landesebene – auf Bundesebene gab es damals keine Möglichkeiten einer politischen Betätigung. Aus der Not der Zeit heraus hat man übergeordnete Zusammenschlüsse nicht so wichtig genommen, nach dem Motto, daß einem das Hemd näher ist als der Rock. Ein zweites Motiv dürfte auch eine weitverbreitete Unsicherheit darüber gewesen sein, wie es mit Deutschland überhaupt weitergehen sollte oder könnte. Viele wollten sich da nicht zu sehr festlegen. Für mich selbst stellten sich diese Fragen nicht, nicht aus meinem Naturell heraus und nicht nach sechsjähriger Soldatenzeit. Die Wahl in den Frankfurter Wirtschaftsrat und die damit verbundene Bekanntschaft mit führenden Persönlichkeiten bedeuteten für mich den Aufbruch in eine fremde Welt. Damit betrat ich eine Bühne, deren Kulissen anders waren.

Zu den Sitzungen in Frankfurt fuhr ich in der Regel mit dem Auto. Veraltete Modelle, schwache Motoren, schlechtes Benzin – all dies bedeutete von München aus eine Fahrtzeit von mindestens acht Stunden. Über Benzin allerdings verfügte ich, was in jener Zeit wichtig war, in ausreichendem Maße. Ich hatte Benzin erstens als Landrat von Schongau, zweitens durch Schwarzmarktgeschäfte mit Käse. Von Januar 1948 an hatte ich Benzin als Oberregierungsrat im Bayerischen Innenministerium, wo ich Leiter des Landesjugendamtes wurde. Auch für meine Tätigkeit für die Partei habe ich Benzin bekommen. Dieses Problem stellte sich für mich also nicht.

Der Frankfurter Wirtschaftsrat tagte in einem provisorischen Sitzungssaal in einem Seitenflügel der Börse, der abends den Städtischen Bühnen als Aufführungsraum diente. Der Oberbürgermeister von Frankfurt, Walter Kolb, hat aus seiner Geringschätzung für uns kein Hehl gemacht. Wenn er einen Empfang gab oder wenn Aufführungen stattfanden, mußten wir unsere Sitzungen abbrechen. Irgendwie kamen wir uns vor wie unerwünschte Gäste, wie arme Verwandte. Auch von manchen Schwergewichten der Politik wurde der Wirtschaftsrat nicht wirklich ernst genommen, obwohl er neben dem Parlamentarischen Rat als Vorgänger des Bundestages zu sehen ist. Die erste Sitzung des Wirtschaftsrates fand nicht nur mehr als ein Jahr vor dem Zusammentritt des Parlamentarischen Rates statt, der ja, nach dem Konvent von Herrenchiemsee im August 1948, einen ganz bestimmten Auftrag hatte, nämlich die Verfassung zu beraten, der Wirtschaftsrat war auch ausschlaggebend, was die eigentlich gesetzgeberische Tätigkeit für soziale, wirtschaftliche und finanzielle Bereiche betraf. Dennoch, so meine Erinnerung, hat man auf den Wirtschaftsrat ein wenig heruntergeschaut. So wurde im Frühjahr 1948 als Vorsitzender des Verwaltungsrates der farblos erscheinende Hermann Pünder gewählt, der unter Brüning Chef der Reichskanzlei gewesen war. Nicht selten ging, wenn Pünder redete, ein Gelächter durch die Reihen.

Im Frankfurter Wirtschaftsrat, der etwa jede zweite Woche tagte und dessen Sitzungen bis weit in die Nacht hinein dauerten, verliefen die Fronten nicht nach Besatzungszonen, sondern nach Parteien. Hier kam es zur ersten gemeinsamen Fraktion von CDU und CSU, weshalb auch die älteren Überlegungen über eine Arbeitsgemeinschaft der beiden Parteien in den Hintergrund traten. Die Realität der gemeinsamen Fraktion hatte diese mögliche Konstellation überlagert. Wir haben die Arbeit im Wirtschaftsrat von Anfang an bewußt als die Grundlegung eines neuen Staates durch Schaffung einer wirtschaftspolitischen Ordnung verstanden. Zwar hatten im Wirtschaftsrat CDU, CSU und FDP eine kleine Mehrheit gegenüber der kompromißlos auf eine zentralgelenkte Planwirtschaft eingeschworenen SPD. Aber es gab auch in der CDU Persönlichkeiten, die noch ganz auf dem Boden des »Ahlener Programms« standen - jenem sozialistisch eingefärbten Wirtschaftsprogramm der CDU der britischen Zone von 1947 - und die das von Ludwig Erhard und Alfred Müller-Armack entworfene Konzept der Sozialen Marktwirtschaft verwarfen. Ludwig Erhard war als Nachfolger Johannes Semlers seit Anfang 1948 Direktor der Verwaltung für Wirtschaft.

In stärkster Erinnerung ist mir ein Abend kurz nach meiner Entsendung in den Wirtschaftsrat. Ein langer Sitzungsabend fand seine nächtliche Fortsetzung im Hotel »Monopol-Metropol« in Frankfurt, einer der Unterbringungsstätten für die Mitglieder des Wirtschaftsrates. Ludwig Erhard hatte die Mitglieder der Fraktion der CDU/CSU zu einem Vortrag mit anschließender Diskussion eingeladen. Abgesehen von einigen allgemeinen volkswirtschaftlichen Grundsätzen, die ich mir in den Vorlesungen von Adolf Weber angeeignet hatte, war dies für mich die erste und deshalb auch besonders nachhaltige Begegnung mit wirtschaftstheoretischen Überlegungen. Professor Erhard war ein ernst zu nehmender Wissenschaftler und ein löwenhafter politischer Kämpfer für seine Soziale Marktwirtschaft. Das stellte er an diesem Abend eindrucksvoll unter Beweis. Er hat uns die vorhandenen Probleme in ihrem ganzen Umfang geschildert, hat von der Notwendigkeit gesprochen, die

Wirtschaft wieder in Gang zu bringen, die Lebenshaltung der Menschen zu sichern, Arbeitsplätze zu schaffen, für Millionen Vertriebener, Flüchtlinge und Bombengeschädigter Wohnungen zu bauen. Er machte die sozialen Kriegsfolgelasten deutlich und sprach über Lastenausgleich und Kriegsopferversorgung.

Erhards Fazit: Alle diese Probleme könnten von einer Planwirtschaft nicht bewältigt werden. Allein das Konzept der Sozialen Marktwirtschaft könne und werde einen Ausweg weisen. Bei aller späteren Kritik an seinen außenpolitischen Vorstellungen, vor allem an seiner Amerikahörigkeit: in Fragen der Wirtschafts- und Gesellschaftspolitik war ich stets ein überzeugter Mitstreiter Ludwig Erhards. Er verstand es, Visionen aufzuzeigen, die Menschen anzusprechen, Vertrauen auszustrahlen. Er bot eine übergreifende Konzeption, mit deren Hilfe die drängenden Nöte der damaligen Zeit überwunden werden konnten. Und im praktischen Alltag ging es ja, wie ich in Schongau erlebt hatte, vor allem um eines, um die Befriedigung der notwendigsten Lebensbedürfnisse, um Brot, Arbeit und Wohnung.

Die SPD-Mitglieder des Wirtschaftsrates hielten ein freies Spiel von Angebot und Nachfrage angesichts des überall herrschenden Mangels für völlig undenkbar. Sie orakelten, es hieße einen todkranken Mann ins eiskalte Wasser werfen, wenn jetzt die deutsche Wirtschaft dem »Stahlbad der freien Preise« ausgesetzt würde. Aber auch in den Reihen der Union gab es, wie gesagt, viele Zweifler und Kritiker, auch gewichtige Gegner. So war Josef Müller der Meinung, daß die Wirtschaftspolitik Erhards uns ruinieren werde, daß die Voraussetzungen für eine sich selbst lenkende freie Wirtschaft nicht gegeben seien und daß Erhard gestürzt werden müsse, wenn man eine noch größere Katastrophe verhindern wolle. Diese Stimmung war weit verbreitet, und im Sommer 1948 gingen die Wogen des Unmuts hoch. Im Streit um Erhard und die Richtigkeit seiner Politik kam es zu einer Sitzung der CDU/CSU-Fraktion des Wirtschaftsrates in Rüdesheim. Das Gerücht, Erhard werde gestürzt, hatte sich wie ein Lauffeuer verbreitet, seine Kritiker hatten für entsprechende Publizität gesorgt.

Gleichzeitig gab es großen Ärger, vor allem im bäuerlichen Bayern, über Landwirtschaftsdirektor Schlange-Schöningen, dem Beschlagnahmen und generell mangelnde Unterstützung der Landwirtschaft vorgeworfen wurden. Der Ochsensepp wandte daraufhin seinen Groll von Erhard ab und nahm einen Zielwechsel in Richtung Schlange-Schöningen vor. Da aber niemand wagte, gegen Schlange-Schöningen zu reden, habe ich diese undankbare Aufgabe übernommen. Dies war der Grund dafür, daß ich damals allen Ernstes zum Landwirtschaftsdirektor vorgeschlagen wurde.

Mir ging es jedoch um etwas ganz anderes, nämlich darum, Erhard aus dem Feuer zu halten, was auch gelang. Geplant hatten den Großangriff gegen Erhard die Linken in der CDU unter Federführung der Sozialausschüsse in Nordrhein-Westfalen. Die Attacke, vorgetragen in der Fraktionssitzung in Rüdesheim, ging schief, weil profilierte christliche Gewerkschafter wie Theo Blank und Hugo Karpf, die in diesem Fall als Sprecher des Arbeitnehmerflügels wichtiger waren als alle anderen Mitglieder der CDU/CSU-Fraktion des Wirtschaftsrates, entschlossen für Erhard Partei nahmen.

Erhard selbst hielt in Rüdesheim ein glänzendes Plädoyer für seinen Weg der Sozialen Marktwirtschaft. Daß ich einer der überzeugten Mitstreiter an seiner Seite war - darauf bin ich zeit meines politischen Lebens stolz. Erhard ging als großer Sieger mit einer starken Mehrheit im Rücken aus dieser Fraktionssitzung heraus, die eigentlich seinen Sturz hätte herbeiführen sollen. Aufgrund der einsetzenden allgemeinen Besserung der wirtschaftlichen Lage war Erhard 1949 dann der unbestrittene Kandidat für das Amt des ersten Wirtschaftsministers in Bonn.

Die Kritiker warteten mit den von der SPD bekannten Einwänden auf: Das Experiment Soziale Marktwirtschaft stoße die Menschen noch tiefer ins Elend, zerstöre auch die letzten Reste der Wirtschaft, sei ein gefährliches Abenteuer - Schluß damit, zurück marsch marsch in die Planwirtschaft! Damals begann jene Kontroverse zwischen der Union und den Sozialdemokraten, die 1949 im Bundestagswahlkampf ihren ersten Höhepunkt fand. »Die Wirtschaft ist unser Schicksal« war die von mir als Generalsekretär der CSU gewählte Parole - vier Jahre später stand dann die Außenpolitik im Mittelpunkt. Die Sozialdemokraten haben ihre militante Gegnerschaft zur Sozialen Markwirtschaft - ihren wirklichen inneren Frieden haben sie mit ihr wohl überhaupt nie gemacht - bis weit in die fünfziger Jahre hinein aufrechterhalten. Berühmt wurde ihr Antrag bei der Haushaltsdebatte des Bundestags im März 1951, das Amtsgehalt von Ludwig Erhard zu streichen, weil er es nicht wert sei.

Ob im Frankfurter Hotel »Monopol-Metropol«, ob in der Fraktionssitzung in Rüdesheim oder bei welcher Gelegenheit sonst - wann immer Ludwig Erhard über seine wirtschaftspolitische Konzeption, über sein genuines Thema, sein Lieblingskind sprach, war er ein glänzender Redner, mitreißend und begeisternd. Obwohl er eigentlich kein praktischer Wirtschaftler, sondern eher ein Mann der Hochschule war und obwohl der Wirtschaftsrat für freie Gestaltung nur wenig Raum ließ, gewann Erhard auf dem politischen Feld insgesamt großes Ansehen. Er konnte eindringlich argumentieren, konnte Vertrauen und Zustimmung gewinnen, konnte überzeugen. Dabei war ja seine Vorstellung, einmal ohne Lebensmittelmarken und Bezugsscheine leben zu können, geradezu revolutionär. Wir lebten seit 1939 damit, und auch vorher waren schon gewisse Güter rationiert gewesen; Butter war selten geworden, gute Stoffe waren für die Wehrmacht reserviert. So hatte ich in jener Nacht im »Monopol-Metropol« geradezu ein Damaskus-Erlebnis.

Die Klarheit in Erhards Argumentation schlug sich auch im sogenannten Leitsätze-Gesetz nieder. Am 17. und 18. Juni kam es im Frankfurter Wirtschaftsrat zu einer vielstündigen Redeschlacht um dieses von Ludwig Erhard eingebrachte Gesetz, dessen wesentlicher Inhalt die Begründung der Sozialen Marktwirtschaft in der zukünftigen Bundesrepublik Deutschland war. Es handelte sich also weniger um ein Gesetz im streng rechtstechnischen Sinn als um ein wirtschaftspolitisches Grundsatzprogramm.

In der Präambel zu diesem Gesetz heißt es: »Aus dem Zusammenbruch der Kriegswirtschaft hat sich ein Zustand ergeben, der die wirtschaftlichen Energien gelähmt, sie in eine dem Gemeinwohl schädliche Richtung gelenkt und zu großen sozialen Ungerechtigkeiten geführt hat. Die Geldreform soll diese unheilvolle Entwicklung überwinden helfen, indem sie die natürliche Beziehung zwischen Leistung und Gegenleistung wiederherstellt, damit den Bezieher von Arbeitseinkommen zum bevorzugten Käufer macht und so die Voraussetzungen für eine Steigerung der Arbeitsleistung und der Produktion schafft ... Das aus der Vergangenheit stammende ... Zwangssystem kann daher ... aufgelockert, der Markt stärker zur Steigerung der Wirtschaftlichkeit in Erzeugung und Verteilung eingesetzt werden. Die wirtschaftlichen und sozialen Notwendigkeiten gehen somit Hand in Hand, da eine bessere Versorgung der breiten Massen nicht ohne Anspannung aller produktiven Kräfte, eine vollständige Ausnutzung aller produktiven Kräfte nicht ohne bessere Versorgung der breiten Massen möglich ist. Daraus folgt, daß die Wirtschaftspolitik wirtschaftliche und soziale Gesichtspunkte in gleicher Weise in Betracht zu ziehen hat.«

Dieses sogenannte Leitsätze-Gesetz vom 18. Juni 1948 mit seinen vier knappen und einfach formulierten Artikeln hat Geschichte gemacht, während heutige Gesetze mit ihren oft Tausenden von Worten zwar meist ein Muster an Perfektion darstellen, ihre Bedeutung jedoch vielfach im umgekehrten Verhältnis zu ihrer Länge steht. Das Leitsätze-Gesetz war für mich ein englisches Gesetz, weil es sich auf das Wesentliche beschränkte und nicht der deutschen Sucht nach Regelung jeden Details folgte. Der Ausgang der Abstimmung ist bekannt: Mit 50 gegen 37 Stimmen wurde Ludwig Erhards »Gesetz über Leitsätze für die Bewirtschaftung und Preispolitik nach der Geldreform« angenommen. Zwei Tage später, am 20. Juni 1948, trat in den drei westlichen Besatzungszonen die Währungsreform in Kraft.

Die Entscheidung für die Soziale Marktwirtschaft war gefallen. Das Leitsätze-Gesetz stand gewissermaßen an der Wiege des Aufstieges der Bundesrepublik Deutschland zur stärksten Wirtschaftsmacht Europas, eines Landes, das nur das halbe deutsche Territorium und nur zwei Drittel der deutschen Bevölkerung umfaßte. Nur auf der Grundlage der Sozialen Marktwirtschaft war es möglich, Einrichtungen und Gesetze zu schaffen, die bis heute sozialpolitische Eckpfeiler aller Politik sind, so etwa der Lastenausgleich für Vertriebene, Flüchtlinge und Bombengeschädigte, die dynamische Altersrente, das Mitbestimmungsgesetz, der Kündigungsschutz, das Bundessozialhilfegesetz und das Arbeitsförderungsgesetz. Die Geschichte hat uns, den Vertretern und Verfechtern der Sozialen Marktwirtschaft, recht gegeben: Keine andere Wirtschaftsordnung bietet dieses Maß an Selbständigkeit, Berufsvielfalt und sozialen Aufstiegschancen. Keine andere Wirtschaftsordnung kann sparsamer und wirksamer mit den natürlichen Ressourcen umgehen. Keine andere Wirtschaftsordnung schafft soviel Wohlstand und soziale Sicherheit für alle.

Es gehörte damals viel Überzeugungskraft und politischer Mut dazu, sich für die wirtschaftspolitische Freiheit und gegen die staatliche Zwangsbewirtschaftung einzusetzen. Denn sowohl in Frankreich als auch in England herrschte noch – und zwar als Ideologie, nicht als Notbehelf – staatlicher Dirigismus. Man war dort über die Liberalisierung der Wirtschaft in den westlichen Besatzungszonen Deutschlands hellauf empört. Auch der amerikanische Militärgouverneur General Lucius D. Clay stellte Erhard zur Rede. Er habe die Bewirtschaftungsvorschriften der Militärregierung eigenmächtig abgeändert. Erhard antwortete ihm kühl: »Ich habe sie nicht abgeändert, ich habe sie aufgehoben!«

»In Fragen der Wirtschafts- und Gesellschaftspolitik war ich stets ein überzeugter Mitstreiter Ludwig Erhards.« Aufnahme vom CSU-Parteitag in München, 1964

Das amerikanische Zögern bei Währungsreform und Sozialer Marktwirtschaft, obwohl beides der Philosophie des »american way of life« hätte entsprechen müssen, kam aus anderen Wurzeln als der Widerstand der politischen Linken hierzulande, der SPD, des DGB und von Teilen der Sozialausschüsse der CDU. Es hing zusammen mit der Direktive JCS 1067. Aber ein zweiter Gesichtspunkt scheint wichtiger gewesen zu sein. Die Amerikaner hatten eine Riesenangst davor, daß Erhards Währungsreform und seine Wirtschaftspolitik scheitern könnten, daß es dann zu sozialen Unruhen und Tumulten käme und General Clay den Zusammenbruch der amerikanischen Besatzungspolitik melden müßte. Amerikaner wie Briten befürchteten, daß die Umstellung der Wirtschaft zu sozialen Härten und diese wiederum zu aufruhrähnlichen Erscheinungen, wenn nicht gar zur Revolution führen könnten, so daß möglicherweise alliiertes Militär hätte gegen die Bevölkerung eingesetzt werden müssen.

Sicherlich war für die Alliierten der Übergang von der totalen Kontrolle der Deutschen zu ihrer Entlassung in die weitgehende wirtschaftliche Selbständigkeit ein ungeheurer Schritt. Aber dieser Schritt ist erleichtert und beschleunigt worden durch die Stalinisierung Mittel- und Osteuropas, die auch uns Deutsche damals schon beschäftigte, ohne daß wir irgendwelche aktive Anteilnahme hätten demonstrieren können. Die Gleichschaltung der SBZ unter Walter Ulbricht, die Errichtung der kommunistischen Regierung in Polen, die kommunistische Machtergreifung in der Tschechoslowakei mit dem Fenstersturz von 1948, die Volksfront in Ungarn, die Vorgänge in Rumänien und Bulgarien – plötzlich merkten die Alliierten, daß die Russen nie daran gedacht hatten, ihre Zusagen von Jalta einzuhalten. Man werde den Sieg dazu nutzen, um nach einer kurzen Übergangsphase wieder demokratische, dem Willen des Volkes entsprechende Regierungen einzurichten, hatte es in der »Declaration on Liberated Europe« 1945 geheißen. Nun wurde offenbar, daß die Russen den Begriff Demokratie anders auslegten als der Westen, den Begriff Volkswillen ganz anders deuteten und viel lieber den Schlüsselbegriff Antifaschismus benutzten. Selbstverständlich hatten sie die »Erklärung über das befreite Europa« unterschrieben, und ebenso selbstverständlich hatten sie sie nie ernstgenommen beziehungsweise anders, nämlich in ihrem Sinne ausgelegt. Damals schon wurde deutlich, was seither immer gilt, daß sich nämlich der Westen hüten sollte, aus der Verwendung gleicher Worte und Begriffe durch die Kommunisten die falsche Schlußfolgerung zu ziehen, daß damit die gleichen Inhalte verbunden seien.

Trotz der alliierten Mitsprache- und Kontrollrechte galten der Wirtschaftsrat und später der Parlamentarische Rat als eine Veranstaltung der Deutschen. Man hatte den Eindruck, daß die Westmächte endlich begriffen hatten, was die Russen wollten - Deutschland in ein Meer der Not und Verzweiflung stürzen. Endlich, so dachten und redeten wir, sind die Westmächte bereit, uns einmal freie Hand zu geben, wenn auch vorerst nur wirtschaftlich. Das ungefähr war die Grundstimmung.

Die Behandlung des Wirtschaftsrates durch die Amerikaner, die in Frankfurt die Macht hatten und die darüber hinaus auch die bestimmende Besatzungsmacht waren, war höflich, aber formell. Alle unsere Beschlüsse unterlagen der Genehmigungspflicht der Amerikaner, die indessen nur in wenigen Fällen von ihrer Möglichkeit Gebrauch machten, die Genehmigung zu verweigern. Die härtesten Auseinandersetzungen gab es wegen der Steuergesetzgebung. Die Amerikaner waren, vielleicht auch unter dem Druck der Briten, sehr zögernd bei der von uns vorgenommenen Senkung der Steuersätze. Noch nach Gründung der Bundesrepublik Deutschland kam es deswegen zu einer heftigen Auseinandersetzung zwischen Fritz Schäffer und John McCloy, die der Finanzminister gewann. Die Amerikaner haben nicht den Eindruck erweckt, daß wir in ihren Augen nur Marionetten waren, die an ihren Fäden tanzten, und daß sie willkürlich und nach eigenem Gutdünken entschieden. Sie haben uns im Gegenteil das Gefühl gegeben, daß wir etwas zu sagen hatten - und das entsprach auch der Realität.

Wie stark aber die Amerikaner dennoch Einfluß nahmen, wenn es um für sie Wesentliches ging, sah man beim Sturz von Johannes Semler als Direktor der Verwaltung für Wirtschaft. Am 4. Januar 1948 war ich in Erlangen dabei, als Semler vor dem Landesausschuß der CSU seine berühmte »Hühnerfutterrede« hielt, derentwegen er dann gehen mußte. Semler hat damals in der Tat die Amerikaner hart angepackt, hat ihnen vorgeworfen, daß sie gar nicht den Willen hätten, unsere Wirtschaft aufzubauen, daß ihre Industriepläne Sabotage am Wiederaufbau seien, daß sie uns an allen Ecken und Enden behinderten, daß sie Not, Hunger und Elend verlängerten. Alles, was sie uns schickten, sei Hühnerfutter, nämlich Mais.

Nach dieser Rede fuhr ich, obwohl ich zunächst zurück nach Schongau wollte, mit Josef Müller weiter nach Frankfurt; der Ochsensepp wollte sich dort mit Robert Murphy treffen, dem politischen Berater der amerikanischen Militärregierung. Da sein Fahrer zusammengebrochen war - der Ochsensepp war mit seinem klapprigen Dienstauto, einem alten Opel-Kapitän, in einer Nonstop-Nachtfahrt von Ost-Berlin nach Erlangen gekommen –, wurde ich kurzerhand als Chauffeur verpflichtet. Unsere Absicht allerdings, noch abends in Frankfurt anzukommen, war nicht zu verwirklichen, weil wir in Aschaffenburg einen geselligen Abend und eine Übernachtung einlegten. Am nächsten Tag berichtete Murphy dem Ochsensepp, daß General Clay wütend über Semlers Rede sei. Semler habe die Besatzungsmacht beleidigt und werde daher nicht zu halten sein. Ich hatte im Vorzimmer gewartet, wo mir Josef Müller dann mitteilte, daß die Sache hoffnungslos sei und daß die Amerikaner den Kopf von Semler forderten. Murphy, ein sehr verbindlicher Mann, habe General Clay nicht umstimmen können. So wurde Erhard Wirtschaftsdirektor.

Daß die Währungsreform der entscheidende Schritt zu einer scharfen Ost-West-Konfrontation, der wirtschaftspolitische Vollzug der Trennung der sowjetischen von den westlichen Besatzungszonen werden könnte, spielte in unseren Überlegungen keine Rolle. Im Zusammenhang mit der Währungsreform waren mir vor allem zwei Dinge klar, auch wenn ich damals von Wirtschaft noch nicht viel verstand. Erstens, daß eine neue Währung die unerläßliche Voraussetzung für jede wirtschaftliche Ordnung ist; zweitens, daß die Währungsreform ein Schlag ins Wasser werden würde, solange sie nicht durch eine radikale Änderung des Wirtschaftssystems, durch den Abbau der Bewirtschaftung, durch ein Ende der staatlichen Preisfestsetzung, durch unternehmerische Initiative, durch entsprechende Steuergesetzgebung, also durch die Soziale Marktwirtschaft abgesichert war.

Mit der Währungsreform, der Auszahlung des »Kopfgeldes« – Kinder 20 Mark, Erwachsene 40 Mark – und der Aufhebung der Preiskontrolle kam die Stunde der Wahrheit, die Zeit des Schwarzmarktes und der »Zigarettenwährung« war vorbei. Damit stiegen automatisch die Preise dort, wo vorher administrativer Zwang und scharfe Kontrollbestimmungen die Angleichung der Preise an die Warenmenge verhindert hatten. Seit dieser Zeit weiß ich, daß es keinen Sinn hat, auch nicht unter Einsatz der gesamten Staatsgewalt und mit einem aufwendigen Kontrollsystem, gegen den Markt zu operieren. Da erwischt man einen von zehnen, und die anderen neun erwischt man nicht. Aus dem gleichen Grunde habe ich als Landrat auch Schwarzschlachtungen geduldet, weil es gar keinen Sinn gehabt hätte, dagegen mit der letzten Schärfe des Gesetzes vorzugehen. Die Sozialdemokraten mit ihrer Fixierung auf staatliche Wirtschaft, auf Plan- und Zwangswirtschaft wollten eine härtere Bestrafung der Wirtschaftssünder und machten für jeden Mißbrauch Erhards Soziale Marktwirtschaft verantwortlich.

Als Bundestagskandidat habe ich 1949 mehrere Wahlversammlungen mit Ludwig Erhard abgehalten. Ich erinnere mich besonders an eine Veranstaltung in Weilheim, wo Erhard wegen seiner Politik der Sozialen Marktwirtschaft aus den eigenen Reihen wütend angegriffen wurde. In der CSU blieb diese Kritik die Ausnahme, während vom linken CDU-Flügel in Nordrhein-Westfalen nach wie vor massive Vorwürfe gegen Erhard erhoben wurden.

Auch Konrad Adenauer, auf diesem Gebiet mehr der Mann der Administration als der kühnen Konzepte und des Risikos, war angesichts der Anlaufschwierigkeiten von der Sozialen Marktwirtschaft nicht unbedingt so fasziniert, wie wir es waren, die wir Erhard immer wieder über seine Vision hatten reden hören.

Ludwig Erhard, obwohl aus Bayern stammend, wurde von Anfang an mehr als Mann der CDU denn der CSU betrachtet. Jedenfalls ist er erst, nachdem er Wirtschaftsminister geworden war, in die CDU eingetreten. Über das Thema hat man ja noch debattiert, als er im März 1966 Parteivorsitzender wurde. Als man uns von der CSU im Vorstand der CDU/CSU-Bundestagsfraktion kurz vor der ersten Regierungsbildung 1949 Erhard auf das bayerische Kontingent anrechnen wollte und mir vorhielt, Erhard sei Bayer, habe ich erwidert, daß er zwar in Fürth geboren, aber Abgeordneter von Ulm sei, deshalb könne ich ihn höchstens »als biologischen Bayern akzeptieren, aber nicht als echten Bayern«. Das humorvoll gemeinte Wort vom biologischen Bayern hat dann noch lange herumgespukt in der Fraktion.

Im Juni 1948 war durch die Währungsreform die Deutsche Mark geschaffen worden. Bereits im Herbst 1949 stellte sich dem ersten Kabinett Adenauer die Frage der Abwertung der Mark. Bei der Währungsreform war die Parität zum Dollar (1 US Dollar gleich 4 DM) zu hoch festgesetzt worden, ihr Wert war noch nicht hinreichend von der Leistung der deutschen Wirtschaft getragen. Darum hatten wir große Schwierigkeiten, auf den Exportmärkten die ersten erfolgreichen Schritte zu tun. Wir waren der Meinung, daß die DM realistisch bewertet, also abgewertet werden müsse, weil nur auf diesem Wege der deutsche Export, der zu teuer war, belebt werden konnte. Der neue Wechselkurs wurde auf DM 4,20 für 1 Dollar festgesetzt. Viel mehr kann ich dazu nicht sagen, denn im Bundestag hat dieses Thema keinen großen Niederschlag gefunden, ein Indiz vielleicht dafür, daß früher solche Entscheidungen in viel größerer Kabinetts-Souveränität getroffen wurden als später und auch heute. Es ist dies Ausdruck eines schleichenden Prozesses, der sich über Jahrzehnte hingezogen hat, daß nämlich das Parlament mehr und mehr Einfluß nimmt auf Aufgaben und Entscheidungen der Exekutive. Alle Einzelheiten müssen in den parlamentarischen Ausschüssen besprochen werden. Die Grenze zwischen Exekutive und Legislative ist fließend geworden, die Gewaltenteilung funktioniert nicht so, wie sie es sollte.

Wenn ich nur an die späteren Auseinandersetzungen um Auf- und Abwertung unserer Währung denke! 1969 ist die Währungsparität sogar zum Wahlkampfthema geworden, vier Wochen nach den Wahlen, die das Ende der Großen Koalition brachten, wurde die DM aufgewertet. Meine Rolle in diesem Streit mit Karl Schiller ist in der Öffentlichkeit nicht korrekt dargestellt worden, aber es hat keinen Sinn, gegen Windmühlenflügel zu kämpfen. Ich war gegen einen währungsparitätischen Alleingang der Bundesrepublik. Schiller sagte, eine allgemeine Veränderung und Anpassung könne nicht unbemerkt vorbereitet werden, es käme zu einer unerfreulichen Publizität über längere Zeit hinweg, deshalb müßten wir allein handeln. Hermann Josef Abs war ebenfalls gegen einen deutschen Alleingang und hat in diesem Sinne auch Bundeskanzler Kiesinger beraten.

Die Amerikaner übten starken Druck auf uns aus, die Mark aufzuwerten. Der damalige amerikanische Finanzminister David M. Kennedy, der mit seinem weißhaarigen Senatorenkopf Heinrich Lübke so ähnlich sah, meinte bei seinem Besuch in Bonn, die feste Bindung des Dollars an den Goldpreis und der Preis für eine Unze Gold von 35 Dollar seien so unabänderlich wie der Gang der Sonne und des Mondes und ihr Verhältnis zueinander. Ein ebenso stolzes wie unsinniges Wort, an das wir damals freilich noch glaubten. Der stärker werdende Druck der Amerikaner ist von Schiller richtig und sehr drastisch dargestellt worden. Die Amerikaner wollten eine Aufwertung der Mark, um das Abfließen von Dollarbeständen in die Mark zu verhindern und um an dem erwarteten Export-Segen aus einer DM-Aufwertung teilzuhaben.

De Gaulle hat sich damals aus Gründen des nationalen Prestiges gegen eine Abwertung des Franc gewehrt. Die Franzosen sollten wieder mehr Währungsdisziplin üben, sagte mir auch mein Freund Antoine Pinay, der damals erneut als Finanzminister im Gespräch war, und dadurch ihre Währung stabilisieren, aber nicht durch andauernde Abwertungen einen Ausweg suchen, da ständige Wiederholung auch eine Verfallserscheinung sei. Am 10. August 1969 wurde der Franc dann doch abgewertet – durch die Regierung Pompidou und ihren Finanzminister Giscard d'Estaing.

Hätten die Franzosen die Abwertung angeboten, dann hätten wir unsere währungspolitischen Maßnahmen gemeinsam durchführen können, was in der Tat mehr Sinn gehabt hätte. So aber wurde der amerikanische Druck auf uns immer stärker. Die Spaltung der Großen Koalition in Aufwertungsfreunde und Aufwertungsgegner tat ein übriges, die Stimmung anzuheizen. Noch mehr zur Verschlechterung des Klimas trug bei, daß mit fortschreitendem Wahlkampf die Sozialdemokraten in den – dann bestätigten – Verdacht gerieten, mit der FDP zusammen die Regierung bilden zu wollen.

Bei der Entstehung der Bundesrepublik Deutschland, soweit sie überhaupt aus deutscher Eigenständigkeit und nicht unter dem Einfluß der Alliierten erfolgte, haben die Länder eine wichtige Rolle gespielt. Jahre bevor das politische Gebilde Bundesrepublik zu leben begann und Jahre vor Beginn der Ära Adenauer gab es die Länder. Und die Länder waren ziemlich stark. Was aus dem Bund werden würde, war anfangs noch unklar. Die durch das Grundgesetz vorgegebene Form mußte mit praktischem politischen Leben erfüllt werden. Für Bayern und seine führende Partei, die CSU, und für mich als deren Generalsekretär war diese Reihenfolge insofern wichtig, als dadurch der Föderalismus als Kernelement der staatlichen Ordnung in angemessener Weise zur Wirkung kam. Das Gleichgewicht zwischen Bund und Ländern war uns eine wesentliche Sorge. Die Länder als Befehlsempfänger des Bundes – diese Vorstellung war für uns undenkbar. Die Finanzverfassung war die Probe aufs Exempel einer föderativen Ordnung. Es durfte keine Verschiebung der Finanzverfassung in Richtung einer Stärkung der Zentralgewalt oder in Richtung einer finanziellen Abhängigkeit der Länder vom Bund geben. Dazu hatten wir von Bayern aus schon beim Ringen um das Grundgesetz und bei seiner endgültigen Formulierung Entscheidendes beigetragen. Dennoch war die Finanzverfassung dann einer der Gründe, warum die CSU das Grundgesetz abgelehnt hat, allerdings mit der Maßgabe, daß sich Bayern, wenn sich eine Mehrheit fände, nicht verweigern würde.

Das Grundgesetz ist dann gerade auf dem Gebiet der Finanzverfassung zu meiner Zeit als Finanzminister geändert worden, zum Beispiel hinsichtlich der Beteiligung der Länder an der angeblich weniger konjunkturabhängigen Umsatzsteuer. Man war der Meinung, daß im Falle einer großen Arbeitslosigkeit der Ertrag aus Lohn- und Einkommenssteuer rapide zurückgehen würde, daß aber auch Bezieher von Arbeitslosengeld oder Arbeitslosenhilfe für ihren Lebensunterhalt sorgen und dafür Umsatzsteuer zahlen müßten. Darum haben wir einen Steuerverbund angestrebt, verfassungsmäßig verankert und gesetzlich nur innerhalb bestimmter Grenzen änderbar, bei dem die Eigenstaatlichkeit der Länder in ihrer finanziellen Leistungsfähigkeit im Prinzip gewährleistet war - natürlich entsprechend den jeweiligen wirtschaftlichen Entwicklungen.

Ein Gegenbeispiel zu unserer föderalistischen Ordnung mit starken Bundesländern bietet der österreichische Föderalismus, der viel weniger Fleisch und Blut hat als der deutsche. In Österreich ist die Polizei Bundessache, bei uns fällt sie in die Kompetenz der Länder. In Österreich leben die Länder von den Finanzentscheidungen der Bundesgewalt, sind Kostgänger des Bundes, bei uns sind nicht nur die allgemeine innere Verwaltung, sondern auch die Finanzverwaltung und die Finanzverfassung in den Händen der Länder.

Aus föderalistischen Erwägungen haben wir ursprünglich auch der Aufstellung des Bundesgrenzschutzes zwar nicht widersprochen, aber für den Fall der Aufstellung einer Wehrmacht seine spätere Eingliederung in die Streitkräfte verlangt. Als dies 1956 geschah, bestand der Bundesgrenzschutz für eine längere Zeit praktisch nicht mehr. Da die Bundeswehr jedoch keine Zuständigkeit an der Grenze hat, ergab sich die Notwendigkeit, den Bundesgrenzschutz wieder aufzufüllen und ihm als Bundestruppe grenzsichernde Aufgaben zu übertragen. Das war wohl auch im Sinne der Alliierten, die zuvor noch ängstlich darüber gewacht hatten, daß der Bundesgrenzschutz nicht zur Keimzelle einer verkappten illegalen Aufrüstung wurde. Dies hat sich in absurden Maßnahmen niedergeschlagen. So mußten zum Beispiel an den von den amerikanischen Streitkräften übernommenen Spähwagen vom Typ M 8 die Kanonen durch Maschinengewehre ersetzt werden. Ich glaube mich zu erinnern, daß der Berliner Polizei damals sogar die Ferngläser verboten wurden. Wir hatten über mehrere Jahre den grotesken Zustand, daß in Koblenz in räumlicher Nähe die eine Behörde für die Planungen zur Wiederaufrüstung und für die Beschaffungsangelegenheiten der Besatzungsmächte zuständig war, nämlich die Außenstelle Koblenz der Dienststelle Blank, und die andere Behörde, das Alliierte Sicherheitsamt (ASA), den Vollzug der Abrüstung überwachte.

Bei der Ausgestaltung der politischen Wirklichkeit der neuen Republik haben wir natürlich sehr sorgsam darüber gewacht, daß der Bund auch nicht in die Kulturhoheit der Länder einbricht. Die Folge davon waren allerdings sogenannte interföderale Abmachungen, die weder der Kontrolle des Bundestages noch der Kontrolle der Länderparlamente unterliegen. Diese interföderalen Abmachungen, wie sie durch die Innenministerkonferenz, vor allem aber durch die Kultusministerkonferenz getroffen wurden und werden, betreffen beispielsweise die Ausgestaltung des Abiturs, weil gewisse einheitliche Regelungen unvermeidbar und notwendig sind.

Diese Abkommen zwischen den Ländern sind in der Verfassung eigentlich gar nicht vorgesehen. Sie haben sich aus dem Auftrag an die Regierungen und aus der Praxis ergeben und zu einem verfassungsmäßig und gesetzlich nicht abgesicherten, aber faktischen Zustand geführt. Die interföderalen Abmachungen gehen so weit, daß von den Ministerkonferenzen Ausschüsse eingerichtet werden und daß diese Ausschüsse wieder Unterausschüsse einsetzen. Diese Unterausschüsse beschäftigen sich mit kleinsten Details, zum Beispiel im Polizeibereich mit der Frage, wie der einheitliche Neigungswinkel sein soll, mit dem Tränengasgranaten bei Demonstrationen verschossen werden dürfen. Ich bin darauf gekommen, als ich mich als Bayerischer Ministerpräsident nach dem Zustandekommen dieses Neigungswinkels erkundigte und die Auskunft erhielt, es handle sich um die Vorschrift eines Unterausschusses eines Ausschusses der Innenministerkonferenz der Länder. Hier entstanden kleine Bürokratien, die der Bundesrat von Anfang an gar nicht hatte, eine Art neuer Sonderbürokratie. Das war am Anfang nicht bewußt so gewollt, sondern wuchs aus der Antinomie, die Hoheitsrechte der Länder unangetastet zu lassen und trotzdem unerträgliche Ungleichheiten abzubauen oder zu beseitigen. Die einheitliche Uniform der Polizei, die dabei unnötigerweise zustande kam, ist für mich kein Beispiel von besonderer Dringlichkeit. Viel wichtiger sind Schul- und Bildungswesen – was soll mit den Kindern von Soldaten, Beamten, Wissenschaftlern, überhaupt von Leuten geschehen, die von einem Bundesland in das andere umziehen? Hier müssen gewisse einheitliche Maßstäbe geschaffen werden.

Das alles freilich sind Fragen, die in den Aufbaujahren peripher waren. Zentral in den ersten Jahren der Koalition, auch für eine möglichst breite Absicherung bei Wahlen, war zum einen die Ankurbelung der Wirtschaft, zum anderen die soziale Komponente, die Schaffung des Sozialstaates. Das wichtigste und früheste Gesetz hierzu ist das zum Lastenausgleich vom 14. August 1952. Er war zwar kein bundeseinheitliches Problem, aber ein Problem, das alle Länder anging, die durch die Vertreibung besonders betroffen waren, vor allem die drei Armenhäuser der Bundesrepublik, Schleswig-Holstein, Niedersachsen und Bayern. Sie waren Hauptaufnahmeländer für die Vertriebenen und Flüchtlinge, deren »Verteilung« erst später erfolgte. Die Franzosen hatten sich geweigert, in ihrer Zone Flüchtlinge und Vertriebene aufzunehmen. Solche Vorbehalte sind dann mit der Gründung der Bundesrepublik in den Hintergrund getreten und verschwunden. Bei der Schaffung des Lastenausgleichs kam vieles zusammen. Man hatte das abschreckende Beispiel der Weimarer Republik vor Augen, die durch ungeheure soziale Gegensätze, Verarmung und Verzweiflung auf der einen, demonstrativen Reichtum auf der anderen Seite, in eine soziale Schieflage getrieben worden war, aus der sie nie wieder herauskam.

Das Experiment des deutschen Föderalismus ist im großen und ganzen geglückt. Es gibt natürlich sehr prononcierte Föderalisten, die seit Jahrzehnten darüber klagen, daß die Länderrechte mehr und mehr ausgehöhlt würden, der Bund mehr und mehr Macht übernähme. Aber die Länder haben doch eine sehr starke Stellung, die vor allen Dingen im Vetorecht des Bundesrats bei einem Teil und in seinem Zustimmungsrecht bei einem anderen Teil der Gesetze zum Ausdruck kommt. So hätten die Länder mit einer Verweigerung der Mehrheit die ganze Steuerreform zu Fall bringen können, das Kronstück der Regierungspolitik nach der Bundestagswahl von 1987.

In Bayern gab es nach 1945 durchaus starke Strömungen, Bayern zu einem selbständigen Staat zu machen, auch da und dort in der CSU. Die Verfechter einer solchen Linie haben ihr Ziel zwar niemals eingestanden, das »Los vom Reich« hat keiner von ihnen offen vertreten, aber dennoch mußten wir uns damit auseinandersetzen, zumal da die Franzosen zu den Befürwortern solcher Pläne ihre Kontakte hatten. Die bayerischen Selbständigkeitsüberlegungen spielten auch in den Parteinamen CSU hinein. Es wurde die Frage diskutiert, ob unsere Partei Christlich-Soziale Union Bayerns oder in Bayern heißen sollte. Wir haben uns dann für »in Bayern« entschieden, weil dies bedeutete, daß sie auch in Baden-Württemberg, in Hessen oder sonstwo gegründet werden könnte, während der Genetiv die Abgrenzung bedeutet hätte. Im Vordergrund stand allerdings weniger die Frage einer Ausdehnung der CSU als ein Bekenntnis zu Deutschland.

Eine Loslösung Bayerns vom übrigen Deutschland stand für mich niemals auch nur eine Sekunde zur Diskussion - schon die Erfahrungen meiner Generation in langen Kriegsjahren, die gemeinsamen Fronterlebnisse, das gemeinsame Ertragen von Leid, Not und Zusammenbruch schlossen ein Davonstehlen aus dem deutschen Schicksal als undenkbare Schäbigkeit rundum aus. Das Verhalten der Vorarlberger, die damals in die Schweiz aufgenommen werden wollten, galt als schlechtes Beispiel. Auch mußte unter allen Umständen verhindert werden, daß es in Deutschland zu einer Gebietseinteilung kam, bei der *ein* Bundesland dominieren würde, wie dies seit 1871 durch Preußens Stellung im Reichsverband der Fall gewesen war.

Fritz Schäffer, der erste Bayerische Ministerpräsident der Nachkriegszeit, der nach wenigen Wochen schnöde gestürzt worden war - Grund war wohl in erster Linie Schäffers Widerstand gegen die Entnazifizierung -, erzählte uns, daß ihn ein amerikanischer Oberst gefragt habe, was er denn davon halte, Bayern zu einem selbständigen Staat zu machen. Die Antwort Schäffers, der ja immer sehr reichsgebunden war: »In der Stunde der Not verläßt man sein Vaterland nicht.« Hier gab es für Schäffer keinerlei Unklarheit, auch wenn er mit Hundhammer, der eher als »Separatist« galt, innerparteilich gegen die mehr liberale Richtung um Josef Müller stand.

Die mildere Form der Bewegung »Los vom Reich« war die Vorstellung von einem Staatenbund - eine Idee, die wohl auch die Franzosen wohlwollend unterstützten in der Einsicht, daß die angelsächsischen Siegermächte eine Lostrennung nie erlauben würden. Dann gab es noch einen Gedanken, den Winston Churchill 1943 auf der Konferenz von Teheran propagiert hatte, eine aus heutiger Sicht ganz merkwürdige Idee, die aber strategisch nicht unklug war. Er wollte Preußen - wenn auch verkleinert - erhalten, den Süden Deutschlands aber unter Einbeziehung Österreichs und Ungarns zu einer »Donaukonföderation« zusammenschließen. Obwohl Bayern Kernstück einer solchen Föderation gewesen wäre, hat diese Überlegung bei uns nie eine Rolle gespielt. In den bayerischen Kreisen, für die dieses Thema insgesamt wichtig war, spukte ein anderes Wort durch die Köpfe, der französische Begriff »Union alpine«. Dabei wurde an einen Zusammenschluß von Bayern, Baden, Württemberg, Österreich und Südtirol gedacht. Außer Wunschträumen mancher französischer Geheimdienstleute steckte hinter dieser »Union alpine« aber keinerlei wirkliche Substanz oder auch nur Absicht.

Die föderalistische Ordnung des neu zu formenden deutschen Staates stand für die CSU keine Sekunde in Frage. Der Forderung der Alliierten nach ausgeprägtem Föderalismus im neuen Deutschland hätte es bei uns nicht bedurft. Hans Ehard, der Bayerische Ministerpräsident, war ein Mann des Rechts und ein glühender Föderalist, ein unnachgiebiger Hüter der Interessen der Länder im allgemeinen und Bayerns im besonderen. Mit der gesamtdeutschen Ministerpräsidentenkonferenz Anfang Juni 1947 in München hatte er einen letzten Versuch unternommen, Deutschland zusammenzuhalten, ein Unterfangen, das nicht zuletzt am Verhalten der Regierungschefs der sowjetischen Besatzungszone scheiterte.

Bei allen Auseinandersetzungen, die es bei der Ausarbeitung der Verfassung gab, die später dann Grundgesetz hieß, war man doch allgemein der Überzeugung, daß es sich bei der Gründung des neuen Staates um ein relativ kurzlebiges Provisorium handle. Man glaubte, daß die amerikanisch-russische Konfrontation eine Angelegenheit von langer Dauer sein werde; dennoch gab es eine ganze Reihe von Plänen für die Wiedervereinigung, unter anderem auch den Gedanken einer Volksabstimmung unter Aufsicht der UNO. Auch bei Außenministerkonferenzen der Siegermächte wurde bis weit in die fünfziger Jahre hinein das Thema behandelt. Aber alle Vorschläge und Pläne für eine deutsche Wiedervereinigung erwiesen sich im historischen Rückblick als Utopie. Neben meiner Tätigkeit als Landrat, als Oberregierungsrat im bayerischen Innenministerium und als Mitglied des Wirtschaftsrates hatte ich nicht allzuviel Gelegenheit, die Entwicklung des Parlamentarischen Rates und seine Arbeit zu verfolgen. Wir im Frankfurter Wirtschaftsrat haben auf die Verfassungsmacher des Parlamentarischen Rates ein wenig heruntergeschaut. Wir fühlten uns erstens als die Früheren und zweitens als die Besseren. Wir wußten, daß die Wirtschaft unser Schicksal ist und daß auf diesem Felde die Entscheidung fallen würde, nicht im Paragraphenstreit der Verfassungsrechtler. Dieses Denken kam aus der Not und dem Elend der damaligen Zeit, zu deren Überwindung wir mit historisch weitreichenden Entscheidungen wie der für die Soziale Marktwirtschaft beitrugen. Heute ist die Sicht anders – der Frankfurter Wirtschaftsrat ist fast vergessen. Die Helden, so das allgemeine Bild, saßen im Parlamentarischen Rat in Bonn. Die historische Bewertung aus der Distanz mag das so sehen, die erlebte Erfahrung jener Jahre war anders.

Als der Parlamentarische Rat gebildet wurde und die CDU/CSU den

Präsidenten stellen durfte, hieß es im Wirtschaftsrat, daß man dieses Amt Adenauer für einen ehrenvollen Abschied aus dem politischen Leben überlassen wolle, für einen honorigen Wechsel in das politische Rentnerdasein, als Übergang von der vita activa in die vita contemplativa. Diese Auszeichnung müsse man Adenauer noch zugestehen, danach sei Schluß. Adenauers letzte Station dürfe nicht seine Entlassung als Oberbürgermeister durch die Briten gewesen sein – das war unsere einhellige Meinung. Konrad Adenauer hat es jedoch verstanden, dafür zu sorgen, daß der Präsidentenstuhl im Parlamentarischen Rat nicht sein letzter Stuhl blieb. Er machte dieses Amt und damit sich selbst zum Mittelpunkt der politischen Entscheidungen.

Es herrschte eine oft unausgesprochene Animosität gegen Adenauer in den Unionskreisen des Wirtschaftsrates. Adenauer, der rheinische Oberbürgermeister, sei autoritär, verstehe nichts von Wirtschaft, denke restaurativ bis reaktionär – das waren die wichtigsten Punkte. Die Vorstellung von Adenauer als Außenpolitiker spielte keinerlei Rolle, sie lag völlig außerhalb des damaligen politischen Denkens. Diskutiert wurde über Adenauer als den bestimmenden Mann einer Partei, die sich in manchen Punkten ihres Ahlener Programms gefährlich nah am Sozialismus bewegte.

Bevor sich Adenauer überhaupt als Kanzler ins Spiel brachte oder von anderen ins Spiel bringen ließ, stand Erhard für Bonn als künftiger Minister fest, allerdings nur in einer marktwirtschaftlich orientierten Koaliton. Die Bedingung dafür, daß Ludwig Erhard sich überhaupt zur Verfügung stellte als Nummer eins der Wirtschaftspolitik der Union, war die Ersetzung, zumindest die deutliche Abschwächung des Ahlener Programms durch die Düsseldorfer Leitsätze, deren Spiritus rector Franz Etzel war. Etzel hat Erhard mit dieser klaren Absage an die Ideen und Ziele des Ahlener Programms den Weg gebahnt. Viele Jahre später haben wir uns in der CSU entschieden dagegen gewehrt, daß Kurt Biedenkopf und seine Freunde das Ahlener Programm wieder ausgraben wollten als Leitlinie einer christlich-sozialen Wirtschafts- und vor allen Dingen einer christlich-sozialen Gesellschaftspolitik.

Erhard hat damals in meiner Anwesenheit gesagt, daß er für den Fall, daß eine Große Koalition zustande käme oder die Düsseldorfer Leitsätze und ihre Politik der Sozialen Marktwirtschaft wieder in Frage gestellt würden, nicht zur Verfügung stehe. Die Haltung Erhards war dann eines der Argumente Adenauers für die Bildung der Kleinen Koalition. Hinzu kam noch ein außenpolitisches, besser gesagt äußeres

Argument. Auch in den Vereinigten Staaten von Amerika gelte, so Erhard, eine marktwirtschaftliche Politik der Bundesrepublik als Zeichen der Bindung an den Westen und als wesentliche Befestigung der neuen verfassungsmäßigen Ordnung. Hier spielte Henry Ford eine Rolle, auf den man sich damals immer wieder berief. Ford hatte Köln besucht und im Gespräch mit Hermann Pünder, damals als Nachfolger Adenauers Oberbürgermeister von Köln, später Oberdirektor des Vereinigten Wirtschaftsgebietes der Bizone, das Engagement der Amerikaner hervorgehoben, die deutsche Wirtschaft wieder aufzubauen. Pünder berichtete im Wirtschaftsrat in seiner sentimental-pathetischen Art unter Heiterkeit der Linken, diese Zusage sei gegeben worden mit dem Kölner Dom im Hintergrund. Dessen Türme hätten wie Schwurfinger in den Himmel geragt, steinerne Zeugen dafür, daß nunmehr Amerikaner und Deutsche gemeinsam eine freie Welt und eine freie Wirtschaft aufbauten. Richtig daran war, daß die Amerikaner auf Ludwig Erhard als Schlüsselfigur des wirtschaftlichen Wiederaufbaus setzten.

Hermann Pünder wäre übrigens gern Präsident des Parlamentarischen Rates und auch später gern die Nummer eins geworden, nur fehlten ihm hierzu fast alle persönlichen Voraussetzungen. Im Wettbewerb mit Konrad Adenauer hatte Pünder keinerlei Chance. Adenauer hatte als Chef der größten Parteiorganisation der CDU, die alle Länder der britischen Zone umfaßte, und nicht zuletzt durch seine Vergangenheit als politisch Verfolgter einen eindeutigen Vorsprung bei der Besetzung des wichtigsten Amtes. In dem Triumvirat Adenauer, Jakob Kaiser und Josef Müller trat Kaiser, Adenauers Taktik nicht gewachsen, bald in den Hintergrund. Auch Josef Müller war kein Gegengewicht gegen den mit großer Autorität ausgestatteten Adenauer.

Ganz ähnlich verhielt es sich mit Dr. Erich Köhler, dem Präsidenten des Frankfurter Wirtschaftsrates. Zwar war Köhler, der in der Weimarer Zeit unter anderem Reichsfinanzminister gewesen war, ein Mann von Erfahrung und Gewicht, aber seine Persönlichkeit und sein politischer Einfluß erlaubten keinen Vergleich mit Adenauer. Dieser hat mit den Möglichkeiten seines Amtes als Präsident des Parlamentarischen Rates einfach weit mehr Politik gemacht als Köhler mit den seinen. Dennoch haben sich die »Frankfurter« 1949 mit Erich Köhler wenigstens insoweit durchgesetzt, als er erster Präsident des Bundestages wurde.

Zwischen dem Wirtschaftsrat und dem Parlamentarischen Rat, der eine völlig andere Bühne war, gab es aus meiner Sicht so gut wie keine

Querverbindungen. Erst als es in die Endphase ging, um die Schlußfassung des Grundgesetzes, da standen wir alle auf dem Parkett. Als sich abzeichnete, daß der Parlamentarische Rat mit seiner Arbeit zu einem Ergebnis kommen würde, bin ich das erste Mal seit meiner Militärzeit – am 1. November 1939 war ich im Eisenbahntransport nach dem Westwall durch die Stadt gefahren – wieder in Bonn gewesen. Es war im Vorfeld der ersten Bundestagswahlen. Wir erkundigten uns, wo das künftige Parlament tagen werde, was Wohnungen kosteten und wo man eine bekäme, wie die Verkehrsverhältnisse seien. Ich mietete mich bei einer Witwe ein, deren Sohn Theologie studierte. Es war eine richtige Studentenbude.

Die erste Nennung Bonns als möglicher provisorischer Hauptstadt kam nicht von Adenauer, wie es zählebige Legenden gern hätten. Bonn war der englischen Besatzungsmacht auf der Suche nach einem geeigneten Ort für eine künftige Hauptstadt ins Auge gefallen als einzige größere linksrheinische Stadt, die unzerstört geblieben war und günstige Verkehrsverbindungen hatte. Die ganze Diskussion über Bonn als Hauptstadt habe ich nur am Rande, von Frankfurt aus miterlebt. Am Anfang wäre mir Frankfurt als alte Krönungsstadt des Heiligen Römischen Reiches Deutscher Nation und als Großstadt lieber gewesen. Bonn erschien mir als eine Beamten- und Pensionärsstadt von etwas altväterlichem Zuschnitt. Aber diese Einstellung hat sich dann schnell geändert, und im Bundestag war ich einer der Wortführer für die Entscheidung zugunsten von Bonn. Die »rote Umgebung« in Frankfurt war gewiß ein Motiv. Als weiterer handfester Grund kam die miserable Behandlung des Wirtschaftsrates durch den Frankfurter Oberbürgermeister Kolb hinzu.

Am 14. August 1949 wurde der Erste Deutsche Bundestag gewählt. CDU und CSU errangen gemeinsam 31 Prozent der Stimmen und stellten 139 von 402 Abgeordneten. Die CSU allein entsandte 24 Parlamentarier nach Bonn. Die Bildung einer Koalitionsregierung war notwendig. Stimmungen und Einstellungen einzelner Unionspolitiker zur Frage, mit wem man zusammengehen sollte, waren bekannt. Wer würde sich durchsetzen?

Die Rhöndorfer Konferenz

In der Woche nach der Wahl gab es zwei interessante Treffen. Am 19. August 1949 tagte der »Ellwanger Kreis«. Am Steuer meines BMW – auf dem Beifahrersitz den späteren Bundesfinanzminister Fritz Schäffer, der mich um Mitfahrgelegenheit gebeten hatte – raste ich morgens ins württembergische Ellwangen und nachmittags wieder zurück nach München. Bei der Organisation dieses Kreises, in dem sich seit Frühjahr 1947 in lockerer Form Unionspolitiker aus dem Süden zur Wahrnehmung und Abstimmung ihrer Interessen trafen, hatte Karl Gengler eine maßgebende Rolle gespielt; er war Präsident des Landtages von Württemberg-Hohenzollern, Mitglied des CDU-Vorstandes von Süd-Württemberg, später Bundestagsabgeordneter. Die CSU war bei der Sitzung vom 19. August durch Ministerpräsident Hans Ehard, Anton Pfeiffer, der im Ellwanger Kreis eine herausragende Rolle spielte, Fritz Schäffer, Alois Hundhammer und Franz Heubl vertreten. Ich war eingeladen in meiner Eigenschaft als Generalsekretär der CSU.

Sinn und Zweck der Beratungen des Ellwanger Kreises war es, »Rheinpreußen« einen starken süddeutschen Block im Unionsverband entgegenzusetzen und sich bei den anstehenden Personalentscheidungen nicht überfahren zu lassen – ein Punkt, um den es Politikern natürlich vorrangig auch geht. Man wollte verhindern, daß Adenauer über unsere Köpfe hinweg handelte. Adenauer reagierte denn auch empfindlich. Ich habe noch in Erinnerung, daß er bei einer der ersten Zusammenkünfte der Fraktion uns dieses Treffen vorhielt und als separatistische Bewegung innerhalb der Union rügte. Mit dieser Befürchtung lag er jedoch völlig daneben. Die Union im Süden hatte einfach Angst, daß die Nord- und Westdeutschen das Ganze an sich reißen könnten und den Süddeutschen dann nur die Aufgabe bliebe, Stimmen zu liefern. Darum hatte die CSU den Kontakt mit den CDU-Verbänden aus dem späteren Südweststaat und aus Hessen gesucht. Wir wollten unsere Kraft gebündelt einsetzen, damit nicht einer gegen den anderen ausgespielt werden konnte. Bei der Besprechung vom 19. August wurde unter anderem vereinbart, daß Hans Ehard Präsident des Bundesrates werden sollte. Dieses Vorhaben ist bekanntlich gescheitert, weil uns Karl Arnold und Gebhard Müller in den Rücken fielen.

Die Entscheidung, daß CDU und CSU im Bundestag eine gemeinsame Fraktion bilden würden, mußte nach der Bundestagswahl zwar noch einmal formell bestätigt werden, dem Grundsatz nach war sie aber schon vorher gefallen. Sowohl im Frankfurter Wirtschaftsrat als auch im Parlamentarischen Rat in Bonn waren bei der praktischen Arbeit die Weichen in dieser Richtung gestellt worden. Natürlich gab es in der CSU auch Stimmen für eine eigene Fraktion, sie waren aber zu schwach, sich durchzusetzen. Alois Hundhammer hätte diesen Weg bevorzugt. Fritz Schäffer, von dem man erwartet hätte, daß er ebenfalls dafür war, sprach sich dann doch für eine gemeinsame Fraktion aus. Das Thema hat keine großen Wellen geschlagen. Wenn die Union auch nach der Bundestagswahl die bestimmende politische Kraft bleiben wollte, mußte der in der Praxis bereits bewährte enge Bund zwischen CDU und CSU fortgesetzt werden. Für die CDU gab es in Bayern nur einen einzigen echten Partner, einen Partner nicht nur für eine Koalition, sondern auch für eine weltanschauliche Wertegemeinschaft: die CSU.

Das andere große Ereignis nach der Wahl war die berühmte Rhöndorfer Konferenz vom 21. August 1949. Mit dem letzten D-Zug am Samstagabend fuhr ich im Schlafwagen von München nach Bonn. Beim Verlassen des Bahnhofs fährt ein Volkswagen an mir vorbei, stoppt, das Fenster wird heruntergedreht, der Fahrer grüßt – es ist Herbert Blankenhorn. Er wisse schon, warum ich nach Bonn komme, wir träfen uns ja in Rhöndorf. Blankenhorn hat mich dann in seinem Wagen mitgenommen. In einem Rhöndorfer Gasthaus habe ich noch schnell das Hemd gewechselt und mich nach der langen Zugfahrt frisch gemacht. Bei Adenauer gab es zunächst ein Mittagessen, die Tafel war üppig gedeckt. Die bürgerliche Friedlichkeit der Szene stand zur Brisanz der zu behandelnden Fragen in spürbarem Gegensatz. Die Themen, die auf der ungeschriebenen Tagesordnung standen: Welche Regierungskoalition wird gebildet? Wer wird Bundeskanzler? Wer wird Bundespräsident?

Hans Ehard, der Bayerische Ministerpräsident und Vorsitzende der CSU, hatte an der Rhöndorfer Konferenz nicht teilnehmen wollen. Er lasse sich nicht bestellen, sagte er. »Ich bin der Bayerische Ministerpräsident. Wenn Herr Adenauer etwas will von mir, dann soll er mit mir allein reden.« Auch wollte Ehard nicht in einer Linie und auf der gleichen Ebene mit den übrigen Gästen stehen. So traf er sich, aus Ellwangen kommend, mit Adenauer am Vorabend der Konferenz in Frankfurt.

Sie besprachen Grundlinien der Regierungsbildung und stimmten auch hinsichtlich einer Kleinen Koalition überein. Andererseits war Ehard klar, daß die CSU in Rhöndorf vertreten sein mußte. August Haußleiter, am Ende seines politischen Lebens nach vielen anderen Irrwegen bei den Grünen gelandet, war schon im Absprung begriffen. Michael Horlacher, bayerischer Landtagspräsident und stellvertretender CSU-Vorsitzender, traf erst ein, als die Sitzung schon beendet war. Anton Pfeiffer, Staatsminister und Chef der Bayerischen Staatskanzlei, Mitglied des Landesvorstandes der CSU, der im Parlamentarischen Rat Vorsitzender der CDU/CSU-Fraktion war, spielte beim Zustandekommen der Regierungskoalition keine große Rolle. Der eigentliche Vertreter der CSU bei der Rhöndorfer Konferenz war ich.

Die CDU war neben Adenauer mit einem beachtlichen Aufgebot ihrer Führungsriege vertreten; unter anderen waren da: Ludwig Erhard, Peter Altmeier, Ministerpräsident und CDU-Vorsitzender von Rheinland-Pfalz, Theodor Blank, Herbert Blankenhorn als persönlicher Referent Adenauers, Günther Gereke, Vorsitzender der CDU Niedersachsen, Werner Hilpert, stellvertretender hessischer Ministerpräsident und CDU-Vorsitzender in Hessen, Jakob Kaiser, Vorsitzender der Sozialausschüsse der CDU, Erich Köhler, Präsident des Wirtschaftsrates, Gebhard Müller, Staatspräsident von Württemberg-Hohenzollern und Vorsitzender der CDU Süd-Württemberg, Hermann Pünder, Oberdirektor des bizonalen Verwaltungsrates, Carl Schröter, Vorsitzender der CDU Schleswig-Holstein, und Wilhelm Simpfendörfer, Vorsitzender der CDU Nord-Württemberg. Auch der Kölner Privatbankier Robert Pferdmenges, der vertraute Ratgeber Adenauers, dem Parteirang nach nur Mitglied des weiteren Vorstandes der rheinischen CDU, spielte seine in größeren Runden übliche Rolle - er schwieg.

Das Meinungsbild bezüglich der zu bildenden Koalition war innerhalb der CDU außerordentlich schwankend und unentschieden. Konrad Adenauer und Ludwig Erhard waren entschieden gegen ein Zusammengehen mit der SPD. Sie fürchteten in diesem Fall einen starken Verlust an Glaubwürdigkeit für die Union, weil sich in der leidenschaftlichen Wahlkampfschlacht die SPD in polemischer Weise gegen den wirtschaftspolitischen Kurs von CDU und CSU ausgesprochen hatte. Unterstützt wurde dieser Standpunkt unter anderem von Theodor Blank, der ebenfalls auf die Wahlkampfagitation der SPD verwies, mit der sinnvoller- und vernünftigerweise nicht zusammengearbeitet werden könne. Deutliche Position für eine Koalition mit der SPD und gegen ein Bündnis mit der FDP hatte schon im Vorfeld Karl Arnold bezogen, Ministerpräsident von Nordrhein-Westfalen und Mitglied des Vorstandes der CDU Rheinland. Peter Altmeier, ein Wortführer dieser Richtung, und Gebhard Müller sprachen sich für eine Große Koalition aus. Ebenso plädierte die hessische CDU durch Hilpert für ein Bündnis mit der SPD, Gereke wollte sich für Niedersachsen diesen Weg zumindest offenhalten. Die Argumentation der Befürworter einer Großen Koalition – die Größe der Aufgaben sowie die Unpopularität der notwendigen Maßnahmen erforderten eine breite parlamentarische Basis, keine der großen Parteien dürfe politischen Gewinn schlagen aus dem Streit um das unbequeme Notwendige – setzte sich in Rhöndorf jedoch nicht durch.

Natürlich waren von diesen CDU-Leuten im Hintergrund bereits Gespräche mit der SPD geführt worden, die ihrerseits Bereitschaft zur Großen Koalition signalisiert hatte. Werner Hilpert in Hessen, Karl Arnold in Nordrhein-Westfalen, Gebhard Müller in Baden-Württemberg, sie alle hatten gute bis sehr gute Beziehungen zur SPD. Auf der anderen Seite war Hinrich Wilhelm Kopf ein klassischer »bürgerlicher« Sozialdemokrat. Für SPD-Politiker wie Kurt Schumacher, Fritz Erler und auch Herbert Wehner dagegen mag es wohl eher ein Schreckgespenst gewesen sein, sich mit der »Reaktion« oder »Restauration« zusammenzutun. Aber die Männer der CDU, die für die Große Koalition eintraten, galten bei der SPD nicht als Reaktionäre oder Vertreter der Restauration. Für sie war Adenauer der Prototyp des Konservativen, des Bürgerlichen, des Antityps zur SPD. CDU-Politiker wie Hilpert oder Arnold mit dem Hintergrund des Ahlener Programms dagegen waren für die SPD als Partner ohne weiteres akzeptabel.

In diesen CDU-Kreisen also war man auf eine Große Koalition programmiert, bereit zur Schaffung von österreichischen Verhältnissen. Dabei spielten Überlegungen, wie man die Frage der deutschen Einheit in Bewegung halten und außerdem die SPD daran hindern könne, eine Entwicklung in Richtung SED zu nehmen, nach meinem Wissen keine Rolle. Die Wirtschaft dominierte, die Überwindung der materiellen Not stellte alle anderen Probleme in den Schatten. An der Frage der Einheit des Reiches konnte zwar niemand vorbei, aber ebenso wie die Frage nach den außenpolitischen Orientierungen und Zielsetzungen war sie von weit nachgeordneter Bedeutung. Das zentrale Problem war: Wie werden wir mit der täglichen Not fertig?

Die Frage, wie sich die SPD entwickeln und wie diese Entwicklung von der Koalitionsbildung beeinflußt werde, wurde am 21. August in Rhöndorf selbstverständlich angesprochen. Günter Gereke sprach davon, daß es Kurt Schumacher fertiggebracht habe, seine Leute mit Haß gegen die KPD zu erfüllen. Adenauer warf daraufhin ein, daß sie in entscheidenden Fragen doch zusammengingen.

Im Hintergrund der Sitzungen und Beratungen um die Regierungsbildung waren auch die Vertreter der britischen und der amerikanischen Besatzungsmacht tätig. Der britische Militärgouverneur General Sir Brian Robertson war entschieden für eine Große Koalition. Er war Parteigänger und ausführendes Organ der in London amtierenden Labour-Regierung, die eine politisch gleichfarbige oder zumindest ähnliche Regierung in der Bundesrepublik wollte. John McCloy wiederum, seit Mai Hoher Kommissar der Vereinigten Staaten, war für die Kleine Koalition, und das entsprach dem, was Ludwig Erhard von seinen Gesprächen mit den Amerikanern berichtete. McCloy, ehemaliger Präsident der Weltbank, galt als Exponent amerikanischer Wirtschafts- und Bankenkreise.

Ich führte bei der Rhöndorfer Konferenz kein Protokoll. Was aber Gebhard Müller über meinen Diskussionsbeitrag notierte, trifft den Kern meiner damaligen Überlegungen – wobei zu berücksichtigen ist, daß Müller engagierter Anhänger einer Großen Koalition war und uns von der CSU nahezu feindselig gegenüberstand. Müller schreibt über meinen Diskussionsbeitrag: »Politische Gründe sprechen gegen Koalition mit SPD. Wir können uns gegen andere Parteien nur halten, wenn wir klaren, nicht sozialistischen Kurs steuern und durchhalten, vor allem gegenüber Bayernpartei. Wenn wir nicht gegen SPD sind, schwerste Einbuße. Man wird in Bayern sagen: ›So haben sie euch belogen‹, wenn wir mit SPD gehen. Der alte Kuhhandel der müden Weimarer Parteien muß aufhören. Man wird uns ein Zusammengehen mit CDU unmöglich machen, wenn hier ein engeres Gespräch mit SPD zustande käme. Wir müssen mit DP in Verbindung treten. Dadurch Isolierung der Bayernpartei.«

Wenn man keine Große Koalition mit der SPD wollte, dann lautete die Frage nach der zu bildenden Koalition: Minderheitsregierung oder Mehrheitsregierung mit Deutscher Partei und offenen Rändern. Zwischen CSU und DP gab es zwar keine institutionellen, aber viele persönliche und politisch-gefühlsmäßige Bindungen. Auch ich hatte während meiner Zeit im Frankfurter Wirtschaftsrat Kontakte mit DP-Leuten gehabt, bei denen auch die spätere CDU-Bundestagsabgeordnete Margot Kalinke eine Rolle spielte. Gemeinsame Grundlage war das Festhalten am föderalistischen Prinzip. DP und CSU waren die Föderalisten, die DP in Niedersachsen, die CSU in Bayern. Die Bayernpartei versuchte allerdings, uns diesen Part streitig zu machen. Sie umwarb die Deutsche Zentrumspartei (DZP) und bildete mit dieser zusammen unter der Bezeichnung »Föderalistische Union« von 1951 an eine Fraktionsgemeinschaft im Deutschen Bundestag. Ein mögliches Kooperationsabkommen oder auch nur eine engere Verständigung zwischen Bayernpartei und Deutscher Partei wäre für uns sehr viel gefährlicher gewesen. Wir haben unseren Freunden in der DP gesagt, daß diese bayerischen Separatisten nicht ihre Gesinnungsgenossen seien, die Bayernpartei nicht das Gegenstück der DP. Wir in der CSU hingegen hatten starke Berührungspunkte mit der DP, die eine nationalkonservative, liberale Partei war, in gewisser Weise also ein niedersächsisches Pendant zur CSU.

Das taktische Vorgehen gegen die Bayernpartei war bei der Rhöndorfer Konferenz insgesamt kein Thema und auch für mich nur ein Randproblem. Eine mögliche Aufnahme der Bayernpartei in die Koalition war erst später Gegenstand eines persönlichen Gesprächs zwischen Adenauer und mir. Bei diesem Gespräch wurden die Weichen für den Niedergang der Bayernpartei gestellt. Adenauers koalitions- und parteipolitischer Traum von 1949 war es, abgesehen von den nicht gesellschaftsfähigen Kommunisten und rechtsradikalen Splittergruppen die große Sammlung aller bürgerlichen Parteien gegen die SPD zustande zu bringen, Zwar hätte es mit CDU/CSU, FDP und Deutscher Partei (DP) zur Mehrheit gereicht. Adenauer wollte aber auch die Bayernpartei und die Wirtschaftliche Aufbau-Vereinigung (WAV) des Alfred Loritz in die Koalition aufnehmen. Adenauer sagte mir, er sei entschlossen, die Bayernpartei in die Koalition einzubinden und Josef Baumgartner als Bundesminister für Ernährung, Landwirtschaft und Forsten zu bestellen. Seine Begründung: Die Bayernpartei sei eine bürgerliche, keine sozialistische Partei.

Obwohl diese Analyse richtig war, war meine Reaktion entschieden und kompromißlos: Die Aufnahme der Bayernpartei würde das Fernbleiben der CSU von der Regierung zur Folge haben. Meine Begründung gegenüber dem erstaunt nachfragenden Adenauer: »Unser Bestreben ist es, die Bayernpartei als ernst zu nehmendes politisches Element wieder loszuwerden; würde die Bayernpartei Mitglied der Regierungskoalition und der demagogisch begabte Baumgartner Landwirtschaftsminister, würde die Partei in Bayern hoffähig, und das würde der CSU das Leben sehr schwer machen.« Über die WAV und Loritz brauche man nicht zu reden. Ein solcher Partner sei völlig indiskutabel, die WAV zudem eine politische Eintagsfliege. Konrad Adenauer gab nach. Er war auch in seiner Geschmeidigkeit viel klüger und überlegener, als man ihn oft darstellt. Generell war es sein Ziel, die Sozialdemokraten so klein wie möglich zu halten, eine nichtsozialistische Mehrheit zu gewährleisten und, wenn möglich, die absolute Mehrheit der CDU/CSU anzustreben, die dann 1953 fast und 1957 ganz gewonnen wurde, 1961 aber durch Adenauer selbst wieder verlorenging.

Die bei der Rhöndorfer Konferenz alles bestimmende Frage lautete: Große oder Kleine Koalition, eine Entscheidung, die selbstverständlich auch für das Gewicht der CSU in Bayern von außerordentlicher Bedeutung war. Die Grundlinie meiner Argumentation, an der ich hartnäckig und gegen alle Einwände festhielt, habe ich nicht nur in Rhöndorf verfochten: Wir hätten eine grundsätzliche, eine radikale Änderung der Wirtschaftspolitik seit dem Juni 1948, seit der Entscheidung für die Soziale Marktwirtschaft. Die Frage »pro oder contra Marktwirtschaft«, »Erhard ja oder nein«, sei bestimmender Inhalt des Wahlkampfs gewesen. Mit diesem Schwerpunkt hätten wir nicht nur den Wahlkampf geführt, sondern auch die Wahl gewonnen, so daß CDU und CSU nun die stärkste Fraktion bildeten. Bei der Koalitionsbildung müsse jetzt die Glaubwürdigkeit unseres Bekenntnisses zur Sozialen Marktwirtschaft demonstriert werden. Durch eine Große Koalition wäre sie jedoch in Frage gestellt.

Die Sozialdemokraten hatten mit Leidenschaft, Wucht und Vehemenz gegen die Marktwirtschaft gekämpft und hatten die Berufung Erhards zum Wirtschaftsminister unter allen Umständen verhindern wollen, eine Kampagne, bei der sich Erik Nölting, der SPD-Wirtschaftsminister von Nordrhein-Westfalen, besonders hervortat. Wenn die Freunde der Marktwirtschaft und die Gegner der Marktwirtschaft sich nun in einer Koalition fänden, dann wäre in der Öffentlichkeit das Bekenntnis von CDU und CSU zur Marktwirtschaft tief erschüttert, weil sich in einer solchen Koalition sozusagen Feuer und Wasser begegneten. Deshalb sei für mich nur eine Koalition ohne SPD vorstellbar.

Zwei andere politische Überlegungen kamen hinzu, die ich ebenfalls ins Feld geführt habe. Wir stünden, sagte ich, vor unerhört schweren Aufgaben, die Kriegsfolgelasten türmten sich zu einem Gebirge von Problemen. Die Antwort auf die Frage, wie und wann wir sie bewältigen können, hänge nicht zuletzt von unserem Erfolg beim Wiederaufbau der deutschen Wirtschaft ab. Wenn unter einer Großen Koalition wirtschaftliche Erfolge zu verzeichnen seien, dann werde die Union sagen, das sei der Erfolg der Marktwirtschaft. Die SPD werde sagen, das sei der Erfolg ihres Gegenkurses, der die schlimmsten Auswirkungen der Marktwirtschaft verhindert habe. Deshalb müßten wir eine Koalition bilden, die eindeutig marktwirtschaftlich orientiert sei. Meine Argumente faßte ich in einer Rede so zusammen: »Haben wir Erfolg, werden wir sehr lange an der Regierung bleiben, haben wir keinen Erfolg, dann werden wir eben aus der Regierung verschwinden, dann wird die SPD übernehmen. Aber wir müssen jetzt den Sprung in kalte Wasser wagen, und wenn wir schwimmend zum Ufer kommen, dann ist das rettende Ufer für lange Zeit erreicht, und wenn nicht, dann haben wir halt die falsche Politik gemacht oder uns mit unserer Politik nicht durchsetzen können!«

Meine zweite politische Überlegung bezog sich auf Bayern. Wir hatten in Bayern 1946 ohne zwingende Notwendigkeit eine Große Koalition gebildet mit Ehard als Ministerpräsident und Hoegner als seinem Stellvertreter. Es war eine wirtschaftlich schauerliche Zeit; um Kohle und Heizmaterial zu bekommen, mußte ein großer Teil der Lebensmittel aus Bayern nach dem Norden geliefert werden. Und die Not stieg. Im Winter 1946/47 war der Hunger groß wie nie. Ende August 1947 hatten wir einen Parteitag in Eichstätt. Ehard hielt eine wunderbare Rede, entworfen von Karl Schwend, dem Amtschef der Bayerischen Staatskanzlei. Wir alle stimmten begeistert zu. Ehard erlaubte sich einige kritische Bemerkungen zum Wirtschaftsprogramm des Koalitionspartners SPD; diese, auf der Suche nach einem Vorwand, erklärte sich durch Ehard und den Koalitionspartner beleidigt, schied aus und ließ uns mit allen Problemen sitzen. Wir hatten die absolute Mehrheit und mußten deshalb weiter regieren. Josef Müller kam als Justizminister neu ins Kabinett und wurde stellvertretender Ministerpräsident.

Aus diesen Erfahrungen zog ich in Rhöndorf meine Schlußfolgerungen: Bis sich der Erfolg der Marktwirtschaft herausstelle, werde es eine Durststrecke geben. Es sei zu befürchten, daß die SPD ähnlich wie 1947 in Bayern auf dem Höhepunkt der Schwierigkeiten aussteigen und Neuwahlen herbeiführen werde, um dann den Wählern zu sagen: Seht ihr, mit denen geht es nicht, wählt uns! Deshalb dürften wir die SPD gar nicht erst hereinnehmen. Jugendeindrücke aus der Weimarer Republik spielten zusätzlich eine Rolle. Als die SPD ihren eigenen Reichskanzler,

Hermann Müller-Franken, im März 1930 im Stich ließ, begann der Zerfall der Parteiendemokratie. Manche der in Rhöndorf anwesenden älteren Politiker erinnerten mich mit dem Hin und Her ihrer Überlegungen allzusehr an Weimar.

In der CSU gab es gegen diesen von mir und anderen vertretenen Koalitionskurs keine großen Widerstände, wir konnten uns mit dieser Argumentation in der Partei durchsetzen. Probleme aber gab es mit großen Teilen und wichtigen Männern der CDU. Was Gebhard Müller, ein kompromißloser Verfechter der Großen Koalition, in seiner Notiz nur angedeutet hat, hatte ich in der Tat mit einer Klarheit, die keinen Zweifel ließ, gesagt: Wenn die CDU mit der SPD eine Koalition eingehe, sehe sich die CSU nicht in der Lage, an dieser Koalition teilzuhaben und werde es vorziehen, in die Opposition zu gehen! Diese Äußerung hat Adenauer – auch das fehlt bei Gebhard Müller – in einer raffinierten taktischen Finte ausgenutzt. Er sah die Chance zu einer Entscheidung des Themas in seinem Sinne gekommen und packte zu. Die Versammlung habe ja nun »unseren jungen Freund aus Bayern« gehört. Die Frage laute jetzt nicht mehr Kleine oder Große Koalition. Die Frage sei jetzt, ob die Union sich spalten oder beisammen bleiben solle. Wenn die CDU in die Regierung und die CSU in die Opposition gehe, gebe es keine Einheit der Union. Wer von den Anwesenden sei gegen die Einheit der Union? Natürlich war niemand dagegen. Adenauer: Damit sei auch entschieden, daß wir eine Kleine Koalition eingehen. Es war eine Meisterleistung!

Die Würfel waren gefallen. Bei den Befürwortern einer Großen Koalition hatten sich die CSU und ich nicht beliebt gemacht. Gebhard Müller ließ es mich beim Herausgehen spüren, als er mit Zornesröte im Gesicht und mit erhobenen Händen zu mir sagte: »Das werden wir euch heimzahlen!« Und es wurde uns wenige Tage später heimgezahlt, indem Teile der CDU entgegen feierlichen Vereinbarungen ein Komplott mit Hinrich Kopf von der SPD schmiedeten und Karl Arnold zum ersten Präsidenten des Bundesrates wählten. Hans Ehard saß da mit versteinertem Gesicht. Dabei war er immer ein Mann des Ausgleichs, des Kompromisses und der Harmonie gewesen.

Daß die Rhöndorfer Konferenz in Adenauers Privathaus stattfand, daß er es war, der zu einer solchen Zusammenkunft einlud, und daß die Eingeladenen dies als selbstverständlich nahmen und daß sie auch kamen, hing damit zusammen, daß die Entwicklung fokusartig auf diesen Punkt und auf diesen Mann zugelaufen war. In Konrad Adenauers

Weltbild gab es keinen anderen Kanzler, keinen anderen Unionschef als ihn selbst, wenn die Union als stärkste Fraktion in einer Koalition mit FDP und DP die Regierung bilden wollte. Für ihn stand es fest, daß er in diesem politischen Szenario der Hauptdarsteller sein werde. Darum hatte er zu sich nach Hause eingeladen, das Ganze gleich an sich gezogen. Auf jeden Fall hatte Adenauer bei seiner Einladung bewußt einkalkuliert, daß er eine zusätzliche Autorität besaß, wenn er in seinen eigenen Räumen Gesprächsteilnehmer als Gäste begrüßen konnte. Das war psychologisch gezielt. Er wollte die Zusammenkunft nicht in den Räumen des Parlamentarischen Rates, des späteren Bundestages, oder in irgendeinem Parteigebäude, er wollte sie bei sich zu Hause. Nur dort konnte er wie selbstverständlich die Runde leiten, das Wort erteilen, die Diskussion zusammenfassen. Im übrigen hatten in seinem Hause auch schon vor dem 21. August entscheidende Gespräche stattgefunden.

Adenauer war bei solchen Gelegenheiten ein guter, wenn auch nicht übertreibender Gastgeber. Während wir zum Mittagessen einfache, gut trinkbare, anständige Weine bekommen hatten, öffnete sich nach der Entscheidung für die Kleine Koalition Adenauers Keller. Hervor kam das Edelste vom Edlen, Spätlesen und Auslesen, Weine, wie ich sie in meinem Leben noch nie getrunken hatte. Das war gewissermaßen die Belohnung dafür, daß die Entscheidung in seinem Sinne gefallen war.

So überrascht, wie Adenauer in seinen Erinnerungen berichtet, war er, als es um seine Kanzlerschaft ging, natürlich nicht. Adenauer schreibt: »Ich schnitt dann die Frage der Besetzung der Ämter des Bundespräsidenten und des Bundeskanzlers an. Ich war überrascht, als einer der Anwesenden meine Ausführungen unterbrach und sagte, daß er mich als Bundeskanzler vorschlage. Ich sah mir die Gesichter an und meinte dann: ›Wenn die Anwesenden alle dieser Meinung sind, nehme ich an. Ich habe mit Professor Martini, meinem Arzt, gesprochen, ob ich in meinem Alter dieses Amt wenigstens noch für ein Jahr übernehmen könne. Professor Martini hat keine Bedenken. Er meint, auch für zwei Jahre könne ich das Amt ausführen.‹«

Das Protokoll von Gebhard Müller, in dem die Entschlossenheit Adenauers, Regierungschef zu werden, wesentlich profilierter zum Ausdruck kommt, ist der Wahrheit angemessener: »Die wichtigste Persönlichkeit ist der Bundeskanzler. Präsident soll ein anderer werden, ich will Kanzler werden. Ich bin 73 Jahre. Aber ich würde das Amt des Kanzlers annehmen, weil 1. der Bundespräsident aus dem Parteileben ausscheiden muß, der Kanzler nicht. Ich habe in der britischen Zone

Autorität. Unsere Partei [ist] noch nicht so gefestigt, daß wir die großen Aufgaben auf die Dauer bei meinem Ausscheiden erfüllen können, die uns der vorige Sonntag gestellt hat. Gute Zusammenfassung auf die Dauer [ist] erforderlich. 2., Ich verfüge über gewisse Erfahrung in staatlichen Dingen und in der Verwaltung, 3., habe stärkere Ellbogen, als ich früher geglaubt hätte.«

Zuletzt ging es um die Person des Bundespräsidenten. Nur am Rande dachte man noch daran, dieses Amt als Trostpreis der SPD zu geben, ernsthaft verfolgt wurde dieser Plan nicht. Anders als die Entscheidung für die Kleine Koalition, war dies für mich kein Thema. Es war klar, daß die zweitstärkste Koalitionspartei am Zuge war - die CSU hatte damals 24 Mandate, die FDP dagegen 52. In den folgenden Jahren und Jahrzehnten ist dies dann anders geworden, und auch bei der letzten Bundestagswahl sind wir, trotz des Anstiegs der FDP, die zweitstärkste Koalitionspartei geblieben. 1949 aber waren wir mit Abstand die dritten. Deshalb gab es in der CSU keine Bedenken, weder daß die FDP den Präsidenten stellte, noch gegen die Person von Theodor Heuss. Adenauer war von vornherein auf die FDP festgelegt, die er einbinden wollte. Deshalb sollte ihr eines der wichtigsten Staatsämter, das dem Protokoll nach höchste, zuerkannt werden.

Adenauer war ohne Wenn und Aber für den Schwaben Heuss. Besonders deutlich wurde dies, als er in einer schroffen Philippika auftauchende Zweifel und Kritik an Heuss zurückwies. Von Kirchenfeindlichkeit war da die Rede - was in dieser Form nicht stimmte -, auch von Freimaurerei. Adenauer legte ein ausdrückliches Bekenntnis zur FDP ab und zu seiner Entscheidung, ihr den Bundespräsidenten zuzugestehen, und zwar in Gestalt von Theodor Heuss. Eines seiner Argumente war - typisch Adenauer -, Heuss habe eine sehr christlich denkende Frau. Elly Heuss-Knapp war in der Tat eine bedeutende Frau - ich erinnere mich noch gut an den großen Trauerzug, der sich nach ihrem Tode durch Bonn bewegte und in dem ich mitging.

Bei der Diskussion der Entscheidung, den württembergischen Literaten und Historiker Heuss in das höchste Staatsamt zu wählen, spielten in der Unionsfraktion nur die Stichworte Kirchenfeindlichkeit und Freimaurerei eine Rolle. Die Tatsache, daß Heuss als Reichstagsabgeordneter 1933 dem Ermächtigungsgesetz zugestimmt hatte, wurde ihm nicht zum Vorwurf gemacht. Das ist erst viele Jahre später zum Thema geworden. Auch in unserer eigenen Fraktion gab es einige, die im Reichstag ja zum Ermächtigungsgesetz gesagt hatten. In den Akten ist nachzulesen, daß Heuss in der vorausgegangenen Fraktionssitzung der Deutschen Demokratischen Partei gegen das Ermächtigungsgesetz gesprochen und dann ausdrücklich zu Protokoll gegeben hatte, daß er zwar dafür stimmen, aber dies nur aus Fraktionsdisziplin tun werde. Das Ganze war 1949, in den Anfängen der Bundesrepublik Deutschland, kein Thema. Die heuchlerische Form der Vergangenheitsbewältigung ist erst aufgetreten, als die Generation der damals Verantwortlichen und Handelnden schon ihren Abschied nahm.

1949 war in Bonn alles neu. Der politische Rahmen einer sonst weißen Landkarte war gegeben, und in diese konnte man jetzt die Flüsse und Gebirge einzeichnen. Die CSU trat zunächst mit sehr bescheidenen Ansprüchen auf. Dabei orientierten wir uns an der Haltung der Bayerischen Volkspartei gegenüber der Zentrumspartei während der Weimarer Republik. Unsere personellen Vorstellungen beschränkten sich zunächst darauf, daß die CSU in Gestalt von Hans Ehard den Bundesratspräsidenten stellen sollte - ein maßvoller Wunsch schon allein angesichts der einjährigen Amtszeit des Bundesratspräsidenten. Daß die CDU so schmählich die Vereinbarungen brach, half uns dann bei der Durchsetzung Fritz Schäffers als Finanzminister.

Nach dem Muster der Weimarer Zeit hatten wir als erstes an das Postministerium gedacht, das klassische Ressort der Bayerischen Volkspartei, wenn sie mit dem Zentrum regierte. Direktor der bizonalen Verwaltung für das Post- und Fernmeldewesen war Hans Schuberth, der 1949 in Landshut ein Direktmandat gewonnen hatte. Schuberth war von Beruf hoher Postbeamter, schwer kriegsversehrt, ein umgänglicher, freundlicher Mann, weniger ein politischer Kämpfer. Er galt als ein unumstrittener Experte, und so schlüpfte er bei der Regierungsbildung als Minister gewissermaßen von selbst durch. Man hatte auch keinen anderen.

Dann konzentrierte sich unser Interesse auf den Finanzminister, und zwar nicht nur wegen der Fähigkeiten Fritz Schäffers, die er 1931 als Staatsrat im bayerischen Finanzministerium unter Beweis gestellt hatte. Es ging uns auch um die praktische Ausgestaltung der Finanzverfassung der neuen Republik, die wir bei der Formulierung des Grundgesetzes erheblich beeinflußt hatten, auch wenn wir unsere Vorstellungen nicht ganz durchsetzen konnten. Im Finanzminister sahen wir eine Schlüsselfigur der föderalistischen Staatsordnung, und seit dieser Zeit haben wir in der CSU ein besonders »erotisches Verhältnis« zum Finanzressort.

Die Intrige gegen Hans Ehard bei der Wahl des Bundesratspräsidenten traf uns wie ein Blitz aus heiterem Himmel. Es erhoben sich Stimmen, daß wir uns wegen dieses Affronts nicht an der Regierung beteiligen sollten, die Gemeinsamkeit der Unions-Fraktion stand auf dem Spiel. Die Erbitterung über einen solchen Anfang, daß die »Preußen« uns diskriminierten und ausschmierten, war riesig. Fritz Schäffer, erfahren und listig zugleich, teilte unseren Zorn, dämpfte ihn aber und verwies auf die Bibel, auf den Jakobusbrief, wo es unter 1,19 heißt: »Ein jeglicher Mensch sei schnell, zu hören; langsam aber, zu reden, und langsam zum Zorn.« Danach sollten wir uns, so mahnte Schäffer, richten. Ihr Verhalten werde die CDU den Finanzminister kosten. Den bayerischen Zorn zu besänftigen, erfordere jetzt einen Preis, der Postminister reiche nicht mehr. Also verlangten wir den Finanzminister für Fritz Schäffer, und die Angst vor dem Zorn Bayerns war so groß, daß keiner es wagte, Schäffer als Finanzminister überhaupt noch in Frage zu stellen.

Das Landwirtschaftsministerium fiel an die CSU, weil wir die Zwangslage ausnutzen konnten, in die sich die CDU durch zwei kontroverse und unvereinbare Vorschläge selbst gebracht hatte. Adenauer wollte als Landwirtschaftsminister Karl Müller aus der rheinischen CDU, Zucker-Müller genannt, der am 24. November 1922 für einen Tag Reichsminister gewesen und noch in der Nacht zurückgetreten war, weil gegen ihn der Vorwurf des Separatismus und Landesverrats erhoben wurde und er, mit diesem Vorwurf belastet, nicht im Amte bleiben wollte. Auch wegen dieser Vorgänge wurde Müller von Teilen der CDU abgelehnt. Er galt als besonderer Vertrauensmann Adenauers, galt als sein Informant. Heinrich von Brentano und große Teile der Fraktion wollten dagegen Heinrich Lübke im Agrarressort. Die Fraktion beharrte auf der Ablehnung Müllers, Adenauer auf seinem Nein gegen Lübke, den er nicht mochte und den er, seiner Haarfarbe wegen, gern den »roten Heinrich« nannte. Lübke war im Genossenschaftswesen tätig gewesen und gehörte dem Hermes-Flügel des Zentrums an, Andreas Hermes und Adenauer wiederum waren unversöhnliche Gegner. Die später aus der DDR gegen Lübke genährten Vorwürfe, er habe als KZ-Architekt gearbeitet, sind eine der unvorstellbarsten, unglaublichsten, fast Dreyfus-Skandal-artigen Verleumdungen gewesen!

Ich bekam damals meine ersten taktischen Anfälle und dachte, daß diese für die CDU ausweglose Lage zugunsten der CSU auszunutzen sein müßte. Ich intervenierte bei Heinrich von Brentano, setzte ihm auseinander, daß er Lübke nicht durchsetzen könne, weil seine Tätigkeit als Fraktionsvorsitzender nicht mit einem großen Krach mit Adenauer beginnen dürfe, der Lübke um keinen Preis nehmen werde. In einem Gespräch mit Adenauer wies ich dann diesen darauf hin, daß er Müller nicht gegen die Fraktion durchsetzen könne. Was ich ihm denn rate, wollte Adenauer wissen. Mein Vorschlag: Er solle jemanden nehmen, der bei niemandem Anstoß errege, nämlich den ehemaligen Staatsrat Wilhelm Niklas, unter Schlange-Schöningen stellvertretender Direktor der Bizonen-Verwaltung für Ernährung, Landwirtschaft und Forsten in Frankfurt, Professor der Tiermedizin, ein Grandseigneur und überall beliebter Gentleman, ein allseits anerkannter Fachmann ohne Angriffsflächen. Adenauer wollte es sich überlegen, Heinrich von Brentano sah in diesem Vorschlag eine mögliche Lösung. Am anderen Tag läutete bei Niklas das Telefon, das Vorzimmer des Bundeskanzlers meldete sich, Niklas wurde bestellt und wurde Landwirtschaftsminister.

Diese drei Ressorts also – Finanzen, Post und Landwirtschaft – setzten wir durch, und darauf gründet der personelle Dreier-Anspruch der CSU, der seither als Mindestmaß durchgehalten wurde, auch in der Zeit der Großen Koalition, als CDU und CSU weniger Ressorts hatten als in der Anfangszeit der Republik.

Konrad Adenauer

Erst bei der Rhöndorfer Konferenz kristallisierte sich für mich unter den vielen Mitbewerbern Konrad Adenauer als die überragende politische Figur der Konservativen heraus. Das lag nicht zuletzt an dem Altersunterschied von mehr als einer Generation. Bei uns jüngeren Politikern aus der Front- oder Kriegsgeneration gab es überhaupt keine Erinnerung an den Weimarer Politiker Adenauer, sowohl als preußischer Staatsrat wie als Oberbürgermeister von Köln war er mir völlig fremd. Erst bei der Rhöndorfer Konferenz habe ich gemerkt, daß die anderen im Vergleich zu ihm unterschiedlich kleine Zwerge waren. Ein Bayer stand als möglicher Kandidat für die erste Kanzlerwahl nicht zur Verfügung - der, den wir akzeptiert hätten, der aber selber gar nicht daran dachte, wäre Hans Ehard gewesen. Die anderen möglicherweise denkbaren Mitbewerber waren zwar ehrenwerte, verdiente Männer, aber doch von bescheidenem Format. Adenauer imponierte mir schon durch sein souveränes, selbstbewußtes Auftreten. Er strahlte Persönlichkeit, Charakterstärke und Führungskraft aus, und er vermochte, im großen wie im kleinen, kraftvoll mit dem politischen Handwerkszeug umzugehen.

Adenauer war stets außerordentlich korrekt gekleidet; in der Regel trug er einen dunkelgrauen Anzug mit Weste, eine dezente, meist ebenfalls dunkelgraue Krawatte, ein weißes Hemd, tadellose Schuhe. Gepflegter Haarschnitt und peinlich saubere Rasur rundeten das Bild eines Herrn durch und durch. Er beherrschte alle Formeln der Höflichkeit, konnte, wenn er jemanden für sich gewinnen wollte, geradezu unwiderstehlichen Charme entwickeln. Andererseits konnte er mit einer - bayerisch gesagt - ungeheuren Schlitzohrigkeit einen Gesprächspartner auch aufs Eis führen. Mit dem Anbieten von Getränken war Adenauer zurückhaltend, Wein gab es nur am Abend oder zu ungewöhnlichen Anlässen, sonst blieb die Auswahl auf Kaffee, Tee und Wasser beschränkt. Seine Vorzimmerdamen, die er höflich-väterlich behandelte, schwärmten alle für ihn und schmolzen vor dem großen alten Herrn geradezu dahin. Es war ihnen eine große Ehre, und sie sahen es als ein historisches Verdienst an, für Adenauer zu arbeiten. Anneliese Poppinga, die auf dem Höhepunkt seiner Laufbahn zu ihm kam und mit leuchtenden Augen zu ihm aufsah, steht hier an erster Stelle. Sie hat dann auch den alternden Adenauer erlebt und hat diese Phase des Ausklangs in ihren Erinnerungen an Adenauer in bewegender Weise geschildert.

Meinen ersten persönlichen Eindruck von Konrad Adenauer hatte ich im Februar 1947 in Königstein bei der Gründung der »Arbeitsgemeinschaft der CDU und CSU Deutschlands« gewonnen. Bekannt war mir der ehemalige Oberbürgermeister von Köln vor allem aus den vielfältigen Berichten Josef Müllers. Adenauer hatte, nicht zuletzt wegen seiner skandalösen Absetzung als Kölner Oberbürgermeister durch die Engländer 1945, in der CDU der britischen Besatzungszone keine anderen Götter neben sich. Aber es gab auch keinen ernsthaften Konkurrenten.

Anfang 1947 gab es noch keine parlamentarischen Körperschaften über die Grenzen der Bundesländer hinweg, weder den Wirtschaftsrat noch den Parlamentarischen Rat. Dennoch waren wir der Meinung, daß die Unionsparteien der einzelnen Länder - die Gründung der CDU als Bundespartei erfolgte erst 1950 - zu einer engeren Zusammenarbeit kommen und die wohl zwischen Adenauer, Kaiser und Müller abgesprochene Absicht einer Arbeitsgemeinschaft verwirklichen sollten. Es bestand von vornherein Einverständnis darüber, daß der älteste Teilnehmer, der zugleich Vorsitzender des größten Verbandes war, die Beratungen leiten sollte. Als es am Ende des zweiten Tages darum ging, den Vorsitzenden der Arbeitsgemeinschaft zu wählen, lief die Entscheidung wie von selbst auf Konrad Adenauer hinaus.

Mit der Wahl Adenauers zum Vorsitzenden war stillschweigend die Annahme verbunden gewesen, daß nun Jakob Kaiser zum Vorsitzenden des Ausschusses für zwischenstaatliche Beziehungen - der Begriff auswärtige Politik durfte damals noch nicht verwendet werden - gewählt werden würde. Was als Routineangelegenheit gedacht war, geriet zur großen Überraschung. Adenauer, der fast zwei Tage lang die Verhandlungen kraftvoll geführt hatte, wartete plötzlich mit der Erklärung auf, er sei ja schon über 70 und jetzt müde, er wolle im Vorsitz vorübergehend abgelöst werden. Wir alle waren ergriffen, auch dann noch, als Adenauer, sozusagen mit letzter Kraft, »meinen Freund Jakob Kaiser« für den Vorsitz vorschlug. So übernahm Kaiser die Verhandlungsführung.

Der nächste Punkt ist die Besetzung des Ausschusses für zwischenstaatliche Beziehungen, Ernst Lemmer schlägt, wie geplant, Jakob

Kaiser vor. Da meldet sich Carl Schröter zu Wort, der Vorsitzende der CDU von Schleswig-Holstein – er müsse gegen die Wahl Jakob Kaisers protestieren. In der allgemeinen Bestürzung war ich noch am wenigsten überrascht, hatte ich doch wenige Minuten vorher beobachtet, wie sich Adenauer neben Schröter setzte und heftig auf diesen einredete. Schröters Vorwurf: Jakob Kaiser habe vor wenigen Wochen in einem Berliner Kellerlokal im Gespräch mit Berliner CDU-Politikern die Aufstellung einer »schwarzen Reichswehr« erörtert. Diese Information war falsch, aber Adenauer hatte sie benutzt, um Kaiser zu disqualifizieren.

Lähmendes Entsetzen in der Runde. Adenauer gibt sich erschüttert – Jakob Kaiser wäre wirklich der einzig Richtige gewesen, aber wenn das so sei, wie Schröter gesagt habe, erwiesen wir »unserem Freunde Jakob Kaiser« keinen Gefallen mit einer Wahl, die sofort zu Maßnahmen der Alliierten führen müßte. Jetzt müsse eine andere Lösung gesucht werden. Es folgte eine erregte, hitzige Diskussion. Die Freunde Kaisers ergriffen empört das Wort, auch Kaiser selbst sprach, wies die Anschuldigung zurück und erneuerte seinen Anspruch auf diese Führungsposition der Union. Adenauer blieb hart und unnachgiebig. Es gelang nicht, einen arbeitsfähigen Ausschuß zu bilden. Von bayerischer Seite wurde Friedrich Wilhelm von Prittwitz und Gaffron vorgeschlagen, von 1928 bis 1933 deutscher Botschafter in den USA, nach dem Krieg stellvertretender Fraktionsvorsitzender der CSU im Bayerischen Landtag. Prittwitz wurde mit Vorarbeiten beauftragt, aber zusammengetreten ist der Ausschuß meines Wissens nie.

Ich habe mit Carl Schröter später einmal über diese Vorgänge in Königstein gesprochen. Er bestätigte mir, daß er bis zu dem Moment, wo Adenauer auf ihn einredete, von den angeblichen Kaiser-Plänen einer »schwarzen Reichswehr« nicht die geringste Ahnung gehabt hatte. Jakob Kaiser hatte zwar Gespräche über dieses Thema geführt, aber etwa in der Richtung, daß es nach Wiedergründung oder nach Wiedererrichtung eines deutschen Staates auch wieder einmal Streitkräfte geben könnte oder müßte. Dies hat Konrad Adenauer verdreht in »Gründung einer schwarzen Reichswehr« und zu einem Argument gegen Jakob Kaiser verwendet. Immerhin ist die Schlußfolgerung berechtigt, daß Jakob Kaiser damals noch immer die Vorstellung eines einheitlichen deutschen Staates hatte, natürlich ohne die Gebiete östlich von Oder und Neiße, aber doch mit eigenem Militär. Diese Linie Kaisers blieb bis in die frühen fünfziger Jahre sichtbar. Adenauer hat

Kaiser 1949 dann vereinnahmt als Bundesminister für gesamtdeutsche Fragen, und damit war das Ganze nur mehr eine Ressort-Angelegenheit in einer von Adenauers Schubladen. Die Observierung Jakob Kaisers, auch die Art, wie er seine »Informationen« benutzte, hat Adenauers Position nicht im geringsten geschwächt. Im Gegenteil, er ging mit gestärktem, unumstrittenen Führungsanspruch aus dieser Auseinandersetzung hervor. Seine moralische und politische Autorität war bereits zu diesem Zeitpunkt zu groß, als daß ihm eine solche Aktion hätte schaden können.

Bei der Gründung der Arbeitsgemeinschaft von CDU und CSU im Februar 1947 waren die Landesvorsitzenden der CDU aus der Sowjetischen Besatzungszone noch mit dabei. Unter anderem ist mir der Minister für Arbeit und Sozialfürsorge von Sachsen-Anhalt, Dr. Leo Herwegen, in Erinnerung, der Bruder des kurz zuvor verstorbenen Abtes von Maria Laach, Ildefons, der mit Begeisterung von der guten Zusammenarbeit mit der sowjetischen Besatzungsmacht sprach. Drei Jahre später saß er in einem DDR-Zuchthaus – der Gegensatz zwischen seiner Begeisterung und der Art, wie man ihn nachher behandelte, war augenfällig und gab zu mancher bitter-ironischen Bemerkung Anlaß. Damals waren die Konturen des künftigen deutschen Weges durchaus noch undeutlich.

Besonders interessant bei dieser Sitzung, an der Josef Müller und ich als Vertreter der CSU teilnahmen, war der Auftritt eines amerikanischen Besatzungsoffiziers, der nicht angemeldet gewesen war. Adenauer zu dem ungebetenen Gast: »Wer sind Sie?« Der Offizier wollte die Antwort verweigern. Adenauer beharrte. »Ich möchte wissen, wer Sie sind.« Zögernd räumte der Offizier ein, daß er von der amerikanischen Militärregierung in Frankfurt komme. Adenauer energisch: »Sie verlassen den Saal! Ihre Anwesenheit ist eine Einschränkung unserer Rede- und Meinungsfreiheit. Wenn Sie nicht gehen, unterbreche ich die Sitzung, bis Sie weg sind!« Da erfolgte der Rückzug.

Sein Alter setzte Adenauer immer wieder gekonnt als taktisches Mittel ein. Damals gab es noch keine Brücke zwischen Bonn und Beuel, Adenauer, der in Rhöndorf wohnte, war also auf die Fähre angewiesen. Als wir im September 1949 im sogenannten Roten Zimmer im alten Parlamentarischen Rat, dem späteren Bundestag, zusammentraten, um über die Besetzung einiger Posten zu sprechen, hat Adenauer sein Alter geradezu meisterhaft ins Spiel gebracht. Wir sollten doch daran denken, daß er 73 Jahre sei, »eine alte Mann«, und daß er morgen wieder den ganzen Tag arbeiten müsse; die letzte Fähre gehe in 15 Minuten, wenn er die verpasse, müsse er über Köln fahren, das koste ihn eine Stunde, wir hätten doch sicher Verständnis. »Also, gute Nacht, meine Herren« – und draußen war er. Am nächsten Tag wurde er zum Bundeskanzler gewählt.

In Adenauers Erinnerung haben sich die Umstände der Kanzlerwahl etwas verschoben. Der Wahlausgang war keine absolut sicher einzuschätzende Sache, auch deshalb, weil es in der CDU manche Vorbehalte gegen Konrad Adenauer gab, die mit seiner Selbstherrlichkeit als Oberbürgermeister von Köln zusammenhingen. Jedenfalls wurde er im ersten Wahlgang mit nur einer Stimme Mehrheit gewählt, so daß jeder, der für ihn stimmte, behaupten kann, er habe die Wahl Adenauers entschieden. Daß Adenauer sich selbst gewählt hat, ist bekannt. Aber eine Oppositionsstimme erhielt Adenauer aus den Reihen der Bayernpartei. Der Abgeordnete Johann Wartner aus Niederbayern stimmte für ihn.

Vierzehn Jahre später gibt Adenauer einen Abschiedsempfang im Palais Schaumburg, als der CSU-Abgeordnete Franz Xaver Unertl, der erst 1957 in den Bundestag einzog, auf ihn zukommt. Unertl – Metzgermeister, Gastwirt, Posthalter, ein bayerisches Original – wird von Adenauer mit dem Bayernparteiler Wartner verwechselt. Der Bundeskanzler zu dem neben ihm stehenden CSU-Bundestagsabgeordneten Dr. Fritz Kempfler: »Sehen Sie, Herr Kempfler, diesem wackeren Mann verdanke ich die erste Wahl!« Kempfler, seinem niederbayerischen Wahlkreisnachbarn in vergnüglich-ironischer Freundschaft verbunden, will den Vorgang richtigstellen: »Aber, Herr Bundeskanzler ...« Unertl, der die Aufklärung verhindern will, unterbricht: »Du sei jetzt ruhig, ich erzähle jetzt dem Bundeskanzler, wie das damals war.« Dann greift er, an Adenauer gewandt, dessen irrige Erinnerung auf: »Ich wollte Sie gar nicht wählen, Herr Bundeskanzler, damals 1949, aber mein Freund Fritz Kempfler sagte mir, du kannst doch den großen christlichen Staatsmann Adenauer nicht im Stich lassen, das kannst du nicht verantworten, und so habe ich Sie gewählt, Herr Bundeskanzler!« Fritz Kempfler, mit dieser Gloriole versehen, konnte nichts mehr dagegen sagen. Und Adenauer ging weiter, völlig versöhnt mit der Zeitgeschichte.

Die Meisterschaft im Taktieren, zu der sicherlich auch ein Stück Rücksichtslosigkeit gehörte, beherrschte Adenauer nicht nur im Umgang mit deutschen Partnern oder Konkurrenten. Auch gegenüber den Alliierten verfügte er über diese Kunst. Zwar war in der Nachkriegszeit die Vorstellung, es könne jemand das Vertrauen der Amerikaner verlieren, für die politische Karriere des Betreffenden absolut tödlich, ohne dieses Vertrauen ging nichts. Dennoch hat Adenauer sehr früh und sehr bewußt wiederholt einen begrenzten Konflikt mit den Alliierten in sein Kalkül einbezogen. Am deutlichsten wurde das am 21. September 1949, als er die Bundesregierung auf dem Petersberg vorstellte und das Besatzungsstatut übergeben werden sollte. Statt vor dem Teppich stehenzubleiben, wie es die Hohen Kommissare wohl erwartet hatten, stellte sich Adenauer prompt auf den Teppich. Diese Geste verstand jeder, der einen Sinn für Symbolik hat. Adenauer hat es immer als nützlich angesehen, ein Stück Spannung im Verhältnis zu den Alliierten zu haben, sozusagen ein Stück Nicht-Identität, um so den deutschen Preis möglichst hoch zu halten, was ihm ja auch meisterhaft gelungen ist.

Auch in der Auseinandersetzung mit dem politischen Gegner war Adenauer nicht kleinlich, nicht pingelig, wie er selbst zu sagen pflegte. Vom ersten Moment an gab es eine scharfe Polarisierung zwischen Regierung und Opposition. Diese Polarisierung kam sicherlich durch Schumacher, aber es wäre ungerecht, sie dem SPD-Vorsitzenden allein anzulasten. Auch Adenauer hat diese Polarisierung gewollt und genutzt. Er erkannte ihre solidaritätsbildende Wirkung für die eigene Partei und die eigene Koalition. Ein harter parteipolitischer Kampf führte zum Schulterschluß in den eigenen Reihen, machte für den Mann an der Spitze das Regieren leichter.

Im Wahlkampf 1953 hatte der Bundeskanzler eine ungeprüfte, aus dubioser Quelle stammende Nachricht erhalten, wonach zwei sozialdemokratische Funktionäre aus dem Ruhrgebiet namens Scharley und Schroth größere Geldbeträge von der DDR bekommen hätten, um damit den Kampf der Sozialdemokraten gegen Adenauer zu unterstützen. Diese Information über eine namhafte kommunistische Wahlspende an die SPD benutzte Adenauer bei einer Wahlkampfrede in Frankfurt. Es gab eine Riesenaufregung, die Sozialdemokraten wehrten sich verzweifelt. Es kam zu einem Prozeß, der mit einer totalen Niederlage Adenauers endete – nach dem Wahlkampf. Er mußte sich entschuldigen und mit seiner Unterschrift widerrufen, was dann durch öffentlichen Anschlag an Litfaßsäulen überall in der Bundesrepublik kundgemacht wurde. Die Sozialdemokraten schlachteten ihren vollen juristischen Sieg über Adenauer verständlicherweise rundum aus.

Uns in CDU und CSU war diese Geschichte sehr unangenehm. Auch in einem kleinen Kreis in Bonn wurde in Anwesenheit Adenauers über dieses peinliche Thema gesprochen. Adenauers Kommentar: »Meine Herren, peinlich schon, aber genutzt hat es uns!« Diese Bemerkung empfanden wir, sonst durchaus davon überzeugt, daß eine Wahlkampfauseinandersetzung nicht aus Komplimenten und Höflichkeiten bestehen kann, als überraschend machiavellistisch. Natürlich hätte es Adenauer lieber gesehen, wenn seine Information wahr gewesen und ihm die schmerzliche Niederlage vor Gericht erspart geblieben wäre. Nachdem es anders gelaufen war, brachte er gelassen seine Nützlichkeitstheorie ins Spiel.

Adenauer betrieb solche Konfrontationspolitik bewußt zur Sammlung des eigenen Lagers, um die Wähler, die er als zusammengehörend ansah, auch in einer politischen Partei, der Union, zusammenzuhalten. Die Gründung und Entwicklung neuer Parteien war in einzelnen Fällen dennoch nicht aufzuhalten, ich denke etwa an den BHE (Bund der Heimatvertriebenen und Entrechteten) oder in Bayern an die WAV (Wirtschaftliche Aufbau-Vereinigung) unter Alfred Loritz.

Loritz, der über viele Möglichkeiten verfügte, sich in Szene zu setzen, war 1946/47 Entnazifizierungsminister in Bayern gewesen. Aus meiner Schongauer Zeit wußte ich, zu welchen demagogischen Mitteln er zu greifen verstand. Der Dienstwagen, mit dem er selbstverständlich anreiste, wurde in sicherem Abstand vor dem jeweiligen Versammlungslokal geparkt, das letzte Stück Wegs ging Loritz, um Bescheidenheit und Volksnähe vorzutäuschen, zu Fuß. Um so ungenierter zog er dann alle Register der Agitation und schwadronierte, daß man die kleinen Nazis alle gehenkt hätte, wenn er nicht gewesen wäre, die großen aber habe man laufen lassen. Loritz war ein sozialrevolutionärer Wirrkopf. Dennoch erlangte seine WAV bei der Bundestagswahl 1949 zwölf Mandate.

Nie werde ich das Tohuwabohu vergessen, das entstand, sobald Loritz ans Rednerpult des Bundestages trat. Er pflegte immer wieder die Mikrofone zu packen, sich daran festzuklammern, daran zu rütteln. Als er ein Mikrofon zerstörte, weil er zu kräftig daran gezerrt hatte, brachte die Bundestagsverwaltung eine Inschrift an: »Mikrofone nicht berühren«. Das nächste Mal hat Loritz wieder zugegriffen. Daraufhin haben wir, die wir vorne saßen – Stücklen, Jaeger, Emil Kemmer und ich –, im Sprechchor gerufen: »Pratzen weg, Pratzen weg!« Er hat dann mit einem wütenden Gesichtsausdruck die Hände wieder fallen lassen.

Als die neue Geschäftsordnung des Bundestages beraten wurde, die noch Grundlage der heutigen ist, hat Bundestagspräsident Hermann

Ehlers die Beratungen geleitet: »Ich rufe auf Paragraph 51.« Loritz meldete sich zu Wort. Stücklen ruft: »Herr Präsident, Loritz spricht zu Paragraph 51!« Dröhnendes Gelächter im Bundestag, denn die Abgeordneten bezogen dies natürlich auf den Unzurechnungsfähigkeitsparagraphen. Ehlers erteilt Stücklen einen Ordnungsruf, den einzigen, den er zurücknehmen mußte. Richard Stücklen hat dafür gekämpft bis zur letzten Patrone: »Sie haben den Paragraphen 51 der Geschäftsordnung aufgerufen, das ist nachweisbar. Nachweisbar ist auch, daß sich Herr Loritz zu Wort gemeldet hat, Sie aber seine Wortmeldung nicht gleich gesehen haben. Ich habe nur gesagt, Herr Präsident, Loritz spricht zu Paragraph 51. Deshalb mir einen Ordnungsruf zu erteilen, ist ein Mißbrauch Ihres Amtes!« Ehlers mußte den Ordnungsruf annullieren.

Adenauer verstand den Umgang mit Parteien im allgemeinen und mit befreundeten Parteien im besonderen. Er kannte ihre Vorzüge und Schwachstellen, wußte, wie sie zu behandeln und wie ihre Führer zu nehmen waren. So war Adenauer, weil er uns für seine Strategien und Mehrheiten als unentbehrlich ansah, nie in Versuchung, der CSU in Bayern selbst Konkurrenz zu machen. Das war für ihn völlig undenkbar. Dazu steht mir eine Szene aus den späten fünfziger Jahren lebendig vor Augen. Wir flogen von Bonn nach Berlin in einer amerikanischen Militärmaschine, Adenauer in Begleitung seines Sohnes Konrad. Wir kamen in ein Gespräch über die Rolle der CSU, und Adenauer junior meinte, wir seien uns doch darüber im klaren, daß die CSU von der Gnade der CDU lebe; wenn die CDU ernst machte in Bayern, dann gebe es bald keine CSU mehr. Ich sagte zu ihm: »Da täuschen Sie sich ganz gewaltig, da kennen Sie Bayern nicht, da kennen Sie die CSU nicht. Im übrigen halte ich diesen Teil des Gesprächs für denkbar unerfreulich.«

Am nächsten Morgen frühstückten wir im Gästehaus Gehrhus in Berlin-Grunewald. Ich hatte das Gespräch im Flugzeug, über das ich mich innerlich sehr geärgert hatte, schon fast vergessen. Plötzlich sagte Adenauer: »Ich habe gestern abend meinen Sohn zur Rede gestellt. Ich mißbillige seine Äußerungen. Er wird sich bei Ihnen entschuldigen.« So geschah es. Adenauer hat uns gegenüber stets bewußt eine Politik der Nichteinmischung und der ehrlichen Partnerschaft betrieben. Für ihn waren wir das, was viele Jahre später in einer allerdings mißglückten Konstruktion die FDP für Kohl wurde. Adenauer hat uns immer gegen die eigene Partei, die CDU, ausgespielt, wenn er uns brauchte, hat uns

Abschiedsempfang der CSU für Konrad Adenauer am 5. Oktober 1963 im Deutschen Museum in München oder unsere Haltung vorgeschoben, wenn ihm dies hilfreich zur Durchsetzung eigener Ziele war. Schon bei der Rhöndorfer Konferenz hat er sich die Position der CSU zunutze gemacht, um die von ihm abgelehnte Große Koalition endgültig zu den Akten legen zu können. Er sah in der CSU ein Scharnier, sie war für ihn Angel- und Stützpunkt seiner pragmatischen Politik.

Notwendigerweise gehört es zur Führung einer Koalition, immer eine Partei gegen die andere auszuspielen. Helmut Schmidt hat dies ebenfalls mit der FDP versucht, was ihm allerdings zum Schluß nicht gut bekommen ist. Aber wir waren und sind nicht eine reine Koalitionspartei, wir sind Koalitionspartei und Unionspartei, also hat die CSU hier eine Doppelrolle. Für Adenauer war die Regierungspolitik handlicher und leichter zu handhaben mit einer CSU, die er notfalls auch gegen die CDU oder die FDP ausspielen konnte beziehungsweise eine gegen zwei oder zwei gegen eine. Es waren mehrere Instrumente, die er beherrschte, aber das Spiel war auch schwieriger und gefährlicher. Aus diesem Grunde hat er uns auch drei Minister konzediert. Sicherlich trug dazu auch das geschickte und aus Zorn geborene Taktieren der CSU in Bonn entscheidend bei. Aber wir wären dennoch nicht so glatt ans Ziel gekommen, wenn es Adenauers Bestreben gewesen wäre, die Macht der CSU so klein wie nur möglich zu halten.

Adenauers Umgang mit den Koalitionsparteien war von Nützlichkeitserwägungen gekennzeichnet. Er setzte Zuckerbrot und Peitsche ein und hofierte beispielsweise die FDP da, wo er sie brauchte, um die CDU oder die CSU zu disziplinieren. Andererseits spielte er während der »Spiegel«-Krise mit dem Gedanken einer Großen Koalition, um die FDP auf Linie zu bringen.

Ein Meister war Adenauer in der Kunst des »divide et impera«, des »teile und herrsche«. Er besaß eine staunenswerte Fähigkeit, jedem Besucher überzeugend klar zu machen, daß er, Adenauer, auf den Rat seines Gastes größten Wert lege, er ohne ihn kaum weiterleben könne, um schon in dem Augenblick, in dem der Besucher die Tür hinter sich schloß, nicht mehr zu wissen, worum es sich gehandelt hatte. Er konnte gut zuhören, griff gelegentlich allerdings auch in den Redefluß seines Gesprächspartners ein oder unterbrach einen Satz, wenn er widersprechen wollte und mußte oder wenn er zornig war. Adenauer hat auch sorgfältig amtliche Unterlagen gelesen und war immer aktenkundig. Er hat sich mit der jeweiligen Materie vertraut gemacht, so daß er informiert war und sachgerecht argumentieren konnte.

Zu Adenauers Regierungsstil gehörte es, den Kreis der Mitwirkenden oder auch nur der Eingeweihten möglichst klein zu halten. Das Petersberger Abkommen etwa hat er praktisch allein ausgehandelt. Das Kabinett hat er so gut wie überhaupt nicht informiert, und die Fraktionen, auch CDU und CSU, nahmen das hin. Man muß dabei berücksichtigen, daß die CSU in ihre Rolle der selbstbewußten Eigenständigkeit in der Außen- und Verteidigungspolitik erst im Lauf der Jahre hineingewachsen ist. Noch stand die Wirtschaftspolitik mit ihrer wörtlich zu nehmenden Sorge um das tägliche Brot für die große Mehrheit der Fraktion im Vordergrund. Es herrschte die allgemeine Überzeugung, daß Adenauer recht handelte und den richtigen Instinkt hatte, die schwierigen außenpolitischen Geschäfte zu meistern – und diesen Instinkt hatte er, der ist nicht nachträglich erfunden worden.

Ernsthafte Zweifel an Adenauer, seiner Politik und seiner Person, hat es in den harten Wintermonaten 1949/50 – eine Phase, die Hans-Peter Schwarz in seiner Geschichte der Ära Adenauer »Winter des Mißvergnügens« nennt – nicht gegeben, auch keine lautstarken Auseinandersetzungen oder gar Revolten. Der Unmut richtete sich vielmehr gegen Erhard. Die Gegner der Sozialen Marktwirtschaft rührten sich mit dem Argument, sie hätten gleich gesagt, daß diese Politik zum Scheitern verurteilt sei. Die Fronten waren die gleichen wie am 21. August 1949, inklusive einer nach wie vor gespaltenen Haltung der Sozialausschüsse. Auch CDU-Kreise um Karl Arnold, der immer in einem Spannungsverhältnis zu Adenauer gestanden hatte, gehörten zu den Kritikern. Schon die Tatsache, daß Arnold aus der Arbeiterbewegung kam, Adenauer dagegen, Sohn eines preußischen Unteroffiziers, ein rheinischer konservativer, zum Großbürger aufgestiegener Patriarch war, markierte Gegensätzlichkeiten, die nie völlig überwunden werden konnten.

Taktische Meinungswechsel gehörten zu Adenauers politischem Handwerkszeug. Eines Tages sagte er zu mir – das war Anfang 1954, ich war gerade junger Minister –, die Bundesregierung müsse nunmehr mit einer preußischen Tradition brechen, daß nämlich der Deutsche Botschafter beim Heiligen Stuhl immer evangelisch sei. »Ich möchte jetzt einen katholischen Vertreter im Vatikan haben.« Auch Kardinal Frings, ein einflußreicher Mann der Kirche, habe ihm gesagt, es werde Zeit, daß eine katholische Regierung mit einem katholischen Kanzler auch einen katholischen Botschafter beim Heiligen Stuhl ernenne. Dabei müsse ich ihm helfen, so Adenauer zu mir, da es Widerstand geben werde bei den Protestanten, und den müßten wir gemeinsam überwinden. Gläubig und überzeugt sagte ich ja, sicherte meine Unterstützung zu.

Dann kam der Vorschlag aus dem Bundeskanzleramt, das damals noch das Auswärtige Amt war, oder aus dem Auswärtigen Amt, das damals noch vom Bundeskanzler geleitet wurde, den ehemaligen Potsdamer Regierungspräsidenten Wolfgang Jaenicke, einen protestantischen Schlesier, der von 1946 bis 1950 bayerischer Staatskommissar und Staatssekretär für das Flüchtlingswesen gewesen war, zum Botschafter beim Heiligen Stuhl zu bestellen. Die heikle Personalangelegenheit war dadurch kompliziert, daß der damalige Botschafter beim Quirinal, Clemens von Brentano, der ältere Bruder Heinrich von Brentanos, römisch-katholischen Glaubens war und die beiden Posten in Rom eigentlich mit Männern verschiedener Konfession besetzt sein sollten. Ich sehe also im Kabinett die Vorlage, erinnere mich an die kurz vorher stattgefundene Besprechung mit Adenauer und denke, er erwartet nun von dir, daß du sagst, nein, der nicht, ich sozusagen als Vertreter der katholischen Interessen. Ich melde mich zu Wort, trage meine großen Bedenken vor, diese alte preußische Tradition, die vom Reich übernommen worden sei, sollte jetzt nicht von neuem begonnen werden. Dies wäre aber der Fall, wenn unser erster Botschafter wieder evangelisch sei. Man könnte in der Konfession wechseln, aber beginnen sollte man mit einer katholischen Lösung. Adenauer ergriff das Wort, ich erwartete Lob und Zustimmung – was aber kam, war das Gegenteil. Ich wurde abgekanzelt, als ob ich eine Ungeheuerlichkeit vorgetragen hätte, selbstverständlich müßte es Herr Jaenicke sein, und selbstverständlich müßte dieses Amt evangelisch besetzt werden.

Als ich Adenauer ein paar Wochen später auf seinen abrupten Meinungswechsel ansprach und meiner Verwunderung Ausdruck verlieh, reagierte er völlig gelassen und unschuldig. Die Situation mit den evangelischen Freunden in der Union, die man nicht vor den Kopf stoßen dürfe, habe diese Lösung nahegelegt, er habe unnötigen Ärger vermeiden müssen. Immerhin räumte er ein, daß er mich von seiner Kehrtwende um 180 Grad vorher hätte unterrichten sollen.

Für Adenauer mußte, wenn er in Schwierigkeiten geriet, im Zweifelsfall immer sein Freund John Foster Dulles herhalten. »Vergessen Sie nicht, daß der Herr Dulles zu mir jesagt hat«, war eine stehende Redewendung. Ob der US-Außenminister den entsprechenden Satz gesagt oder ob Adenauer ihn erfunden hatte, war unerheblich, wenn er nur gepaßt hat. Als es wieder einmal eine kritische Situation gab, griff er nach einem Stück Papier und sagte, er habe da eine Depesche erhalten – er hat nicht von Telegramm oder Fernschreiben gesprochen, sondern von Depesche –, die vom amerikanischen Außenminister stamme und deren Inhalt er uns mitteilen wolle. Da ich sehr nahe saß, stellte ich fest, daß es sich bei der »Depesche« um die Speisekarte des Bonner Hotels »Königshof« handelte. Ich habe hernach zu ihm gesagt, wenn er wieder einmal eine Depesche von Foster Dulles bekomme, müsse er diese so abdecken, daß niemand merke, daß es in Wahrheit die Speisekarte des »Königshofs« sei. Adenauer nahm diesen Hinweis mit Humor und fühlte sich in keiner Weise ertappt. Er dachte auch gar nicht daran, meine Beobachtung zu bestreiten oder sich zu verteidigen.

Adenauer, zu dessen politischen Stilmitteln eine lakonische Ausdrucksweise gehörte, hatte nur wenige enge persönliche Freunde in der Politik, wichtigste Ausnahme war Robert Pferdmenges. Auch für eine Reihe von Abgeordneten in anderen Parteien hatte er eine gewisse Schwäche. Einer seiner Lieblinge war Kommunistenchef Max Reimann, den er noch aus der Weimarer Zeit kannte, kein schlechter Redner und durchaus witzig. Er und Adenauer haben sich gegenseitig die rhetorischen Bälle zugespielt, sind ironisch miteinander umgegangen, etwa derart, daß der Alte sagte, er wisse ja, daß Reimann ihn hätte aufhängen lassen, wenn die Kommunisten an die Macht gekommen wären. Zwischen den beiden gab es, bei aller grundsätzlichen politischen Gegnerschaft, eine lockere Ebene der Verständigung.

Den SPD-Vorsitzenden Schumacher hingegen schätzte Adenauer überhaupt nicht. Es wurde erzählt, daß die beiden 1947 einmal gemeinsam nach Berlin geflogen seien und daß sie während des ganzen Fluges nicht nur kein Wort miteinander gesprochen, sondern sich nicht einmal angeschaut hätten. Das paßt genau in mein Bild vom Verhältnis der beiden. Adenauer respektierte Wilhelm Hoegner und kam mit Carlo Schmid, dem Mann des Staatsethos und der Staatsräson, gut zurecht. Das gilt auch für Herbert Wehner, was daran liegen könnte, daß beide ungeheure Realisten waren und einen kalten Blick auf die Wirklichkeit hatten, wenn auch von völlig verschiedenen Standpunkten aus. Aus solch partieller Übereinstimmung kann Respekt erwachsen. Erich Ollenhauer, gegen den er persönlich nichts hatte, tangierte ihn nicht. Adenauer achtete Fritz Erler und hatte ursprünglich auch über Willy Brandt eine gute Meinung, der eine Zeitlang Rechtsaußen der SPD war und ein strammer Regierender Bürgermeister von Berlin.

Solche Urteile über einzelne konnten Adenauer in seinem vernichtenden Gesamturteil über die SPD jedoch nicht irremachen. Seine wahre Meinung über die SPD brachte er am 7. Juli 1957 in Nürnberg mit einer Formulierung zum Ausdruck, die berühmt geworden ist und ihm viel Ärger eingebracht hat, daß nämlich ein Sieg der SPD der Untergang Deutschlands wäre. Adenauer sagte das, weil er es wirklich glaubte. Die SPD an der Regierung - das hätte in seinen Augen den Verlust der Westbindung der Bundesrepublik bedeutet, böse Versuchungen eines deutschen Neutralismus und damit die akute Gefahr, in den sowjetischen Sog gezogen zu werden.

Adenauer hatte stets eine außerordentlich geschickte Hand, wenn es darum ging, politische Gegner durch taktische Gegengeschäfte einzubinden oder zumindest zum Stillhalten zu bewegen. So bot er den DGB-Gewerkschaften die Montanmitbestimmung an, die er nach den Vorgaben der britischen Besatzungsmacht in ihrer Zone ohnehin nicht hätte vermeiden können, und trennte dadurch in großen außenpolitischen Fragen den Gewerkschaftsbund von der SPD. In gewisser Weise gelang es dem Kanzler sogar, die Gewerkschaften im Zusammenhang mit dem Petersberger Abkommen einerseits und dem Ende der Demontage andererseits in Stellung zu bringen gegen die SPD. Anfang der fünfziger Jahre waren Teile der Gewerkschaften, so der DGB-Vorsitzende Christian Fette, für den Aufbau der späteren Bundeswehr. Hier herrschte staatspolitische Einsicht, der man Respekt zollen mußte.

Zu Fettes Vorgänger Hans Böckler hatte Adenauer beste persönliche Beziehungen, es gab eine besondere Genossenschaft der beiden alten Herren. Sie waren verbunden durch Erfahrungen aus der Zeit der Weimarer Republik, als sie beide gegen die Gefahr von rechts standen. Sie waren verbunden durch das Erlebnis der Verfolgung im Dritten Reich. Sie sahen es als gemeinsame Aufgabe, das zertrümmerte Ruhrgebiet zu retten, einschließlich des Kampfes gegen die Demontage. Alles in allem galt Adenauer, was für sein gutes Verhältnis zum DGB wichtig war, als der große christlich-soziale Politiker und nicht, wie Ludwig Erhard, als Exponent einer »kapitalistischen« Politik.

Adenauers strategischer Ansatzpunkt zur Trennung von SPD und Gewerkschaften, die keinem CDU-Bundeskanzler seitdem mehr geglückt ist, wurzelte in der Erkenntnis, daß die Interessen der Gewerkschaften und die Forderungen ihrer Klientel mit einer Reihe von politischen Schwerpunkten der SPD nicht in Einklang standen. Dies hat Adenauer seinen Freunden im DGB deutlich gemacht. Hier dürfen aber auch die schnell eintretenden Erfolge von Erhards Wirtschaftspoli-

5. Januar 1963:
Strauß gratuliert Adenauer zum 87. Geburtstag

15. September 1965:
Vier Tage vor der Bundestagswahl bestreiten der Altkanzler und der CSU-Vorsitzende eine Großkundgebung in Nürnberg

tik nicht vergessen werden – Erhard hat die Waffen geschmiedet, die Adenauer dann anwendete. Ohne den Erfolg Erhards hätte Adenauer sich wahrscheinlich die Zunge wundgeredet bei den Gewerkschaften und doch nichts erreicht. Die Mitbestimmung, von vielen zu einer Theologie hochstilisiert, war für Adenauer pragmatischer Kompromiß und sozialer Zement. Er wollte an dieser Front Ruhe haben. Als Hermann Reusch einmal eine große Attacke ritt gegen die paritätische Mitbestimmung und die Behauptung erhob, sie sei das Ergebnis eines wilden, erpresserischen Aktes des DGB, gab es Riesenaufregung bei den Gewerkschaften. Reusch mußte auf Weisung Adenauers den Rückzug antreten. Der Kanzler wollte bei diesem Thema nicht mehr Streit haben, als nach der Natur der Sache unvermeidlich war. Er wollte den Rücken freihaben zur Absicherung seiner Außenpolitik. Die hatte Vorrang. Dafür war er bereit, auch Dinge mitzumachen oder hinzunehmen, die ihm nicht liegen konnten.

Der ungeheure materielle Erfolg der Sozialen Marktwirtschaft, aus der tiefsten Tiefe menschlichen und wirtschaftlichen Elends heraus Lebensverhältnisse zu schaffen, die rasch denen der europäischen Sieger gleich kamen und sie bald übertrafen, hat Adenauer viel Raum zum Manövrieren gegeben. Der mit Händen zu greifende wirtschaftliche Erfolg war das stärkste Argument gegen die Kritiker der Regierungspolitik. Adenauer erntete die Früchte des großen Wagnisses, denn ein Wagnis war es, als Ludwig Erhard im Sommer 1948 im Frankfurter Wirtschaftsrat die Soziale Marktwirtschaft durchsetzte. Und ich wiederhole: ich bin noch heute stolz darauf, dazu beigetragen zu haben.

Adenauer, politisches Urgestein mit einer spröden Anziehungskraft, wußte mit den Medien umzugehen – wobei vieles, was im Rückblick besonders wichtig erscheint, von Zeitgenossen und Mitwirkenden kaum wahrgenommen wurde. Ich habe lange Zeit gar nicht gewußt, daß Adenauer sogenannte Teegespräche mit Journalisten geführt hat. Was ihm für den Umgang mit Politikern galt, galt ihm auch für den Umgang mit Journalisten, der Grundsatz des »divide et impera«. Schon die Einladung zu einem Gespräch bedeutete eine Auszeichnung. Den Auserwählten vermittelte er dabei die Vorstellung, an exklusivem Herrschaftswissen teilzuhaben. Seine Beteuerung »das sage ich nur Ihnen« sollte eine Atmosphäre besonderer Vertraulichkeit und Vertrautheit schaffen. Er hatte die Presse paßgenau behandelt.

Auch in die Reihen der Opposition hinein pflegte Adenauer diese Taktik gezielter und dosierter Vertraulichkeit, vor allem zu solchen

Abgeordneten, auf die er sich im allgemeinen verlassen konnte. So hat er die SPD mindestens bis zu dem Grade eingebunden, daß sie nicht sagen konnte, sie sei links liegengelassen worden. Kurt Schumacher hat mit diesem Problem gekämpft. Er wollte einerseits einbezogen sein, andererseits auch sagen können: dies ist nicht mein Kanzler.

Insgesamt verstand es Adenauer, mit den Vertretern der Medien in einer Weise umzugehen, wie dies hinsichtlich des persönlich-politischen Ertrages von keinem Bundeskanzler nach ihm mehr beherrscht wurde. Auf den ersten Blick hat sich mit dem Durchbruch des Fernsehens die Szenerie völlig geändert, ob diese Veränderung aber wirklich so tiefgreifend ist, wie allgemein angenommen, ziehe ich in Zweifel. Noch immer ist die schreibende Presse von großer Wichtigkeit – was im Fernsehen kommt und gefragt und geredet wird, wird stark von der Tages- und Wochenpresse geprägt. Ich glaube, daß in diesem Punkt viele Politiker einer optischen Täuschung unterliegen.

Adenauer war im allgemeinen unempfindlich gegen Angriffe in der Presse. Von ihm stammt das Wort, Erhard sei ein dicker Dünnhäuter, er aber ein dünner Dickhäuter. Empfindlich gegen Presseangriffe war er, wenn diese auf seine Ehre zielten. Beunruhigt war Adenauer, als die Bundesregierung wegen der Stationierung von Atomwaffen für die amerikanischen Truppen und später wegen der Ausrüstung der Bundeswehr mit Atomwaffenträgern unter Dauerfeuer von großen Teilen der Medien geriet. Dabei hatte er eine eigenartige Methode der Schuldzuweisung. Für ihn war die Presse am Kabinettstisch durch den Leiter des Presse- und Informationsamtes Felix von Eckardt vertreten. Wenn der Kanzler einen mißliebigen Artikel zur Hand nahm, wurde Eckardt gerügt und so behandelt, als ob er den Artikel geschrieben oder zumindest sein Erscheinen hätte verhindern können. Als Eckardt über die nahezu geschlossene Ablehnung der deutschen Wiederbewaffnung in den Medien berichtete und meinte, daß es um das Ansehen der Bundesregierung außerordentlich schlecht bestellt sei, fuhr ihn Adenauer an: »Und was, Herr von Eckardt, gedenken Sie dagegen zu tun?«

Die Frage Adenauers hat bis heute nichts von ihrem Gewicht und ihrer Treffsicherheit verloren. Sie markiert staatsmännische Souveränität, die sich an der Notwendigkeit politischer Entscheidungen orientiert und nicht an deren Bequemlichkeit. Die Frage spricht ein Kernproblem politischer Führung an, deren Verantwortungsfähigkeit und Glaubwürdigkeit daran zu messen ist, daß das gesagt und getan wird, *worauf* es ankommt, und nicht das, *was* ankommt.

Als Adenauer sich eines Tages massiven persönlichen Angriffen ausgesetzt sah, wurde Felix von Eckardt in einer Pressekonferenz gefragt, was der Bundeskanzler zu diesen Vorwürfen sage. Des gewieften Staatssekretärs klassische Antwort: Es sei ihm trotz mehrmaliger Versuche nicht gelungen, die Aufmerksamkeit des Bundeskanzlers auf diesen Artikel zu lenken. Die Fragerei zu diesem Thema war zu Ende. Diese geschickte Replik empfahl sich zur Nachahmung und wurde denn auch von mir nicht nur einmal benutzt. Über die Journalisten prägte Adenauer das Wort, daß man mit bösen Buben und Presseleuten nicht streite. Für ihn waren die Presseleute böse Buben - ob man recht hat oder nicht recht hat, ist gar nicht so wichtig, man streitet nicht mit ihnen, weil man ohnehin den kürzeren zieht. An dieser Bewertung, auch wenn ihr nicht ohne Einschränkung zuzustimmen ist, ist viel dran.

Adenauers Politik war pragmatisch und bewegte sich, was kein Gegensatz sein muß, im Rahmen einer großen Strategie. Pragmatismus war bei ihm nicht Opportunismus oder Grundsatzlosigkeit. Er wollte der deutschen Politik einen Weg in die Zukunft bahnen, der neue Fehlentwicklungen und Tragödien der deutschen Geschichte vermeiden sollte. Er war der Meinung, Preußen sei in seinem Machtdenken zu sehr auf militärische Kategorien ausgerichtet gewesen. Adenauer war ein leidenschaftlicher Feind des Militarismus. Er sah ein neues, ein anderes Deutschland, verankert in der Wertegemeinschaft des Westens, in enger Verbindung mit Frankreich und abgedeckt durch das Bündnis mit den Vereinigten Staaten von Amerika. Das Umherirren der Deutschen zwischen West und Ost sollte beendet, die Illusion, die Deutschen könnten im Niemandsland eine selbständige machtpolitische Rolle spielen, überwunden werden. Es sollte keinen Weg mehr in den Neutralismus geben, weder dem Wertebewußtsein nach noch hinsichtlich der außenpolitischen Orientierung.

Adenauers strategischer Pragmatismus war gemischt mit einem sehr kalten Realismus, der manchen als Zynismus erschien. Dabei handelte es sich tatsächlich um Realismus, um den bitteren Wirklichkeitssinn der Besiegten, die sich keine Irrtümer leisten konnten. Adenauer hat in seinem Leben alle Höhen und Tiefen durchschritten, politisch wie persönlich. Er wurde zweimal Witwer, war selbst politisch Verfolgter, zeitweise auch eingesperrt. Auch wenn manche seiner Worte im Grunde düster und zukunftsskeptisch waren, so waren sie doch nicht typisch für Adenauer, sondern beschrieben nur eine Seite seines Wesens. Zudem zeichnet es den Staatsmann aus, wenn er bei den Folgen seines Tuns und Lassens auch den schlimmsten Fall in seine Überlegungen einbezieht.

Mein Eindruck war, daß Adenauer große Angst vor der Macht der Dummheit hatte. Politische Dummheit fand für ihn im Nationalismus oder im anpassungsbeflissenen Neutralismus ihren schlimmsten Ausdruck. Er hatte Angst davor, daß die Deutschen wieder die alten Irrwege ihrer Geschichte beschreiten würden, sollten sie nicht fest eingebunden sein in die westliche Werte- und Verteidigungsgemeinschaft. Diese Einbindung hat er deshalb auch mit allen Mitteln betrieben, zuerst die Montanunion und dann die Europäische Wirtschaftsgemeinschaft. Aus diesem Grunde war er auch ein leidenschaftlicher Befürworter des Gedankens einer Europäischen Verteidigungsgemeinschaft, die dann in Paris gescheitert ist.

Bereits mit dem vom Parlamentarischen Rat erarbeiteten Grundgesetz hatte eine Art Selbstbeschränkung der neuen deutschen Demokratie stattgefunden, im Gegensatz zur Weimarer Demokratie, die sich nicht selbst beschränkte. Gerade die Bindungselemente des Grundgesetzes sind sehr konservativ und mißtrauisch gegenüber der Demokratie und ihren Fehlentwicklungen. Es ist die Verfassung einer Nation, die einmal gescheitert ist an der Demokratie und in der Demokratie – die Erfahrungen der Weimarer Republik mit ihrem bitteren Ende sind im Parlamentarischen Rat immer wieder als der kritische Maßstab für das Grundgesetz genommen worden. So enthält das Grundgesetz weder den Volksentscheid noch die Direktwahl des Bundespräsidenten. Man hatte die Vorgänge von 1932/33 noch in schlimmer Erinnerung. Sie spielten eine Rolle bei der Definition des Amtes des Bundespräsidenten, der, anders als der Reichspräsident, keine politische Macht haben sollte, weil er nicht parlamentarischer Kontrolle unterliegt.

Adenauer hatte für langatmige geschichtliche Exkurse nie viel übrig. Er argumentierte aus dem großen Schatz der Erinnerungen eines langen Lebens – seine Erzählung von der Mobilmachung 1914, als noch der Gendarm mit dem Fahrrad unterwegs war und die Zettel anklebte, ist mir als besonders einprägsames Beispiel im Gedächtnis geblieben. Als außerordentlich kluger und erfahrener Mann war für ihn das große Unglück der deutschen und europäischen Geschichte die disproportionierte Gestaltung des Deutschen Reiches mit dem dominierenden Übergewicht Preußens. Diese Umstände der Reichsgründung von 1871 hat er für eine der Ursachen einer tragischen geschichtlichen Entwicklung gehalten. Von seiner Kölner Herkunft her sah er sich einer Art rheinischer Mission verpflichtet, die nie Früchte getragen hatte. Er fühlte sich den Franzosen wohl am nächsten, näher als den Engländern und näher als den Amerikanern, obwohl er erst im hohen Alter von 75 Jahren zum ersten Mal in Paris war. Diese unmittelbare Anschauung war für sein Denken und für seine Politik, für sein Wissen um das, was richtig und wichtig war, nicht notwendig. Er war auch nie in Israel und war dennoch der stärkste Verfechter einer deutsch-israelischen, einer deutsch-jüdischen Aussöhnung.

In gewisser Weise hat Konrad Adenauer das vertreten, was man in der Weimarer Zeit Erfüllungspolitik nannte, und war damit erfolgreich. Kurt Schumacher hat das fortgesetzt, was in der Weimarer Republik Politik gegen Versailles gewesen war, und ist damit gescheitert. Versailles war Schumachers Trauma, er wollte unter gar keinen Umständen noch einmal Erfüllungspolitik machen. Zwar wurde die historische Parallele in dieser Schärfe in der Zeit der Auseinandersetzungen zwischen Adenauer und Schumacher nicht gesehen, aber man hielt dem Bundeskanzler bisweilen auch in den eigenen Reihen allzu große Nachgiebigkeit gegenüber alliierten Wünschen vor. Diese Kritik war jedoch nicht ausgeprägt, nicht organisiert und auch nicht gefährlich für Adenauer. Sie führte lediglich zu einzelnen Verärgerungen und Streitereien. Auch ich habe diese Kritik verschiedentlich unterstützt.

Adenauer hatte eine tragische Geschichtsauffassung, eine tragische Auffassung jedenfalls vom Gang der deutschen Geschichte. Er hat dies in kleinem Kreis in deutlichen und geschichtsschwangeren Worten ausgesprochen. Er war ein entschiedener Gegner des Nationalismus, des Nationalsozialismus ohnehin. Die deutsche Wiedervereinigung war ihm nicht oberstes Ziel um jeden Preis, eine Haltung, die ich mit ihm gemeinsam habe - die Einheit kann nur eine Funktion der Freiheit sein, sie kann nicht ohne Rücksicht auf das Vorzeichen der Freiheit erste Präferenz haben. Diese Einstellung zieht sich wie ein roter Faden durch mein politisches Leben, und das war auch bei Adenauer nicht anders. Lieber in einem Teil Deutschlands frei als in einem Gesamtdeutschland wiederum einem totalitären System unterworfen sein - hierin stimmte ich mit Adenauer völlig überein. Er hat die deutsche Einheit nie in jener fast mythologischen Verklärung gesehen wie Jakob Kaiser. Er war sich auch darüber im klaren, daß ohne tiefgreifenden Wandel in der Sowjetunion, wie man ihn seit Gorbatschow erhofft oder erträumt, die Einheit nur eine mehr oder minder deklamatorische Idealformel, aber keine realistisch vollziehbare Wirklichkeit war.

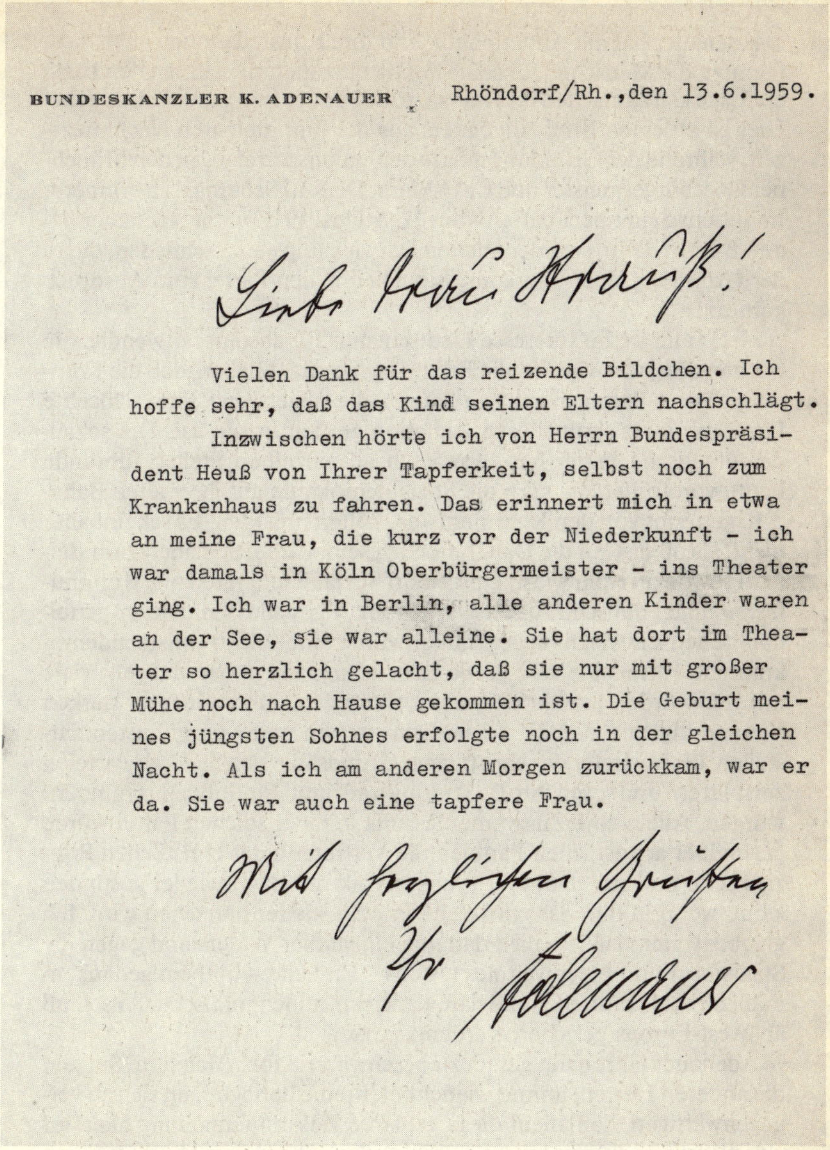

BUNDESKANZLER K. ADENAUER

Rhöndorf/Rh., den 13.6.1959.

Liebe Frau Strauß!

Vielen Dank für das reizende Bildchen. Ich hoffe sehr, daß das Kind seinen Eltern nachschlägt.

Inzwischen hörte ich von Herrn Bundespräsident Heuß von Ihrer Tapferkeit, selbst noch zum Krankenhaus zu fahren. Das erinnert mich in etwa an meine Frau, die kurz vor der Niederkunft - ich war damals in Köln Oberbürgermeister - ins Theater ging. Ich war in Berlin, alle anderen Kinder waren an der See, sie war alleine. Sie hat dort im Theater so herzlich gelacht, daß sie nur mit großer Mühe noch nach Hause gekommen ist. Die Geburt meines jüngsten Sohnes erfolgte noch in der gleichen Nacht. Als ich am anderen Morgen zurückkam, war er da. Sie war auch eine tapfere Frau.

Mit herzlichen Grüßen

Ihr Adenauer

Adenauer an Frau Marianne Strauß zur Geburt des ersten Sohnes Max Josef

Adenauer hat die Außenpolitik und ihre Konstellationen auch dazu benutzt, die Menschen für seine Politik einzunehmen, ihnen den Ernst der Lage klarzumachen und zu sagen, daß es nur mit seiner Politik gehe. Hier ist an einen Brief Adenauers aus der unmittelbaren Nachkriegszeit, während der Gründungsphase der Unionsparteien, an den Münchner Oberbürgermeister und CSU-Mann Dr. Karl Scharnagl zu erinnern. In diesem Schreiben, datiert vom 21. August 1945, wirbt Adenauer bei den Bayern dafür, sich der »neuen Entwicklung« anzuschließen, die in der Gründung einer überkonfessionellen neuen Partei zum Ausdruck komme:

»Ich halte sie im Interesse Deutschlands für absolut notwendig. Sie werden dort, wie wir hier, die Erfahrung gemacht haben, daß die Kommunistische Partei, begünstigt durch die allgemeine sehr schlechte Lage, mit ihrer skrupellosen Agitation großen Erfolg hat. Die sozialdemokratische Partei hat zwar noch an einzelnen Stellen führende Leute von früher, die gern die Sozialdemokratie auf ihrer alten Bahn, d. h. getrennt von den Kommunisten, halten möchten. Es scheint aber nicht, als ob das auf die Dauer möglich sein würde. So haben zum Beispiel sowohl in Köln wie in Düsseldorf Sozialdemokraten und Kommunisten eine politische Arbeitsgemeinschaft geschlossen. Dieser parteipolitischen Entwicklung gegenüber würde eine solche christlichdemokratische Partei eine sehr große Bedeutung haben. Ich und sehr viele mit mir würden es sehr bedauern, wenn gegenüber einer so starken Verbindung, wie [sie] die Sozial-Demokraten und Kommunisten darstellen, die Vertreter der christlichen Grundsätze sich in deren Parteien zersplittern und somit ihre Bedeutung und ihren Einfluß selbst mindern würden. Allein eine Zusammenfassung in einer solchen Partei würde gegenüber achristlichen Parteien die Vertreterin des christlichen Prinzips sein, und ich glaube, daß unser Volk nur dann wieder gesunden kann, wenn in ihm das christliche Prinzip wieder herrschen wird. Ich glaube weiter, daß lediglich dadurch ein starker Widerstand gegen die Staatsform und Ideenwelt des Ostens – Rußland – und ein gedankenmäßiger und kultureller und damit auch ein außenpolitischer Anschluß an West-Europa gesichert werden kann.«

Adenauer fährt dann geradezu beschwörend fort: »Ich bitte Sie und die anderen Herren, immer wieder bei Ihren Überlegungen sich zu vergegenwärtigen, daß allein diese geplante Zusammenfassung aller auf christlicher und demokratischer Grundlage stehenden Kräfte uns vor aus dem Osten drohenden Gefahren schützen kann.«

Ein weiteres Stichwort für die außenpolitische Grundhaltung Adenauers lieferte dann der Koreakrieg. Der Überfall des kommunistischen Nordkorea auf ein verteidigungsunfähiges Südkorea hatte Adenauer in eine geradezu existentielle Angst versetzt. Dies saß tief bei ihm, und mehr als einmal habe ich von ihm gehört: »Herr Strauß, der Osten rüstet auf, er hat eine aufgerüstete Zone. Wir haben einen abgerüsteten Westen. Die Amerikaner sind schon abgezogen und werden weiter abziehen, und dann passiert genau das gleiche wie in Korea.« Das war ein Alptraum für ihn.

Als drittes Stichwort wäre eine spätere Äußerung Adenauers aus einem nächtlichen Gespräch mit dem luxemburgischen Ministerpräsidenten Joseph Bech im Londoner Claridge-Hotel zu nennen. Die »Spiegel«-Berichte darüber vom 6. und 13. Oktober 1954, die ausnahmsweise richtig waren, führten zu großer Aufregung und lösten eine publizistische Welle aus. Adenauer warnte vor einem deutschen Nationalismus: »Wenn ich einmal nicht mehr da bin, weiß ich nicht, was aus Deutschland werden soll, wenn es uns nicht doch noch gelingen sollte, Europa rechtzeitig zu schaffen.« Er glaubte, man müsse die Deutschen vor sich selbst bewahren.

Zu sagen, daß Adenauer die Deutschen gefürchtet hätte, ginge zu weit. Gefürchtet hat er eine Überbetonung des Zieles der deutschen Einheit, seine Sorge war, daß damit die Bindung an den Westen gestört oder gar zerstört werden könnte. Er hatte Angst, daß die Deutschen sowjetischen Offerten, wie den Stalin-Noten von 1952 und ähnlichen späteren Verwirrungsangeboten, zum Opfer fallen könnten. Das war der Grundtenor jenes Londoner Gesprächs: Mein Gott, was soll aus Deutschland werden!

Adenauers Sorge über die Deutschen konnte ich verstehen, wenn auch nicht unbedingt in allen Punkten teilen. Ich verfügte nicht über den so viele Geschichtsräume umfassenden Erfahrungsschatz Konrad Adenauers, über den ich einmal gesagt habe, er habe alles erlebt und das Gegenteil von allem. Als bei meiner Generation um 1930 allmählich ein gewisses politisch-historisches Bewußtsein erwachte, hatte Adenauer, der zu diesem Zeitpunkt in die zweite Hälfte seines Lebens trat, schon wichtige politische Ämter als Kölner Oberbürgermeister und Präsident des Preußischen Staatsrates bekleidet.

Im übrigen sind generelle Aussagen über »die Deutschen« schwierig und zwangsläufig sehr ungenau. Helmut Schmidt beispielsweise hat in seiner Abschiedsrede im Deutschen Bundestag im September 1986 den

Satz gesagt: »Wir Deutschen bleiben ein gefährdetes Volk, das der politischen Orientierung bedarf.« Dieser Satz muß kommentiert werden. Gefährdet sind wir schon aufgrund unserer geostrategischen oder geopolitischen Lage, gefährdet sind wir aufgrund unserer Geschichte; gefährdet sind wir vielleicht aber auch aufgrund unseres Nationalcharakters, den Churchill einmal übertrieben, aber trotzdem nicht ganz falsch in dem Satz zusammengefaßt hat, die Deutschen seien einem entweder an der Gurgel, oder sie lägen vor einem auf den Knien. Selbstverständlich muß bei Überlegungen über »die Deutschen« die Vielfalt in unserem Lande gesehen werden, wenn man beispielsweise Schleswig-Holstein an dem einen und Bayern an dem anderen Ende nimmt. Religion und Tradition haben hier zu unterschiedlichen Ausprägungen geführt; Bayern fällt schon aufgrund einer in mehr als tausend Jahren gewachsenen Staatlichkeit und eines ungebrochenen geschichtlichen Selbstbewußtseins aus dem Rahmen.

Dem handelnden Politiker stellen sich Abläufe und Personen anders dar als später dem Historiker im Rückblick. So hatte meine Generation, 30 bis 35 Jahre alt und die Kriegsjahre hinter sich, nicht den Eindruck, am Beginn einer »Ära Adenauer« zu stehen. Für uns bedeutete Adenauer zunächst überhaupt nichts, er war nicht einmal ein Erinnerungsposten aus der Zeit der Weimarer Republik, weil wir diese nicht bewußt erlebt hatten. Für uns war Adenauer der bedeutende Parteivorsitzende der britischen Zone, der 1948, nach Meinung von Freund und Feind, mit dem Amt des Präsidenten des Parlamentarischen Rates einen ehrenvollen Abschied erhalten sollte. Daß er eine singuläre, möglicherweise säkulare Figur war, wurde uns in der jüngeren Generation erst deutlich, als er, durch die weltpolitischen Ereignisse begünstigt, den Weg der Bundesrepublik Deutschland zur Souveränität geschickt und erfolgreich ging.

Von 1945 bis 1949 waren wir der Willkür der Sieger unterworfen gewesen, die bei den westlichen Besatzungsmächten durch das Bekenntnis zum christlichen Sittengesetz und durch demokratische Umgangsformen gemildert war. Wir begrüßten es, als es 1949 zum ersten Besatzungsstatut kam, das geregelte Formen des Zusammenlebens von Siegern und Besiegten brachte. Die Vereinigten Staaten von Amerika erschienen uns mit Recht als der dominierende Faktor, die Franzosen galten teilweise als Bösewichte im Spiel, die Engländer nicht unbedingt als unsere Freunde. Solche schienen, vereinfacht gesagt, die Amerikaner zu sein. Dann kam im April 1953 Adenauers lange und triumphale

Reise in die USA. Als der Bundeskanzler in Washington empfangen wurde als Staatsmann, als Regierungschef eines nunmehr kurz vor der Gleichberechtigung stehenden Staates, war dies für uns ein noch wenige Jahre zuvor unvorstellbares Ereignis.

Deutschland war der Paria unter den Völkern, die Deutschen die Ausgestoßenen der Weltgeschichte, die Verbrecher im politischen Spiel, im Jahr 1945 noch mit der Angst konfrontiert, daß die Amerikaner abziehen und die Russen kommen würden. Man hielt es für unmöglich, jemals mit den moralischen, politischen und materiellen Folgen des Zweiten Weltkrieges fertig zu werden. Erste hoffnungsvolle Anzeichen brachte die Einführung der Sozialen Marktwirtschaft mit den ersten konkreten Ergebnissen. Entscheidend aber war das Jahr 1953, die Rückkehr des Bundeskanzlers aus Amerika. Das war der Beginn der Ära Adenauer.

Bis dahin war er ein hochgeschätzter, respektierter und mit Autorität ausgestatteter Kanzler, aber noch ohne charismatische Ausstrahlung. Von da an wurde es anders. Dabei hat Adenauer emotionalen Überschwang nie gewollt, er war viel zu nüchtern dafür, er wollte nicht umschwärmt werden. Aber selbstverständlich genoß er den Beifall der Massen, sonst wäre er nicht der Politiker und vor allem auch nicht der Wahlkämpfer gewesen, der er war.

Golo Mann hat Adenauer einmal »Staatsmann der Sorge« genannt, eine Bezeichnung, an der viel richtig ist, die aber Politik und Persönlichkeit des ersten Kanzlers nicht voll erfaßt. Im Hinblick auf Adenauers Sicht der Vergangenheit, auf seine tragische Analyse der deutschen Geschichte, die in der Katastrophe münden mußte und in der Zukunft in Katastrophen münden würde, wenn die von ihm gezogenen Lehren, die sich in seiner Politik niedergeschlagen hatten, von seinen Nachfolgern in den Wind geschlagen würden, nenne ich Adenauer einen »Staatsmann des sorgenvollen Triumphs«. Aber auch einen »Staatsmann der Freude« hinsichtlich dessen, was in kurzer Zeit unter Ausnutzung der internationalen Gezeiten erreicht worden ist.

Anfänge in Bonn

Als Bundestag und Bundesregierung 1949 ihre Arbeit in Bonn aufnahmen, war die Bundesrepublik Deutschland vom Stand eines souveränen Staates noch Lichtjahre entfernt. In seiner Regierungserklärung markierte Bundeskanzler Konrad Adenauer seinen Kurs: deutsche Freiheiten und Zuständigkeiten Stück für Stück erweitern. Diese Politik des beharrlichen Schritt-für-Schritt wurde von der SPD heftig attackiert. Schumacher war ungeduldig, wollte im Grunde einen großen Sprung, wollte mit dem Kopf durch die Wand. Adenauer wußte, daß ohne die Zustimmung der Alliierten nichts zu machen war, und erkämpfte sich deren Zugeständnisse mit zähem Taktieren Millimeter für Millimeter. Für diesen Umgang mit den Besatzungsmächten, die es zu Verbündeten zu machen galt, fehlte Schumacher jegliches Verständnis. Adenauer war überzeugt, daß die Zeit für uns arbeitete. Natürlich hatte er auch die Hoffnung, die Erhardsche Wirtschaftspolitik werde die Wähler davon überzeugen, daß die Politik der Union vernünftiger war als die Schumachers.

40 Prozent der deutschen Industrie lagen an der Ruhr. Davon sollten nach englisch-französischem Willen alle wichtigen Bereiche der Montanindustrie und des Maschinenbaus demontiert werden. Um die Demontagen zu beenden, setzte sich Adenauer für das Petersberger Abkommen ein, das am 22. November 1949 unterzeichnet wurde. Sein damaliges Bild der Deutschen und der Lage Deutschlands könnte man etwa folgendermaßen kennzeichnen: Manche hätten noch immer nicht verstanden, daß wir einen totalen Krieg verkündet und diesen totalen Krieg total verloren hatten. Wir seien ohnmächtig und rechtlos. Unser Vertrauen könne sich nur darauf gründen, daß die westlichen Demokratien ihre eigenen Grundsätze gegenüber dem deutschen Volke nicht auf die Dauer mit Füßen treten. Unser Hauptfeind sei und bleibe die Sowjetunion. Die Sowjetunion wolle ganz Deutschland ihrem Macht- und Kontrollbereich einverleiben, weil sie glaube, damit Europa in der Hand zu haben. Darin liege für uns die Chance, im Westen Vertrauen zu gewinnen. Es gehe darum, mit dem Westen so zäh wie möglich zu verhandeln, um von der Industriesubstanz, die nicht zerstört und noch nicht demontiert ist, soviel wie möglich zu retten.

So etwa hat Adenauer das Petersberger Abkommen begründet. Wenn wir dieses Abkommen schlössen, käme es bald zu einem Ende der Demontagen. Bei dem Ringen um das Abkommen, das auch einige Zugeständnisse an die Alliierten enthielt und deshalb von der Opposition, namentlich von Schumacher, scharf kritisiert wurde, waren Adenauers gute Beziehungen zu Hans Böckler sehr hilfreich. Der Vorsitzende des DGB hat sogar ein unterstützendes Telegramm an Adenauer geschickt, das dieser dann, um die Dramatik seiner Rede im rechten Augenblick zu steigern, im Bundestag verlesen hat. Hans Böckler war es, der die parteipolitischen Fronten überwand; ihm als Vertreter der Arbeitnehmer lag daran, das große Geschäft Adenauers mit dem Westen zu unterstützen - keine Demontagen mehr, dafür deutsche Beteiligung an der internationalen Ruhrbehörde.

Mit der Schumacherschen Halsstarrigkeit und Unnachgiebigkeit würden wir, so Adenauers Analyse weiter, gar nichts erreichen, außer daß die Siegermächte sich noch enger zusammenschlössen gegen uns, daß sie auch der Sowjetunion mehr entgegenkommen würden. Wir müßten die Rolle der Besiegten mit Würde tragen, müßten mit Energie unsere lebenswichtigen Forderungen vorbringen und durchsetzen, müßten aber auch Demut zeigen. Das war die Diktion, die Konrad Adenauer nicht nur einmal verwendet hat. Auf diesem Wege »der pragmatischen Vernunft« - wie Adenauer nicht gesagt, aber gemeint hat - würden wir schrittweise mehr Einfluß gewinnen, bis unsere ehemaligen Kriegsgegner im Westen eine andere Haltung zur Bundesrepublik Deutschland einnähmen. Dann käme es zu einer Versöhnung mit ihnen, und sie würden uns in ihr Lager gegen die Sowjetunion stellen. Das waren in Umrissen Adenauers Grundsätze, die er freilich in dieser Offenheit weder im Deutschen Bundestag noch sonstwie öffentlich vortrug. Diese Maximen wurden deutlich in Vorstandsgesprächen der CDU/CSU-Fraktion, in Koalitionsgesprächen, in Unterredungen im kleinen Kreis.

Das Petersberger Abkommen und seine Vorbereitung fielen noch in die Formationsphase der Republik. Im November 1949 waren die politischen Fronten ebenso klar wie verhärtet. Es gab keinen außenpolitischen Konsens zwischen Schumacher und Adenauer, zwischen Opposition und Regierung, keine Übereinstimmung in der Frage, wie am besten mit den westlichen Siegermächten umgegangen werden sollte, obwohl es sich bei den Demontagen im wahrsten Sinne des Wortes um eine Lebensfrage handelte.

Die Einbindung der Franzosen in dieses Vorhaben läßt bereits Ansätze der späteren Konzeption der Montanunion erkennen. Im Hintergrund standen die beiden Weltkriege mit ihren bitteren und blutigen Erfahrungen, besonders der Zweite, dahinter stand die übermächtige Erinnerung, daß Kohle und Stahl nicht nur Hauptelemente wirtschaftlicher Stärke sind, sondern auch Voraussetzung dafür, daß eine Nation Krieg führen kann. Wenn wir, so Adenauers Konzept, in der Verbindung von Montanunion und gewerkschaftlicher Mitbestimmung den Beweis lieferten, daß es uns mit der Kontrolle dieses gefahrdrohenden Potentials ernst sei, dann werde das Angst und Ressentiments und Befürchtungen uns gegenüber abbauen, Vertrauen bilden und damit neue Spielräume für die deutsche Politik schaffen.

Schumacher hat diese Politik leidenschaftlich und mit unglaublicher Schärfe bekämpft. Was Schumacher wollte – und darin folgte er einem starken und nicht ungefährlichen Nationalismus –, kann man vielleicht mit einem historischen Vergleich kennzeichnen: Er betrieb eine Wiederbelebung des Ruhrkampfes der zwanziger Jahre auf breitester Basis. Dieser Ruhrkampf, Teil des Kampfes gegen Versailles, war seinerzeit überwiegend von rechts geführt und auch von rechts zum Mythos gemacht worden. Nun betrieb Schumacher ihn von links. Die SPD stand dabei keineswegs in lückenloser Geschlossenheit hinter Schumacher, der der »rote Preuße« genannt wurde. Besonders der durch Hoegner geprägte Teil der SPD in Bayern war in keiner Weise einverstanden, und das noch aus einem anderen Grund. Schumachers Vorstellung zielte auf einen straff gegliederten, zentralistischen Einheitsstaat, während Hoegner, ursprünglich selbst Anhänger des Einheitsstaats, durch die Erfahrungen der Weimarer Republik, durch seine Erlebnisse in der Emigration, zuerst in Frankreich und dann in der Schweiz, zu einem glühenden Föderalisten geworden war. Er hat sich in Bayern mit extremen Föderalisten wie Hundhammer engstens verbündet, hat auch nur zähneknirschend dem Grundgesetz zugestimmt. Schumacher hatte also die Partei nicht voll im Griff.

Man darf auch nicht übersehen, daß es noch allerlei Kungeleien und Kumpaneien mit der KPD gab, obwohl Schumacher dies absolut nicht wollte. So war im ersten Kabinett Hoegner 1945/46 der für Entnazifizierungen zuständige Sonderminister, Heinrich Schmitt, ein Kommunist. Schumacher war ein Mann der Gegensätze, auf der einen Seite sehr nationalistisch, auf der anderen Seite entschieden sozialistisch, und er setzte damit in der deutschen Parteiengeschichte einen neuen Akzent.

Der Nationalismus war in der klassischen Tradition eher rechts, der Sozialismus immer links einzuordnen gewesen.

Entscheidend für die politischen, auch parteipolitischen Auseinandersetzungen jener Anfangsjahre waren nicht die Probleme, die von Kurt Schumacher betont wurden. Es ging nicht um große Konzeptionen für Europa oder um die deutsche Einheit, auch wenn dies im Hinterkopf vieler Menschen eine Rolle spielte, sondern es ging um die Wiedergewinnung der materiellen Lebensgrundlage, um die Überwindung einer millionenfachen - wirklichen - Arbeitslosigkeit und bitterer Not. Es ging um Kleidung, Heizung, Wohnung. Bis weit in die fünfziger Jahre hinein waren das die beherrschenden Themen. Bei einer wertlosen Währung hatte bis 1948 der Schwarzmarkt seine Blüten getrieben. Allmählich wurden die ersten Erfolge der Sozialen Marktwirtschaft sichtbar. Der wachsende wirtschaftliche Wohlstand und die Überwindung der Arbeitslosigkeit waren für mich als Zeichen eines sich stabilisierenden Gemeinwesens auch historisch von besonderer Bedeutung.

Adenauers Führungsstil war gekennzeichnet von der geschickten und umsichtigen Ausnutzung aller Überlegungen und Möglichkeiten, soweit sie ihn auf dem Weg zu seinen vorbestimmten Zielen weiterbrachten. Er ließ sich dabei auch nicht von vorübergehenden Popularitätskrisen abbringen, wie sie beispielsweise im Winter von 1949 auf 1950 und nochmals von 1950 auf 1951 auftauchten, als Arbeitslosigkeit, Not und Hunger ihr schlimmes Gesicht zeigten. Was immer wieder durchbrach, war die Sorge, daß sich wirtschaftliches Elend unmittelbar in politische Radikalisierung umsetzen könnte. So belebte jeder Popularitätseinbruch der Bundesregierung und des Bundeskanzlers - auch wenn es den Terror der Meinungsumfragen in seinem heutigen Übermaß erfreulicherweise noch längst nicht gab - die Überlegungen und Diskussionen.

Die älteren Politiker aus der Weimarer Zeit, die keine Narren oder Feiglinge, sondern erfahrene und vorsichtige Staatsmänner waren, die zwölf Jahre im Verborgenen gelebt, zum Teil auch im Gefängnis gesessen hatten, fühlten sich in ihrer Einschätzung bestätigt, daß die Bewältigung der Kriegsfolgelasten so viele unpopuläre Maßnahmen erforderte, daß keine Partei dies allein auf sich nehmen könne, ohne bei der folgenden Wahl buchstäblich in der Luft zerrissen zu werden. Deshalb, so hatten sie bereits bei der Rhöndorfer Konferenz argumentiert, müßten die Unionsparteien gemeinsam mit den Sozialdemokraten eine Regierung bilden, eine Große Koalition. Selbst nach der Entscheidung für die Kleine Koalition gab es in der CDU/CSU-Fraktion eine Reihe von älteren Kollegen, die noch immer die Große Koalition durchsetzen wollten. Ihre Versuche blieben jedoch stecken. Die Vorsicht derer, die dafür waren, lieber mit der SPD zusammen Schwierigkeiten und Unpopularität zu teilen, als bei Erfolglosigkeit der eigenen Politik allein dem Volkszorn ausgesetzt zu sein, erinnerte zu sehr an Weimarer Verzagtheit, als daß sie eine Mehrheit in der Fraktion hätte finden können.

Die Befürworter der Kleinen Koalition wußten, daß wir ins kalte Wasser gesprungen waren und daß wir im Falle des Erfolges unserer Politik lange Zeit an der Regierung bleiben würden. Aber auch das Gegenteil war uns drohend bewußt – sollten wir erfolglos sein, müßten wir auch die Konsequenzen tragen und wären dann für lange Zeit aus der politischen Verantwortung ausgeschaltet. Es war ein Ritt auf dem Tiger. Wir wußten, daß wir bis zur nächsten Bundestagswahl ein beeindruckendes Ergebnis vorzeigen mußten. Augenfälligster Beweis dafür, daß wir erfolgreich waren, wurde die triumphale Reise Adenauers in die USA im April 1953, gewissermaßen die Krönung seiner Petersberg-Politik. Nach seiner Rückkehr wurde Adenauer auf dem Hamburger CDU-Parteitag gefeiert wie Eisenhower als Sieger des Zweiten Weltkrieges oder Cäsar nach seinem Sieg über die Gallier.

Die Fraktionsgemeinschaft von CDU und CSU war für mich durch die Praxis des Wirtschaftsrates vorgeprägt. Mit Blick auf den Parlamentarischen Rat dachten andere Bundestagskollegen ähnlich. Mit der Bildung gemeinsamer CDU/CSU-Fraktionen in diesen beiden Gremien war allerdings auch das Ende der 1947 gegründeten Arbeitsgemeinschaft von CDU und CSU gekommen, die damit gegenstandslos geworden war. Dennoch war die Fraktionsgemeinschaft von CDU und CSU im Deutschen Bundestag 1949 keine Selbstverständlichkeit, sondern eine Zweck- und Interessengemeinschaft. Man wollte keine Trennung wie einst zwischen Zentrum und Bayerischer Volkspartei, die zwar eine Weltanschauungsgemeinschaft bildeten, aber dennoch politisch sehr verschiedene Wege gingen. Kennzeichnend dafür war die gegensätzliche Ausrichtung bei der Reichspräsidentenwahl von 1925, als das Zentrum für Wilhelm Marx, die Bayerische Volkspartei für Hindenburg war. Zudem war der Gedanke vorherrschend, daß es im Parlament möglichst wenig Parteien geben sollte, daß vor allen Dingen aber die Kraft des christlich-konservativen Lagers in einer Gemeinschaft zum Ausdruck kommen sollte. Auch spielte die Überlegung mit, daß andernfalls die SPD als größte Fraktion den Bundestagspräsidenten stellen würde. Hintergedanken, daß auf diese Weise die CDU daran gehindert würde, in Bayern aufzutreten, gab es auf unserer Seite nicht. Die geographische Aufteilung von CDU und CSU war selbstverständlich, das stand nie zur Diskussion. Ein entsprechender Schritt der CDU hätte sofort zur Gründung der CSU außerhalb Bayerns geführt. Davor mußte die CDU viel mehr Angst haben als wir.

Die Fraktionsgemeinschaft gründete auf einem ungeschriebenen, nicht kodifizierten Vertrag, formelle und detaillierte Abmachungen gab es nicht. In der Zwischenzeit gibt es Fraktionsverträge bei Beginn jeder Legislaturperiode, die unter anderem festlegen, daß Grundsatzentscheidungen oder verfassungsändernde Entscheidungen nicht auf dem Wege der Mehrheitsbildung in der Fraktion gegen die CSU getroffen werden dürfen.

Divergierende Meinungen und Streitigkeiten zwischen CSU und CDU gab es in den Anfangsjahren nicht, jedenfalls nicht in Haupt- und Grundsatzfragen. Dies lag schon daran, daß in wichtigen Ressorts CSU-Minister die Entscheidungskompetenz hatten. Das galt für alle Koalitionsregierungen, an denen wir beteiligt waren, und selbstverständlich auch nach der Bundestagswahl von 1957, als wir mit der absoluten Mehrheit von CDU und CSU regierten. Am stärksten hätten sich solche Divergenzen auswirken müssen bei den Finanzen, aber da besetzten wir mit Fritz Schäffer - die Nachfolger Etzel und Dahlgrün bewegten wenig - und mir, während der Durchführung der Finanzverfassungsreform in der Großen Koalition, die Schlüsselposition.

Zu gravierenden Auseinandersetzungen zwischen CDU und CSU kam es erst in der Zeit der 1969 beginnenden Opposition. Es ging vor allem um die Frage, wie der Kampf gegen die Ostpolitik von SPD und FDP zu führen sei. Die CSU ist hier von der CDU regelrecht hintergangen worden. Der Partner der Fraktionsgemeinschaft, verkörpert in der widersprüchlichen Taktik Rainer Barzels, hat uns gegenüber eine üble und wenig partnerschaftliche Rolle gespielt. Seither gibt es auf unserer Seite ein erhebliches Mißtrauenspotential. Was in diesen Oppositionsjahren bedenklich aufschien, ist seither in manchem quälenden Prozeß immer wieder sichtbar geworden.

1949 begann die Fraktionsgemeinschaft von CDU und CSU in pragmatischer Harmonie. Adenauer entwickelte eine eindrucksvolle Autorität, das Wort von der Kanzlerdemokratie ging früh um. Über Adenauer wurde, was er mit anderen Großen teilt, nur in seiner Abwesenheit geschimpft. Aufgrund seiner Amtsstellung, seiner internationalen Reputation, auch seiner unbestrittenen Führungsrolle innerhalb der eigenen Partei gewann er sehr schnell Eigengewicht. Seine Autorität hatte auch eine große Reichweite hinein in die Reihen der CSU. So gab es kaum Streitigkeiten innerhalb der Fraktion, aber schon bald einige gewaltige Auseinandersetzungen mit Adenauer selbst, etwa bei der Planung für den deutschen Verteidigungsbeitrag, die ich von Anfang an für verfehlt, überzogen und undurchführbar hielt, oder bei steuerpolitischen Themen. Daß in den Anfangsjahren wenig gestritten wurde, lag bestimmt nicht daran, daß die CSU anders, friedfertiger gewesen wäre als später. Es gab einfach weniger Anlaß zu Konflikten, weil es noch mehr Übereinstimmung im Grundsätzlichen gab.

Ich selbst arbeitete unmittelbar nach meiner Wahl in den Bundestag in dem Bereich, aus dem ich kam. Im Bayerischen Innenministerium war ich zuletzt Leiter des Landesjugendamtes gewesen, und so übernahm ich in Bonn den Vorsitz im Jugendfürsorgeausschuß; Jugendwohlfahrtsgesetz und Jugendschutzgesetz waren meine spezifischen Aufgaben. Auch meine erste Rede im Bundestag war eine jugendpolitische Rede. Ich nahm dabei zu Einzelfragen des von der Bundesregierung vorgelegten Programms zur Betreuung der Jugend Stellung. Dabei machte ich deutlich, daß die vorwiegend durch Kriegs- und Nachkriegsereignisse bedingte Not der Jugend nicht allein durch Programme und auch nicht allein durch Geld behoben werden könne: »Die Frage ist nicht von einem Gebiet umschlossen oder erledigt. Es ist ebenso eine wirtschaftliche, eine soziale, eine politische, eine kulturelle und eine ethische Frage. Dahinter steht immer der große Komplex: Wird die Jugend für die Demokratie gewonnen, wächst sie als Nachwuchs, als zukünftige Trägerin eines mit allen echten demokratischen Elementen ausgestatteten Staates hinein, oder steht die Jugend zunächst indifferent, lethargisch, später sogar sehr feindselig oder umsturzbereit dem Staat gegenüber, der es nicht fertiggebracht hat, ihre Fragen, und zwar die allernächstliegenden Fragen, zu lösen. Davor stehen wir. Das ist die Aufgabe, und dieser Aufgabe müssen wir gerecht werden.« Ich sagte weiter in dieser Rede: »Wir wollen auch gar nicht haben, daß dem Staat die Jugend für bestimmte politische Zwecke, die er verfolgt, dienstbar gemacht wird. Das Verhältnis liegt in dem Falle ganz anders. Der Staat hat für das Volk und hier im besonderen Maße für die Jugend dazusein. Wenn dies der Fall ist, wird auch die Jugend bereit sein, diesen

Staat einmal so zu tragen, daß manche Erscheinungen, die heute noch möglich sind, in einer reiferen politischen Generation nicht mehr möglich sein werden. Wir brauchen keine Reichsjugendführung mehr, wir brauchen keine Staatsjugend mehr, denn diesen wahnsinnigen Weg in die Katastrophe, den man heute anderswo wieder beschreitet, lehnen wir mit allem Nachdruck ab.«

Die Abgeordneten der CSU, zusammengeschlossen in ihrer Landesgruppe, waren eine verschworene Gemeinschaft, die sich von Vereinigungen der Parlamentarier aus anderen Bundesländern substantiell unterschied. Die Landesgruppe der CSU hatte eigene Farbe, eigenes Gewicht, eigene Qualität. Man hat uns allgemein als Organisation besonderer Art respektiert, obwohl auch die anderen versuchten, Landesgruppen zu bilden, was aber bis heute nur ziemlich lahme Versuche mit schwachen Ergebnissen geblieben sind. Über das normale, unter politischen Freunden übliche Maß hinaus war ich besonders eng mit Fritz Schäffer verbunden und mit meinem langjährigen Weggefährten Richard Stücklen. Auch Emil Kemmer aus Bamberg gehörte zu den engeren Freunden. Zu Professor Ludwig Erhard, dem Bundeswirtschaftsminister, hatte ich ein sehr gutes persönliches Verhältnis, das sich erst später abgekühlt hat.

Was das Verhältnis zur SPD betraf, so waren die CSU-Abgeordneten im Deutschen Bundestag noch immer geprägt von den Erfahrungen, die wir in Bayern im September 1947 hatten machen müssen, als die SPD schnöde ihren Austritt aus der Koalition erklärte. Als die Not am höchsten war, die Unpopularität der zu treffenden Maßnahmen am krassesten, hat sie die CSU im Stich gelassen, um nicht die Verantwortung für das schwierige Regierungsgeschäft und die politischen Folgen zu übernehmen. Die SPD dachte bereits an die nächste Wahl und hoffte auf den Sieg. Diese bayerische Erfahrung hat, über alle anderen grundsätzlichen Unterschiede hinaus, unser Verhältnis zur SPD von Anfang an negativ geprägt. Bei aller parteipolitischen Gegnerschaft gab es innerhalb eines gewissen Rahmens aber dennoch einen Grundkonsens. So war die SPD später zum Beispiel positiv an der Erarbeitung einer Wehrverfassung beteiligt und hat die Verfassungsänderung, die ohne sie gar nicht möglich gewesen wäre, mitgemacht, allerdings gegen Zugeständnisse.

Kurt Schumacher, vor 1949 keineswegs als der große Führer der SPD bekannt, war für uns Bayern ein entschlossener Zentralist, vor dem es schon deswegen auf der Hut zu sein galt. Meiner Generation erschien er vor allem als ein Mann aus einer anderen Welt, aus einer Welt, die mir fremd war, nicht, weil sie norddeutsch-protestantisch, sondern weil sie von einer anderen Zeit geprägt war, von der Weimarer Republik und ihrem Scheitern. Schumachers politischer Stil war noch der Stil der Weimarer Republik, auch seine Art zu reden glich der Kampf-Rhetorik von Weimar. Dabei haben uns manche seiner Formulierungen durchaus gefallen, so wenn er zum Beispiel die Kommunisten, die noch im ersten Bundestag saßen, als »trojanische Kavallerie« verhöhnte. In der abqualifizierenden Kennzeichnung seiner Gegner war er nicht eben zimperlich - Kiesinger war für ihn das »charmante X-Bein«, Strauß das »dröhnende Nichts«. Auch wenn seine ätzenden Formulierungen häufig am Kern vorbeigingen, frontbildend, konfrontativ wirkten, habe ich seine Beredsamkeit bewundert. Daß er mit seinen Reden aber noch den Nerv der Zeit nach dem Zweiten Weltkrieg erreicht hat, glaube ich nicht. Der wilde Ton, die Lust an der brutalen, kompromißlosen und unversöhnlichen Zuspitzung - da klafften Welten zur Rhetorik eines Adenauer, bei dem ganz andere Töne und Erlebnisse mitschwangen.

Ich bin vom ersten Tag meiner parlamentarischen Tätigkeit an in der ersten Reihe gesessen, hatte also Gelegenheit, Schumacher aus nächster Nähe zu beobachten. Seine berüchtigten, verletzenden Zwischenrufe machte er in heißem Zorn. In der Nachtsitzung vom 24. auf den 25. November 1949, in der über das Petersberger Abkommen debattiert wurde, schleuderte er Adenauer sein böses Wort »Bundeskanzler der Alliierten« entgegen. Er wollte bewußt ausdrücken, daß Adenauer kein deutscher Kanzler, sondern ein alliierter Kanzler sei, ein Lakai der Besatzungsmächte! Es kam zu einem Tumult, es ging drunter und drüber wie in den schlimmsten Tagen des Reichstages. Was uns erschüttert hat, das war die Maßlosigkeit der Schumacherschen Diktion, das Ausmaß seiner aktiven Beleidigungsfähigkeit. Aber Schumacher wollte beleidigen - und trennen. Damit bestätigte er den letzten Anhängern einer Großen Koalition in unseren Reihen, daß es mit diesem Traum wohl endgültig vorbei war.

Adenauer sah Schumacher im Lager der doktrinären Neutralisten. Schumacher hat, so erscheint es mir, die Bundesrepublik als ungeliebtes Provisorium betrachtet, als Übergangserscheinung, er hatte innerlich zu diesem Staat keine Beziehung. Auch die Entscheidung für Bonn als Hauptstadt hat er immer als vorläufig angesehen, weshalb man Parlament und Regierung am besten in Baracken unterbringen sollte, damit der Umzug in die Hauptstadt Berlin nicht zuviel kostete. Schumacher bekämpfte uns mit unversöhnlicher Schärfe auf allen politischen Feldern, hatte aber selbst keine realistischen Alternativen zu bieten. Alle Wege Schumachers endeten im Uferlosen, endeten im Nirwana. Was hätte er denn auch vorschlagen sollen, etwa in der Wirtschaftspolitik? Eine Fortsetzung der staatlichen Zwangswirtschaft wäre auf heftigsten Widerstand der Bevölkerung gestoßen, nicht weniger problematisch wäre eine sozialistische Planwirtschaft gewesen. Auch bei der Sicherheits- und Außenpolitik der Bundesregierung hing Schumacher Utopien nach.

Der Rang Kurt Schumachers als eines strammen Nationalisten und Antikommunisten konnte uns nicht darüber hinwegtäuschen, daß es in der SPD damals viele Fäden zur KPD gab, und zwar durchaus kräftige Fäden. Die Sozialdemokraten als Protagonisten des Kampfes gegen den Kommunismus – das war nur ein Teil des Bildes. Zum Gesamtbild gehörte eine breite Strömung innerhalb der SPD, wonach man mit den Kommunisten zusammenarbeiten und mit ihnen die künftige Struktur Deutschlands bestimmen müsse. Die Einschätzung, daß SPD und KPD immer und überall wie Feuer und Wasser zueinander standen, wurde zwar später weitgehend Allgemeingut, traf aber die politische Wirklichkeit von damals nur zum Teil. Natürlich wollten große klassische oder königlich-bayerische Sozialdemokraten wie Wilhelm Hoegner mit den Kommunisten nichts, aber auch gar nichts zu tun haben. Aber hätten die Russen in ihrer Besatzungszone nicht so brutal eingegriffen und hätte Ulbricht nicht als Gerichtsvollzieher und Henker des russischen Machtwillens gehandelt, dann wäre eine »Sozialistische Einheitspartei« aus Sozialdemokraten und Kommunisten im Westen nicht mit Sicherheit auszuschließen gewesen.

Kurt Schumacher starb am 20. August 1952. Ich war bei den großen Trauerfeierlichkeiten am 24. August, einem Samstag, in Hannover dabei, als einer von wenigen Vertretern der Union, der einzige aus der CSU. Diese Teilnahme entsprach meinem persönlichen parlamentarischen Ehrenkodex.

Es geht bis auf Schumacher zurück, daß die SPD zwei nach außen vollzogene Akte innerlich nie angenommen hat. Die SPD hat weder die Marktwirtschaft noch die Bundeswehr jemals richtig bewältigt. Da kamen viele Momente und Motive zusammen – der Widerstand gegen das ungeliebte Westdeutschland, der Kampf gegen den »schwarzen« Adenauer, die Abneigung gegen den rheinischen Klerikalismus, die Ablehnung der Anbindung an Frankreich, das Nein zum Petersberger

Abkommen und zur Montanunion, eine tiefe, auch heute noch - oder wieder - spürbare antimilitärische Grundstimmung, auch eine antikapitalistische Grundstimmung, die sich gegen die USA richtet, ohne damit dem realen Sozialismus Moskauer oder Ost-Berliner Prägung das Wort zu reden.

Die SPD als eine Partei weitgehender Rat- und Orientierungslosigkeit - daran hat sich auch in Jahrzehnten wenig geändert, wenn man beispielsweise den Umgang der SPD mit den Themen Rechtsstaat und innere Sicherheit sieht, zumal dort, wo die Partei Regierungsverantwortung trägt. Was sich seit langer Zeit in der Hamburger Hafenstraße abspielt, ist unerträglich. Ich meine das nicht aus selbstgerechter bayerischer Sicht, obwohl in Bayern jedenfalls ein solcher rechtsfreier Raum überhaupt nicht entstanden wäre. Die Frage der Duldung solcher Zustände, die eine Verhöhnung jedes rechtstreuen Bürgers bedeuten, stellt sich bei uns deshalb nicht, weil bei uns solche Zustände gar nicht erst einreißen können. Meine Weisung als Ministerpräsident lautete, daß keine Hausbesetzung in Bayern länger als 24 Stunden dauern dürfe. Es gibt keine Verhandlungen, es gibt keine Kompromisse, es gibt keine Verträge mit Gesetzesbrechern. Wenn das Vertrauen in den Rechtsstaat und seine Handlungsfähigkeit schwindet und das Mißtrauen wächst, dann tragen Verhältnisse wie in Hamburg wesentlich dazu bei. Gehandelt wird in Hamburg nicht gegen Hausbesetzer und Gewalttäter, sondern gegen einen Innensenator, der gehen muß, weil seine Polizei es gewagt hat, achthundert Demonstranten mit einem harten Kern aus Chaoten auf engem Raum zusammenzudrängen und ein paar Stunden festzuhalten.

Es ist alarmierend, wenn das Gewaltmonopol des Staates in Frage gestellt, wenn mit Gewalt als Mittel der Politik kokettiert, wenn feinsinnig über den Unterschied von Gewalt gegen Sachen und Gewalt gegen Personen diskutiert wird. Wenn Gewalttaten verharmlost und Gewalttäter entschuldigt werden, dann fühle ich mich in erschreckender Weise an Weimarer Zeiten erinnert. Wie kommen politische Gruppierungen, die sich zur Gewaltlosigkeit in der Politik bekennen und vor dem Rückfall in Weimarer Verhältnisse warnen, dazu, der Ausbreitung der Gewalt in der Politik das Wort zu reden oder ihr nicht entgegenzutreten? Das ist ein Vorgang, den ich nicht verstehe. Ich verstehe genausowenig, wie man Polizeibeamte tätlich angreifen kann, und zwar Polizeibeamte, die sich so friedlich und fromm verhalten wie die unseren, die sich erst dann wehren, wenn sie angegriffen oder zusammengeschlagen werden.

Wie können manche Sozialdemokraten – von den Grünen nicht zu reden! – der Ausbreitung der Gewalt im Innern in so gefährlicher Tatenlosigkeit zusehen? Warum fallen sie uns in den Arm, wenn wir einen demokratischen Staat mit dem rechtsstaatlichen Instrumentarium ausstatten wollen, das er braucht, um sich seiner Feinde erwehren zu können? Das alles hängt zusammen mit einer falschen Sicht der Vergangenheit und mit den falschen Lehren, die man daraus zieht.

Eine der ersten Krisen in der Anfangsphase des Kabinetts Adenauer war der Rücktritt von Innenminister Gustav Heinemann im Oktober 1950, der schon im Zusammenhang mit einem deutschen Wehrbeitrag stand, aber tiefere Ursachen hatte. Der überzeugte Protestant Heinemann hatte gegenüber der Bundesrepublik Deutschland, die er für eine Rheinbund-Republik hielt, tiefste Vorbehalte. Um diesen Gegensatz zum Ausdruck zu bringen, hätte es der Frage des Wehrbeitrages nicht bedurft. Der Grund, warum Adenauer so um ihn geworben hatte, war, daß er die von Heinemann repräsentierten evangelischen Kreise einbeziehen wollte. Über diese von Adenauer erkannte Notwendigkeit hinaus gab es zwischen beiden nie ein Verhältnis besonderer Freundschaft. Mir war Heinemann aufgrund seines Erscheinungsbildes und seiner Art nicht unsympathisch. Aber es zeichnete sich dann mehr und mehr ab, was übrigens auch für Gerhard Schröder eine Zeitlang galt, daß er der Mann des linken evangelischen Flügels war, selbst bei einem Thema wie Mitbestimmung, obwohl er Justitiar und Vorstandsmitglied der Vereinigten Stahlwerke gewesen war. Mit solchen Widersprüchen wußte Heinemann zu leben.

Ich saß neben Gustav Heinemann in der ersten Fraktionssitzung nach der Sommerpause 1950. Adenauer hielt wie immer ein politisches Einleitungsreferat und begründete sein an die westlichen Besatzungsmächte gerichtetes Memorandum, in dem er die Aufstellung deutscher Streitkräfte anbot unter der Voraussetzung einer unbedingten Sicherheitsgarantie der Westmächte, vor allem der Amerikaner. Rechts von mir am Vorstandstisch saß Heinrich von Brentano, links von mir Heinemann. Er fragte mich, ob ich es für richtig halte, daß wir jetzt schon Militär aufstellen. Meine Antwort: Ich sei zwar auch nicht von heller Begeisterung beflügelt, aber dieser Schritt sei notwendig. Heinemann darauf: Wenn wir eine starke Polizei aufstellen würden statt einer Wehrmacht, dann könnte man einverstanden sein. Aber die Aufstellung einer Wehrmacht führe dazu, daß die deutsche Spaltung vertieft werde, dann komme das Militär auch drüben. Ich erwiderte ihm darauf, daß es in der sowjetischen Besatzungszone doch schon die kasernierte Volkspolizei gebe, die jederzeit in eine Armee umgewandelt werden könnte.

Die Volkspolizei hatte sogar schon eine Luftwaffe aufgestellt. Der Major hieß zwar noch Volkspolizeirat, in Klammer aber stand schon »LW« für Luftwaffe dahinter. Dieses Wissen ist mir durch ein höchst mysteriöses Erlebnis zuteil geworden. Chefpilot der Flugbereitschaft Wahn war ein Major Eisenreich. Er flog den Bundeskanzler und selbstverständlich auch den Verteidigungsminister mit einer viermotorigen Maschine, einem mühsamen Vogel. Als ich einmal mit ihm in Hannover startete - mit an Bord waren General Heusinger und ein Adjutant, wir wollten nach Hamburg - und eine halbe Stunde nach dem Start aus dem Fenster blickte, waren wir wieder über Hannover. In Hamburg sind wir dann mit großer Verspätung eingetroffen.

Später hat mir dann der Militärische Abschirmdienst (MAD) gebeichtet, was es mit diesem Flugzeugführer und mit meinem merkwürdigen Flug auf sich hatte. Co-Pilot war ein Stabsunteroffizier namens Friedrich, der kurz nach dem Abflug Major Eisenreich darauf hinwies, daß er einen falschen Kurs fliege. Major Eisenreich aber flog unbeirrt weiter. Nach fünf Minuten meldete sich Friedrich wieder: »Herr Major, Sie fliegen einen falschen Kurs!« Barsche Antwort: »Halten Sie Ihren Mund, das weiß ich besser als Sie!« Nochmals, nach einer weiteren Pause: »Herr Major, wenn Sie jetzt nicht den Kurs um 180 Grad ändern, verständige ich die Passagiere. Wir sind weit in der DDR.« Daraufhin wurde der Kurs geändert, und deshalb waren wir, als ich aus dem Fenster blickte, immer noch über Hannover. Wir müssen ungefähr 100 Kilometer tief im Luftraum der DDR gewesen sein. Weil wir im Luftkorridor flogen, blieben wir unbemerkt, was anders ausgesehen hätte, wenn wir die Route der Verkehrsflugzeuge verlassen hätten.

Erste Zweifel an den Fähigkeiten von Major Eisenreich waren nach einer Nachtlandung in Landsberg am Lech aufgetaucht, als er seine Maschine nicht herunterbrachte und schon am Tower vorbei war, ehe sie den Boden berührte. Nur durch ein quietschendes Bremsmanöver brachte er das Flugzeug noch vor dem Ende der Landebahn zum Stehen - und drinnen saß Konrad Adenauer, der gar nichts bemerkt hat.

Bei einer Überprüfung dieses sonderbaren Piloten stellte sich dann heraus, daß er nicht nur keine Nachtflugberechtigung hatte, sondern auch Major der Volkspolizei (LW) gewesen war. Als man meinte, ihn jetzt festnehmen zu können, zeigte sich, daß er in den Bewerbungsbogen als Berufsangabe ganz offen »Volkspolizeirat (LW)« hineingeschrieben hatte, eine Angabe, deren Brisanz von der Annahmeorganisation offenbar nicht erkannt worden war. Er erzählte dann abenteuerliche Geschichten von seiner angeblichen Desertation aus der Volkspolizei, derentwegen er zum Tode verurteilt worden sei. Andererseits wurde ihm nachgewiesen, daß er, was verboten war, mit dem Auto durch die DDR nach Berlin gefahren war und dabei die Transitstrecke verlassen hatte. Mehr konnte man ihm nicht vorwerfen. Er wurde aus der Bundeswehr entlassen und arbeitete dann - erstaunlicherweise - als Testpilot bei einem Flugzeughersteller. Ob dieser abenteuerliche und sonderbare Flug in die DDR wirklich nur ein in Unfähigkeit gründender Zufall war, blieb auch für mich im dunkeln.

Zurück zu dem Gespräch mit meinem Nachbarn Heinemann. Weder Adenauers Argumentation noch meine unterstützenden Privatargumente brachten Heinemann von seiner Ablehnung eines deutschen Verteidigungsbeitrages ab. Das könne er nicht mitmachen, das sei für ihn unmöglich, die Aufrüstung sei nicht vereinbart, im Kabinett nicht beschlossen worden. Das war der Duktus seiner Einwände.

Ein paar Tage darauf hat er seinen Rücktritt erklärt, den Adenauer gern annahm, auch wenn er sich einst sehr um Heinemann bemüht hatte. Aber Adenauer wollte nicht so sehr die Person, sondern er wollte die Kräfte hinter Heinemann, weil er den Vorwurf scheute und für gefährlich hielt, die Union sei letzten Endes doch nur eine katholische Partei. Adenauer hat diese Lücke geschickt geschlossen, nicht nur indem er zum Nachfolger Heinemanns wieder einen evangelischen Politiker berief, Robert Lehr, als ehemaliger Oberbürgermeister von Düsseldorf Adenauers Konkurrent schon seit Weimarer Zeiten, sondern mehr noch dadurch, daß er inzwischen ein ausgezeichnetes Verhältnis hatte zu Hermann Ehlers, das er besonders pflegte. Ehlers war ein glänzender Debatter, ein überzeugender Advokat der Adenauerschen Politik - durchaus auch mit kritischen Anmerkungen -, vor allem aber ein glaubwürdiger und unumstrittener Vertreter der evangelischen Sache. Damals spielten solche konfessionellen Momente in der Union noch eine außerordentlich wichtige Rolle, auch heute wollen sie beachtet sein. Als Bayerischer Ministerpräsident habe ich darauf geschaut, daß die evangelischen Parteifreunde im bayerischen Kabinett so zahlreich vertreten sind wie nie zuvor.

Die Folgen von Heinemanns Schritt, die man 1950 sicherlich nicht absehen konnte, waren gewaltig. Zwei Jahre später verließ er die CDU und gründete die Gesamtdeutsche Volkspartei. Dabei gewann er eine Anzahl Schüler und Gefolgsleute, die er auch mitnahm, als er 1957 zur SPD ging, und die bis heute für die SPD strategisch wichtig sind. Heinemann ist es, der der SPD wichtige Teile des evangelischen Bürgertums zugeführt, der ihr die Einfallspforte in den Protestantismus geöffnet hat. Nicht die Gründung der Gesamtdeutschen Volkspartei, die wir nie ernst nahmen und die auch nie den Sprung in den Bundestag schaffte, ist der folgenreiche Schritt gewesen, sondern vielmehr die Überführung evangelischer Wählerschichten zur SPD. Heinemann, dann schon bei der SPD, gehörte zu jenen Politikern, die der Bundesregierung 1958 besonders lautstark vorwarfen, auf die angeblichen Wiedervereinigungsangebote Stalins nicht eingegangen zu sein. Ich habe damals in Erwiderung eines Heinemann-Angriffes festgestellt, die »Versäumnislegende« sei die Dolchstoßlegende von heute.

Die Folgen von Heinemanns Auszug aus der CDU sind repariert, aber nicht eigentlich überwunden worden. Der CDU ist es nur mühsam gelungen, in der evangelischen Kirche fest verankert zu sein. Adenauer hatte das Problem noch einigermaßen im Griff, aber dann kam der Zug zur Säkularisierung, und ein Element dieser Säkularisierung war natürlich auch der Nachfolger, mit dem man eher ein liberales als unbedingt ein christliches Bild verband. Ich selbst habe mich für Heinemanns Austritt aus der CDU nur wenig interessiert, Auswirkungen auf die CSU hatte er nicht, auch nicht in den evangelischen Kreisen unserer Partei. Gewiß, auch gegen uns wurde jahrelang der Vorwurf erhoben, die CSU sei eine katholische, eine klerikale, eine einseitig konfessionell ausgerichtete Partei. Das hing auch zusammen mit der Tätigkeit von Männern wie Alois Hundhammer und Prälat Georg Meixner. Unsere ersten Schritte in Franken waren deshalb auch sehr bescheiden. Dort faßte statt dessen die Bayernpartei kräftig Fuß, obwohl sie eine stark altbayerisch ausgerichtete Partei war.

Die starken Männer im ersten Kabinett Adenauer waren ohne Frage Ludwig Erhard und Fritz Schäffer. Schäffer war ein kompetenter und erfolgreicher Finanzminister, schon durch sein Amt in einer herausgehobenen Position, noch stärker dadurch, daß er die Bataillone der CSU geschlossen hinter sich hatte. Erhards unangefochtene Stellung beruhte auf seinen wirtschaftlichen Erfolgen; als Vater der Marktwirtschaft und der Deutschen Mark war er Sympathieträger Nummer eins, unentbehrlich und unübertroffen als Wahllokomotive. Auch im zweiten Kabinett

Adenauer, in dem ich insgesamt drei Ministerämter innehatte, besetzten Schäffer und Erhard die vordersten Ränge.

Heinrich von Brentano war, obwohl er die hessische CDU hinter sich hatte, eigentlich nie sehr stark. Er war ein nervöser Kettenraucher, höflich und beeindruckte durch seinen noblen Stil. Aber weder geistig-moralisch noch politisch-propagandistisch war er monumental. Als Fraktionsvorsitzender hatte er einen guten Stand, und dies setzte ihn auch in die Lage, die eine oder andere Meinungsverschiedenheit mit Adenauer auszutragen. Er galt als potentieller Außenminister, aber Adenauer behielt die Zügel bis 1955 fest in der Hand, und Heinrich von Brentano machte ihm dabei keine Schwierigkeiten.

Spezialisiert auf Außenpolitik war auch Kurt Georg Kiesinger, ein guter Jurist, der als hervorragender Redner ebenso beeindruckte wie durch seine gewinnend-verbindlichen Umgangsformen. Daß Heinrich von Brentano in Kiesinger einen Rivalen auf dem Felde der Außenpolitik gesehen haben könnte, davon war, jedenfalls nach außen hin, nichts zu spüren, zumal da Kiesinger in der ersten Legislaturperiode Vorsitzender des Rechtsausschusses, nicht des außenpolitischen Ausschusses war. Meine Beziehungen zu Kiesinger waren eng und freundschaftlich.

Zur Spitzengruppe der Unionspolitiker gehörte auch Theodor Blank. Sein Talent hatte er schon im Wirtschaftsrat in Frankfurt unter Beweis gestellt. Er war dort als leidenschaftlicher Verfechter der Wirtschaftspolitik Erhards und der Sozialen Marktwirtschaft aufgetreten und hatte mit dem Gewerkschaftsführer Hugo Karpf, einem CSU-Mann, die Flanke der Sozialausschüsse abgedeckt, wo tiefer Groll gegen Erhards Politik herrschte. Blank hatte deshalb gute Beziehungen zum Marktwirtschaftsflügel der CDU. Da er sich als moderner Arbeiterführer erwies, kam Adenauer auf die Idee, Blank 1950 die schwierige Aufgabe der Planung neuer Streitkräfte anzuvertrauen. Wenn Blank schon Erhard abgeschirmt habe gegen die Gegner der Sozialen Marktwirtschaft in den eigenen Reihen, werde er auch ihn abschirmen gegen die Gegner der Aufrüstung.

Für die CSU sind an Spitzenpolitikern der ersten Stunde Richard Jaeger und Richard Stücklen zu nennen. Richard Jaeger kam aus dem katholisch-konservativen Bereich. Zum ersten Mal bin ich ihm 1947 im bayerischen Kultusministerium begegnet, wo er, genau wie ich, als Oberregierungsrat tätig war. Richard Stücklen, aus einer in der Bayerischen Volkspartei engagierten Familie stammend, profilierte sich als Mittelstands- und Handwerkspolitiker. Auch Paul Lücke, der spätere

CDU-Wohnungsbauminister, zählte zu den Leuten der vorderen Front. Er galt als einer der glaubwürdigsten Sozialpolitiker und machte sich besonders um den Wohnungsbau verdient. Respekt brachte ihm auch ein, wie er seine schwere Kriegsverwundung trug. Männer wie er garantierten den Zusammenhalt der Union.

Eugen Gerstenmaier, Leiter des evangelischen Hilfswerks in Stuttgart, kam in den Fraktionsvorstand, weil die CSU auf einen Sitz verzichtete. Gerstenmaier war sozusagen das rationale evangelische Gewissen der Union, im Gegensatz beispielsweise zu Gustav Heinemann und seinen Freunden. Zu Gerhard Schröder, dem kühlen Exponenten des Evangelischen Arbeitskreises der CDU, hatte der protestantische Theologe Gerstenmaier eher ein distanziertes Verhältnis. Das heißt nicht, daß sie in offener Feindschaft miteinander lebten oder ihre Abneigung demonstrativ bekundeten, aber Schröder und Gerstenmaier waren in ihrer charakterlichen Struktur sehr verschieden. Schröder, ein Mann mit großem Ehrgeiz, galt als einer, der einmal etwas werden wollte und etwas werden könnte. Von 1953 an Innenminister, hat er sich überall Bundesgenossen gesucht, besonders auch dort, wo die Freunde der Union nicht zu sitzen pflegten, im »Stern« und im »Spiegel« zum Beispiel.

Wenn man mit Adenauer wichtige Dinge besprechen wollte, besprach man sich in vielen Fällen vorher kurz mit Hans Globke, von 1953 an Staatssekretär im Bundeskanzleramt, der meistens über alles informiert war. Globke war die »graue Eminenz« im Palais Schaumburg, das allzeit einsetzbare Faktotum, der Vertrauensmann des Kanzlers. Er war der in allen Sätteln gerechte, korrekte, verschwiegene Beamte mit unzähligen Verbindungen bis in die evangelischen Kreise hinein. Globke hat in das Kanzleramt sehr viel mitgebracht an Aura und Stil. Nicht zuletzt war er, was damals besonders wichtig war, der Verbindungsmann zu den Nachrichtendiensten und hatte ein besonders inniges Verhältnis zu Reinhard Gehlen.

Globkes wichtigstes Herrschafts- und Informationsinstrument, das er im Auftrag Adenauers handhabte, war die Konferenz der Staatssekretäre. Er wußte mit den Staatssekretären insgesamt wie auch mit jedem einzelnen von ihnen meisterlich umzugehen. Ich konnte dies beispielhaft an Josef Rust, dem späteren Staatssekretär im Verteidigungsministerium, beobachten. Rust war vor dem Krieg im Reichsfinanzministerium gewesen, kam 1952 aus dem Kanzleramt in das Wirtschaftsministerium und drei Jahre später in das Verteidigungsressort.

Globke konnte mit Rust vorzüglich, war auf diese Weise bestens unterrichtet und wirkte so bis zu Rusts Ausscheiden 1959 in mein Ministerium hinein. Mit Vetternwirtschaft hatte das nichts zu tun. Gerade Globke achtete auf die Qualifikation der Beamten. Er wollte jedoch informiert sein über das, was in den Ministerien vor sich ging und wie dort Politik im Sinne des Bundeskanzleramtes betrieben wurde. Da Staatssekretäre auch bei einem Ministerwechsel des öfteren im Amte bleiben, konnte Globke durch diese Spezialbeziehungen seinen Informations- und Einflußstand kontinuierlich auf höchstem Niveau halten. Sein wichtigstes technisches Hilfsmittel dürfte das Telefon gewesen sein, eine Schlußfolgerung, die ich aus der Unzahl der Telefonate ziehe, die er mit Staatssekretär Rust führte.

Ich sah Globke regelmäßig in den Kabinettssitzungen und bei vielen Gesprächen mit Adenauer. Der Staatssekretär war für den Kanzler auch bei gesellschaftlichen Anlässen unentbehrlich. Globke wurde dann von seinem Chef gelegentlich auch dazu mißbraucht, sich um den richtigen Wein oder um eine Brotzeit zu kümmern. Auch das gehörte zum Aufgabengebiet des überall einsetzbaren Faktotums, dessen Autorität indessen durch solche Nebendienste keinerlei Schaden nahm.

Konrad Adenauer, ein Gegner der Nationalsozialisten und von diesen verfolgt, zeigte sich von den Angriffen auf Globke wegen dessen Vergangenheit wenig beeindruckt. Globke hatte den Kommentar zu den Nürnberger Gesetzen von 1935 in der Absicht geschrieben, sie rechtlich einzugrenzen, aber in den fünfziger Jahren hatte niemand den Mut, dies in der deutschen Öffentlichkeit klar auszusprechen. Trotz aller Angriffe blieb Globke bis zum Ende, er ging erst, als Adenauer ging. Der Bundeskanzler wollte auf die Dienste seines Getreuen nicht verzichten. Globke leistete vorzügliche Arbeit auch auf schwierigsten Gebieten.

Es war nicht leicht, zu Adenauer eine besondere Konkordanz zu entwickeln. Kein Bundesminister gehörte zu seinen persönlichen Freunden. Sein engster Vertrauter war, abgesehen von der Familie, der Kölner Privatbankier Robert Pferdmenges. Adenauer sprach zu unserem Vergnügen immer von Dr. Pferdemenges, allerdings nicht absichtlich, das war ein lapsus linguae. Wir haben uns einen Spaß daraus gemacht, dies aufzugreifen und ihn als Kollege Pferdemenges zu begrüßen. Über die engen Beziehungen zwischen Adenauer und Pferdmenges ist nicht ohne Grund viel gesprochen und geschrieben worden. Pferdmenges war für Adenauer der Freund schlechthin, ausgestattet mit einer hohen

Autorität der Persönlichkeit, mit dem Ansehen des integren Beraters und mit der Sachkunde des Finanz- und Wirtschaftsfachmannes. Pferdmenges, der gute Mentor, wurde auch in der Union hoch geschätzt.

Daß Pferdmenges in der Öffentlichkeit nie eine Rede gehalten habe, trifft nicht ganz zu. 1950/51 wirbelte er mit einer Rede, die er in München hielt, viel Staub auf. Vor dem Wirtschaftsbeirat der Union, einer unabhängigen, der CSU nahestehenden Wirtschaftsvereinigung, bezeichnete er die Subventionierung des sozialen Wohnungsbaus als eine groteske Kapitalfehlleitung und empfahl eine radikale Kursänderung. Obwohl Pferdmenges in der Sache nicht ganz unrecht hatte, wurde er von Adenauer heftig gerüffelt. Was volks- und finanzwirtschaftlich durchaus richtig sein mag, ist politisch noch lange nicht richtig. Die Sozialausschüsse, der DGB und ein großer Teil der Presse reagierten empört und bezichtigten Adenauer einer unsozialen, die Armen benachteiligenden Politik. Pferdmenges hat nachträglich interpretiert und damit Öl auf die Wogen geschüttet.

Trotz aller Probleme und Schwierigkeiten, die ein handelnder Politiker hat, trotz aller Fragen, die er lösen möchte, aber kraft der Umstände nicht lösen kann: Politik war und ist immer auch faszinierend. Dies gilt wohl besonders für jemanden, der wie ich einmal Geschichtsprofessor werden wollte und dann die Möglichkeit erhielt, ein Stück Geschichte mitzugestalten. Gedanken und Gefühle fließen hier ineinander. Bereits die erste Station meiner politischen Karriere, stellvertretender Landrat, bedeutete einen gewaltigen Aufstieg für jemanden, der aus einem kleinbürgerlichen Haus stammt, in dem schon der Bezirksinspektor eine wichtige Person war und der Regierungsrat zu den »höheren Wesen« gehörte.

In der physischen und moralischen Trümmerlandschaft nach der größten Katastrophe der deutschen Geschichte aus der Kraft der eigenen Überzeugung heraus und auf der Grundlage einer als richtig erkannten politisch-programmatischen Richtung, jener der CSU, anzupacken und aufzubauen, die Dinge in die Hand zu nehmen und Zerstörtes wieder in Ordnung bringen zu können – das war nicht nur eine Herausforderung, darin lag auch Faszination und nicht zuletzt Gnade.

In den Jahren meiner politisch-beruflichen Anfänge wurden mir zwei Angebote gemacht, die mich, wäre ich nicht schon zu fest in der Politik verankert gewesen, beide hätten verlocken können. Der Münchner Oberbürgermeister Karl Scharnagl bot mir das Amt des Stadtschuldirektors an, des zweiten Mannes hinter dem Stadtschulrat; ihm oblagen Aufbau und Betreuung der städtischen Gymnasien und Realschulen. Damit war freilich die Bedingung verknüpft, daß ich mich jeder parteipolitischen Tätigkeit in der Öffentlichkeit enthalten mußte. Auch als mir einige Zeit später der Posten des Oberstudiendirektors am Gymnasium Marquartstein angeboten wurde mit der Aussicht, eines Tages Oberstudiendirektor an meinem alten Max-Gymnasium zu werden, scheiterte dies daran, daß ich mich politisch hätte einschränken müssen. Beide Male fiel mir die Entscheidung daher nicht schwer. Seit ich im Frühjahr 1946 in den Umkreis von Josef Müller gekommen und regelmäßiger Besucher in der Gedonstraße geworden war, waren die Weichen anders gestellt.

Es war faszinierend, beim Aufbau des neuen deutschen Hauses auf demokratischer Grundlage von Anfang an dabeizusein, den Neubeginn mitzugestalten, bei einem politischen Schöpfungsakt unvergleichlicher Art mitzuwirken. Diese Faszination des Neuanfangs ist vor dem Hintergrund meiner persönlichen Entwicklung doppelt verständlich. Erst die Ohnmacht angesichts des Niedergangs der Weimarer Republik und der Heraufkunft Hitlers, dann die Sorge, sechs Jahre lang die Angst vor einem kommenden Krieg, zuletzt die bittere Erfahrung, sechs Jahre Soldat in der Gewißheit, daß der Krieg unrettbar verloren ist. Ich bin ohne körperliche Verwundung herausgekommen, seelisch nicht übermäßig niedergeschlagen, frei von neurotisch-depressiven Erscheinungen irgendwelcher Art. Dann kam das, was gern die »Stunde Null« genannt wird, es ging ums nackte Überleben. Als Landrat war es meine Aufgabe, die primitivsten Daseinsgrundlagen zu schaffen.

Den Hauch der großen Politik habe ich zum ersten Mal verspürt in der Arbeitsgemeinschaft der CDU und CSU und im Frankfurter Wirtschaftsrat. 1949 zum Bundestagsabgeordneten gewählt, kam es in Bonn endgültig zum politischen Start. Es war herausfordernd und packend. Wir Jüngeren hatten kaum unmittelbare politische Vorfahren, uns fehlte eine ganze Generation. Wir hatten also eine unerhörte Chance, und wir haben sie genutzt. Wir brauchten niemanden zu verdrängen, Wechsel und Aufrücken ergaben sich in beinahe natürlichem Ablauf.

Ich erinnere mich noch genau an den 1. September 1949. Zehn Jahre zuvor, am 1. September 1939, war der Zweite Weltkrieg ausgebrochen. Ich saß in der Pädagogischen Hochschule in Bonn, der Unterkunft des Bundestages, in dem kleinen Restaurant, das später für das Personal eingerichtet wurde, mit Blick zum Rhein. Da habe ich mir überlegt, was in meinem Leben schon alles passiert ist. Noch nicht einmal 35 Jahre alt, sitzt du da als gewählter Abgeordneter im Deutschen Bundestag. Du bist Generalsekretär deiner Partei, also schon ein politischer »Würdenträger« der jüngeren Kategorie, und du bist de-facto-Vorsitzender der CSU-Landesgruppe. Das war die Stimmung dieses 1. September 1949, bei aller Trostlosigkeit des Hintergrundes eine Morgenröte.

Ich hatte das Gefühl, daß eine weiße erste Seite im Buch der Geschichte aufgeschlagen war. Ich war jung und fühlte in mir die Kraft, die Fähigkeit und den Willen, anzupacken und mitzubauen an einer guten Zukunft. Die ersten Jahre der politischen Erfahrung in Bayern und im Wirtschaftsrat lagen hinter mir. Die Politik war alles, das Privatleben Nebensache gewesen. Das ist auch ein Grund dafür, daß ich spät, erst 1957, geheiratet habe. In den Aufbaujahren haben wir Tag und Nacht gearbeitet, haben die Partei auf- und ausgebaut, Bezirksverbände, Kreisverbände, Ortsverbände gegründet, die ersten großen Versammlungen gehalten und fast überall Neuland betreten. Wir sind die Woche über im Büro gesessen, waren am Samstag und Sonntag unterwegs, selber am Steuer, das Benzin aus eigener Tasche bezahlt, alles ehrenamtlich. Und Jammern gab es nicht!

Die Rolle der CSU war in den ersten Jahren stark von der Außen- und künftigen Verteidigungspolitik geprägt. Autorität und Kompetenz hatten wir vor allem auf dem Gebiet der Finanzpolitik, verkörpert durch Fritz Schäffer. Schäffer brauchte nicht lange, um sein unverwechselbares Profil zu gewinnen. Er machte großartige Finanzpolitik, hausväterlich, konservativ, streng, vorsichtig, und stand damit im Gegensatz zu dem stets optimistisch beschwingten Ludwig Erhard.

Zu meiner Tätigkeit als Vorsitzender des Jugendfürsorgeausschusses kamen das Führungsamt in der Landesgruppe und die Verantwortung als Generalsekretär unserer Partei. Gleichzeitig war ich Mitglied des Fraktionsvorstandes. Dies alles zusammen ergab ein Gewicht, das beispielsweise den amerikanischen Hochkommissar John McCloy veranlaßte, mich zu dem kleinen, handverlesenen Kreis hinzuzubitten, dem er den amerikanischen Wunsch nach einem deutschen Verteidigungsbeitrag offiziell anvertraute. Ich habe später den Vorschlag gemacht, zur Vorbereitung des EVG-Vertrages einen parlamentarischen Ausschuß für europäische Sicherheit zu gründen, und wurde dann selbst der Vorsitzende dieses Ausschusses. Theodor Blank war seit Spätherbst 1950 Leiter der mit Sicherheitsfragen beauftragten Dienststelle, und sonst gab es keine Konkurrenz. Ich wurde gewissermaßen der verteidigungspolitische Sprecher der CDU/CSU-Bundestagsfraktion, nicht als Ergebnis langfristiger Planung, sondern durch eine Reihe von Zufällen, durch Fügung. Hierher gehört die Wehrdebatte vom 7. und 8. Februar 1952.

Die Fügung, zur rechten Zeit da zu sein - die Griechen hätten gesagt, der Kairos -, spielte in meinem Leben nicht nur einmal eine wichtige Rolle. Damals fehlte nicht nur eine ganze Generation, die entweder tot oder kompromittiert oder verbraucht war, es gab auch viele, die bewußt abseits standen und mit Politik nichts mehr zu tun haben wollten. Es herrschte eine weitverbreitete Stimmung »nie wieder in eine Partei«. Für Zurückhaltung gegenüber der Politik sorgte auch die Angst vor einem längere Zeit durchaus für möglich gehaltenen Abzug der Amerikaner. Es gab nicht wenige, die darin ein Risiko für eine politische Betätigung sahen, dem man besser aus dem Wege ging.

Mein persönlicher »Kairos« stand günstig in einer Zeit des großen Unglücks, des großen europäischen und nationalen Unglücks. In dieser Situation bekam ich die Chance zum Handeln und Gestalten. Dieser Zusammenklang von Mann und Zeit hat das Leben mancher Politiker und Staatsmänner bestimmt und das Urteil der Geschichte über sie. Überspitzt gefragt: Was wäre Churchill ohne Hitler? Ein 1915 mit Gallipoli gescheiterter, erfolgloser Erster Lord der Admiralität, ein Mandatsüberträger und Parteiwechsler, ein Kolonialpolitiker, der gegen die Unabhängigkeit Indiens wie überhaupt gegen jede Veränderung des britischen Empire kämpfte - erst Hitlers Krieg gab Churchill die Möglichkeit, zur Führungsfigur und zur Verkörperung des Sieges der Demokratie über die Diktatur zu werden. Was wäre de Gaulle ohne Hitler? Ein wegen Insubordination pensionierter Brigadegeneral und Autor einiger gescheiter Bücher über Panzertaktik, von dem die Geschichte nie Notiz genommen hätte - erst Hitlers verbrecherische Politik gab ihm die Chance, zum Symbol für den Freiheitskampf Frankreichs und zum staatsmännischen Führer seines Volkes zu werden. Was wäre aus Adenauer ohne Hitler geworden? Der von einer demokratischen Regierung wegen seiner Finanzpolitik gemaßregelte und von einem Staatskommissar kontrollierte Oberbürgermeister von Köln, der als ehrenwerter Kommunalpolitiker frühzeitig der Vergangenheit und Vergessenheit anheimgefallen wäre - erst die von Hitler ausgehende unselige Zerstörung lieferte den Hintergrund, vor dem Adenauer seine große staatsmännische Leistung des demokratischen Aufbaus vollbringen konnte. Ohne vergleichen zu wollen: Was wäre ich geworden, wenn Hitler nicht gekommen wäre? Vermutlich Oberstudiendirektor, vielleicht Professor der Geschichte oder auch Offizier der Reichswehr oder der Bayerischen Landespolizei – erst die Katastrophe von 1945 stellte die Weichen in eine ganz andere Richtung. Der Politiker, wenn er Erfolg hat, ist immer auch ein Protegé der Geschichte, in guten wie in bösen Zeitläufen.

Der 7. Februar 1952
oder
von der Kunst der politischen Rede

Seit Adenauers Sicherheitsmemorandum vom 29. August 1950, in dem er den Westmächten unter mancherlei Kautelen anbot, »im Fall der Bildung einer internationalen westeuropäischen Armee einen Beitrag in Form eines deutschen Kontingents zu leisten«, geisterte die deutsche Wiederaufrüstung durch die politische Diskussion. Am 24. Januar 1952 hatte die Föderalistische Union im Bundestag einen Antrag »betreffend Verhandlungen über den deutschen Verteidigungsbeitrag« eingebracht. In der Debatte sprach sich Erwin Schoettle, ein rechter Sozialdemokrat, gegen ein Junktim von Souveränität und Verteidigungsbeitrag aus, indem er eine Entscheidung über einen deutschen Verteidigungsbeitrag erst aus einer Position der völligen Souveränität für denkbar hielt. Schoettle hat mir später, als ich schwersten Angriffen ausgesetzt war, gesagt, ich solle mich nicht irremachen lassen, solle auf meinem Kurs bleiben, ich hätte in der SPD viele Anhänger: »Ich kann mich nicht so exponieren, aber Sie sollen wissen, daß Sie gar nicht so allein stehen mit Ihrer Meinung von der Notwendigkeit einer militärischen Präsenz.«

Am 31. Januar 1952 erhob die SPD eine Vorbeugende Klage gegen den EVG-Vertrag beim Bundesverfassungsgericht. Eine Woche später, am 7. und 8. Februar, standen dann der Antrag der Föderalistischen Union sowie entsprechende Gegenanträge der Regierungsfraktionen auf der Tagesordnung des Bundestages. Zum ersten Mal befaßte sich eine Plenarsitzung mit dem Thema Wiederaufrüstung. Konrad Adenauer hatte zu Beginn der Sitzung gesprochen und die Notwendigkeit eines Verteidigungsbeitrages begründet. Er vermochte nicht zu überzeugen, bot eine der schwächsten Reden, die er je im Bundestag gehalten hat. Er hielt sich nicht an das vorbereitete Konzept, verhedderte sich, verlor immer wieder den Faden und ließ eine klare Darstellung der Zusammenhänge vermissen. Bedrückte Stimmung machte sich in den Bänken der Koalitionsparteien breit, die Opposition lachte, Heinrich von Brentano griff sich verzweifelt an den Hemdkragen. Die Bundesregierung geriet in eine schwierige Situation, und ihre Schwäche beflügelte die Opposition. Erich Ollenhauer, gut präpariert, lehnte für die SPD jede Wiederaufrüstung kategorisch und kompromißlos ab.

Angesichts der zu erwartenden Schwierigkeit der Debatte hatten sich die Würdenträger der Fraktion, die eigentlich am Zuge gewesen wären zu reden, merklich zurückgehalten. So war schon im vorhinein die Wahl auf mich gefallen - und ich wollte auch reden. Zwei Tage und Nächte habe ich diese Rede vorbereitet, habe sie meiner Sekretärin diktiert, mehr in Sätzen als in Stichworten wie sonst. Als ich aufstand, um ans Rednerpult zu treten, sagte Bundesernährungsminister Niklas zu mir: »Mönchlein, Mönchlein, du gehst einen schweren Gang.« Zunächst grenzte ich das Thema ab: »Als dieses Hohe Haus im September 1949 seine Arbeit für den Wiederaufbau unseres Vaterlandes aufnahm, da waren wir uns wohl bewußt, daß unsere Tätigkeit nicht in eine Periode friedlicher Entspannungen der Weltprobleme fällt. Ich rede nicht davon, ob wir es damals nicht erwartet haben, darüber reden zu müssen; jedenfalls haben wir es nicht gewünscht, daß wir uns in unserer politischen Arbeit mit dem Problem der militärischen Verteidigung unserer Heimat werden beschäftigen müssen. Wir haben es nicht gewünscht, weil wir gern gehabt hätten, daß die Weisheit der Sieger ausgereicht hätte, auf beiden Seiten eine tragbare Lösung auch für unser Volk herbeizuführen.«

Ich spürte die Spannung im Saal, merkte, daß ich schon mit meiner Einleitung die Aufmerksamkeit des gesamten Hauses gewonnen hatte. Man hätte eine Stecknadel fallen hören können. Man habe das Prinzip der Umerziehung, so fuhr ich fort, nicht nur als Propagandamittel betrachtet, sondern soweit ernst genommen, daß man gern für die Zeit der eigenen Generation allen Gedanken militärischer Art entsagt hätte. Aber nun stehe Deutschland im Schatten der weltpolitischen Entwicklung: »Dem tragischen Irrtum der Weltmächte, daß mit dem militärischen Sieg über Deutschland auch schon eine neue Ordnung der Welt und ihrer Zukunft eingeleitet sei, stand gegenüber die konsequente sowjetische Zielsetzung, daß der militärische Sieg über Deutschland erst die Basis, den Ausgangspunkt und das Sprungbrett für eine Ausdehnung des bolschewistischen Machtbereichs darstelle... Deshalb müssen wir heute über die Verteidigung Deutschlands reden.« Ich sprach über den sowjetischen Militärapparat, der mit seinen 180 Divisionen und drei Millionen Mann eine ständige Bedrohung der freien Welt darstelle, über die Rolle der Satellitenstaaten, über das Eingreifen der Vereinten Nationen im Koreakrieg. »Das Gewitter von Korea hat den

Vorhang vor dem wirklichen Zustand der Welt zerrissen und die freien Völker vor die Entscheidung gestellt, ob sie einzeln nach und nach von dem bolschewistischen Sog verschluckt werden oder ihre Kräfte vereinigen wollen, um dieser Entwicklung auf der Welt Einhalt zu gebieten.«

Dem roten Machtblock stellte ich die von den Amerikanern garantierte »Sicherheitslinie der freien Welt« gegenüber, in die die Bundesrepublik bereits einbezogen sei: »Es besteht kein Zweifel darüber, daß die Vereinigten Staaten von Amerika das Rückgrat der Verteidigung der freien Welt darstellen. Ob unsere eigene innere Einstellung zu den Besatzungsmächten eine freundliche oder nicht freundliche Gesinnung ist, spielt in diesem Zusammenhang überhaupt keine Rolle. Kein Volk sieht die Soldaten eines anderen Volkes als Besatzungsmacht, auch nicht als Verteidigungstruppen mit Sondervorrechten - darüber sind wir uns völlig klar - gern in seinem Land. Wir wollen aber hier in der Skala der Gefühle und in der Skala der Realitäten nicht so weit gehen, daß wir, weil uns eine Tatsache unangenehm ist, uns durch deren Beseitigung den Strick um den Hals legen.«

Dann rückte ich die europäische Dimension des deutschen Verteidigungsbeitrages in den Mittelpunkt, machte deutlich, daß Aufrüstung und Friedenspolitik kein Widerspruch seien: »Aus dem in 17 Staaten aufgespaltenen Resteuropa zwischen dem bolschewistischen Koloß und der Weltmacht Amerika muß ein in Freiheit und Gleichberechtigung geeintes Europa entstehend, oder Europa wird in absehbarer Zeit nicht mehr sein als ein geographischer Begriff auf der Landkarte ... Dieses Europa hat ein gemeinsames Schicksal und eine gemeinsame Zukunft. Was liegt näher, als daß es zu einer gemeinsamen Politik kommen muß: Es wird zu einer gemeinsamen Politik kommen, wenn es gelingt, eine europäische Staatsidee statt einer Addition von nationalistischen Länderideen zu entwickeln, eine europäische Staatsidee, die viel guten Willen und manchen Verzicht von jedem Teilnehmer erfordert ... Dieses Europa wird berufen sein ... eine klare Friedenspolitik zu betreiben.«

Unter dieser Friedenspolitik sei der erklärte Verzicht darauf zu verstehen, politische Ziele mit Gewalt durchsetzen zu wollen. Im Zeichen dieser Friedenspolitik werde man aber auch einen eventuellen Angreifer damit vertraut machen müssen, daß sein Angriff auf den organisierten Gesamtwiderstand Europas und Amerikas stoßen werde. Allerdings lasse sich die Entscheidung über den Verteidigungsbeitrag nicht bis zum Probefall zurückstellen. Dann sei es zu spät: »So gern ich die beiden mitsammen sprechen sehe ... so möchte ich doch Herrn Dr. Adenauer und Herrn Dr. Schumacher nicht gern hinter Stacheldraht im Ural sich darüber unterhalten sehen, was sie im Frühjahr 1952 hätten tun sollen.« An dieser Stelle meiner Rede vermerkt das Protokoll: »Stürmischer Beifall bei den Regierungsparteien. Lebhafte Zurufe von links.«

Europa könne nicht neutral sein, fuhr ich fort, und es dürfe niemals aggressiv sein, aber es müsse durch seine Stärke und durch die Stärke seiner Bundesgenossen jeden Angriff für den Angreifer zum Selbstmord machen. »Wir nehmen für uns in Anspruch, in tiefstem Ernste und in drückender Verantwortung den besten Weg für die Sicherung unseres Volkes und für die Rettung des Friedens zu erkämpfen ... Sie werden, wenn das deutsche Volk aufgeklärt ist, wenige finden, die sagen: Ich bin neutral, sagte das Schaf.«

Noch einmal nahm ich mir die Argumente der Opposition vor, griff auch den in den Vordergrund gerückten Punkt einer angeblichen Verhinderung der deutschen Wiedervereinigung durch den Verteidigungsbeitrag auf: »Wer auf den Anschluß der Bundesrepublik an die Gemeinschaft der freien Völker verzichtet, gibt die deutsche Einheit preis, ob er will oder nicht, ob er es weiß oder nicht. Die verhängnisvolle These, die manchmal auch in der SPD angeklungen ist: Zuerst Einheit, dann Europa, wird von uns mit der klaren Parole beantwortet: Über die Einheit Europas zur Wiedervereinigung Deutschlands!« Und weiter: »Die Frage, die heute von Millionen Deutschen in berechtigtem Ernst gestellt wird, ob ein deutscher Verteidigungsbeitrag die Kriegsgefahr erhöht, kann nicht allein von der europäischen Landkarte aus entschieden werden. Die Verteidigungsgrenzen der freien Welt ziehen sich heute um den ganzen Erdball. Auf ihm gibt es viele heiße Punkte. Deutschland ist einer davon. Ein deutscher Beitrag für die europäische Verteidigungsgemeinschaft bedeutet für Rußland keine Gefahr, da die europäische Verteidigungsgemeinschaft bewußt auf dem Gedanken der Sicherung und des Verzichts auf jeden Angriffskrieg aufgebaut ist. Rußland weiß, daß ein Angriff auf einen Staat der europäischen Verteidigungsgemeinschaft den dritten Weltkrieg auslösen würde. Die bisherigen Erfahrungen zeigen nicht, daß Rußland bereit ist, dieses Risiko auf sich zu nehmen.«

Ein Appell an die SPD, den Weg in die Europäische Verteidigungsgemeinschaft gemeinsam mit den Regierungsparteien zu gehen, stand am Schluß meiner Rede: »Möge es uns erspart bleiben, einmal darüber nachzudenken – wie es Ihren Parteifreunden und meinen Gesinnungsfreunden in der Vergangenheit gegangen ist –, was man hätte tun sollen, als es Zeit war. Heute ist noch Zeit, erstens zu prüfen, zweitens zu entscheiden und drittens in europäischer Verantwortung danach zu handeln. Es lebe Europa!«

Nachdem Adenauer am Vormittag im Parlament ins Stottern geraten war und die Opposition sich mit schallendem Gelächter auf die Schenkel geklopft hatte, hatte niemand aus den Reihen der Regierungskoalition ins Feuer gewollt. Auf einmal war da ein junger Abgeordneter, der eine Rede hielt, die immer wieder von Beifallsstürmen der Koalition unterbrochen und am Schluß sogar mit einer stehenden Ovation der Koalitionsparteien gefeiert wurde – das erste und letzte Mal, mir ist es im Bundestag nie wieder passiert. Vielleicht hat es auch nie wieder einen so bewegenden Anlaß gegeben, denn die Vorstellung, daß die Deutschen wieder Militär haben sollten, war ein das ganze Land bewegendes und aufwühlendes Thema. In den 70 Minuten meiner Rede hatte ich die Regierung, den Bundeskanzler vor allem, aus einer schwierigen Situation gerettet. Die Erleichterung des Regierungslagers war doppelt groß, weil man den bislang unangefochtenen Bundeskanzler zum ersten Mal unkonzentriert, ja schwach gesehen hatte. Meine Rede brachte die Wendung. Die Kollegen aus CDU und CSU überschütteten mich mit Glückwünschen, gratulierten mir zum großen politischen und persönlichen Durchbruch.

Diese Einschätzung meines Auftritts schlug sich am folgenden Tag auch in den Medien nieder. Bundesweit entdeckten die Zeitungen den Abgeordneten Franz Josef Strauß, widmeten ihm ausführliche Berichte und Kommentare. Die »Neue Zeitung« zählte mich zu den besten und temperamentvollsten Rednern des Bundestages, die »Ruhr-Nachrichten« schrieben: »Er ist witzig, schlagfertig, hat einen sechsten Sinn für die Schwächen des Gegners und trägt auch Grundsätzliches mit der sympathischen Lebendigkeit eines großen politischen Temperaments vor.« Im »Hamburger Abendblatt« hieß es, Strauß rangiere in Bonn fortan in der ersten Reihe, was auch der »Münchner Merkur« meinte: »Franz Josef Strauß hat sich durch seine letzte Rede im Bundestag wahrscheinlich endgültig in die erste Garnitur der Bonner Hierarchie vorgespielt. Auch diejenigen, die ihn ablehnen, ›rechnen‹ mit ihm.«

Daß ich als Redner der Union zum Zuge kam, entsprach einer Erfahrung, die ich noch oft in meinem politischen Leben machen sollte –

wenn es schwierig und unbequem, kritisch und gefährlich wurde, war ich besonders gefragt. Schon 1952 mangelte es an »Freiwilligen«, so daß mir der Vortritt eingeräumt wurde. Das Risiko dieser Rede entsprach dem politischen Ertrag. Adenauer registrierte mit Anerkennung und Dank meinen rednerischen Hilfseinsatz. »Der Alte ist beeindruckt«, wurde mir ausgerichtet. Für Adenauer war die Aufstellung deutscher Streitkräfte ein Kernstück seiner Politik, geschickte und erfolgreiche Helfer, die ihm bei der Durchsetzung dieses Vorhabens entschlossen und schlagkräftig zur Seite standen, waren selten und deshalb doppelt willkommen. Auf jeden Fall hat mich Adenauer von diesem 7. Februar 1952 an als eine mit gutem Ergebnis einsetzbare rhetorische Waffe für problematische Situationen im Gedächtnis behalten.

Als ich diese Rede hielt, war ich immer noch Vorsitzender des Jugendfürsorgeausschusses des Bundestages. Aufgrund meines Auftritts wurde ich dann Vorsitzender des EVG-Ausschusses. Es bleibt ein erstaunliches Faktum, daß eine Parlamentsrede in einem modernen Parlament noch solche Wirkung haben kann. Die Rede hatte aber noch eine andere Wirkung. Sie hat entschieden, daß Adenauer mich zum Bundesminister machen wollte. Nicht aus Dankbarkeit, sondern zum einen, um meine Fähigkeiten auszunutzen, zum anderen, um mich unter Kontrolle zu halten. Der Bundeskanzler hat dies selbst gesagt. Noch im Plenarsaal war Bruno Heck, der damals schon sehr nahe mit Adenauer stand, auf mich zugekommen: »Franz Josef, jetzt bist du Bundesminister!« Meine Antwort war ungläubiges Staunen. Die Vorstellung, Bundesminister zu werden, war in meinen Augen absurd – Kabinettsmitglieder wurden von uns Jüngeren angeschaut wie höhere Wesen.

Die Sprache der Politik, der Politiker als Redner: zu diesem Thema habe ich in Hunderten von Parlamentsreden, in Tausenden von Vorträgen und Festansprachen, vor allem aber in Versammlungen und Wahlkampfreden einen überdurchschnittlichen praktischen Beitrag geleistet. Ein Politiker, der ein guter Redner sein will, wird immer einiges sagen, was die Leute nicht verstehen – er kann es, er darf es, ja, er muß es sogar. Erfolgreichen Rednern haftet grundsätzlich etwas Mystisches und Geheimnisvolles an. So kommt es auch, daß es mir nicht übelgenommen wird, wenn ich bei Massenveranstaltungen und anderen volkstümlichen Anlässen ausführlich griechische oder lateinische Zitate in meine Rede einflechte – nicht mühsam vorbereitet, sondern spontan.

Nicht der ist der beste Redner, der bis zum letzten Satz von allen Zuhörern verstanden wird - und was für den redenden Politiker gilt, paßt auf den Politiker schlechthin.

Ich bin der geborene Anti-Rhetor. Erstens rede ich nie kurz, zweitens bilde ich lange Sätze, drittens verwende ich viele Fremdwörter und fremdsprachige Zitate. Aber alle drei Dinge zusammengenommen führen offensichtlich zu einer rhetorischen Wirkung, über die ich mich, was Größe und Ausdauer meines Publikums angeht, nie zu beklagen habe. Nach Meinung meiner Kritiker rede ich deutsch, als ob ich versuchte, das Latein Ciceros auf deutsch zu bieten, nämlich lange, verschlungene Satzkonstruktionen, die am Schluß dann doch wider alle Erwartungen aufgehen. Aufmerksamen Zuhörern stellt sich die Frage, ob ich das Satzende erreichen werde oder nicht - was für zusätzliche Spannung sorgt. Die Länge meiner Rede ist gelegentlich durchaus auf meine Freude am Formulieren, auf meine Lust an der Darstellung zurückzuführen. Allerdings gebietet es meiner Meinung nach schon die Höflichkeit gegenüber den Bürgern, sie nicht, wenn sie zu Tausenden und von weither kommen, in wenigen Minuten mit ein paar Schlagworten abzuspeisen. Ich halte es für eine Zumutung, wenn der Bürger, der kommt, um vom Politiker Auskunft zu erhalten, mit nichtssagenden Floskeln bedient wird. Zwanzig Reden am Tag von jeweils fünf Minuten Dauer - als Politiker wie als Redner halte ich das für einen falschen Weg.

Zur erfolgreichen Rhetorik gehört, nie den Kontakt zu den Zuhörern, seien es einige hundert oder viele tausend, zu verlieren. Die Augen sind dafür das wichtigste Instrument. Wenn ich mich in ein Redemanuskript verliere, geht der Kontakt verloren, was ich sofort merke - es ist, als würde der Strom abgeschaltet. Selbstverständlich kann ein Politiker nicht immer frei sprechen, er muß sich erarbeiteter Vorlagen bedienen. Diese sollte man sich vorher aufmerksam zu Gemüte führen, wichtige Passagen einprägen und Stichworte so unterstreichen, daß sie mit einem Blick erfaßt werden können.

Ein Thema für sich sind präzise Zahlen. Bei längeren Zahlenreihen kann man sich nicht auf das Gedächtnis verlassen, hier braucht man in der Regel Notizen. Sicherlich gibt es Bereiche - Wirtschaft, Militärtechnik, Luft- und Raumfahrt -, in denen ich zuverlässig eine große Zahlenmenge präsent habe, was vom Publikum mit besonderer Anerkennung registriert wird.

Wichtig für den Redner ist der äußere Rahmen: daß der Saal in Ordnung ist, daß die Akustik stimmt und daß es kein Kommen und Gehen gibt. Die Technik muß funktionieren, schlecht eingestellte Lautsprecher können eine ganze Rede kaputtmachen. Es ist besser, in einem kleinen Raum zu sprechen, der überfüllt, als in einem großen Raum, der halbleer ist, selbst wenn man dort mehr Zuhörer hat.

Zwischenrufe sind für mich ein belebendes Element, sie geben die Chance zu spontaner Antwort und können, geschickt gekontert, das Publikum erwärmen und erheitern. Ich kann mich nicht erinnern, daß mich ein Zwischenruf jemals völlig aus dem Gleis geworfen hätte. Natürlich können Zwischenrufe lästig sein, vor allem dann, wenn sie als lautstarke Störmanöver angelegt sind. Indessen hat hier mein seit vielen Jahren verwendeter Einwand, Politik werde mit dem Kopf, nicht mit dem Kehlkopf gemacht, immer wieder seine Wirkung getan - ein Publikum, das lacht, steht schon weitgehend auf der Seite des Redners.

Gegen Zwischenrufe kann der erfahrene Redner ein breitgefächertes Instrumentarium an Abwehrmitteln einsetzen. Wenn hinten einer einen unsachlichen und nur provozierend gemeinten Zwischenruf macht, kann die mehrfache Nachfrage »Was haben Sie gesagt?« ebenso abkühlend wirken wie die Aufforderung »Würden Sie diese Frage in Deutsch wiederholen?« Auch Helmut Schmidt hat mit der Feststellung »Ich habe Ihre Frage nicht verstanden« schon manchen Zwischenrufer zum Schweigen gebracht. Ein hartnäckiges »Wie bitte?« vom Rednerpult läßt manchen Schreier verstummen. Meine Kernerfahrung ist die, daß lautstarke und aggressive Zwischenrufer nur in der Anonymität der Masse stark sind, aber sofort kleinlaut werden, wenn sie durch unmittelbares Ansprechen gewissermaßen dingfest und für ihre Umgebung kenntlich gemacht werden.

Als Redner kann ich mir die Zwischenrufe nicht aussuchen, sie kommen oder sie kommen nicht. Selbstverständlich aber stellt jeder schlagfertig abgewehrte Zwischenruf einen Pluspunkt dar. Ich weiß im allgemeinen vorher, bei welchen Passagen eine Rede Beifall findet oder Gelächter hervorruft und wo vermehrt Zwischenrufe zu erwarten sind. Indem man bestimmte Behauptungen aufstellt oder bestimmte Bewertungen ausspricht, kann man kalkulierte Reaktionen erzeugen und dann sagen, genau so habe man es sich gedacht: Ich wüßte ganz genau, wes Geistes Kind diejenigen seien, die bei dieser Stelle Beifall klatschen oder bei jener Stelle Pfui rufen. Hier gibt es einen erheblichen Spielraum. Wichtig für einen guten Redner ist, daß ihm die Sache Spaß macht. Mir macht sie Spaß.

Der Wahlkampfredner: Bundestagswahlkampf 1980, in dem Strauß als Kanzlerkandidat der Union gegen Helmut Schmidt antrat; das Foto zeigt Strauß bei einer Großkundgebung auf dem Frankfurter Römerberg am 22. August 1980

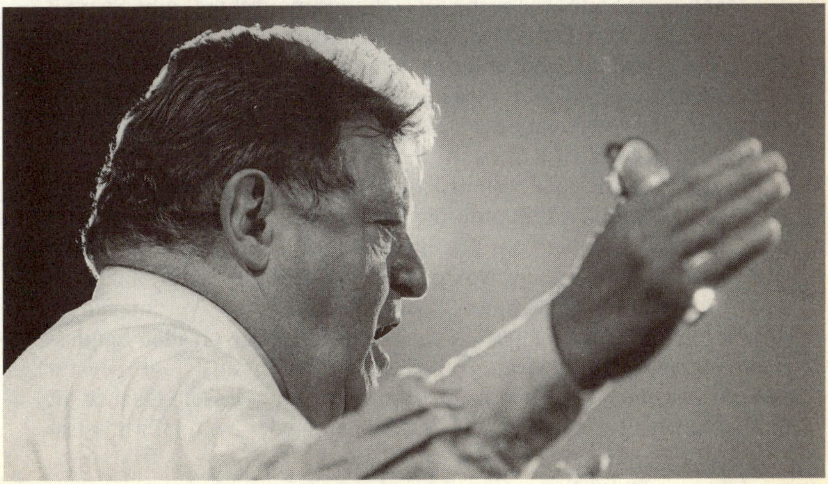

Der Parteitagsredner

Meine Reden müssen nicht nur entsprechend dem jeweiligen Thema und Publikum angelegt sein, sie unterscheiden sich auch danach, ob ich als Ministerpräsident, als Parteivorsitzender oder als Franz Josef Strauß eingeladen werde. War ich als Bundestagsabgeordneter bei der Erarbeitung meiner Reden noch auf mich allein gestellt, so änderte sich daran entgegen landläufiger Meinung nur wenig, als ich Bundesminister wurde. Als Minister für besondere Aufgaben hatte ich eine außerordentlich bescheidene personelle Ausstattung, alles andere als einen Riesenstab. Im Anfang ging es also im »handwerklichen« Stil. Als Atomminister konnte ich dann auf eine größere Zahl von Mitarbeitern zurückgreifen, aber erst als Verteidigungsminister stand mir ein wirklich großer Stab zur Verfügung, der allerdings nach Art und Struktur noch typisch »Gründerzeit« war. Als Finanzminister hatte ich ein besser eingespieltes Team, und jetzt in der Bayerischen Staatskanzlei habe ich einen fast perfekten Arbeitsstab, hochqualifizierte Leute, Spitzenkräfte.

Meine Reden in offizieller Eigenschaft entstehen im allgemeinen so, daß ich Stichworte oder eine Gliederung vorgebe und daraufhin eine Materialsammlung angelegt wird. Die anschließende Ausarbeitung überprüfe ich. Einmal gefällt mir der Entwurf so gut, daß ich draufschreibe »in Ordnung«, ein anderes Mal gefällt mir die ganze Anlage nicht, wieder ein anderes Mal nehme ich kräftige Streichungen und Ergänzungen vor. Dies ist auch deshalb notwendig, weil es zwischen einem Politiker und einem Staatsamt auf der einen und den Beamten auf der anderen Seite erhebliche Einstellungsunterschiede gibt. So muß der Politiker seine Mitarbeiter gelegentlich darauf hinweisen, daß ihre Einstellung, sich selber nicht zu loben, durchaus richtig sei. Daraus dürfe aber nicht abgeleitet werden, daß der Politiker, der die von ihnen gemachte Rede verwenden soll, seinen Anteil an einem Erfolg und seine Lorbeeren nicht dargestellt sehen will.

Ein konkretes Beispiel: Wir in der CSU und ich im besonderen haben durchgesetzt, daß die Mittel für die Städtebauförderung in Bonn mindestens verdoppelt werden. Wir haben schon einmal eine Verdreifachung gehabt, Stoltenberg wollte wieder zurück auf einen einfachen Betrag, der Kompromiß waren zwei Drittel, also eine Verdoppelung. Dies ist ein Erfolg, der von allen Gemeinden gelobt, von allen Landesregierungen begrüßt wurde, obwohl sich keiner aus dem Fenster gelehnt hat und sie mich ganz allein haben turnen lassen. Dazu steht dann in einem Redeentwurf, die Verdoppelung der Mittel für Stadtsanierung und Dorferneuerung sei ein Erfolg der Länder. Die Begründung meines Verlangens nach einer Korrektur: »Das stimmt doch nicht. Sie können ruhig schreiben, daß ich das in härtesten Anstrengungen durchgesetzt habe, im Kampf gegen den Bundesfinanzminister, mit beschwörenden Mahnungen an die Adresse des Bundeskanzlers, daß die Städtebauförderung das beste Arbeitsförderungsprogramm ist, das wir je hatten, mit sofortiger beschäftigungspolitischer Wirksamkeit. Warum schreiben Sie das nicht rein? Ich bin der Politiker, der wie jeder Politiker gelobt werden muß und will.«

Die Flut von Redeterminen, die ich zu bewältigen habe, bedeutet für die zuständigen Mitarbeiter eine große Belastung. Sicherlich kann auch kein noch so qualifizierter Beamter unbegrenzt als Redenschreiber tätig sein. Entscheidend ist, daß eine gute Gesamtmannschaft vorhanden ist, die immer wieder durch neue Köpfe ergänzt wird. Die Beamten, die Reden entwerfen, müssen überdurchschnittlich motiviert sein, müssen Freude an ihrer besonderen Arbeit haben, müssen sich wechselseitig befruchten und anfeuern.

Richtungweisend sind meine handschriftlichen Vermerke, die bis in meine Zeit im Atomministerium zurückreichen. Hildegard Hamm-Brücher, die Staatssekretärin im späteren Wissenschaftsministerium, sagte mir einmal: »Ihre Randnotizen haben in unserem Hause heute noch klassischen Charakter. Im übrigen haben sie mir bewiesen, daß Sie ganz anders sind als die Propaganda des ›Spiegels‹ Sie darstellt.« Ich bedankte mich mit dem Hinweis, daß ich nichts dagegen hätte, wenn sie von dieser Einsicht auch öffentlich Gebrauch machen würde.

Ich habe mich zu keinem Zeitpunkt meiner Rednerkarriere als Reiter eines Pferdes gefühlt, das ich nicht beherrsche. Es gibt jedoch viele Politiker, die nicht nur ablesen, was ihnen vorgelegt wird, sondern die auch, ausschließlich auf Selbstdarstellung, Repräsentation und fernsehwirksame Auftritte bedacht, alles unterschreiben, was ihnen der Apparat vorlegt. Bei mir weiß man genau, daß ich, wenn ich Zeit habe, jede Zeile lese, zumindest aber ein dichtes Netz von Stichproben werfe. Auch die Mitglieder meines Kabinetts ermuntere ich immer wieder, nicht alles zu unterschreiben, was ihnen vorgelegt wird.

Bei einem ausgearbeiteten Vortrag über ein ganz bestimmtes Thema halte ich mich eng an das Manuskript, was nicht ausschließt, daß ich freie Passagen einflechte, die dann meistens gelungener erscheinen als der vorbereitete Text. Bei bestimmten Themen, in denen ich rundum zu Hause bin und bei denen ich auch keiner besonderen schriftlichen

Unterstützung bedarf, rede ich anhand von Stichworten. Bei Wahlreden brauche ich meistens überhaupt keine Unterlagen. Ich halte es für einen großen Fehler, bei Wahlreden mit einem dicken Manuskript anzutreten. Welche Schwerpunkte ich setze, richtet sich nach der allgemeinen politischen Situation, aber auch nach Ort und Publikum - in Coburg interessieren teilweise andere Themen als in Berchtesgaden, in Kiel andere als in Freiburg. Ein Bündel landsmannschaftlicher, soziologischer, geographischer und situationsbedingter Aspekte spielt hier eine Rolle. Schwerpunkt einer Rede ist im einen Fall die innere Sicherheit, im anderen die Landwirtschaft, im dritten die Außenpolitik. Zu jedem Thema habe ich meist ein Paket von Stichworten, nach Themen gegliedert, im Kopf; aus diesem Paket suche ich dann je nach Anlaß und Zuhörerschaft die Punkte heraus, von denen ich glaube, daß sie auf Interesse stoßen oder daß ihre Behandlung erwartet wird.

Ob und in welchem Ausmaß eine Rede belastet und anstrengt, hängt von vielen Faktoren ab. Im allgemeinen gilt für mich, daß mich Wahlreden wenig anstrengen, sicherlich aufgrund einer über vierzigjährigen Übung und Routine. Andere Reden kosten mehr Kraft, psychisch und physisch. Als Beispiel möchte ich hier eine Rede nennen, die ich am 8. April 1987 in der Münchner Olympiahalle vor weit über 10 000 Ortsbauern und Ortsbäuerinnen über den von mir entwickelten Jahrhundertvertrag für die deutsche Landwirtschaft gehalten habe. Das war eine ungeheure Anstrengung, die sich aber gelohnt hat. Es geht nicht nur um intellektuelle Stimmigkeit, sondern auch um emotionale Richtigkeit und Treffsicherheit.

Es wird oft darüber geklagt, daß Reden von Politikern sehr langweilig seien und nichts anderes böten als langatmige Aufzählungen echter oder vermeintlicher Erfolge der Regierenden und echter oder vermeintlicher Versäumnisse der Opposition. Dies hängt damit zusammen, daß solche Reden weitgehend ohne Risiko sind. Weit riskanter ist es, die breite Vielfalt des Sarkasmus, der Ironie, des Witzes, die Möglichkeiten der kunstvollen Pause, des Tempowechsels und der Satzmelodie zum Einsatz zu bringen. Wenn über den Niedergang der politischen Rhetorik im Lande geklagt wird, spielt die Scheu vor dem Risiko sicher hinein.

Das Bedauern über die Verkümmerung der politischen Redekunst hat natürlich auch damit zu tun, daß die Generation von heute anders ist als die Gründergeneration der Bundesrepublik. Das heutige politische Leben wird leider stark von den anpassungsfähigen und geländegängigen Typen bestimmt, bei denen weder Inhalt noch Form den Anschein kerniger Originalität und intellektueller Kraft aufkommen lassen – und beides gehört zur Grundausstattung eines guten politischen Redners.

Sarkasmus und Ironie sind im übrigen Mittel, die behutsam und vorsichtig einzusetzen sind. Man kann kaum vorsichtig genug sein, will man nicht Mißverständnissen Tür und Tor öffnen. Ich habe zu meinem Leidwesen oft erfahren, daß Ironie oftmals nicht verstanden wird. Deshalb schicke ich einer entsprechenden Bemerkung manchmal den Hinweis nach, daß dieses oder jenes ironisch gemeint war. Dennoch läuft man bei der ungeheuren psychischen und physischen Konzentration, die eine große Rede erfordert, Gefahr, mißverständliche Bemerkungen zu machen.

Meine Freude an der politischen Rede wurzelt natürlich auch in meiner starken Beziehung zur römischen und griechischen Klassik, die Jahrzehnte nach Schul- und Universitätszeit unverändert lebendig ist. Ciceros Reden gegen den Verschwörer Catilina – »Quousque tandem, Catilina, abutere patientia nostra?« – oder gegen Verres können mich immer noch begeistern, ebenso, in der Darstellung des Thukydides, die große Rede des Perikles auf die gefallenen Athener. Ich bin kein Freund des Pathos, dennoch glaube ich, daß ein guter Redner ohne Pathos nicht auskommt. Winston Churchill ist als Redner und Politiker groß geworden auch durch sein Pathos. Sein berühmtes Wort im Unterhaus am 13. Mai 1940 »I have nothing to offer but blood, toil, tears, and sweat« – Ich habe nichts anzubieten als Blut, Mühsal, Tränen und Schweiß – hat in seiner machtvollen und lapidaren Eindringlichkeit zu Recht die Jahrzehnte überdauert.

Die Kunst der Rede ist eine zeitlose Kunst. Die äußeren Bedingungen mögen sich ändern, die psychologischen Voraussetzungen einer erfolgreichen Rede bleiben gleich. Dies bedeutet auch, daß sich meiner Meinung nach die Redekunst nur bis zu einem gewissen Grad erlernen läßt. Man kann bestimmte Fehler vermeiden, man kann sich Techniken aneignen, man kann Stilmittel einüben. Aber das rednerische Urtalent muß wohl in der eigenen Natur liegen. Bei uns in Bayern spielen sicherlich die Tonlage und die bayerische Einfärbung der Stimme eine Rolle. Es ist gut, wenn man gerade in Altbayern den Dialekt beherrscht, es ist aber auch umgekehrt gut, wenn man in Franken und Schwaben nicht altbayerischen Dialekt spricht. Insgesamt freilich kommt mir mein bayerischer Sprachklang überall, ob im Freistaat oder außerhalb der weiß-blauen Grenzen, zugute.

Zu den Fehlern, die ein Redner unbedingt vermeiden sollte, gehört das trockene Ablesen, das ängstliche Kleben am Wort, das Sich-vergraben im Manuskript, das unverständliche Nuscheln. Zu langsames wie zu schnelles Sprechen hat seine Tücken; besteht beim einen die Gefahr einschläfernder Langeweile, kann beim anderen manche Pointe und mancher Witz verlorengehen. Wie manche Pfarrer die Kirche leer predigen, reden auch manche Politiker den Saal leer, wobei bemerkenswert ist, daß sie aus ihren offensichtlichen Fehlern nicht lernen wollen, vielleicht auch nicht können.

Als Hauptredner unzähliger Veranstaltungen verfüge ich über einen reichen Schatz an Erfahrungen mit Vor- und Nachrednern, der sich auf drei Grundmuster zurückführen läßt. Im ersten Fall eröffnet der Gastgeber, der mich eingeladen hat, die Hauptrede zu halten, den Abend damit, daß er selbst ausführlich darlegt, worum es geht, und daß er dann noch umständlich ankündigt, der Redner werde in seinem Referat auf die folgenden Probleme - erstens, zweitens, drittens und so weiter - eingehen. Die Spannung der Zuhörer wird auf diese Weise nicht eben gesteigert, sie wird zu Tode geredet - der Hauptredner hat bereits einen schlechten Start.

In der zweiten Kategorie faßt ein Nachredner weit ausholend zusammen. Aber danach verlangen weder die Zuhörer noch ich, und es ist nur dazu geeignet, die nach einer gelungenen Rede aufkommende Begeisterung abzutöten. Besonders ärgerlich ist mir eine dritte Gruppe, deren Exponenten vor dem Publikum jammern, daß sie Franz Josef Strauß eingeladen hätten, der eine umstrittene Figur und ein kontroverser Politiker sei. Man bitte also um Verständnis, daß er heute Gast und Redner sei. Ich brauche das alles nicht. Die Leute sind zufrieden oder nicht zufrieden, äußern sich beifällig oder mißmutig. Auf jeden Fall können Vor- und Nachredner, die ihre Aufgabe mißverstehen oder mißbrauchen, die Stimmung einer gelungenen Veranstaltung nur zerstören.

Meine erste »Rede« ist mir unvergessen. Es war in der 9. Klasse des Max-Gymnasiums; das Thema war mir bekannt, aber nicht der Termin meines Vortrages. Plötzlich wurde ich aufgerufen. Ich war erschrocken, als ich vor den Klassenkameraden und dem Lehrer referieren sollte; es ging um ein Buch von Josef Magnus Wehner. Äußerst aufgeregt habe ich diesen Auftritt hinter mich gebracht. Wenn ich dagegen vergleiche, mit welcher Ungezwungenheit meine Söhne in diesem Alter aufgetreten sind! Ausgestattet mit reicher rednerischer Erfahrung in Schülerunion und Junger Union, erprobt in Versammlungstaktik und Geschäftsordnungskenntnis.

Die Gliederung meiner Reden, die selbstverständlich von spontanen Einschüben unterbrochen und aufgelockert wird, orientiert sich im Grunde noch immer an dem, was ich am Max-Gymnasium gelernt habe: Einleitung, Hauptteil mit höchstens drei oder vier Schwerpunkten, dann der Schluß. Dieser klare und durchsichtige Aufbau erleichtert Redner und Zuhörern das Geschäft. Und noch eine weitere Erinnerung verbinde ich mit dem Max-Gymnasium. Wir haben unter anderem Marcus Fabius Quintilianus gelesen, der ein berühmtes Lehrbuch der Redekunst verfaßt hat. Von ihm stammt der Satz: »Oratio sicut flamma materia alitur et motibus excitatur – die Rede wird wie die Flamme durch den Stoff genährt und durch die Bewegungen gesteigert.« Bewegungen mit den Händen sind für einen Redner und seinen Erfolg wichtig. Wir haben in der Schule oft über unseren Religionslehrer gelacht, einen guten, ausgezeichneten Geistlichen und gütigen Lehrer, der immer mit den Händen geredet hat. Damals war das für mich ein Gegenstand der Belustigung, heute weiß ich, daß ich beim Reden ohne die Hände gar nicht auskäme. Allerdings darf diese Gestik nicht künstlich und aufgesetzt wirken, sie muß zum natürlichen Ausdruck gehören und auch als natürlich empfunden werden. Ich meine, daß ich in diesem Punkt für mich das rechte Maß und den richtigen Ausdruck gefunden habe.

Die Frage, wo und wie ich die Kunst zu reden gelernt habe, ist nicht einfach zu beantworten. Ein gewisses Naturtalent war offensichtlich da, eine gute Schul- und Universitätsausbildung lieferte das Rüstzeug, die Erfahrungen des politischen Alltags taten über Jahrzehnte hin das Ihrige. Der erste Wahlkampf, den ich als Redner mitgemacht habe, fand im Januar 1946 statt. Es war nicht einfach, lange Lern- und Anlaufzeiten standen nicht zur Verfügung, die Zuhörer erwarteten substantielle und glaubwürdige Aussagen. Ich fing mit den konkreten Problemen unseres Landkreises an, sprach von der Notwendigkeit, ein politisch-demokratisches Leben aufzubauen, das ohne Parteien nicht möglich sei. Dann redete ich über die Gründung der CSU, über unsere Motive und Ziele. Insgesamt habe ich diese ersten politischen und rednerischen Feuerproben doch bestanden. Ein Vergleich aus dem Motorsport könnte illustrieren, warum mir diese Premiere so schwerfiel. Wenn ein bekannter und routinierter Motorradrennfahrer auf einer Bahn ein paar Runden dreht, bedeutet das für ihn gar nichts, das macht er sozusagen im Schlaf. Wer das erstemal auf ein Motorrad steigt, fährt zwanzig Kilometer langsamer und zittert die ganze Strecke, weil er nicht weiß, wie lange er sich halten kann und wann es zum Sturz kommt.

In den Anfangsjahren der Bundesrepublik gab es eine deutliche Diskrepanz zwischen der Rhetorik Schumachers und anderer Repräsentanten der Weimarer Zeit und der Rhetorik meiner Generation. Wir, die wir nicht das Geringste mit der entsetzlichen Theatralik der Nationalsozialisten zu tun haben wollten, mußten unseren eigenen Weg und Stil finden. Aus den zwölf Jahren von 1933 bis 1945 wußte ich nur, wie ich es *nicht* machen konnte und durfte.

Adenauer paßte trotz seines Alters nicht mehr in das Weimarer Schema, er sprach anders. Er war, trotz seiner einfachen, nüchternen und trockenen Diktion, ein großer Redner, den man hören wollte. Denn gleichzeitig war er witzig und schlagfertig, und er verfügte über das nötige Pathos. Der Zuhörer spürte eine historische Verpflichtung, das Kreuz an der richtigen Stelle des Stimmzettels zu machen, um nicht am Untergang des Abendlandes mitschuldig zu werden.

Ludwig Erhard war ein gewandter, einfallsreicher Redner, dem zusätzlich bei jedem seiner Auftritte sein Ansehen als wandelnde Legende zugute kam. Kurt Georg Kiesinger, »König Silberzunge«, gehörte zur rednerischen Spitzengarnitur - gescheit, gebildet, diplomatisch, verbindlich, von noblem Aussehen. Er wäre ein hervorragender Bundespräsident geworden.

In neunundzwanzigjähriger Mitgliedschaft im Deutschen Bundestag habe ich große Redner auch auf den Bänken der Opposition erlebt. Ein häufiger Zwischenrufer, wenn ich redete, war Herbert Wehner, der oft gut war, mich auch gelegentlich inspirierte. Meine Gegenredner waren über sehr lange Zeit Fritz Erler, gelegentlich auch Willy Brandt und Helmut Schmidt. Ich hatte zu Erler, meinem Stellvertreter im Vorsitz des EVG-Ausschusses, auch persönlich ein recht gutes Verhältnis, das selbst durch ein heftiges Rededuell nicht getrübt werden konnte. Dabei war ich nie ein großer Freund pathetischer Gesten der Art, daß man nach einer Auseinandersetzung im Parlament mit dramatischem Versöhnungsgehabe wieder aufeinander zuging. Erler war ein Gegenspieler, an dem man sich messen und an dem man wachsen konnte, in spielerischem Kampf oder kämpferischem Spiel. Carlo Schmid, den ich schätzte, schwebte als humanistischer Geist über den Wogen des Parlaments, als Redner anderen, aber auch sich selbst ein Vergnügen.

Natürlich hat sich der allgemeine Redestil seit den politischen Anfängen in der Nachkriegszeit gründlich gewandelt. Vor dem Hintergrund des soeben zu Ende gegangenen Weltkrieges, der Millionen Opfer gefordert und unsägliches Leid gebracht hatte, verlangten die Menschen eine ganz andere Sprache als heute. Rhetorik ist eben auch zeitgebunden. Am deutlichsten wird dies wohl, wenn man sich heute eine Rede Adolf Hitlers in vollem Wortlaut und in ganzer Länge anhört: Niemand kann verstehen, wie ein Mann mit dieser Sprache und Diktion die Massen zu begeistern wußte.

Trotz unzähliger Reden, die ich seit 1945 gehalten habe, und trotz aller Routine – keine Rede gleicht hundertprozentig der anderen, und, vor allem, in jede Rede lege ich ein Stück von mir selbst hinein. Hier gibt es aber bestimmte Grenzen. Völlig verausgaben darf man sich innerlich nicht. Man muß die Balance halten und kann deshalb nicht zuviel von der eigenen Persönlichkeit preisgeben.

Ich bewege mich bei meinen Reden in den letzten fünfzig Jahren, also in jener Geschichte, die ich bewußt miterlebt und in Teilen auch mitgestaltet habe. Schon durch diesen biographischen Ansatz gibt es für mich, in welcher Partei auch immer, wenig rednerische Konkurrenz. Deshalb gehört es auch zu meinen rednerischen Mitteln, biographische Erfahrungen einzubauen. So zum Beispiel, wenn es um Krieg und Frieden geht. »Man kann mir nichts vormachen. Ich habe im Kriege die Wellen des Atlantik gesehen, bevor wir 1940 nach England übersetzen sollten. Ich habe zwei Jahre später die Wellen des Don und der Wolga gesehen. Ich kenne dieses Europa von München an den Atlantik, vom Atlantik an die Wolga und von der Wolga wieder zurück nach München. Ich habe das am eigenen Leibe erlebt. Mir macht niemand etwas vor.« Das wirkt, schon weil es schlicht und wahr ist.

Wenn das Thema geeignet ist und wenn die Menschen spüren, daß der Redner mit Leib und Seele hinter dem steht, was er sagt, sind sie bereit zum Zuhören. Wenn man eine Rede mit langweiligem Inhalt auch noch herunterhaspelt wie eine Koransure, geht die Aufmerksamkeit schnell verloren. Man muß seine Zuhörer ernst nehmen, dann kann man sie auch fordern. Ich sage meinem Publikum offen, daß eine angemessene und gründliche Behandlung des anstehenden Themas seine Zeit braucht, was stets mit ermunternder Zustimmung aufgenommen wird. Wenn ich dann – zum Beispiel – über Kernfragen der Verteidigungspolitik spreche, kann ich logisch aufbauen: Warum ist die NATO gegründet worden? Was war ihre strategische Doktrin? Wie ist sie weiterentwickelt worden? Wie ist unsere Sicherheitslage heute? Welche Möglichkeiten haben wir? In aller Regel finde ich damit gespannte Aufmerksamkeit.

Ob ich als Redner Tritt fasse, den richtigen Ton finde, den Zuhörer packe, erkenne ich an den Gesichtern und an den Gesten meiner Zuhörer, am Fluidum in der Halle, an der Atmosphäre insgesamt. Die Bereitschaft meines Publikums, mir zu folgen, meine Argumente zu prüfen, meine Schlußfolgerungen nachzuvollziehen und dann auch mir zuzustimmen, nimmt wiederum mich in die Pflicht höchster Konzentration und rationaler Argumentation. Deshalb erinnern meine Reden gelegentlich an regelrechte Vorlesungen über schwierigste Themen. Ich versuche, komplexe Probleme in eine Sprache zu übersetzen, die der Zuhörer versteht und in sich aufnimmt, so daß er das Gehörte auch weitergeben kann. Sicherlich gilt für einen Redner, daß er seine Zuhörer nicht überfordern darf, er soll sie aber auch nicht unterfordern und unterschätzen - das politische Wissen und Verständnis ist auch bei den sogenannten einfachen Leuten viel weiter verbreitet, als manche hochmütigen politisch-publizistischen Meinungsmacher glauben.

Das Thema und die Art seiner Behandlung bestimmen, welche Länge einer Rede von den Zuhörern nicht nur hingenommen, sondern aktiv mitgetragen wird. Ein durchschnittlicher Redner muß wissen, daß nach fünfzig Minuten das Ende fällig ist. Nur ein sehr begabter politischer Redner kann bis zum Doppelten überziehen, weil er frei spricht oder als frei sprechend erscheint. Um auf Flugerfahrungen zurückzugreifen: Der Redner ist wie ein Segelflieger; wenn er merkt, daß die Tragflächen plötzlich nicht mehr tragen und daß die Thermik aufhört, dann muß er entweder herunter vom Podium, oder er muß mit einem neuen Ton, einem neuen Thema für neue Thermik sorgen. Ein guter Segelflieger sucht sich die Stellen, an denen es fast immer Aufwind gibt, an den sonnenbeschienenen Seiten der Berge beispielsweise. Ähnlich verhält sich der gute Redner, der spürt, wenn Spannung und Aufmerksamkeit nachlassen, und der weiß, was er dagegen tun kann. Wenn man es nicht in den ersten zehn Minuten geschafft hat, das Flugzeug richtig in den Wind zu legen, schafft man es erfahrungsgemäß nicht mehr.

Es gibt Formeln, auf die ich in meinen Reden immer wieder zurückgreife. Auf heimischem Boden schließe ich nicht selten mit einem »Bayern Glück auf!« oder mit der ersten Zeile der Bayernhymne »Gott mit dir, du Land der Bayern«. »Bayern ist unsere geliebte Heimat, die Bundesrepublik Deutschland unser demokratischer Rechtsstaat, ganz Deutschland unser Vaterland und Europa unsere Hoffnung« - das ist ein Satz, den ich nicht nur einmal verwende. Für einen Redner sind solche Formeln durchaus legitim; sie haben nichts Gezwungenes, sondern sind pathetisch in einer Weise, die erlaubt ist.

In der Diskussion

München, 1975: Großkundgebung auf dem Marienplatz

Der Beifall bei einer Rede ist ungeheuer wichtig. Manchmal ist es besser, auch zur Gewinnung einer Atempause, den Applaus ausklingen zu lassen, ein anderes Mal ist es geboten, den Beifall zu unterbrechen, ihm die Spitze zu nehmen und auf der Woge der Zustimmung fortzufahren.

Bei meinen Reden habe ich natürlich nicht einen Standard-Zuhörer vor mir, weder tatsächlich noch bildlich, sondern eine vielschichtige Versammlung verschiedener Menschen. Mein Ziel muß es sein, bei möglichst vielen von ihnen Zugang zum Kopf und zum Herzen zu finden. Dazu ist es wichtig, einen lokalen Bezug herzustellen, auf die Stadt, in der man spricht, auf ihre Geschichte, auf die Leistung der Menschen einzugehen. In unserem herrlichen Bayern, aber auch an vielen anderen Plätzen in der Bundesrepublik Deutschland fällt mir hier ein Wort des Lobes, des Respektes und der Anerkennung um so leichter, weil es der Wahrheit entspricht.

Die politische Rede ist ein interessantes Phänomen unserer Zeit auch deshalb, weil sie im Grunde vollkommen altertümlich ist. Im Zeitalter des Fernsehens müßte es eigentlich grotesk sein, daß Reden heute noch eine ähnliche Bedeutung zukommt wie einst auf dem Marktplatz von Athen. Gewiß, seit Gründung der Bundesrepublik hat sich vieles geändert in der politischen Auseinandersetzung, im Ringen um das Vertrauen der Wähler. Bei vielen Versammlungen vor allem auf Lokalebene entspricht der Aufwand heute nicht mehr dem politischen Ertrag. Viele Reden, die im Nebenzimmer eines Gasthauses oft vor wenigen und dazu auch noch überzeugten Besuchern gehalten werden, sind in ihrer Auswirkung auf das Wahlergebnis bedeutungslos. Sobald die Lokalpresse berichtet, gewinnen sie jedoch bereits an Gewicht. Am meisten bewirkt der Abgeordnete, vorausgesetzt, er beherrscht das Metier, in der Diskussion. Da kommen die Menschen, weil sie die Möglichkeit aktiver Teilnahme haben. Sie sind aber nur mehr bei wenigen Rednern bereit, einen geschlossenen Vortrag anzuhören. Bei mir zum Beispiel lassen sich die Zuhörer eine Rede von bis zu zwei Stunden ohne weiteres gefallen – wobei diese zwei Stunden von mir auch überzogen werden können, was sich insbesondere Jahr für Jahr beim Politischen Aschermittwoch der CSU in Passau zeigt.

Das Eindringen des Fernsehens in den Bundestag hat natürlich Bedeutung und Praxis von Reden und Rednern verändert. Vor allem durch die Direktübertragungen hat sich – was ich zunächst immer wieder zu meinem Nachteil vergaß – die Struktur der Bundestagsdebatten entscheidend gewandelt. Der Redner, der nicht im Fernsehen vorkommt, spricht praktisch umsonst. Das Geraufe und Gerangle um die Auftritte zur besten Fernsehzeit stellen geradezu eine Pervertierung des Parlaments dar, auch wenn wir die damit gegebenen Möglichkeiten natürlich nutzen. Nach der Geschäftsordnung des Bundestages hat jedes Mitglied der Bundesregierung und jedes Mitglied des Bundesrates die Möglichkeit, jederzeit zu Wort zu kommen, ohne einer zeitlichen Beschränkung unterworfen zu sein. Ich habe von diesem außerordentlichen Privileg stets nur maßvollen Gebrauch gemacht, habe dieses Konto auch in der Zeit meiner Kanzlerkandidatur nicht überzogen.

Insgesamt bleiben mir gewisse Zweifel an Sinn und Wirkung von Fernsehübertragungen aus den Parlamenten. Die englische Regelung, kein Fernsehen im Parlament, hat viel für sich. Als alter Parlamentarier kann ich nicht aus meiner Haut; ich sehe eine Denaturierung des Bundestages oder auch der Landtage darin, daß das Publikum, an das man sich wendet, im Grunde nicht mehr die Kollegen im Parlament sind. Der Oppositionsredner spricht nicht mehr an die Adresse der Regierung, der Regierungsredner nicht mehr an jene der Opposition – für beide sind Millionen oder Hunderttausende am Bildschirm die Zielgruppe. Dieses Publikum hat keine Möglichkeit zur Gegenrede, kann keine Zwischenfragen stellen und keine Zwischenrufe machen, es ist lediglich der Konsument. Das verändert das Auftreten der Redner. Die Gestik muß einstudiert sein, die Farbe der Krawatte, die Frisur, die Wahl des Anzuges gewinnen eine Bedeutung, die ihnen nicht zukommen dürfte.

Bei Anlegung eines sehr kritischen Maßstabes könnte ein solcher Wandel durchaus als Verstoß gegen den Gedanken der parlamentarisch-repräsentativen Demokratie gesehen werden. Andererseits wird mit Parlamentsreden kein Abstimmungsergebnis mehr bewegt. Ich glaube nicht, daß in der Geschichte der Bundesrepublik Deutschland ein Parlamentarier es je vermocht hat, mit der Kraft seiner Rede und seiner Argumente eine Veränderung in der Stimmabgabe herbeizuführen. Es mag sein, daß im 19. Jahrhundert die Verhältnisse noch beweglicher waren, im Bundestag aber waren die Abstimmungsverhältnisse stets klar – und da, wo sie nicht klar waren, war Lumperei im Spiel, beispielsweise beim Mißtrauensvotum gegen Willy Brandt 1972.

Das Rednerpult, der Saal oder der Platz, die Zuhörer, in deren Gesichter man sieht – alles, worauf sich der Redner einzustellen hat, hat mit dem, was im Fernsehen verlangt wird, kaum mehr etwas zu tun.

Hier heißt es: kurze Sätze, langsam reden, sich nicht aus der Ruhe bringen lassen, die Hände nicht vor das Gesicht heben, in die Kamera sprechen, den Partner anschauen und viele andere Regeln mehr. Fernsehauftritte in Perfektion habe ich lange nicht beherrscht. Ich habe kritische Ratschläge vernommen und habe gute wie schlechte Zensuren erhalten. Eigene Fernsehauftritte habe ich mir nur ein paarmal angeschaut, ich mußte mich geradezu dazu zwingen, weil ich dieses Wiederkäuen nicht mag, einen tiefen Widerwillen dagegen empfinde.

Mein wichtigster Ratgeber und Kritiker in Sachen Fernsehen war meine Frau, die sich meine Auftritte angesehen und mir gesagt hat, was gut war und was schlecht. Sie hatte für dieses Medium ein fast professionelles Verständnis. Sie hat im Laufe der Jahre selbst viele erfolgreiche Auftritte in der Öffentlichkeit gehabt, hat geredet, hat mich in meiner Arbeit unterstützt, vor allem seit 1978, als ich Bayerischer Ministerpräsident wurde, und während meiner Kanzlerkandidatur 1980.

Drei Stunden lang sprechen, ohne daß das Publikum ungeduldig wird oder sich langweilt, ohne daß die Leute hin und her gehen, ohne daß es Unruhe im Saal gibt, ohne daß die Spannung abreißt - welches Geheimnis steckt dahinter? Diese Frage ist an mich immer wieder gestellt worden, aber ich kann sie nicht zufriedenstellend beantworten. Denke ich an den Parteitag von 1987, so liefert wohl auch die Vorgeschichte eine Erklärung. In der Zeit vor diesem Parteitag hatten sich Pseudoproblemchen angehäuft, die dann von einem Teil der Presse, hauptsächlich der Boulevardpresse, hochgespielt wurden, als ob es sich hier um Grundsatzfragen über Stil, Methode und Inhalt in der Größenordnung einer Haupt- und Staatsaktion handle. Damit wurde ein Erwartungshorizont aufgebaut, der mit dem Stichwort Denkzettel gekennzeichnet war. Unsere eigenen Leute sind manchmal leicht beeinflußbar, was ein immer wieder festzustellendes Phänomen ist.

Entsprechend ungünstig lauteten die Prognosen für mein Ergebnis bei der Wahl zum Parteivorsitzenden. Die schlechteste lag bei 55 plus x Prozent, also deutlich unter meinem Abschneiden vom letzten Mal. Im günstigsten Fall wurde mir ein Ergebnis in der Nähe der vorletzten Wahl von 1983 zugetraut, das - Stichwort Milliardenkredit - sehr bescheiden für mich ausgefallen war. Durch diese Vorgeschichte hatte sich natürlich ein großes Interesse aufgestaut an der Frage: Was sagt er? Das war mit Sicherheit bei diesem Parteitag ein Grund, warum eine Drei-Stunden-Rede akzeptiert wurde. Ein anderes Mal gibt es einen anderen Grund.

Ich hatte zur Vorbereitung der Rede Stichworte gegeben, ein ausgearbeitetes, aber mich nicht rundum befriedigendes Manuskript wurde mir vorgelegt. Ich bat vor allem um Ergänzungen, weil mir einige Dinge nicht ausführlich genug behandelt zu sein schienen. Als ich das Ganze dann noch einmal durcharbeitete, ersetzte ich einen großen Teil durch handgeschriebene Notizen, an die ich mich auch weitgehend gehalten habe. Am Morgen des Ereignisses habe ich das Ganze noch einmal überflogen.

Die Dauer der Rede stand zu diesem Zeitpunkt noch nicht fest. Ich dachte an zwei Stunden, das Material, das ich bereitgestellt hatte, hätte für fünf bis sechs Stunden gereicht. Ich hatte mir vorgenommen, zunächst einmal parteiinterne Irritationen anzusprechen und aufzuklären, manche am Tatbestand der Ereignisse vorbeigehenden Bagatellisierungen wegzuwischen und in die Tiefe gehend zu zeigen, um was es sich handelt. In diesem Zusammenhang setzte ich einige Schwerpunkte, und zwar bewußt und überlegt - Steuerreform und innere Sicherheit mit den Aspekten Vermummung und Ausdehnung des Tatbestands Landfriedensbruch. Eine Reihe von weiteren Stichworten lag bereit.

Wichtig war mir bei dieser wie bei anderen Reden die Bemerkung, man solle aus der Nichterwähnung eines Problemgebietes nicht schließen, daß es bei mir keine Aufmerksamkeit mehr fände, ich könne nun einmal nicht über alles verständlich und ausreichend genug reden, ohne meiner Rede eine unerträgliche Länge zu geben. Wichtig war mir die Behandlung der Deutschlandpolitik, die dann auch ziemlich gründlich ausfiel. Schwerpunkte sollten nicht zuletzt die Europapolitik und auf alle Fälle die Null-Lösung für die landgestützten Mittelstreckensysteme (INF) bilden. Das war ungefähr das Konzept, das ich mir zurechtgelegt hatte, wobei das, was ich dann wirklich behandelt habe, nicht eine zufällige Auswahl war, sondern meiner Rangordnung und damit meiner Bewertung der politischen Prioritäten entsprach.

Wesentlich war mir, über gewisse Verwirrungen beziehungsweise Fehlentwicklungen in den Reihen der Union zu reden. Nach dem sogenannten Sommertheater wollte ich klarmachen, daß es bei den Auseinandersetzungen in der Union nicht um einen Streit zwischen CDU und CSU, sondern darum gehe, wohin die Union überhaupt marschiere und wie sie sich entwickle. Es lag mir auch die Bekräftigung der Feststellung am Herzen, daß es rechts von uns keine demokratisch legitimierte Partei geben dürfe, eine Beurteilung, die ich mit Helmut Kohl seit Jahren teile. Helmut Kohl sagt, wir sind die Partei der Mitte, wir sind nicht links und wir sind nicht rechts. Dies bedeutet, wenn man die Union als den Rumpf eines Flugzeuges darstellt, daß es nicht angeht, dem Unternehmen nur einen linken Flügel zu geben, weil damit das Gleichgewicht gefährdet und der Absturz sicher wäre.

Seit dem Herbst 1982 haben CDU und CSU über Standort, Strategie und Taktik des Koalitionspartners FDP zu reden. Viele überflüssige und kräftebindende Auseinandersetzungen sind hier mit den Namen Hans-Dietrich Genscher, Gerhart Baum und Burkhard Hirsch verbunden. Der CSU kommt in diesem Punkt in besonderer Weise die Aufgabe eines Hüters der klassischen Unionspolitik zu, weil es die CDU gegenüber der FDP leider an der gebotenen Deutlichkeit fehlen läßt, die auch in einer Koalition notwendig ist und möglich sein muß. Das ist auch der Grund dafür, daß dieses Thema in eine Parteitagsrede gehört und daß ich gerade hier besondere Aufmerksamkeit und Zustimmung finde.

Nach der langen und anstrengenden Rede auf dem CSU-Parteitag am 20. und 21. November 1987 hatte ich allen Anlaß, zufrieden zu sein. Die Delegierten meiner Partei wählten mich mit über 90 Prozent der Stimmen wieder zum Parteivorsitzenden der CSU, ein Amt, in das ich durch das Vertrauen meiner Partei am 18. März 1961 zum ersten Mal berufen worden bin.

Russisches Verwirrspiel – von der Stalin-Note zur Genfer Konferenz

In die abschließenden Beratungen über den Generalvertrag, den späteren Deutschlandvertrag, brachte die Stalin-Note vom 10. März 1952 einen dramatischen Akzent. Stalin schlug den Westalliierten ein wiedervereinigtes, bündnisfreies und begrenzt bewaffnetes Deutschland mit eigenen nationalen Streitkräften vor – von freien Wahlen war nicht die Rede, dieses Angebot schob die Sowjetunion vier Wochen später in vager Form nach. Über diese berühmt-berüchtigte Note ist viel spekuliert worden; nicht nur auf der Linken weckte sie unrealistische Hoffnungen und führte zu anhaltenden Legendenbildungen. Für mich hat es sich von Anfang an um ein Störmanöver der Sowjetunion gegen die fortschreitende Westintegration gehandelt. Die Note kam mitten in der Schlußphase der Gespräche über jene Verträge, deren Ratifizierung sie verhindern sollte. Ich war der festen Meinung, daß die Sowjets auch mit dieser Note nur ihr Ziel verfolgten, in der Bundesrepublik Deutschland mittelfristig ähnliche Verhältnisse zu schaffen wie in ihrer Besatzungszone. Ich war auch fest davon überzeugt, daß sie freie Wahlen niemals zulassen würden, auch wenn sie in einer neuen Note vom 9. April 1952 davon sprachen. Bezeichnenderweise war im Januar einer UN-Kommission, die die Voraussetzungen gesamtdeutscher Wahlen hätte überprüfen sollen, die Einreise in die DDR verweigert worden. Stalin wollte aber nicht nur den Abschluß unserer Verträge mit den Westmächten verhindern. Sein weiteres Ziel: Falls sich die Deutschen unter Berufung auf seine Note den fertigen Verträgen tatsächlich verweigerten, würde damit das Mißtrauen der ehemaligen Kriegsgegner im Westen gegen die Deutschen wieder geweckt. Mit einem Wort: Ich habe nie auch nur eine Sekunde daran geglaubt, daß ein Eingehen auf die Stalin-Note ein freiheitliches Deutschland bringen werde, bestehend aus den bisherigen vier Besatzungszonen und versehen mit allen politischen und rechtsstaatlichen Kennzeichen, die eine parlamentarische Demokratie ausmachen.

Es sollte eine Entwicklung ausgelöst werden, an deren Ende ein Deutschland nach sowjetischem Muster stehen sollte. Ich war auch deshalb dieser Meinung, weil jede andere Beurteilung der marxistisch-leninistischen Geschichtstheorie widersprochen hätte. Danach ist die Geschichte der Menschheit ein kontinuierlich verlaufender, nicht aufhaltbarer und nicht umkehrbarer Prozeß, beginnend mit dem Stadium der Nomadengesellschaft und endend mit der staaten- und klassenlosen Gesellschaft des Kommunismus. Wäre es in der DDR jedoch zu freien Wahlen nach demokratischen Spielregeln gekommen, so wären Walter Ulbricht und das kommunistische Regime über Nacht verschwunden gewesen. Das hätten die Russen nie zugelassen, weil damit das Lehrgebäude des Marxismus zusammengebrochen wäre. Trotz aller Stalinschen Schalmeienklänge konnte ich mir einfach nicht vorstellen, daß die Sowjets zusehen würden, wie ein Teil ihres Machtbereichs, der sich nach ihren Vorstellungen in der Übergangsperiode zu sozialistischer Vollendung befand, wieder aus dem sozialistischen Lager ausscheidet.

Als Gegenargument wird gelegentlich der österreichische Staatsvertrag von 1955 ins Feld geführt. Aber dies trifft nicht wegen der Unvergleichbarkeit der Verhältnisse. Solange die Sowjets als Besatzungsmacht im Lande waren, hat es in Österreich keinen demokratischen Rechtsstaat im vollen Sinne des Wortes gegeben. Ich habe die sowjetischen Besatzungstruppen in Österreich noch mit eigenen Augen gesehen. Die CSU hatte frühzeitig gutnachbarliche Beziehungen zur Österreichischen Volkspartei, und 1954 – ich war bereits Sonderminister – hat mich Bundesrat Fritz Eckert, Generalsekretär des Österreichischen Wirtschaftsbundes, eingeladen, vor der ÖVP in Wien zu sprechen: »Du mußt einmal einen Vortrag halten bei uns. Ich möchte dich in Österreich bekannt machen.« Andererseits war man in Wien auch interessiert, aus erster Hand über Bonner Ereignisse informiert zu werden. Ich bin mit dem Dienstwagen, einem 6-Zylinder-BMW, nach Wien gefahren und habe an der Enns, der amerikanisch-russischen Demarkationslinie, zum ersten Mal seit dem Zweiten Weltkrieg wieder einen bewaffneten Sowjetmenschen gesehen – der stand da in der typischen Uniformierung, Hemd gegürtet über der Hose, die M.P. mit Trommelmagazin, die »Balalaika«, in der Hand, und hielt Wache. Es gab keine Kontrolle, ich fuhr durch.

Bei meinem Vortrag hatte ich schon nach zwei Sätzen gewonnenes Spiel. »Sie wissen, ich bin Bundesminister Franz Josef Strauß. Ich bin mit meinem Vornamen der österreichischen Politik und mit meinem Familiennamen der österreichischen Kultur aufs engste verbunden.« Tosender Applaus, was ich danach noch sagte, war für meine Zuhörer weitgehend bedeutungslos. Ich sprach über Grundlinien der deutschen

Politik, über die außenpolitische Orientierung der Bundesregierung, über die Erfolge der Sozialen Marktwirtschaft, aber ich wetterte auch massiv gegen die Sowjets. Nach der Rede wurde ich darauf angesprochen, ob ich gewußt hätte, daß in unmittelbarer Nähe des Hotels, in dem die Veranstaltung stattfand, die sowjetische Kommandantur liege. Ich verneinte und sagte: »Wenn ich es gewußt hätte, dann hätte ich auch nicht anders geredet.«

Trotz der noch bestehenden sowjetischen Präsenz hat mir niemand in Österreich politische Zurückhaltung empfohlen. In der Schweiz habe ich diesbezüglich durchaus Ermahnungen bekommen. Vor vielen Jahren mußte ich in der Eidgenossenschaft vor einer Rede ein Papier unterschreiben, in dem ich mich verpflichtete, mich nicht in innerschweizerische Verhältnisse einzumischen und kein fremdes Staatsoberhaupt zu beleidigen. Ein anderes Mal hat man mich mündlich entsprechend ermahnt; bei Nichteinhaltung hätte ich mit meiner sofortigen Ausweisung zu rechnen. Meine sarkastische Frage, wie dies mit Stalin sei, blieb ohne Antwort.

Zur Zeit meines Wien-Besuches wurde bereits über den österreichischen Staatsvertrag verhandelt, und man spürte die Erwartung, die sich damit verband. Für Moskaus Entscheidung, Wien in die Neutralität zu entlassen, spielten eigene Interessen eine wichtige Rolle, die erst sichtbar wurden, als die Bundesrepublik 1955 dem Nordatlantikpakt beitrat. Die Sowjetunion stand vor der unangenehmen Alternative, entweder Österreich zu teilen, damit höchstwahrscheinlich die Mitgliedschaft des freien Teils des Landes in der NATO hinzunehmen und so dem Bündnis zu einer Landbrücke nach Norditalien zu verhelfen oder aber ganz Österreich neutral zu stellen.

In einem kleinen Kreis von NATO-Verantwortlichen haben wir um die Jahreswende 1956/57 – nachdem ich im Oktober Verteidigungsminister geworden war und die Niederschlagung des Ungarn-Aufstands eine Woche später uns in höchstem Maße alarmiert hatte – die Frage erörtert, was zu geschehen habe, falls die Russen in Österreich einmarschieren sollten. In diesem Fall war damit zu rechnen, daß sie bis Bregenz kämen und ganz Österreich besetzten, was der Westen natürlich nicht hinnehmen könnte. Die Österreicher, so die Analyse, könnten sich selber nicht verteidigen, sondern allenfalls an der Grenze den Gegner eine Stunde aufhalten. Da aber ein russischer Einmarsch in Österreich, so die Überlegung, nicht erfolgte, um Österreich zu besetzen, sondern als Konsequenz eines großen europäischen Krieges, könnten die wenigen damals in Europa stationierten amerikanischen Eliteeinheiten nicht eingesetzt werden, weil man sie an der eigentlichen Front brauche. Die Engländer seien in diesem Fall im Norden engagiert, die Franzosen kämen zu spät, und den Deutschen seien aus den bekannten Gründen, die in der Vergangenheit lägen, die Hände gebunden. Auch der Gedanke, diese Aufgabe den Italienern zuzuweisen, wurde verworfen. Wenn man die Russen schon nicht daran hindern könnte, in Österreich einzumarschieren, sollten sie wenigstens an der Linie Salzburg-Toblach aufgehalten werden, wozu auch zwangsläufig deutsche Verbände eingesetzt werden müßten. Das heikle Thema ist seitdem in meiner Anwesenheit nie mehr angeschnitten worden.

In meiner Bundestagsrede vom 20. März 1958, auf die sich später Genscher und viele andere bezogen, habe ich zum Thema »Österreich-Lösung« ausführlich Stellung genommen und dabei eine kühne Vision entwickelt. Im Streit um die Atomwaffenträger für die Bundeswehr hatte die SPD ihre Parole erneuert, die Wiederbewaffnung verhindere die Wiedervereinigung. Ich habe gesagt, daß es uns um die Freiheit und nicht um die Einheit gehe - wo Einheit und Freiheit im Konflikt stünden, habe die Freiheit den Vorrang. Bei der Wahl zwischen Freiheit für die Bundesrepublik oder Einheit für ganz Deutschland unter kommunistischer Vorherrschaft müsse die Antwort zugunsten der Freiheit fallen. Abgesehen davon, daß ein kommunistisches Gesamtdeutschland ein Alptraum unserer westlichen Nachbarn wäre, vor allem der Franzosen, betreffe die Frage der deutschen Einheit ja nicht nur das Gebiet der DDR und der Bundesrepublik. Zu Deutschland gehörte einmal auch Österreich. Im Frühjahr 1919 scheiterten die Verhandlungen über einen Anschluß Österreichs an das Deutsche Reich, für den die Österreichische Nationalversammlung am 4. März 1919 noch einmal einstimmig votiert hatte und den auch Artikel 61 der Weimarer Verfassung vorsah, am Einspruch der Siegermächte. Diese verwehrten es dem neuen Staat im Friedensvertrag von St. Germain auch, sich »Deutsch-Österreich« zu nennen - trotz der 14 Punkte des amerikanischen Präsidenten Wilson, in denen das Recht der Völker auf Selbstbestimmung garantiert worden war. Vor allem die Franzosen haben hier einen großen Sündenfall begangen. Man kann nicht das Selbstbestimmungsrecht proklamieren und dann dem Besiegten eben dieses Recht vorenthalten. Deutsches Reich plus Deutsch-Österreich, das war 1919 das Thema der deutschen Einheit. Hitler hat dieses Problem 1938 auf seine Weise gelöst, das heißt so, daß es nie wieder aktuell werden kann.

Leiden wir oder leiden wir nicht unter dieser Trennung, so habe ich 1958 im Deutschen Bundestag gefragt. Mein Wahlkreis grenzt an Österreich. Wenn ich von Mittenwald nach Scharnitz gehe, dann zeige ich einen Paß vor oder auch nicht, jedenfalls bewege ich mich im gleichen Kulturkreis, im gleichen gesellschaftlichen System, in der gleichen menschlichen Atmosphäre, und das Ganze auch noch bei gleicher Sprache. Wenn ich aber von Hof nach Plauen gehe, dann gehe ich von einem Kulturkreis in einen anderen Kulturkreis, von einem System in ein anderes System, von einer politischen Ordnung in eine ganz andere politische Ordnung, von der Freiheit in die Unfreiheit. Von Mittenwald nach Scharnitz gehe ich nicht von der Freiheit in die Unfreiheit, da gehe ich nur in einen anderen Staat. Dieser Gang bedrückt mich nicht, was mich bedrückt, ist der Gang von Hof nach Plauen.

Nehmen wir einmal an, so führte ich in meiner Rede aus, wir machten den Russen folgendes Angebot: Austritt aus der NATO, Abbau der Bundeswehr auf eine Stärke von 100.000 Mann und mit schwacher Bewaffnung ähnlich der österreichischen, militärische Neutralität, Verzicht auf das Thema Wiedervereinigung bis ins Jahr 2000, Reparationen für die von den Deutschen angerichteten Schäden in Höhe von 10 Milliarden Dollar - und wir verlangten nur eine Gegenleistung: nicht etwa daß die Sowjetunion die Wiedervereinigung akzeptiert, sondern lediglich, daß die Sowjetunion der DDR den Österreich-Status mit einem gleichen Staatsvertrag gewährt und gewährleistet. Was würde die Antwort sein? Die Antwort würde sein: Ihr Vorschlag ist wunderbar, wenn Sie alle Teile Ihres Vorschlags durchführen, haben wir eine wesentlich bessere Voraussetzung, um uns dann über Ihre Forderung in einer besseren Atmosphäre zu unterhalten! Wir könnten alles erfüllen, was die Sowjets sich nur wünschen, und als Gegenleistung nur den Österreich-Status für die DDR verlangen, auch dann würde Moskau nein sagen!

Von der Richtigkeit meiner damaligen Einschätzung bin ich aus verschiedenen Gründen auch heute noch überzeugt. Der erste Grund sind die 400.000 Mann der »Gruppe der sowjetischen Streitkräfte in Deutschland«, die eine aus sowjetischer Sicht unerläßliche Klammer für den Zusammenhalt des kommunistischen Imperiums darstellen. Damit ist nicht nur Polen umklammert, sondern, wenn man die Truppen im asiatischen Teil der UdSSR als Gegenpol nimmt, das gesamte Gebiet des Moskau-Kommunismus. Der zweite Grund ist heute weniger aktuell als damals, daß nämlich die Sowjetunion mit einer Österreich-Lösung für die DDR ihr Glacis für den Aufmarsch gegen den

Westen verlieren würde – wir hatten damals eine durchaus reale Angst vor einem drohenden Angriff. Drittens war Österreich ein »befreites« Gebiet, während die DDR nach marxistisch-leninistischer Vorstellung bereits einen fortgeschrittenen Status auf dem Weg zur sozialistischen Traumgesellschaft erreicht hat.

Über die Beurteilung der Stalin-Note vom März 1952 gab es in der vertraulichen Runde von Koalitionspolitikern, die im kleinen Kabinettssaal des Palais Schaumburg zu beraten pflegte, keinerlei Meinungsverschiedenheiten. Der Vorstoß aus Moskau wurde von vornherein als ein nicht ernst zu nehmendes Störmanöver angesehen, um in letzter Minute den Generalvertrag zu Fall zu bringen. Wir waren in der Sache wie in der formalen Behandlung gelassen – die Note war an die Alliierten gerichtet, nicht an uns. Auch Gustav Heinemann und seine Freunde lehnten die Stalin-Note zunächst ab. Im Jahre 1952 gab es außer den Kommunisten, die im ersten Deutschen Bundestag noch vertreten waren, keine politische Partei, die die Note ernstgenommen und ihre Nichtbeachtung als Fehler oder gar als Dolchstoß gegen die Wiedervereinigung betrachtet hätte. Auch Paul Sethe, später einer der Wortführer der Versäumnislegende, gab sich in seinen Leitartikeln in der »Frankfurter Allgemeinen« 1952 noch recht gemäßigt.

Die Regierungsparteien waren sich einig: Durch Verhandlungen würden wir uns zwischen alle Stühle setzen. Wir dürften jedoch keinerlei Zeit verlieren, denn unser Verhältnis zu den Alliierten und zukünftigen Partnern sei so sensibel und so empfindlich, das latente Mißtrauen, vor allem der Franzosen, so stark, daß wir von vornherein auf klaren Verhältnissen bestehen müßten. Das war unsere gemeinsame Auffassung.

Weder aus damaliger noch aus späterer Sicht gibt es für mich einen Anlaß, mein Urteil über die Stalin-Note, die nachträglich zu einem Propagandainstrument der Linken umfunktioniert wurde, zu ändern. Die Sowjetunion dachte aus machtpolitischen und ideologischen Gründen nicht daran, die Wiedervereinigung Deutschlands nach den Grundsätzen der klassischen Demokratie zuzulassen. Ein solcher Staat hätte aus freien Wahlen hervorgehen müssen, und die Kommunistische Partei, die Partei Moskaus, wäre von den Wählern in der DDR hinweggefegt worden. Stalin wußte dies. Die Vorstellung, man hätte damals die Wiedervereinigung haben können und man habe sie nicht gewollt, hat weder die Tatsachen für sich noch auch nur eine vage Hoffnung. Legenden, auch wenn sie noch so viele Füße bekommen, werden auch durch ständige Wiederholung nicht wahrer.

Die Stalin-Note von 1952 ist nicht isoliert zu sehen, sie ist nur ein besonders bekannter unter vielen ähnlichen sowjetischen Versuchen, die Westbindung der Bundesrepublik Deutschland zu verhindern, auf jeden Fall zu stören und zu verzögern. Immer wieder kamen aus Moskau einschlägige Noten, Vorschläge, Erklärungen. Seinen Höhepunkt erreichte dieses Verwirrspiel mit der Genfer Gipfelkonferenz Ende Juli 1955. Mein Freund Antoine Pinay hatte mich, auch zur Weitergabe an Konrad Adenauer, informiert, daß auf dieser Konferenz ein letzter Versuch unternommen werde, mit den Sowjets die deutsche Frage einvernehmlich zu lösen. Der Westen wolle den sowjetischen Führern mit großer Dringlichkeit die Gretchenfrage stellen: Wie haltet ihr es mit der deutschen Wiedervereinigung und der Schaffung eines demokratischen Gesamtdeutschland auf der Grundlage freier Wahlen? Wenn die Sowjets nicht zustimmten, würde die Konferenz mit einem Eklat enden. Pinay: »Dann müssen wir mit allem rechnen.« Die Konferenz verlief jedoch in bester Stimmung, der »Geist von Genf« wurde geboren. »Die Regelung des deutschen Problems und die Wiedervereinigung Deutschlands mittels freier Wahlen«, so das Kommuniqué, sollten auf einer Außenministerkonferenz im Herbst besprochen werden. Es kam, wie es kommen mußte – der Ankündigung folgten keine Taten.

Die sowjetischen Führer, Chruschtschow an der Spitze, machten auf dem Heimflug nach Moskau Station in Ost-Berlin. Ulbricht war wohl in großer Aufregung. Unter den SED-Funktionären ging die Angst um, daß die Russen ihre deutschen Genossen an die Westmächte verkaufen würden. Der Kreml-Chef konnte seine Statthalter beruhigen, nichts werde passieren. Man habe in Genf den Kopf aus der Schlinge gezogen, habe das ganze Vorhaben an die Außenminister verwiesen, die die Einzelheiten bis zum Herbst 1955 ausarbeiten sollten. Drei Tage nach Beendigung der Genfer Konferenz verkündete Chruschtschow in Ost-Berlin die sowjetische Zweistaatendoktrin. Im Herbst haben die Russen dann erklärt, sie hätten westlichen Vorstellungen von der Durchführung allgemeiner und freier Wahlen nie zugestimmt. Das sei eine falsche Auslegung des Genfer Protokolles. Dabei blieb es.

Die Russen hatten in Genf eine Formulierung akzeptiert, die in Ost-Berlin alarmierend wirken mußte. Aus Angst vor westlichem Druck und einer möglichen militärischen Konfrontation hatten sie sich zum ersten und letzten Mal mit einer Formulierung einverstanden erklärt, die Grundlage weiterer Verhandlungen hätte werden können. Das angebliche Einlenken in Genf muß jedoch auch im Zusammenhang mit der militärischen und rüstungstechnischen Situation der Sowjetunion gesehen werden. 1949 hatten die Russen die Atombombe, 1953 testeten sie die Wasserstoffbombe. Das Problem aber war, daß sie über keine Träger verfügten und ihre Bomben nur auf Schiffen hätten nach Amerika transportieren können; für den europäischen Bereich war die Reichweite ihrer Flugzeuge zu gering. Sie hatten also die Bombe, konnten aber nicht glaubhaft mit ihrem Einsatz drohen. Jedenfalls fühlten sich die Russen damals noch militärisch unterlegen. Eine innere Krise kam hinzu. Chruschtschow bereitete zu dieser Zeit eine Reihe von Reformen vor und benötigte eine strategische Pause. Für uns war jedoch klar, daß die Sowjetunion den von ihr besetzten Teil Deutschlands nicht preisgeben und alles darauf richten werde, Macht und Einfluß auch über den freien Teil Deutschlands zu gewinnen.

In der Sowjetischen Besatzungszone glaubte sich Moskau von Anfang an fest verankert. Schon kurz nach dem Ende der Kampfhandlungen waren drei sogenannte »Initiativgruppen«, darunter Walter Ulbricht, aus Moskau eingeflogen worden. Die »Gruppe Ulbricht« machte sich konsequent an den Aufbau eines sozialistischen Staates, so daß sich im russisch besetzten Teil Deutschlands schon bald wesentlich andere Verhältnisse darboten als beispielsweise im russisch besetzten Teil Österreichs. Der wichtigste Schritt war die Gründung der »Sozialistischen Einheitspartei Deutschlands« Ostern 1946, als die SPD in die Zwangseinheit mit den Kommunisten gebracht wurde. Das zeigt, daß die Russen in Deutschland von vornherein aufs Ganze gehen wollten. Hier mag mitgespielt haben, so jedenfalls unsere Empfindung, daß man Deutschland ursprünglich als das Schlüsselland der kommunistischen Revolution ansah – und ausgerechnet das hochindustrielle Deutschland hatte sich 1918/19 der Weltrevolution versagt. Der Sozialdemokrat Friedrich Ebert schloß das Bündnis mit der Führung der geschlagenen Armee des kaiserlichen Deutschland, und aus diesem Bündnis erwuchs das Deutsche Reich; die Aufstände der Spartakisten im Ruhrgebiet, in Sachsen, in Bayern wurden niedergeschlagen. Die Weltgeschichte verlief anders, als sie nach der Lehre Lenins eigentlich hätte verlaufen müssen. Die zweite historische Bezugslinie der Russen war die Überzeugung, daß, wer Deutschland besitze, den Rest Europas aktionsunfähig machen könne. Deshalb sollte dieses Deutschland dem »Cordon Stalinaire«, dem russischen Sicherheitsgürtel, vorgeschoben werden, in der Hoffnung, später vielleicht das Ganze doch in einen vollsozialistischen Staat umwandeln zu können. Alles in allem paßte die Vorstellung eines wirklich freien Deutschland nicht in das strategische Bild Moskaus.

Nach dem Tode Stalins am 5. März 1953 scheint es im Kreml gewisse Irritationen gegeben zu haben. Für manche Beobachter im Westen sah es so aus, als ob man sich in Moskau doch mit dem Gedanken einer Wiedervereinigung Deutschlands angefreundet hätte. In diesen Zusammenhang gehört eine mysteriöse Begebenheit, die sich im August 1955 ereignete, also kurz nach der Genfer Konferenz und wenige Wochen vor Adenauers Reise nach Moskau. Eines Tages ruft mich Bundesfinanzminister Schäffer an: »Ich habe mit dir etwas zu besprechen, allerhöchste Geheimhaltung. Wir können es in keinem Raum machen, weder bei dir noch bei mir im Amt, auch in keiner Gaststätte. Wir machen einen Spaziergang.«

Wir machen diesen Spaziergang, nachts, immer um das Bonner Münster herum, ich weiß nicht wie oft. Es gibt noch einen zweiten, der über diese Vorgänge Bescheid weiß, Richard Stücklen, der zwar nicht unmittelbar dabei war, der aber das Ganze in Erinnerung hat, weil er indirekt beteiligt war. Bei dem nächtlichen Rundgang berichtet mir Schäffer dann seine Geschichte. Er sei in seinem Wahlkreis in Passau gewesen, und bei dieser Gelegenheit habe ihn der Verleger Hans Kapfinger in einem Dorfe bei Passau zusammengebracht mit Vincenz Müller, dem Stellvertretenden Innenminister der DDR. Der ehemalige Wehrmachtgeneral war Ende Juni 1944 beim Zusammenbruch der Heeresgruppe Mitte in Gefangenschaft geraten und hatte sich dem »Nationalkomitee Freies Deutschland« angeschlossen, einer Gruppierung von Offizieren, die sich auf eine Zusammenarbeit mit den Sowjets einließen. 1948 landete er in der DDR, wo er sich in den fünfziger Jahren dem Aufbau der Volkspolizei und der Nationalen Volksarmee widmete.

Dieser Vincenz Müller, ein praktizierender Katholik, gebürtig aus Aichach, sei inkognito in Niederbayern gewesen, wo sein Bruder Pfarrer sei. Bei dem Treffen habe er ihn, Schäffer, informiert, daß unter Umständen eine radikale Änderung der sowjetischen Politik gegenüber Deutschland denkbar sei. Die Bundesregierung müsse lediglich auf die Durchführung des Freiwilligengesetzes verzichten und ihr Verhältnis zur NATO lockern. Müller bat Schäffer, nach Ost-Berlin zu kommen und dort mit Botschafter Puschkin zu sprechen. Schäffer wollte sich nicht festlegen, sondern sich erst mit Konrad Adenauer abstimmen. Auf meine Frage, was denn der Alte gesagt und ob er diese Reise nicht verboten habe, erhielt ich eine bemerkenswerte Antwort. »Fahren Sie ruhig hin, Herr Schäffer«, habe Adenauer gesagt. »Wenn det aber bekannt wird, ich weiß nichts davon. In meinem Auftrag sind Sie nicht gefahren, aber fahren Sie ruhig hin!«

Schäffer fuhr, und im Herbst 1956 fuhr er erneut. Bei der zweiten Reise machte Vincenz Müller offenbar sehr weitreichende Andeutungen. Es sei nicht nur nicht ausgeschlossen, es sei durchaus möglich, daß es ohne sowjetisches Eingreifen, vielleicht sogar auf sowjetisches Betreiben hin, zu einer Machtübernahme durch die Nationale Volksarmee in der DDR komme, daß Ulbricht verhaftet und die ganze Regierung abgesetzt werde. Man wünsche mit der Bundesregierung deswegen Kontakt. Initiatoren dieser Politik seien sowjetische Kreise, die die großen Fehler Stalins einzusehen begonnen hätten. Man denke an einen Österreich-Status für die DDR. Eine Wiedervereinigung sei zwar nicht oder erst für eine spätere Phase in Aussicht gestellt, aber immerhin käme es zu einer nichtkommunistischen Regierung in der DDR, zu einer wirklichen Demokratie mit vorheriger militärischer Übergangskonstellation und außenpolitisch begrenzter Bewegungsfreiheit. Der sowjetische Botschafter Georgi Puschkin ließ sich, wenn auch erst nach massiver Intervention Müllers, zwar sprechen, aber heraus kam nichts. Fritz Schäffer wartete vergeblich auf die große Enthüllung.

Die Geschichte ist mir, vor allem wegen des langen nächtlichen Spaziergangs um das Bonner Münster, als ebenso faszinierend wie phantastisch in Erinnerung geblieben. Drüben ein von den Sowjets abgesegneter Staatsstreich und Beseitigung des Ulbricht-Regimes mit allen erfreulichen Folgen, hier bei uns Lockerung der Bindung zur NATO und keine Durchführung der Wehrpflicht – solche Aussichten schienen einem gesamtdeutsch denkenden Mann wie Fritz Schäffer zumindest verlockend. Nach dem ergebnislosen Verlauf zu urteilen, muß das Ganze jedoch wohl als weiteres Störmanöver abgetan werden. Andererseits begaben sich einige Leute im Osten damit in eine Situation, die außerordentlich brisant hätte werden können, wäre die »Vermittlung« zur Unzeit bekannt geworden. Die Folge wäre wohl eine tiefe Vertrauenskrise im Osten gewesen. Daß Vincenz Müller seinen Kopf in die Schlinge steckte ohne jede sowjetische Rückendeckung, schien ganz unwahrscheinlich. Für mich blieb die Angelegenheit ein Angelhaken, um den Westen vorzuführen, und Vincenz Müller der Köder, den man einfach geopfert hätte.

Konrad Adenauer hat mir gegenüber später behauptet, Fritz Schäffer sei auf eigene Faust nach Ost-Berlin gereist. Dem habe ich widersprochen: »Herr Bundeskanzler, das stimmt so nicht. Sie haben gewußt davon. Sie hätten ihm jederzeit diese Reise verbieten können, nicht nur aufgrund der Gemeinsamen Geschäftsordnung der Bundesregierung. Sie haben es bewußt und aus gutem Grund nicht getan, haben aber erklärt, daß, wenn es bekannt würde, Sie nichts davon wüßten.« In Wirklichkeit war Konrad Adenauer gegenüber den Schäfferschen Erzählungen von einem abgrundtiefen Mißtrauen erfüllt. Ohne selbst ein Risiko zu tragen, wollte er dennoch den letzten Rest an denkbarer Chance erkunden lassen. Gesetzt den Fall, Vincenz Müller hätte damals ein ernsthaftes Angebot überbracht, so hätte die Bundesregierung damit wohl die Zustimmungsgrundlage einer breiten Mehrheit der Bevölkerung für ihre Politik verloren.

Wem gehören die Herzen, wem gehören die Hoffnungen, die Befürchtungen der Deutschen - diese Fragen und die möglichen Antworten stehen meist unausgesprochen im Raum. Es geht bei der Frage der Wiedervereinigung nicht in erster Linie, wie manche hierzulande heute meinen, um Sicherheit für die Sowjetunion. Moskau hat durch seine groß angelegte Strategie gegenüber Deutschland erreicht, daß wir heute, international gesehen, weiter zurück sind als vor dreißig Jahren. Das klingt furchtbar, ist aber wahr. Hitler ist wieder mächtig geworden im umgekehrten Sinne. Die Selbstbeschuldigungssucht der Deutschen hat derart selbstquälerische Züge angenommen, daß Überlegungen, die in den fünfziger Jahren noch durchaus erlaubt waren, zum Beispiel im Bereich der atomaren Bewaffnung, heute schier undenkbar, nicht einmal mehr ein zu erörterndes Thema sind. »Wir müssen an die Sicherheitsinteressen der Sowjetunion denken« - das ist heute der Generaleinwand. Hinsichtlich ihrer Sicherheit, die sie uns gegenüber ohnehin besitzt, können wir der Sowjetunion noch so viele und weitreichende Garantien bieten, die Wiedervereinigung werden wir dadurch nicht erreichen. Wir werden diesem Ziel durch Unterwürfigkeit, Liebedienerei und Speichelleckerei nicht näherkommen - wer im Westen so denkt und handelt, wird im Kreml eher verachtet als ernst genommen.

In diesem Zusammenhang erinnere ich mich an ein Gespräch mit Alexej Adschubej, dem Schwiegersohn Chruschtschows, im Jahre 1964. Adschubej sollte die mögliche Reaktion der Bevölkerung in der Bundesrepublik Deutschland auf einen beabsichtigten Besuch des Kremlchefs testen. Er war bei unserem Gespräch, wie bei der ganzen Reise, betrunken, aber geistvoll, spritzig, launig. »Wir müssen das deutsch-sowjetische Verhältnis ändern«, sagte ich. Er stimmte mir lebhaft zu: »Wir müssen unser Verhältnis grundlegend ändern. Sie müssen einmal anerkennen, daß es immer die Russen waren, die Deutschland abgeschirmt haben gegen die Einfälle asiatischer Horden.« Nach einer langen historischen Aufzählung kam Adschubej dann zur Sache: »Heute stehen wir vor dem gleichen Problem mit China. Ungeheure Volksmassen drängen nach dem Westen. Andererseits sind wir kommunistische Brüder.« Dann kam eine geradezu grausige Aussage: »Wissen Sie, was wir am liebsten tun würden? Am liebsten würden wir euch Deutschen hundert Wasserstoffbomben geben, einen Korridor durch die Sowjetunion schaffen, und ihr räumt mit den Chinesen auf!«

Ich ging auf diesen wahnwitzigen Gedanken nicht ein: »Herr Adschubej, auf deutschem Boden stehen keine chinesischen, sondern russische Soldaten, und das ist das Problem, das zwischen uns steht, nicht die gelbe Gefahr. Wenn Ihr Schwiegervater kommt, dann wird der Empfang nicht sehr freundlich sein. Aber ich sage Ihnen, wenn Ihr Schwiegervater den Willen und die Kraft hat, im Grundsatz die Unvermeidbarkeit und Notwendigkeit eines wiedervereinigten Deutschland anzuerkennen und diese Entwicklung einzuleiten, dann wird der Jubel grenzenlos sein. Heute haben Sie in Deutschland 60 Millionen Gegner und 17 Millionen Lakaien. Wenn Ihr Schwiegervater das macht, was ich eben andeutete, dann werden Sie 77 Millionen begeisterte Freunde haben.«

Diesen Gedanken habe ich damals nicht zum ersten und nicht zum letzten Mal ausgesprochen. Im Mai 1978 sagte ich zu Breschnew, daß die Weltlage und das Verhältnis zwischen Ost und West grundlegend anders wären, wenn sich die Sowjetunion bereit erklären würde, einmal über Deutschland als Ganzes mit uns zu reden. Das wäre eine Sternstunde für die Menschheit! Nach dem Besuch Breschnews hielt ich im Bundestag eine große Rede, in der ich diesen Teil meiner Unterhaltung mit Breschnew wiedergab – Frieden und Verständigung als Ansatz zu einem Gespräch über Gesamtdeutschland. Horst Ehmke von der SPD kam nachher, um zu sagen, daß ich eine ausgezeichnete Rede gehalten hätte. Was ich da gesagt hätte über mein Gespräch mit Breschnew, über Frieden, Abrüstung, Entspannung, das sei alles sehr vernünftige Politik gewesen, aber im Schlußteil hätte ich mit meinem Wort von der »Änderung der sowjetischen Haltung zu dem Komplex Gesamtdeutschland« alles wieder kaputtgemacht. »Das hätten Sie nicht sagen dürfen.« Meine Antwort: »Das war ja der Sinn meiner Rede, ihm das zu sagen.« Ehmke meinte wohl, daß jede Erwähnung dieses Reizthemas gegenüber den

Sowjets die politische Zusammenarbeit schon im Keim ersticke. Deutschland und die Frage nach der Einheit der deutschen Nation sind jedoch Themen, die auch Moskau unausweichlich beschäftigen. So schrieb nach den Bundestagswahlen 1987 der Deutschland-Experte Nikolai Portugalow einen Artikel in »Moskowskie Novosti«, in dem es sinngemäß hieß, daß es nur *eine* deutsche Nation gebe, wenn auch in zwei Staaten. Michail Gorbatschow hat mir wenig später bei meinem Besuch in Moskau diese Auffassung bestätigt.

Mitte der siebziger Jahre hatte ich mit dem Ständigen Vertreter der DDR in Bonn, Michael Kohl, im Gästehaus meines kürzlich verstorbenen Freundes Josef März bei Rosenheim über diese Themen zwei lange Unterredungen. Dabei war einmal auch Klaus Zechmeister, 1979 Erster Sekretär an der DDR-Vertretung in Bonn. Die Kernfrage lautete: Gibt es einen Weg zu einer deutsch-russischen Verständigung, zu einem West-Ost-Ausgleich, zu einer Normalisierung der Beziehungen zwischen der DDR und der Bundesrepublik Deutschland? Mein beschwörender Hinweis: »Sie müssen vor allen Dingen Ihre Kunstkonstruktion, Ihre Fiktion von zwei deutschen Nationen aufgeben. Es gibt weder eine kapitalistische Nation noch eine sozialistische Nation!« Damals spukte noch immer die Zwei-Nationen-Theorie durch die Köpfe, von der sich der Osten inzwischen deutlich entfernt hat. Schon die ablehnende Haltung der 16 Millionen Menschen in der DDR macht diese absurde Teilung der Deutschen in zwei Nationen unmöglich. Der bulgarische Staats- und Parteichef Todor Schiwkoff hat mir gegenüber ebenfalls erkennen lassen, daß es nur eine deutsche Nation gebe. Als er meinte, an der Realität sei freilich nichts zu ändern, fragte ich ihn: »Ja, meinen Sie also, daß dies bis zum Ende der Menschheitsgeschichte, bis die Erde untergeht, so sein wird?« Da hat Schiwkoff nur gelacht und keine Antwort gegeben.

Die Deutschlandfrage spielt, auch wenn sie als solche nicht angesprochen wird, in der Sicherheits-, Abrüstungs- und Raketendiskussion eine wichtige Rolle. Der Gefahr und des Risikos, die entstehen würden, wenn die Sowjets ein politisches Angebot in Richtung Wiedervereinigung machten, bin ich mir voll bewußt. Dann könnten uns die Felle wegschwimmen. Ich habe hierüber mehrmals auch mit Helmut Kohl gesprochen, zuletzt am 2. September 1987, wenige Tage nach seinem öffentlichen Verzicht auf die Pershing I A, in unserem Haus in München. Wenn wir die deutsche Frage lösen wollten, dann müßten wir uns darüber im klaren sein, daß es sich um einen langen geschichtlichen

Prozeß handle, nicht um eine jähe Möglichkeit. Der lange Prozeß könnte, rein theoretisch, dadurch abgekürzt werden, daß wir uns auf die andere Seite schlagen – ob man uns dort gern aufnehmen würde, müßte allerdings bezweifelt werden. Aber die Frage stelle sich nicht, denn abgesehen von einer verschwindend kleinen Minderheit wolle niemand ins kommunistische Paradies. Daß die Sowjetunion von sich aus die Wiedervereinigung anbiete, indem sie die DDR aus ihrem Machtbereich entläßt, sei ebenfalls unwahrscheinlich. Also gebe es nur einen Weg, der viele flankierende Maßnahmen erfordere, nämlich eine Maximierung der Macht der Bundesrepublik Deutschland. Dies garantiere sowohl ein tragbares Verhältnis zur Sowjetunion als auch engere Beziehungen zu ihren Bundesgenossen, gerade im Südosten Europas. Wenn man früher vom Maximum der Macht sprach, dann bezog sich das im allgemeinen Denken auf die militärische Kategorie. Die militärische Kategorie ist heute nicht mehr anwendbar, auch nicht mehr wünschbar. Wir wollen und können nicht eine Armee von einer Million aufstellen, und wenn wir es täten, wäre die Wirkung negativ und unseren Interessen abträglich. Aber hinsichtlich unserer vorhandenen militärischen Mittel und Möglichkeiten müssen wir auf allen Ebenen vertreten sein. Vor allem dürfen wir uns nicht freiwillig aus Etagen zurückziehen, aus denen die anderen uns raushaben wollen, nur um ihre eigene Sicherheit zu erhöhen. Dazu zählt auch unsere Bereitschaft, weltweit größeres Engagement zu übernehmen. Ich habe deshalb während des Golfkrieges immer wieder die Frage gestellt, auch an Bundeskanzler Kohl, warum wir nicht bereit sein sollten, zwei oder drei oder vier unserer hochmodernen Minenräumboote in den Persischen Golf zu schicken. Ich wußte, daß diese Minenräumer nicht die Weltgeschichte bewegen, aber wir hätten damit ein Zeichen von Partnerschaft und Gleichberechtigung gesetzt. Wenn die Deutschen zu allem nur nein sagen, die Amerikaner beschimpfen wegen ihres Eingreifens in Grenada oder wegen ihres Schlages gegen den libyschen Terrorismus, sich aber selbst in die Bequemlichkeit unverbindlich doppeldeutigen Geschwätzes flüchten, wird die Bundesrepublik nie den notwendigen politischen Handlungsfreiraum gewinnen. Wir müssen aktiv werden, Selbstbewußtsein zeigen, auch international Verantwortung übernehmen. In diese Richtung kann und muß deutsche Politik laufen – oder es gibt keine deutsche Politik mehr.

Wir müssen eine systematische Politik der nichtkriegerischen Machtmaximierung betreiben, indem wir eine Spitzenstellung in Wissenschaft und Technik sowie in der Wirtschaft anstreben und dadurch unser Gewicht als Bundesgenossen des Westens und als Partner des Ostens verstärken. Wenn eine solche Entwicklung parallel läuft zu einer Liberalisierung und Demokratisierung im Bereich des Warschauer Paktes, dann könnten diese beiden Wege eines Tages aufeinander treffen. Wir werden das nicht mehr erleben, auch die nächste Politikergeneration wird es wohl nicht erleben, aber diese Entwicklung kommt. Deshalb müssen wir jetzt alles tun, um unsere Macht, fernab jedes militaristischen Machtstrebens, zu maximieren. Darin sehe ich einen wesentlichen Auftrag der Politik, für die die Unionsparteien seit 1982 Verantwortung tragen. Noch herrscht hier ein unerfreuliches Defizit.

Das Bündnis ist ein Zweckbündnis. Deutsche Politik außerhalb und jenseits dieses Bündnisses ist schwer vorstellbar. Politiker müssen jedoch nicht nur die Fähigkeit besitzen, sich kühl und nüchtern an den Gegebenheiten zu orientieren, sondern auch die Kraft aufbringen, über das Tagesgeschäft hinaus Jahre, notfalls auch Jahrzehnte vorauszudenken. Überlegungen über eine Alternative zur Westbindung der Bundesrepublik Deutschland sind Visionen und Utopien, die eines fernen Tages jedoch Wirklichkeit werden könnten – ob noch in diesem Jahrhundert, ist denkbar unwahrscheinlich. Die Annahme: Die Sowjets könnten bei all ihrer Schwerfälligkeit vielleicht doch einmal unter besonderen Umständen zu überraschenden Rochaden bereit sein. Eine solche Rochade wäre ein russisches Angebot zur deutschen Wiedervereinigung unter der Voraussetzung, daß die Bundesrepublik, bei gleichzeitiger Auflösung des Warschauer Paktes, aus der NATO austritt. Die Sowjets gestehen dem wiedervereinigten Deutschland militärische Streitkräfte von mehr als nur symbolischer Art zu, und sie garantieren Nichteinmischung in die gesellschaftliche und politische Ordnung. Wie wäre im Falle eines solchen Angebots die Stimmung in der Bundesrepublik Deutschland? Ein Orkan der Begeisterung würde sich erheben, und alle Dämme würden brechen. Diese Flut auf unserer Seite zu steuern, bedürfte es einiger sehr kraftvoller Persönlichkeiten. Ich befürchte fast, daß wir weder innenpolitisch noch außenpolitisch in der Lage wären, eine solche, von heute aus gesehen unwahrscheinliche Situation verantwortungsvoll und mit Maß und Macht zu bewältigen. Wirtschaftlich und moralisch im Westen zu bleiben, gleichzeitig aber eine Sicherheitsstruktur jenseits des Ost-West-Konflikts aufzubauen, die notwendigerweise um Deutschland kreisen muß, wäre eine gefährliche Gratwanderung, deren Abgründe bekannt sind. Allerdings wird man uns niemals wieder zwischen Ost und West herumirren lassen. Die Zeiten, in denen ein starkes Deutschland wieder Machtpolitik alten Stils betreiben könnte, sind endgültig vorbei.

Diese Vision hätte zu ihrer Realisierung Hindernisse zu nehmen, deren Beseitigung außerhalb deutscher Einfluß- und Einwirkungsmöglichkeiten liegt. Erster und entscheidender Schritt wäre eine Normalisierung der politischen, gesellschaftlichen und ideologischen Strukturen in der Sowjetunion, ihre Entwicklung hin zu einem demokratischen Staat. Vielleicht müssen wir uns von den Vorstellungen des 19. Jahrhunderts lösen, daß die Existenz einer großen Landmacht automatisch die Gefahr imperialistischer Ausdehnung in sich birgt. Aber bevor dieser grundsätzliche Wandel der Konstellation nicht eingetreten ist, haben wir keinen Anlaß, Änderungen im Bündnisgefüge vorzunehmen oder in unseren Verteidigungsanstrengungen nachzulassen.

Eine weitere Voraussetzung wäre die Vollendung des gemeinsamen europäischen Marktes im Sinne einer europäischen Einigung, die über die heutige Wirklichkeit weit hinausgehen müßte. Ich meine damit nicht das diffuse Gerede von europäischer Friedensordnung und ähnliche Worthülsen, auf deren substantielle Ausfüllung ich noch warte. Es klingt gut, von einer europäischen Friedensordnung zu reden, in deren Rahmen die Russen sich so sicher fühlen könnten, daß sie die Wiedervereinigung zulassen würden. Nachfragen, wie eine solche Ordnung aussehen und wie sie herbeigeführt werden soll, bleiben ohne Antwort.

Hoffnung ist auf den gemeinsamen Binnenmarkt zu setzen, der solche Verflechtungen schaffen und ein solches Zusammenwachsen bewirken wird, daß kein politischer Wille in Deutschland diese Tatsachen mehr wird aufheben oder gar umkehren können. Dann stünde in den Augen der Nachbarn in West und Ost die Bundeswehr nicht mehr in dem Verdacht, die nationale Streitmacht eines neutralen deutschen Staates zu sein. Die Bundeswehr wäre dann ein wesentlicher Bestandteil einer entlang der Achse Bonn–Paris zu bildenden europäischen Armee. Ob freilich - und auch deshalb ist das Ganze eine Vision - unsere westlichen Alliierten zu einer solchen Entwicklung Neigung und Mut hätten, ist zweifelhaft. Ein wiedervereinigtes Deutschland in einer Schlüsselstellung gegenüber der Sowjetunion stieße, auch wenn dieses Deutschland in ein geeintes Europa eingebettet wäre, bei manchen Partnern im Westen auf Ablehnung.

Gedanken über eine deutsche Wiedervereinigung könnte man sich zuletzt noch im Zusammenhang mit einer anderen Hypothese machen – ich meine den völligen Zusammenbruch des kommunistischen Systems, den Ausbruch einer Revolution und die Unabhängigkeitserklärung der Zwangsverbündeten. Wahrscheinlicher aber und damit sinnvoller ist es, auf lange Zeiträume zu setzen und die Entwicklungen, die Gorbatschow im Osten in Gang gesetzt hat, mit wachsamer, kritischer und wohlwollender Aufmerksamkeit zu verfolgen. Im wesentlichen sind zwei Strömungen zu sehen – zum einen eine starke wirtschaftliche Ausstrahlung Westeuropas, die auch eine politische ist, zum anderen eine fortschreitende Zurücknahme des totalitären Charakters der kommunistischen Systeme, unter Beibehaltung ihrer Ideologie, aber mit zunehmend wohlfahrts- und wohlstandsstaatlichen sowie rechtsstaatlichen Elementen. Auf diese Weise verliert der Gegensatz zwischen West und Ost an Schärfe, die Provokation, die jede Seite für die andere schon durch ihre Existenz darstellt, könnte sich mildern.

Dringliche, übergreifende Probleme, die Kooperationen geradezu erzwingen, bringen die Notwendigkeit mit sich, sich mehr aufeinander einzustellen. Energieversorgung, Umweltschutz, Kommunikations- und Verkehrssysteme sind beispielhafte Felder der Zusammenarbeit. Daß wir begonnen haben, den Airbus auch in den Osten zu liefern, ist ebenso ein Signal wie der 1987 geschaffene Stromverbund zwischen DDR und Bundesrepublik Deutschland mit allen technischen Implikationen. Auch die fast sensationellen Angebote der Russen zur Zusammenarbeit in der Luft- und Raumfahrtindustrie sind vielversprechende Ansätze. Bei der letzten Luftfahrtschau in Hannover traf ich mit dem zuständigen sowjetischen Minister zu einem umfangreichen Gespräch zusammen, bei dem mir außergewöhnliche Angebote einer deutsch-sowjetischen Zusammenarbeit unterbreitet wurden, die von Flugzeugen über Trägerraketen bis zu Raumschiffen reichten. Wie schnell und wie weit sich solche Offerten verwirklichen lassen, sei dahingestellt. Immerhin flogen nach dieser Unterredung der in Bonn für Luft- und Raumfahrt zuständige parlamentarische Staatssekretär Erich Riedl und der MBB-Vorstandsvorsitzende Hanns Arnt Vogels zu weiteren Verhandlungen nach Moskau. Dort standen ihnen die Türen weit offen, und beide hatten Mühe, die Erwartungen der Russen auf ein realistisches Maß zurückzuschrauben.

Trotz aller Vorsicht, trotz aller Skepsis, trotz aller gebotenen Zurückhaltung – solche Entwicklungen zeugen davon, daß wir an der Schwelle einer neuen Welt stehen könnten. Die Sowjetunion ist zu schwach, als daß Gorbatschows Politik der Perestroika nur Täuschungsmanöver sein könnte mit der Absicht, den Westen hernach zu vereinnahmen. Das Nationalitätenproblem, die Religionsfrage, die neuen Machtkonstellationen im Fernen Osten, auf die Moskau in keiner Weise vorbereitet ist, die Unmöglichkeit militärischer Erfolge im Westen, die zunehmende Belastung der sowjetischen Wirtschaft und nicht zuletzt die schlechte Versorgungslage der Bevölkerung - all das verleiht Gorbatschow und seinen mühsam genug voranschreitenden Reformen zusätzliche Glaubwürdigkeit.

Zurück zur Genfer Konferenz. Wir waren in keiner Weise überrascht, daß die Verhandlungen letzten Endes scheiterten. Selbstverständlich auch Adenauer nicht, obwohl der im Westen schon vor der Konferenz umgehende und von überzogenen Erwartungen gekennzeichnete »Geist von Genf« ihm einige Sorgen bereitete. In diesem Zusammenhang steht seine Entscheidung vom Juni 1955, die gesetzlichen Voraussetzungen für vorzeitige Einberufungen zu schaffen. Nachdem zwei Tage vor Beginn der Genfer Konferenz, am 16. Juli, das Freiwilligengesetz durch den Bundestag verabschiedet worden war, konnten ab November nach und nach 6.000 Freiwillige eingestellt werden. Es handelte sich dabei nicht um Wehrpflichtige, die erst ich im April 1957 einberief.

Gegen diese Entscheidung Adenauers gab es heftige Widerstände, auch in des Kanzlers eigener Partei. Bei einem Mittagessen habe ich mit Karl Arnold, mit dem ich mich damals immer wieder traf, die kritische Stimmung erörtert. Man befürchtete, daß eine überstürzte Einberufung von 6.000 Mann den Gegnern unserer Politik im In- und Ausland zum Vorwand dienen werde, uns Militarisierung um jeden Preis vorzuwerfen, da doch die vier Mächte gerade jetzt ins Gespräch kämen und »friedliche« Lösungen einschließlich der deutschen Wiedervereinigung vor der Tür stünden.

Die Diskussionen im Umfeld der Genfer Konferenz blieben, obwohl dazugehörig und nicht weniger wichtig als die Konferenz selbst, in der Öffentlichkeit weitgehend unbeachtet - es war Sommer. Adenauer spürte schon vor der Konferenz der Großen Vier in der Schweiz, deren Tagesordnung und Schwerpunkte uns bekannt waren, die Dringlichkeit, eigene deutsche Akzente zu setzen. So forderte er mich auf, in der Debatte über das Freiwilligengesetz am 16. Juli 1955 im Bundestag zu sprechen. Er erinnerte mich an meine Rede vom Februar 1952 - »ne jute Rede!« – und meinte, daß es in dieser schwierigen Situation nicht ausreiche, wenn nur Theodor Blank die Interessen der Regierung vertrete. Es müsse eine politische Rede gehalten werden, und ich sei der geeignete Mann. Ich war noch immer Sonderminister. Eindringlich machte mir Adenauer deutlich, worum es gehe: »Wissen Sie, Herr Strauß, wenn wir die ersten 6.000 Mann haben, dann geht es weiter. Wir müssen vollendete Tatsachen schaffen.« Auch wenn es zu einer Einigung der Großen Vier komme, werde es die Wiedervereinigung nur am Konferenztisch, nicht aber in Wirklichkeit geben. Die Sowjets würden alles tun, die Aufstellung der Bundeswehr zu stören und zu verhindern, und wenn sie damit in Genf Erfolg hätten, wäre dies ein schwerer Rückschlag, wenn nicht gar das Ende seiner Politik.

Die Bundestagssitzung zum Thema, es war die hundertste Sitzung der zweiten Legislaturperiode, fand an einem Samstag statt – am Montag darauf begann die Genfer Konferenz. Ich nahm Bezug auf ein Wort des SPD-Vorsitzenden Erich Ollenhauer, der gesagt hatte: »Jedermann weiß, daß im Zeitalter des Atomkriegs weder diese 6.000 Freiwilligen noch die 12 Divisionen, die wir nach den Pariser Verträgen aufstellen sollen, irgendeinen nennenswerten Beitrag für die Sicherheit der Menschen in der Bundesrepublik darstellen werden oder können.« Zunächst umriß ich die Ausgangslage: »Im Zusammenhang mit dem vorliegenden Gesetz handelt es sich darum, ob die Einberufung von 6.000 Freiwilligen zur Vorbereitung des Aufbaues der deutschen Streitkräfte im Rahmen der Pariser Verträge überhaupt einen realen Sinn hat. Es geht uns ja nicht darum, einen Schattenbeitrag zu liefern, der vor der technischen Wirklichkeit nicht mehr bestehen kann. Es geht hier auch nicht allein um militärtechnische Gesichtspunkte, wie sie heute vorgetragen worden sind. Es geht auch um die politischen Gesichtspunkte dieses Problems. Es geht uns nicht darum, die Sicherheit der anderen Vertragspartner zu erhöhen und für uns nur ein gesteigertes Risiko in Kauf zu nehmen. Es geht uns in erster Linie darum, durch den deutschen Beitrag zur NATO die Sicherheit für alle beteiligten Staaten zu erhöhen. Die Erfüllung der Pariser Verträge ist für uns kein Selbstzweck; sie entspricht einer klaren politischen Konzeption, die dem deutschen Volke Frieden, Freiheit und nach Maß aller Kräfte die nationale Einheit ermöglichen soll.«

Seit dem Zweiten Weltkrieg sei die Entwicklung der Massenvernichtungswaffen so weit fortgeschritten, daß nicht nur – wie 1945 Hiroshima und Nagasaki – einzelne Städte vernichtend getroffen, sondern ganze

Landstriche verwüstet würden, wenn eine einzige Bombe fiele: »Die Technik hat begonnen, der Kontrolle der Menschen zu entgleiten. Mit der Produktion dieser Massenvernichtungswaffen in größeren Zahlen, wie sie jetzt möglich geworden ist, ist ohne Zweifel das apokalyptische Gespenst der Selbstvernichtung der Menschheit am Angsthorizont der menschlichen Kreatur aufgetaucht. Ohne Zweifel haben die Amerikaner einen qualitativen und quantitativen Vorsprung auf diesem Gebiete. Ohne Zweifel versuchen die Sowjets alles, um diesen Vorsprung einzuholen. Dabei kann eines Tages die Lage eintreten, daß ein quantitativer Unterschied nicht mehr von Bedeutung ist, wenn nämlich beide über so viel Massenvernichtungswaffen verfügen, daß sie kontinentale Verwüstungen in ausreichendem Umfang anrichten können, falls es ihnen gelingt, diese Waffen in das Land des Gegners zu tragen. Nach einer Auseinandersetzung mit solchen Mitteln - darin stimmen wir durchaus überein - gibt es keine politische Lösung mehr, das heißt der seinerzeit aufgestellte Grundsatz vom totalen Kriege hat sich dann selbst überlebt. Die Technik ist über den Sinn eines jeden Krieges, der mit totalen Mitteln geführt würde, hinausgewachsen. Die alten militärischen Begriffe haben weitgehend ihren Wert verloren, die alten Ideale ihren Glanz eingebüßt. Es gibt keine schimmernde Wehr mehr, die begeisterungsfähige Herzen höher schlagen ließ. Es gibt nur mehr das todernste Problem der Sicherheit unseres Volkes an der Nahtstelle zweier Weltmächte, die beide über Massenvernichtungswaffen verfügen.«

Meine daraus gezogene Schlußfolgerung: »Daraus ergibt sich für uns die oberste politische Aufgabe, und diese oberste politische Aufgabe ist die Verhinderung des Krieges. Wir sagen nicht wie Kollege Blachstein: Wir lehnen den Gedanken eines Krieges mit taktischen Atombomben leidenschaftlich ab. Wer garantiert uns denn, daß nicht nach dem Einsatz taktischer Atombomben als nächste Phase der Einsatz strategischer Atomwaffen beginnt? Wer garantiert uns denn, daß nicht nach dem Einsatz konventioneller Waffen in ständig steigendem Grade der Einsatz von ABC-Waffen kommt? Das oberste Ziel, auf das wir heute, in diesem Jahrhundert der Risiken, in diesem Jahrhundert der Entscheidungen, unsere Politik abstellen müssen, ist, alles, aber auch alles zu tun für die Verhinderung eines Krieges.«

Ich zitierte Churchill, der auf England und seine Verteidigung bezogen gesagt hatte: »Wenn wir keinen eigenen Beitrag leisten, können wir nicht sicher sein, daß die Mittel der anderen Mächte im Ernstfall so eingesetzt werden, wie wir es für richtig halten!« Dann kam ich nochmals auf die Veränderung der Strategien durch das Aufkommen der Atomwaffen zu sprechen: »Es steht außer Zweifel, daß die Landstreitkräfte ihre ursprüngliche klassische Bedeutung heute wohl nicht mehr haben, daß sie aus einer absoluten militärischen Größe im Sinne der vergangenen Auseinandersetzungen zu einer relativen Größe geworden sind. Die deutschen Streitkräfte - und da kommen wir zu dem wesentlichen Punkte - im Rahmen der NATO haben aber gar nicht mehr die Aufgabe, eine für sich alleinstehende strategische Bedeutung im Sinne einer deutschen Militärmacht zu gewinnen. Die Zeit einer deutschen Militärmacht im Maßstabe einer Weltmacht ist endgültig vorbei. Die zwölf deutschen Divisionen, in Gliederung, Ausrüstung und Ausbildung dem Zeitalter des Atomkrieges angepaßt, sind weder eine Bedrohung für die Sowjetunion, geschweige denn eine Bedrohung für irgendeinen anderen Nachbarn. Sie sind zusammen mit ihren taktischen Luftstreitkräften genau das, was sie sein sollen - und auch nach unserer Auffassung dürfen sie nicht mehr sein -, nämlich eine Ergänzung und Verstärkung der NATO, um den vorher genannten politischen Zweck Nummer eins noch wahrscheinlicher und noch sicherer zu erreichen.«

Die NATO sei, so fuhr ich fort, »kein Angriffsinstrument, nicht so sehr wegen ihrer technischen Zusammensetzung als wegen der Gesinnung der Staatsmänner, die den menschen- und erdzerstörenden Blitz in diesem Instrument in ihren Händen haben, wohl aber ein Abschrekkungsinstrument mit der Fähigkeit, verheerende Vergeltungsschläge auszuteilen.« Auch die Neutralismus-Überlegungen der SPD griff ich auf: »Der Widersinn einer Neutralitätspolitik für Deutschland liegt darin, daß die einzelnen europäischen Nationalstaaten heute keine souveränen Faktoren mehr darstellen. Gerade im Lichte der Sicherheitsfrage zeigt sich der Begriff der Souveränität für die einzelnen europäischen Völker in seiner ganzen Fragwürdigkeit und in dem Wandel, den er durch den Fortschritt der Technik hat erleben müssen. Nicht zuletzt deshalb haben wir immer auf die Vereinigung Europas hingearbeitet und werden es auch fürderhin tun. Europa ist nach Menschenzahl, Potential und Lage, wenn seine einzelnen Völker aus ihrer Situation die Konsequenzen zu ziehen vermöchten, ein für die eigene Sicherheit gerade noch ausreichendes Territorium am Westrande der eurasischen Landmasse. Europa wäre von sich aus aus materiellen und psychologischen Gründen unfähig, in der Verteidigung aber ist es durch das Bündnis mit den USA schlechthin unüberwindlich. Ohne Zweifel ist es die Angst, die den Ausbruch eines dritten Weltkrieges erschwert, die ihn hoffentlich und wahrscheinlich unmöglich macht. Die Angst der Abschreckung und damit die Verhinderung eines solchen Überfalles ist für die Sowjets erst durch die NATO herbeigeführt worden.« Diese Politik könne jedoch nicht »auf nuklearen Waffen allein aufgebaut sein. Wenn die NATO-Mächte keine einsatzbereiten Landstreitkräfte besitzen, um Widerstand zu leisten, dann könnte nichts einmal hier, einmal da vorgetragene Angriffe und Übergriffe der Kommunisten in dieser Zeit des sogenannten Friedens verhindern.« An die Adresse der Opposition richtete ich die beschwörende Mahnung: »Die Hände in den Schoß zu legen und sich mit passiven Maßnahmen zu begnügen, hieße, aus Angst vor dem Tode nackten Selbstmord zu begehen.«

Zum Schluß hob ich noch einmal das Kernstück unserer Verteidigungspolitik hervor: »Unser oberstes Ziel heißt Verhinderung eines Krieges durch Zusammenfassung der Verteidigungskräfte der freien Welt zu einem für den Abschreckungszweck ausreichenden Instrument. Je schrecklicher die Entwicklung der Massenvernichtungswaffen geworden ist, desto mehr besteht Aussicht, daß der totale Krieg als Mittel der Politik ausgeschaltet wird. Die Kobaltbombe klopft auch an die Konferenztüren von Genf. Wir konnten in unserer politischen und geographischen Situation nicht anders handeln, als wir getan haben, wenn wir nicht durch Kapitulation vor der sowjetischen Macht von vornherein das Schicksal der Sklaverei auf uns herabbeschwören wollten ... Wenn wir bedenken, daß vor zehn Jahren Potsdam gewesen ist und am Montag Genf beginnt, und den Bogen der zehn Jahre überblicken, dann gibt uns die bisher betriebene Politik die beruhigende Gewißheit, daß der Verlauf der nächsten Jahre uns weitere Ergebnisse dieser Art bringen wird.« – »Anhaltender starker Beifall bei den Regierungsparteien«, vermerkt das Bundestagsprotokoll nach dieser Rede. Sie trug wohl dazu bei, daß mich im Herbst des folgenden Jahres Konrad Adenauer trotz heftigster gegenteiliger Ankündigungen in das Amt des Bundesministers für Verteidigung berief.

1953
Jahr der Ohnmacht
Jahr des Durchbruchs

Adenauer maß von Anfang an der Außenpolitik besondere Bedeutung bei. Die Tatsache, daß er Bundeskanzler und Außenminister in einer Person war und keinen Chef eines Außenamtes wollte, ist ein augenfälliger Beweis dafür. Bei dem erbitterten Kampf um das Petersberger Abkommen war erstmals deutlich geworden, daß die Außenpolitik den Pol in Adenauers Denken bildete. Von Außenpolitik direkt sprach man in den Anfangsjahren freilich nicht, man benutzte schamhaft als Feigenblatt das Wort »zwischenstaatliche Beziehungen«.

Schon früh gab es in der Fraktion Überlegungen, Heinrich von Brentano zum Außenminister zu machen. Man war der Meinung, daß Adenauer für die auswärtigen Beziehungen die Zuständigkeit abgeben sollte. Verfassungsrechtliche Bedenken fielen dabei weniger ins Gewicht, vielmehr sollte Adenauer entlastet werden. Es ging nicht um den Inhalt der Außenpolitik, es ging nicht um die Ziele der Außenpolitik, es ging kaum um neue Methoden der Außenpolitik – über all das bestand absolute Einmütigkeit. Es ging einzig und allein darum, daß ein damals schon 75jähriger, an dessen Autorität niemand rüttelte, bei vielen drängenden innenpolitischen Fragen einfach nicht präsent war. Denn neben der Außenpolitik gab es eine Fülle von Problemen grundsätzlicher Art, die ebenfalls einer Lösung harrten. Der Kanzler dagegen hielt unter Hinweis auf die fehlende Souveränität der Bundesrepublik Deutschland einen eigenen Außenminister für überflüssig, was aber nur ein Vorwand war, um die Fäden nicht aus der Hand geben zu müssen.

Im August 1952 machten sich Heinrich von Brentano, Vorsitzender der CDU/CSU-Bundestagsfraktion, Heinrich Krone, ein besonderer Vertrauter des Bundeskanzlers, und ich als Sprecher der CSU-Landesgruppe und stellvertretender Vorsitzender der Gesamtfraktion auf den Weg zum Bürgenstock in der Schweiz, dem Ferienquartier Konrad Adenauers. Am Sonntag, dem 17. August, fuhr ich von München aus mit meinem Mercedes 170 V in Richtung Schweiz, eine Fahrt, die mir deshalb in deutlicher Erinnerung ist, weil ich an der Grenze beinahe einen

Verkehrsunfall hatte, als mir ein Schweizer mit seiner Milchkanne in die Fahrbahn lief. Am Abend vor der Begegnung mit Adenauer trafen sich die drei Emissäre zur Vorbereitung des großen Gespräches, in dem wir den Bundeskanzler davon überzeugen wollten, daß er die unmittelbare Zuständigkeit für die Außenpolitik aufgeben, ein Außenministerium einrichten und die Leitung dieses Amtes Heinrich von Brentano übertragen solle.

Brentano bat um Verständnis dafür, daß er das Gespräch nicht eröffnen könne, da er selbst der Kandidat für das Amt des Außenministers sei. Heinrich Krone berief sich darauf, daß ihn eine alte Freundschaft mit Adenauer verbinde. Am besten wäre es, wenn ich anfinge, er und Brentano würden sich dann einschalten. Das Ergebnis war, daß die bayerischen Divisionen in der Feldschlacht dann weitgehend allein standen.

Die Unterredung mit dem Bundeskanzler fand am Nachmittag des 18. August statt. Teilnehmer außer Adenauer und uns dreien waren Staatssekretär Otto Lenz – der aus dem Widerstand kam, Verkehrsminister in einem Kabinett Goerdeler hätte werden sollen und später als Bundestagsabgeordneter auf der Rückreise von Afrika in einem Seuchenhospital in Neapel starb –, Robert Pferdmenges, der vielleicht von Adenauer beigezogen worden war, weil dieser schon ahnte, was da kommen würde, sowie Ministerialdirektor Josef Rust und der Persönliche Referent des Bundeskanzlers, Hans Kilb. Den Verlauf des Gespräches faßt eine Bemerkung zusammen, die Lenz beim Abschied zu mir machte: »Menschenskind, du hast aber Mut bewiesen. Entschuldige, wenn ich das sage, aber du hast möglicherweise Deine Karriere zerstört.« Meine Antwort: »Da ich keine Karrierevorstellungen habe, kann ich nichts zerstören.«

In der Tat hatte ich mit Adenauer eine harte Auseinandersetzung gehabt. Ich sagte ihm, es ginge nicht mehr an, daß er seine übrigen Amtspflichten nicht in vollem Umfange wahrnehme, nur weil er der Außenpolitik zu viel Zeit widme, und daß diese Aufgabe einen eigenen Minister erfordere. Die Gesichtszüge des Alten verzerrten sich zu mongolenhaftem Ausdruck, feindselig blickte er mich an. Ich hatte ihn tief getroffen, hatte das Kronjuwel, die Außenpolitik, angerührt. Die Sitzung endete nach vielen Stunden ohne jedes Ergebnis. Auf unserer Seite herrschte ärgerliche Enttäuschung, als wir in später Nacht auseinandergingen. Am nächsten Tag fuhr ich nach München zurück. Mit Heinrich Krone, den ich in meinem Auto mitnahm, sprach ich ausführlich über unsere mißglückte Mission.

Adenauer hatte sich völlig unzugänglich gezeigt. Er sei der Bundeskanzler, er bestimme die Richtlinien der Politik, er habe das Vertrauen der Alliierten, niemand habe das gleiche Ansehen wie er, er müsse die Zügel in der Hand behalten, bis die Verträge unter Dach seien. Das war sein Hauptargument – bis die Verträge unter Dach seien! Zum Aushandeln der Verträge brauche er ein unmittelbares Mandat, nicht nur die allgemeine Richtlinienkompetenz, das wäre unangemessen. Für ihn sei es empörend, daß man ihm jetzt zumute, diese Zuständigkeit an ein Auswärtiges Amt abzugeben.

Für Adenauers Verständnis der Machtstellung des Kanzlers war die Außenpolitik entscheidend wichtig. Er hatte ganz bestimmte Vorstellungen, die er nur durch direkten Zugriff auf das außenpolitische Instrumentarium glaubte verwirklichen zu können. Er war ein glühender Gegner der in seinen Augen utopischen, romantischen Einheitsvorstellung Jakob Kaisers. Er hatte die Vision einer unauflöslichen Anbindung an den Westen und, damit verknüpft, eines besonderen, freundschaftlichen bis partnerschaftlichen Verhältnisses mit den Franzosen. Dies war für ihn ein Teil der Staatsräson der neuen Republik. Zwar kann man ein Bündnis wie die NATO, der die Bundesrepublik 1955 beitrat, bei aller Treue und Anhänglichkeit an die Allianz und bei aller Überzeugung von ihrer Unentbehrlichkeit für jetzt und die überschaubare Zukunft, nicht als Teil der Staatsräson bezeichnen, wohl aber kann der Zusammenschluß mit Frankreich Staatsräson sein, auch die Westbindung der Bundesrepublik, begründet in der Wertegemeinschaft.

Adenauers Argument, er habe das Vertrauen der Alliierten wie kein anderer, wurde von ihm auch benutzt zur Stabilisierung seiner Position im Bundeskabinett und gegenüber der eigenen Partei, als eine Art Abwehrschild gegen vielfache Kritik. Vor allem aber wollte er damit seine außenpolitische Sonderstellung unterstreichen. Er hielt auf außenpolitischem Felde niemanden für seinesgleichen, auch nicht Heinrich von Brentano, und er wollte unverrückbare Grenzpfähle einschlagen. So reagierte er außerordentlich empfindlich, manchmal überempfindlich, geradezu gereizt, wo immer sich eine Verständigung oder Annäherung zwischen den USA und der Sowjetunion abzeichnete. Dann herrschte bei ihm Alarmstimmung. Er hatte eine Art »Cauchemar von Potsdam«, eine tiefeingewurzelte Angst, daß sich die Sieger und ehemaligen Alliierten über Deutschland hinweg einigen könnten. Durch seine Politik, deren nicht wegzudenkender Bestandteil die Wiederbewaffnung war, wollte er erreichen, daß die Bundesrepublik Deutschland ein Subjekt der Weltpolitik werde und nicht länger Objekt bleibe. Niemand sollte über die Bundesrepublik hinweg entscheiden können. Der einzige Weg, dies zu erreichen, war nach Adenauers Überzeugung Bindung an den Westen, Partnerschaft mit den westlichen Siegermächten, Teilnahme an der Allianz, Aufstellung starker Streitkräfte. Das Bündnis mit den Vereinigten Staaten von Amerika und die Freundschaft mit Frankreich waren für Adenauer Säulen deutscher Politik, an denen nicht gerüttelt werden durfte.

Vom 6. bis 17. April 1953 reiste Adenauer zum ersten Mal in die USA. Dieser Besuch besiegelte gewissermaßen offiziell die Versöhnung Deutschlands mit den Vereinigten Staaten. Psychologischer und moralischer Höhepunkt der Reise war die Kranzniederlegung auf dem amerikanischen Nationalfriedhof Arlington. In seinen Erinnerungen beschreibt Adenauer, warum ihn gerade dieses Zeremoniell so stark bewegte, seine Schilderung bringt zum Ausdruck, wovon wir alle damals erfüllt waren: »Ich hatte die Absicht geäußert, am Grabmal des Unbekannten Soldaten auf dem Nationalfriedhof in Arlington einen Kranz niederzulegen ... Am 8. April 1953 brachte mein Besuch dort für mich den Höhepunkt meines Aufenthaltes in den Vereinigten Staaten, symbolisch der Höhepunkt einer achtjährigen, harten Arbeit. Bei meiner Ankunft auf dem Friedhof wurde ich von einem amerikanischen General begrüßt. Er geleitete mich zu dem Grabmal. Hinter uns schritten drei amerikanische Fähnriche, der mittlere trug die deutsche Fahne. Der weite Platz vor dem Grabmal war umsäumt von Kompanien aller Waffengattungen der amerikanischen Streitkräfte. Einundzwanzig Salutschüsse dröhnten über das Gelände, als ich mit dem General zu dem Grabmal schritt, die deutsche Fahne dicht hinter mir. Am Grabmal legte ich, während Kommandos durch die Luft hallten, einen Kranz mit schwarz-rot-goldener Schleife nieder, er galt den Toten beider Völker. Eine amerikanische Militärkapelle spielte die deutsche Nationalhymne. Ich sah, wie einem meiner Begleiter die Tränen herunterliefen, und auch ich war von tiefer Bewegung ergriffen. Es war ein weiter und harter Weg von dem totalen Zusammenbruch des Jahres 1945 bis zu diesem Augenblick des Jahres 1953, in dem die deutsche Nationalhymne auf dem Ehrenfriedhof der Vereinigten Staaten erklang.«

Die allgemeine Aufbruchstimmung, die Adenauers Amerikareise ausstrahlte, war wenige Monate vor der Bundestagswahl im September 1953 dringend notwendig gewesen, weil wir bei Landtagswahlen erhebliche Einbrüche erlitten hatten. Noch wichtiger aber für den Ausgang der Wahlen war ein anderes Ereignis - der Volksaufstand in der DDR. Wir hatten zwar Informationen, daß die Unzufriedenheit unter den Menschen drüben von Tag zu Tag stieg, dennoch wurden wir von dem plötzlichen Ausbruch der Unruhen und dem demonstrativen Freiheitswillen überrascht. Ich war einer der ersten, die zufällig Agenturmeldungen über Unruhen in Ost-Berlin in die Hand bekamen, und als ich mit dieser unglaublichen Neuigkeit in den Bundestag platzte, ging ein Raunen durch die Plenarsitzung. Es war Mittwoch, der 17. Juni. Alles ging rasend schnell, Höhepunkt und Zusammenbruch des Aufstandes fielen zusammen. Ich wurde durch Staatssekretär Globke auf dem laufenden gehalten. Das Bundesinnenministerium trug schon Vorsorge, die wegen ihrer Bluturteile als Vizepräsidentin des obersten Gerichts der DDR berüchtigte Hilde Benjamin, die angeblich auf der Flucht in den Westen war, an der Grenze verhaften zu lassen. Die »rote Hilde« gehörte zu den am meisten verhaßten Repräsentanten des Regimes in Ost-Berlin; es wurde erzählt, daß sie sich nur liegend im Auto fahren lasse, damit man sie nicht sehe, weil sie ständig fürchtete, erschossen zu werden. Am Tag nach der Niederschlagung des Aufstands wurde sie zur Justizministerin ernannt.

Schon nach den ersten Nachrichten wußten wir, daß es hier nicht nur um einen Kampf für menschlichere Lebensbedingungen und für eine humanere Gestaltung der Arbeitswelt ging, sondern daß es ein Aufstand gegen die kommunistische Diktatur und ein Kampf um Deutschland war. Was mit Protest und Demonstration der Bauarbeiter begann, wurde wie von selbst zu einem politischen Kampf. Ich habe diesem Aufbegehren der Deutschen in der DDR jedoch von Anfang an keine Chance gegeben. Zwar war ich der Ansicht, daß die kasernierte Volkspolizei nicht ausreichen würde, um die Kontrolle wiederzugewinnen, und daß Walter Ulbricht ohne fremde Hilfe vom Volkszorn hinweggeschwemmt würde. Daß er aber allein stünde, war nicht zu erwarten. Wenn die Russen, die damals nachrichtendienstlichen Auswertungen zufolge etwa 400.000 Mann in der DDR stationiert hatten, eingriffen, so unsere Beurteilung, mußte der Aufstand zu Ende sein. Die Bevölkerung wäre dann doppelt machtlos, weil die russischen Soldaten im Gegensatz zu den Volkspolizisten den Befehlen ihrer Führung im allgemeinen folgten. Tatsächlich wurden in Ost-Berlin sogar Volkspolizisten, die sich zu schießen geweigert hatten, verurteilt und hingerichtet.

Irgendein Erfolg des Aufstandes, gar ein Abzug der Russen wäre nur durch amerikanisches Eingreifen möglich gewesen. Mehr als vage Hoffnung auf einen solchen Schritt gab es nicht. Ich persönlich habe immer das fatale Gefühl gehabt, Russen und Amerikaner hätten sich so geeinigt, daß jeder in seinem Besatzungsgebiet tun könne, was er wolle, ohne mit einem militärischen Eingreifen des anderen rechnen zu müssen. In Bonn gab es keine Möglichkeiten zu ernsthaftem Handeln. Es gab Erklärungen, Sympathiekundgebungen, Appelle an die Siegermächte - was sollte die Bundesregierung anderes tun? Damals ist einem die ganze deutsche Ohnmacht wieder bewußt geworden. Am amerikanischen Verhalten war schnell abzulesen, daß man in Washington keinen Gedanken an eine militärische Intervention verschwendete.

Trauer, Mitleid, Empörung und Scham über die deutsche Handlungsunfähigkeit sowie die lähmende Gewißheit, daß die Amerikaner bei keinem Aufstand im anderen Teil Deutschlands wirklich eingreifen würden, kennzeichneten die Stimmungslage. Ähnlich war es dann drei Jahre später, im Herbst 1956 in Ungarn, als Washington nach kräftiger und bedenklicher Propagandaaktion amerikanischer Kreise im Moment, da es auf Leben und Tod ging, die Ungarn schmählich im Stich ließ. Auch im Juni 1953 hatte es in der amerikanischen Beurteilung des Aufstandes ein plötzliches Umschalten von Ermunterung zu Abwiegelung gegeben, weil man Angst bekam, daß sich die Dinge in der DDR unkontrollierbar entwickeln könnten.

Für mich war der Volksaufstand vom 17. Juni 1953 ein Beweis dafür, daß weder das sowjetische Gesellschaftssystem noch die sowjetische Besatzung der Macht Walter Ulbrichts und seiner SED ein festes Fundament hatten geben können. Trotz gebetsmühlenhafter Indoktrination durch den Parteiapparat fehlte dem Ulbricht-Regime ganz einfach die Legitimität. Diese Auffassung habe ich im Grunde noch heute, obwohl die Menschen drüben besser leben als früher und von uns nicht als die armen Verwandten, sondern als gleichberechtigte Deutsche angesehen werden wollen. Prinzipiell aber gilt noch immer, daß man in eine andere Welt kommt, wenn man die Demarkationslinie überschreitet. Der 17. Juni 1953 hat in gewisser Weise die tragische Spaltung der Deutschen noch einmal vertieft. Die Deutschen jenseits des Eisernen Vorhangs verloren ein weiteres Mal den Zweiten Weltkrieg, im Westen wurde die Politik Adenauers bestätigt und bestärkt.

Der Volksaufstand vom Juni 1953 und seine Niederschlagung fielen mitten in den Bundestagswahlkampf. Wir sahen uns in unserer Argumentation gestützt. »Da seht ihr, wie notwendig und richtig unsere Politik ist und daß es zu dieser Politik keine Alternative gibt«, sagten wir zu den Wählern. Auch die Debatte über die Wiederaufrüstung ist uns damit erleichtert worden. Der 17. Juni hat die Fronten begradigt, den Wahlkampf vereinfacht und Adenauers Position gestärkt. Auf der anderen Seite beleuchteten dieser Aufstand und sein blutiges Ende auch ein düsteres Element der deutschen Tragödie, weil damit der bekannten sowjetischen Weigerung, den Deutschen in demokratischer Freiheit die Wiedervereinigung zuzugestehen, das Siegel der Gewalt aufgedrückt wurde.

Adenauers triumphale Amerikareise auf der einen Seite, auf der anderen Seite die am 17. Juni in schmerzlicher Weise sichtbar gewordene Bedrohung durch die Panzer des Kommunismus – das waren die beiden Pole der Bundestagswahl 1953. Die einzige Sicherheit gegen diese Bedrohung boten Konrad Adenauer und seine Politik. Nicht nur uns, sondern einer großen Mehrheit der Wähler schienen gute Beziehungen zu den Vereinigten Staaten und Westeuropa der einzig logische und historisch begründbare Weg zu sein. Das Gefühl, noch einmal davongekommen zu sein, das Gefühl, ohnmächtig der Gnade der Sieger ausgeliefert zu sein, ohnmächtiger und hilfloser zu sein als je zuvor, begann zu weichen. In den ersten Jahren hatten wir geglaubt, daß wir eine ganze Generation lang arbeiten müßten, um nur die gröbsten Schäden zu beseitigen, um nur ein halbwegs menschenwürdiges Leben führen zu können. Ein Automobil beispielsweise schien, außer für besonders Privilegierte, auf unabsehbare Zeit unerreichbar zu sein. Dann kam der wirtschaftliche Aufstieg so schnell, daß die Deutschen den Zusammenhang der Dinge bald aus dem Auge verloren. Heute betrachtet man das alles als selbstverständlich. Dabei hätte es sehr wohl auch anders kommen können!

Nach den Ereignissen vom 17. Juni haben wir einen dramatischen Wahlkampf geführt, mit einfachen Formeln und notwendigen Verallgemeinerungen: Sozialdemokraten in der Sackgasse, keine Konzeption, keine Zukunftsidee – dagegen Konrad Adenauer mit seiner Politik! Sie war der Weg in die Freiheit, der Weg in die Gleichberechtigung, der Weg zum wirtschaftlichen Wohlstand, zur sozialen Sicherheit, zur militärischen Unangreifbarkeit! Die für mich nie griffig oder gar überzeugend formulierten deutschland- und außenpolitischen Vorstellungen der SPD schienen durch den 17. Juni noch irrealer geworden zu sein. Auch wenn die SPD von damals überhaupt keine Anfälligkeiten und

Schwächen gegenüber der SED zeigte, wie dies seit einigen Jahren immer mehr zutage tritt, und unter Erich Ollenhauer im Grundsatz fest im westlichen Lager stand, machten neutralistische Akzente die Partei unglaubwürdig. Nach Gefühlslage und Grundhaltung der Bevölkerung erschien Adenauer mit seiner Politik als der, der recht hatte. Nicht vergessen darf man auch, daß der überwiegende Teil der Wählerschaft des Jahres 1953 noch aus Menschen bestand, die das Dritte Reich von Anfang bis Ende erlebt hatten, sowie aus Millionen ehemaliger Kriegsteilnehmer, von denen zwei Drittel die sowjetische Wirklichkeit mit eigenen Augen gesehen hatten. Man war gegen die sowjetische Politik und gegen den als Bedrohung angesehenen Bolschewismus geistig-moralisch noch so festgelegt, daß auch eine entschieden antikommunistische und antisowjetische Sprache möglich war – was heute kaum mehr denkbar ist.

Ich selbst war im Wahlkampf mindestens zur Hälfte außerhalb Bayerns im Einsatz, und den Erfolg, den ich dabei erzielte, habe ich dann von Jahr zu Jahr noch gesteigert. Damals wurden Wahlkämpfe noch mit großer Begeisterung und Freude geführt. Wie weit diese Begeisterung Redner und Zuhörer hinzureißen vermochte, erfuhr ich in jenen Jahren bei einer CDU-Veranstaltung in Hamburg. Es sollten sprechen Konrad Adenauer als erster, ich als zweiter, Sonderminister Robert Tillmanns als dritter und Heinrich von Brentano als letzter. Danach sollte die Musikkapelle das Deutschlandlied spielen. Adenauer spricht in seiner nüchternen Diktion zwanzig, fünfundzwanzig Minuten – rauschender Beifall! Dann komme ich mit einer emotional aufgeladenen Rede – Überblick über die Leistung der Union, Aufzeigen der sozialdemokratischen Irrtümer, Bekenntnis zu Deutschland, uns gehört die Zukunft! Ob dieser zündenden Schlußworte vergißt die Kapelle, daß nach mir noch zwei Redner kommen, und intoniert das Deutschlandlied – Einigkeit und Recht und Freiheit … Heinrich von Brentano springt aufgeregt von seinem Stuhl, fordert die Musiker auf, abzubrechen. Adenauer bleibt gelassen: »Lassen Sie doch, die sollen zweimal spielen!« Also haben die Musiker die Nationalhymne zu Ende gespielt. Anschließend sprach Robert Tillmanns, dann kam Heinrich von Brentano, und dann kam das Deutschlandlied zum zweiten Mal.

Das Fernsehen, damals eher noch im Versuchsstadium, war für den Wahlkampf ohne Bedeutung gewesen. Der Wandel durch dieses neue Medium setzte erst Ende der fünfziger, Anfang der sechziger Jahre ein. Wichtig für die Vermittlung der Politik und für die politische Auseinandersetzung war der Rundfunk. Es gab zum Beispiel im Bayerischen Rundfunk eine Viertelstundensendung, in der die Parteien zu Wort kamen. Für die Politiker aus den Reihen der CSU war dies eine gefragte Möglichkeit, die Politik der Partei, aber auch die eigene Person darzustellen. Davon machte ich reichlich und kräftig Gebrauch. In Bonn drängten sich die Abgeordneten, um mit Adenauer photographiert zu werden.

1953 hatte der Wähler erstmals Gelegenheit, sein Urteil über die Leistungen der Bundesregierung seit 1949 und über die Politik für die nächsten Jahre abzugeben. Für uns standen die Adenauersche Politik, die gesamte politische Architektur der Bundesrepublik und nicht zuletzt der Kanzler selbst auf dem Prüfstand. Was wäre gewesen, wenn die Sozialdemokraten die Wahl gewonnen hätten? Man muß bei der Antwort auf solche Fragen immer im historischen Irrealis bleiben, aber dennoch: Der Kurs der Sozialen Marktwirtschaft wäre abgebrochen worden, es hätte zwar keine Rückkehr zur Zwangswirtschaft mehr gegeben – das wäre nicht mehr zu machen gewesen –, aber den Rückfall in die Planwirtschaft. Die Aufstellung von Streitkräften, damals noch im Rahmen der EVG, wäre auf unabsehbare Zeit verzögert, vielleicht ganz unmöglich gemacht worden. Die Montanunion hätte vielleicht überlebt, aber die weitere Westintegration der Bundesrepublik wäre blockiert gewesen. Der Anfang vom Ende der westlich orientierten Bundesrepublik Deutschland wäre vermutlich gekommen, der Weg in die Neutralisierung eröffnet worden.

Die Bundestagswahl vom 6. September 1953 brachte den Unionsparteien einen triumphalen Sieg. Waren auf CDU und CSU 1949 nur 31 Prozent der Stimmen entfallen, so stieg unser Anteil jetzt auf 45,2 Prozent. Die SPD, die sich bei der ersten Bundestagswahl mit enttäuschenden 29,2 Prozent hatte begnügen müssen, fiel weiter zurück, nämlich auf 28,8 Prozent. Die meisten der kleinen Parteien wurden vom Wähler hinweggefegt. Hatte 1949 die CSU noch ein schwaches und die CDU ein schlechtes Wahlergebnis gehabt, so daß nur mit FDP und DP zusammen eine hauchdünne Mehrheit zustande gekommen war, so sah es 1953 ganz anders aus. Mit 243 von 487 Mandaten hatten wir gegenüber 1949 ein Plus von mehr als hundert Sitzen. Die absolute Mehrheit wurde nur um ein Mandat verfehlt.

Adenauer wartete vor der neuen CDU/CSU-Fraktion mit einer bemerkenswerten Etymologie auf: »Meine Damen und Herren, Fraktion kommt von fractio, Zusammenfügung ...« Ich wollte ihn vor der

Fraktion nicht bloßstellen, was man mir zu Recht übel genommen hätte. So sprach ich ihn hernach in kleinem Kreise an: »Was Sie über die Herkunft des Wortes Fraktion gesagt haben, war falsch, Herr Bundeskanzler. Fraktion kommt von frangere, frango, fregi, fractum, und Fraktion heißt Brechung, nämlich eine Einteilung des Parlaments in verschiedene Gruppen. Das ist Fraktion.« Adenauers Antwort hätte nicht souveräner und gelassener sein können: »Herr Strauß, det hat außer Ihnen ohnehin keiner jemerkt!«

Die Stimmung bei uns nach diesem Wahlsieg war ausgezeichnet. Wir hatten zwar mit einem Erfolg gerechnet, waren aber von seinem Ausmaß vollkommen überrascht worden. Meinungsumfragen, obwohl in Anfängen vorhanden, spielten damals noch keine Rolle und wurden nicht sehr ernst genommen.

Da auch die Computer noch nicht den Wahlabend beherrschten, hatten wir ein halbwegs zuverlässiges Gesamtergebnis erst am Montagmittag. Als Indikator für das Wahlergebnis dienten zu dieser Zeit noch andere Hilfsmittel – etwa das Hotel auf der Zugspitze, wo ein eigenes Wahllokal eingerichtet war, dessen Ergebnis sich immer als repräsentativ und aussagekräftig erwies. An die Stelle solcher menschlicher Orientierungspunkte sind längst die Hochrechnungen getreten, die ich noch immer nicht mag. Wichtig für die CSU war das schlechte Abschneiden der Bayernpartei, die in den ersten Bundestag noch 17 Abgeordnete entsandt hatte und nun überhaupt nicht mehr vertreten war.

Der Wahlerfolg war vor allem auf den wirtschaftlichen Aufstieg zurückzuführen. Aus einem hungernden Land war ein sattes Land geworden; was anfangs nur rationiert und in schlechter Qualität zu haben war, gab es jetzt reichlich und in guter Qualität. Auslandsreisen waren möglich, die Motorisierung setzte zaghaft ein. Auch das Argument, daß es vom Wahlsieg der Union abhänge, ob die anstehenden Verträge durchkämen, tat seine Wirkung. Nur wir konnten eine überzeugende Antwort auf die Frage der Wähler geben, ob sie denn ewig Besatzungsbürger bleiben sollen.

Wir hatten in vier Jahren den Durchbruch erzielt. Konnte ich 1949 als politischer Anfänger in Bonn bilanzieren, daß ich mit meiner Stimme der Sozialen Marktwirtschaft Ludwig Erhards und der Währungsreform zum Durchbruch verholfen hatte, so waren vier Jahre später die Früchte dieser Politik greifbar. Hatte ich 1949 mit meiner Stimme dazu beigetragen, daß Konrad Adenauer Bundeskanzler wurde und damit der neuen deutschen Demokratie zu einem stabilisierenden und konsolidierenden Neuanfang verholfen, so hatte ich im Rahmen meiner Möglichkeiten und Fähigkeiten dieser Politik seither manchen Dienst geleistet. Ich wußte, daß ich auf dem Wege zu einem Ministeramt war, strittig war nur, auf welchen Stuhl ich käme.

Bundesminister für selbstgestellte Aufgaben

Als im Oktober 1953 das zweite Kabinett Adenauer gebildet wurde, wurde ich Bundesminister für besondere Aufgaben. Außer mir wurden Robert Tillmanns von der CDU, Hermann Schäfer von der FDP sowie der Vorsitzende des GB/BHE, Waldemar Kraft, zu Sonderministern ernannt. Auf die Idee, 1953 Bundesminister für besondere Aufgaben zu berufen, war Adenauer vielleicht durch einen oder mehrere seiner Ratgeber gekommen, zu denken wäre hier etwa an Heinrich Krone.

Am 7. Februar 1952 hatte ich im Bundestag die bekannte Rede zum Thema »Wiederaufrüstung« gehalten und mir damit nach dem Urteil meiner Freunde, obwohl ich bei diesem parlamentarischen Auftritt daran nicht dachte, den Weg in das Kabinett geöffnet. Auf jeden Fall war ich in die vorderste Reihe der CSU-Abgeordneten gerückt. Am Montag nach der Bundestagswahl, als feststand, daß CDU und CSU fast genau die Hälfte der Abgeordneten stellten, war ich bei meinem Landesvorsitzenden Dr. Hans Ehard, dem Ministerpräsidenten, in der Bayerischen Staatskanzlei zu einer Lagebesprechung. Er eröffnete mir, daß ich jetzt Mitglied des Bundeskabinetts werden würde. Mein Eintritt ins Kabinett war keineswegs als Forderung der CSU vorgetragen worden. Ich wußte von gar nichts, war völlig überrascht.

Zunächst gab es jedoch ein absurdes Intermezzo. Adenauer ließ mich kommen, um mir zu eröffnen, daß ich Familienminister werden sollte. Ich war irritiert und erheitert zugleich: »Herr Bundeskanzler, damit würde ich die Witzfigur der Nation. Ich bin jetzt 38 Jahre, unverheiratet, ohne Familie - werde ich Familienminister, so fordert das alle Karikaturisten geradezu heraus. Herr Bundeskanzler, ich bitte Sie um Verständnis, aber dann ist es mir lieber, Sie lassen mich in der Fraktion.« Darauf der Bundeskanzler: »Herr Strauß, ich mache Ihnen so ein gutes Angebot, und Sie befinden es nicht für nötig, es anzunehmen. Herr Strauß, ich bin enttäuscht von Ihnen.« - »Herr Bundeskanzler, ich habe nie verlangt, daß ich Mitglied der Regierung werden muß. Ich bin bereit, es zu werden, es ist eine hohe Ehre für mich. Aber Familienminister, so daß ich täglich Gegenstand von Karikaturen und spöttischen Bemerkungen werde, das geht nicht. Wenn, dann möchte ich eine politisch wichtige Aufgabe haben, die zu mir und in mein Metier paßt.«

Meine Tätigkeit als Vorsitzender des Jugendfürsorgeausschusses lag zu dieser Zeit schon hinter mir. Auch der Bundeskanzler dürfte bei seinem Angebot kaum noch eine Verbindung zu diesem Amt hergestellt haben. Meine politische Qualifikation hatte ich mir, was Adenauer genau wußte, längst auf einem anderen Felde erworben, dem der Außen-, Sicherheits- und Verteidigungspolitik. Ich habe damals und später über dieses für mich merkwürdige Angebot lange nachgedacht. Vielleicht wollte mich der Bundeskanzler in der Tat ein wenig lächerlich machen, um mir eins auszuwischen, da ich ihm schon mit manchem Widerspruch Ärger bereitet hatte. Auch muß Adenauers Absicht durchgesickert sein. Bei einem Kolpingtag im oberbayerischen Bad Tölz meinte Kardinal Josef Wendel freundlich warnend zu mir: »Herr Strauß, Sie werden doch nicht auf das Angebot Adenauers eingehen und das Familienministerium übernehmen!« Ich konnte den Kardinal beruhigen: »Keine Sorge, Eminenz, mein Ehrgeiz ist nicht so groß, daß ich mich nicht im Zaum halten und diese Offerte nicht zurückweisen könnte.« Damals sah die Kirche das neue Familienministerium noch anders. Wendel meinte nicht nur, daß dieses Amt nicht das richtige für mich und ich nicht der richtige für dieses Amt sei, er hielt ein Familienministerium überhaupt für überflüssig; in ihm sträubte sich alles bei der Vorstellung, daß es ein Familienministerium geben und jetzt auch noch die Familie verwaltet werden sollte.

Adenauer hatte mir gesagt, ich solle mir sein Angebot noch einmal überlegen. Obwohl manche Fraktionskollegen, denen es nicht in den Kopf wollte, daß man einen Kabinettsposten ablehnt, dringend zu einem Ja rieten, war ich fest entschlossen, bei meinem Nein zu bleiben. Eine Woche später habe ich Adenauer in höflichster Form meine Ablehnung mitgeteilt. Er warf mir grobe Undankbarkeit vor und war tief verärgert. Das Gespräch fand im ersten Stock des Palais Schaumburg statt, wo ich als stellvertretender Fraktionsvorsitzender und Vorsitzender der Landesgruppe in den Tagen der Regierungsbildung öfters aus und ein ging. Einigkeit bestand über die anderen Ministerämter für die CSU: Fritz Schäffer sollte Finanzminister bleiben, Siegfried Balke Postminister werden. »Und Sie?« fragte Adenauer. Ich erinnere mich noch genau. Wir saßen um ein kleines Tischchen auf einer Polstergarnitur, er in seinem Sessel, ich auf dem Sofa. Adenauer war ein Mann, der sich an einmal eingespielte Regeln hielt – Begrüßung mit Handschlag, Platz nehmen auf den angestammten Plätzen. An eine Abweichung kann ich mich nicht erinnern, es war viele, viele Male derselbe Ablauf.

Der Spielraum für die Vergabe von Ministerämtern war für den Bundeskanzler auch damals nicht sehr groß. Da kam Adenauer auf eine Idee. Man müßte eine engere Verbindung schaffen zwischen Regierung und Regierungsparteien, Regierung und Fraktion. Also sollte ich Minister für besondere Aufgaben werden, und zwar mit dieser Zielrichtung. Begeistert war ich nicht. Dennoch sagte ich nicht länger nein und nahm das Angebot an. Das Sonderministerium schien mir keine Substanz zu haben, Minister für besondere Aufgaben hieß für mich eher Minister ohne besondere Aufgaben.

In seinem langen politischen Leben hatte Adenauer immer wieder aus der Nähe beobachten können, daß reale politische Macht und formales Regierungsamt auseinanderklafften. Es könnte sein, daß ihm sein politischer Instinkt geraten hatte, reale Macht ins Kabinett einzubinden. Unter diesem Aspekt war meine Berufung zum Sonderminister durchaus sinnvoll. Zudem schien ich dem Bundeskanzler in der Disziplin des Kabinetts besser aufgehoben als in der freien Wildbahn des Abgeordnetendaseins. Bei einer Einladung des neuen Kabinetts zum Abendessen sprach Adenauer in einer ernst-ironischen Tischrede davon, daß sich in der neuen Bundesregierung wiederberufene, neu ernannte und auch jüngere Mitglieder befänden. Das sei wie auf einem Pferdegestüt, wo man junge und alte Hengste in ein und demselben Stall halte, damit sich beide aneinander gewöhnten, vor allem aber, damit die jungen von den alten lernten.

Unterbringung und Apparat des neuen Ministeriums, soweit man davon überhaupt sprechen konnte, waren mehr als bescheiden. »Amtssitz« meines Sonderministeriums war ein kleines Haus gegenüber dem Bundeskanzleramt, das einer Hohenzollernprinzessin gehörte, die in der oberen Etage wohnte. Ich verfügte mit meinem Stab - einem persönlichen Referenten, dem späteren CSU-Bundestagsabgeordneten Karl-Heinz Spilker, einer Sekretärin und einem Fahrer - über das erste Stockwerk. Gewissermaßen zum Ausgleich für fehlende Kompetenzen und einen nicht vorhandenen Apparat hatte ich einen Ministerstander am Dienstwagen.

Dem Arbeitsaufwand nach war das eine wunderbare Zeit. Ich bezog volles Ministergehalt, hatte keine Amtsverantwortung und einen weiten Spielraum. Aber irgendwie kam ich mir mit 38 Jahren wie pensioniert vor. Das Unbehagen, das ich schon bei Adenauers Angebot hatte, sah ich bestätigt. Ich konnte und wollte aber die zweite Offerte des Bundeskanzlers nicht ausschlagen, weil ich in undefinierbarer Ferne das

Vom Oktober 1953 bis Oktober 1955 war Franz Josef Strauß Bundesminister für besondere Aufgaben, Aufnahme 1955

Vereidigung durch Bundestagspräsident Hermann Ehlers

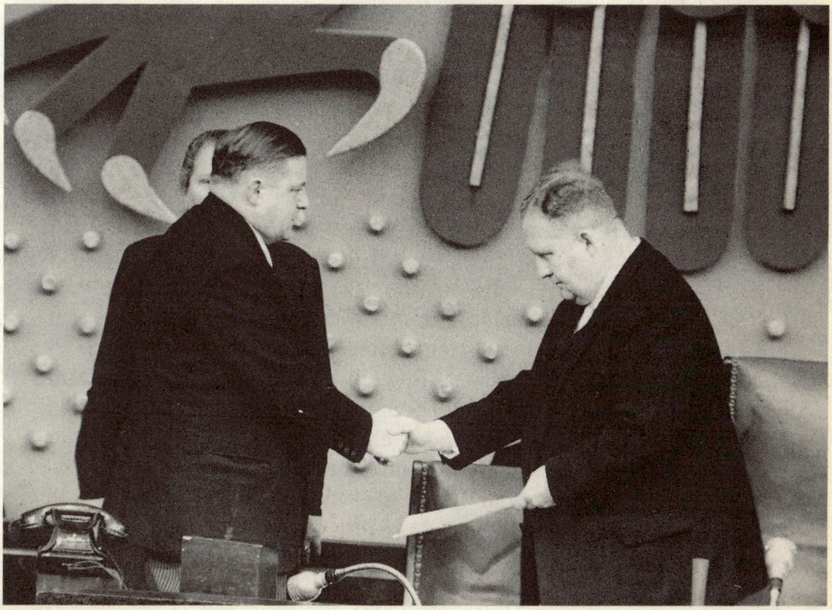

Verteidigungsministerium sah. Ich wollte der erste Verteidigungsminister der Bundesrepublik werden. Das ist mir nicht gelungen, ich bin der zweite geworden. Aber wenn ich 1953 zweimal nein gesagt hätte, wäre Adenauer vielleicht zu dem Schluß gelangt, daß es zwischen ihm und mir einfach nicht klappe, da ich unzufrieden mit allem sei. Diesen Vorwand wollte ich ihm nicht liefern.

Zufrieden war ich mit dem neuen Amt nicht. Außer der von Adenauer vage formulierten Maßgabe, Verbindung zur Fraktion zu halten und Reibungsverluste in der Koalition vermeiden zu helfen, gab es keine offizielle Beschreibung meiner Tätigkeit. Weil es an echten Aufgaben und Zuständigkeiten fehlte, habe ich mir meinen eigenen Aufgabenkreis gesucht. In gewisser Weise kam ich mir bald wie der »Bundesminister für selbstgestellte Aufgaben« vor. Ich knüpfte Verbindungen zu Paris und war mehrmals zu Gesprächen mit der Hohen Kommission in Luxemburg. Daß die politischen Entwicklungen in der Sicherheits- und Außenpolitik der Bundesrepublik in der ersten Hälfte der fünfziger Jahre in engem sachlichen und zeitlichen Zusammenhang standen und wie fließend die Grenzen hier waren, zeigt die Saarfrage, deren Lösung für alle Verhandlungen, an denen Frankreich beteiligt war, eine vorrangige Aufgabe bedeutete.

Wegen der Saarfrage hatte Adenauer große Probleme mit der eigenen Partei. Er beauftragte mich deshalb, im Saarland einmal nach dem Rechten zu sehen. Zum einen gefielen ihm die CDU-Führer im Saarland nicht, zum anderen wollte er die saarländische Christliche Volkspartei (CVP) unter Johannes Hoffmann für seine Politik gewinnen. Hoffmann und seine Partei aber galten der CDU unter Hubert Ney, mit dem Adenauer überhaupt nicht zurechtkam, als schlimme Separatisten. Diesem Vorwurf sah sich Adenauer, der für gute Beziehungen zu Frankreich fast jeden Preis zu zahlen bereit war, beim Thema Saar sogar selbst ausgesetzt.

Nach vielen gescheiterten Anläufen, die sich über Jahre hinzogen, hatten Adenauer und der französische Ministerpräsident Pierre Mendès-France im Rahmen der Pariser Verträge vom Oktober 1954 ein Saarstatut ausgehandelt. Die beiden Regierungschefs hatten sich darauf geeinigt, daß die Menschen an der Saar über ihr politisches Schicksal in einer geheimen Abstimmung selbst entscheiden sollten. Ein eigener Status oder der Anschluß an die Bundesrepublik, das war die Alternative. Adenauer wurde wegen dieses Abkommens heftig kritisiert, weil er damit bei entsprechendem Stimmverhalten der Bevölkerung die endgültige Abtrennung der Saar von Deutschland in Kauf nahm.

Adenauer war, wie er in seinen Erinnerungen schrieb, vor allem auf ein Zugeständnis stolz, das er Mendès-France abgerungen hatte: »In den harten Beratungen über die Schaffung eines europäischen Status für die Saar konnte ich einen Artikel durchsetzen, der äußerst wichtig für die weitere Entwicklung wurde. Es ist der Artikel VII c, in dem es heißt, daß die Saarregierung innerhalb einer Frist von drei Monaten nach der Volksabstimmung die Wahl eines neuen Landtages herbeizuführen habe. In dieser Bestimmung lag die große Chance für die Rückkehr der Saar zu Deutschland. Die Durchsetzung dieses Artikels mußte schwer erkämpft werden. Daß es mir gelang, eine freie Landtagswahl zu erreichen, sah ich als einen sehr großen Erfolg an. Ohne diese Bestimmung hätte die weitere Entwicklung, von der ich überzeugt war, daß sie die Rückkehr der Saar zu Deutschland bringen würde, nicht erfolgen können. Diese Bestimmung wurde in ihrer Tragweite von der Mehrheit der französischen Abgeordneten und, das muß ich leider feststellen, auch der deutschen nicht erkannt. Vielleicht war das gut so, denn ich bezweifle, daß sonst dieses Abkommen von der französischen Nationalversammlung ratifiziert worden wäre. Mendès-France hat mir manchen Kummer gemacht, besonders im August 1954 hinsichtlich der EVG, aber die Tatsache, daß er diesen Artikel konzedierte, war von ihm ein großes Entgegenkommen.«

Doch auch Adenauer mußte wichtige Zugeständnisse machen, die ihm nicht leichtfielen: »Mit meiner Zustimmung zu dem Saarabkommen in der nunmehr vorliegenden Fassung nahm ich eine schwere politische Bürde auf mich. Für uns lag in diesem Abkommen ein großes Risiko, das Risiko der völligen Abtrennung der Saar. Darüber jedoch konnte und mußte allein die Saarbevölkerung entscheiden. Ich war allerdings überzeugt, daß die Saarländer gute Deutsche waren. Sie würden wissen, wie sie stimmen mußten ... Ich konnte mir nicht denken, daß Frankreich, wenn sich die Saarbevölkerung für den Anschluß an Deutschland aussprechen und dies durch einen frei gewählten Landtag bestätigen würde, an derartigen Wünschen vorbeigehen konnte.« Zusammenfassend bewertete Adenauer das Saarabkommen als gelungen: »Wir Deutschen durften uns des Erfolges, den wir bei den Saarverhandlungen erreicht hatten, nicht zu laut rühmen. Wenn das geschähe, würden die Nationalisten in Frankreich protestieren. Umgekehrt galt das gleiche: Wenn Mendès-France sich hinstellte und sich rühmte, so riefe das unsere Nationalisten auf die Bühne, die sagten, wie es dann auch tatsächlich plakatiert wurde: ›Adenauer hat die Saar verkauft.‹ Die Saar ist keineswegs verkauft worden. Der Bevölkerung an der Saar wurde durch das Abkommen die Möglichkeit gegeben, sich politisch und wirtschaftlich frei zu entfalten, sich frei eine politische Meinung zu bilden und beim Friedensvertrag die von ihr gewollte Entscheidung herbeizuführen.«

Strittig waren nach dem Abschluß des Saarabkommens noch die Frage der Vorbereitung und des Ablaufs der Abstimmung sowie die Frage des Wahlkampfes. Ich ging zu Adenauer und schlug ihm vor, über dieses Problem mit dem neuen Außenminister Pinay zu sprechen. Adenauer stimmte zu, und ich fuhr nach Paris.

Mit Antoine Pinay verband mich seit 1953 eine enge Beziehung, die sich dann zu einer Art väterlicher Freundschaft des 25 Jahre Älteren mir gegenüber entwickelte. Pinay hatte eine Reihe wichtiger Ämter bekleidet, war schon in den dreißiger Jahren Abgeordneter und Senator gewesen, gehörte 1945 der Verfassunggebenden Nationalversammlung an, amtierte seit 1948 in verschiedenen Ministerämtern, war 1952 Ministerpräsident und seit Februar 1955 Außenminister. Pinay erzählte mir viel von seiner Herkunft und Prägung, davon, daß er in einer betont nationalen Atmosphäre aufgewachsen sei; als Reserveoffizier im Ersten Weltkrieg schwer verwundet, habe ihn während seines Genesungsurlaubs die Familie bedrängt, möglichst rasch an die Front zurückzukehren, um den Kampf gegen die »Boches« weiterzuführen. Mit dem Zweiten Weltkrieg sei ihm klargeworden, daß es mit solchem Denken endgültig vorbei sei, daß Franzosen und Deutsche einen neuen Anfang machen müßten.

In der Kanzlei eines Vertrauensmanns in der Avenue Foch traf ich mich mit Pinay. Der Kreis, der sich aus Gegnern des Anfang Februar gestürzten Mendès-France zusammensetzte, war mir vertraut, seine Zuverlässigkeit war erprobt, wir fühlten uns beinahe wie Verschworene. Pinay erklärte, er sei dafür, daß das Saarland wieder zu Deutschland komme. Frankreich könne es sich als Demokratie nicht leisten, das Saarland gegen den Willen seiner Menschen von Deutschland getrennt zu halten und zu diesem Zweck Polizei und Militär einzusetzen. Das sei unnatürlich und auch mit der französischen Tradition unvereinbar. Frankreich laufe Gefahr, an der Saar denselben Fehler zu begehen, den die Deutschen 1871 gemacht hätten, als sie sich Elsaß und Lothringen ohne Abstimmung einverleibten. Frankreich wolle eine faire Abstimmung, man habe aber große Angst, die Kontrolle zu verlieren. Schmierparolen wie »Tod den Separatisten« oder »Henkt den Joho«, womit

Johannes Hoffmann gemeint war, gewalttätige Umzüge, Ausschreitungen gegen Freunde der Franzosen oder Plünderung ihrer Geschäfte könnten von Frankreich nicht hingenommen werden. Es müsse gewährleistet sein, daß den loyalen Freunden und Anhängern Frankreichs an der Saar nichts geschehe.

Wir haben lange überlegt und diskutiert und uns dann auf eine Formel geeinigt, die von mir stammte und zu deren Einhaltung sich beide Seiten verpflichteten: Agitation ja, Aktion nein! Pinay erklärte sich mit dieser Marschrichtung einverstanden und auch damit, daß ich den Bundeskanzler sofort nach meiner Rückkehr aufsuchen und ihm über das Ergebnis unseres Gespräches berichten werde. Pinay unterstrich noch einmal seine Sorge um das Ansehen Frankreichs, das Schaden leiden müßte, wenn es wegen Unruhen an der Saar zum Einsatz von Militär und Polizei käme. »Dann ist unser Ruf geschädigt, dann ist unsere Freundschaft zerstört. Wir dürfen nicht aus der Lösung des Saarproblems eine politische Bombe werden lassen.«

Wir verabredeten dann, daß ich Pinay am nächsten Tag im Außenministerium besuchen sollte. Dabei werde ich ihn, warnte Pinay, ganz verändert finden. Der Kabinettschef stehe im gegnerischen Lager und erstatte dort ständig Bericht. Er, Pinay, werde mich mit großer Kühle behandeln, aber da ich den Grund kennen würde, müßte ich mitspielen. Am nächsten Morgen hat dann dieses Theater am Quai d'Orsay stattgefunden. »Der Außenminister gewährt Ihnen eine kurze Unterredung«, hieß es, nachdem wir am Tag vorher sechs Stunden zusammengesessen hatten. Kühle, eisige Mienen, ein völlig verwandelter Pinay: Die Französische Regierung denke darüber nach, wie das Abkommen der beiden Regierungschefs in einer für unsere Beziehungen brauchbaren Weise verwirklicht werden könne. Ich solle daraus freilich nicht schließen, daß damit schon die deutsch-französische Problematik gelöst und die französische Furcht vor Deutschland beigelegt sei. Knappe, formelle Verabschiedung. Im Vorzimmer saß einer meiner Vertrauensleute, der am Vortag dabeigewesen war. Er lachte nur.

Ich fuhr mit dem Auto nach Bonn zurück, besuchte Adenauer in Rhöndorf. Der Bundeskanzler litt an einer schweren Erkältung. Der Atemtrakt war seine schwache Stelle. Darum war zum Beispiel in Kabinettssitzungen auf Empfehlung von Professor Martini, dem Arzt von Adenauer, das Rauchen verboten. Adenauer lag also in seinem einfach eingerichteten Schlafzimmer im Bett, zugedeckt bis zum Hals, um den ein Schal gewickelt war. Seine Stimme war von Krankheit gezeichnet, er machte einen apathischen Eindruck. Ich berichtete von meiner Reise nach Paris, von meinen Gesprächen, von der in der privaten Unterredung mit Pinay gefundenen Lösung. Stichworte für einen Briefentwurf, in dem die vereinbarte Marschroute für die Saarabstimmung niedergelegt war, hatte ich dabei.

Adenauer hat sich meiner Beziehungen nicht nur in diesem Fall bedient. Er griff immer darauf zurück, wenn ihm dies nützlich erschien, wodurch er sich von späteren CDU-Kanzlern unterschied. Dennoch und obwohl ich Mitglied seines Kabinetts war, bin ich in seine engere Umgebung, gekennzeichnet durch Namen wie Hallstein und Blankenhorn, nicht zu reden von Globke, nur gelegentlich hineingekommen, ich war kein Dauermitglied des innersten Zirkels.

Ich habe Adenauer die französischen Sorgen vorgetragen und ihm die Formel »Agitation ja, Aktion nein« erläutert. Damit sei gewährleistet, daß alle Wahlreden gehalten werden könnten, selbstverständlich auch gegen die Selbständigkeit und für den Anschluß an Deutschland. Mit wachsender Aufmerksamkeit hörte Adenauer zu, dann setzte er sich auf. Am Ende stimmte er mir begeistert zu. Aus dem apathischen Kranken wurde plötzlich wieder der energische Staatsmann, der durch und durch in der Politik lebte. Er schrieb dann den von mir skizzierten Brief, mit dem ein Abstimmungsmodus vorgeschlagen wurde. Es kam zu einer Vereinbarung zwischen den Außenministern, und aufgrund dieser Vereinbarung wurde der Abstimmungsmodus beschlossen.

Der Kampf um die Zukunft des Saarlandes wurde von allen Seiten erbittert geführt. Die Stimmung gegen Adenauer erreichte ihren Höhepunkt, als er kurz vor der Moskau-Reise in einer in Bochum gehaltenen Rede die Saarländer aufrief, ja zum europäischen Saarstatut zu sagen. Ein Sturm der Entrüstung brach los. Selbst Brentano, sonst ein treuer Paladin, leistete offen Widerstand. In Fraktion und Kabinett kam es zu heftigen Auseinandersetzungen. Wir in der CSU hielten uns zurück. Ich ahnte schon – was mir dann auch bestätigt wurde und was Konrad Adenauer in meinen Augen zum weiteren Male als kühlen und machiavellistischen Strategen auswies –, daß er zwar nach außen das Saarstatut unterstützte und dafür massive Attacken in der Bundesrepublik wie im Saarland in Kauf nahm, hinter den Kulissen aber ganz anders verfuhr.

Damals konnte der Bundeskanzler noch über den berühmten »Reptilienfonds« verfügen, über dessen Verwendung nur der Präsident des Bundesrechnungshofes informiert werden mußte, während eine ernsthafte parlamentarisch-politische Kontrolle nicht stattfand. Heinrich

Schneider von der Deutschen Partei Saar (DPS), der dortigen FDP, galt als der wohl härteste Gegner von Adenauers Saarpolitik und kämpfte entschlossen für den Anschluß des Saarlandes an die Bundesrepublik. Schneider und seiner Partei stellte Adenauer aus dem Reptilienfonds 10 oder 11 Millionen DM zur Verfügung. Ich erfuhr dies von dem Mittelsmann, der die Verbindung zwischen Adenauer und Schneider hergestellt hatte, einem saarländischen Regierungsdirektor, der während des Krieges in der Abwehr bei Canaris gearbeitet hatte. Später vermittelte er mir Kontakte zu Ministerpräsident Johannes Hoffmann wie zu dessen Nachfolger, dem Chef der Übergangsregierung, Heinrich Welsch.

Schein und Sein konnten in der Saarfrage nicht weiter voneinander entfernt sein, als sie es waren. Während beispielsweise Heinrich Schneider, wegen seiner Tätigkeit im Dritten Reich als Nazi verschrien, zu jenen Politikern gehörte, die Heinrich von Brentano, dem leidenschaftlichen Gegner des Nationalsozialismus, ein Greuel waren, stimmten sie in ihrer Haltung zur Saarfrage überein. Auf der anderen Seite wiederum war Brentano in dieser Sache einer der schärfsten Kritiker Adenauers, während Adenauer mit Schneider aus dem Hintergrund jene politischen Kräfte in üppigster Weise finanziell unterstützte, die das Statut zum Scheitern bringen und den Anschluß des Saarlandes an Deutschland herbeiführen wollten. Konrad Adenauer hat diese für ihn außerordentlich schwere Zeit, dieses Trommelfeuer der Feindseligkeit, durchgestanden mit eiserner Miene. Im Vergleich zu dem nationalen Geschrei, das sich damals gegen ihn erhob, waren die Wiederaufrüstung oder der Streit um seine Ankündigung, zuerst wohl und dann wieder nicht Bundespräsident zu werden, Scharmützel. Noch nie zuvor hatte Adenauer so oft hören müssen, von den Freunden zumal: »Herr Bundeskanzler, wir verstehen Sie nicht mehr!« Ungerührt und kühl wiederholte er, daß wir die Besiegten seien, daß wir die Versöhnung mit den Franzosen brauchten und daß aus der Saar nicht eine blutende Wunde für die deutsch-französischen Beziehungen werden dürfe. Deshalb sei zum Saarstatut ja zu sagen.

Frankreich war beeindruckt davon, daß dieser Kanzler fast seine politische Existenz aufs Spiel setzte, um die von den Franzosen gewünschte Lösung der Saarfrage zu unterstützen. Von Adenauers Finanzspritze für Heinrich Schneider, ihren schlimmsten Gegner an der Saar, war ihnen natürlich nichts bekannt. Auch im Fraktionsvorstand oder in einem anderen internen Bonner Kreis hat Adenauer über seinen doppelten Schachzug nichts mitgeteilt, obwohl ihm dies erhebliche Entlastung in den eigenen Reihen gebracht hätte. Er schwieg und zog wie der Heilige Sebastian alle Pfeile auf sich. Eingeweiht in die Aktion waren nur Globke, der den Reptilienfonds verwaltete, selbstverständlich der Empfänger des Geldes, Heinrich Schneider, und der vermittelnde Kurier, von dem ich informiert wurde.

Wie sehr die Saarfrage die Gemüter erhitzte, belegte am augenfälligsten das Verhalten Heinrich von Brentanos. Der distinguierte Edelmann, sonst zurückhaltend in seiner Wortwahl und nobel in seinen Umgangsformen, trat dem Kanzler beim Thema Saar mit Worten entgegen, wie ich sie bei kaum einer anderen Angelegenheit jemals aus seinem Munde vernommen habe. Die Saarfrage war deshalb so voller Emotionen und rührte deshalb so die Leidenschaften auf, weil sich hier ein Stück deutsches Schicksal abspielte, das nach Westen wie Osten hin - Stichwort Wiedervereinigung - eine offene Wunde war. Die Vorstellung, daß man sich an der Saar freiwillig oder fast freiwillig von einem Stück Deutschland trennen sollte, war für weite Kreise undenkbar, und deshalb wurde Adenauer, der sich mit dieser Entwicklung nicht nur abzufinden, sondern sie zu fördern schien, zum Mittelpunkt aller Angriffe. »Deutsch ist die Saar« war wieder einmal die Parole. Aber es wurde auch argumentiert, daß man nicht die Wiedervereinigung im Osten verlangen könne, wenn man im Westen leichtfertig und freiwillig auf ein Stück Deutschland verzichte. Dieses Motiv ist vor allem von Jakob Kaiser und seinem Kreis, von den Berliner Abgeordneten und von den aus der DDR kommenden CDU-Politikern ins Feld geführt worden, die in einer Preisgabe der Saar eine Schwächung ihrer deutschlandpolitischen Glaubwürdigkeit gesehen hätten.

Adenauer hat den Streit um die Saar unbeschädigt überstanden, seine Rechnung war aufgegangen. Zum einen blieben die Beziehungen zu Frankreich im großen und ganzen unbelastet, zum anderen konnten die Menschen an der Saar frei entscheiden, und sie entschieden wohl so, wie es sich Adenauer in seinem Herzen gewünscht hat. Ich habe jeder Versuchung widerstanden, ihn nach geschlagener Schlacht auf seinen Coup mit der Millionenunterstützung für Heinrich Schneider anzusprechen.

Die Zeit des politischen Unausgefülltseins als Sonderminister währte nicht lange. Eines Tages teilte mir Staatssekretär Globke mit, der Kanzler wolle mir eine völlig neue Aufgabe übertragen, nämlich den Aufbau der Atomwissenschaft und Atomtechnik in der Bundesrepublik. Dies sei eine großartige Chance. Vorbereitungen liefen seit 1952 im Rahmen der Deutschen Forschungsgemeinschaft, federführend war Werner Heisenberg. Die Zuständigkeit oblag zunächst dem Bundeswirtschaftsministerium, aber Adenauer behielt sich auf Vorschlag Heisenbergs selbst den Vorsitz der künftigen Atomkommission vor. Ich trat dem Planungsausschuß bei, dem unter anderem Ludwig Erhard, Werner Heisenberg, Karl Winnacker, der Vorstandsvorsitzende von Hoechst, sowie weitere Herren aus Industrie und Forschung angehörten. Dieses Gremium war nicht identisch mit der späteren Bundesatomkommission, die auf Kabinettsbeschluß vom 21. Dezember 1955 gegründet und dem neuen Atomministerium unterstellt wurde.

Eugen Gerstenmaier unternahm damals, auch aus konfessioneller Verbundenheit, einen Vorstoß zugunsten Carl Friedrich von Weizsäckers, den ich daraufhin bei Gerstenmaier kennenlernte. Im Mai 1956 wurde er in die Fachkommission »Forschung und Nachwuchs« berufen. Weizsäckers Problem war, daß die Philosophen ihn für einen Physiker, die Physiker ihn für einen Philosophen hielten. Wie schwierig Carl Friedrich von Weizsäcker es sich selbst und anderen macht und wie widersprüchlich und unschlüssig manche seiner Aussagen und Bewertungen sind, demonstrierte erst jüngst sein Auftreten beim Anhörungsverfahren zum Bau der atomaren Wiederaufarbeitungsanlage im oberpfälzischen Wackersdorf. Er sagte bei diesem Anlaß in Neunburg vorm Wald, daß er zwar für die friedliche Nutzung der Kernenergie eintrete, diese aber erst dann zu verantworten sei, wenn die politische Institution Krieg abgeschafft sei. Darüber kann man nur den Kopf schütteln. Wie soll die Institution Krieg verbindlich und zuverlässig abgeschafft werden? Wenn etwas den Krieg zwischen den Industriestaaten abgeschafft hat, dann war das die Kernenergie mit ihrer abschreckenden Wirkung. Aber glaubt man den Krieg durch ein UNO-Dekret zum Verschwinden bringen zu können? Und wer für den Betrieb von Kernkraftwerken ist, muß auch fragen, was mit den abgebrannten Brennelementen geschehen soll. Es gibt nur drei Möglichkeiten: Lagerung im Ausland, was immer schwieriger wird und zu Abhängigkeit führt; Endlagerung hierzulande, die wissenschaftlich noch nicht gelöst ist; Wiederaufarbeitung, durch die man zwanzig Jahre gewinnt, ein Zeitraum, in dem die Frage der Endlagerung gelöst werden könnte. Dazu hat Herr von Weizsäcker sich nicht geäußert. Statt dessen trat er als Warner und Mahner auf, wie schon dreißig Jahre zuvor in meiner Zeit als Verteidigungsminister, als

Vertreter der Wissenschaft gegen die Stationierung atomarer Waffenträger für die Bundeswehr protestierten.

In dem Gremium zur Vorbereitung der Atomkommission fiel unter anderem die Vorentscheidung über den Standort des ersten Atommeilers. Adenauer wollte Karlsruhe, Heisenberg wollte München. Was wie eine nüchterne, nach Abwägung aller Faktoren zu treffende Sachentscheidung aussah, hatte einen handfesten innenpolitischen Hintergrund. Adenauer wollte, wahrscheinlich unter dem Druck der Parteifreunde aus Württemberg, einen Südweststaat, nicht ein »autonomes«, wirtschaftlich kaum lebensfähiges Baden. Nach Artikel 29 des Grundgesetzes war im Südwesten eine Neugliederung unausweichlich. Durch das doppelte Spiel eines Bundesverfassungsrichters, der von seinem badischen Landesvater Leo Wohleb eigentlich in dieses Amt gebracht worden war, um die Wiederherstellung eines selbständigen, wenn nicht gar vergrößerten Baden zu sichern, wurde der Modus für die notwendige Volksbefragung so festgelegt, daß er eine Mehrheit gegen die Wiederherstellung Badens gewährleistete. Die Streitfrage, die dann vor dem Bundesverfassungsgericht ausgetragen wurde, war, ob die Mehrheit im Bereich der drei Südweststaaten - Baden, Württemberg-Baden und Südwürttemberg-Hohenzollern - insgesamt sich für die Wiederherstellung eines badischen Staates aussprechen müßte oder ob dafür die Mehrheit im ehemaligen Hoheitsgebiet eines der Teile des Südweststaates ausreiche. Die Entscheidung im Verfassungsgericht fiel - durch die Stimme des von Baden auf diesen Posten gebrachten Verfassungsrichters Henneka - zugunsten einer Gesamtabstimmung. Wäre Einzelabstimmung erfolgt, hätten die Anhänger einer Wiederherstellung Badens eine ausreichende Mehrheit bekommen. Diese Entscheidung hat bei den Badenern, obwohl ihr eigener Verfassungsrichter daran schuld war, großen Zorn und anhaltende Empörung hervorgerufen.

Um sie zu versöhnen, hat Adenauer ihnen das erste große Atomforschungsinstitut der Bundesrepublik Deutschland für Karlsruhe versprochen - wobei es bemerkenswert ist, daß damals eine Atomanlage noch eine Einrichtung voller Attraktivität war, um die man sich riß. Auch wenn in Karlsruhe längst ein riesiges und wichtiges Forschungszentrum entstanden ist, sprach damals alles für München und für Karlsruhe fast nichts. Die Entscheidung wurde mit den kuriosesten Begründungen herbeigeführt. So beauftragte Adenauer General Speidel mit einem Gutachten, das prüfen sollte, ob München oder Karlsruhe unter militärischen Gesichtspunkten den Vorrang verdiene. Die Stellungnahme

Speidels fiel zugunsten von Karlsruhe aus, weil im Falle eines Krieges die Russen eher in München als in Karlsruhe wären und weil ihnen dann bei der Einnahme von München die Geheimnisse des Atommeilers in die Hände fielen. Dieses Gutachten entstand fünf Jahre nach dem ersten sowjetischen Atombombentest! Ich reagierte auf diese absonderliche Begründung für den Standort Karlsruhe sarkastisch. Bei einer solchen militärischen Einschätzung würde ich östlich des Lechs die Entwicklung und Produktion von Fahrrädern verbieten, denn sonst kämen die Russen bei ihrem Vormarsch in den Genuß des Geheimnisses der Zweiradindustrie. Aber Adenauer setzte sich durch, die Entscheidung fiel für Karlsruhe. Heisenberg, der die Leitung übernehmen sollte, zog sich daraufhin zurück. Später, als ich Atomminister war, vereinbarten wir, in Garching bei München das erste Institut für Plasmaphysik zu errichten. In Garching entstand dann auch der Versuchsreaktor, das berühmte »Atomei«.

Aus solchen Vorarbeiten ist das Bundesministerium für Atomfragen, wie es damals hieß, gewachsen. Im Oktober 1955 übernahm ich diese Aufgabe, weil mich die Herausforderungen der modernen Technik immer fasziniert haben. Die Überlegung, einmal Bundesverteidigungsminister zu werden, spielte für mich keine Rolle mehr. Nachdem Theodor Blank, der ja nicht zu den älteren Kollegen gehörte, im Juni 1955 erster Verteidigungsminister geworden war, verschwand dieses Ziel in unerreichbarer Ferne. Also schaltete ich innerlich völlig um und nahm die neue Arbeit mit Schwung und Engagement auf. Ich war nicht sehr glücklich, als ich ein Jahr später dieses neue Amt schon wieder aufgeben mußte, um schließlich doch Verteidigungsminister zu werden. Zudem hatte ich als Atomminister bereits erste Erfolge aufzuweisen.

Die Tätigkeit im Atomministerium begann mit dem Aufbau eines kleinen Stabes. Ein Ministerialdirigent namens Grau, später Ministerialdirektor, ein Physiker aus dem Bundeswirtschaftsministerium, und ein Jurist für die Fragen des Atomrechts, der aus dem Justizministerium kam, das war der Kern. Das Klima im Haus war sehr gut. Untergebracht waren wir im Hotel »Godesberger Hof«. Es ist mir deshalb in besonderer Erinnerung, weil es das einzige Ministerium war, in dem jeder Referent ein eigenes Bad hatte – schließlich waren es Hotelzimmer gewesen.

Auf die Idee eines Atomministeriums war Konrad Adenauer gekommen. Als Vorbild diente uns die amerikanische Atomenergiekommission (AEC) unter Lewis L. Strauss. Auch die Franzosen hatten eine nationale, unmittelbar dem Präsidenten unterstellte Atombehörde, die von Pierre Guillaumat, dem späteren französischen Verteidigungsminister, geleitet wurde – ein charakteristischer Werdegang. Die Franzosen hatten in Saclay bei Paris ein Forschungszentrum mit einem kleinen Reaktor.

Auf die Frage, wie man Atomminister wird und wie ich als Historiker und Altphilologe zu diesem Amt komme, habe ich nicht nur einmal eine ironische Antwort gegeben – a) indem man nichts von Naturwissenschaften versteht, b) indem man von anderen Ministerien ferngehalten werden soll und c) indem man verspricht, durch jugendlichen Eifer und organisatorischen Ehrgeiz trotzdem etwas zustande zu bringen. Selbstverständlich spielte der Wunsch, ein Ministerium aufzubauen und eine richtige Aufgabe anpacken zu können, eine wesentliche Rolle. Gerade die Tatsache, daß ich nichts vorfand und bei Null beginnen mußte, hat mich gereizt – ähnlich war es dann auch bei der Übernahme des Verteidigungsministeriums. Sicherlich hätte ich auch Verteidigungsminister werden können, ohne zuvor die politische und organisatorische Aufgabe des Atomministeriums in einer Weise gelöst zu haben, die vom Bundeskanzler und anderen als erfolgreich bewertet wurde. Aber ich habe als Atomminister eine Menge gelernt. Dieses eine Jahr war für mich eine nützliche Gesellenzeit, die mir später wohl sehr zugute gekommen ist.

Daß Adenauer mir über Globke ein Atomministerium anbot, schließt natürlich ein, daß er das Thema mit anderen bereits erörtert hatte. So nehme ich als sicher an, daß er mit Heisenberg gesprochen hat. Adenauer war keineswegs so konservativ oder unbeweglich, daß er Entwicklungen, deren Auswirkungen erst in der Zukunft lagen, nicht erkannt hätte. Eine Formulierung wie »Da jibt es wat Neues, und da müssen wir rein« habe ich öfter von ihm gehört. Selbstverständlich aber spielten bei der Gründung eines Atomministeriums auch politische Überlegungen eine Rolle. Vieles, was für den Bundeskanzler Strategie war, bewältigte er taktisch. So war der Aufbau eines Atomministeriums, neben allem wirtschaftlichen Nutzen, auch ein Stück Wiedergewinnung von Rang und Geltung, eine Möglichkeit, auf dem Umweg über die Technik Politik wieder selber gestalten, mit anderen von gleich zu gleich verhandeln zu können. Es zeichnete sich damals ab, was heute landläufig Wahrheit ist, daß nämlich der mühsame Weg der Bundesrepublik Deutschland in den Kreis der gleichberechtigten freien Völker und ihr wirtschaftlicher Aufstieg mehr erforderten, als etwa nur den Rang von 1932 einzunehmen. Der Vorstoß in eine neue technische

Bundespräsident Heuss überreicht Strauß die Ernennungsurkunde zum ersten Bundesminister für Atomfragen, 21. Oktober 1955

Dimension, in der andere uns wegen unserer Verhinderung weit hinter sich gelassen hatten, hatte also eine wirtschaftliche und eine politische Seite. Man kann nicht eine Nation wieder wirtschaftlich an die Spitze und politisch zur Geltung bringen, wenn sie nicht in Wissenschaft und Technik einen ihren geschichtlichen Leistungen und ihrem Potential angemessenen Platz einnimmt. Anspannung aller Kräfte auf diesem Feld war doppelt geboten, weil es uns völlig unmöglich war und auch niemand daran dachte, etwa auf militärischem Gebiet oder gar im militärisch-nuklearen Bereich Ambitionen zu entwickeln. Beim Aufbau der Bundeswehr mußten wir militärisch ganz leise und unauffällig auftreten.

Vieler Worte zur Beschreibung unseres Auftrages bedurfte es bei Adenauer nicht. Die großen Linien lagen bei ihm fest und klar zutage. Wir müssen in Wissenschaft und Forschung, auch in der Atomwissenschaft vertreten sein, Rückstände aufholen und zu den anderen Ländern aufschließen. In der Unionfraktion wurde diese Einschätzung voll unterstützt. Man erkannte die Wichtigkeit des Themas und die Notwendigkeit, dafür Mittel einzusetzen, früher, als dies in der Industrie der Fall war.

Die Faszination der modernen Technik hat mich sehr früh erfaßt und nie mehr losgelassen. Entscheidend war für mich dabei die Einsicht, daß nur die Mittel der modernen Technik dem Menschen bei seiner oft mühseligen, entwürdigenden und unmenschlichen Arbeit Erleichterung und Ersatz bringen. Die Erwartungen, die gerade in den fünfziger Jahren mit der Atomphysik verbunden waren, bestimmten in vielfältiger Weise das politische Denken. Aber auch Luft- und Raumfahrt haben mich schon damals angezogen, und der Gedanke, ein Luftfahrtministerium zu schaffen, erschien mir durchaus sinnvoll. Konkret wurde das letzte Mal bei der Regierungsbildung von 1987 darüber gesprochen, als Helmut Kohl und ich die Idee eines Luft- und Raumfahrtministeriums erörterten.

Gerhard Stoltenberg, seit 1957 Bundestagsabgeordneter und von 1965 an als Forschungsminister einer meiner Nachfolger, trat beim Thema zivile Forschung und Nutzung der Kernenergie noch nicht in Erscheinung. Dem Aufbau einer deutschen Flugzeugindustrie aber versuchte er einige unüberwindliche Hindernisse in den Weg zu legen. Im Jahre 1958 kam es deshalb zu heftigen Meinungsverschiedenheiten. Stoltenberg und der Haushaltsobmann der Fraktion, Dr. Rudolf Vogel, versuchten im Fraktionsvorstand meinen Haushaltsansatz für den Aufbau der militärischen Luftfahrtindustrie zu Fall zu bringen mit der Begründung, das finanzielle Risiko sei enorm, die Nachfrage gering und der Rückstand nicht mehr aufholbar.

Auf dem Gebiet der Technik hatte die Bundesrepublik Deutschland kriegs- und nachkriegsbedingt in der Tat einen riesigen Nachholbedarf. Luft- und Raumfahrt waren uns verboten, und wir waren schon froh, daß im April 1955 die Lufthansa ihren Flugbetrieb wieder aufnehmen konnte. Als wir wieder mehr Handlungsspielraum hatten, gab es Widerstände auch im eigenen Lager. So war Ludwig Erhard gegen jede wirtschaftliche Förderung der zivilen Luftfahrt; die militärische Luftfahrt überließ er selbstverständlich dem Verteidigungsministerium.

Erhard verfocht den Grundsatz der reinen Marktwirtschaft, wonach der Staat sich nicht in wirtschaftliche Prozesse einmischen sollte. Daß der Staat beispielsweise bereits seit Ende des vorigen Jahrhunderts sämtliche Eisenbahnen bis auf ein paar Nebenlinien betrieb und daß für die Luftfahrt ein ähnlicher Weg eingeschlagen werden könnte, wurde übersehen. Erhards Ablehnung staatlicher Mitwirkung bei der Entwicklung des technischen Fortschritts ging so weit, daß er mir gestand, er sei gegen die Bildung eines Ministeriums für Atomfragen. Nur seine persönliche Freundschaft zu mir und unsere guten Beziehungen, nicht zuletzt mein Engagement für die Soziale Marktwirtschaft ließen ihn dieses Ministerium hinnehmen. Soweit es sich um Forschung handle, so Erhards Position, seien die Länder zuständig, soweit es sich um die Wirtschaft handle, habe der Staat dabei nichts verloren.

Erhard vertrat die Vorstellung einer hermetischen Trennung von Staat und Wirtschaft, die schon damals nicht realistisch war und in der Zwischenzeit wesentlich pragmatischer gesehen und behandelt wird. Nur durch die staatliche Förderung, die sich in schnell steigenden Budgetsätzen ausdrückte, war die deutsche Wirtschaft in der Lage, auf dem Gebiet der Kernforschung und der Kerntechnik Anlagen zu bieten, die nach wenigen Jahren mit den Produkten der Länder, die nicht durch Krieg und Nachkriegszeit bis 1955 gehemmt waren, mithalten und sie zum Teil übertreffen konnten. Wir sind durch die von mir eingeleitete massive staatliche Förderung der Atomwissenschaft und Atomtechnik heute eine der großen Exportnationen auf dem Gebiet der friedlichen Nutzung der Kernenergie, also ohne militärische Komponente.

Nicht nur die Politik, auch die Wirtschaft erweist sich als kurzsichtig, wenn sie nur auf den postwendend zu verzeichnenden Gewinn, nicht aber auf langfristige Entwicklungen und Möglichkeiten schaut, eine

Erfahrung, die ich nicht erst beim Airbus gemacht habe. Wir hatten für Karlsruhe im Juni 1956 die »Kernreaktor Bau- und Betriebs GmbH« gegründet, deren größter Anteilseigner der Bund und deren zweiter Anteilseigner das Land Baden-Württemberg war. Der dritte Anteilseigner war ein Industrie- und Bankenkonsortium. Sehr bald stellte sich heraus, daß das beschlossene Anfangskapital nicht einmal für die allerersten Schritte ausreichte und daß deshalb das Kapital erheblich aufgestockt werden mußte. Der Vertreter des Konsortiums der deutschen Industrie in Gestalt von Hermann Reusch hat mich aufgesucht. Bei einer ausführlichen Unterredung im Rheinhotel Dreesen in Bad Godesberg teilte er mir mit, daß sich die Industrie an der Kapitalerhöhung nicht beteiligen wolle, sondern im Gegenteil aus der Gesellschaft ausscheiden wünsche, da das finanzielle Risiko nicht mehr kalkulierbar sei. Ich legte alle meine Argumente auf den Tisch und zog alle Register meiner Überredungskunst. Eine Flasche Himbeergeist tat das ihre. Reusch am Ende des Gesprächs: »Also, in Gottes Namen, dann machen wir doch noch mit!« Am nächsten Tag rief er mich an: »Ich bleibe bei meinem Wort, aber mich legen Sie nicht noch einmal herein. Das war die teuerste Flasche Schnaps meines Lebens!« So groß war damals die Bereitschaft der Wirtschaft, auf dem Gebiet der modernen Großforschung und Großtechnik finanzielle Risiken zu übernehmen – eine Haltung, die noch immer lebendig ist.

Obwohl ich seit den Ereignissen und Entscheidungen im Frankfurter Wirtschaftsrat ein großer Bewunderer Ludwig Erhards und ein überzeugter Mitstreiter für die Soziale Marktwirtschaft war, gab es hier einen wirtschaftspolitischen Dissens. Meine leidenschaftliche Überzeugung von der Überlegenheit der Sozialen Marktwirtschaft hat mir nicht den Sinn verstellt für die Notwendigkeit praktischen Handelns. Ich war auch nie ein Anhänger der reinen Lehre von Adam Smith. Ich vertrat von Anfang an die Auffassung, daß bei den riesigen Dimensionen und bei dem ungeheuren Finanzbedarf der Atomwissenschaft die private Wirtschaft überfordert war und Staat und Wirtschaft daher ein Kooperationsverhältnis eingehen mußten. Der Staat mußte der Wirtschaft helfen, die mit öffentlichen Mitteln gewonnenen wissenschaftlich-technischen Erkenntnisse wirtschaftlich-industriell auszunutzen. Hier lag der Meinungsunterschied zu Erhard.

Was beim Stichwort Kernenergie begann, hat sich dann später in meiner Zeit als Verteidigungsminister fortgesetzt, als ich von Erhard eine stärkere Förderung der zivilen Luftfahrtindustrie verlangte und er rundweg ablehnte. Während ich die militärische Luftfahrtindustrie aufbaute - Dornier, Messerschmitt, Bölkow, VFW -, sollte meiner Meinung nach das Wirtschaftsministerium, das heute noch dafür zuständig ist, sich um den Aufbau der zivilen Luftfahrtindustrie kümmern, da ich die Mittel des Verteidigungshaushalts dafür nicht ausgeben durfte, ohne das Haushaltsrecht zu verletzen. Damit stieß ich auf völliges Unverständnis bei Erhard.

Die Gründung des Atomministeriums und der deutsche Einstieg in die Kerntechnik sind besonders interessant vor dem Hintergrund der damaligen energiewirtschaftlichen und energiepolitischen Situation. Die Kohle, für die Montanunion noch das zentrale Element, um Westeuropa zusammenzufügen, war unversehens dem Anbranden der Ölwoge ausgesetzt. Die Formeln der Macht begannen sich zu verändern. Mit dem Öl änderte sich eine wichtige Währung der Macht. Das Öl, scheinbar in beliebiger Menge vorhanden, ein Genuß ohne Reue, zu verbrennen, ohne daß irgendwelche Probleme entstehen - so wurde das damals gesehen -, das Öl war es, das im wesentlichen das deutsche Wirtschaftswunder trug. Das gilt in besonderer Weise auch für Bayern. Hier konnte durch das Öl der traditionelle Energienachteil ausgeglichen werden.

Dennoch gab es bei unserem Einstieg in die Atomtechnik keinen Widerstand besonderer Art, der mit dem Hinweis auf das zur Verfügung stehende Öl begründet worden wäre. Uns war immer klar, daß beim Öl eine gefährliche Abhängigkeit mit all ihren politischen Unwägbarkeiten besteht. Dieses Argument hatte man ständig im Blick. Darum beschäftigten wir uns auch intensiv mit dem Plan, wieder eine große Hydrierindustrie ins Leben zu rufen, um Kohle veredeln und vielfältiger einsetzen zu können. Dieser Gedanke ist wegen der damit verbundenen Kosten schon im Ansatz an den finanziellen Vorbehalten Fritz Schäffers gescheitert. Die Subvention auf dem Steuerweg hätte eine nicht tragbare Höhe erreicht. Auch eine Prüfung dieses Themas unter militärischen Gesichtspunkten führte nicht zu konkreten Schritten.

Schon am Anfang der friedlichen Nutzung der Kernenergie war uns bewußt, daß die Stromlieferung aus Atomkraft eines Tages eine wichtige Rolle spielen würde. Bereits Mitte der fünfziger Jahre gingen nationale und internationale Studien über den zukünftigen Energiebedarf von einer Verdoppelung des Bedarfes und damit auch des Verbrauches an Strom in etwa zehn Jahren aus. Diese Prognose hat sich als übertrieben erwiesen, eine Verdoppelung gibt es in rund zwanzig Jahren – eine Größenordnung, die sich aus einem jährlichen Wachstum von drei Prozent ergibt. Jedenfalls war klar, daß die heimischen Steinkohlenvorräte dafür nicht ausreichten, daß die Stromgewinnung aus Kohle teurer war als aus Kernkraft und daß man deshalb einen Mischpreis erzielen mußte. Das waren Mitte der fünfziger Jahre die Perspektiven, die mir vertraut waren und die ich in politischen Reden und in Vorträgen vertrat. Der Mangel an einer eigenen ausreichenden Energiebasis ist ein klassisches deutsches, vor allem auch süddeutsches Problem. Überlegungen, dieses Defizit mit einer neuen Energiequelle zu überwinden oder zu mindern, waren für uns deshalb selbstverständlich. Auch an der Ruhr gab es kein Mißtrauen gegen ein Ministerium, das die Atomforschung förderte, ein ernsthafter Konkurrent wurde nicht gewittert. Die Kohlenbarone saßen damals noch fest und vermeintlich unangreifbar im Sattel.

In der Bevölkerung herrschte großer Enthusiasmus für die Kernenergie. Man war stolz darauf, in einem wichtigen technischen Bereich wieder mit an der Spitze zu sein. Umweltschutz spielte damals keine Rolle, auf keiner politischen Seite. Die SPD sang auf ihrem Parteitag 1956 geradezu Hymnen auf die Kernenergie, nach dem Motto »Kernenergie, schöner Götterfunken!« Gestört hat die Genossen nur, daß nicht einer der ihren, sondern Franz Josef Strauß Atomminister war. Man hat mir vorgeworfen, die Bundesregierung habe wertvollste Zeit im Auf- und Ausbau der Kernkraft versäumt. Wie sich die Fronten verkehren! In meiner Zeit als Bundesminister für Atomfragen hat die SPD uns heftig kritisiert, weil wir den Neuerungen der Technik nicht so vorbehaltlos und gläubig gegenüberstanden wie sie, weil wir erst kritisch geprüft haben, bevor wir unsere Zustimmung gaben. Die SPD begann damals Wissenschaft und Technik als ihre neuen Götter zu verehren. Der alte Gott sollte ersetzt werden durch Wissenschaft und Technik: Das sollte der wahre Fortschritt sein!

Auf ihrem Münchner Parteitag von 1956, der die zweite industrielle Revolution zum Thema hatte, verabschiedete die SPD einen »Atomplan«, der folgende Ziele nannte:

> »die Erzeugung von Elektrizität aus Kernenergie hat in solchem Umfang zu erfolgen, daß die deutsche Wirtschaft nicht mehr auf die Einfuhr überteuerter Kohle angewiesen ist, der Raubbau in Kohlengruben vermieden und die schädigende Veränderung von Landschaft

und Wasserversorgung beim Abbau von Braunkohle eingeschränkt werden;
der Aufbau und der Betrieb von Atomkraftwerken wird durch die öffentliche Hand durchgeführt, ihr Zusammenwirken mit den übrigen Elektrizitätserzeugungsunternehmen erfolgt nach langfristig festzusetzenden Plänen; die Entwicklung von Kernkraftmaschinen an Stelle der Dieselmotoren und anderer Verbrennungskraftmaschinen für feste und fahrbare Kraftstationen, für Schiffe, Flugzeuge und andere Verkehrsmittel muß den Platz Deutschlands in der Reihe der Industrievölker sichern;
die Verwendung der radioaktiven Isotope in Medizin, Biologie, Landwirtschaft und Industrie muß so gefördert werden, daß die großen Möglichkeiten für die Gesundheitspflege, die Züchtung neuer Pflanzenarten und die Anwendung für die technischen Produktionsprozesse auch für Deutschland voll erschlossen werden;
die Forschung im Bereich der Atomwissenschaft muß mit allen Kräften gefördert werden, dies darf aber nicht andere Gebiete der Wissenschaft benachteiligen;
die Ausbildung von Arbeitskräften aller Art, von Arbeitern und Angestellten in den neuen Energieanlagen und in allen Wirtschaftszweigen, die sich mit Kernstoffen befassen, bis zum Forscher und akademischen Lehrer muß energisch gefördert werden;
sowohl die mit Kernstoffen Arbeitenden als auch die gesamte Bevölkerung müssen mit allen Mitteln und mit aller Sorgfalt gegen die Strahlenwirkungen geschützt werden.«

Es lohnt auch nach mehr als drei Jahrzehnten, die SPD-Beschlüsse von damals im Wortlaut nachzulesen. Selten hat man eine kritiklosere Verherrlichung der Kernkraft gefunden. Die SPD stellte fest: »Die kontrollierte Kernspaltung und die auf diesem Wege zu gewinnende Kernenergie leiten den Beginn eines neuen Zeitalters für die Menschheit ein.« Deshalb fordere man »in großzügiger, abgewogener Planung, nicht zögernd, hin- und hergerissen von vielerlei auseinanderstrebenden Privatinteressen«, den »Anschluß an die vorausgeeilte Welt«. Deutschland habe schon fast zwei Jahrzehnte der Entwicklung auf dem Gebiet der Atomtechnik versäumt und müsse nun »so schnell wie möglich« nachholen.

Die SPD fand beeindruckende Worte für den Segen, der von der Kernenergie ausgehe: »Die unerschöpflichen Energiequellen des neuen Zeitalters können entscheidend dazu beitragen, den Abstand zwischen den unterentwickelten und den entwickelten Industriestaaten zu verringern. Die Atomenergie kann zu einem Segen für Hunderte von Millionen Menschen werden, die noch im Schatten leben. Deutschland muß an der Hilfe für diese Völker mitwirken, aber auch die Lebensmöglichkeiten des eigenen Volkes verbessern ... Die Hebung des Wohlstandes, die von der neuen Energiequelle als einem der Hauptfaktoren der zweiten industriellen Revolution ausgehen kann, muß allen Menschen zugute kommen. In solchem Sinne entwickelt und verwendet, kann die Atomenergie entscheidend helfen, die Demokratie im Innern und den Frieden zwischen den Völkern zu festigen.« Der Atomplan der SPD schloß mit der Parole »Frieden und Freiheit für alle!«

Einer der Diskussionsredner des SPD-Parteitages war Staatssekretär Leo Brandt aus Düsseldorf, einer der bedeutendsten Förderer moderner Wissenschaft und Technik, ein Mann mit großen Verdiensten. Er stellte die Frage: »Werden wir in dem Land Albert Einsteins und Otto Hahns künftig auf dem Gebiet der Atomwissenschaft und -technik überhaupt noch mithalten können? Deutschland bemüht sich jetzt um Anfänge auf dem Atomgebiet, nachdem Jahre unnütz versäumt worden sind.« Carlo Schmid, einer der großen Redner im Deutschen Bundestag, dessen poetische Begabung uns immer wieder faszinierte, sagte in seiner sich daran anschließenden Rede: »Bisher gab es Muße nur für die oberen gesellschaftlichen Schichten. Künftig aber könnte es Muße für alle geben. Dann wäre das Wort des Aristoteles gegenstandslos geworden, das besagt, die höheren Schichten kämpften, regierten und philosophierten, das Volk aber habe sich auf die Arbeit zu beschränken.« Beschwörend hieß es am Schluß: »Genossinnen und Genossen, es ist Ihnen der Entwurf eines Atomplans vorgelegt worden. Seine Absätze gehen auch dort, wo sie ganz technisch zu sein scheinen, alle darauf aus, den Menschen zu retten. Wir können nicht auf die Idee des Menschen verzichten, die im Begriff der Freiheit, des Schönen und des Guten wurzelt; und wir können nicht darauf verzichten, alles zu tun, was die Wirklichkeit des menschlichen Lebens wieder mit der Idee des Menschen zur Deckung zu bringen vermöchte – denn wenn wir darauf verzichten, wären wir keine Sozialisten mehr.«

Neben der Möglichkeit, aus der Kernenergie ausreichend Strom zu einem vernünftigen Preis herstellen zu können, schien uns auch die

Nuklearmedizin außerordentlich wichtig. Ich berief den damals bekanntesten Strahlenmediziner der Bundesrepublik Deutschland, Professor Gerhard Schubert aus Hamburg, zum Berater. Die Verwendung der Kernenergie zur Bestimmung des Alters von Gesteinsschichten oder von archäologischen Funden war ein ebenfalls revolutionärer und faszinierender Gedanke.

Euratom, der praktisch parallel zur Europäischen Wirtschaftsgemeinschaft verhandelten und in Kraft gesetzten Europäischen Atomgemeinschaft, stand ich kritisch-ablehnend gegenüber. Ich glaubte, daß man uns auf dem Umweg über diese Organisation von der Atomforschung und ihren Ergebnissen ausschließen wollte, wobei ich gegen keinen Partner im besonderen, sondern gegen alle gleichermaßen mißtrauisch war. Als Verteidigungsminister hatte ich eine harte Auseinandersetzung mit dem französischen Ministerpräsidenten Felix Gaillard, der 1970 mit seiner Motorjacht bei Jersey verschollen ist. Er schwärmte von den Vorzügen Euratoms und von der Notwendigkeit der Zusammenarbeit, ich hielt frostig dagegen. John Foster Dulles, der große amerikanische Außenminister und enge Freund Konrad Adenauers, mahnte mich mit düsterem Blick und beschwörender Stimme: »Zweimal haben wir in Europa eingreifen müssen, um die Demokratie zu retten. Wir wollen kein drittes Mal mehr eingreifen, und darum müssen die Deutschen sich fügen.« Einen heftigen Zusammenstoß hatte ich damals auch mit Professor Bowie, dem einstigen Berater von John McCloy. »Wir haben zwar zwei Weltkriege verloren«, sagte ich zu ihm, »aber nicht den Verstand.« Das hat mir eine langjährige Feindschaft eingetragen.

Meine Befürchtungen im Hinblick auf Euratom erwiesen sich als unbegründet. Die Atomgemeinschaft hat uns nicht behindert, sie hat aber auch keine besondere Rolle gespielt. Wir wurden in der nationalen Entwicklung der Atomforschung nicht gebremst, allenfalls hat uns die Frage der Kontrolle der militärischen Nutzung, die für uns ohnehin außerhalb jeder Vorstellung lag, geärgert. Die alliierten Bedenken waren ein Spiegelbild dessen, was uns, unausgesprochen oder ausgesprochen, bewegte – daß unsere nationale Leistungsfähigkeit in einer Spitzentechnologie uns auch politisch wieder Geltung und Gewicht verschaffen würde. Genau da setzten die Bedenken der anderen an. Wir, die wir in den Aufbaujahren der Bundesrepublik politische Verantwortung trugen, haben aus der Logik der Situation, aus intellektuellem Kalkül und politischem Instinkt gehandelt. Was nachträglich gern als eine große und durchgehende Strategie dargestellt wird, wird von den Handelnden in der konkreten Situation oft unbewußt befolgt. Und bei mir persönlich kam noch ein historischer Impuls dazu.

Wenn der Politiker über Strategien und Beweggründe seines Handelns spricht, kann es sein, daß er sich über die wirklichen Motive seines Tuns nur bedingt Rechenschaft gibt, weil ihm diese allzu selbstverständlich sind. Mein politisches Handeln war und ist immer eingebettet in den Ablauf der Geschichte dieses Jahrhunderts und in mein persönliches Schicksal: die Prägung durch Herkunft und Familie, Schule und Studium, das Heraufkommen des Nationalsozialismus, dem man ohnmächtig gegenüberstand; dann der Krieg - zu wissen, daß er kommt und daß man nichts dagegen tun kann, Gott sei Dank nicht unterzugehen, aber zu wissen, und zwar von Anfang an, daß er nicht gewonnen werden kann, das Verhängnis zu sehen und dann von Generalen zu hören, daß der Krieg noch gewonnen werden könne, während das Unheil jeden Tag näher rückt; zuletzt die Frage, was danach geschieht, Stunde Null, finis Germaniae - kommt das Ende Deutschlands? Gibt es überhaupt noch eine Zukunft für die Deutschen? Oder wird Europa ein Verschiebebahnhof der Machtpolitik außereuropäischer Großmächte? Die Zukunft grau in grau?

Was kommt, sind Überlebenssorgen. Dann ein Wiederbeginn unter dem Trauma des verlorenen Krieges, den zu gewinnen ich nicht gewünscht und den nicht zu gewinnen ich gefürchtet hatte. Die allmähliche Veränderung der weltpolitischen Szene, der Zwist der Sieger, die Gründung der Bundesrepublik, Adenauer, der die gebotenen Möglichkeiten geschickt nutzt; eine rasche wirtschaftliche Erholung, ein langsamer politischer Wiederaufstieg. Und plötzlich dringen wir mit der Atomforschung in ein Gebiet vor, das uns bisher untersagt war, haben wir teil an einer der ganz großen technischen Revolutionen. Plötzlich wird ein Stück deutscher Geltung wieder sichtbar, tun sich Möglichkeiten für Spitzenleistungen auf, gewinnt unsere Stimme an Gewicht - unsere Nation im freien Teil des Vaterlandes tritt wieder in den Rang einer technischen Macht. Was die Bundeswehr auf dem einen Gebiete war, war die Kernenergie auf dem anderen.

Das war das große Ziel und die klare Linie, denen der Zwang und der Drang der täglichen Geschäfte gegenüberstanden, die oft nur kleinste Schritte erlauben und Umwege erzwingen. Die große Politik löst sich stets auf in tausend winzige Schritte, aber Sinn und Gespür für die richtige Richtung dürfen nicht verlorengehen. Der handelnde Poli-

Konstituierende Sitzung der Deutschen Atomkommission, Januar 1956. Strauß mit Otto Hahn, Otto Haxel und Werner Heisenberg (v.r.n.l.)

H. Maier-Leibnitz, F. J. Strauß und General W. Bedell Smith (v.l.n.r.) bei der Unterzeichnung des Atomhilfsabkommens

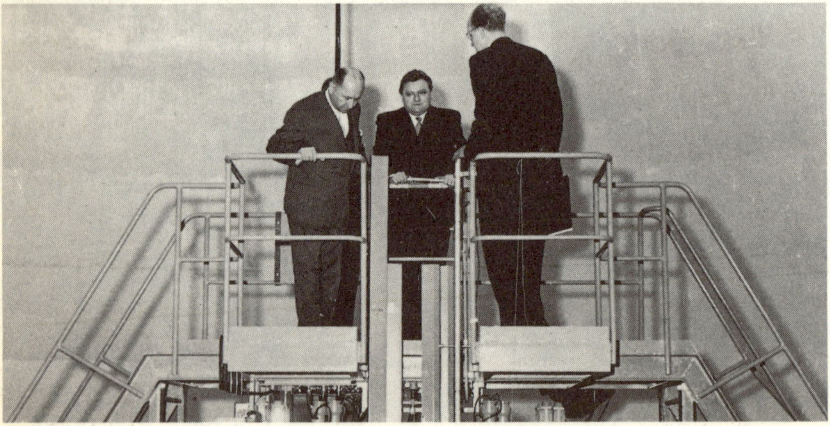

Der Bayerische Ministerpräsident Hanns Seidel, Franz Josef Strauß und Heinz Maier-Leibnitz bei der Besichtigung des Atomreaktors in Garching bei München, Februar 1958

tiker braucht ein Koordinatensystem, innerhalb dessen er die Orientierung behalten muß. Nachträglich erst bleibt es dann den Historikern überlassen, die großen Entscheidungslinien zu beschreiben.

Wir haben in den knapp zwölf Monaten, die ich Atomminister war, eine umfassende nationale Atomkonzeption entworfen, und zwar sowohl den großen Rahmen als auch die Details bis hin zu den technischen Apparaturen. So haben wir einen kompletten Reaktor für München-Garching angekauft, das sogenannte »Atomei«. Hersteller war die American Machine and Foundary Company, New York, Chef des Unternehmens der ehemalige Stabschef Eisenhowers, General Walter Bedell Smith. Mit ihm verband mich eine Erinnerung aus meiner Schongauer Zeit. Smith hatte 1945 als Chef des Stabes der amerikanischen Besatzungstruppen den Landkreis Schongau besucht. Bei dieser Gelegenheit schenkten wir ihm ein Jagdgewehr. Die Produktion von Jagdgewehren war den Deutschen selbstverständlich verboten; wir hatten jedoch eine kleine Gewehrfabrik in der Gemeinde Wildsteig, die dieses Jagdgewehr auf der Basis eines Militärkarabiners fertigte. Auf das Endprodukt wurde dann zur Verschleierung »Made in Austria« gestanzt. Diese Gewehre waren damals sehr gefragt, wir haben sie verschenkt und verkauft, Mittelsmann war ein Inspektor am Landratsamt. Die Tatsache, daß wir einem der höchsten amerikanischen Offiziere eines dieser Gewehre zum Geschenk machten, zeigt, daß wir die Anordnungen der Besatzungsmacht keineswegs sehr ernst nahmen.

Ein wichtiger Schritt war die persönliche Information im Ausland – bei den Franzosen in Saclay, im englischen Atomforschungszentrum Harwell, dann in Washington und Chicago, wo ich den ersten kleinen Atommeiler der Welt von Fermi und Szilard besichtigte. In den USA hatte ich eine Reihe von Gesprächen mit dem »Hochadel« der Nuklearphysiker, unter anderem mit Edward Teller und den Fachleuten von Berkeley. Und ich besuchte die Isotopenanreicherungsanlage der Amerikaner in Oakridge, um überhaupt einmal eine Vorstellung von den Dimensionen einer solchen Anlage zu bekommen. Die Amerikaner waren sehr kooperativ. Wenn sie uns nicht angereichertes Uran zur Verfügung gestellt hätten, hätten wir gar nicht ernsthaft forschen können. Aber auch Engländer und Franzosen waren an der Zusammenarbeit mit uns interessiert. Zwischen Paris und London entstand sogar eine Rivalität, wer mit den Deutschen zuerst ins Geschäft käme – politische Zurückhaltung wurde zugunsten wirtschaftlicher Chancen aufgegeben. Ob ich das französische oder das englische Atomforschungszentrum zuerst besuchte, war eine schwierige diplomatische Frage.

Im Dezember 1955 wurde die Bundesatomkommission gegründet und hochrangig besetzt. Zu den 25 Mitgliedern gehörten neben Heisenberg, Hahn, Schubert und Winnacker Hermann Josef Abs von der Bank deutscher Länder, Gerhard Geyer von Esso, Ulrich Haberland von den Bayerwerken, Hermann Reusch von der Gutehoffnungshütte, Hans Reuter von der DEMAG sowie Ludwig Rosenberg vom DGB-Hauptvorstand und Staatssekretär Leo Brandt. Der Personenkreis reichte also über den engeren Kreis der Atomphysiker weit hinaus. Die Bildung der Atomkommission mit ihren Fachkommissionen entsprach der deutschen Verfassungslage, Lösungen nach amerikanischem, englischem oder französischem Vorbild waren nicht möglich. In den USA zum Beispiel gibt es Exekutivbehörden wie die Nuclear-Energy-Commission, die direkt dem Präsidenten unterstellt sind. In der Bundesrepublik geht das nicht, weil hier nach der Verfassung der Kanzler zwar die Richtlinien der Politik bestimmt, die Bundesminister aber ihre Ressorts in eigener Verantwortung und selbständig führen - auch die Verfassung des Freistaates Bayern enthält ähnliche Regelungen.

Das Ergebnis unserer Überlegungen in Bonn war, daß dem Minister, der sozusagen die hoheitliche Gewalt verkörperte, eine Atomkommission mit beratendem Charakter zur Seite stehen sollte. Ich wurde Erster Vorsitzender. Die Mitglieder der Kommission wurden auf meinen Vorschlag vom Bundeskanzler berufen. Ich verpflichtete mich gegenüber der Atomkommission, sie aufzuwerten. Da ihre Beschlüsse nur beratenden Charakter hatten, sagte ich zu, sie durch meine Unterschrift in Hoheitsakte umzusetzen. Damit wurde den Mitgliedern der Kommission signalisiert, daß sie, natürlich in bescheidenen deutschen Dimensionen, dieselben Vollmachten hätten wie ihre Kollegen von der amerikanischen Atomkommission. Das hat ihnen sehr gefallen.

Besonders gut verstand ich mich mit Werner Heisenberg und Gerhard Schubert sowie mit Boris Rajewski, der in der Fachkommission für Strahlenschutz saß. Damals ist mir bewußt geworden, daß zwischen höchstem wissenschaftlichen Sachverstand und politischer Führungsqualifikation ein großer Abstand klafft. Hätte man Bildung und Aufbau des Atomministeriums dem Nobelpreisträger Heisenberg überlassen, wäre das Ergebnis ein perfektes Chaos gewesen. Ein Nobelpreisträger wird für seine Forschung ausgezeichnet, die oft sehr spezialisiert ist und Qualitäten wie Phantasie und Originalität erfordert, nicht aber Fähigkeiten, die man zur Schaffung eines Ministeriums braucht. Einstein war ein Chaot, trotzdem war er ein Genie - vielleicht hängt »unordentliches« Denken in bestimmten Fällen mit genialer Geisteskraft zusammen. Heisenberg sagte mir einmal, daß die höhere Mathematik von heute nur verstehen könne, wer unter dreißig Jahren sei und einen Ansatz zur Verrücktheit habe – er selbst hatte den Nobelpreis mit dreißig Jahren bekommen. Nicht ohne Grund sehen hochbegabte Mathematiker ihr Fach manchmal mehr als abstrakte Kunst denn als Naturwissenschaft. Wenn ich zu gelegentlicher Nachtlektüre ein Kapitel aus einem Buch über moderne Mathematik lese, kann ich kaum glauben, daß es sich um eine exakte Wissenschaft handelt.

Als Atomminister konnte ich amtliche Pflicht und private Neigung auf das glücklichste verbinden. Durch intensive Fachlektüre arbeitete ich mich in die Grundsätze der Kernphysik ein, um mit den Experten zumindest einigermaßen mitreden zu können. Einen Minister mit Kompetenz hielt ich für dieses wichtige und zukunftsorientierte Amt für unerläßlich. Das neue Ministerium erfreute sich schnell eines hohen Ansehens in Kabinett, Fraktion und Parlament. Zwar mußte der Etat ausführlich erklärt werden, und auch mein Personal, das aus verschiedenen Ministerien kam, konnte nur unter Überwindung mancher Widerstände gewonnen werden. Aber mit dem für das Atomministerium zuständigen Parlamentsausschuß gab es eine reibungslose Zusammenarbeit, über die Grenzen der Unionsfraktion hinaus. Regierung und Opposition sahen in der friedlichen Nutzung der Kernenergie ein wichtiges wissenschaftliches, technisches und wirtschaftliches Zukunftspotential.

Persönlich hatte ich im Atomministerium eine Aufgabe gefunden, die mir rundum Freude machte, so daß ich mir mehr Zeit in diesem Amt gewünscht hätte, als ich dann hatte. Das Atomressort war keineswegs ein Verlegenheitsministerium, sondern ein Ministerium mit großer Perspektive, obwohl der Gedanke, das Amt zu einem Ministerium für Forschung und Technik auszubauen, damals noch nicht auftauchte. Für den Beginn wäre das zuviel gewesen. Man mußte zuerst auf dem Gebiet der Kernenergie Erfahrungen sammeln und Zeichen setzen. Zudem war ich aufgrund meiner föderalistischen Grundeinstellung immer dagegen, daß der Bund ein Bundeskultus-, ein Bundesbildungs- oder ein Bundeswissenschaftsministerium errichtet. Das Bundesforschungsministerium wollte ich auf drei Schwerpunkte begrenzen: Atomenergie, Kybernetik und nichtmilitärische Luft- und Raumfahrt. Ich wollte nicht in die ganze Breite gehen, wie es später der Fall war – ohne Abgrenzung wurden die unvernünftigsten Pseudoforschungsthemen in ministerielle Obhut genommen, um möglichst viele Soziologen zu beschäftigen oder Parteifreunde unterzubringen.

Was die drei strategischen Säulen betrifft, die die Gesamtentwicklung moderner Technik tragen sollten, so stieß vor allem der Aufbau einer zivilen Luft- und Raumfahrt auf den Widerstand einer Gruppe von Unbeweglichen. Das hing zusammen mit der Angst vor dem finanziellen Einsatz und der befürchteten Unkalkulierbarkeit, aber auch mit dem deutschen Minderwertigkeitskomplex, den man liebte und zum Teil noch züchtete. Hierher gehört ein Ereignis vom Februar 1947. Während einer gemeinsamen nächtlichen D-Zug-Fahrt von München nach Frankfurt erläuterte mir der renommierte Wirtschaftsexperte Johannes Semler, Mitglied des Frankfurter Wirtschaftsrates, die Sinnlosigkeit der Wiederaufnahme einer deutschen Automobilproduktion. Die Amerikaner, so sein Argument, hätten ihre Technik im Automobilbereich so weit entwickelt, daß wir Deutschen keine Chance mehr hätten, sie jemals einzuholen. Das hat meinen lebhaften Widerspruch hervorgerufen.

In die gleiche Richtung ging eine hitzige Unterredung mit Heinrich von Brentano während einer Sommernacht des Jahres 1954 auf der Koblenzer Straße in Bonn. Unser Thema: Wiederaufbau der Deutschen Lufthansa - ja oder nein? Brentano, damals noch Fraktionsvorsitzender, vertrat ein kompromißloses Nein; ein solches Unterfangen hätte keinen Sinn mehr, die anderen hätten ihre Luftfahrtgesellschaften längst etabliert, der Bedarf sei gedeckt, deshalb sollten wir Deutschen uns nicht einmischen und den Versuch einer aussichtslosen Konkurrenz unterlassen; hier investiertes Geld sei hinausgeworfen. Solches Denken war damals weit verbreitet.

Man wurde schnell zum Nationalisten gestempelt, wenn man entschlossen Gegenposition bezog. Bei Heinrich von Brentano war mir diese Haltung freilich unverständlicher als bei anderen. Er trug die Adenauersche Politik mit, hat sie wesentlich unterstützt und abgesichert - und sah für eine nationale deutsche Fluglinie dennoch keinen Platz. Zudem brauchte Brentano bei seiner bekannt untadeligen Haltung im Dritten Reich kein schlechtes Gewissen zu haben. Er war in seiner Bewertung des Dritten Reiches, seiner Machthaber, seiner Politik ohne jeden Zweifel das, was man einen anständigen, intelligenten Deutschen nennt. Aber es hatte sich insgesamt ein lähmender und weitverbreiteter Komplex herausgebildet, in dessen Sog auch Brentano geriet.

Ich erinnere mich noch an eine andere Szene mit ihm. Bei einer

Ministerkonferenz der OECD entschuldigte sich Brentano immer wieder, sobald er das Wort ergriff, die Deutschen dürften natürlich keine Ansprüche stellen und so weiter. Irgendwann ist mir der Kragen geplatzt, und ich habe einen Zettel geschrieben, den ich Brentano zuschob: »Hör doch endlich auf, Dich schon für Deine Anwesenheit zu entschuldigen!« Der Außenminister bekam einen hochroten Kopf.

Auch den Karfreitag des Jahres 1959 werde ich im Zusammenhang mit der Frage nach dem Selbstbewußtsein der Deutschen nie vergessen. An diesem Tag wurde zwischen den Vereinigten Staaten von Amerika, vertreten durch die Military Assistant and Advisory Group (MAAG), und der Bundesrepublik Deutschland auf einem amerikanischen Flughafen in der Nähe der italienischen Stadt Vicenza der Vertrag über die Lagerung nuklearer Sprengkörper in der Bundesrepublik Deutschland geschlossen. Die Sprengkörper waren für die atomaren Waffenträger der Bundeswehr vorgesehen. Unterschrieben wurde der Vertrag von General Herbert B. Thatcher und mir. Das Datum hat sich mir wegen des Tages, Karfreitag, und wegen des Themas, Atomwaffen, besonders eingeprägt.

Zurückgekehrt nach Bonn, erfahre ich, daß das Finanzministerium die Gegenzeichnung des Vertrages verweigere. Finanzminister Franz Etzel sei nicht bereit, die Ausführung des Vertrages zu finanzieren und die entsprechenden Anweisungen zu geben. Ich rufe Etzel an: »Herr Kollege, wir sind im Zeitdruck, wir haben 1957 der Planung MC-70 zugestimmt, haben 1958 die Bundestagsentscheidung gehabt, seither läuft die atomare Ausbildung der Bundeswehr-Verbände, und zwar nicht nur die rein technische, sondern auch die taktisch-operative Schulung der Kommandeure in Kategorien des atomaren Einsatzes. Wir brauchen jetzt die Lager.« Etzel bleibt bei seinem Nein: »Herr Kollege, das kann ich nicht machen!« Es folgte ein langer Wortwechsel, in dessen Verlauf Etzel plötzlich sagte: »Ich möchte nicht im nächsten Kriegsverbrecherprozeß schuldig gesprochen werden.«

Diese Denkweise, dieses Schielen nach Rückversicherung, war mir völlig fremd. Etzel, eine halbe Generation älter als ich, lebte aus anderen Erfahrungen. Die Deutschen dürften keine ABC-Waffen besitzen, die Vereinbarung sei gegen das Vertragsrecht, wehklagte Etzel. Ich wies diesen Standpunkt und die damit verbundene Belehrung zurück: »Ihre Beurteilung ist falsch. Wir haben uns erstens nur verpflichtet, keine ABC-Waffen auf deutschem Boden zu produzieren. Zweitens gibt es inzwischen neue Vereinbarungen der NATO, an die wir uns halten müssen. Wenn die NATO beschließt, der Bundestag mit Mehrheit zustimmt, das Bundeskabinett die Planung MC-70 billigt, dann können Sie nicht sagen, daß wir uns hier auf dem Boden der Illegalität bewegen.« Etzel kam zu mir ins Verteidigungsministerium, wo die von meiner Seite aus sehr deutliche Unterhaltung fortgesetzt wurde.

Er hat dann unterzeichnet.

Dieses Verhalten war kein Einzelfall, es war in gewisser Weise sogar bezeichnend. Ich bin ihm auch begegnet bei einem Mann wie Karl Winnacker, dem Vorstandsvorsitzenden der Hoechst AG. Als Atomminister war ich Mitglied des Präsidiums des Aufsichtsrates der Karlsruher Reaktorbaugesellschaft, die sichtbare Erfolge erzielte sowohl beim Aufbau der Forschung und Technik als auch bei der Schaffung organisatorischer und finanzieller Grundlagen. Nachdem ich Verteidigungsminister geworden war, wollte ich den Sitz im Präsidium aufgeben und die Mitglieder des Aufsichtsrates bitten, meinen Nachfolger im Atomministerium, Professor Siegfried Balke, zu wählen. Balke bat mich, den Posten sofort zur Verfügung zu stellen, nicht erst bei der nächsten Sitzung. Diese Eile war mir völlig unverständlich, zumal da es ganz den Gepflogenheiten entsprach, wenn ich mich auf der nächsten Sitzung formell verabschiedete. Kurz darauf ruft mich Winnacker an und läßt die Katze aus dem Sack: »Ich war schon einmal in einen Kriegsverbrecherprozeß verwickelt« - Stichwort IG Farben - »und sage Ihnen, wir dürfen in der Atomwissenschaft nicht das Geringste mit militärischen Überlegungen zu tun haben. Wenn Sie bis zur nächsten Sitzung im Präsidium bleiben, könnte der Eindruck entstehen, daß wir auf militärischem Gebiete tätig sind. Wenn die Sitzung von Ihnen eröffnet wird, kommen wir nicht.« Meine Absichten waren allein von den Spielregeln der Höflichkeit bestimmt; ich fühlte mich den Leuten so verbunden, daß ich mich nicht stillschweigend empfehlen, sondern mich für die gute Zusammenarbeit bedanken, mein Amt niederlegen und Balke als meinen Nachfolger vorschlagen wollte. Es war nicht möglich. Die Episode gehört in das traurige Kapitel von der verwundeten deutschen Nation.

Deutsche politische Führung hat im Laufe der Jahrhunderte - und im Laufe der von meiner Generation erlebten Jahrzehnte - Versäumnisse, Fehler und auch Verbrechen begangen. Daraus aber den Schluß zu ziehen, daß solches nur und ausschließlich bei den Deutschen vorkomme, ist eine unzulässige historische Verengung. Nicht nur, daß wir im freien Teil Deutschlands faktisch, moralisch und politisch wiedergutzumachen suchten, was nur irgendwie in menschlicher Unvollkommenheit gutzumachen ist – wir haben auch und vor allem mit dem Auf- und Ausbau einer funktionierenden und stabilen Demokratie praktische Konsequenzen als Lehre aus unserer Geschichte gezogen. Wir tragen an dem, was im deutschen Namen verschuldet wurde. Die historische Wahrheit aber erlaubt es nicht nur, sie gebietet es uns, zu sagen: Auch andere haben Versäumnisse begangen, auch andere haben Fehler gemacht, auch an dem deutschen Volk sind während des Krieges und nach dem Kriege Verbrechen in großer Zahl und Scheußlichkeit begangen worden.

Hier muß an das Schicksal von 12 Millionen vertriebenen Deutschen erinnert, hier muß die geschichtliche Leistung der Eingliederung gewürdigt werden. Die Rechnung Stalins ist nicht aufgegangen. Die Millionen vertriebener, entwurzelter, verarmter, gedemütigter Deutscher aus dem Osten sind nicht der weltpolitische Sprengstoff geworden, dessen Explosion ganz Deutschland und am Ende ganz Europa in die soziale und politische Revolution hätte treiben und damit zur leichten Beute des Kommunismus hätte machen sollen. Die Flüchtlinge und Heimatvertriebenen sind aber auch nicht zur geheimen Reservearmee eines neuen deutschen Nationalismus oder zur Speerspitze einer neuen antidemokratischen totalitären Bewegung in Deutschland geworden, sondern haben einen wesentlichen Beitrag zum Aufbau der Bundesrepublik geleistet.

Geschichtsbetrachtung – und dies ist ein Appell nicht nur an die historische Wissenschaft in der Bundesrepublik Deutschland, sondern auch in anderen Ländern – darf nicht zurechtgebogene Einseitigkeiten schaffen und zu Knüppeln politischer Propaganda degradieren. Bemerkenswert ist mir immer, wie andere Völker und wie die Deutschen mit ihrer Schuld umgehen. Das Thema der Verjährung bei Mord, das jahrzehntelang die Gemüter bei uns beschäftigt hat, ist symptomatisch. Die erste Verlängerung der Verjährungsfrist gab es unter Adenauer, die zweite unter Erhard, unter Schmidt wurde sie dann ganz aufgehoben. Gegen alle drei Entscheidungen bin ich, wenn auch vergeblich und unter massivem gegnerischen Trommelfeuer, angetreten, und nach wie vor halte ich meine Position für die richtige. Es geht mir nicht darum, und ich habe dies oft genug gesagt, auch nur ein Jota deutsche Schuld zu leugnen. Aber ich kann eine Haltung nicht akzeptieren, nach der wir die Untaten und Verbrechen der anderen aus dem Gedächtnis streichen sollen, was Deutsche an Verbrechen verübt haben, aber nie vergessen dürfen. Hier wird mit zweierlei Maß gemessen, und damit perpetuieren wir deutsche Schuld bis in die Unendlichkeit.

Ich fühlte mich durch das Dritte Reich im Sinne einer persönlichen Schuld nicht betroffen. Auch die Parole von der Kollektivschuld des deutschen Volkes wies ich stets scharf zurück. Wenn Mitscherlich mit seiner »Unfähigkeit zu trauern« Trauer über deutsche Schuld meint, war ich unfähig zu trauern. Ich hatte einen gewaltigen Haß auf die Nazis, aber ich war auch verbittert über die Westmächte, weil sie Hitler nicht rechtzeitig das Handwerk gelegt hatten. Schon mein Vater klagte über die Appeasement-Politiker: »Diese Narren merken nicht, daß der Kerl den Krieg vorbereitet, bis es zu spät ist.« Später war ich empört über den sinnlosen Bombenkrieg gegen Deutschland. Ich war entsetzt über Ausmaß und Unmenschlichkeit der Verbrechen, die von Deutschen und in deutschem Namen begangen wurden. Da ich aber mir selber keine Handlungsweise vorwerfen konnte, die auch nur annähernd zu irgendeinem Vorwurf hätte Anlaß geben können, war ich unbefangen in meinem politischen Handeln. Es hat nicht das Geringste mit Verdrängung deutscher Schuld zu tun, wenn ich immer wieder die Meinung vertrete, daß die Deutschen wieder den aufrechten, normalen Gang lernen müßten. Und dort, wo unsere internationale Verantwortung gefordert ist, dürfen wir uns nicht unter Berufung auf unsere Vergangenheit unseren Pflichten entziehen. Daß man auch im Ausland, zumal bei unseren Verbündeten, in den Deutschen gern selbstbewußtere Partner sähe, habe ich bei vielen Gesprächen erfahren, sei es beim Airbus, in der Raumfahrt oder bei der Wehrtechnik. Daß die halbe Nation noch gebeugt geht, glauben unsere Partner nicht, wollen unsere Partner nicht. Daran ändert auch die Tatsache nichts, daß beispielsweise Teile der amerikanischen Medien die deutsche Vergangenheit von Fall zu Fall instrumentalisieren, um handfeste politische Geschäfte damit zu betreiben. Gerade jene Kreise dürfen sich dann aber nicht darüber wundern, daß die Deutschen, sobald ihre Mitverantwortung und Mitarbeit gefragt ist, aus ihrer weltpolitischen Verantwortung zum großen Entsetzen des Westens gern abtauchen. Europa kann kein stabiles Gleichgewicht haben ohne ein stabiles Gewicht der Deutschen.

Auf dem Weg zu einem deutschen Verteidigungsbeitrag

Am 24. September 1950, so berichtet Konrad Adenauer in seinen Erinnerungen, habe ihn der amerikanische Hohe Kommissar John McCloy in Rhöndorf aufgesucht, um ihm über den Verlauf der Konferenz der westlichen Außen- und Verteidigungsminister in New York zu berichten, wo, so Adenauers Worte, »mit großem Nachdruck die Einbeziehung Deutschlands in eine europäische Wehrmacht gefordert« worden sei. Drei Monate zuvor, am 25. Juni, war der Koreakrieg ausgebrochen.

Es war das Beispiel Korea, das immer wieder schreckte. Unter Präsident Truman hatte es seit Frühjahr 1948 im Nationalen Sicherheitsrat der USA eine ausführliche Debatte darüber gegeben, ob Korea unmittelbar zum amerikanischen Verantwortungsbereich gehöre oder nicht. Die Entscheidung fiel im März 1949 – Korea sei stark genug, sich selbst zu verteidigen, die USA würden sich deshalb auf militärische Beratung, Lieferung von militärischer Ausrüstung und wirtschaftliche Unterstützung beschränken. Am 29. Juni 1949 verließen die letzten US-Truppen das Land. Wenn unser hochgerüsteter, bis an die Zähne bewaffneter Verbündeter Nordkorea, so dürfte man sich in Moskau ausgerechnet haben, Südkorea angreift, das nur über leicht bewaffnete Polizeiverbände, nicht einmal über schwach bewaffnetes Militär verfügt, dann geschieht nichts. Die Russen sahen kein Risiko, und genau ein Jahr später, am 25. Juni 1950, griffen nordkoreanische Truppen an. Truman, mit dem ich später einmal über diese Ereignisse gesprochen habe, hat umgehend die Evakuierung der US-Bürger und umfangreiche Hilfssendungen für Südkorea befohlen und den dafür eingesetzten Truppen Schießbefehl erteilt. Die militärischen Aktionen der USA standen freilich im Einklang mit der UNO-Resolution, die am Tag des Überfalls alle Mitglieder der Vereinten Nationen zur Hilfe für Südkorea aufforderte. Weil die Russen seit Anfang des Jahres im Sicherheitsrat nicht mehr erschienen waren, kam es sogar zu einem einstimmigen Beschluß. Bei dem starken Engagement der Vereinten Nationen hatten allerdings die Amerikaner auch später die militärische Hauptlast zu tragen.

Dieser Überfall Nordkoreas auf Südkorea stand Adenauer immer vor Augen: Wenn die Amerikaner ihr Desinteresse an der Bundesrepublik

Deutschland erklären, sind wir verloren! Das war der Hintergrund all seiner Überlegungen. Dabei ging seine Zielsetzung weit darüber hinaus, die Bundesrepublik zum Interessengebiet der USA erklären zu lassen. Er wollte, daß Washington möglichst viele Soldaten auf deutschem Boden stationierte. Diese amerikanischen Soldaten waren ihm nicht nur wichtig als Verteidigungstruppe gegen die Sowjetunion, sondern auch als Pfand der amerikanischen Sicherheitsgarantie. Über diese Doppelfunktion ist natürlich nicht lautstark und öffentlich geredet worden, man war sich stillschweigend darüber einig. Und stillschweigend stand im Hintergrund eine weitere Vorstellung, die freilich in keinem Dokument ihren Niederschlag gefunden hat und über die wohl auch niemand, der dabei war, gesprochen hätte. Für den Fall eines russischen Angriffs und einer erfolgreichen Abwehr bestand durchaus die Absicht, dann nicht an der Zonengrenze stehenzubleiben, sondern sozusagen die Landkarte zu bereinigen und der Sowjetunion einen Teil ihrer Kriegsbeute wieder abzunehmen.

Die Sicherheitsfrage hatte für Adenauer nicht nur eine militärische, sondern mehr noch eine psychologische und politische Komponente. 1951 wurde Adenauer in einem seiner Teegespräche von einem Journalisten gefragt, warum er so großen Wert auf die Stationierung der Truppen lege. Adenauers protokollierte Antwort: »Wenn 500.000 Mann fremde Truppen im Lande sind in Deutschland, ist das eine größere Sicherheitsgarantie als jeder Vertrag ... man kann nicht 500.000 Mann binnen 24 Stunden evakuieren und wegschaffen. « Das war in der Tat die Überlegung der damaligen Zeit. Im übrigen dominierte auch bei de Gaulle eine ähnliche politische Psychologie, vielleicht in Erinnerung an Dünkirchen, nämlich die Angst vor einem Rückzug der Angelsachsen, die man deshalb in großen Mengen auf dem Kontinent haben müsse, so daß sie einerseits nach Osten abschreckten, andererseits aber auch die amerikanische Politik an jähen Wendungen hinderten.

Man muß sich den unerhört verlustreichen Verlauf des Koreakrieges noch einmal vor Augen führen. Gewiß, als der Krieg 1953 endete, hatte Südkorea als selbständiger Staat überlebt – aber zu welchem Preis, unter welch entsetzlichen Opfern. Ziel unserer Sicherheitspolitik war es nicht, zu überleben wie Südkorea, sondern gemeinsam mit den Verbündeten so stark zu sein, daß kein Gegner je in Versuchung kommen würde, einen Angriff zu riskieren. Den sowjetischen Strategen mußte klar sein, daß sie nie das Risiko eines Überfalls auf die Bundesrepublik Deutschland eingehen konnten. Natürlich wollten wir, wenn es – nicht durch unsere Schuld! – zum Kriege käme, diesen gewinnen, gewinnen aus der Verteidigung heraus. Daß wir selbst anfangen könnten, stand niemals auch nur ansatzweise zur Debatte – ein Blick ins Grundgesetz, Artikel 87a, genügt, um dies zu verdeutlichen. Alle einschlägigen Unterstellungen, daß die Deutschen die Amerikaner jetzt so weit hätten, um sie in einen Krieg zu hetzen und auf diese Weise die deutsche Frage zu lösen, waren blanke und bösartige Verleumdung. Allein die Atomwaffen hätten solche Überlegungen, wenn sie denn je aufgekommen wären, völlig ad absurdum geführt.

Entscheidend also für die Durchsetzung der sicherheitspolitischen Konzeption Konrad Adenauers war eine weit verbreitete Grundstimmung der Bedrohung. Man fürchtete einen Angriff der Russen, ganz konkret mit Panzern, Artillerie und Infanterie. Die Russen, so sagte man sich, werden nur dann nicht angreifen, wenn sie dadurch in einen Krieg mit Amerika gezogen werden. Nur auf dieser Grundlage kann man überhaupt verstehen, warum Adenauer so großen Wert legte auf eine Sicherheitsgarantie der Amerikaner. Die der Franzosen und Engländer hatte im Vergleich dazu geringere Bedeutung; nach allgemein herrschender Meinung hatten die Russen vor ihnen keinerlei Angst. Der rote Faden in allen Gesprächen war damals der, daß die Russen angreifen würden, wenn die Amerikaner die Bundesrepublik nicht als Teil ihres Interessengebiets anerkannten.

Knapp drei Wochen nach Ausbruch des Koreakrieges, am 13. Juli 1950, hatte John McCloy einen handverlesenen Kreis von Unionspolitikern zum Abendessen eingeladen. Es waren unter anderem dabei Fritz Schäffer, der Bundesfinanzminister, ich für die CSU-Landesgruppe und als stellvertretender Vorsitzender der Unionsfraktion, außerdem Heinrich von Brentano, Kurt Georg Kiesinger und Theodor Blank sowie Josef Arndgen, Arbeitsminister in Hessen und dort stellvertretender CDU-Landesvorsitzender, ein Mann aus der katholischen Arbeiterbewegung, ein gestandener christlich-demokratischer Arbeitnehmerführer. Vor Beginn des Essens sagte ich zu meinem Freund Fritz Schäffer: »Du, heute liegt etwas in der Luft. Ich spüre, daß wir uns auf einiges gefaßt machen müssen. Das ist keine normale Einladung.«

McCloy hatte seinen Stellvertreter General George P. Hays dabei, mit dem ich einen furchtbaren Krach bekam, dazu den einen und anderen Diplomaten. McCloy und Hays waren die einzigen auf amerikanischer Seite, die das Wort ergriffen. Der Abend verlief zunächst in durchaus angenehmer, gelockerter, unmilitärischer Stimmung. Es gab ein ausgezeichnetes Essen und hervorragende Weine. Dann - das Essen war vorbei, Whisky wurde gereicht, Zigarren wurden angeboten - kam McCloy zur Sache: »Meine Herren, Sie wissen, Nordkorea hat Südkorea überfallen, eine ernste politische Lage ist entstanden.«

An diesem Tag war eine unbestätigte Meldung gekommen, wonach ein amerikanischer Flugzeugträger durch ein U-Boot unbekannter Nationalität versenkt worden sei, eine Nachricht, die sich als falsch erwies und dann auch rasch dementiert wurde. Ich habe zu McCloy gesagt: »Herr Hochkommissar, unterstellen wir einmal, die Meldung wäre richtig gewesen, als hypothetischer Fall, was wäre dann? Das könnte doch nur ein russisches U-Boot gewesen sein, das würde Krieg bedeuten, im vollen Sinn des Wortes.« Damit war das Gespräch eingeleitet. John McCloy machte dramatischen Gebrauch von meiner Frage: »Meine Herren, sind Sie bereit, wieder aufzurüsten, und wenn ja, unter welchen Bedingungen?« Die Stimmung in der Bundesrepublik war nicht nur antimilitärisch, die Deutschen wollten von Waffen überhaupt nichts mehr wissen. Zunächst herrschte Schweigen. Die Frage McCloys, wie aus der Pistole geschossen, hatte uns bis ins Mark getroffen.

Ich meine, ich war der erste, der sich wieder gefaßt hat. Neben Blank war ich der einzige Deutsche in der Runde, der Soldat an der Front gewesen war, das war gerade fünf Jahre her. So ergriff ich das Wort: »Herr McCloy, bevor ich zu Ihrer Frage komme und über die Sache nachdenke, möchte ich Ihnen eine kleine geschichtliche Chronik bieten. Ich war 17 Jahre alt, als das tausendjährige Reich kam. Ich war 29 Jahre alt, als das tausendjährige Reich vorbei war. Da war ich 1017 Jahre alt. Noch während des Kriegs habe ich eine Rede Ihres Präsidenten gehört, aus der mir sinngemäß ein besonderer Satz in Erinnerung ist: Wir sind nicht gekommen, die Deutschen zu unterdrücken, wir kommen auch nicht als Befreier, aber wir werden die Deutschen von einer Last befreien bis zum Ende ihrer Geschichte, von der Last, ein Gewehr zu tragen. Als Sie uns eben gefragt haben, Herr Hochkommissar, ob die Deutschen wieder bereit sind zu rüsten, da ist mir schlagartig diese Rede Roosevelts eingefallen. Da muß also jetzt das Ende der Geschichte eingetreten sein. Dann weiß ich jetzt genau, wie alt ich bin: 17 Jahre plus tausend Jahre plus den Rest der Menschheitsgeschichte - so alt bin ich jetzt.« Da hat McCloy gelacht und gesagt: »So schnell ändern sich die Maßstäbe.«

»So schwer es mir auch fällt«, fuhr ich fort, »ich sage ja. Aber unter der

Bedingung völliger Gleichberechtigung.« Ich habe dann erläutert, was ich unter Gleichberechtigung eines deutschen Verteidigungsbeitrages verstehe: keine deutsche »Fremdenlegion«, keine Hilfswilligen-Einheiten für die Alliierten, sondern deutsche Streitkräfte in normaler militärischer Gliederung - Kompanie, Bataillon, Regiment, Division, Korps. »Für diese Konzeption kann man die meisten ehemaligen Soldaten gewinnen, auf die es ja ankommt, aber für Fremdenlegion oder Hiwi-Einheiten niemals.« Ich fügte hinzu, daß sich die Amerikaner jetzt offensichtlich im klaren darüber seien, daß Deutschland ohne deutsches Militär auf die Dauer nicht gehalten werden könne, daß die USA nicht auf die Dauer die Lücke füllen könnten.

Damit hatte ich bei General Hays einen wunden Punkt getroffen. Er wurde ärgerlich, ja zornig: »Sie meinen also, daß wir unbedingt wieder deutsche Soldaten brauchen, damit Europa verteidigt werden kann?« Meine knappe Antwort: »Ja, Herr General!« Darauf Hays ausgesprochen gehässig: »Was wäre denn schon, wenn Sie von den Russen besetzt würden? Die Römer waren ja auch dreihundert Jahre in Germanien und sind dann wieder abgezogen.« Ich darauf: »Das ist ein sehr lichtvoller Ausblick für uns, dreihundert Jahre Besetzung durch die Russen und dann die Hoffnung, daß sie wieder abziehen.«

Wenn die Deutschen bereit seien, wieder ein Heer aufzustellen, dann nur unter der Bedingung der Gleichberechtigung. Dies sei keinesfalls Arroganz oder nationale Großmannssucht, sondern eine Selbstverständlichkeit, eine psychologische Voraussetzung für eine Armee, die auch Rückgrat, nationales Selbstgefühl, Pflichttreue haben solle. Die Miene des Generals wurde immer verdrießlicher; er saß da, als ob er ein paar Nüsse im Mund hätte. Darauf wurde ich etwas lauter: »Ich bin ein leidenschaftlicher demokratischer Vollblutparlamentarier, ich war ein leidenschaftlicher Gegner des Dritten Reiches, ich habe auch die verhängnisvolle Rolle der deutschen Wehrmacht in den Händen Hitlers bis zum Exzeß kennengelernt. Ich war mehrmals in Lebensgefahr, weil ich meine Meinung über den Ausgang des Krieges allzu offen ausgesprochen habe, einmal bin ich nur knapp am Militärgericht vorbei gekommen. Sie brauchen mir also keine Belehrungen zu geben. Aber ohne deutsches Militär geht es nicht.« Darauf kam von Hays keine Antwort mehr, und so ging dieses Gespräch zu Ende.

Sechs Wochen später, am 29. August 1950, machte Adenauer in einem geschickt formulierten Memorandum an die drei Hochkommissare den Vorschlag, unter bestimmten Voraussetzungen deutsche

Streitkräfte im Rahmen einer europäischen Verteidigung aufzustellen. Auf der New Yorker Außenministerkonferenz Anfang September konnte dann über das Problem eines deutschen Verteidigungsbeitrages zum ersten Mal offiziell gesprochen werden.

Dazwischen hatte es eine Vielzahl von Gesprächen gegeben, meistens in kleinem oder kleinstem Kreis, etwa im Fraktionsvorstand. Auch im Rahmen geselliger Zusammenkünfte, zu denen Adenauer gelegentlich einlud, wurde bei einem Glas Wein über einen deutschen Verteidigungsbeitrag gesprochen. Immer wieder beeindruckte Adenauer, wenn die Rede auf unsere Sicherheitslage kam, als der Warner, dem alten Cato ähnlich. Adenauers »ceterum censeo« war, daß die Sowjetunion ihre Macht über ganz Europa ausdehnen wolle, das nächste Ziel die Bundesrepublik Deutschland sei und wir deshalb eine unwiderrufliche Sicherheitsgarantie bekommen müßten. Andernfalls ergehe es uns wie Südkorea. Die Amerikaner beabsichtigten, ihre Truppen nach Hause zu holen, nachdem sie schon 1945 beinahe ganz Europa den Russen überlassen hätten - das müßten wir mit unserer Politik verhindern. Aber erst wenn wir uns bereit erklärten, uns mit eigenen Streitkräften - von deren Struktur erst später die Rede sein sollte - an der europäischen Verteidigung zu beteiligen, würden wir vom Objekt wieder zum Subjekt der Weltpolitik werden, würden wir wieder über unser eigenes Schicksal mitbestimmen.

Adenauer war in diesem Zusammenhang besonders aufgebracht über den von Gustav Heinemann und seinen Gesinnungsfreunden vorgebrachten pseudotheologischen Einwand, daß ein deutscher Verteidigungsbeitrag ausgeschlossen sei, weil Gott den Deutschen schon zweimal die Waffen aus der Hand geschlagen habe und sie deshalb nie wieder Waffen in die Hand nehmen dürften, weil sie damit gegen Gottes Willen verstießen. Eugen Gerstenmaier, als evangelischer Theologe hier besonders kompetent, hat eine solche Verquickung von Politik und Theologie stets mit Schärfe zurückgewiesen.

Als John McCloy Ende September Adenauer über die New Yorker Außenministerkonferenz berichtete, teilte er ihm interessante Einzelheiten hinsichtlich eines deutschen Verteidigungsbeitrages mit. Grunderkenntnis war die amerikanische Einsicht, daß man es mit einer großen und offensiven Strategie der Sowjetunion zu tun habe und daß Deutschland deshalb in das amerikanisch-westliche Sicherheitsdispositiv eingebaut werden müsse. Vor allem die kleineren Mitgliedsstaaten der NATO, so McCloy zu Adenauer, seien mit Nachdruck für einen deutschen Militärbeitrag eingetreten. »Man sei sich allgemein darüber einig gewesen, daß Deutschland hierzu nicht gezwungen werden, sondern freiwillig seine Mitarbeit erklären sollte.«

Dann kam der heikle Punkt. »Die Einbeziehung in eine internationale Wehrmacht«, so McCloy weiter, »dürfe auf gar keinen Fall zu einem Handelsgeschäft werden. Die Bundesrepublik dürfe einen Beitritt nicht mit politischen Forderungen verknüpfen.« Folgt man Adenauers Erinnerungen, so erklärte er sich seinem amerikanischen Gast gegenüber »durchaus einverstanden«. Er drückte sich diplomatisch-unverbindlich aus - ganz anders, als ich es in unzähligen Gesprächen mit eigenen Ohren gehört habe. Für den Bundeskanzler war die Wiedergewinnung eines neuen politischen Status selbstverständliche und unerläßliche Gegenleistung für die deutsche Bereitschaft zur Wiederbewaffnung, eine unverbrüchliche Sicherheitsgarantie der Amerikaner eingeschlossen. An dieser Geschäftsgrundlage hat er nie rütteln lassen - und ich auch nicht.

Die Versuche der Alliierten, die Aufstellung deutscher Soldaten zu erreichen ohne politische Gegenleistung und ohne uns auch nur ein Stückchen Souveränität zuzugestehen, hat Botschafter a. D. Professor Wilhelm Grewe, der 1953 Leiter der Rechtsabteilung des Auswärtigen Amtes wurde, in seinen Memoiren scharf kritistiert. Im Grunde hätten die Alliierten das Besatzungsstatut noch bis in die Zeit der Verhandlungen um den Deutschlandvertrag aufrechterhalten. Ihr Hauptinteresse sei es gewesen, zu ihren Bedingungen die Deutschen zu Soldaten des Westens zu machen. Grewe sieht es als die große Leistung Adenauers, dieses Konzept unterlaufen und mit der Aufstellung deutscher Streitkräfte eben doch Gleichberechtigung und Souveränität erlangt zu haben.

Adenauers Ringen habe ich in vielen Gesprächen der Führungskreise der Union miterlebt. Über die formellen Gremien hinaus gab es eine kleine Gruppe von Parlamentariern aus den Koalitionsparteien, die sozusagen als parlamentarischer Beirat die Verhandlungen des Kanzlers und Außenministers begleiteten. Dabei handelte es sich nicht um den Auswärtigen Ausschuß, dem ich nie angehörte. Zu dieser kleinen, vertraulichen Runde, die keinen bestimmten Namen hatte, gehörten zum Beispiel Heinrich von Brentano, Thomas Dehler, wohl auch Kurt Georg Kiesinger sowie für die CSU Fritz Schäffer und ich als »frater minor«. Man traf sich unregelmäßig. Nach den verschiedenen Verhandlungsetappen lud Adenauer jeweils ins Palais Schaumburg ein. Die

Gespräche in einem kleinen Beratungsraum, dem sogenannten kleinen Kabinettssaal, in dem später auch der Bundessicherheitsrat tagte, waren streng vertraulich, die Unterlagen zum Teil hochbrisant. Hier wurde zum Beispiel über Größe und Zusammensetzung der künftigen Streitkräfte zu einem Zeitpunkt gesprochen, als von diesem Vorhaben überhaupt noch nichts bekannt war. Mit Fritz Schäffer wurde vereinbart, daß er jährlich neun Milliarden Mark für die Streitkräfte bereitstellen müsse, eine Summe, die er im ersten Jahr thesauriert hat, weil man angesichts der Aufbauschwierigkeiten gar nicht soviel ausgeben konnte.

Adenauer hat in der vertraulichen Gesprächsrunde im Palais Schaumburg über die großen Linien und die taktischen Einzelheiten seiner Politik nach meiner damaligen, vielleicht noch nicht so routinierten Einschätzung zufriedenstellend informiert. Er stellte seine Überlegungen zur Diskussion und erläuterte seine Ziele, schon um uns einzubinden und sich Rückendeckung zu verschaffen. Er brauchte diesen engen Kreis überzeugter Mitarbeiter, damit seine Gedanken in der Unionsfraktion überzeugend vertreten wurden. So gab es in der Fraktion keine großen Auseinandersetzungen. Gerade wir von der jüngeren Generation waren die aktive Avantgarde.

Eine dieser Zusammenkünfte ist mir besonders eindringlich im Gedächtnis geblieben. Es war ein Freitagabend im Jahre 1952, als Fritz Schäffer und ich beim Verlassen des Palais Schaumburg gemeinsam feststellten, daß wir noch Durst hätten. Wir sind in den »Landsknecht« gegangen, eine einfache Bier- und Brotzeitkneipe, die es heute nicht mehr gibt. Dort unterhielten wir uns über dieses und jenes, Schäffer schickte seinen Wagen heim, ich meinen Fahrer, der mich am nächsten Morgen sehr früh abholen mußte für eine Fahrt nach Stuttgart - ich wollte, daß er ausgeschlafen war. Nachdem ich Schäffer nach Hause gebracht hatte, fuhr ich zu meiner Wohnung und parkte den Wagen vor dem Haus. Am nächsten Morgen stellte ich fest, daß ich vergessen hatte, die Wagentür abzuschließen.

In Stuttgart sprach ich vor einem Jugendkongreß des DGB zum Thema »Wiederaufrüstung«. Bei den jungen Leuten gab es Murren und Protest, aber keineswegs den fanatischen Widerstand, der später in diesen Kreisen üblich wurde. Während meiner Rede wird mir ein Zettel heraufgereicht: »Bitte sofort abbrechen, Bundesminister Schäffer anrufen!« Ich konnte schlecht mitten im Satz aufhören, habe noch fünf, zehn Minuten weitergesprochen und dann gesagt: »Ich muß jetzt leider zum Schluß kommen, weil ich einen dringenden Anruf aus Bonn habe.«

Fassung vom 24.11.1953

GEHEIM

Gesetz zur Ergänzung des Grundgesetzes

Vom ....

Der Bundestag hat mit Zustimmung des Bundesrats unter Einhaltung der Vorschrift des Artikels 79 Abs. 2 des Grundgesetzes das folgende Gesetz beschlossen:

<u>Artikel 1</u>

Das Grundgesetz für die Bundesrepublik Deutschland vom 23.Mai 1949 wird wie folgt ergänzt:

1. Nach Art. 32 wird folgende Vorschrift als Art. 32 a eingefügt:

   " Art. 32 a

   (1) Die Verteidigung der Bundesrepublik ist Sache des Bundes.

   (2) Durch Bundesgesetz kann die Wehrpflicht eingeführt werden. Soweit es zur Erfüllung der Verteidigungsaufgaben zwingend geboten ist, kann durch Bundesgesetz ferner bestimmt werden, daß für Angehörige der Streitkräfte einzelne Grundrechte einzuschränken sind. "

2. Art. 60 Abs. 1 erhält folgende Fassung:

   " (1) Der Bundespräsident ernennt und entlässt die Bundesrichter, die Bundesbeamten, die Offiziere und Unteroffiziere, soweit gesetzlich nichts anderes bestimmt ist. "

3. Art. 73 Nr. 1 erhält folgende Fassung:

   " 1. die Auswärtigen Angelegenheiten, sowie die militärische ~~und zivile~~ Verteidigung ~~,~~ u. d. zivile Luftschutz

4. Art. 79 Abs. 1 erhält folgenden Satz 2 :

   " Dies gilt nicht für Gesetze nach Art. 59 Abs. 2 Satz 1, soweit das Grundgesetz selbst etwas anderes bestimmt oder zulässt. "

5. Art. 87 Abs. 1 Satz 2 erhält folgende Fassung:

   " Die Verteidigungsverwaltung wird in bundeseigener Verwaltung mit eigenem Verwaltungsunterbau geführt, so -

-2-

Lange bevor der Bundestag am 26. Februar 1954 die »erste Wehrergänzung« des Grundgesetzes billigte, war intern über die notwendige Gesetzesänderung beraten worden. Ein Entwurf aus dem Jahre 1953 mit handschriftlichen Korrekturen von Franz Josef Strauß

Ich eile zum Telefon, am Apparat ist die Sekretärin von Schäffer: »Der Chef ist völlig verzweifelt, er ist ganz außer sich, er hat seine ganzen Unterlagen verloren.« Es kam zutage, daß Fritz Schäffer seine Aktentasche vermißte - wichtigster Inhalt: die Details der Petersberger Gespräche zwischen alliierten und deutschen Militärexperten, die das Finanzministerium zur Berechnung des benötigten Finanzvolumens brauchte. Ich versprach Schäffers Sekretärin, in meinem Wagen nachzusehen - daß das Auto in Bonn eine Nacht unverschlossen auf der Straße gestanden hatte, sagte ich nicht. Ich schickte meinen Fahrer los - Fehlanzeige, in unserem Wagen sei keine Aktentasche. Er solle noch einmal nachschauen - und in der Tat, Schäffers geheimste Unterlagen waren unter den Beifahrersitz gerutscht und hatten dort ungestört überdauert.

Die Alliierten, namentlich die Franzosen, hatten also ihre bestimmten Vorstellungen bezüglich des Aufbaus deutscher Streitkräfte - Fortdauer des Besatzungsstatuts, aber gleichzeitig deutsche »Hilfstruppen« minderen Status für eine europäische Armee. Die Alliierten kannten hier nicht nur ihre politischen Gegenspieler nicht, sie kannten auch nicht die Stimmung in Deutschland. Hätten Amerikaner und Franzosen auf ihren Vorstellungen beharrt, wäre die Wiederaufrüstung verhindert worden. Die Aufstellung von Streitkräften ohne Wiedergewinnung deutscher Souveränität wäre nicht durchzusetzen gewesen, bei keiner Partei, auch nicht in der CSU, in der das Vorhaben Wiederaufrüstung nicht unumstritten war. Nachdem sich die gesamte Führungsschicht der Partei - ich hatte als eingeweihter Abgeordneter sowie als Generalsekretär eine Doppelrolle - dafür entschieden hatte, konnten auch die widerstrebenden Kräfte in unseren Reihen überzeugt werden.

Man muß sich immer wieder die Verzweiflung der Deutschen nach 1945 ins Gedächtnis rufen, die totale Verweigerung gegenüber allem Militärischen, um zu verstehen, was es bedeutete, wenige Jahre später wieder von der Möglichkeit deutscher Soldaten zu reden. Und waren es nicht die Amerikaner gewesen, die mit ihrem Konzept der »Reeducation« entscheidend zu jener antimilitärischen Stimmung beigetragen hatten, die zu dem plötzlichen Wunsch nach Wiederaufrüstung in schreiendem Gegensatz stand?

Auf der anderen Seite dominierte die Angst vor der Sowjetunion. Maßgeblich für einen Stimmungswandel zugunsten der Wiederbewaffnung war denn auch der tief eingewurzelte Instinkt gegen den Sowjetkommunismus. Die Kriegsgefangenen, die grüppchenweise aus Rußland kamen, bis Adenauer 1955 die letzten 10.000 Mann heimholte, berichteten von ihrem grauenhaften Schicksal, vom Schicksal ihrer Kameraden, die nicht überlebt hatten. Und dennoch, wären die alliierten Vorstellungen von der politischen Führung in Bonn akzeptiert worden, daß es sich bei den deutschen Streitkräften nicht um Soldaten eines souveränen deutschen Staates, sondern lediglich um ein Instrument amerikanischer Militärpolitik handeln sollte, dann wären wir gescheitert. Die Alliierten freilich gingen von der falschen Annahme aus, daß die Deutschen grundsätzlich verzückt hurra schreien, wenn sie Soldat spielen können. Dieses Urteil traf in den fünfziger Jahren bestimmt nicht zu.

Die politisch Handelnden, die sich zur Bewertung ihres Tuns dem Urteil der Wähler zu stellen hatten, sahen sich einem doppelten Problem gegenüber: Auf der einen Seite mußten wir den ausgeprägten Antimilitarismus der Bevölkerung quer durch alle politischen Parteien überwinden, auf der anderen Seite wußten wir, daß unser Ziel, die Bundesrepublik vom Objekt zum Subjekt der Politik zu machen, nur zu erreichen war, wenn wir die deutschen Sicherheitsinteressen gegen die westeuropäischen und atlantischen Sicherheitsinteressen gewissermaßen aufrechneten und dies zur Geschäftsgrundlage unserer Verhandlungen machten.

In der Frage der deutschen Wiederbewaffnung und des dafür von den Alliierten zu entrichtenden politischen Preises stimmte ich mit Adenauer nahtlos überein. Dabei spielte bei mir auch wachsender Verdruß über die Alliierten eine Rolle, vor allem angesichts der Art und Weise, wie sie noch Jahre nach Kriegsende mit uns umgehen zu können glaubten. Ich war von einem Gefühl nationaler Trauer und Demütigung erfüllt. Wir, die wir die blutigen Lektionen aus einer fehlgeleiteten, verbrecherischen deutschen Politik gelernt und die Konsequenzen gezogen hatten, wollten endlich gleichberechtigt behandelt werden. Erst dann hätten wir wieder Boden unter den Füßen, so sagte ich einmal in einem Bild, wenn durch die Münchner Schellingstraße, in der ich geboren und aufgewachsen bin, wieder die Wache zieht, die ich als Bub bei der Reichswehr und später bei der Wehrmacht erlebt habe. Hier spielte sicherlich ein bei mir latent immer vorhandener militärischer Grundzug eine Rolle – nicht zufällig hatte in meiner Jugend »Reichswehroffizier« zu meinen Berufswünschen gehört. Doch hätte ich als Sohn eines einfachen Handwerksmeisters bei der Reichswehr wenig

Chancen gehabt, allenfalls bei der Bayerischen Landespolizei. 1933 war dieser kurze Traum ohnehin vorbei, weil ich nicht in der Armee Adolf Hitlers dienen wollte. Als der Krieg ausbrach, gab es keinen Ausweg mehr. Dieser unerfüllte Wunsch, Reichswehroffizier zu werden, spielte dann als Nebenmotiv eine Rolle bei meiner Hinwendung zur Klassik, obwohl beides eigentlich schwer in ein Bild zu bringen ist.

Zu meiner Vorstellung von einem souveränen Staat gehörte von Anfang an auch Militär. Schon als Landrat von Schongau - ich hatte das Amt am 31. Dezember 1948 niedergelegt, weil ich zeitlich nicht mehr alle meine Pflichten unter einen Hut bringen konnte -, war mir trotz unmittelbarer Nähe des selbst erlebten militärischen Endes der Gedanke nicht fern, daß es eines Tages wieder deutsche Soldaten geben könnte. An die Adresse einiger Uralt-Schongauer, die darüber Klage führten, daß im Landratsamt die ehemaligen Wehrmachtangehörigen von der Flak die Macht übernommen hätten, meinte ich, sie sollten nicht auf die Wehrmacht schimpfen, an der sie alle verdient hätten; im übrigen werde eines Tages wieder eine Wehrmacht nach Altenstadt kommen, und bei den Entscheidungen hätte ich dann ein Wort mitzureden. Als ich Verteidigungsminister wurde, wollte ich diese Prophezeiung wahrmachen. Die Bundeswehrplaner wollten die Garnison Altenstadt damals genausowenig, wie sie eine Gebirgstruppe wollten. Das Areal in Altenstadt sollte der Vermögensverwaltung des Bundes übergeben werden zur industriellen Besiedelung. Ich habe erfolgreich eingegriffen. Bei einer Versammlung in Schongau erinnerte ich daran, daß ich zehn Jahre zuvor gesagt hatte, es werde wieder Militär nach Altenstadt kommen.

Während die Alliierten unter Führung der Amerikaner die aufzubauende Bundeswehr in erster Linie als Teil der Eindämmungspolitik gegenüber der Sowjetunion sahen, zu der auch die Deutschen ihren Beitrag zu leisten hatten, standen für mich die politischen Gesichtspunkte der Wiedergewinnung deutscher Handlungsfähigkeit im Vordergrund. Diese Einschätzung habe ich nie aufgegeben. Es ist meine Überzeugung, daß uns ohne eine starke Bundeswehr der Ausbruch aus dem Kreidekreis der alliierten Vorbehalte und Beschränkungen und der Durchbruch zu wirklicher Gleichberechtigung nie gelungen wäre.

Ein großes Problem, das Adenauer und wir sehr klar sahen, lag in der amerikanischen, bis auf George Washington zurückgehenden Tradition, sich auf Dauer nicht durch Bündnisse festlegen zu lassen. Man wollte die Unschuld der Neuen Welt nicht verlieren. Die Amerikaner träumten von einem Frieden ohne Bündnisse, ohne Imperialismus, ohne Machtkonzentrationen, ohne Kolonien. Ausgehend von einer vereinfachten Vorstellung von Gut und Böse, träumten sie von einer Welt ohne das Böse. Diese Vorstellung beherrscht viele amerikanische Köpfe noch heute. Ich erinnere mich - das war im Februar 1969, zur Zeit der Großen Koalition - eines Besuches von US-Präsident Richard Nixon in Bonn. Nach einer festlichen Abendveranstaltung kam es zu einem ausführlichen Gespräch mit dem damaligen amerikanischen Außenminister William Rogers, an dem auch der Sicherheitsberater des Präsidenten, Henry Kissinger, teilnahm. Die Amerikaner, so erläuterte ich dem Außenminister, hätten sich 1945 anscheinend vorgenommen, das Böse, repräsentiert durch die Deutschen und die Japaner, endgültig aus der Welt zu schaffen. Aber die Vorstellung, daß nur die Deutschen und die Japaner Kriege anzetteln, daß nur in diesen beiden Völkern der Kriegskeim stecke, sei reichlich naiv. Das sei genauso unsinnig, als wolle man behaupten, es gebe nur zwei Krankheitsursachen, und wenn man diese beiden ausschalte, dann gebe es keine Krankheit mehr auf der Welt.

»Die Amerikaner haben nie verstanden«, fuhr ich fort, »was die Funktion Deutschlands war, und auch nicht, was die Funktion Japans war. Hitler hat die Funktion Deutschlands verbrecherisch mißbraucht. Die japanische Kriegerkaste, gereizt durch Roosevelt, hat eine imperialistische Großasien- und Weltmachtpolitik getrieben. Im Zweiten Weltkrieg hätte die amerikanische Politik der geschichtlichen Vernunft und der langfristigen Weisheit bedurft, nicht Deutschland und Japan zu zerstören, sondern die Funktion beider Länder wiederherzustellen. Statt dessen wurde aus blinder Naivität gegenüber Stalin die Teilung Deutschlands, die beschlossene Sache war, sozusagen exekutiert. In ihrer unbegreiflichen Dummheit haben die Amerikaner den Japanern per Verfassung einen Totalverzicht auf militärische Streitkräfte aufgezwungen. Die Folge war, daß Washington sehr bald vor der üblen Alternative stand, entweder ein Vakuum zuzulassen in Räumen, aus denen die Amerikaner sich militärisch und politisch zurückziehen konnten und die dann die Sowjetunion besetzen würde, oder das Vakuum auszufüllen. Da begann das amerikanische Jammerlied des Overcommitment, der Überforderung. Überall auf der Welt haben die USA den Gendarmen gespielt, der an jeder Ecke Wache hält. Erst spät haben sie begriffen, aber für uns noch nicht zu spät, daß es galt, die historische Funktion Deutschlands und Japans in ihrem jeweiligen

Bereich wiederherzustellen. Deshalb redet mir nicht von Overcommitment!«

Dieses Bonner Gespräch fand in einer offenen und gelockerten Atmosphäre statt, die für ein deutliches Wort durchaus geeignet war. Am nächsten Morgen frühstückte ich mit Kissinger in der amerikanischen Botschaft. Wir sprachen über die Unterredung mit Rogers. Kissingers Eindruck: »Es war sinnlos, daß du so lange mit ihm gesprochen hast. Jedes Wort war umsonst, das du gesagt hast. Der hat nichts, aber auch gar nichts verstanden.«

Daß sich die Amerikaner in der Mitte Europas physisch engagieren müßten, nämlich durch Stationierung von Truppen in ausreichender Zahl, war von 1950 an unsere Überzeugung. Damals sprach Adenauer immer wieder von seiner Angst, daß es uns, wenn die Amerikaner abzögen, ginge wie Südkorea. Wir müßten sie festnageln, wir müßten eine Politik machen, daß sie schon in Verfolgung ihrer eigenen Prinzipien - Verteidigung der Freiheit, Verteidigung der Demokratie, Verteidigung der Menschenrechte - nicht gehen könnten. Eine der Herausforderungen und eine der Leistungen unserer damaligen Politik war es, im sogenannten Truppenvertrag vom April 1955, einem der Nebenverträge zum Deutschlandvertrag, die Umwandlung des Besatzungsstatuts zu regeln. Aus den alliierten Soldaten, bis dahin als Besatzungsmacht Verkörperung der Kontrolle über Deutschland, wurden nun Verbündete, gewissermaßen aber zugleich Geiseln für die Sicherheit Deutschlands. Selbstverständlich haben wir das so scharf nicht ausgedrückt. Adenauer und wir an seiner Seite hatten das Schicksal der Deutschen untrennbar und unauflöslich verbunden mit dem Schicksal der westlichen Alliierten und die Gleichberechtigung ihnen gegenüber errungen. Wir waren nicht mehr nur ein allmählich gut genährter Pflegesohn und Zögling, sondern ein gleichberechtigtes Familienmitglied.

In der kleinen Gesprächsrunde im Palais Schaumburg wurde natürlich auch darüber geredet, wie man in die auszuhandelnden Vertragswerke das Deutschlandproblem hineinpacken konnte. Bei den tage- und wochenlangen Auseinandersetzungen über Nebenverträge und Einzelheiten ging es weniger um die Aufrüstung, die man im engeren Führungskreis der Koalition eigentlich als beschlossen ansah, als vielmehr um die deutsche Frage. Heinrich von Brentano, an sich kein harter Kämpfer, war in deutschlandpolitischen Fragen empfindlich, hier sah er die kritischen Punkte. So stieß er gelegentlich mit Adenauer zusammen, weil er bei den Verhandlungen die - wie es im Sprachgebrauch späterer Jahre hieß – Offenhaltung der deutschen Frage nicht deutlich genug formuliert sah. Auch Thomas Dehler gehörte zu denen, die in nationalen Fragen von Anfang an außerordentlich engagiert waren. Die Sorge Brentanos und Dehlers war, daß mit Deutschlandvertrag und Truppenvertrag die Tür zur Wiedervereinigung zugeschlagen werden könnte. Stundenlang ist über einzelne Formulierungen gestritten worden, der endgültige Text ist das Ergebnis wochenlanger abendlicher Auseinandersetzungen und zum Teil heftiger Kontroversen. In diesem Kreis konnte mit großer Deutlichkeit gesprochen werden, weil es nie zu Indiskretionen kam, zumindest sind mir solche nicht bekannt geworden.

Gelegentlich wurden auch Vertreter der SPD eingeladen, so Carlo Schmid, Fritz Erler und Erich Ollenhauer. Die SPD, voller Illusionen, spielte damals noch die Karte der deutschen Einheit. Sie sah die Bundesrepublik nicht als Kernstaat, sondern als Provisorium. Waren SPD-Vertreter anwesend, wurde nicht mit der sonst unter uns üblichen rückhaltlosen Offenheit gesprochen. Es ging mehr um technische Konzeptionen, die nicht in politische Grundsatzfragen führten, die vielleicht in der Koalition strittig waren. Die SPD wurde informiert über den Gang der Verhandlungen und über die Ergebnisse, wobei sie ähnliche Bedenken geltend machte wie Dehler und Brentano, die in Gegenwart der SPD mit ihrer Kritik freilich zurückhielten. Verhandelt im eigentlichen Sinne wurde mit der SPD nicht.

Thomas Dehler entwickelte damals, als Ergebnis einer neutralistischen und nationalistischen Grundtendenz, die nationale Seite der FDP, die in der Partei seither fast völlig verschwunden und nur noch in winzigen Resten vorhanden ist. Daß Dehler 1953 nicht mehr Justizminister wurde, hatte mit seinem deutschlandpolitischen Standpunkt allerdings überhaupt nichts zu tun. Ich weiß dies deshalb genau, weil ich als Vermittler tätig war, aber gescheitert bin. Dehler war ein glühender Verehrer Adenauers und seiner Außenpolitik, wenn auch mit einer kleinen nationalen Einschränkung. Als Justizminister hatte er wortgewaltig und leidenschaftlich heftige rhetorische Angriffe gegen seine politischen Gegner geführt. Unter anderem war es zu schweren Auseinandersetzungen mit dem DGB über das Thema Mitbestimmung gekommen. In einen besonders heftigen Streit war Dehler wegen des EVG-Vertrages verwickelt. Am 10. Juni 1952 hatte Bundespräsident Heuss das Bundesverfassungsgericht um ein Rechtsgutachten über die Verfassungsmäßigkeit des Vertragswerks gebeten. In den folgenden Wochen und

Monaten geriet das Bundesverfassungsgericht zusehends in die Strudel der Politik, was den Bundesjustizminister zu herber Kritik am höchsten deutschen Gericht veranlaßte.

Der Vorsitzende des Ersten Senats, Dehlers Parteifreund Hermann Höpker-Aschoff, sprach nach der Bundestagswahl 1953 den Bundeskanzler auf diese Attacke Dehlers an. Wie mir Adenauer erzählte, habe ihn Höpker-Aschoff darauf hingewiesen, daß es dem Vertrauensverhältnis zwischen Bundesverfassungsgericht und Bundesregierung schaden könnte, wenn Dehler im Amt bleibe. Dies würde womöglich auch das noch ausstehende Urteil über die Verträge negativ beeinflussen. Er, Adenauer, würde Thomas Dehler gern als Justizminister behalten, aber es stehe wohl zuviel auf dem Spiel. Nachfolger sollte Friedrich Neumayer werden, ein freundlicher, älterer Herr, der 1952 Bundeswohnungsbauminister geworden war.

Fritz Schäffer und ich, die Thomas Dehler offensichtlich besser kannten und richtiger einschätzten als andere, ahnten Schlimmes. Wir rechneten damit, daß Dehler, maßlos enttäuscht und entrüstet, dem Bundeskanzler, dessen Politik er stets glühend verfochten hatte, Undankbarkeit vorwerfen würde. Sollte Dehler nicht mehr Minister werden, mußte dies zu einer schweren Belastung der Koalition führen. Schäffer und ich unternahmen deshalb bei Adenauer eine Demarche zugunsten Dehlers. Wenn wir, so der Bundeskanzler, Höpker-Aschoff dazu bringen könnten, seine Androhung eines ungünstigen Urteils für den Fall der Wiederberufung Dehlers zurückzunehmen, werde er Dehler im Kabinett behalten.

Schäffer und ich sind daraufhin beim Bundespräsidenten vorstellig geworden. Wir gingen gegen zehn Uhr in die Villa Hammerschmidt und haben vier Stunden lang mit Heuss geredet. Am nächsten Morgen sollte das neue Kabinett vorgestellt werden. Wir baten Heuss, noch in dieser Nacht auf Höpker-Aschoff einzuwirken, damit dieser sein Verdikt über Dehler zurücknehme. Was wir beide nicht wußten, war, daß Heuss ein Gegner Dehlers war, dessen betont nationale Politik er ablehnte. Auch hatte Dehler im Streit um das Gutachtenersuchen des Bundespräsidenten diesen heftig attackiert. Das erfuhren wir aber erst später, als uns ein Heuss-Vertrauter sagte, daß unsere Intervention von vornherein aussichtslos gewesen sei, da auch der Bundespräsident selbst Dehler nicht mehr als Bundesjustizminister gewollt habe. Ein unterschiedlicher »Stallgeruch« mag auch mitgespielt haben. Jedenfalls hat uns Heuss am Morgen mitgeteilt, daß seine Bemühungen bei Höpker-

Aschoff ergebnislos gewesen seien und er am Ablauf der Dinge nichts mehr ändern könne. Schäffer und ich haben Konrad Adenauer vom Scheitern unserer Bemühungen unterrichtet. Thomas Dehler schied als Justizminister aus. Sein Nachfolger wurde Friedrich Neumayer.

Ich war über die erstaunliche Rolle, die sich der Präsident des Bundesverfassungsgerichts anmaßte, empört. Ich hätte es bis zu diesem Zeitpunkt für schlechterdings unmöglich gehalten, daß ein Richter, der für uns immer ein höheres Wesen war, obendrein ein Richter in solcher Funktion, sich praktisch mit einem Veto in die Personalentscheidungen der Regierung einmischte. Das war, als ob ein Schiedsrichter plötzlich seine Rolle vergißt und den Fußball in eine bestimmte Richtung schlägt. Der Vorgang ist von den Beteiligten später - ich habe natürlich kein Protokoll geführt, kein Tonband aufgenommen und keine Zeugen unterschreiben lassen - nie bestritten worden und ist in den beteiligten und betroffenen Kreisen allgemein bekannt.

Adenauer sprach von den auszuhandelnden Verträgen anfangs als von einem großen Sicherheitsvertrag, den es zu schließen gelte. In der Presse wurde das Wort Generalvertrag bevorzugt, was auch der englischen Formulierung »General Convention« entsprach, und am Ende hieß das Werk offiziell Deutschlandvertrag. Spötter auf deutscher Seite sprachen vom »Generalsvertrag«. Kritiker fürchteten, daß mit der Bezeichnung Generalvertrag Deutschland als Inhalt und Ziel der deutschen Politik untergehen oder zumindest vernachlässigt werden könnte. So trat an die Stelle des Wortes Generalvertrag der Begriff Deutschlandvertrag. Damit wurde eine politische Konzeption von weit höherem Rang umrissen, als dies bei Beginn der Verhandlungen der Fall gewesen war. Die gar nicht so begeisterten Alliierten wurden auch begrifflich eingebunden in unsere nationalen Ziele, in die Verpflichtung, Deutschland als Ganzes zu sehen und auf die deutsche Einheit hinzuwirken - Artikel 7 des Deutschlandvertrages.

Es war später eines unserer Hauptargumente gegen die Brandtsche Ostpolitik, daß man die Alliierten aus ihrer Verpflichtung für Deutschland entlasse. Deshalb wog es wenig, daß sich die SPD/FDP-Bundesregierung auf die Haltung der Alliierten berief, die die Bonner Politik der Entspannung doch begrüßten - warum sollten die Alliierten unzufrieden sein, daß ihnen eine lästige Verpflichtung, die Adenauer ihnen aufgezwungen hatte, abgenommen werden sollte. In den siebziger Jahren formulierte ein amerikanischer General diese Einschätzung in sehr bildhafter Weise: »Warum sollten wir böse sein? Adenauer hat unsere Hand zwischen Tür und Angel geklemmt, und wenn die Russen zumachen, dann schreien wir. Willy Brandt hat uns geholfen, die Hand herauszuziehen.«

Bei allen Beratungen über den Deutschlandvertrag war von vornherein klar, daß dies kein Friedensvertrag sein konnte und durfte. Ein Friedensvertrag hätte nur von einer gleichberechtigt am Verhandlungstisch sitzenden gesamtdeutschen Regierung geschlossen werden können. Hinzu kam eine weitere wichtige Überlegung, die ich persönlich schon in den Gesprächen mit Josef Müller unmittelbar nach dem Krieg entwickelt hatte und die auch Konrad Adenauer nicht aus dem Auge verlor. Wenn wir einen Friedensvertrag schließen, dann verlangt man von uns Reparationen. Da wir aber nicht bereit und nicht in der Lage sind, Reparationen zu zahlen, wollen wir auch keinen Friedensvertrag. Die höhere und die niedere Mathematik der Politik trafen hier zusammen – das Offenhalten der deutschen Frage und das Vermeiden gigantischer Reparationszahlungen.

Sicherlich stand im Vordergrund die Überzeugung, daß ein Friedensvertrag nur mit dem ganzen Deutschland geschlossen werden könne. Aber das handfeste Argument, daß mit dem Beginn von Friedensverhandlungen das Gespenst der Reparationen auftauchen mußte, wog ebenfalls schwer. Angesichts dessen, was durch deutsche Kriegshandlungen und deutsche Kriegspolitik an Schäden entstanden war, hätten Reparationen den wirtschaftlichen Aufstieg der Bundesrepublik Deutschland um Jahre zurückgeworfen, ja unmöglich gemacht.

Es war die große Leistung Adenauers, des Kanzlers der Besiegten, die Amerikaner, damals die Weltmacht schlechthin, zu etwas zu bewegen, was gegen die amerikanische Tradition und auch gegen starke amerikanische Interessen ging – zu einer langfristigen Truppenstationierung und zu langwährenden vertraglichen Verpflichtungen im Bündnis. Die Amerikaner hatten gute Gründe. Sie befürworteten die deutsche Aufrüstung nicht in einer friedlichen Welt, in der die Besiegten nach einer gewissen Zeit das Recht haben, wieder eine Armee aufzubauen – nicht zu groß, nicht zu stark und für niemanden gefährlich, aber als unentbehrliches Zeichen der nationalen Souveränität. Dem war ganz und gar nicht so. Wenn dem so gewesen wäre, hätten die Amerikaner auf unabsehbare Zeit nein gesagt zu deutschen Streitkräften. Die dramatische Veränderung der weltpolitischen Szenerie seit Korea hat die traditionelle amerikanische Sicht- und Verhaltensweise über Bord gehen lassen. Plötzlich wurde ein fast unerträglicher Druck auf uns ausgeübt: Auf der einen Seite stand der kategorische Formalismus, daß nichts getan werden dürfe, was einer Aufrüstung Vorschub leisten könnte, bevor die Verträge unter Dach und Fach wären. Und dann mußten wir innerhalb von drei Jahren eine Planung für den Aufbau von Streitkräften vollziehen, die in vollkommener Unkenntnis der psychologischen, wirtschaftlichen, finanziellen und organisatorischen Möglichkeiten vorgenommen worden war.

Der Aufbau der Bundeswehr und die den Amerikanern abgerungene Präsenz ihrer Truppen auf deutschem Boden war in gewisser Weise ein Widerspruch. Die Amerikaner hatten durch das Atomwaffenmonopol bis 1949 und noch sehr lange danach eine ungeheure Überlegenheit. Gleichzeitig hieß es, man brauche unbedingt und möglichst schnell deutsche Truppen. Das reimte sich nicht zusammen und hat im politischen Streit um die Bundeswehr denn auch eine wichtige Rolle gespielt, und dies um so stärker, je mehr über die Planung für die künftigen Streitkräfte bekannt wurde.

Obwohl die Amerikaner gegen ihre Tradition und gegen ihren Instinkt in Europa gewissermaßen festgenagelt waren, bestand nicht die Gefahr, daß ihnen der Aufbau der Bundeswehr einen Vorwand liefern könnte, sich nun zurückzuziehen und es bei nuklearen Garantien zu belassen. Dieses Risiko gab es deshalb nicht, weil damals niemand eine deutsche Armee wollte, die auf deutschem Boden allein stand.

Die Anfang der fünfziger Jahre gelegten sicherheitspolitischen Grundmauern wurden in ständigem Ringen mit den Hochkommissaren errichtet. Dabei ließen sich die jeweils eigenen Interessen und Ansichten der alliierten Mächte bisweilen geschickt gegeneinander ausspielen. So gab es zwischen Amerikanern und Engländern in Fragen der Demontage und der Wirtschaftsordnung erhebliche Meinungsunterschiede, die man sich zunutze machen konnte. Dann wieder ließen sich die Meinungen von Amerikanern und Engländern gegen Positionen der Franzosen ins Feld führen, die Angst hatten vor einem neuen deutschen Militarismus und vor einem wiedererstarkten Deutschland überhaupt – Frankreichs ewiger Alptraum. Das Ganze aber als ein raffiniertes politisches Spiel zu sehen, wäre nach meiner Erinnerung eine völlige Verkennung der Situation. Adenauer hatte eherne Grundsätze, im übrigen war er Pragmatiker. Er war nicht angetreten mit dem Ziel, die einen gegen die anderen auszuspielen, sondern mit der Überlegung, das Schicksal der Westmächte so eng an das deutsche und unser Schicksal so eng an das der Alliierten zu binden, daß sie uns nicht mehr fallenlassen konnten.

Konrad Adenauer handelte in diesem Ringen mit den Alliierten aus nationaler deutscher wie aus gesamteuropäischer Verantwortung. Beide Komponenten, die deutsche und die europäische, ergänzten sich und stellten keinen wirklichen Gegensatz dar. Beide Standpunkte waren berechtigt, dem einen war nicht ohne dem anderen gerecht zu werden. In der Figur Adenauers vereinten sich zwei Persönlichkeiten: der große deutsche Staatsmann mit ausgesprochen antipreußischer Einstellung und der große Europäer, der vor allen Dingen Franzosenfreund war, weil er in der alten Erbfeindschaft, die es zu überwinden galt, die Tragik Europas sah.

Adenauers Hochschätzung der Unerläßlichkeit guter deutsch-französischer Beziehungen hielt ihn keineswegs davon ab, über Frankreich zu klagen. Gerade von dort wurden der Politik des europäischen Aufbaus unter Einbeziehung der Bundesrepublik Deutschland nicht selten Hindernisse in den Weg gelegt. Als Adenauer sich wieder einmal über die französische Regierung und ihren Hochkommissar und Botschafter in Bonn, André François-Poncet, geärgert hatte, holte er ein Foto hervor, das François-Poncet, der von 1932 bis 1938 Botschafter in Berlin gewesen war, in vertrautem Gespräch mit Joseph Goebbels zeigte, der dabei den Sohn von François-Poncet auf den Armen hielt. Wenn François-Poncet glaube, mit uns sein Spiel treiben zu können, so Adenauer zu mir unter vier Augen, dann solle er daran denken, daß nicht nur wir, sondern auch er eine Vergangenheit habe. Auch das war Adenauer, ein Mann, der bei aller Größe und konzeptionellen Stärke die Lehren Machiavellis beherrschte.

Adenauer – und wir an seiner Seite – hatte den längeren Atem. Zentimeter um Zentimeter gewann die deutsche Politik Handlungsspielräume zurück, und als 1955 die spätere Bundeswehr Wirklichkeit zu werden begann, entsprach das ganz meinen im Juli 1950 dem amerikanischen Hochkommissar genannten Vorstellungen – nicht Fremdenlegion oder Hilfstruppe, sondern gleichberechtigte Streitmacht im Bündnis. Durch das Scheitern der EVG hatte sich unsere Position noch verbessert. Als im August 1954 in der französischen Nationalversammlung die Ratifizierung des EVG-Vertrages scheiterte, war klar, daß wir bei der Wiederbewaffnung bleiben, aber jetzt gleich die Vollmitgliedschaft in der NATO fordern würden. Das war ein Schritt, den uns die Engländer ohnehin empfohlen hatten mit dem ergänzenden Hinweis, wir sollten jetzt nicht mehr lange mit den Franzosen verhandeln. Der Beitritt zur EVG hätte bedeutet, daß die Deutschen ein bestimmtes Kontingent für eine europäische Armee stellen und damit die Verfügungsgewalt über ihre Truppen endgültig aufgeben, die EVG-Kommissaren unterstellt gewesen wären. Ich hatte mich einmal dafür interessiert, eventuell deutscher EVG-Kommissar zu werden, ein Gedanke, der durch die Ereignisse überholt wurde.

Im Gegensatz zu dieser EVG-Konzeption sind wir in der NATO Mitglied aufgrund eines Vertrages, der immer wieder verlängert werden muß oder sich selber verlängert, den man aber kündigen kann. Wir könnten also unsere Streitkräfte zurückziehen, so wie die Franzosen unter General de Gaulle ihre Streitkräfte zurückgezogen haben, ohne ihre Mitgliedschaft in der NATO aufzugeben, oder wir könnten aus dem ganzen Bündnis überhaupt ausscheiden – wenn wir anfangen würden, alle Lehren der Geschichte zu vergessen! Diese Freiheit hätten wir bei der EVG nicht gehabt, ein Austritt wäre bei dieser Organisationsform wohl nicht möglich gewesen, weil es sich bei den deutschen Soldaten rechtlich um europäische Soldaten »deutscher Nationalität« gehandelt hätte. Die Bundeswehr ist eine deutsche Armee und nicht, wie in den EVG-Plänen vorgesehen, eine europäische Streitmacht im Sinne eines vorweggenommenen europäischen Bundesstaates. Den Franzosen wäre es nicht anders ergangen. Das war auch der Grund für sie, 1954 nein zu sagen.

Zehn Tage vor der entscheidenden Sitzung der französischen Nationalversammlung wurde in Brüssel über Zusatzforderungen des französischen Ministerpräsidenten Pierre Mendès-France zum EVG-Vertrag verhandelt. Zwei Gewährsleute aus dem französischen Nachrichtendienst, Freunde, mit denen ich seit Anfang der fünfziger Jahre in Verbindung stand und die auch Adenauer regelmäßig informierten, kamen vor dieser Brüsseler Konferenz zu mir, um uns zu warnen. Mendès-France wolle uns hereinlegen. Die französische Regierung spüre den Widerstand gegen eine Europäisierung der französischen Armee mit ihrer großen und bewußt nationalen Tradition. Mendès-France werde bei der Brüsseler Konferenz mit modifizierenden Vorschlägen kommen, die zum Scheitern der EVG führen müßten. Seine Überlegungen liefen darauf hinaus, eine Nord-Süd-Linie zu ziehen, die etwa hundert Kilometer westlich der französischen Grenze verlaufe. Alle französischen Truppen östlich dieser Linie sollten Bestandteil der EVG werden, während die französischen Truppen westlich dieser Linie unter nationaler französischer Bestimmung verblieben. Meine Informanten warnten dringend davor, auf diese Vorschläge einzugehen, da dann die Deutschen keinerlei Einfluß auf die französische Armee, die Franzosen aber die volle Kontrolle über das deutsche Kontingent hätten.

Meine Gewährsleute in Frankreich, außerordentlich deutschfreundlich gesinnt, waren national eingestellte Franzosen aus dem Freundeskreis von Antoine Pinay, Dominikanerpater der eine, Rechtsanwalt der andere. Mit beiden, vor allem aber auch mit Pinay selbst, führte ich damals viele ausgedehnte und offene Gespräche. Jede Pariser Taktik, die auf eine weitere Diskriminierung der Deutschen hinauslief, war ihnen zuwider. Aus diesem Grunde wurden Adenauer und ich immer rechtzeitig vor den neuesten Winkelzügen der französischen Regierung gewarnt.

Ich habe meine Information sofort an Adenauer weitergegeben, der mir nicht glauben wollte. Die Zuverlässigkeit unserer beiden Informanten stehe außer Zweifel, betonte ich. Darauf Adenauer: »Das kommt nicht in Betracht.« Ein paar Tage später begann die Konferenz in Brüssel. Ich bin noch einmal von meinen Freunden gewarnt worden und habe diese Warnungen telefonisch an Adenauer, der schon in der belgischen Hauptstadt war, weitergegeben. Es kam, wie meine Informanten vorausgesagt hatten – mit dem bei der Brüsseler Konferenz vorgelegten französischen Forderungskatalog war das Scheitern der EVG endgültig eingeleitet.

Den 30. August 1954, den Tag, an dem der EVG-Vertrag in der französischen Nationalversammlung mit einem Geschäftsordnungstrick zu Fall gebracht wurde, erlebte ich in Paris. Am nächsten Tag fuhr ich nach Baden-Baden und marschierte auf die Bühler Höhe, den Urlaubsort des Bundeskanzlers, wo Adenauer mit Walter Hallstein, Herbert Blankenhorn, Heinrich von Brentano und anderen Notablen Hof hielt. Zuerst, so mein Eindruck, war ich gar nicht besonders willkommen. Aber dann hat man mich doch als Gesprächspartner gewürdigt, und ich mußte über die Abläufe in Paris berichten, soweit sie mir bekannt waren; das meiste wußte ich von meinen französischen Freunden, vor allem von Antoine Pinay. Auf der Bühler Höhe bildete sich die Meinung, daß der deutschen Öffentlichkeit von Regierungsseite etwas gesagt werden müsse. Da begann wieder meine Rolle. Adenauer wollte nicht öffentlich Stellung nehmen, vielleicht wäre es auch falsch, meinte er. Der Fraktionsvorsitzende von Brentano wehrte ebenfalls ab. Hallstein und Blankenhorn waren allein von der Vorstellung erschreckt, zu diesem heiklen Thema, bei dem Bonn einen schweren Rückschlag erlitten hatte, sprechen zu müssen. Adenauers Zusammenfassung: »Also, das machen Sie, Herr Strauß!«

So habe ich mich am Nachmittag hingesetzt und eine Rundfunkansprache ausgearbeitet, die noch am gleichen Tag im Südwestfunk gesendet wurde. »Zu den Folgerungen, die sich aus der Entscheidung von Paris ergeben, hat die Bundesregierung noch nicht gesprochen. Lassen Sie mich aber, meine Zuhörerinnen und Zuhörer, als eine Persönlichkeit, die seit Jahren in der Mitte des deutschen und europäischen politischen Lebens steht, meine Auffassungen zu dieser Lage rückhaltlos darlegen ... Die französische Nationalversammlung hat den EVG-Vertrag praktisch abgelehnt. Die erste Frage für uns lautet: Hat hier wirklich Frankreich gesprochen? Nach arithmetischer Rechnung hat sich eine klare Mehrheit so entschieden. Aber diese Mehrheit ist zustande gekommen, weil hundert kommunistische Abgeordnete dabei den Ausschlag gegeben haben, das heißt die von Moskau ferngesteuerte Kommunistische Partei Frankreichs hat im französischen Parlament den Ausschlag zu einer Entscheidung gegeben, deren Folgen und Tragweite noch nicht zu übersehen sind, am allerwenigsten für Frankreich. Man muß sorgfältig französische und andere Pressestimmen studieren, und man wird begreifen, was geschehen ist. Die kommunistische Parteizeitung in Frankreich mit dem bezeichnenden Titel ›Humanité‹ (Menschlichkeit) bejubelt mit allessagenden Worten den Sieg des französischen Volkes und des Friedens. Die Moskauer ›Prawda‹ berichtet triumphierend über die Ablehnung der EVG und schreibt: ›Nach Bekanntgabe des Resultates erhoben sich alle EVG-Gegner und sangen gemeinsam die Marseillaise.‹ Radio Ost-Berlin erklärt, daß nun der Weg frei sei zu wahrem Glück der europäischen Völker. Im Pariser ›Figaro‹ lesen wir, daß der Sieg der Kommunisten vollständig ist.«

Die sowjetische Politik habe durch die Entscheidung der französischen Nationalversammlung ihren größten politischen Erfolg seit Kriegsende errungen. Besonders bedauerlich dabei sei das Verhalten des französischen Ministerpräsidenten. Dabei entspringe der EVG-Vertrag einem französischen Plan, »den nicht nur Pleven, sondern auch der fanatische EVG-Gegner und frühere Verteidigungsminister Jules Moch gemeinsam entworfen und vertreten haben. Der EVG-Vertrag ist nicht nur von französischen Unterhändlern unterschrieben und von der französischen Regierung feierlich unterzeichnet worden. Auch alle von Frankreich nachträglich verlangten zusätzlichen Protokolle sind zugestanden worden. Großbritannien und USA haben die von Frankreich geforderten Garantien gegeben. Der deutsche Bundeskanzler hat sich schweren Herzens mit der von Frankreich vor der Ratifizierung verlangten europäischen Saarlösung einverstanden erklärt. All das hat stattgefunden in der Amtsperiode der gleichen Nationalversammlung, die jetzt den EVG-Vertrag durch Anwendung eines Kunstgriffes der Parlamentsgeschäftsordnung begraben hat. Viele Franzosen sind der Meinung, die ›Figaro‹ zum Ausdruck bringt, wenn er schreibt, man schäme sich darüber.«

In der regierungstreuen französischen Zeitung »Express« war unter dem 21. August 1954 zu lesen, es gebe nur eine einzige brauchbare französische Außenpolitik, nämlich von den Sowjets zu erreichen, daß sie die Wiedervereinigung Deutschlands durch freie Wahlen im ganzen Lande zuließen. Das wäre ein großer Sieg für den Westen, und es bestehe kein Zweifel, daß dann das kommunistische Regime in Ostdeutschland zusammenbrechen werde. Zu diesem Zweck müßte man den Sowjets als Preis die gemeinsame Kontrolle der Wiederbewaffnung Deutschlands vorschlagen. So hätten die Sowjets eine Garantie, daß keine neue deutsche Angriffsarmee gegen sie aufgebaut werde. Es dürfe sich allerdings nicht um eine Neutralisierung Deutschlands handeln, im Gegenteil, Deutschland müsse fest mit dem Westen verbunden sein.

Diesen Artikel griff ich auf: »Das heißt doch mit anderen Worten: Man muß den Sowjets eine Kontrolle über ganz Deutschland gewähren und kann trotzdem dieses Deutschland mit dem Westen verbinden. Man will also sozusagen eine sowjetische Lizenz für die Art und Weise, wie Deutschland in Zukunft seine Außenpolitik einrichten darf. Wenn das keine Neutralisierung ist, dann wissen wir nicht mehr, was Neutralisierung eigentlich bedeutet.« Bohrend fragte ich: »Ist das wirklich die Politik der gegenwärtigen französischen Regierung? Wir erinnern uns daran, daß die Wiederbewaffnung nicht einem deutschen Wunsch entspringt. Der Plan für eine Wiederbewaffnung Deutschlands ist ausschließlich dadurch akut geworden, daß die aggressive und imperialistische Politik der Sowjets, während die Westmächte nach dem Zweiten Weltkrieg bis zum Zustand der Ohnmacht abgerüstet haben, es verstanden hat, ganz Osteuropa und große Teile Asiens zu unterjochen. Die Einbeziehung Deutschlands in das westliche Verteidigungssystem ist der Erkenntnis entsprungen, daß eine wirksame Verteidigung Europas nur durch Einschluß Deutschlands erreicht werden kann und daß ohne ein wirksames Verteidigungssystem andererseits keine diplomatischen Lösungen mit den Sowjets ausgehandelt werden können. Die Sowjets haben bewiesen, daß sie die letzten sind, die in einer Konferenz Zugeständnisse machen, wenn ihre Verhandlungspartner nicht über eine konkrete militärische Macht verfügen.

Nun will das dem französischen Ministerpräsidenten nahestehende Organ die Sowjets an der Kontrolle über den deutschen Verteidigungsbeitrag beteiligt wissen, wenn überhaupt ein solcher noch gewünscht und nicht ganz andere noch weitergehende Ziele ins Auge gefaßt werden.« Säßen die Sowjets in einer gemeinsamen Kontrollinstanz, bekämen sie damit Einblick in das gesamte westliche Verteidigungssystem. »Das würde aber nichts anderes bedeuten«, so argumentierte ich weiter, »als daß die italienische Regierung in ihrem heroischen Kampf gegen den Kommunismus geschwächt und gleichzeitig die skandinavische Nordflanke der europäischen Verteidigung ausgeschaltet würde. Die Sowjets könnten das ganze westliche Verteidigungssystem lahmlegen und ohne das geringste Risiko ihren Einflußbereich auf ganz Deutschland ausdehnen. Damit hätten sie ihr nächstes großes Ziel auf dem Wege zur Beherrschung Europas und zur Isolierung Amerikas erreicht. Dann stünde die Rote Armee vor den Toren Frankreichs und praktisch auch Großbritanniens. Stalin hatte nicht unrecht, als er kurz vor seinem Tode in einer Denkschrift, die man ruhig als sein Testament bezeichnen kann, seiner Hoffnung auf Zerfall der westlichen Welt Ausdruck gab ...

Wenn die Zeitung ›Express‹ die Absichten des französischen Ministerpräsidenten in dem vorhin erwähnten Artikel richtig darstellt, so scheint ihm zur Lösung der Deutschlandfrage eine Regelung nach dem Muster der Neutralisierung Indochinas vorzuschweben. Wir brauchen nicht eigens zu betonen, daß wir uns einer solchen Regelung mit allen uns zu Gebote stehenden Mitteln widersetzen werden, weil damit nicht die 18 Millionen Bewohner der Sowjetzone vom Bolschewismus befreit, sondern ganz Deutschland über die Neutralisierung zur Bolschewisierung gelangen würde. Die Sowjets denken nicht daran, so lange sie in Asien militärische Erfolge und in Europa politische Erfolge haben, auch nur einen Millimeterbreit des von ihnen besetzten Territoriums preiszugeben.«

Nach der französischen Regierung kam die deutsche Opposition an die Reihe: »Mit einer nicht verhohlenen Genugtuung glaubt die Opposition aus dem Munde Herrn Ollenhauers feststellen zu können, daß die Außenpolitik des Bundeskanzlers gescheitert sei. Die Opposition tritt jetzt mit der Forderung hervor, eine echte europäische Politik zu beginnen, die mit einer Viererkonferenz eingeleitet werden soll. Die Konferenz von Brüssel, bei der sich Belgien, Holland, Luxemburg und Italien mit der Bundesrepublik Deutschland völlig einig waren in dem Willen, an der Europäischen Verteidigungsgemeinschaft im echten Sinn des Wortes festzuhalten, hat nicht die Isolierung des deutschen Bundeskanzlers, sondern die Isolierung des französischen Ministerpräsidenten gebracht. Auch Großbritannien und USA haben eindeutig im Sinne der von Adenauer verfolgten Außenpolitik Stellung genommen. 7:1 war das Torergebnis von Brüssel.

Es ist bezeichnend für die Konfusion und für die Ziellosigkeit der sozialdemokratischen Pseudoaußenpolitik, wenn sie jetzt dem Bundeskanzler und der Regierungskoalition ein Scheitern ihrer außenpolitischen Pläne vorwirft. Merkt Herr Ollenhauer nicht, daß seine Freude über das Scheitern des EVG-Vertrages geteilt wird von den französischen Rechtsradikalen und von den französischen Kommunisten, mit denen beiden die sozialdemokratische Partei nicht das Geringste gemeinsam haben sollte? Merkt Herr Ollenhauer nicht, daß seine Genugtuung über das angebliche Scheitern der Außenpolitik Adenauers übertönt wird von dem Jubelgeschrei der kommunistischen Presse auf der ganzen Welt? Merkt Herr Ollenhauer nicht, daß seine Forderung nach einer Viererkonferenz unter diesen Umständen eine unmittelbare Unterstützung der sowjetischen Strategie und der in ihren Hintergründen noch nicht ganz durchsichtigen Politik des französischen Ministerpräsidenten ist? Wir haben die Sozialdemokraten immer aufgefordert, uns eine echte Alternative zu der von uns befolgten Außenpolitik aufzuzeigen, sie waren bisher nicht imstande dazu. Soll etwa ihr Beifall zu dem Ergebnis von Paris bedeuten, daß der in der Pariser Entscheidung gegen die EVG angebahnte Weg zur Neutralisierung Deutschlands die von der SPD beabsichtigte Alternative ist? Die Sozialdemokraten sollten doch wirklich wissen, daß die ganze Entscheidungsfreiheit der europäischen Länder diesseits des Eisernen Vorhanges lediglich in der amerikanischen Sicherheitsgarantie begründet ist. Die Amerikaner sind es müde geworden, diese Sicherheitsgarantie ohne konkrete politische Resultate in Europa auf unbestimmte Zeit zu geben. Wenn die amerikanische Sicherheitsgarantie eines Tages zurückgezogen wird, wofür die zunehmende Enttäuschung und Verärgerung in den USA ein ernstes Warnungszeichen ist, dann gibt es keine Entscheidungsfreiheit der europäischen Länder mehr. Dann werden sie für jeden politischen Schritt, den sie beabsichtigen, die Genehmigung vorher in Moskau einholen müssen.«

Die SPD dürfe Adenauer nicht aus parteitaktischen Gründen in den Rücken fallen. Nicht die Bundesrepublik Deutschland, sondern Frankreich habe Enttäuschung und Verärgerung der freien Völker hervorgerufen. Aber das Ergebnis von Paris könne uns nicht irre machen. Wir nähmen weiterhin das politische und moralische Recht für uns in Anspruch, unseren Beitrag für die Verteidigung unserer Freiheit und für die Wiedervereinigung Deutschlands leisten zu dürfen. »Wir haben die feste Überzeugung, daß USA und Großbritannien nunmehr die nötigen Schritte unternehmen werden, um der Bundesrepublik Deutschland die volle Souveränität zu geben, die sie braucht, um weiterhin für Europa und für die Wiedervereinigung Deutschlands arbeiten zu können. Wir hoffen auch, daß genug Realismus bei den Vertretern der französischen Politik vorhanden ist, um dieses Recht der Bundesrepublik Deutschland nicht streitig zu machen. Die Bundesrepublik Deutschland muß jetzt ihre volle Souveränität nicht gegen Europa, sondern für Europa fordern. Sie muß diese Souveränität beanspruchen, um den einzig konkreten Weg zur Wiedervereinigung Deutschlands in Freiheit und Frieden mit den Großmächten des Westens gehen zu können.«

Mein Fazit in dieser Rundfunkrede vom 31. August 1954: »So lange Adenauer und seine Regierungsparteien für die Gestaltung des politischen Schicksals unseres Volkes verantwortlich sind, wird man gegen die Bundesrepublik nicht den Vorwurf erheben können, daß sie durch Blindheit gegenüber der Lage oder durch Unentschlossenheit in ernster Stunde dem bolschewistischen Vormarsch in Europa auch nur die geringste Hilfestellung leiste. Die nächsten Wochen oder Monate werden beweisen, daß die vor fünf Jahren eingeleitete und bis zur praktischen Gleichberechtigung fortgesetzte Außenpolitik Adenauers und seiner Regierungsparteien trotz des durch die Pariser Entscheidung aufgezwungenen Umweges die einzige für die Bundesrepublik Deutschland richtige und mögliche Außenpolitik gewesen ist und in Zukunft sein wird.«

Am nächsten Tag hörte ich neben viel Zustimmung zu meiner Rede durchaus auch kritische Stimmen – und zwar in dem gleichen noblen Kreis auf der Bühler Höhe, der mich zu dieser Rede verurteilt hatte. So scharf hätte ich nun auch wieder nicht zu reden brauchen. Das ist mir öfters in meiner politischen Laufbahn so gegangen. Wenn es ein heißes Eisen anzupacken galt, gingen alle in Deckung und sagten: »Franz Josef, das mußt du machen.« Bei der anschließenden Manöverkritik war der »Notstand«, um dessen Überwindung man mich flehentlich gebeten hatte, oftmals in Vergessenheit geraten.

Vier Wochen später wurde im Lancaster-House in London die Neunmächtekonferenz eröffnet, an der Vertreter der sechs EVG-Staaten sowie der USA, Kanadas und Großbritanniens teilnahmen. Es ging um den Beitritt der Bundesrepublik zur NATO. Die Beratungen drohten zu scheitern, weil die Franzosen um keinen Preis den Deutschen den Zugang zu Atomwaffen eröffnen wollten. Das galt damals als eine große Unverschämtheit der Franzosen, heute wäre es eine große Unverschämtheit der Deutschen, wenn sie dieses Thema überhaupt nur ansprechen würden – eine erstaunliche Umkehrung! Nach den Vorstellungen der Franzosen sollte die Bundesrepublik nicht einmal über eine autarke Rüstungsindustrie verfügen. Die wichtigste Einschränkung betraf ABC-Waffen. Adenauer bot, offenbar in Absprache mit John Foster Dulles, von sich aus an, auf die Produktion von ABC-Waffen in der Bundesrepublik zu verzichten, allerdings unter der ihm ebenfalls vom amerikanischen Außenminister nahegelegten Klausel »rebus sic stantibus«, das heißt, daß dieser Verzicht nicht mehr gelten sollte, sobald sich die sicherheitspolitische Lage wesentlich änderte. Bei einem Abbau der amerikanischen Sicherheitsgarantie zum Beispiel wäre die Bundesrepublik automatisch frei gewesen, Atomwaffen zu produzieren. Diese Freiheit ist uns erst durch den von der Regierung Brandt unterzeichneten und 1974 ratifizierten Non-Proliferations-Vertrag – leider muß ich sagen – genommen worden. Für mich war dieser Atomsperrvertrag ein, wie ich es nannte, »Super-Versailles«. Wie so oft stand in der Bekämpfung dieses Vertrages die CSU wieder einmal allein.

Adenauer schreibt in seinen Memoiren, daß seine Verzichtserklärung im Lancaster-House im Grunde genommen die einzige einsame Entscheidung gewesen sei, die er ohne Rücksprache mit Kabinett, Fraktion und Partei getroffen habe. Aber sie sei aus der Situation entstanden und um die Krise zu überwinden, und deshalb habe er sie treffen müssen. Diese Beurteilung des Bundeskanzlers mag richtig sein, dennoch war ich mit seinem Verzicht nicht einverstanden. Nicht einverstanden war ich auch damit, daß er drei Jahre später den Sozialdemokraten in der Frage der Lagerung und Stationierung von Atomsprengköpfen entgegenkommen wollte. Ich bin auch in schroffem Gegensatz zu ihm gestanden, als er aufgrund vieler Kundgebungen, Proteste und Demonstrationen den Vollzug des Bundestagsbeschlusses vom 6. März 1956 über die zweite Wehrergänzung und das Gesetz über die Rechtsstellung der Soldaten auf unbestimmte Zeit verschieben wollte.

Ein weiteres Thema, bei dem ich mit Adenauer ganz und gar nicht übereinstimmte, fiel in den Sommer 1963. Ich war nicht mehr Verteidigungsminister, und Adenauers Rücktritt stand unmittelbar bevor. Es ging um das Atomteststoppabkommen. Ich habe Adenauer schriftlich dargelegt, daß wir gar keinen Grund hätten, ein solches Abkommen zu unterzeichnen. Wir verfügten gar nicht über die Voraussetzungen, das zu tun, was dieser Vertrag verbiete. Adenauer ließ mich wissen, daß er zwar meiner Meinung sei, aber wegen der internationalen Lage und des Druckes auf die Bundesrepublik nicht durchsetzen wolle oder könne, was er in Übereinstimmung mit mir für richtig halte.

»Wären Sie bereit, dieses Amt zu übernehmen?«

In seiner Darstellung der Ära Adenauer schreibt Hans-Peter Schwarz im Zusammenhang mit der Bildung des zweiten Kabinetts Adenauer einige sehr freundliche Worte über mich, denen ich hier nicht widersprechen möchte, um dann fortzufahren: »Seit der Wehrbeitrag zur Debatte stand, zog es ihn in die Sicherheitspolitik. Aber er brauchte sechs Jahre, bis er Theodor Blank niedergekämpft hatte.« Diese Darstellung ist falsch und nicht aufrechtzuerhalten. Zugegeben, ich wollte erster Verteidigungsminister der Bundesrepublik Deutschland werden, Adenauer wollte es nicht, und so kam ich nicht zum Zug. Aber hätte Blank mit seinem Staatssekretär Rust und seinen Generalen beim Aufbau der Bundeswehr nicht die gravierenden Fehler gemacht, vor denen ich gewarnt hatte, sondern meine Mahnungen ernst genommen und berücksichtigt, wäre ich nie Verteidigungsminister geworden. Diese Logik ist nicht zu widerlegen. Die Aufbaukrise der Bundeswehr, die angesichts einer verfehlten und überzogenen Planung unvermeidlich war, und die Ratlosigkeit des Bundeskanzlers darüber, wie die daraus entstehende Krise zu bewältigen sei, haben Adenauer gezwungen, seine alte Position zu räumen und mir das Verteidigungsministerium anzubieten. So habe ich Blank weder gestürzt noch niedergekämpft.

Es ist schwer, etwas Glaubwürdiges über seinen Vorgänger zu sagen, was nicht als unkorrekt empfunden wird. Blank, ein politischer Kopf, hatte durchaus Neigung zu diesem Amt, war der Aufgabe aber nicht gewachsen. Bereits 1950 hatte ich große Bedenken gegen die Ernennung Blanks zum »Beauftragten des Bundeskanzlers für die mit der Vermehrung der alliierten Truppen zusammenhängenden Fragen«. Diese offizielle Bezeichnung der Dienststelle war leicht mißverständlich und gab zu allerlei satirischen Bemerkungen Anlaß. Adenauer dachte rein politisch. Er sah ernste Schwierigkeiten voraus, nicht zuletzt von links, und die wollte er sich vom Hals halten, indem er einen Gewerkschaftsführer – Blank war dritter Vorsitzender der IG Bergbau – mit dem Aufbau der Streitkräfte betraute. Nach der Ratifizierung der Pariser Verträge im Frühjahr 1955 konnte die Dienststelle Blank Anfang Juni zum Verteidigungsministerium umgewandelt und Blank am 8. Juli

1955 zum ersten Verteidigungsminister der Bundesrepublik Deutschland ernannt werden.

Ein Jahr später war Blank gescheitert. Derjenige, der dem Kanzler damals reinen Wein einschenkte, war Felix von Eckardt, Adenauers berühmtester Pressesprecher, zu dem ich ein hervorragendes, von großer menschlicher Sympathie getragenes Verhältnis hatte. Eckardt war ein gescheiter Kopf, ein witziger, humorvoller Mann mit gewinnenden Umgangsformen. Ich habe die besten Erinnerungen an ihn und mochte ihn ausgesprochen gern, was wohl auf Gegenseitigkeit beruhte. Er hat sich über mich nie negativ geäußert, hingegen einige Male sehr freundlich, so auch in seinen Erinnerungen, die er 1967 unter dem Titel »Ein unordentliches Leben« veröffentlichte.

Felix von Eckardt berichtet darin von einem Gespräch mit Adenauer im Jahre 1956. Der Bundeskanzler wollte von seinem Vertrauten wissen, was man tun könne, um die Aussichten der Union für die Bundestagswahlen 1957 zu verbessern. Zunächst schlug Eckardt die Entlassung der vier Sonderminister vor – ich war zu dieser Zeit bereits Atomminister –, von denen niemand wisse, womit sie sich eigentlich beschäftigten. Ein Kabinett mit vier solchen unbekannten Ministern sei in der Bevölkerung nicht populär zu machen. Adenauer wollte sich das überlegen und fragte weiter: »Was haben Sie denn noch für Wünsche?« Felix von Eckardt berichtet: »Nun wurde es erst wirklich schwierig, besonders für mich selbst. Ich mußte gegen meine eigenen Gefühle handeln, als ich antwortete: ›Auch der Verteidigungsminister Blank ist nicht mehr tragbar!‹ Der Kanzler sagte gar nichts, sah mich nur fast erschrocken an. Das gab mir Gelegenheit zu etwas längeren Ausführungen. Ich sagte Adenauer, daß ich selbst sehr freundschaftliche und respektvolle Gefühle gegenüber Theo Blank hege. Er sei ein Mann von besonders lauterem Charakter, er habe auch als Verteidigungsminister keineswegs versagt. Aber das jahrelange Warten auf den Startschuß für die neue Bundeswehr habe ihn in der Öffentlichkeit verbraucht. Kein Minister könne so lange Zeit für die Schublade arbeiten, ohne an Ansehen zu verlieren. Natürlich sei er am Scheitern der Europäischen Verteidigungsgemeinschaft völlig schuldlos, aber in der Politik zählten Schuld oder Nichtschuld nicht sehr viel. Dieses alles zu sagen, sei mir äußerst schmerzlich, doch es sei nun einmal meine Pflicht, ihm, dem Kanzler, reinen Wein einzuschenken. Adenauer unterbrach mich mit keinem Wort: Schließlich saßen wir einige Zeit stumm da, bis er sagte: ›Wissen Sie, was das bedeutet? Das bedeutet Franz Josef Strauß als Verteidigungsminister …‹. Ich wußte nur zu gut, daß er recht hatte: ›Allerdings, Herr Bundeskanzler, aber Strauß wird so oder so Verteidigungsminister, außer ein Herr der SPD übernimmt nach den Wahlen das Amt!‹«

Meiner Einschätzung nach war es nicht die von Felix von Eckardt angesprochene lange Wartezeit, die Blank geschadet hat. Natürlich war er ins Kreuzfeuer der ganzen Ohne-mich-Bewegung geraten, aber wirklich angeschlagen wurde er durch die sich häufenden Pannen. Der entscheidende Einbruch für Blank erfolgte in dem Augenblick, als er gewissermaßen den Offenbarungseid über die Undurchführbarkeit der von ihm zu verantwortenden Planung ablegen mußte. Seit längerem gab es eine Forderung der Jungen Union, Blank durch Strauß zu ersetzen. 1956 lief die Entwicklung dann – und hier hat Felix von Eckardt recht – automatisch auf mich zu. Die Möglichkeit einer personellen Alternative zu mir als Verteidigungsminister war in der Union kein Thema mehr.

Manche Fehlentscheidung, die Blank getroffen hat, ist nur daraus zu erklären, daß man im Herbst 1954, als sich die NATO-Lösung durchsetzte, an der Vorstellung festhielt, die Bundesrepublik könne eine Armee von 500.000 Mann in drei Jahren aufstellen, und zwar aufgegliedert in zwölf Divisionen plus zwei oder vier weitere selbständige Verbände ohne Divisionsrahmen. Das sollte, mit einer kleinen Vorbereitungszeit im Jahre 1955, in den drei Jahren von 1956 bis 1958 verwirklicht werden. Diese Planung haben die Alliierten stürmisch gefordert, und die militärischen Berater Blanks haben unter dem Druck der Alliierten dieser Planung stattgegeben. Da Generale nie Schuld tragen an Niederlagen, haben sie die organisatorische Pleite, die Theo Blank aufgezwungen wurde und die er hinterlassen hat, damit begründet, daß die Aufbauzeit von drei Jahren eigentlich erst nach einem achtzehnmonatigen Vorlauf hätte beginnen sollen.

Bei einer Kabinettssitzung – ich war damals noch Sonderminister – habe ich diese Planung für unerfüllbar erklärt. Adenauer hat mich ziemlich mächtig angenommen: »Wollen Sie mehr davon verstehen, Herr Strauß, als die Generale?« Da habe ich gesagt: »Ja. Die Generale kennen die Bedeutung der Höhe 305, aber die Höhe 305 gibt es nicht mehr. Ich hingegen weiß, was militärische Organisation bedeutet, und davon haben die Generale keine Ahnung.« Die ursprüngliche Planung hätte, wenn ich mich richtig erinnere, bedeutet, daß im ersten Jahr knapp 100.000 Mann aufgestellt werden sollten – ein Ding der Unmöglichkeit. Die Zahlen der ursprünglichen Bundeswehrplanung – 90.000

Mann im ersten, 250.000 Mann im zweiten und 500.000 Mann im dritten Jahr – waren nach meiner Einsicht und Erfahrung schlechterdings unerreichbar.

Ich habe dann die Vergleichszahlen der Hitlerschen Aufrüstung gebracht. Hieraus ging hervor, daß Hitler nach 1933 langsamer aufgerüstet hatte, als es in der Planung für die Bundeswehr vorgesehen war. Dabei hatte Hitler die unumschränkte Staatsgewalt, die totale Macht, es gab eine hohe Arbeitslosigkeit, und die öffentliche Meinung befürwortete die Aufrüstung – »Rache für Versailles, die Ketten von Versailles müssen gesprengt werden«. Die vaterländischen Verbände, die Wirtschaft, die Finanzen, die Propaganda, alles wurde in den Dienst der Aufrüstung gestellt. Und was hatte Hitler nach fünf Jahren Aufrüstung erreicht? Eine Wehrmacht, die im März 1938 kein Brückengerät hatte, um über die Enns zu gehen. Hätten die Österreicher die Brücken über die Enns gesprengt, dann hätte die Wehrmacht lange Zeit warten müssen, bis sie hinübergekommen wäre. Auch mangelte es an Benzin, und viele Panzer und Kettenfahrzeuge sind in der Gegend von Linz zusammengebrochen, mußten auf die österreichische Bahn verladen werden, damit Hitler beim Einzug in Wien die Parade abnehmen konnte. Und das nach fünf Jahren Aufrüstung!

»Und wir wollen«, so meine Argumentation im Kabinett, »in diesem Lande und bei dieser Vergangenheit, mit Millionen von Versehrten und Gefangenen, mit schrecklichen Erinnerungen, zerstörten Städten und einer allgemeinen nicht nur antimilitaristischen, sondern antimilitärischen Psychose quantitativ und qualitativ schneller aufrüsten als Hitler? Das ist ausgeschlossen. 1.000 Mann sind ein Bataillon – wenn im letzten Jahr der Aufrüstung 500.000 Mann stehen sollen, dann heißt das, daß jede Woche mehr als drei Bataillone aufgestellt werden müssen, Herr Bundeskanzler!«

Im Sommer 1956 dann kam Blank an allen Ecken und Enden mit der Planung ins Schleudern, Kasernen waren nicht rechtzeitig renoviert worden, die Alliierten hatten Kasernen nicht freigegeben, der Neubau von Kasernen dauerte zu lange. Man hat Leute einberufen, für die es keine Uniformen, keine Waffen, keine Verwaltung, keine Infrastruktur gab. Wenn man Neckermann beauftragt hätte, die normale Ausrüstung zu liefern – vom Handtuch übers Bettuch bis zu Unterhosen – hätte es vielleicht funktioniert. Aber so erwies sich die ganze Hilflosigkeit und Unfähigkeit der militärischen Planung. Der perfekte Skandal! Die Herren saßen immer an ihren Schreibtischen und haben Kästchen gemalt, aber von der Wirklichkeit nahmen sie keine Notiz. Die Sache wurde immer prekärer. Adenauer aber verschloß die Augen. Der Staatssekretär im Verteidigungsministerium, Josef Rust, zuvor Ministerialdirektor im Bundeswirtschaftsministerium, hat Blank abgeschirmt. In ähnlicher Weise war auch Staatssekretär Globke bei Adenauer tätig.

Im Sommer 1956, als wir sicher waren, daß die Bundesregierung mit Pauken und Trompeten mit ihrer Militärplanung gescheitert war, sind wir bei Adenauer aufmarschiert: der Vorsitzende der CSU und spätere Bayerische Ministerpräsident Hanns Seidel, Richard Stücklen, Hermann Höcherl, Gerhard Wacher, Parlamentarischer Geschäftsführer der CSU-Landesgruppe, und ich. Adenauer empfing uns frostig, mit düsterer Miene: »Was wollen Sie, meine Herren?« Unsere Antwort, von mir formuliert: »Wir wollen Ihnen vortragen, daß die Planung der Bundeswehr unrealistisch ist, daß sich bereits jetzt die ersten Anzeichen eines völligen Durcheinanders anmelden, daß die Fortsetzung dieser Planung den deutschen Ruf, gute militärische Organisatoren zu sein, und damit den ganzen politischen Sinn dieses Unternehmens nachhaltig zerstören würde.«

Dann habe ich noch einmal meine Bedenken erläutert, meine frühere Argumentation wiederholt, den Bundeskanzler daran erinnert, daß er mich deswegen zur Rede gestellt habe. Damals hätten die Generale die Durchführbarkeit der Planung bejaht, jetzt seien sie am Ende ihres Lateins. In der Bundeswehr herrschten Konfusion, Chaos, Unordnung, Unzufriedenheit. Dies alles könne nicht mehr verborgen werden, auch nicht mehr gegenüber Paris, das damals noch Sitz der NATO war. Die Zusammenfassung unserer Einwände und Bedenken: »Wir halten es für unsere Pflicht, Sie, Herr Bundeskanzler, rechtzeitig darauf aufmerksam zu machen.« Daraufhin holte Adenauer seinen Staatssekretär Globke, dieser wiederum zog Rust bei, der ja nachher als mein Staatssekretär selber erlebte, daß ich recht hatte. Bei diesem Gespräch aber bestätigte er dem Bundeskanzler, es sei alles in Ordnung, die Aufstellung der Bundeswehr verlaufe planmäßig. Ich habe noch einmal gewarnt, habe auf langsames Vorgehen gedrängt, vorgeschlagen, Kader zu bilden und nicht 12 Divisionen nebeneinander aufzubauen, und für das Baukastenprinzip plädiert.

Konrad Adenauer blieb unbeeindruckt, ablehnend, eisig: »Herr Strauß, ich habe Sie angehört. Nehmen Sie eines zur Kenntnis: Solange ich Kanzler bin, werden Sie nie Verteidigungsminister!« Dieser Satz hat sich bei mir genauso eingegraben wie der Satz meines Vaters vom 31. Januar 1933. Ich sei, so Adenauer weiter, von Anfang an gegen Blank gewesen, ich sei von enttäuschtem Ehrgeiz geplagt: »Sie merken, daß Sie nicht zum Zuge gekommen sind, und jetzt wollen Sie Herrn Blank hier heruntersetzen und schlecht machen, weil Sie glauben, auf diesem Wege noch Verteidigungsminister werden zu können. Und ich sage Ihnen, Sie werden es nicht!«

Es war dunkel geworden im Raum. Adenauer hatte kein Licht gemacht, wir sind uns gegenüber gesessen wie Schatten, mit verdüsterten Mienen. Dann habe ich gesagt: »Gut, dann ist unsere Aufgabe erfüllt, ich wasche meine Hände in Unschuld. Herr Bundeskanzler, die Verantwortung liegt jetzt ausschließlich bei Ihnen.«

Ich fuhr im Zorn in den Urlaub nach Spanien und habe vier Wochen nichts von mir hören lassen. Die ganze Bundeswehr interessierte mich nicht mehr, das Thema war für mich gestorben.

Ich komme zurück aus Spanien, mache mich wieder an meine Arbeit im Atomministerium. Ich sitze da in meinem Zimmer, gewöhne mich wieder an das Tagesgeschäft, als meine Sekretärin kommt: »Botschafter Blankenhorn möchte Sie sprechen.« Ich verstand mich persönlich mit Blankenhorn recht gut - er war 1948 Generalsekretär der CDU, zur gleichen Zeit, als ich Generalsekretär der CSU wurde. Wir waren, ich will nicht sagen Freunde, aber gute Bekannte, jedenfalls gab es keine Gegensätze zwischen uns. Blankenhorn kommt, ich begrüße ihn: »Ich freue mich, daß Sie mich besuchen, auch wenn ich zur Zeit gerade nicht in höchstem Ansehen bei Ihrem Herrn und Meister bin.« Blankenhorn gibt sich interessiert an meinem Urlaub, will wissen, wie es war in Spanien. Es sei herrlich gewesen, einmal ganz abzuschalten, erwidere ich, und jetzt ginge ich wieder an meine Aufgabe.

Bevor ich noch richtig ins Erzählen kam, wechselte Blankenhorn plötzlich das Thema. Ich wisse ja, daß er aus Paris komme und eben noch beim Bundeskanzler gewesen sei - das mit der Bundeswehrplanung gehe schief. »Herr Blankenhorn«, sagte ich, »lassen Sie mich damit in Ruhe. Ich habe mich im Juli mit dem Bundeskanzler gestritten. Ich bin Ihrer Meinung, daß es schiefgeht, es wäre ein Wunder, wenn es nicht schiefgeht. Aber ich habe innerlich abgeschlossen damit und möchte damit nichts mehr zu tun haben. Man hat mich derartig hinausgeschmissen, als ich mit meiner Kritik kam, mit meinen Mahnungen und Warnungen, daß mich das Thema nicht mehr interessiert.«

Blankenhorn ließ nicht locker. Er komme gerade von Adenauer, und dieser habe mit ihm über das Thema gesprochen. Das interessiere mich nicht, entgegnete ich, wenn man derartig behandelt werde, ziehe man einen Schlußstrich. Ich bäte ihn deshalb, nicht mehr davon zu reden. Darauf Blankenhorn: »Sie haben immer noch nicht verstanden. Der Bundeskanzler hat mich beauftragt, mit Ihnen über dieses Thema zu sprechen. Ich komme nicht von mir aus. Ich komme im Auftrag.« Auf meine erstaunte Gegenfrage, was das zu bedeuten habe, ließ Blankenhorn die Katze aus dem Sack: »Der Bundeskanzler möchte Sie fragen, ob Sie bereit wären, Verteidigungsminister zu werden.« Das kam wie ein Hammer. »Herr Blankenhorn, wie stimmt denn das zusammen? Es sind jetzt acht Wochen her seit dieser barschen Zurechtweisung, die er mir verpaßt hat.« Blankenhorn begann mit seiner Erklärung: »In Paris wächst die Unruhe, die Verbündeten merken, daß bei uns etwas nicht stimmt. Als Botschafter bei der NATO habe ich das Ganze auszubaden. Ich habe dem Bundeskanzler berichtet, daß man Blank nicht mehr für fähig hält, daß man der deutschen Planung nicht mehr traut, daß man die deutschen Zusagen nicht mehr ernst nimmt. Der Bundeskanzler merkt, daß seine Glaubwürdigkeit durch die Nichteinhaltung der versprochenen militärischen Ziele ernsthaft Schaden leidet. Ich habe jetzt keinen weiteren Auftrag mehr, aber er wird Sie anrufen und zu sich bitten.« Dann redeten wir noch über meinen Urlaub und über dies und das.

Noch am selben Tag leuchtet auf meinem Schreibtisch das »rote Telefon«, das Kanzler-Minister-Telefon - rotes Telefon hat es, glaube ich, erst später geheißen. Ich hebe ab: »Ja, hier Strauß.« - »Hier der Bundeskanzler. Haben Sie einen guten Urlaub verbracht, Herr Strauß? - »Ja, ausgezeichnet. Ich habe mich auch wieder erholt.« Er: »Ja, wie geht es Ihnen, Herr Strauß?« Ich: »Mir geht es recht gut, ich sitze hier im Ministerium, wir bereiten jetzt den Haushalt vor, wir führen unsere Planung aus.« Er: »Tja, Herr Strauß, würden Sie vielleicht dann nicht einmal zu mir kommen? Ich habe mit Ihnen einiges zu besprechen.« - »Selbstverständlich, Herr Bundeskanzler, wann immer Sie wollen.« Adenauer: »Wollen wir nicht einen Termin ausmachen? Aber einen Termin, der Ihnen paßt, Herr Strauß. Ich würde großen Wert auf ein Gespräch mit Ihnen legen.« Der Termin wird vereinbart.

Ich ging also zum Bundeskanzler. Er war die Freundlichkeit selbst, lud mich zum Tee ein. Dann begann er: »Ich habe große Sorgen. Der Blank, der schafft das nicht, der macht da große Fehler. Zum Beispiel die Einführung des Eisernen Kreuzes auf den Flugzeugen der Bundeswehr.« Darauf ich: »Das betrachte ich nun nicht als Fehler. Denn wir haben ja nicht das Balkenkreuz der Luftwaffe des Dritten Reiches auf den Flugzeugen, sondern das alte deutsche Eiserne Kreuz, wie im Ersten Weltkrieg.« Adenauer beharrte auf seinem Standpunkt: »Herr Blank fliegt mit deutschen Militärflugzeugen nach Paris, das erweckt doch unangenehmes Aufsehen.« – »Das glaube ich nicht. Entweder bauen wir wieder eine Wehrmacht auf, oder wir bauen keine auf. Aber das ist natürlich nicht das Thema, Herr Bundeskanzler.« Adenauer: »Tja, wissen Sie, ich muß Herrn Blank ablösen. Ich verliere meine Glaubwürdigkeit, ich kann sie nur durch eine Änderung der Personen wiederherstellen. Wären Sie bereit, dieses Amt zu übernehmen?«

»Herr Bundeskanzler, jetzt fällt mir eine Antwort sehr schwer. Sie wissen, daß ich es werden wollte, das habe ich nie geleugnet. Sie haben mir dann das Atomministerium übertragen. Ich habe dann noch einmal einen Versuch gemacht im Sommer dieses Jahres, die Besprechung ist mir in unangenehmster Erinnerung. Ich wollte damit nichts mehr zu tun haben, und ich komme jetzt mit Ihrem Angebot nicht ganz zurecht. Im Juli haben Sie mir gesagt: Ende. Jetzt sagen Sie mir: ›Wollen Sie das Amt übernehmen?‹« Da kam eine Adenauersche Antwort, die mich aus dem Sattel hob: »Herr Strauß, wollen Sie es einem alten Mann übelnehmen, daß er noch in der Lage ist, seine Meinung zu ändern?«

Ich konnte ihn nicht mehr beschimpfen wegen seiner Haltung vom Juli. Adenauer gab mir durch seinen Meinungswechsel nachträglich recht. Ich war mit meinem Latein am Ende und sagte ja, aber ich begann das Eisen zu schmieden, solange es heiß war: »Herr Bundeskanzler, ich habe mich nicht mit den Dingen befaßt, ohne in die Materie eingeweiht zu sein. Die Planung der Bundeswehr muß gründlich geändert werden. Kein Verteidigungsminister kann diese Planung erfüllen. Keiner, auch ich nicht. Die Pläne müssen scheitern, nicht deshalb, weil Herr Blank allein nicht ausreichende Fähigkeiten hätte, sondern weil die Aufgabe, deren Erfüllung Herr Blank zugesagt hat, so nicht erfüllbar ist.« Adenauers Frage: »Was wollen Sie?« Meine Antwort: »Erstens, eine drastische Reduzierung des Planes, in fünf Jahren 350.000 Mann und nicht in drei Jahren 500.000 Mann, das geht nicht. Sie müssen mir hier freie Hand geben. Zweitens, eine Änderung der militärischen Spitzengliederung mit einem verantwortlichen Spitzensoldaten, einem Generalinspekteur.«

Bis dahin kannte man nur den militärischen Führungsrat, ein Kränzchen der militärischen Abteilungsleiter, ein Witz für militärische Verhältnisse. Im Juni 1957 führte ich die Dienststellung eines Generalinspekteurs ein mit Weisungsbefugnis an die Inspekteure der Teilstreitkräfte Heer, Luftwaffe, Marine und Sanität. Die Unionsfraktion hat diese Veränderung, die auch ein Stück Aufwertung des Militärischen bedeutete, trotz einiger Widerstände mitgetragen – mit Ausnahme meines ewigen Gegenspielers auf diesem Felde, Richard Jaeger, der eine notorische Abneigung und ein eingewurzeltes Mißtrauen gegen alles Militärische hatte. Auch wenn die Position des Generalinspekteurs noch zu schwach sein mochte, gegenüber dem, was ich 1956 vorfand, stellte sie eine entscheidende Verbesserung dar. Tatsächlich richteten sich Bedeutung und Einfluß des Generalinspekteurs wesentlich nach dem jeweiligen Verteidigungsminister. Kai-Uwe von Hassel war militärhörig, Manfred Wörner war militärhörig – wenn der einen General sah, dann stand er im Geiste schon stramm. Helmut Schmidt war sowohl als auch, und Gerhard Schröder zeigte sich völlig uninteressiert an der Aufgabe. Auf der Hardthöhe hat er nur seine Ministerjahre vermehrt, für die Bundeswehrplanung und -ausrichtung hatte er keinerlei Interesse.

Meine erste Forderung ging also auf die Änderung der Planung, meine zweite auf die Änderung der Führungsstruktur. Außerdem war ich gegen die Einführung der allgemeinen Wehrpflicht zu diesem Zeitpunkt. Auch General Röttiger, der erste Inspekteur des Heeres, vertrat, wie ich später feststellte, die gleiche Meinung, daß nämlich eine zu frühe Einführung der Wehrpflicht die Bundeswehr überfordere, weil die personellen und materiellen Voraussetzungen fehlten. Adenauer und ich haben uns dann geeinigt, daß am 1. April 1957, mit etwa einem guten halben Jahr Verspätung, nur 10.000 Mann einberufen werden sollten, um die Verwirklichung der Wehrpflicht in Gang zu setzen und alle Hoffnungen, daß sie wieder abgeschafft werden könnte, damit zu zerstören. 10.000 Mann aus einem Jahrgang von 300.000 – das war ein Tropfen auf den heißen Stein. Ich stimmte mit meinen militärischen Beratern darin überein, daß die Einführung der Wehrpflicht zu diesem Zeitpunkt nicht zweckmäßig sei. Ich wollte eigentlich auch die 10.000 Mann zum 1. April nicht haben, sondern das Ganze so lange aufschieben, bis wir mit Freiwilligen eine Art Reichswehrqualität in der Ausbildung erreicht hätten, um dann erst, darauf aufbauend, die Wehrpflicht einzuführen. Aber Adenauer hat darauf bestanden, er sagte, wir dürften jetzt nicht mehr zurückweichen, wir müßten das Eisen schmieden, solange es heiß sei. So haben wir uns dann geeinigt. Mir wurde Freiheit der Planung, der Spitzengliederung und auch bei personellen

Der neu ernannte Verteidigungsminister an seinem Bonner Schreibtisch

Der Heeresinspekteur, Generalleutnant Röttiger, der Generalinspekteur, General Heusinger, Verteidigungsminister Strauß und Bundeskanzler Adenauer beim Abschreiten einer Ehrenkompanie auf dem NATO-Truppenübungsplatz Bergen-Hohne, September 1958

Karikatur der Süddeutschen Zeitung vom 12. Juli 1952 – Rottenführer Strauß: »Lieb Konrad, Du kannst ruhig sein – mir Bayern stehen für Dich ein ...«

Entscheidungen zugesichert, und ich brauchte die Wehrpflicht nicht sofort in vollem Umfang einzuführen, sondern konnte mich mit einer symbolischen Einberufung von 10.000 Mann zum 1. April 1957 begnügen.

Die Militärs waren damals gegen die frühe Verwirklichung der allgemeinen Wehrpflicht, weil sie der Meinung waren, daß man zuerst festgefügte militärische Organisationskörper mit entsprechender Ausbildungskapazität haben müsse, bevor man Wehrpflichtige einziehen könne. Sicherlich war das in gewisser Weise unpolitisch gedacht, jetzt, das man das Wehrpflichtgesetz hatte, es sozusagen auszusetzen. Aber es fehlten einfach die Möglichkeiten, man mußte das pragmatisch sehen. Die Militärs haben eben nicht psychologisch, politisch und außenpolitisch, sondern rein militärisch gedacht.

Nach dem Gespräch mit Adenauer und vor meiner Vereidigung als Verteidigungsminister - meine Ernennung war beschlossene Sache, aber Blank war formell noch im Amt - bat ich Staatssekretär Rust sowie die Generale Heusinger, Speidel, Röttiger, Kammhuber und Admiral Ruge in das Atomministerium zu einem Gespräch. Auch Botschafter Blankenhorn war dabei. Ich verwies zunächst darauf, daß ich von Blankenhorn erfahren hatte, man sei in Paris mit der Entwicklung der deutschen Planung sehr unzufrieden. Meiner Meinung nach sei diese Planung nicht durchführbar, sie sei zu groß angelegt. Jetzt komme die Stunde der Wahrheit. »Aber, meine Herren, wir können uns nur *eine* Stunde der Wahrheit leisten, nicht zwei. Also müssen wir die Planung reduzieren.«

Da fing der erste an - meiner Erinnerung nach war es General Heusinger - und sagte, ich hätte zwar recht, aber unsere außenpolitische Glaubwürdigkeit erfordere es nun einmal, daß wir alles tun, um die Planung einzuhalten. Da habe ich ihn und die anderen angenommen und Klartext gesprochen: »Kümmern Sie sich nicht um politische Dinge, weder um die innenpolitische Lage noch um außenpolitische Glaubwürdigkeit. Was ich von Ihnen will, meine Herren, ist ein verbindliches Urteil der verantwortlichen militärischen Führung, was nach Ihrem sachkundigen Urteil und den Erfahrungen, die Sie bisher gemacht haben, an Planung möglich ist. Das möchte ich von Ihnen wissen. Die politischen Bedenken, die kenne ich, denn ich muß die Entscheidungen beim Kanzler durchsetzen, ich muß sie im Parlament vertreten, und ich muß sie in Paris verantworten. Von Ihnen will ich nichts anderes, als daß Sie mir sagen, was Sie heute, im Lichte geläuterter Erkenntnis, für möglich halten.«

Von da an haben die Generale nicht mehr über Politik gesprochen. Statt dessen nannten sie Zahlen: In fünf Jahren könnten 360.000 Mann aufgestellt werden. Darauf einigten wir uns. Aber selbst die Durchführung dieser verringerten Planung stieß auf große Schwierigkeiten. Mehr als zwei Jahre später, bei einer Abteilungsleiterbesprechung im Verteidigungsministerium, eröffnete mir Heusinger, daß auch die 360.000-Mann-Planung nicht zu erfüllen sei; die Widerstände seien größer als vorausgesehen, die Möglichkeiten ungünstiger als angenommen, wir müßten abermals revidieren. Daraufhin bekam er von mir einen Anpfiff: »Ich verbitte mir das. Habe ich Ihnen nicht im Oktober 1956 gesagt, jetzt sei die Stunde der Wahrheit, jetzt müssen wir korrigieren, jetzt können wir unsere Glaubwürdigkeit noch retten, aber eine zweite Stunde der Wahrheit sei ausgeschlossen? Sie riskieren Ihren Ruf. Sie haben jetzt das durchzuführen, was Sie in der reduzierten Planung für durchführbar und realistisch erklärt haben. Ich bin tief enttäuscht, daß ich dieses Gespräch noch einmal führen muß. Wenn Sie damals gesagt hätten, in fünf Jahren 250.000 Mann, auch das hätte ich auf mich genommen – mit einem Riesenkrach beim Bundeskanzler natürlich. Aber heute kann ich das nicht mehr auf mich nehmen. Ich habe Ihnen damals gesagt, vergessen Sie alle politischen Rücksichtnahmen, sagen Sie nur, was Sie als militärische Fachleute für richtig halten. Und dabei bleiben Sie jetzt.«

Ein paar Stunden später überbringt mir Admiral Ruge, der erste Marineinspekteur, ein Rücktrittsgesuch Heusingers. Der Generalinspekteur, so Ruge, fühle sich durch meine Äußerungen so in die Enge getrieben und herabgesetzt, daß er glaube, sein Amt nicht mehr ausüben zu können. Er, Ruge, habe es übernommen, mir das Rücktrittsschreiben auszuhändigen. »Herr Admiral«, antwortete ich, »nehmen Sie den Brief wieder mit, ich öffne ihn gar nicht. Gehen Sie zum Herrn Generalinspekteur und sagen Sie ihm, er habe nach wie vor mein Vertrauen. Ich erwarte von einem General, daß er seine Pflicht erfüllt und keine Rücktrittsgesuche schreibt. Auch ein hoher Soldat muß einen Anpfiff vertragen.« Daraufhin hat Heusinger sein Rücktrittsersuchen zurückgenommen. Dieser kühne Ton eines jungen Ministers gegenüber einem hervorragenden General wäre wohl nicht möglich gewesen, wenn die Fakten nicht eine klare Sprache gesprochen hätten.

Die bilanzierende Eröffnungssitzung mit den Spitzen der Bundeswehr im Sitzungssaal des Atomministeriums bestätigte in dramatischer Weise meine Einschätzung, daß bei Planung und Aufbau der Bundeswehr schwere Fehler gemacht worden waren. Aber für mich gab es kein Zurück mehr. Das Ausmaß der Herausforderung und der Reiz des Abenteuers waren größer als die Angst vor dem Mißerfolg. Ich war vierzig Jahre alt und ohne Familie. Auch habe ich Politik nie als eine Betätigung mit Versicherungsschein gesehen. Sollte es schiefgehen, dann ging es eben schief. Außerdem war ich der festen Meinung, die ich bis heute nicht abgelegt habe, daß ich unter den damaligen Umständen und angesichts nicht vorhandener überzeugenderer Alternativen der beste Mann für dieses Amt war.

Meine Partei hat mich bei meiner neuen Aufgabe voll und ganz unterstützt. Ich glaubte sogar einen gewissen Stolz in der CSU darauf zu spüren, daß ein noch junger Politiker aus ihren Reihen ein so herausragendes Regierungsamt übernahm. Mein Bild in der Öffentlichkeit war damals noch wesentlich besser als ein Jahr später, als ich für viele unangenehme Dinge - beispielsweise Durchführung der Wehrpflicht und Einführung der atomaren Waffenträger in der Bundeswehr - meinen Kopf hinhalten mußte.

Nur der Kuriosität halber sei im Zusammenhang mit meiner Ernennung zum Bundesverteidigungsminister eine Episode erwähnt, von der mir Richard Stücklen lange Zeit später berichtete. Als Atomminister erfreute ich mich, wohl aufgrund meines geradezu bedingungslosen Eintretens für die friedliche Nutzung der Kernenergie, bei den Sozialdemokraten einer relativen Beliebtheit. Dies brachte Adenauer im Herbst 1956, noch ehe ich die Nachfolge von Blank antrat, offensichtlich auf einen grotesken Gedanken. Hintergrund war die Bundestagswahl 1957, deren Ausgang keineswegs als sicher gelten konnte. Der bei den Sozialdemokraten durchaus respektierte Strauß, so Adenauer zu Stücklen, könnte eine Große Koalition beabsichtigen, oder es könnte den Sozialdemokraten einfallen, mit seiner Hilfe eine Große Koalition anzustreben. Deshalb wäre der sicherste Weg, Strauß von solchen Überlegungen abzubringen, ihn mit dem Verteidigungsministerium zu betrauen. Dieser Gedankengang Adenauers war mir immer besonders merkwürdig deshalb, weil es bei mir in jener Zeit niemals ernsthafte Erwägungen über eine Große Koalition mit der SPD gegeben hat, nicht einmal theoretische Gedankenspielereien in diese Richtung.

Theodor Blank war nach seinem Abschied beleidigt, empört und gekränkt. Das Gesprächsklima zwischen uns war von seiner Seite aus sehr unterkühlt. Ich tat dann einen ersten Schritt und besuchte ihn nach der Amtsübernahme zu Hause, wo ich mit ihm ein politisch-freundschaftliches, kameradschaftliches Gespräch führte. Er hatte einzusehen begonnen, daß unter seiner Verantwortung vieles schiefgelaufen war. Nach einer Periode vorübergehender Abkühlung bat er mich, die CSU und ich sollten unser Gewicht einsetzen, damit er Nachfolger von Arbeitsminister Anton Storch werde. So geschah es auch. Blank war damit in seinem eigentlichen Fahrwasser, das er, der ausgewiesene Sozialpolitiker, viel besser kannte als das verminte Gelände der Militär- und Verteidigungspolitik. Dabei hatte dieses Ressort eine eigenartige Faszination auf ihn ausgeübt. Daß er als Gewerkschafter Oberbefehlshaber der Bundeswehr war und daß sich die Generale, für die er bequemer war als ich, vor ihm verbeugten, konnte ihn nicht unbeeindruckt lassen. Mein späterer Kontakt zu Blank war so gut und herzlich, daß ich auf seinen Vorschlag hin Mitte der sechziger Jahre, als ich im Wahlkampf im westfälischen Borken war, zum Ehrenmitglied seines Kreisverbandes gemacht wurde. Diese festlich-freundschaftliche Stunde ist mir in guter Erinnerung geblieben.

Josef Rust blieb bis Oktober 1959, als er in die freie Wirtschaft ging, Staatssekretär im Verteidigungsministerium. Wir sind gut miteinander ausgekommen, sind Freunde geworden, obwohl ich ihm seinerzeit vorhalten mußte, daß er dem Bundeskanzler nach dem Munde rede, wenn er die Aufstellung von 500.000 Mann in drei Jahren für möglich erkläre.

Zu meinen wichtigsten Beratern, mit denen ich in unzähligen Einzelgesprächen schon lange vor meiner Ernennung zum Verteidigungsminister die strategische Lage und Probleme beim Aufbau der Bundeswehr immer wieder durchgesprochen hatte, zählten die Generale Heusinger und Speidel. Hans Speidel hatte ich 1951 kennengelernt, als er militärischer Chefdelegierter der Bundesrepublik Deutschland auf den EVG-Konferenzen wurde. Ich besuchte ihn damals in seinem Privathaus in Freudenstadt im Schwarzwald. Wir unterhielten uns über alle Aspekte eines deutschen Verteidigungsbeitrages und analysierten, welche Lehren aus der Zeit des Dritten Reiches für den Aufbau deutscher Streitkräfte zu ziehen waren. Speidel, militärischer Berater von Konrad Adenauer und Mitarbeiter im Amt Blank, war ein hochgebildeter, sehr sympathischer Mann, urban, mit noblen Umgangsformen, der Prototyp des schwäbischen Offiziergelehrten. Zu seinen Freunden zählten nicht von ungefähr Ernst Jünger und Herbert von Karajan. Ich hatte für Speidel immer, auch in den Jahren, in denen ich Verteidigungsminister war, eine ausgesprochene Wertschätzung.

Mein Eindruck von Speidel war so hervorragend, daß sich bei mir die Überzeugung festigte, dieser Mann müsse in der zukünftigen militärischen Führungshierarchie eine Spitzenposition besetzen. Ich fungierte damals mehr oder weniger als Sprecher der Fraktion für den militärischen Bereich, in einer Art Geschäftsführung ohne Auftrag – so jedenfalls sah ich es. Offiziell war ich zu dieser Zeit geschäftsführender Vorsitzender der CSU-Landesgruppe und stellvertretender Vorsitzender der CDU/CSU-Bundestagsfraktion. De jure führte Fritz Schäffer die Landesgruppe, der aber wegen seines Ministeramtes stark beansprucht war, de facto stand ich an der Spitze der CSU-Abgeordneten. Speidel hat also gewußt, mit wem er es zu tun hatte, und er kannte nun meine Einstellung zu militärischen Fragen. Von da an wußte er auch, daß er bei mir gute Karten hatte. Natürlich gab es gegen Speidel auch Vorbehalte, Bezeichnungen wie Bürogeneral, Diplomatengeneral oder Wissenschaftsgeneral waren zu hören, auch seine Rolle im Widerstand wurde später diskutiert.

Damals hat mich im übrigen eine Frage bewegt, die schon bald wieder aus meinem Denken verschwand, da sie nicht mehr aktuell war, die Frage nämlich, ob es möglich wäre, die deutsche Armee als Milizarmee nach Schweizer Muster aufzubauen. Durch Vermittlung meines Freundes Georg »Schorsch« Haindl, des Besitzers der Haindlschen Papierfabrik und späteren langjährigen Vorsitzenden des Wirtschaftsbeirats der Union, traf ich mich 1951 während der Ferien mit einem Schweizer Oberst. Er war ebenfalls Papierfabrikant, aktiver Kommandeur eines Regiments. Dieses Gespräch hat mich zu der Einsicht gebracht, daß das Schweizer Modell für uns keinen Sinn hatte. Der Grund ist die unterschiedliche Verteidigungslage unserer Länder – im Ernstfall wäre die Bundesrepublik Deutschland ein Frontstaat, die Schweiz nicht. »Wir verlassen uns darauf«, sagte mir der Schweizer Oberst, »daß wir eine Mobilisierungszeit von mindestens 24 Stunden bis zu drei Tagen haben. Und ihr seid gleich dran.«

Speidel bildete ein Gegengewicht zu dem anfangs stark norddeutsch-preußisch beeinflußten militärischen Denken beim Aufbau der Bundeswehr. Diesem Übergewicht war es auch zuzuschreiben, daß in der ersten Bundeswehrplanung, gegen den Willen Speidels, keine Gebirgstruppe enthalten war. Die Generale fielen aus allen Wolken, als ich das Wort Gebirgstruppe auch nur erwähnte. Die haben mich angeschaut, als ob ich aus den Urwäldern käme – Gebirgstruppe, wozu brauchen wir die! Die Gebirgstruppe galt als »unanständig« im Sinne der klassischen, vor allem der adeligen Militärs, für die, mit Ausnahme der berittenen Artillerie, alles als »unanständig« galt, was hinter dem Pferdeschweif kam. Die adeligen Schichten der alten Armeen gingen nun einmal kaum zur Artillerie, geschweige denn zu den Pionieren und anderen »modernen« Waffengattungen, weil das alles als unfein galt. Damit manövrierte sich die Aristokratie um die Jahrhundertwende selbst aus dem zeitgemäßen militärischen Denken.

Bezüglich der Fähigkeiten und Möglichkeiten der einzelnen Waffengattungen gibt es wechselnde und zwangsläufig auch widersprüchliche Ansichten. Ich hatte beim Aufbau der Bundeswehr, ohne jede Geringschätzung von Heer und Marine, zwei Präferenzen. Die für die Luftwaffe ergab sich aus den strategischen Notwendigkeiten durch das Aufkommen der nuklearen Waffen, die für die Gebirgstruppe aus der Wertschätzung für deren Leistungen im Krieg und sicherlich auch aus einer bodenständigen süddeutsch-bayerischen Verbundenheit. Von 1949 bis 1978, also neunundzwanzig Jahre, war ich Bundestagsabgeordneter des Wahlkreises Weilheim mit den Landkreisen Garmisch-Partenkirchen, Schongau und Bad Tölz. Die Gebirgstruppe war sozusagen die »Hausdivision« von Garmisch-Partenkirchen, der Stolz der örtlichen Bevölkerung. Je näher der Wiederaufbau von Streitkräften rückte, desto öfter hörte ich im Wahlkreis: »Du mußt dafür sorgen, daß wir auch wieder eine Gebirgstruppe bekommen, mit Sitz in Garmisch-Partenkirchen.«

Bald nachdem ich Vorsitzender des EVG-Ausschusses geworden war, wohl schon im Sommer 1952, kam der spätere Generalinspekteur Heusinger im Auftrag des Bundeskanzlers zu mir ins Bundeshaus, um mir die künftige Streitkräftegliederung zu erläutern: Heer, Luftwaffe, Marine. Er legte mir seine Mappe mit dem Aufstellungsplan für das deutsche EVG-Kontingent auf den Tisch. Ich blätterte und fragte: »Wo ist denn die Gebirgstruppe?« Eine Gebirgstruppe sei nicht mehr vorgesehen, die Prüfung der möglichen Formen eines militärischen Einsatzes habe ergeben, daß für eine Gebirgstruppe kein Bedarf mehr bestehe.

Ganz überraschend war diese Auskunft nicht für mich. Die Planung war gemacht worden von Generalstabsoffizieren der klassischen Waffengattungen Infanterie, Artillerie, Kavallerie, für die die Gebirgstruppe eher den Charakter eines Bergführerlehrgangs hatte. Die ungeheuren Leistungen des Deutschen Alpenkorps von 1915 bis 1918 und die nicht weniger bedeutsamen Leistungen der Gebirgstruppe im Zweiten Weltkrieg nahmen sie überhaupt nicht zur Kenntnis. Ich sagte Heusinger, daß ich tief enttäuscht darüber sei, daß er keine Gebirgstruppe vorgesehen habe. Er solle noch einmal darüber nachdenken. »Sonst werden Sie Schwierigkeiten mit uns kriegen. Ich bin der Abgeordnete von Garmisch-Partenkirchen.« Heusinger hat dann in meiner Gegenwart eine Panzergrenadier-Kampfgruppe - wir sollten zwölf Divisionen und vier selbständige größere Verbände aufstellen - ausgestrichen und durch eine Gebirgsjäger-Kampfgruppe ersetzt.

Als ich im Oktober 1956 das Verteidigungsministerium übernahm und die Planung von 500.000 Mann auf 360.000 Mann reduzierte, kam uns die künftige Gebirgsbrigade sehr zupaß. Das Problem war, wie wir den Alliierten beibringen sollten, daß wir bei den vereinbarten zwölf Divisionen blieben, wenn wir uns in Wirklichkeit nicht daran hielten. Der Begriff »zwölf Divisionen« hatte als Selbstläufer bereits eine magische Kraft bekommen. Mein Vorschlag bei dieser Konferenz war, die Divisionen Nummer 11 und 12 sowie die vier selbständigen Verbände zu streichen und aus der Gebirgsbrigade eine Gebirgsdivision sowie aus der Luftlandebrigade eine Luftlandedivision zu machen. Dann sei wieder die magische Zahl zwölf erreicht. Vier Brigaden seien zwar weg, aber diese stünden nicht so sehr im Vordergrund öffentlicher Aufmerksamkeit und seien nur für militärische Fachleute interessant. Dieses war dann beschlossene Planung.

Im Januar 1957 hat ein Generalstabsoffizier die neue Planung vorgetragen, die aufgrund der Pariser Bilanzkonferenz am 29. Oktober 1956 zustande gekommen war. Er sagte in seinem Vortrag: »Dann haben wir hier noch die 101. Gebirgsbrigade.« General Speidel unterbrach: »Herr Oberst, haben Sie nicht gehört, das heißt jetzt Gebirgsdivision!« Speidel erwies sich auch hier als wohlvertraut im Umgang mit höheren politischen Chargen. Der Oberst entschuldigte und korrigierte sich auf eine Weise, die zu Heiterkeit Anlaß gab: »Dann haben wir in Garmisch nicht mehr die 101. Gebirgsbrigade, sondern die 1. Gebirgsdivision!« Ein Generalstabsoffizier der Luftlandedivision, ein ziemlich vorlauter Zeitgenosse, meinte damals zu mir: »Herr Minister, was Sie machen, ist die Beförderung von Hemden zu Oberhemden.« Ich habe ihn barsch zurechtgewiesen.

Das Thema Gebirgstruppe schlug personell durch, als es um die Besetzung der Stelle des Kommandierenden Generals des II. Korps in Ulm ging. Ich schlug dafür den Wehrbereichsbefehlshaber München, Generalmajor Pemsel, vor, der im Zweiten Weltkrieg unter anderem Kommandeur der 6. Gebirgsdivision gewesen war. Dagegen hat der militärische Leiter der Personalabteilung, der zu meinen eingefleischten Gegnern zählende General Müller-Hillebrand, der mit Zivilisten ohnehin wenig anfangen konnte, Widerspruch eingelegt. Er erklärte, Pemsel mangele es wegen überlanger Stabsverwendung an Truppenerfahrung; im übrigen sei es unmöglich, einen Gebirgsjäger zum Kommandierenden General und damit zum Vorgesetzten anderer Truppenteile zu machen. Eine neue Gebirgstruppe sei ohnehin nicht erwünscht gewesen. Ich ließ mir die Personalakte Pemsel kommen, alle Beurteilungen, auch aus dem Zweiten Weltkrieg, waren lückenlos vorhanden und fügten sich zu einem hervorragenden Gesamtbild.

Müller-Hillebrand ging in seiner Ablehnung des Gebirgsjägers Pemsel so weit, daß er auf Dienstreise alle ehemaligen Kameraden, Vorgesetzten oder Untergebenen, die er auftreiben konnte, mit der Frage behelligte, was sie Ungünstiges über Pemsel berichten könnten. Dabei kam allerdings nicht viel heraus. Ich habe mir Müller-Hillebrand kommen lassen, habe mir solche Methoden verbeten. Gegen die Vorlage der Personalabteilung und zum Zeichen meiner Verbundenheit mit der Gebirgstruppe ernannte ich Pemsel im April 1957 zum Kommandierenden General des II. Korps in Ulm und beförderte ihn, mit Wirkung vom 30. Januar 1958, zum Generalleutnant. Müller-Hillebrand hatte das Ministerium im September 1957 unter einigermaßen aufsehenerregenden Umständen verlassen.

Auch als ich nicht mehr im Amt des Verteidigungsministers war, habe ich mich immer wieder für die Gebirgstruppe eingesetzt, vor allem in den siebziger Jahren, als Tendenzen aufkamen, sie abzuschaffen. Seit Mitte der siebziger Jahre ist die Gebirgstruppe mit dem Auftrag im Verteidigungsfall »Sperren des Donauraumes« anders ausgerüstet. Während sie zu meiner Zeit die leicht bewegliche klassische Gebirgsjägerausrüstung hatte, ist sie heute mit schwerer Ausrüstung - Panzer, Panzerhaubitzen, Panzerspähwagen - einer normalen Panzergrenadierdivision sehr ähnlich geworden. Die Gebirgsfähigkeit einiger Teile allerdings wurde beibehalten.

Ein wichtiges Gremium, dessen Gründung noch in meine Zeit als Atomminister fiel, war der Bundesverteidigungsrat (seit 1970 nach wiederholter Umgliederung Bundessicherheitsrat). Als die Schwierigkeiten beim Aufbau der Bundeswehr immer offensichtlicher wurden, schlug ich Adenauer vor, daß die Fragen der Landesverteidigung, die nicht auf den militärischen Bereich begrenzt werden könnten, weil sie eine ressortübergreifende Koordinierung verlangten, in einem Verteidigungsrat besprochen werden sollten.

Ein Parallelbeispiel bot das sogenannte Wirtschaftskabinett, das ziemlich bald nach Bildung der ersten Bundesregierung unter dem de-facto-Vorsitz von Ludwig Erhard ins Leben gerufen worden war. Auch wirtschaftliche Gesetze, Maßnahmen und Regelungen können nicht immer ausschließlich im Wirtschaftsministerium bewertet und entschieden werden. Finanzpolitische Auswirkungen sind nahezu immer zu berücksichtigen, und umgekehrt spielen agrarpolitische Entscheidungen oder Entscheidungen aus dem Bereich des Arbeits- und Sozialministeriums, unter Umständen auch des Innenministeriums in wirtschaftliche Überlegungen hinein. Das Wirtschaftskabinett hatte die vorrangige Aufgabe, alle wirtschaftlich relevanten Fragen, bevor sie ins Kabinett kamen, sinnvoll zu koordinieren. Dies diente auch einer gewissen Rationalisierung der Arbeit im Kabinett, wo sonst gern lange Monologe ausgetauscht werden. Dieses Wirtschaftskabinett schwebte mir als Vorbild für den Verteidigungsrat vor, der dann auch auf meinen Vorschlag hin Anfang Oktober 1955 ins Leben gerufen wurde.

Vorsitzender wurde Bundeskanzler Adenauer, sein Stellvertreter wurde ich. Sicherlich bedeutete dies eine erhebliche Aufwertung des Atomministers. Darum ging es mir aber weniger. Obwohl der Gedanke, Verteidigungsminister zu werden, mich zu diesem Zeitpunkt nicht mehr beschäftigte, wollte ich den Fuß in der Türe haben, die Entwicklung der Bundeswehr, die ich mit Sorge verfolgte, sozusagen in aktiver Reichweite.

Das erste Desaster habe ich mit meinem Vorschlag verhindert, den Bundesgrenzschutz in die Bundeswehr zu überführen. Sicherlich war diese Anregung angesichts der rechtlichen Schwierigkeiten nicht frei von Naivität - ich ging davon aus, daß Verteidigungsdienst Verteidigungsdienst ist, gleichgültig, ob er beim Bundesgrenzschutz oder bei der Bundeswehr geleistet wird. Ich ließ mich beraten von dem ehemaligen General Gerhard Graf Schwerin, der 1950 als Vorgänger Blanks einige Monate Berater der Bundesregierung in Sicherheitsfragen gewesen war. Von vielen Seiten wies man darauf hin, und ich selbst hatte es noch in Erinnerung, daß 1935 die Landespolizeien korporativ in die Wehrmacht überführt worden waren. Ich war der Ansicht, daß der Bundesgrenzschutz ein Notbehelf gewesen sei, den man nun, nach dem Aufbau der Bundeswehr, nicht mehr benötige. Diese Meinung hat sich als irrig erwiesen, denn an der Grenze dürfen deutsche Soldaten nicht in Erscheinung treten, sondern nur Polizei, also Beamte. Andererseits brauchten wir beim Aufbau der Streitkräfte 1955/56 unbedingt die hochqualifizierten, gut ausgebildeten Grenzschutzbeamten. Der Grenzschutz war in seiner Qualität eine Art Reichswehr, wenn auch nur mit leichter, polizeimäßiger Bewaffnung.

Gegen die Eingliederung des Bundesgrenzschutzes in die Bundeswehr liefen die Reformer bei Blank Sturm, sie waren entschlossen, diese Absicht zu Fall zu bringen, und Blank unterstützte sie hierbei. Ich habe meine Forderung damit begründet, daß es angesichts der überzogenen Aufstellungsplanung zur Vermeidung eines Offenbarungseides und des Eingeständnisses eines organisatorischen Bankrotts notwendig sei, die Überführung des Bundesgrenzschutzes in die Bundeswehr vorzunehmen. Da eine geschlossene Übernahme nach der Rechtslage nicht möglich war, wurde auf dem Gesetzeswege dann der freiwillige individuelle Übertritt ermöglicht, was der Bundeswehr knapp zehntausend wertvolle und tüchtige Leute gebracht hat - das Stammpersonal für drei Divisionen, sowie gut ausgebildeten Offiziernachwuchs.

Die Gegner dieser Maßnahme trugen vor, daß dies zum einen die Aufstellungsplanung störe und daß zum anderen der Grenzschutz noch im alten Geiste, im Drill der Reichswehr und der Wehrmacht, ausgebildet sei und deshalb nicht in die neue »Reformarmee« passe. Vor allem hatte der Grenzschutz aber ein klares Feindbild, das von der eindeutigen Feindlage an der Grenze ausging. Auch darum wollten die Militärs und ihr ziviler Exponent Blank diesen Schritt nicht mitmachen. Indem ich mich durchsetzte, haben wir die erste Aufstellungskatastrophe überbrückt.

Zu den Themen, die wir im Bundesverteidigungsrat ausführlich erörterten, gehörte der zivile Bevölkerungsschutz. Tagelang diskutierten wir die Frage der Verlagerung von wichtigen Wirtschaftsunternehmen im Kriegsfall - mit dem ernüchternden Ergebnis, daß die Wirtschaft im Ernstfall nicht zu schützen sei. Auch ich war gegen solche Pläne. Eine Verlagerung der kriegswichtigen Betriebe unter die Erde schied wegen der Kosten in astronomischer Größenordnung von vornherein aus. Auch eine Verlagerung in Gebiete westlich des Rheins kam nicht in Frage, abgesehen davon, daß die Anlagen auch dort Bombardements ausgesetzt wären. Überlegungen, wenigstens Teile der Industrie aus dem grenznahen Gebiet zu verlagern, sind angesichts finanzieller und technischer Schwierigkeiten, aber auch im Hinblick auf die Verwirrung, die dies in der Bevölkerung hervorgerufen hätte, völlig aufgegeben worden. Alles was uns zu tun übrig blieb, war, einen Minimalschutz der Bevölkerung anzustreben sowie ein Hauptquartier für die Bundesregierung westlich des Rheins zu planen.

Die Themen Rüstungskontrolle und Abrüstung haben im Bundesverteidigungsrat zu meiner Zeit keine Rolle gespielt. Vorstellungen dieser Art waren angesichts der damaligen politischen und militärischen Verhältnisse blanke Utopie. Was sich später an Abrüstungsverhandlungen entwickelte, ist dem Verteidigungsministerium immer mehr entglitten. Man hat in diesem Bereich systematisch Terrain für Terrain aufgegeben, was die Bedeutung des Verteidigungsministeriums auf rein militärische und vielleicht rüstungswirtschaftliche Probleme zurückgedrängt hat. Dabei handelt es sich um Fragen, die für die Stellung der Bundesrepublik Deutschland im europäischen Sicherheitsgefüge entscheidende Bedeutung haben und wichtige Stücke einer politischen Architektur sind. Der letzte Außenminister, der hier dem Verteidigungsminister einen großen Spielraum ließ, war Heinrich von Brentano. Sein Nachfolger Gerhard Schröder hat es mit wachsendem Ingrimm verfolgt, daß das Verteidigungsministerium einen zu großen Einfluß hatte. Ich habe mir eben nicht vorschreiben lassen, was ich bei den NATO-Konferenzen sagen durfte und was nicht. Meine Nachfolger haben sich mit dem schleichenden Kompetenzverlust abgefunden.

Auch seit dem Herbst 1982, seit Bildung der Regierungskoalition aus CDU, CSU und FDP, sind Fragen der Abrüstung und Rüstungskontrolle, auf die sich die Dynamik des Ost-West-Verhältnisses im wesentlichen konzentriert, dem Verteidigungsressort, das existentiell damit befaßt ist, entzogen und werden weitgehend vom Außenministerium bestimmt. Für besonders verhängnisvoll halte ich es, daß Grundfragen unserer Sicherheits- und Verteidigungspolitik wahlkampftaktischen Überlegungen, die dann zudem noch erfolglos bleiben, untergeordnet werden. Ich denke hier an die letzten Landtagswahlen in Rheinland-Pfalz und in Schleswig-Holstein. Am 17. Mai 1987 waren Landtagswahlen in Rheinland-Pfalz, zwei Tage zuvor hatte der Kanzler eine Erklärung abgegeben, die allgemein als Vorschlag einer dritten Null-Lösung verstanden wurde. Wähler gewann die CDU dadurch nicht, wohl aber wuchs die Unsicherheit über den abrüstungspolitischen Kurs der Bundesregierung im In- und Ausland erheblich.

Ähnlich war es vor der Schleswig-Holstein-Wahl, wo ebenfalls eine vermeintlich populäre Maßnahme, nämlich der überraschende, gegen jede frühere Absprache der Koalition und gegen ausdrückliche vorherige Erklärungen des Bundeskanzlers verstoßende Verzicht auf die Pershing-I-A-Raketen der CDU helfen sollte – eine Rechnung, die in Kiel ebenso wenig aufging wie zuvor in Mainz. Bezeichnend ist, daß Verteidigungsminister Wörner keine Ahnung von dieser Erklärung hatte und daß weder er selbst noch das Verteidigungsministerium an der Formulierung dieses Verzichts beteiligt waren. Im Gegenteil, der Verteidigungsminister war an der Spitze jener gestanden, die einen Verzicht auf die Pershing für nicht verantwortbar und hinnehmbar erklärt hatten. Als dann das Gegenteil Wirklichkeit wurde, schwieg er. Ich habe diesen alarmierenden Vorgang, bei dem ich auch persönlich getäuscht worden bin, öffentlich in aller Schärfe kritisiert. Strategische Grundsatzentscheidungen von existentieller Bedeutung für die Bundesrepublik Deutschland können und dürfen nicht kurzatmigen taktischen Manövern geopfert werden. Eine verantwortungsbewußte Handhabung solcher Themen stelle ich mir anders vor.

Ich bin der festen Überzeugung, daß eine Entscheidung wie der Pershing-Verzicht vom August 1987 in meiner Zeit nicht am Verteidigungsminister vorbeigelaufen wäre. Das Thema wäre mit mehr Sachkompetenz und mit mehr politischer Autorität behandelt worden, wofür schon Konrad Adenauer gesorgt hätte. Dem Kabinett Erhard gehörte ich nicht an, so daß ich keine Vergleichsmöglichkeiten über Art und Stil der Kabinettssitzungen habe. Kurt Georg Kiesinger hatte es als Regierungschef einer Großen Koalition schwerer als Adenauer. Er hat mit Nachdruck vertreten, was zwischen den beiden Koalitionspartnern gemeinsamer Nenner zu sein schien, mit einem Bonus für die Union, der sich natürlich in Grenzen halten mußte und der ihn dennoch mehr als einmal in Gegensatz zu Willy Brandt und Karl Schiller brachte.

Eine Frage, die mir oft gestellt wurde und wird: Ob ich denn 1956 Verteidigungsminister werden wollte. Ich kann diese Frage auch im nachhinein nicht ohne weiteres mit Ja oder Nein beantworten. Ich wollte es werden und war überzeugt, daß Blank, den ich persönlich durchaus schätzte, der falsche Mann war. Die Feststellungen, die wir von der CSU in dem Gespräch mit Adenauer über das Auseinanderklaffen von Planung und Erfüllung getroffen hatten, waren nicht Fiktionen zur Untermauerung eigenen Ehrgeizes, sondern es waren Fakten. Auch in der CDU/CSU-Fraktion, wo Blank Bericht erstattet und ich gegen ihn Stellung genommen hatte, waren die Probleme erkannt und offen diskutiert worden. Die Folgen hatte ich zu tragen.

Wegen mangelhafter Unterbringung und Versorgung der Soldaten mußte ich kurz nach Amtsübernahme einige sehr unangenehme Erfahrungen machen. Es kam nämlich zu zwei Meutereien im Sinne des Strafgesetzbuches. Beide Male war es die Luftwaffe, der erste Tatort war Uetersen, der zweite, unmittelbar darauf, der Fliegerhorst Memmingen. Die dortige Luftwaffenkompanie trat morgens zum Dienst an, der Spieß teilte ein: Waffenreinigen, Geländedienst, Sport und so weiter. Dann das Kommando: »Wegtreten!« Die Soldaten bleiben stehen, verweigern den Befehl. Der Vorgesetzte wiederholt den Befehl, die Männer verweigern ihn wieder. Das war Meuterei - geschlossene Befehlsverweigerung. Ein Sprecher der Soldaten erklärte: Man habe keine menschenwürdige Unterkunft, die Familien bekämen seit Wochen keinen Unterhalt, die ganze Verwaltung habe versagt, das sei ein unwürdiger Zustand, man wolle lieber aufhören und den Dienst quittieren.

Der Vorfall wurde sofort an das Verteidigungsministerium gemeldet. Rust und Heusinger kamen aufgeregt zu mir: »Um Gottes Willen, nach dem Wehrstrafgesetz ist das Meuterei. Das kann nicht mehr disziplinarisch erledigt werden, das muß der Staatsanwaltschaft übergeben werden. Wenn wir nichts tun, bedeutet das Begünstigung.« Ich entschied kurzerhand: »Die Betreffenden werden nicht bestraft. Es erfolgt keine Anzeige bei der Staatsanwaltschaft. Bis jetzt ist das Ganze intern. Wenn das in die Presse kommt, ist das für die Gegner der Bundeswehr, für die Gegner der Aufrüstung und vor allem für die ewigen Kritiker einer überstürzten Aufstellung ein gefundenes Fressen. Was würden Sie sagen, meine Herren, die Sie hier Ihre Gehälter beziehen, wenn Sie acht Wochen kein Gehalt bekämen, wenn Sie keine menschenwürdige Unterkunft hätten, kein Bettuch? Würden Sie dann auch von Meuterei reden?«

Ein Ministerialrat fuhr sofort nach Memmingen mit einem Koffer voll Bargeld und zahlte den Soldaten aus, was ihnen zustand. Es ist uns gelungen, den Zwischenfall zu meistern. In der Tat waren es keine Meuterer, sondern ganz normale Soldaten, die aber inzwischen zehn Jahre Zivilleben hinter sich hatten, den alten militärischen Gehorsam vielleicht nicht mehr gewohnt waren, aber mit Recht auf die Fürsorge des Dienstherrn pochten.

Unter dem Druck der falschen und unerfüllbaren Planung waren krasse Fehlentscheidungen getroffen worden. Ich nenne als weiteres Beispiel die Vorgänge um die Beschaffung des Schützenpanzers HS 30 von Hispano-Suiza, ein Skandal, der dann mir angelastet wurde, obwohl ich gar nichts dafür konnte und das Problem von meinem Vorgänger im Amt übernommen hatte. Aber auch Theo Blank war unschuldig, er hatte lediglich seine Unterschrift daruntergesetzt. Schuld war eigentlich General Hellmuth Laegeler, erster interimistischer Heeresinspekteur.

Die Entscheidung fiel in einer Periode politisch motivierter Expansion beim Aufbau der Bundeswehr, einer Phase, in der man noch die Panzertruppen als Rückgrat einer starken Offensiv-Verteidigung sah. Unter dem Schock des Koreakrieges hielt man einen Krieg auch in Europa für unmittelbar bevorstehend. Die Generale lebten in der Psychose, wir müßten fertig sein mit der Aufrüstung, wenn es losgeht. Sie waren noch geprägt vom Rüstungsdenken der Vorkriegszeit und des Krieges. Schleunigst aufrüsten, das war ihre Parole. General Laegeler, so stand es in einem Protokoll, übernahm die volle Verantwortung für die Anschaffung des HS 30. Als dann die Sache schiefging, der Schützenpanzer nicht einsatzfähig war, wir viele Millionen verloren hatten, da war von der Verantwortung der Militärs nicht mehr die Rede. Da redete man nur noch von den dummen und korrupten Politikern.

Aufgrund eines Holzmodells war ein Vertrag geschlossen worden, wonach sich Hispano-Suiza verpflichtete, 12.000 Fahrzeuge entsprechend dem Holzmodell zu liefern. In dem Vertrag stand nicht einmal, daß der Schützenpanzer truppenbrauchbar oder gar kriegsverwendungsfähig sein müsse, es war nur von einer exakten Ausführung des Modells die Rede. Die Firma hatte in dieser speziellen Branche jedoch wenig Erfahrung. Nach den ersten Enttäuschungen in der praktischen Erprobung - einige Fahrzeuge hatten schon einen Kolbenfresser beim Verlassen der Waggons, andere Getriebeschaden beim Rollen durch das Gelände - habe ich einen ungeheuren Krach mit Hispano-Suiza angefangen, indem ich die weitere Annahme verweigerte und mit Kündigung der Verträge drohte. Ich war sogar der Meinung, wir sollten den Vertrag umgehend kündigen und keinen Pfennig zahlen. Aber unsere Position war insofern schwach, als der Vertragsgegenstand falsch definiert war. Ein Teil der Fachleute gab mir recht, sah eine gute Chance, den Prozeß zu gewinnen, andere schätzten die Aussichten schlechter ein. Die Summe, die wir im Falle eines verlorenen Prozesses als Konventionalstrafe hätten zahlen müssen, betrug etwa 300 Millionen Mark. Da habe ich gesagt: »Dieses Risiko mutet ihr mir zu. Die Generale haben dieses Gerät ausgesucht, ich stehe jetzt da und muß die politischen Folgen tragen. Das kann ich nicht, denn wenn wir den Prozeß

Adenauer und Strauß lassen sich ein Holzmodell des Schützenpanzers HS 30 erklären, September 1958

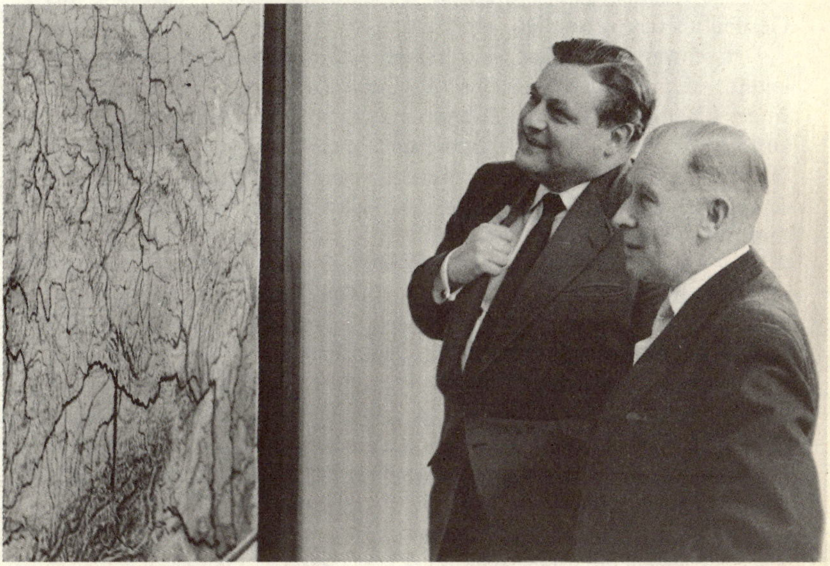

Strauß und der Generalinspekteur der Bundeswehr, General Heusinger, 1957

verlieren, ist mein Kopf weg.« 300 Millionen Mark waren damals etwa soviel wie heute eine Milliarde.

Also haben wir dem Generaldirektor von Hispano-Suiza die Hölle heißgemacht. Der fürchtete ebenfalls, einen Prozeß eventuell zu verlieren, außerdem jammerte er, daß seine Firma durch die Nichterfüllung des Auftrages ruiniert werde. Wir haben uns dann geeinigt auf eine Umkonstruktion, soweit man überhaupt etwas umkonstruieren konnte, sowie auf eine erhebliche Reduzierung der Stückzahlen. So ist der Schützenpanzer dann gebaut worden, bedingt truppenverwendungsfähig, nicht kriegsverwendungsfähig. Im September 1959 hat die Truppe die ersten von insgesamt etwa 2.200 Stück übernommen und im allgemeinen sogar ein einigermaßen zufriedenes Urteil über den HS 30 abgegeben.

Das Bundesministerium der Verteidigung ist für den verantwortlichen Minister ein Minenfeld, was nicht nur ich, sondern ohne Ausnahme bisher alle Inhaber dieses Amtes erfahren haben. Geht man abends ins Bett und glaubt, daß alles in Ordnung sei, kann man morgens um sechs Uhr, wenn nicht schon während der Nacht, eines Besseren belehrt werden. Die besondere Belastung und Beanspruchung gehört zur Natur des Geschäftes des Verteidigungsministers.

Das schwerste Unglück während der sechs Jahre, die ich dieses Amt leitete, ereignete sich am 3. Juni 1957, einen Tag vor meiner Hochzeit. In der Iller, in der Nähe von Kempten, waren 15 Wehrpflichtige ertrunken. Obwohl ich persönlich für dieses schreckliche Geschehen nicht in die Verantwortung genommen werden konnte, prasselte die Kritik nur so auf mich ein. Gerd Schmückle, der diese besonders schwierige Situation mit viel Geschick meisterte und den ich kurz darauf zu meinem Pressesprecher ernannte, schrieb über die Folgen des Iller-Unglücks: »Bis dahin hatte Strauß die Sprossenleiter des Erfolgs mühelos erklommen, mit jugendlicher Unbekümmertheit, taktischem Geschick und politischer Robustheit. Doch jetzt – an der Spitze eines schnell aufwachsenden Mammutunternehmens – trafen ihn auch Vorgänge, die er nicht in der Hand haben konnte: Als erstes ein tragisches Unglück an der Iller. Ein übereifriger Oberjäger hatte versucht, seine Soldaten durch den reißenden Fluß zu führen – dabei ertranken fünfzehn Mann. Die Aufregung war unbeschreiblich. Dem Verteidigungsminister wird vorgeworfen, er treibe die Aufrüstung zu rasch voran, vernachlässige die Ausbildung, sei jedenfalls schuld an dem Unglück. Daß er es gewesen war, der die Aufstellungsziele reduzierte, wurde verschwiegen oder ging – wenn es erwähnt wurde – in den antimilitärischen Emotionen unter. Strauß mag damals, als er im strömenden Regen im Morgengrauen auf der Illerbrücke den Rettungsarbeiten zuschaute, erstmals gespürt haben, welche Last er mit dem Aufbau der Bundeswehr auf sich genommen hatte.«

Was kann der Verteidigungsminister dafür, wenn ein Unterführer falschen Ehrgeiz entwickelt und dann 15 Rekruten ertrinken? Was kann der Verteidigungsminister dafür, wenn ein Fahrer der Bundeswehr seinen Omnibus über die Böschung steuert und es zu einem folgenschweren Sturz in die Tiefe kommt? Was konnte ich dafür, daß General Josef Kammhuber hinter meinem Rücken eine Kunstflugstaffel der Luftwaffe aufbaute und dann alle drei Maschinen mitsamt der des amerikanischen Instrukteurs mit tausend Stundenkilometern vertikal in den Boden rasten? Was für das Geschehen im Lande gilt, gilt auch im internationalen Bereich, das Amt des Verteidigungsministers hat ein Gefährdungspotential eigener Art.

Manche Minen, die sich im Arbeitsfeld eines Verteidigungsministers zwangsläufig finden, lassen sich natürlich entschärfen. Der Streit um deutsche Bundeswehrdepots in Spanien zum Beispiel würde heute niemanden mehr interessieren. Damals gab es um dieses Thema helle Aufregung. Ich vertrat die Ansicht, daß das politische System in Spanien – es war die Zeit Francos – und die strategische Situation der NATO zwei verschiedene Dinge seien. Die über jeden demokratischen Zweifel erhabenen Amerikaner hatten einen sehr engen Verteidigungspakt mit dem autoritären Franco-Regime. Warum sollten nicht auch wir, die wir östlich des Rheins keine Dauerdepots anlegen sollten, mit Spanien oder Portugal verhandeln? Diesen Weg hatte sogar das Auswärtige Amt empfohlen, um freilich in dem Augenblick, in dem die politischen Gegner aufmarschierten, sofort den Rückzug anzutreten.

Ich kam mit einem entschieden anderen Stil in dieses Amt, und schon mein erster Tagesbefehl unterschied sich in Inhalt und Sprache von denen meines Vorgängers Blank. Ich habe, auch im Rückblick auf meine eigenen militärischen Erfahrungen, die Soldaten mit »Ihr« und »Euch« angeredet, habe einen kameradschaftlichen Ton gewählt. Deswegen wurde ich im Bundestag sofort kritisiert. Auf eine entsprechende Frage des SPD-Abgeordneten Hermann Schmitt (Vockenhausen) antwortete ich, daß es sich hier um süddeutschen Sprachgebrauch handle und keineswegs um eine Wiederbelebung des mir persönlich unbekannten preußischen Militarismus. Ich zog einen simplen Vergleich. Im Bundestag gab es eine Riege der Schriftführer, deren Geschäftsführer oder Sprecher ein Bundestagsabgeordneter der SPD aus Böhmen war, der, wenn er sich schriftlich an seine Bundestagskollegen wandte, diese mit »Ihr« ansprach. Ich zitierte aus einem solchen Schreiben und fügte hinzu, ich könnte mir nur schwer vorstellen, daß der Kollege Schriftführer von der SPD mit den Anredeformen »Ihr« und »Euch« militaristischen Umgangsformen aus deutsch-nationaler Vergangenheit huldige. Im Bundestag gab es schallendes Gelächter.

Zu denen, die meinen Stil im Umgang mit den Soldaten scharf kritisierten, gehörte auch die FDP-Abgeordnete Marie-Elisabeth Lüders. Mit Frau Lüders verband ich eine Erinnerung aus meiner Zeit als Landrat in Schongau. Die Landräte mußten auf örtlicher Ebene Spruchkammern bilden. Ich habe dafür gesorgt, daß die Verfahren in Schongau milde ausfielen. Eines Tages meldet mir mein Vorzimmer: »Eine Frau Lüders will Sie sprechen.« Ich kannte die Dame nicht, der Name war mir unbekannt: »Bitte schön, führen Sie sie herein!« Ich dachte, es käme eine Bürgerin mit einem persönlichen Anliegen, wie dies damals täglich die Regel war. Herein kommt Frau Marie-Elisabeth Lüders, tritt entschieden auf und teilt mir knapp und kühl mit: »Ich bin die neue Vorsitzende der Spruchkammer Schongau, hier ist mein Bestellungsschreiben vom Ministerium in München.« Ich reagiere frostig: »Das können Sie vergessen, das findet nicht statt!« Empörte Antwort: »Ja, wollen Sie eine ministerielle Weisung ablehnen und sabotieren?« Ich beharre. »Ich sage Ihnen genau, warum. Wir haben hier eine sehr konservative Bevölkerung, große Nazis haben wir hier nicht, Parteigenossen und einige Altparteigenossen darunter, alles keine Verbrecher. Hier herrscht noch ein patriarchalisches Prinzip. Man soll in einem so konservativen Landkreis, wo selbst die Sozialdemokraten konservativ sind, keine Frau als Vorsitzende der Spruchkammer einsetzen, denn dadurch wird die ganze Entnazifizierung in den Augen der Bevölkerung noch mehr herabgesetzt. Das ist mein erster Grund. Mein zweiter Grund ist, daß Sie eine Preußin sind. Wenn Sie den Mund aufmachen und so auftreten wie hier bei mir, dann haben Sie schon alle gegen sich. Das alles werde ich in München gern wiederholen.«

Meine Besucherin wollte weiterreden, da drückte ich auf einen Knopf. Wir hatten einen Fahrer im Landratsamt, den Strauß Sepp, einen ehemaligen Kommunisten. Der war weitgehend unpolitisch und froh, daß er am Landratsamt Arbeit gefunden und sein Auskommen hatte. Er erschien. »Sepp, die Dame möchte das Haus verlassen. Sorge dafür, daß sie gut die Treppe hinunterkommt!« Ich habe Frau Lüders erst im Deutschen Bundestag wieder gesehen. Gesprochen habe ich mit ihr über unsere Schongauer Begegnung nie.

Protokollfragen und Fragen der Kleiderordnung – letztere wörtlich wie bildlich – sind in der Politik wichtig und waren für einen jungen Staat wie die Bundesrepublik von besonderer Bedeutung. Bereits vor dem Krieg hatte ich einen Smoking besessen, aber er war bei den Bombenangriffen auf München verbrannt. So kaufte ich mir in der ersten Legislaturperiode einen neuen Smoking, bei Hirmer in München. Der einzige Botschafter freilich, der von den armen Deutschen damals einen Smoking verlangte, war der Vertreter Jugoslawiens, Mladen Iveković. Damals unterhielten wir noch diplomatische Beziehungen zu Jugoslawien; sie wurden erst im Oktober 1957 aufgrund der Hallstein-Doktrin abgebrochen und 1968 wieder aufgenommen. Iveković war Oberst in der Partisanenarmee Titos gewesen und legte wohl deshalb, in Kontrast zu dieser Zeit, großen Wert auf diplomatische Formen. Als seine Einladung eintraf, beauftragte ich meine Sekretärin, mir eine Fliege zu besorgen. Sie brachte mir eine weiße Fliege, obwohl, was ich damals nicht wußte, eine schwarze geboten gewesen wäre. Beim jugoslawischen Botschafter war ich dann, zum Erstaunen korrekt gekleideter Herren wie Hans Herwarth von Bittenfeld und Herbert Blankenhorn, neben dem servierenden Kellner der einzige mit einer weißen Fliege.

Meine Vereidigung zum Sonderminister erfolgte im Stresemann, der heute nicht mehr üblich ist. Im Stresemann am Steuer meines Wagens fuhr ich zur Entgegennahme der Ernennungsurkunde zu Bundespräsident Theodor Heuss. Als nächstes schaffte ich mir dann einen Frack an. Hinsichtlich offiziell-korrekter Kleidung standen wir in der strengen Schule Konrad Adenauers und seines Staatssekretärs Hans Globke. Auch Hans Herwarth von Bittenfeld, der von 1951 bis 1955 Protokollchef in Bonn war, wirkte in diesen Fragen prägend. Er war ein hoch angesehener Diplomat, der in den dreißiger Jahren an der Deutschen Botschaft in Moskau tätig gewesen war und am Tag nach dem Hitler-Stalin-Pakt aus Protest in das Heer eintrat, ein mutiger Schritt, aus dem er nie Aufhebens machte.

Ein neuer Stil mußte nicht nur für den neuen Staat, sondern auch für seine neue Armee gefunden werden. Es war eine Armee, nicht so sehr aus dem Nichts, sondern aus der Niederlage, aus dem Kriegsgefangenenlager heraus entstanden, und dies stellte an die Politiker besondere Anforderungen.

Die Offiziere meiner Begleitung trugen Uniform. Ich habe Offiziere in Zivil nie geduldet. Eine meiner ersten Anordnungen als Bundesverteidigungsminister war, daß Offiziere - was bis dahin gebräuchlich, aber nicht bindend war - auch im Ministerium Dienst in Uniform leisten. Die Zurückhaltung mancher Offiziere, sich in der Öffentlichkeit in Uniform zu zeigen, ging so weit, daß sie die Uniform im Koffer mitbrachten, sich umzogen, ihren Dienst taten und sich vor Verlassen des Ministeriums wieder zivil kleideten. Das hatte mancherlei Gründe: Zum einen waren die Uniformen wenig kleidsam, zum anderen hatte Wolf Graf Baudissin die Ideologie verbreitet, daß die Uniform nur als Arbeitskleidung anzusehen sei. Überdies war es auch zu tätlichen Angriffen gegen Soldaten in der Öffentlichkeit gekommen. Das war auch die Zeit, als die Lufthansa sich anbot, aus Rationalisierungsgründen die Grundausbildung der Piloten zu übernehmen, unter der Voraussetzung allerdings, daß die Luftwaffenschüler keine Uniform trugen. Daraufhin verzichtete ich auf die Dienste der Lufthansa.

Die von Theodor Blank eingeführte Uniform hatte ich, noch bevor ich Verteidigungsminister wurde, rundweg abgelehnt. Sie war nach der Uniform der Sturmartillerie konzipiert, hatte außen keine Knöpfe und keine Taschen und sollte möglichst wenig militärisch aussehen. Der Soldat hatte also kaum eine Möglichkeit, etwas mit sich zu führen, ob Taschenmesser, Füllfederhalter oder Notizbuch, ohne daß der Waffenrock unnötig aufgebauscht wurde. Dazu kam, daß die Jacke nur für sehr Schlanke brauchbar war - die Soldaten bei der Sturmartillerie waren im allgemeinen schlank -, aber nicht als allgemeine Ausgehuniform. Als ich im Bonner Presseclub die Öffentlichkeit auf das Thema vorbereiten wollte, sagte ich, der neben mir sitzende General Röttiger trage eine Uniform, in der man ihn, wenn er keine Rangabzeichen trüge, für einen Zigarettenverkäufer halten könnte. Ich wollte Röttiger bestimmt nicht kränken, aber er war danach nicht gut auf mich zu sprechen.

Als ich dann beim Bundespräsidenten die Anordnung erwirkte, daß das Heer, das auch mit der Farbe seiner Uniform nicht ganz glücklich zu sein schien, einen besser geschnittenen Waffenrock mit aufgesetzten Taschen - die Hosen dunkler - bekommen sollte, wie ihn die Luftwaffe schon immer trug und wie ihn ähnlich auch die NATO-Streitkräfte bevorzugten, erhob sich ein ungeheures Geschrei, Strauß führe den Nazi-Waffenrock wieder ein. Was immer ich tat, vorschlug oder anordnete - alles wurde von den Böswilligen als eine Rückkehr zu den Usancen des Dritten Reiches diffamiert. Dabei war die Einführung des sportlich geschnittenen Sakkos genau das Gegenteil, nämlich eine Absage an den konservativen Waffenrock des alten Heeres, der von der Kaiserzeit bis 1945 seinen Dienst getan hatte.

Dann habe ich das Schuhwerk aufs Korn genommen, diese Schnürschuhe aus schlechtem Leder mit einer Gamasche, Hundedecken genannt, die rasch zum Gegenstand allgemeiner Heiterkeit und zur Zielscheibe von Witzen geworden waren. Ich führte einen verbesserten Knobelbecher mit längerem Schaft ein, der auch nach Meinung ausländischer Soldaten als das beste Schuhwerk der NATO galt. Wieder erhob sich ungeheurer Lärm - dieselben Stiefel, mit denen Hitlers Armeen durch Europa marschiert seien, würden nunmehr vom Bundesverteidigungsminister wieder eingeführt. Kein Vorwand war in dieser Zeit zu windig, um Stimmung gegen den Aufbau der Bundeswehr und gegen den dafür verantwortlichen Minister zu machen. Am besten wäre es wohl gewesen, ich hätte schnürbare Filzpantoffeln eingeführt!

Auch der alte Stahlhelm, von negativer Symbolkraft, wurde nicht wieder eingeführt. Nur der Bundesgrenzschutz trug ihn, was auch einer der Gründe dafür war, daß die Reformer in der Bundeswehr gegen die Übernahme von Bundesgrenzschutzbeamten in die neue Armee Vorbehalte hatten - schon der Helm verrate den falschen Geist. Die Militärs plädierten für den amerikanischen Stahlhelm, weil dieser im Ernstfall weniger Angriffsfläche im ungünstigsten, im rechten Winkel biete. Allerdings hat der amerikanische Stahlhelm dieses Kriterium nur sehr unzulänglich erfüllt, der beste Stahlhelm wäre demnach der Schwedens, der Tschechoslowakei oder der DDR gewesen.

Kurzum, in den Aufbaujahren der Bundeswehr wurde mit ungeheurer Akribie, oftmals auch Hysterie von den politischen Gegnern Ausschau gehalten nach »nazistischen« Anklängen in der Bundeswehr. Das war geradezu ein Trauma. Hier lag eine eklatante Verkennung der Tatsachen vor, denn die Wehrmacht, namentlich das Heer, war keineswegs die Speerspitze des Nationalsozialismus, sie war im Gegenteil in gewisser Weise sogar ein Refugium, das vor vielerlei Zumutungen des Regimes eine gewisse Zuflucht bot. Auch Hitler hat das nicht anders gesehen, schließlich kam aus dem Heer der einzige ernst zu nehmende Schlag gegen ihn.

Außenpolitische Verwicklungen – innenpolitische Auseinandersetzungen

Am 16. Oktober 1956 wurde ich als Bundesminister für Verteidigung vereidigt. Am 23. Oktober brach in Ungarn der Volksaufstand aus, der keine zwei Wochen später von sowjetischen Truppen blutig niedergeschlagen wurde. Am 29. Oktober begannen die Israelis ihren Feldzug gegen Ägypten. Am 5. November landeten britische Fallschirmjägertruppen bei Port Said. Im Presseclub in Bonn erfuhr ich, daß Bulganin mit der Zerstörung von Paris und London drohte, wenn Franzosen und Engländer ihren Angriff nicht einstellten. Ich trat also mein Amt an in einer Welt voller Kriegsgeschrei und Kriegsgefahr.

Ich war politisch für eine Armee zuständig und verantwortlich, die es nur in bescheidensten Anfängen gab. Der Gedanke einer Mobilisierung verbot sich schon deshalb, weil wir nichts zu mobilisieren hatten. Von den Amerikanern wurden wir dringend aufgefordert, die Start- und Landebahn in Lechfeld, dem späteren Fliegerhorst der Bundesluftwaffe, der damals noch in amerikanischer Zuständigkeit lag, so zu verlängern, daß strategische Bomber der Amerikaner aus Spanien in die Bundesrepublik verlegt werden könnten. Hintergrund war das militärische »contingency planning« für ein mögliches amerikanisches Eingreifen in Ungarn. Noch war offen, wie die Sowjets sich verhalten würden. Sie haben die Menschheit, haben die Welt, haben die Ungarn getäuscht – sie sind zunächst demonstrativ abgerückt und sind dann wiedergekommen. Als es soweit war, Anfang November, war die Kriegslust der Amerikaner schon auf Null gesunken. Zudem war Amerika im Wahlkampffieber.

Dann kam der Blutsonntag in Ungarn, der Tag, an dem der rote Bruder zuschlug. In Bonn war es der Tag nach dem Presseball, den ich nicht besucht hatte, weil alarmierende Meldungen aus Budapest vorlagen. Deshalb war ich auch am Sonntagvormittag ins Ministerium gegangen. Da läutet das Telefon. Die Vermittlung ist am Apparat: »Herr Minister, da meldet sich ein General aus Budapest, der Sie sprechen will.« Ich bin wie elektrisiert. Das Gespräch wird weiterverbunden. Ich höre das Geräusch von Panzerabschüssen, von Artilleriefeuer, von Einschlägen – die Erinnerung an Telefongespräche während des Krieges in Rußland ist beklemmend. So klang es, wenn man an der Front mit einer schießenden Batterie telefonierte. Dann, in sehr gebrochenem Deutsch: »Ich rufe an im Auftrag von General Maleter, der General ist gestern abend von den Russen verhaftet worden. Können die Deutschen uns noch helfen? Wir sind in höchster Not!« Ich bin mir meiner absoluten Ohnmacht bewußt, zerrissen im Inneren, ich kann nur sagen: »Wir sind erst am Beginn des Aufbaues unserer Streitkräfte, eine rechtzeitige Hilfe von deutscher Seite ist nicht zu erwarten, ich kann mich nur schleunigst an die Amerikaner wenden.« Das Geräusch von Schüssen und Einschlägen verstärkt sich, das Gespräch bricht ab.

Ein paar Stunden später ist der ungarische Volksaufstand am Ende, blutig niedergeschlagen mit brutaler sowjetischer Waffengewalt. Zu den Opfern, die bald ihr Leben verlieren, gehört auch Verteidigungsminister General Pal Maleter.

Ich habe sofort versucht, den amerikanischen Botschafter zu erreichen, er war unterwegs zu irgendeiner gesellschaftlichen Veranstaltung; auch der stellvertretende amerikanische Botschafter war nicht zu erreichen, ebensowenig der amerikanische Militärattaché, der meiner Erinnerung nach beim Tennisspielen war. Das paßte in mein Bild und in meine Einschätzung: Zuerst machen die Amerikaner den Ungarn Hoffnungen, und wenn es ernst wird, lassen sie das ungarische Volk völlig im Stich. Ein militärisches Eingreifen der NATO stand nicht zur Diskussion. Die Niederwerfung des ungarischen Volksaufstandes durch die Rote Armee war kein NATO-Fall.

Im engsten militärischen Führungskreis hatte man die Frage erörtert, was geschehen müßte, um die drohende Katastrophe abzuwenden. Meine damalige private, aber höchst unbeachtete Meinung war: Erstens eine Garantieerklärung der Amerikaner hinsichtlich der ungarischen Neutralität und zweitens die Erklärung, daß ein Einmarsch der Roten Armee in Ungarn als ein unfreundlicher Akt bewertet werden müßte, der nicht ohne militärische Folgen bleiben könne. Zunächst gingen die Überlegungen dahin, ob es eine Möglichkeit gebe, den russischen Einmarsch zu verhindern. Die Nachrichten, die wir von unserem eigenen wie vom amerikanischen Nachrichtendienst erhielten, lauteten übereinstimmend, daß man im Kreml noch unsicher sei, wie man entscheiden solle. Meine Überlegung war darauf aufgebaut, daß die Sowjetunion nicht einmarschieren würde, wenn, nach entsprechender amerikanischer Klarstellung, damit der Kriegsfall verbunden wäre. Aber zu einer solchen Konsequenz seiner Politik war der Westen nicht fähig, und von deutscher Seite bestand keinerlei Aussicht, die Amerikaner für eine solche Konsequenz zu gewinnen.

Noch heute bin ich felsenfest davon überzeugt, daß die Russen nicht einmarschiert wären, wenn die Amerikaner zuvor für Klarheit ihrer Position gesorgt hätten. Es war eine verfehlte und zutiefst unmoralische Politik, den Ungarn vorher Mut und Hoffnung zu machen und sie dann ihrem Schicksal zu überlassen. Die Russen haben meiner Meinung nach deshalb so lange mit der massiven Intervention gezögert, weil sie sich trotz der Zurückhaltung Washingtons nicht sicher waren, wie die Amerikaner reagieren würden.

Die militärische Kulisse war aufgebaut; ob es bei der Drohung bleiben sollte oder ob es tatsächlich eine Vorbereitung des Ernstfalles war, wurde im Kreml jedoch erst in letzter Minute entschieden - ähnlich übrigens wie 1968 beim Einmarsch in die Tschechoslowakei. Den Russen hätte klargemacht werden müssen, daß ein Eingreifen in Budapest Krieg bedeutet - das wäre die einzige rationale Möglichkeit gewesen, die Ungarn zu retten. Das Signal, das die Amerikaner mit ihrer Forderung, die Landebahn in Lechfeld zu verlängern, gaben, habe ich zunächst für wichtiger genommen, als es gerechtfertigt war. Dies war für die Amerikaner mehr eine Drohgebärde als die ernsthafte Vorbereitung eines möglichen militärischen Eingreifens.

An jenem Sonntag, an dem mich vormittags der verzweifelte Anruf aus Budapest erreichte, hielt ich am Nachmittag in Hollfeld, an der Zonengrenze im Fränkischen gelegen, eine Rede, die dank der Mithilfe einer fehlinterpretierenden SPD große Berühmtheit erlangen sollte. Hintergrund war die Tatsache, daß die Ereignisse in Ungarn unsere Bevölkerung vor allem im Grenzland verschreckt und verängstigt hatten. Man sah die Russen bereits vor der Türe stehen, fürchtete, daß sie quer durch Österreich auch bei uns einmarschieren könnten. Meine Antwort auf diese Sorgen in der Hollfelder Rede: Die Russen würden nicht kommen. Der organisatorische Aufbau der Bundeswehr diene dem Zweck einer militärisch funktionierenden Verteidigung. Die Bevölkerung könne in Ruhe arbeiten und in Frieden schlafen und brauche nicht die geringste Sorge zu haben, denn wir seien Mitglied eines Bündnisses, dessen technische Mittel stark genug seien, um im Falle eines Angriffs mit einem vernichtenden Gegenschlag zu antworten. Dann kam der berühmte Satz, wonach die vereinigte Stärke unserer Bündnispartner ausreiche, »das Reich der Sowjetunion von der Landkarte verschwinden zu lassen«. Die Rede hat ein gewaltiges Echo in der Öffentlichkeit gefunden.

Am nächsten Tag haben wir von den Amerikanern den Fliegerhorst Penzing bei Landsberg übernommen. Die alliierten Botschafter waren anwesend. Der englische Botschafter meinte, gestern hätte ich eine starke Rede gehalten. Meine Antwort: »Ich habe nur das wiederholt, was General Gruenther bei einer Militärparade in Frankfurt vor wenigen Tagen gesagt hat.« Ich hatte in Hollfeld nicht von der militärischen Macht der Deutschen, sondern von der Schlagkraft der NATO gesprochen. Wie ohnmächtig wir uns während des Ungarnaufstandes fühlten und wie ohnmächtig wir waren, geht auch daraus hervor, daß wir im Bundesverteidigungsministerium nicht einmal ein Lagezentrum oder etwas Ähnliches hatten, auch an ausreichenden Fernmeldeverbindungen fehlte es. Wir steckten noch in den primitivsten Anfängen.

Das Schicksal Ungarns wurde zwölf Jahre später auch das Schicksal der Tschechoslowakei. Etwa drei Wochen vor dem Einmarsch der Russen am 20./21. August 1968 war ich als Finanzminister der Großen Koalition auf Dienstreise in den USA. Ich habe dort Offset-Kosten-Verhandlungen geführt und dabei in Washington auch meinen alten Freund, Außenminister Dean Rusk, besucht. Nach der Begrüßung kam sofort das alle andere Themen überragende Problem Tschechoslowakei zur Sprache – der Prager Frühling, die massiven Drohungen der Russen, ihre militärischen Vorbereitungen, die Konferenz von Warschau, wo die Führer der Staaten des Warschauer Paktes am 14. und 15. Juli noch einmal zusammengekommen waren, um Dubček anschließend unter Druck zu setzen. »Was meinen Sie, Herr Strauß, was passiert?« fragte mich Dean Rusk. Meine Antwort: »Ich gehe davon aus, daß unser Kenntnisstand der militärischen Vorbereitungen der Sowjets der gleiche ist wie Ihrer. Wir wissen, daß Truppen aufmarschiert sind, wir kennen alle Einheiten, wir kennen alle Depots, wir kennen die Artilleriestellungen, die Flugplätze, wir wissen, daß in der Ukraine eine Teilmobilisierung stattgefunden hat, daß Fahrzeuge und Reservisten eingezogen wurden.«

Rusk stimmte mir zu, fragte noch einmal: »Was werden die Russen Ihrer Meinung nach machen?« Ich darauf: »Es gibt zwei Möglichkeiten: sie tun nichts und lassen den Spaltpilz Tschechoslowakei weiter wuchern, oder sie greifen zu. Im ersten Fall riskieren sie die Erosion ihres Imperiums, im zweiten Fall riskieren sie ihren Ruf als Friedensmacht in der Welt.« Dean Rusk: »Ich sage Ihnen, sie werden nicht eingreifen. Die Weltmeinung, die sich zu ihren Gunsten entwickelt hat, ist der Sowjetunion mehr wert.« Ich war völlig anderer Meinung: »Lieber Kollege und Freund, wenn die Russen vor der Alternative stehen, entweder die Erosion ihres Imperiums mit der Gefahr des späteren Zusammenbruchs oder den Verlust einer guten Weltmeinung hinzunehmen, werden sie sich entscheiden, die Erosion zu verhindern, und werden auf die Weltmeinung pfeifen.«

So ging unser Gespräch eine Weile hin und her. Dann stellte ich eine hypothetische, eine furchtbare Frage: »Angenommen, die Rote Armee ist einmarschiert, und nun wird die Intelligenzia liquidiert - nur als Hypothese -, der Rest der Bevölkerung wird nach Sibirien deportiert, weil die Russen das Problem Tschechoslowakei ein für allemal gründlich lösen wollen. Nicht daß ich das glaube, aber gehen Sie einmal davon aus, daß das passiert. Ich male das absichtlich so deutlich, damit Sie Ihre Antwort darauf einstellen können. Was werden die Amerikaner tun?« Die Antwort Rusks: »Nichts.« Und die Begründung habe ich noch voll in Erinnerung: »We cannot risk nuclear war!«

Auch bei einem anschließenden Gespräch mit Redakteuren der Zeitschrift »Newsweek« ging es um das Stichwort Prager Frühling. »Wir verstehen Sie wirklich nicht, Herr Strauß. Warum haben Sie noch kein gutes Wort über Dubček gesagt? Gerade aus Ihrem Munde, der Sie doch als Kommunistenfeind bekannt sind, wäre eine anerkennende Äußerung für Dubček notwendig und angemessen. Alle Politiker sagen nur Lobendes über ihn und seine Reform, Sie aber schweigen. Warum sind Sie gegen Dubček?« Ich nahm kein Blatt vor den Mund: »Wenn ich Dubček in der Öffentlichkeit gelobt hätte, hätte das angesichts meines persönlichen Hintergrunds eine erhöhte Gefahr für ihn bedeutet. Wissen Sie, was ich eigentlich hätte sagen sollen, aber nicht gesagt habe, weil es nicht begriffen worden wäre und von Ihnen schon gar nicht? Ich hätte sagen müssen, dieser Dubček ist der gefährlichste aller Kommunisten, denn er macht den Kommunismus im Westen annehmbar, täuscht unsere Öffentlichkeit und erweckt den trügerischen Schein, als ob es einen humanen Kommunismus gebe. Ich bin nicht der Meinung, daß diese Aussage stimmt, aber das wäre eher hilfreich für ihn gewesen. Überschwengliche Lobeshymnen auf Dubček oder zum Beispiel die Tatsache, daß die deutsche Illustrierte ›Stern‹ ihn zum ›Mann des Jahres‹ macht, sind gefährlich für ihn, denn sie müssen in Moskau die Neigung zu einem militärischen Eingreifen verstärken.«

Ich verwies auf eine Ausgabe von »Newsweek« und zitierte die fettgedruckte Titelzeile: »Prague defies Moscow - Prag fordert Moskau heraus!« »Wissen Sie nicht, daß das ein Dolchstoß ist gegen Dubček?

Sind Sie denn nicht in der Lage, die politische Psychologie dieses Vorgangs zu begreifen? Moskau sammelt argwöhnisch die westlichen Pressestimmen über Dubček, dessen Schuldkonto aus Moskauer Sicht von Tag zu Tag wächst. Auf dem letzten Treffen des Warschauer Paktes wurde ihm von Moskau eine letzte Gnadenfrist eingeräumt. Was Sie hier machen, bringt Dubček um seine letzte Chance.« Die Journalisten sahen mich verständnislos an. »Ich komme von einer Unterredung mit Ihrem Außenminister, der mir versichert hat, daß die Amerikaner im Falle einer militärischen Intervention der Sowjets nicht eingreifen werden. Sie aber provozieren das sehr empfindliche russische Selbstgefühl mit solchen Artikeln, mit solchen törichten Überschriften. Wenn die Russen in Prag sind, was machen Sie dann? Dann lehnen Sie sich im Sessel zurück und betrachten im Fernsehen das ganze Drama, an dem Sie mitschuldig sind!« Deutlicher habe ich in Amerika selten meine Meinung gesagt als bei diesem Anlaß.

Am 29. Oktober, dem Tag des israelischen Angriffs auf Ägypten, fand in Paris das »Annual Questionnaire Review Meeting« der NATO statt. Die Fragebogen mußten von den jeweiligen Regierungen abgeliefert werden, dann befaßte sich der NATO-Rat in Gestalt der Botschafter damit. »Freund Blankenhorn«, sagte ich, »zu dieser Sitzung gehe ich persönlich. Denn da müssen wir die Bilderbuchschlacht schlagen, daß die anderen sich mit unserer veränderten Planung abfinden.« In Paris mußte ich erklären, warum so wenig und so langsam, und zu Hause mußte ich mich rechtfertigen, warum so viel und so schnell aufgerüstet wurde. Unter dem Motto Angriff ist die beste Verteidigung trat ich mit großem Gefolge auf – dabei waren unter anderen General Heusinger und Oberst de Maizière, der den NATO-Fragebogen bearbeitet hatte. Ich hielt eine lange Rede mit allen Argumenten, Fakten, Zahlen, die mir zur Verfügung standen. Seit Karthago sei kein Land in einem Krieg so zerstört worden wie Deutschland. Hinzu kämen alle erdenklichen Straf- und Umerziehungsmaßnahmen der Sieger. Und nun wundere man sich, daß die Aufstellung der Streitkräfte solche Probleme aufwerfe. Ich trug unsere neuen Absichten vor und bemerkte: »Aus allen diesen Gründen muß ich als neuer Verteidigungsminister Ihnen sagen: mehr ist nicht möglich. Sie können davon überzeugt sein, daß ich mein Bestes tue, aber mehr ist nicht möglich.«

Der französische NATO-Botschafter Alexandre Parodi, nicht unbedingt als Freund der Deutschen bekannt, ergriff als erster das Wort:

»Warum haben Sie überhaupt Schwierigkeiten? Sie haben viele Millionen Flüchtlinge, das heißt, Ihre Bevölkerungszahl ist viel größer, als sie ursprünglich im gleichen Gebiet war. Da müßten Sie doch leicht die Menschen dafür gewinnen können, eine starke Streitmacht aufzubauen.« Es war geradezu komisch: Die Franzosen, die früher jeden militärischen Schritt der Deutschen beargwöhnt hatten, drängten jetzt zu schnellem Handeln. Auch die Amerikaner und Engländer mahnten ständig: Macht voran, macht voran, wir erwarten mehr von euch Deutschen! Ich antwortete dem Vertreter Frankreichs: »Herr Botschafter, das ist großartig, was Sie sagen. Ich mache Ihnen einen Gegenvorschlag: Wenn Sie Ihre Wehrkraft stärken wollen, dann räumen Sie Paris, räumen Sie Frankreich bis an die Loire, übergeben Sie alles den Spaniern, verpflanzen Sie die Bevölkerung in den nördlichen Teil Frankreichs - und dann sind Sie genauso stark wie wir!« Der Botschafter sagte daraufhin nichts mehr. Die Vertreter der Verbündeten betrachteten mich sicherlich als Flegel, aber ich konnte mich nur mit Grobheit und Unverschämtheit durchsetzen. Blankenhorn saß mit gemischten Gefühlen neben mir, lobte mich, daß ich es großartig gemacht hätte. Aber ich habe diesem Lob nicht ganz getraut. Zu Recht, wie sich bald herausstellte.

Bei der Ratstagung der Außen- und Verteidigungsminister am 11. Dezember - inzwischen hatte ich die veränderte Aufstellungsplanung offiziell bekanntgegeben - hatten sich die Gemüter noch immer nicht beruhigt. Ich erinnere mich an einen Zusammenstoß am Vorabend mit dem britischen NATO-Botschafter Sir Christopher Steel, der vier Wochen später Botschafter in Bonn wurde: »Sie werden morgen einen schweren Stand haben, Herr Minister. Sie werden morgen etwas erleben. Wir sind doch alle davon ausgegangen, daß Sie in drei Jahren 500.000 Mann aufstellen. Inzwischen haben Sie ein Geständnis abgelegt. Das sind wir von den Deutschen, die immer als militärische Wunderknaben gegolten haben, nicht gewohnt.«

Ich reagierte ausgesprochen allergisch: »Ausgerechnet Sie, Herr Botschafter, Sie mit Ihrer Blamage am Suez-Kanal. Da haben Sie acht Tage um die Luftherrschaft gekämpft, ohne daß eine feindliche Luftwaffe da war. Acht Tage haben Sie bombardiert und nichts getroffen, acht Tage sind Sie an Land gegangen und nicht hingekommen. Dann haben Sie das ganze Unternehmen wieder abbrechen müssen, wegen der Amerikaner - und wegen der NATO. Wenn Sie militärische Fähigkeiten besäßen, hätten Sie in drei Tagen aufräumen müssen in Ägypten.« Steel wurde merklich stiller, als er hörte, daß ich mich, sollte ich in der Sitzung angegriffen werden, auch mit der britischen Blamage bei Port Said befassen würde. »Herr Strauß, da haben Sie völlig recht. Unsere Leute haben darunter gelitten. Wir hätten das Ganze innerhalb weniger Tage zu Ende führen können, aber die Franzosen mit ihrer übertriebenen Vorsicht!«

Der Durchbruch vom Oktober war sehr schmerzlich gewesen. Man hatte das Kapitel Deutschland noch um einen Tag verlängern wollen. Das sei leider nicht möglich, sagte ich. Ich müßte an meinen Schreibtisch zurück, damit das, was ich zugesagt hätte, auch rechtzeitig verwirklicht werde, ich sei am nächsten Tag wieder in Bonn. Es sollte um formale Fragen gehen, die sich auf die deutsche Gleichberechtigung, auf den Eintritt der Bundesrepublik Deutschland in den Kreis der Verbündeten bezogen. Manche NATO-Botschafter glaubten, den deutschen Verteidigungsminister vorführen, vernehmen, als armen Besiegten auf die Anklagebank setzen zu können. Ich habe damals ein für allemal klargestellt, daß das mit mir nicht zu machen ist.

Der Rückflug von Paris bescherte mir ein außerordentlich interessantes Erlebnis. General Alfred M. Gruenther, der Oberkommandierende der NATO-Streitkräfte in Europa, der zu einem Abschiedsbesuch nach Bonn flog - im November wurde er von General Norstad abgelöst -, ließ mir mitteilen, daß er mich gern in seinem Flugzeug, einer viermotorigen Propellermaschine, nach Bonn mitnehmen würde. Wir steigen ein, Gruenther in voller Uniform. Nach dem Start verschwindet der General, der als sehr deutschfreundlich galt - sein Sohn hatte eine Thüringerin zur Frau, die er während der Besatzungszeit kennengelernt hatte -, und kommt als Zivilist zurück. Kurz vor der Landung in Köln-Wahn - der Flug dauerte kaum mehr als eine Stunde - verschwindet er erneut und betritt wieder als General die Kabine. Nach der Landung fragte ich General Speidel, der mitgeflogen war, was das denn zu bedeuten habe. Seine Antwort: »Das ist der Respekt des amerikanischen Soldaten vor dem Verteidigungsminister. Er wollte Ihnen zeigen, daß Sie die höchste Person an Bord waren, und hat deshalb aus Bescheidenheit Zivil angezogen.«

Vom Flughafen ging es direkt zu Adenauer. Der Bundeskanzler nahm Gruenther voll an: »Ich bin den Amerikanern böse wegen ihres Verhaltens in der Suez-Krise, wegen ihrer Kumpanei mit den Russen.« Gruenther betroffen: »Herr Bundeskanzler, dafür kann ich nichts.« Adenauer beharrte: »Aber Sie sind amerikanischer General.« Der Alte war keineswegs immer so beherrscht, wie es das allgemeine Bild von ihm will. Er ließ seinen Zorn demonstrativ an Gruenther aus. Adenauer war voller Wut darüber, daß die Amerikaner mit den Russen zusammengespielt hatten, daß sie den Engländern und Franzosen in den Rücken gefallen waren. Dadurch sah er die Einheit des Westens in hohem Maße gefährdet. Schließlich war es diese Vorsicht der Amerikaner gegenüber den Russen, die zur Lähmung des Westens in diesem Herbst beigetragen hatte.

Dann war ich an der Reihe: »Ich muß Ihnen sagen, Herr Strauß, Sie haben dem deutschen Ansehen in Paris geschadet. Was Sie im NATO-Rat gesagt haben, hat den Glauben an die deutschen Fähigkeiten auf diesem Gebiet zerstört.« Ich blieb gelassen: »Ich möchte wissen, Herr Bundeskanzler, woher Sie das haben. Das kann doch nur im Bericht von Herrn Blankenhorn stehen. Aus einer anderen Quelle können es Sie gar nicht haben.« Adenauer hat meine Vermutung nicht bestritten. Mit großem Ernst erinnerte ich den Bundeskanzler dann an die Umstände meiner Berufung. Er habe mich geholt, weil er den Verlust unserer Glaubwürdigkeit bei den Alliierten befürchten mußte. Ich sei zur Übernahme des Amtes aber nur unter der Bedingung bereit gewesen, daß ich nicht von ihm verpflichtet werde, eine von mir von vornherein für irreal gehaltene Planung durchzuführen: »Das war doch Geschäftsgrundlage für die Übernahme des Ministeriums. Und in Paris habe ich nichts anderes gesagt, als was ich damals Ihnen hier gesagt habe und was in der Zwischenzeit auch im Ministerium zu einer neuen Planung geführt hat. Ich habe die anderen von der Notwendigkeit und Unvermeidbarkeit der Rücknahme unserer Planung zu überzeugen versucht. Wenn Sie von mir erwarten, daß ich, bloß weil ich neu bin, also ein anderer bin als Herr Blank, das mache, was ich vorher für utopisch erklärt habe, dann muß ich Ihnen sagen: Das haben wir nie vereinbart!« Adenauer hörte auf zu knurren und kam nie mehr auf die angebliche Schädigung des deutschen Ansehens durch mich in Paris zurück. Von da an hatte ich im großen und ganzen Ruhe.

Von Adenauer gingen Gruenther und ich dann zum Bundespräsidenten. »Papa« Heuss war ein ausgesprochen unmilitärischer Charakter. Das Gespräch bei ihm war rundum gemütlich. Kaffee wurde gereicht, Zigarren wurden angeboten. Während der Unterhaltung griff Gruenther, der immer eine Menge winziger Spielzeugartikel zum Verteilen an Kinder in seiner Uniformjacke hatte, in die Tasche, holte eine Handvoll Spielzeug heraus und gab es Heuss: »That's for your children, Mr. Pre-

Am 8. November 1956 gab Adenauer vor dem Bundestag eine Regierungserklärung zur internationalen Lage ab, in der die Unterdrückung des ungarischen Freiheitskampfes verurteilt wurde. Auf der Regierungsbank Strauß mit Finanzminister Schäffer, Innenminister Schröder und Außenminister von Brentano

NATO-Oberbefehlshaber General Gruenther und Strauß auf dem Flughafen Wahn am 31. Oktober 1956

sident!« Heuss mit seinem breiten schwäbischen Englisch hat humorvoll reagiert: »Thank you, I have only one child, he is 46, director of a chemical enterprise.« Gruenther war diese Geschichte furchtbar peinlich.

Anläßlich des Aufenthalts von Gruenther in Bonn gab es ein Mittagessen beim Bundeskanzler. Der General saß rechts, der amerikanische Botschafter James B. Conant links neben Adenauer. Ich saß Adenauer gegenüber, zu meiner Linken General Speidel. Neben Gruenther hatte der Chefdolmetscher des Auswärtigen Amtes, Heinz Weber, der sehr aufgeregt war, Platz genommen. Gruenther stand noch ganz unter dem Eindruck des wenige Stunden zuvor erfolgten Ausbruchs von Adenauer. Da erhob sich der Alte und hielt eine wunderbare Rede, keine Spur mehr von Verärgerung, keine Spur mehr von Zorn, keine Spur mehr von irgendwelcher Kritik: Er dankte Gruenther für seine Verdienste um die Erhaltung von Freiheit und Sicherheit der Bundesrepublik Deutschland. Die Deutschen seien stolz darauf, nun Alliierte, Verbündete zu sein, und um diese Partnerschaft zustande zu bringen, habe Gruenther als Oberbefehlshaber der NATO Wichtiges geleistet.

Gruenther saß da und wußte nicht, wie ihm geschah. Er kam aus dem Fegefeuer, jetzt war er im Paradies: »Danke, Herr Bundeskanzler. Das kommt für mich alles sehr unerwartet, nach dem, was wir vorher besprochen haben. Ich bin Ihnen sehr dankbar dafür. Aber wenn Sie mich so loben, dann möchte ich Ihnen jetzt eine kleine Anekdote erzählen.« Gruenther gehörte zu jenen Leuten, die immer eine Anekdote zur Hand haben. Weber übersetzte Satz für Satz: »Da bewirbt sich ein junger Mann bei einer Firma um einen begehrten Posten. Er wird geprüft, wird akzeptiert, kommt zum Schluß zur Vorstellung. Da sagt der Leiter der Personalabteilung zu ihm: Wir haben Sie vorgesehen, aber wir bitten noch um Beantwortung einiger Fragen. Rauchen Sie? Nein. Trinken Sie? Nein. Haben Sie Weibergeschichten? Nein. Spielen Sie? Nein. Ja, haben Sie denn überhaupt keine Fehler? Einen habe ich schon, ich lüge regelmäßig. – An diese Geschichte wurde ich erinnert, als Sie, Herr Bundeskanzler, meine Verdienste gepriesen haben. Ich behaupte selbstverständlich nicht, daß Sie lügen, Herr Bundeskanzler, aber Sie sagen die Unwahrheit, wenn Sie meine Verdienste preisen.« Der Dolmetscher übersetzt und vergißt den wichtigen Halbsatz »wenn Sie meine Verdienste preisen«.

»Jetzt kommt die Katastrophe«, bemerkte ich zu Speidel ahnungsvoll. Adenauer verfärbte sich, beendete schnell und mit finsterer Miene das Mittagessen. Auch Botschafter Conant bekam einen roten Kopf. Ich nahm mir den Dolmetscher, ging zum Bundeskanzler und sagte: »Herr Weber, ich bin zwar kein Übersetzer, aber Sie haben da einen halben Satz weggelassen und damit den Sinn der Rede verfälscht.« Weber fiel aus allen Wolken. Aus einer Floskel der Höflichkeit war eine aggressive Bemerkung geworden. Adenauer wurde aufgeklärt und war beruhigt, die Sache kam wieder in Ordnung. Der Vorgang illustriert, was ein Dolmetscher anrichten kann, nur durch Weglassen eines Halbsatzes.

Zu Gruenthers Nachfolger, General Lauris Norstad, entwickelte ich gute und tragfähige, freundschaftlich-kritische Beziehungen. Ich traf ihn meist im Palais Chaillot in Paris, dem Sitz der NATO. Anfangs flog ich mit einer Kuriermaschine vom Typ DC-3, später mit einer De Havilland Heron. Begleitet wurde ich von meinem Adjutanten sowie von den Generalen, deren Anwesenheit die Tagesordnung jeweils erforderte. Oft dabei waren Heusinger und Schnez. Landeplatz war im allgemeinen Le Bourget am nordwestlichen Stadtrand von Paris. Das Flugzeug war für mich ein idealer Platz zur Erledigung von Arbeiten, für die ich kein Telefon benötigte und keine Gesprächspartner zu bestellen brauchte. Ich war ständig von Terminen gehetzt und bin mit meiner Arbeitszeit nicht mehr zurechtgekommen, so daß mir das Fliegen Luft schaffte. Flugzeit war Unterschriftszeit. Tausende von Urkunden mit der Ernennung zum Leutnant sind in der Luft unterschrieben worden. Von Köln aus flogen wir knapp eineinhalb, von München aus zwei Stunden nach Paris. Ich bin damals noch nicht selbst geflogen, obwohl mich schon in diesen Jahren die Fliegerei gereizt und fasziniert hat. Das Verteidigungsministerium war ein mörderisches Amt, so daß allein aus Zeitmangel nicht an den Erwerb einer Fluglizenz zu denken war. Allerdings bin ich öfter vorne gesessen im Cockpit, um mich über fliegerische Grundvorgänge und die Aufgabe der Piloten in groben Umrissen zu informieren.

Meine Arbeitsbesuche in Paris, die im allgemeinen der NATO galten, liefen ohne protokollarisches oder militärisches Zeremoniell ab. Demonstrationen gegen den deutschen Verteidigungsminister in Frankreich habe ich nie erlebt. In London ist es mir einmal passiert, daß 20 bis 30 Personen vor der deutschen Botschaft standen. Mein Pressesprecher Gerd Schmückle sprach mit ihnen und erkundigte sich, um was es gehe. Die Auskunft: Wenn er etwas habe, wofür oder wogegen man demonstrieren solle, der Tarif sei ein Pfund!

Regierungsdelegationen und Kabinettsmitglieder reisten in den Aufbaujahren unseres Staates noch in bescheidenem Rahmen, ohne den später üblichen Troß. In Paris war das Hotel »Bristol« Stützpunkt der Bundesregierung. Auch ich pflegte dort zu übernachten, in einer kleinen Suite, die ich wegen eines Besprechungszimmers brauchte, da ich bei meinen Paris-Aufenthalten immer möglichst viele Gesprächstermine abwickelte. Besondere Sicherheitsvorkehrungen gab es damals noch nicht.

Ich habe viele Reden bei der NATO gehalten. Wir hatten zwei Jahreskonferenzen, im Frühjahr und im Winter. Bei einer dieser Konferenzen habe ich mit aller Deutlichkeit auf die Unvereinbarkeit hingewiesen, der ich dauernd ausgesetzt sei: »Hier werde ich kritisiert wegen der Änderung der Bundeswehrplanung, wegen zu langsamer Fortschritte bei der Aufstellung der deutschen Einheiten. Wenn ich dann die deutsche Grenze überschreite und dem ersten Journalisten begegne oder in Versammlungen spreche, dann heißt es, dieser übergeschnappte Verteidigungsminister mit seiner überstürzten Planung! Wir tun, was wir finanziell, personell und räumlich tun können. Sie dürfen überzeugt sein, daß ich mit großer Energie arbeite. Aber ich kann mich nicht von Ihnen hier kritisieren lassen, daß ich zu langsam vorgehe, um dann zu Hause Vorwürfe zu hören, wir praktizierten einen deutschnationalen Größenwahn!« Diese Formulierung hatte Helmut Schmidt in der Bundestagsdebatte vom März 1958 geprägt. Als mich General Norstad in diesem Zusammenhang einmal scharf annehmen wollte, ist ihm NATO-Generalsekretär Paul Henri Spaak scharf in die Parade gefahren: »Herr General, Ihnen steht keine Kritik an einem zivilen Verteidigungsminister zu. Vergessen Sie das nicht.«

Bei den NATO-Konferenzen ging es in aller Regel um militärtechnische Fragen, nicht um politische Themen. Dabei entwickelte sich ein eigener Umgangsstil, der bis in Protokollfragen ging. Zwischen amerikanischen, französischen, britischen und deutschen Generalen wurde kein Unterschied gemacht. Aber gegenüber der zivilen politischen Macht hatten die Generale, vor allem die amerikanischen, einen natürlichen Respekt, der unter anderem darin zum Ausdruck kam, wie man dem deutschen Verteidigungsminister entgegentrat. Ich wurde als Vertreter eines gleichberechtigten Partnerstaates im Bündnis behandelt. Daß ich der Chef einer Armee war, die Ende 1956 gerade 66.100 Mann unter Waffen hatte und in gewisser Weise auf Borg von den Amerikanern lebte, die uns die gesamte erste Ausrüstung zur Verfügung stellten, ließ mich niemand spüren.

Mit Gruenther und Norstad habe ich, wie mit anderen amerikanischen Generalen auch, in englischer Sprache und ohne Dolmetscher verhandelt. Dabei mußte zwar auf den taktischen Vorteil längerer Überlegungsfristen, die eine Übersetzung mit sich bringt, verzichtet werden, andererseits aber kam die gewonnene Zeit der Intensität der Gespräche zugute.

Meine Feuertaufe im Umgang mit der englischen Sprache erfuhr ich bei einem Vortrag, zu dem mich ein »Council of Foreign Affairs« in Los Angeles eingeladen hatte. Dabei geriet ich, weil es zwei namensähnliche Vereinigungen gab, aus Versehen an jene, die hauptsächlich von deutschen Emigranten besucht wurde und in der eine kritische Stimmung gegen Deutschland herrschte. Ich sollte über das Thema »Sicherheit im nuklearen Zeitalter« referieren. Den ersten Teil der Rede hatten wir noch in Bonn fertiggestellt, der zweite Teil sollte unterwegs konzipiert werden. Während wir in einer Convair den amerikanischen Kontinent überquerten, schrieb ich die Rede zu Ende. Bei unserer Ankunft in Los Angeles bekam Oberst Schmückle den Auftrag, einen Übersetzer ausfindig zu machen. Er wandte sich an das deutsche Generalkonsulat, wo man indessen nicht in der Lage war, die Rede zu übersetzen oder einen professionellen Übersetzer zu besorgen. Das deutsche Generalkonsulat verwies Schmückle an eine ältere Dame, wie sich herausstellte, eine jüdische Emigrantin, die von der modernen Technik und ihren Begriffen nicht die geringste Ahnung hatte. Ich hatte tagsüber ein volles Programm, die Hitze war schier unerträglich. Zurück ins Hotel, duschen, noch einmal schnell die englische Fassung der Rede überfliegen. Ich las die erste Seite und war fassungslos. Die Übersetzung war reines Kauderwelsch – die Zuhörer hätten den Redner für verwirrt gehalten, hätten sich fragen müssen, ob der deutsche Verteidigungsminister noch seine Sinne beisammen habe. Eine neue Übersetzung zu erstellen war ebenso unmöglich wie den mehrmals bestätigten Termin abzusagen. Schmückle mußte sich wegen der Übersetzungspanne einige Unfreundlichkeiten anhören, dann bin ich in den Vortragssaal und habe zwanzig Minuten frei gesprochen auf englisch. Das war mein Gesellenstück – von da an konnte ich mich bei jeder Pressekonferenz auch in englischer Sprache äußern.

Sicherlich enthielt mein Vortrag manche Ungereimtheiten und Fehler, wofür ich mich gleich eingangs entschuldigte: »Ich möchte Ihnen nicht zumuten, einen abgelesenen Vortrag anzuhören. Sie sollen auf lebendige Weise erfahren, welche politischen Ideen uns bewegen. Ich trage also in meinem ›Bavarian-American accentuated English‹ vor und bitte Sie um Nachsicht. Aber ich glaube, daß der direkte Vortrag und die anschließende Möglichkeit von Fragen und Antworten besser sind als ein sehr steifer Ablauf.« Ich habe die Veranstaltung durchgestanden, erhielt beachtlichen Applaus, und der unter so mißlichen Umständen begonnene Abend war gerettet. Mir und meinem Pressesprecher Schmückle war dieser Vorgang eine Lehre, obwohl ich auch in späteren Jahren mit Übersetzern mancherlei ärgerliche und kuriose Erfahrungen machte.

Die Allianz war nach dem Suezkrieg 1956 in eine tiefe Krise geraten. Die deutsche Stellung gewann dabei zunehmend an Gewicht, weil die Amerikaner zu Briten und Franzosen auf Distanz gegangen waren und ihnen die nukleare Solidarität verweigert hatten. Am 6. November 1956 – Konrad Adenauer war zu Besprechungen mit dem französischen Ministerpräsidenten Guy Mollet in Paris – wurde ausführlich Bulganins Drohung vom Vortag erörtert, sowjetische Interkontinentalraketen gegen London und Paris einzusetzen, falls Briten und Franzosen nicht unverzüglich ihre Truppen aus Ägypten abzögen. Botschafter Hervé Alphand war beauftragt worden, die amerikanische Reaktion auf diese russische Drohung zu erkunden. Die Antwort, die Paris erhielt, war negativ, die Amerikaner stünden mit ihrem atomaren Schutzschirm nicht zur Verfügung. Das war die endgültige Geburtsstunde der französischen Atombombe.

Die amerikanische Haltung im Suezkonflikt brachte Verschiebungen in Konstellationen, die bis dahin als festgefügt galten. Bis zum Herbst 1956 waren die Westalliierten in einer für die Deutschen jedenfalls geschlossenen Schlachtordnung marschiert. Man hatte den Deutschen einige Rechte eingeräumt, gewissermaßen auf Bewährung und mit gedämpftem Trommelklang. Die Deutschen hatten, um nicht neue Unruhe zu stiften, in der Londoner Akte vom Oktober 1954 auf die Produktion von ABC-Waffen auf deutschem Boden verzichtet, obwohl uns, wenn Adenauer hart geblieben wäre, dieser Verzicht nicht hätte abgezwungen werden können.

Was die Ausrüstung der Bundeswehr und die Rüstungsproduktion in der Bundesrepublik betraf, so wollten uns die Alliierten sehr enge Grenzen setzen. Ursprünglich wollten sie uns nicht einmal die Produktion von Panzerabwehrwaffen mit mehr als zweitausend Meter Reichweite genehmigen. Wie mir General Norstad später einmal entgegenhielt, decke doch die Rüstungsindustrie der Alliierten den deutschen Bedarf vollkommen. Ich erwiderte ihm frostig: »Das ist nicht das Thema. Das Thema ist die Beschränkung der Deutschen, politisch wie wirtschaftlich.«

Dennoch hatte ich als Verteidigungsminister nie das Gefühl, daß die Westalliierten mich eher als Untergebenen denn als Partner behandelt hätten oder behandeln wollten. Eine mindere Rolle im Kreis der Verbündeten wäre mir als unvereinbar mit meinem Selbstbewußtsein und mit meinem Begriff von nationaler Würde erschienen. Ich bin diesbezüglich keinerlei peinlichen Zumutungen ausgesetzt gewesen, obwohl wir keine Nuklearmacht waren und damit auf ein im nuklearen Zeitalter entscheidendes Merkmal der Souveränität verzichten mußten. Dieses Manko wurde auch bald kompensiert durch das Angebot der Amerikaner, nationale A-Waffenträger für die Bundeswehr einzuführen und die Sprengköpfe verfügbar zu machen, weil es nur einen denkbaren Kriegsfall gab, nämlich die Abwehr eines Angriffes durch den Warschauer Pakt. Zum zweiten war unser Verzicht auf die Produktion von ABC-Waffen in der Bundesrepublik nur rebus sic stantibus ausgesprochen, und drittens gab es besondere Formen einschlägiger Zusammenarbeit mit einzelnen Bündnispartnern wie Frankreich und Italien.

Diejenigen, die vom Beginn meiner Amtszeit an ein besonderes Interesse an einer engen Zusammenarbeit mit uns zeigten, waren die Franzosen. Sie hatten vor allem eine Beteiligung an der Ausrüstung der Bundeswehr im Auge, wobei auch einige recht privatwirtschaftliche Sonderwünsche französischer Politiker mit im Spiel waren. Die Franzosen, damals schon verhältnismäßig stark von ihrem Rüstungsexport abhängig, hatten zahlreiche waffentechnische Neuerungen entwickelt, von denen viele mangels Nachfrage nicht in die Produktion gingen.

Bei meiner ersten NATO-Ministerratstagung im Dezember 1956 hatte mich der französische Verteidigungsminister Bourgès-Maunoury zu einem Besuch nach Frankreich eingeladen. Im Januar 1957 folgte ich dieser Einladung und war unter anderem in Sidi-bel-Abbès und in Colomb-Béchar im damals noch französischen Algerien. Zuvor hatte ich in Frankreich ein dreitägiges Programm abgewickelt, hatte Gespräche geführt und militärische Einrichtungen besichtigt, darunter auch Marine- und Luftwaffenstützpunkte bei Toulon. Bei der Landung in Sidi-bel-Abbès fiel mir auf, daß unser Flugzeug, eine Transportmaschine der französischen Luftwaffe, von Jägern begleitet worden war und daß am Boden in Abständen von etwa hundert Metern jeweils ein Panzer stand - der Algerienkonflikt, der im Mai 1958 offen ausbrach, kündigte sich bereits an. Auf dem Flugplatz wurde ich mit allen militärischen Ehren empfangen, die Franzosen verstehen davon sehr viel. Auf dem Weg in die Stadt sah ich an jeder Straßenecke schwerbewaffnete Posten mit Maschinengewehr und leichtem Flakgeschütz.

Am anderen Morgen begann ein beeindruckendes militärisches Programm. Die Franzosen veranstalteten für mich sogar ein Nachtschießen mit schwerer Artillerie. Dabei zog ich mir eine schwere Erkältung zu, denn es war bitterkalt, und ich hatte in falscher Einschätzung der klimatischen Verhältnisse nur einen leichten Mantel dabei. Meinen Gastgebern lag vor allem an einer Zusammenarbeit bei der Raketenartillerie. Da wir diese Waffensysteme selber nicht produzieren durften, war die französische Seite an uns als Kunden sehr interessiert. Die mir vorgeführten Raketen hatten eine Reichweite von fünfzig Kilometern, die bis hundert Kilometer zu steigern war.

Am nächsten Tag gab es ein Champagnerfrühstück in einem alten Maurenschloß außerhalb der Stadt, das einem örtlichen algerischen Würdenträger gehörte. Danach unterschrieben wir den ersten Vertrag über waffentechnische Zusammenarbeit zwischen Frankreich und der Bundesrepublik Deutschland - ohne nukleare Komponente. In diesem Abkommen ging es weniger um konkrete Projekte als vielmehr darum, die Felder möglicher Zusammenarbeit abzustecken.

Aus dem Abkommen von Sidi-bel-Abbès ging später unter anderem die Transall-Transportmaschine hervor. Auch Pioniergerät haben wir bei den Franzosen bestellt. Als Luft-Luft-Rakete wurde uns die »Matra« angeboten, aber wir entschieden uns für die amerikanische »Sidewinder«. Einen gemeinsamen Panzer hatten wir im Visier, aber die Pläne zerschlugen sich. Die Bundeswehr hatte noch vor meiner Zeit den »Hotchkiss« bestellt, einen kleinen Zwei-Mann-Spähpanzer mit einer Zwei-Zentimeter-Kanone, Typ »Zweiter Weltkrieg«. Ein gemeinsames Gewehr oder gemeinsame Artillerie mit den Franzosen entwikkelten wir nicht. Den französischen Hubschrauber »Alouette II« hingegen führte ich trotz mancher Widerstände ein. Der Chef der Heeresfliegerei, Oberst Horst Pape, lehnte Hubschrauber als Kampfflugzeuge radikal ab, bezeichnete sie als völlig unbrauchbar. Unsere Militärs hielten Hubschrauber für störanfällig, leicht verwundbar und für zu unbeweglich. Die Franzosen waren aufgrund ihrer Erfahrungen in Indochina der Meinung, daß der Hubschrauber militärisch eine große Rolle auch auf dem Gefechtsfeld spielen werde.

Die Heeresflieger hatten als Versuchsmodell eine »Bell« erprobt. Ich fragte Oberst Pape, ob man bei den Versuchen auch die Alouette berücksichtigt habe. Nein, die sei zu spät gekommen. Ich bestand darauf, daß auch die Alouette getestet werde, und sie erwies sich tatsächlich als der bessere Hubschrauber. So kam es zur Ausstattung der Bundeswehr mit der Alouette, ein von mir gegen die Militärs durchgesetztes Ergebnis der Vereinbarungen von Sidi-bel-Abbès. Diese und andere Kooperationen sah ich als ein wichtiges Stück der Verwirklichung eines zentralen Adenauerschen Gedankens, nämlich eines möglichst engen Zusammengehens mit Frankreich. Die Raumfahrt spielte in den deutsch-französischen Überlegungen dieser Zeit noch keine Rolle.

Von der Breite, Tiefe und Stärke des algerischen Aufstandes habe ich im Januar 1957 trotz augenfälliger militärischer Präsenz nichts gespürt. Die Franzosen taten, als hätten sie die volle Kontrolle über das Land. Man hielt die Fiktion aufrecht, daß es sich hier nur um die üblichen kleineren Unruhen handle, nicht um einen Volksaufstand, der zum Ende der französischen Herrschaft führen könnte. Die französischen Militärs glaubten die Lage noch auf Jahrzehnte im Griff zu haben.

Solche Fehleinschätzung herrschte damals auch bei anderen europäischen Kolonialmächten. Als wir in der Bundeswehr Schwierigkeiten hatten, für die Ausbildung der Luftwaffe vor allem bei gutem Wetter geeignete Plätze zu finden, bot uns der belgische Verteidigungsminister Gilson den Platz Kamina in Belgisch-Kongo an. Das war wenige Wochen vor Ausbruch der Unruhen in Leopoldville. Auch in Brüssel lebte man also völlig abseits der Wirklichkeit. Dabei hatte mir Gilson, ein netter, freundlicher Kollege und eleganter Herr, nur aus meinen Schwierigkeiten helfen wollen, als er mir gegen Kostenbeteiligung den Luftwaffenstützpunkt im späteren Zaïre anbot. Wäre es dazu gekommen, dann hätte diese Ausbildungshilfe für die Bundeswehr sicherlich die Frage nach Begrenzung der NATO auf das Bündnisgebiet aufgeworfen. Wie wichtig diese Frage war, zeigte sich im Februar 1960, als durch offensichtlich gezielte Indiskretionen erste Sondierungen des Verteidigungsministeriums bekannt wurden, in Spanien Depots anzulegen. Es kam zu einem Riesenkrach, bei dem mich das Auswärtige Amt in Stich ließ. Der Name Franco war ein Reizthema.

Bemerkenswert war, daß ich bei meinem Besuch in Algerien, aber auch im Verlauf der weiteren Zusammenarbeit mit den Franzosen keinerlei Ressentiments, Befangenheit oder Ambivalenz gegenüber den Deutschen spürte. Ich habe nur Höflichkeit, gewinnende Umgangsformen und eine überzeugende Bekundung des Willens zur Kooperation erfahren. Die deutsch-französische Schicksalsgemeinschaft wurde freilich noch nicht so pathetisch demonstriert wie später. Der deutsche Rüstungsmarkt bot für den Nachbarn einfach interessante Perspektiven. Wir hatten anfangs einen Haushalt von neun Milliarden Mark, eine Summe, die wir gar nicht ausgeben konnten. Im ersten Jahr verbrauchten wir nur etwa die Hälfte. Die gewaltige Reserve versuchte ich dem Zugriff des Finanzministers, meinem Freund Schäffer, zu entziehen. Die Franzosen sahen also ganz nüchtern auch das große Geschäft. Warum sollten Amerikaner oder Engländer den ganzen Kuchen unter sich aufteilen?

Ende 1957 kam der neue französische Verteidigungsminister Jacques Chaban-Delmas, der spätere Ministerpräsident, zu mir nach Bonn. Es war ein Routinebesuch, der nach außen jeder Sensation entbehrte. Chaban-Delmas, ein kluger, klarer und überzeugender Kopf, berichtete mir, daß sich die Franzosen nach den Erfahrungen während der Suezkrise im Herbst 1956 entschlossen hätten, eine eigene Atombombe zu entwickeln und zu produzieren, um von den Vereinigten Staaten unabhängig zu sein. Das Erschrecken, daß die Amerikaner der russischen Drohung, Paris und London zu zerstören, nichts entgegengesetzt hatten, saß bei den Franzosen tief. Chaban-Delmas sagte mir, Paris sei fest entschlossen, jetzt die Isotopenanlage Pierrelatte zu bauen. Da dies ein sehr teures Vorhaben sei, würde man es gern gemeinsam mit den Deutschen und Italienern durchführen. Dieses in aller Sachlichkeit vorgetragene Angebot war mehr als eine Überraschung. Gemeinsame Entwicklung und Produktion sollte im Verhältnis 45 : 45 : 10 zwischen Frankreich, der Bundesrepublik Deutschland und Italien aufgeteilt werden. Auf meine Frage, ob dies ein Angebot des Verteidigungsministers sei oder das Angebot der französischen Regierung unter Ministerpräsident Felix Gaillard, bestätigte Chaban-Delmas, daß es sich um eine Offerte der französischen Regierung handle.

Umgehend habe ich Konrad Adenauer von dieser Unterredung und ihrem brisanten Inhalt informiert. Seine Reaktion war die gleiche wie bei Schäffers Ausflug nach Ost-Berlin: Machen Sie es, aber wenn es Ärger gibt, weiß ich von nichts. Am 21. Januar 1958 lud ich die Verteidigungsminister Frankreichs und Italiens nach Bonn ein. Zwischen den Unterhändlern der drei Verteidigungsministerien wurde ein Entwurf vorbereitet. Diesen Entwurf im Gepäck, flog ich Ostern 1958 nach Rom. Es bestand kein Zweifel, daß die drei Länder in dieser Sache zusammenarbeiten wollten.

Italienischer Botschafter in Paris war zu dieser Zeit Pietro Quaroni, ein Spitzendiplomat, der unmittelbar nach dem Krieg Botschafter in Moskau gewesen war und 1958 nach Bonn kam. Die innenpolitische Situation in Frankreich war äußerst labil, im Mai wurde der Notstand ausgerufen, die Vierte Republik war am Ende. Am 1. Juni übernahm Charles de Gaulle die Macht. In der vorausgehenden Phase der Unsicherheit hatte die italienische Regierung ihren Botschafter beauftragt, den damals noch in grollendem Ruhestand lebenden General de Gaulle in Colombey-les-deux-Églises aufzusuchen, um herauszufinden, was die Zusage einer Regierung der Vierten Republik, zumal in einer derart existentiellen Frage, noch wert war. Quaroni hat mir später unter vier Augen präzise von dieser Mission berichtet. Seine Regierung habe Antwort auf zwei Fragen erbeten. Erstens: Weiß General de Gaulle, daß die französische Regierung dieses Angebot gemacht hat? Zweitens: Wird de Gaulle, wenn er die Regierung übernimmt, wovon man auch in Italien ausging, zu diesem Abkommen stehen? Rom wolle nicht ein Abkommen mit einer Regierung schließen, die morgen nicht mehr im Amte sei und deren Nachfolger dieses Abkommen möglicherweise nicht respektierten. Die klare Antwort de Gaulles, die sich mit der späteren Entwicklung in keiner Weise reimt, sei gewesen: »Herr Botschafter, dieses Angebot der französischen Regierung an Italien und Deutschland wird von mir nicht nur gebilligt, es ist auf meinen ausdrücklichen Wunsch erfolgt.« Für mich war es unbegreiflich, daß derselbe de Gaulle das Abkommen später torpedierte.

Die Frage einer Rückversicherung, die von den Italienern so nachdrücklich geprüft wurde, hat uns wohl deshalb nicht in diesem Maße beschäftigt, weil wir, vielleicht ein wenig zu gutgläubig, davon ausgingen, daß auch eine neue französische Regierung an die Abkommen ihrer Vorgänger gebunden sei. Auch ein Geheimabkommen ordnete ich nicht anders ein.

Am Ostermontag 1958 trafen sich in einem Sitzungssaal des italienischen Verteidigungsministeriums in Rom die Verteidigungsminister Chaban-Delmas, Taviani und Strauß. Dort haben wir den Entwurf des Abkommens, das sich nicht auf nukleare Zusammenarbeit beschränkte, sondern eine erweiterte und fortgeschriebene Fassung des Abkommens von Sidi-bel-Abbès darstellte, ausführlich besprochen. Im Mittelpunkt stand die gemeinsame Entwicklung und Produktion von Atomsprengkörpern. Ich habe zu bedenken gegeben, daß die Deutschen hier natürlich in einer anderen Situation seien, da sie im Gegensatz zu

Frankreich und Italien unter einem besonderen Vorbehalt stünden. Chaban-Delmas: »Sie meinen das Brüsseler Protokoll, das den Deutschen die Entwicklung und Produktion von ABC-Waffen auf deutschem Boden verbietet. Aber Sie sind doch völlig frei, das im Ausland zu tun. Und wenn wir Franzosen das anbieten, gibt es keine Bestimmung des Brüsseler Protokolls, die dem im Wege stünde.«

Ich erklärte, daß dieses Thema für uns Deutsche eine explosive Angelegenheit sei, der Bundeskanzler und der Außenminister seien selbstverständlich unterrichtet. Um das heiße Eisen abzukühlen, schlüge ich vor, Punkt 11 des beabsichtigten Abkommens anders zu formulieren. Dort war von Atomsprengkörpern die Rede. »Welchen Text schlagen Sie denn vor?« fragte Chaban-Delmas. Meine Antwort: »Gemeinsame Erforschung und Nutzung der Kernenergie für militärische Zwecke.« Damit entfiele zum einen das heikle Wort Atomsprengkörper, zum anderen sei ein unabhängiges Energieversorgungsnetz für die Truppe von großem Interesse für uns. Was wir brauchten, so argumentierte ich, seien stromnetzunabhängige Generatoren, weil im Kriegsfalle das Stromnetz und damit die Stromversorgung unserer militärischen Einrichtungen ausfielen. Für solche Notaggregate kämen kleine Atommeiler in Frage – wir dachten damals, daß eine solche Entwicklung möglich sei. Interessiert seien wir auch an nuklearen Schiffsantrieben. Wenn das Abkommen bekannt werden sollte, könnte ich mich darauf zurückziehen, daß ich diesen Vorbehalt gemacht hätte. Wir könnten dann sagen, daß wir uns an diesem Gemeinschaftswerk beteiligten, daß unser Interesse aber nicht den Sprengkörpern, sondern transportablen Kleinreaktoren und atomaren Schiffsantrieben gelte.

Das Abkommen wurde paraphiert, und jeder Unterzeichner nahm eine Kopie mit. Die Franzosen schlugen als nächsten Schritt die Besichtigung von Pierrelatte vor, danach sollten die Fragen der Arbeitsteilung und der Finanzierung geklärt werden. Aber es passierte nichts mehr. Das Siechtum der Vierten Republik beschleunigte sich, de Gaulle kam an die Regierung, aber die Einladung nach Pierrelatte blieb aus.

Aufgrund der rüstungstechnischen Vereinbarungen rechneten sich die Franzosen damals aus, daß sie bei der Erstausstattung der Bundesluftwaffe – nach den amerikanischen und kanadischen Leihmaschinen – mit der »Mirage III« zum Zuge kämen. Die Mirage wurde uns angeboten, die technischen Stäbe der Luftwaffe verhandelten monatelang. Ich habe den Kauf der Mirage eifrig betrieben, nicht zuletzt deshalb, weil es mir unlogisch schien, daß wir uns von den Franzosen die Kernwaffensprengkörper und von den Amerikanern die Flugzeuge verschafften. Die deutschen Militärs haben darauf hingewiesen, daß die Mirage zu klein ausgelegt sei, eine zu geringe Reichweite habe, daß ihre Elektronik nicht genüge, das Radar noch in den Anfängen stecke. Deshalb waren unsere sämtlichen Militärs gegen die »Mirage III«, sie wollten den Starfighter.

Die Prüfungen und Diskussionen zogen sich hin bis Juli 1958. In der Hoffnung, die deutsche Entscheidung doch noch zugunsten der Mirage beeinflussen zu können, lud mich der Nachfolger von Chaban-Delmas, der Gaullist Guillaumat, nicht gerade unter übermäßiger Deutschfreundlichkeit leidend, nach Paris ein. Nach einer Besichtigung der Mirage trafen wir uns zu einem ausführlichen Schlußgespräch, und ich nutzte die Gelegenheit, Guillaumat zu fragen: »Wie steht es eigentlich mit dem Abkommen? Wir warten immer noch auf die Einladung nach Pierrelatte. Ich habe schon die Vorbereitungen getroffen zur Zusammenstellung einer deutschen Delegation aus Technikern und Militärs.«

Guillaumats Antwort: »Der General hat die Erfüllung dieses Abkommens gestoppt.« Ich war sehr erstaunt und zeigte dies auch. Wir beide seien höfliche Leute und gute Partner. Es sei sein Vorgänger gewesen, der diesen Vertragsentwurf vorgelegt habe. Es sei sein Vorgänger gewesen, der zu den Gesprächen eingeladen habe. Wenn aus irgendwelchen Gründen, über die ich jetzt gar nicht reden wolle, die französische Seite der Meinung sei, daß dieses Abkommen vorerst bis auf weiteres nicht mehr verfolgt werden solle, dann wäre es ein Gebot der Höflichkeit, uns davon zu verständigen. Ob er es für korrekt halte, daß ich erst fragen müsse, um eine Auskunft zu bekommen, die man mir längst hätte geben müssen. »Das empfinde ich als einen Bruch von Treu und Glauben. Ich sage Ihnen, vergessen Sie die Mirage für die deutsche Luftwaffe!« Seit dieser Zeit war das Tischtuch zwischen Guillaumat und mir zerschnitten.

Zurückgekehrt nach Bonn, ordnete ich an, die rüstungstechnische Zusammenarbeit mit Frankreich einzustellen und keine Gespräche mehr über den Ankauf französischer Rüstungsgüter zu führen. Meine Absage schlug in Paris ein wie eine Bombe, die ganze Hoffnung auf engere Zusammenarbeit mit den Deutschen und auf große Aufträge für die französische Rüstungsindustrie mußte begraben werden. Der Deutsche Botschafter in Paris, Herbert Blankenhorn, berichtete, die Franzosen seien bedrückt wegen der Abkühlung der Beziehungen und wollten die Sache wieder in Ordnung bringen.

Das Ergebnis dieses Bemühens war eine Einladung nach Paris. Bei einem Mittagessen in der Residenz Blankenhorns in der Avenue Foch traf ich mich mit dem Industriellen Jean Laloy und mit Olivier Wormser, dem späteren Gouverneur der französischen Nationalbank. Beide drückten ihr tiefes Bedauern aus und entschuldigten sich dafür, daß Guillaumat mich nicht von der Sistierung des Abkommens verständigt habe. Ich solle das nicht als Vertrauensbruch, als Verletzung von Treu und Glauben auffassen. Sie beteuerten, daß das Abkommen damit nicht gekündigt, sondern nur ausgesetzt sei. De Gaulle wisse, daß Atomwaffen in den Händen der Deutschen natürlich die Beziehungen zur Sowjetunion schwer belasten würden. Er sei bereit, diese Belastung des französisch-sowjetischen Verhältnisses auf sich zu nehmen, wenn er einen letzten Versuch zur Herbeiführung der deutschen Wiedervereinigung gemacht habe und dabei erfolglos bliebe. Wenn aber die Deutschen jetzt Atomwaffen bekämen, so referierten mir die beiden den Standpunkt de Gaulles, dann sei dieser Versuch von vornherein hoffnungslos. Natürlich könnte bei de Gaulle auch ein ganz anderer Gedanke mitgespielt haben, daß nämlich Frankreich die nukleare Partnerschaft zwar der Bundesrepublik Deutschland, nicht aber einem wiedervereinigten Gesamtdeutschland anbieten könne. Vielleicht wollte er deshalb die definitive sowjetische Position zur deutschen Wiedervereinigung noch einmal ausloten.

Jedenfalls wurde bei dem ganzen Problem ein Stück großer europäischer Architektur de Gaulles sichtbar. De Gaulle suchte die nukleare Waffe als eigentlichen Souveränitätsausweis Frankreichs, konnte das aber nur, wenn die Bundesrepublik Deutschland einerseits treu und fest in der NATO verankert war und andererseits die französische Rüstungsindustrie unterstützte. Um diese sichere Basis zu gewinnen, mußte der Unsicherheitsfaktor Moskau ausgeschaltet werden, mußte Klarheit über die deutsche Zukunft bestehen. Ein zweites Rapallo, ein erneuter deutsch-russischer Ausgleich zu Lasten des Westens, war für Frankreich und auch für de Gaulle ein Alptraum.

Nach diesem Gespräch in Paris atmete vor allem Botschafter Blankenhorn auf, dessen Sorge schon von Amts wegen guten deutsch-französischen Beziehungen gelten mußte. Er war überzeugt, daß mein Veto gegen eine deutsch-französische Kooperation im rüstungstechnischen Bereich nunmehr hinfällig sei. Konrad Adenauer, den ich in dieser Angelegenheit stets auf dem laufenden hielt, informierte ich unmittelbar nach meiner Rückkehr nach Bonn über die Pläne de Gaulles – daß der General in Moskau noch einmal die Frage der deutschen Wiedervereinigung ansprechen und im Falle des Scheiterns die deutsch-französische nukleare Kooperation verwirklichen werde.

Nachfolger von Guillaumat als Verteidigungsminister war Pierre Messmer, der persönlich gegen eine deutsche Beteiligung an den Atomplänen Frankreichs war. Ich habe ihm gegenüber meinen Standpunkt von deutscher Gleichberechtigung in dieser Frage sehr nachdrücklich vertreten. »Warum bauen Sie eine französische Atomwaffe?« wollte ich von ihm wissen. Messmers Antwort: »Weil wir bedroht sind und weil wir uns auf die Amerikaner nicht in jedem Fall verlassen können.« Darauf ich: »Aber wir Deutschen sind doch noch mehr gefährdet als Sie. Was für die Franzosen gilt, gilt für uns genauso.« Messmer konnte mir das nicht widerlegen, gab mir im Prinzip sogar recht. Im übrigen sei der General darauf vorbereitet, vom Bundeskanzler bei der nächsten Begegnung auf dieses Thema angesprochen zu werden, de Gaulle wolle das nicht von sich aus zur Sprache bringen.

Von diesem Moment an habe ich Adenauer zu jedem seiner Gespräche mit de Gaulle eine Vormerkung sowie die entsprechenden Unterlagen ins Reisegepäck gegeben, habe ihn jedesmal bedrängt, das Thema unter vier Augen mit de Gaulle zur Sprache zu bringen. Adenauer tat es nicht. Von mir voller Unmut nach den Gründen gefragt, gab er zur Antwort, die Atmosphäre sei so harmonisch gewesen, die Begegnung so freundschaftlich verlaufen, daß er mit dieser Forderung die ausgezeichnete Stimmung nicht habe belasten wollen. Adenauer ging davon aus und hat mir dies mehrmals gesagt, daß für die Franzosen der Besitz der Atombombe gewissermaßen ein Monopol gegenüber den Deutschen sei, eine Art Ausgleich für die Schmach der Niederlage von 1940 und zugleich eine Garantie dafür, daß sich 1940 nicht wiederhole. »Wissen Sie, Herr Strauß, wir müssen Verständnis haben. Die Franzosen leiden nun einmal darunter, daß die Deutschen sie in sechs Wochen besiegt haben und daß sie im Ersten Weltkrieg viereinhalb Jahre lang vergeblich den Sieg über Deutschland anstrebten. General de Gaulle leidet auch noch immer unter der schlechten Behandlung, die er im Krieg von den Alliierten erfahren hat, die ihn immer nur am Katzentisch sitzen ließen und nie als gleichwertigen Alliierten behandelten. So wollen die Franzosen mit eigenen Atomwaffen auch ihre Gleichberechtigung gegenüber den Engländern und Amerikanern demonstrieren.«

Diese Ansicht Adenauers deckt sich mit einem Erlebnis, das ich in diesen Jahren mit dem französischen Verteidigungsminister Pierre

Messmer hatte. Bei einem Besuch in Bonn sprach ich ihn darauf an, daß die Truppen Frankreichs falsch disloziert seien, weil sie in der Gegend von Trier und Koblenz, in Baden-Württemberg und in der Pfalz, jedenfalls immer nur in Rhein-Nähe stünden. Die französischen Einheiten müßten im Sinne einer glaubhaften gemeinsamen Verteidigungsanstrengung weiter nach vorn, jedenfalls auseinander geschoben werden. Darauf Messmer: »Herr Kollege, Sie haben vom militärischen Standpunkt aus recht, aber Sie müssen unsere Lage auch psychologisch verstehen. Alle Einbrüche der Deutschen in Frankreich sind entweder über Straßburg oder über die Trierer Pforte erfolgt. Aus diesem Grunde stehen unsere Truppen jetzt dort, obwohl das militärisch falsch ist.« Das hat der französische Verteidigungsminister dem deutschen Verteidigungsminister 15 Jahre nach Ende des Zweiten Weltkriegs gesagt!

Zweifellos haben politische Solidität und wirtschaftliche Stabilität der Bundesrepublik Deutschland sowie eine starke und leistungsfähige Bundeswehr Frankreich erst die Luft zum Aufbau einer eigenen Nuklearmacht verschafft. Selbstverständlich hat hier auch der von den Amerikanern über Europa gespannte atomare Schirm eine wichtige Rolle gespielt. Frankreich konnte deshalb seine konventionelle Bewaffnung zeitweise durchaus vernachlässigen. Unsere Bewertung der Kampfkraft der konventionellen Verbände der französischen Armee war um 1960 nicht gerade positiv. Bei einem Wintermanöver konnte ich feststellen, daß die Franzosen bei weitem nicht so gut ausgerüstet waren wie wir, ihre Einheiten waren nicht aufgefüllt, ihr Ausbildungsstand mangelhaft. Gemessen an den Standards der NATO und besonders an dem hohen Standard, den die Bundeswehr damals schon erlangt hatte, ließ die Kampfkraft der Franzosen sehr zu wünschen übrig. Aber die Franzosen konnten im Schutz der NATO und hinter dem starken Wall der deutschen Bundeswehr konventionell sündigen und statt dessen ihre atomaren Pläne verwirklichen. Die Souveränität, die Frankreich aufgrund seiner Nuklearwaffen besitzt, ist im Grunde auf Borg genommen – und zwar auf unsere Kosten.

Bemerkenswert in diesem Zusammenhang ist, daß schon um 1960 im Verteidigungsministerium, vorgetragen von Ministerialdirektor Dr. Karl Fischer, dem Abteilungsleiter Wehrtechnik, die Idee auftauchte, daß wir uns nicht mehr um Atomwaffen kümmern, bei denen es politisch zu viele Widerstände gebe, sondern gleich Waffensysteme erforschen sollten, die nicht unter den Verzicht des Brüsseler Protokolls fielen, aber genauso wirksam seien, nämlich Laserwaffen. Das war ebenso vorausschauend wie noch sehr theoretisch, weil dafür ungeheure Energiemengen erforderlich waren. Diese Erfahrungen machten auch die Amerikaner, in deren Überlegungen die nuklear ausgelösten Laserwaffen inzwischen eine große Rolle spielen. Uns ging es damals um die mögliche Überspringung einer waffentechnischen Phase, da wir nach Lage der Dinge zu den Atomsprengköpfen ohnehin keinen Zugang hatten. Diese Überlegung wäre auch heute noch ein wichtiges Argument, uns in den Bereichen stark zu machen, die nicht noch geltenden Rüstungsbeschränkungen unterliegen.

Trotz des von mir beklagten Schweigens Adenauers war das Thema nukleare Zusammenarbeit bei den Franzosen nicht vergessen. General de Gaulle gebrauchte 1964 bei seinem Besuch in der Bundesrepublik eine Formulierung, die das Tor noch einmal weit aufstieß. Er sei bereit, mit den Deutschen in allen Bereichen gemeinsame Sache zu machen – eine umfassende Aussage, die nicht nur ich dahingehend interpretierte, daß in diese Kooperation auch die nukleare Bewaffnung einbezogen sei. Bundeskanzler Erhard blieb taub. Damit war das Thema endgültig erledigt, eine historische Chance vertan.

Der großen militärstrategischen Diskussion in der Bundesrepublik über Sinn oder Sinnlosigkeit konventioneller Bewaffnung war eine entsprechende Diskussion in Amerika vorangegangen. Es ging um die Frage, ob es in Zukunft nur mehr eine Form des Krieges geben könne, nämlich den »All-Out-Nuclear-War«, den totalen Atomkrieg. Im Sommer 1956 hatte Admiral Arthur W. Radford, Vorsitzender des Gremiums der Stabschefs der US-Streitkräfte, öffentlich geäußert, daß ein Krieg nur mehr mit nuklearen Waffen geführt werden könne und konventionelle Streitkräfte daher weitgehend ihren Sinn verloren hätten. Die Sozialdemokraten, die diese bald als »Radford-Plan« bekannt gemachten Vorstellungen aufgriffen, triumphierten: wozu 500.000 konventionell bewaffnete Soldaten, wenn sie nach Meinung des wichtigsten Bundesgenossen so gut wie wertlos sind? Die Bundeswehrplanung sei Makulatur. Die Schlußfolgerung, daß die Bundeswehr deshalb mit Atomwaffen ausgerüstet werden müsse, ist von den Sozialdemokraten natürlich nicht gezogen worden. Ihre Taktik war es, die Sinnlosigkeit einer rein konventionell ausgerüsteten Armee anzuprangern und damit jede Form der Aufrüstung der Bundesrepublik zu verhindern. Die 500.000 Mann seien nur teures Kanonenfutter. Auch zementiere die Aufstellung von Streitkräften die Spaltung Deutschlands. Im übrigen stehe es einem Lande, das zweimal in einem Jahrhundert einen Krieg begonnen und zweimal einen Krieg verloren habe, nicht zu, mit militärischem Ehrgeiz an die Öffentlichkeit zu treten. Das Ganze wurde als politisches Kampfmittel gegen die Regierung benutzt.

Adenauer war sehr besorgt und verärgert über diese Strategiediskussion und schickte General Heusinger nach Washington, um Aufklärung zu bekommen. Heusinger kam zurück mit der Auskunft, daß zwar das Prinzip der »massive retaliation« gelte, daß aber trotzdem unterhalb der strategischen Waffen konventionelle Verbände unentbehrlich seien und daß die Amerikaner im Rahmen der »Schild-und-Schwert«-Doktrin größten Wert darauf legten, hinter dem starken »Schild« konventioneller Kräfte das atomare »Schwert« der strategischen Bomber und anderer nuklearer Kampfmittel scharf zu halten. Diesen Standpunkt hat Adenauer gegenüber den Sozialdemokraten vertreten; andernfalls wäre er in Argumentationsschwierigkeiten und Beweisnot geraten.

Die Auseinandersetzung, zu der Admiral Radford mit seinen Aussagen den Startschuß gegeben hatte, bestimmte auch meine erste NATO-Ministerrat-Konferenz im Dezember 1956. Am Rande dieser Konferenz der Außen- und Verteidigungsminister in Paris bat ich Radford um eine Unterredung, an der auf amerikanischer Seite noch US-Außenminister Dulles und auf deutscher Seite Botschafter Blankenhorn sowie die Generale Heusinger und Speidel teilnahmen. Auch General Norstad als NATO-Oberbefehlshaber war meines Wissens dabei. Meine Frage: »Herr Admiral, gibt es eine Radford-Doktrin?« Die Antwort: »Herr Minister, es gibt keine Radford-Doktrin, es gibt nur eine offizielle Strategie der Vereinigten Staaten von Amerika. Wäre ein anderer an meiner Stelle Vorsitzender der Vereinigten Stabschefs, würde statt Radford ein anderer Name stehen. Ich sage Ihnen ganz klar, was unsere Strategie ist: If enemy attacks, regardless where, regardless when, regardless of what military strenghts, regardless with what military means so ever – if he will not be back to the point of departure until sunrise next morning, we shall hit back with all retaliation means we have. Das können Sie meinetwegen Radford-Doktrin nennen, Herr Minister!« Ich habe das in Paris persönlich aus dem Munde von Admiral Radford gehört, und es blieb so in meinem Kopf haften, daß ich es nie mehr vergessen habe. Das war in ihrer schrecklichen Klarheit die Theorie der »massive retaliation«, der massiven Vergeltung, die erstmals im NATO-Dokument MC-14/1 vom Dezember 1952 fixiert worden war.

Aus dem Gedankenkäfig, den der amerikanische Grundsatz der

Im Streit um den deutschen Wehrbeitrag prallten Regierung und Opposition immer wieder heftig aufeinander. Oben: Strauß während der Bundestagsdebatte über die Pariser Verträge am 25. Februar 1955; unten: Protestmarsch durch die Bonner Innenstadt am gleichen Tag

NATO-Ministerratstagung im Palais de Chaillot in Paris, Dezember 1956; Außenminister Brentano und Verteidigungsminister Strauß an der Spitze der deutschen Delegation; rechts hinter Strauß Wilhelm Grewe, in der Mitte Hallstein

Kontinuierliche Gespräche mit den Amerikanern – hier mit dem amerikanischen Außenminister John Foster Dulles im März 1958

»massive retaliation« darstellte, befreite man sich rasch und zwangsläufig. John Foster Dulles sagte auf der Frühjahrstagung des NATO-Rats Anfang Mai 1957 in Bonn, daß der Westen doch nicht bei jeder Störung an der Grenze immer gleich den Einsatz strategischer Atomwaffen ankündigen könne. Drohe man und schlage nicht, verliere man die Glaubwürdigkeit, drohe man und schlage wirklich atomar zurück, dann schlüge man sich mit dem Hammer das Hirn ein, wenn eine Fliege auf der Nase sitze. Auf einer geheimen Konferenz im Bundeskanzleramt kündigte der US-Außenminister eine Differenzierung dieser Strategie an. Er erläuterte, daß man zwischen die konventionelle Bewaffnung, die nur einen tripwire-Effekt, einen Stolperdraht-Effekt habe, und den Einsatz der strategischen Atomwaffen noch eine dritte Waffenkategorie, die taktischen Atomwaffen, schieben müsse. Die Regierung in Washington bitte die Verbündeten, atomare Waffenträger – Artillerie, Kampfbomber und Raketen – in ihre Streitkräfte einzugliedern. Zu klären war, außer der Reichweite und der Stationierung, wem die entsprechenden Einheiten unterstellt sein sollten.

Ich fragte John Foster Dulles: »Sollen das amerikanische Einheiten in europäischen Verbänden sein, also ein amerikanisches Raketenbataillon in einer deutschen Division, und wenn ja, unter welchem Befehl?« Jawohl, meinte er, die A-Waffenträger sollten deutschen Einheiten unterstellt sein. Die Amerikaner behielten sich entsprechend der McMahon-Bill jedoch die Kontrolle über die Warheads, die Sprengköpfe, vor. Das bedeute, die Deutschen könnten nicht schießen, wenn die Amerikaner nicht die Sprengköpfe freigäben – andererseits könnten die Amerikaner mit diesen Sprengköpfen nichts anfangen, wenn die Deutschen nicht damit schössen. Es gab also eine Art Zwei-Schlüssel-System. Meine weitere Frage: »Würde es nicht genügen, wenn amerikanische Einheiten über diese Waffen verfügen?« Nein, meinte Dulles, auch die Verbündeten müßten diese Waffen führen, denn sonst gäbe es atomare und nichtatomare Divisionen, und die Russen würden sich im Falle eines Angriffs nur die Divisionen heraussuchen, die keine atomare Bewaffnungen hätten.

Als Ergebnis dieser dreistündigen Unterredung akzeptierte die Bundesregierung die amerikanischen Vorschläge hinsichtlich deutscher Atomwaffenträger – ein bemerkenswert schneller Entscheidungsprozeß. Was damals drei Stunden dauerte, dauert heute drei Jahre. Diese Vereinbarung war Grundlage des Dokuments MC-70, das vom ständigen NATO-Rat am 1. Mai 1958 verabschiedet wurde. In diesem Papier wurde genau aufgeführt, welche Atomwaffenträger organische Bestandteile der Bundeswehr zu sein hatten und mit welchen Raketen vom Typ »Honest John« und »Sergeant« deutsche Artilleriebataillone ausgerüstet werden sollten. Auch die Standorte der ersten für den Strike-Einsatz bestimmten Bomber, die auf den Plätzen in der sogenannten QRAA (Quick Reaction Alert Area) zehn Minuten nach dem Alarm startklar sein mußten, wurden festgelegt.

Auf der NATO-Konferenz vom April 1958 habe ich im Namen der Bundesregierung die formelle Zustimmung zu dieser Planung gegeben, Außenminister Heinrich von Brentano hatte einige Bedenken und überließ mir den Vortritt. Ich machte damals einen einzigen Vorbehalt: daß wir aus finanziellen, personellen und strukturellen Gründen nicht in der Lage seien, alle für die Bundeswehr vorgesehenen Einheiten für die atomaren Träger aufzustellen. Man hatte uns sehr viel mehr angeboten, als wir überhaupt verwirklichen konnten.

Die Frage der deutschen Atomwaffenträger bestimmte natürlich auch die innenpolitischen Auseinandersetzungen. Am 10. Mai 1957 kam es zu einer von tiefen Gegensätzen zwischen Regierung und Opposition geprägten Debatte im Deutschen Bundestag. Es war, wie Hans-Peter Schwarz urteilt, »eine der leidenschaftlichsten außenpolitischen Auseinandersetzungen der ganzen Adenauer-Ära. Die SPD hatte beantragt, die Ausrüstung der Bundeswehr mit atomaren Waffen zu unterlassen und, was noch sehr viel weiter ging, die Zustimmung zur Lagerung von Atombomben und zur Stationierung von Atomwaffen-Verbänden durch NATO-Staaten auf dem Gebiet der Bundesrepublik zu verweigern. Damit hatten sich die Sozialdemokraten erneut in einen völligen Gegensatz zur Sicherheitspolitik der gesamten NATO manövriert.« Im Grunde wäre die Widerlegung des Standpunktes der Opposition eine Angelegenheit des Auswärtigen Amtes gewesen, aber die undankbare Rolle, die Politik der Regierung gegen massive Angriffe zu verteidigen, wurde wieder einmal mir überlassen.

Bei einer Kabinettssitzung im Bundeshaus – sie fand in einem kleinen Zimmer statt, in dem wir gelegentlich zusammentraten und in dem wir gerade alle Platz hatten – meinte Adenauer, wir sollten jetzt keine Angriffsfläche bieten, die Bundestagswahl stehe vor der Türe, deshalb sollten wir nein zur Stationierung der Atomsprengkörper sagen. Ich trat Adenauer entschlossen entgegen, weil ich die Folgen eines solchen Verhaltens für unsere Stellung im Bündnis für unabsehbar hielt. Hier stand strategische Überzeugung gegen taktisches Manövrieren.

In meiner Bundestagsrede vom 10. Mai sprach ich zunächst von der Friedenssehnsucht, die alle Völker nach dem Ende des Zweiten Weltkrieges erfüllt habe. Aber während die westlichen Siegermächte energisch an die Abrüstung gegangen seien, habe die Sowjetunion von vornherein eine rücksichtslose Machtpolitik betrieben mit dem Ziel, möglichst viele Völker zu beherrschen. Erst dieses sowjetische Verhalten habe den Westen zu eigenen Verteidigungsanstrengungen veranlaßt: »Es bedurfte dieser ständigen, über Jahre hindurch fortgesetzten Rechtsbrüche, Übergriffe und kriegerischen Abenteuer von seiten der Sowjetunion und ihrer Satelliten, bis die Siegermächte des Westens und die anderen Völker entgegen ihrer eigentlichen Neigung sich zu dem Entschluß durchgerungen hatten, erneute militärische Anstrengungen zu unternehmen und ein gemeinsames Verteidigungssystem aufzubauen, damit ein weiteres Vordringen der Sowjets verhindert wird.«

Es seien die Vereinigten Staaten, die in erster Linie die Verantwortung für die Verteidigung der freien Welt trügen. »Wenn von den Vereinigten Staaten eine volle Sicherheitsgarantie für die Bundesrepublik einschließlich West-Berlins verlangt wird und wenn man sich auf die Zuverlässigkeit dieser Garantie verlassen will - ein Verlangen, das gerade von der Opposition dieses Hauses bei zahlreichen Gelegenheiten gestellt und betont worden ist -, dann muß man den USA auch die Möglichkeit geben, die für die Wirksamkeit und Glaubhaftigkeit dieser Garantie erforderlichen Maßnahmen zu treffen. Die Rote Armee besitzt eine erhebliche Überlegenheit an konventionellen Waffen, sie verfügt über Atomkampfmittel aller Art. Wird den Verteidigungskräften in Europa eine mindestens gleichwertige Ausrüstung und Bewaffnung verweigert, so bedeutet das geradezu einen Anreiz zur Aggression. Aus diesem Grunde kann die Bundesregierung aus ihrer Verantwortung für das deutsche Volk keinen Einspruch dagegen einlegen, daß bis zum Abschluß eines umfassenden Abrüstungsabkommens die auf dem Gebiet der Bundesrepublik stationierten Streitkräfte über moderne Waffen verfügen ... Es wird keiner Bundesregierung gelingen, auch der nächsten nicht, von der amerikanischen Regierung die weitere Stationierung amerikanischer Verteidigungskräfte auf unserem Boden zu erwirken, wenn man ihnen gleichzeitig zumutet, mit einer gegenüber der Roten Armee hoffnungslos unterlegenen Bewaffnung ausgerüstet zu sein.«

So verständlich die Sorgen der Menschen im Zusammenhang mit den Atomwaffen seien, so schlechte Ratgeber seien Angst und Furcht.

In acht Punkten faßte ich die Position der Bundesregierung zusammen:

»Erstens. Nach wie vor ist die Bundesrepublik durch das militärische Potential und die unverändert gebliebene politische und ideologische Zielsetzung der Sowjetunion einer ernsten Bedrohung ausgesetzt.

Zweitens. Eine isolierte Sicherheitspolitik der Bundesrepublik ist heute nicht mehr möglich. Nur im Verein mit unseren Bundesgenossen können die einzig wirksamen Maßnahmen getroffen werden, die geeignet sind, den Ausbruch eines Krieges zu verhindern und damit ganz Deutschland vor ihm zu schützen.

Drittens. Diese Maßnahmen, die ausschließlich der Erhaltung des Friedens und der Sicherung unserer Freiheit dienen, können von der Sowjetunion nicht als Bedrohung aufgefaßt werden und werden von ihr in Wirklichkeit auch nicht als Bedrohung aufgefaßt. Die Sowjetunion weiß ganz genau, daß die NATO einzig und allein als Verteidigungsbündnis funktionsfähig und nach der demokratischen Mentalität ihrer Regierungen und Völker für eine aggressive Politik ungeeignet ist.

Viertens. Die Bundesregierung versichert erneut ihre Bereitschaft, alles zu tun, was in ihren politischen Möglichkeiten liegt, um ein umfassendes Abrüstungsabkommen herbeiführen zu helfen. Die beste Voraussetzung für ein solches Abkommen ist allerdings die Beseitigung der Spannungsherde. Entspannung, Abrüstung, Sicherheit und Wiedervereinigung gehen Hand in Hand. Alle Bemühungen in dieser Hinsicht sind bis jetzt ausschließlich am Widerstand der Sowjetunion gescheitert. Ihre Politik besteht in der Praxis nach wie vor darin, ganz Deutschland zu einem sowjetischen Satelliten zu machen.

Fünftens. Die Bundesregierung hat die Ausrüstung der Bundeswehr mit Atomwaffen bisher weder verlangt, noch ist sie ihr angeboten oder aufgedrängt worden. Es ist ihr ausgesprochener Wunsch, daß durch den Abschluß eines Abrüstungsabkommens sich dieses Problem von selbst erledigt. Unser Land hat als einziger Staat der Welt auf die Herstellung von Massenvernichtungsmitteln verzichtet. Vivant sequentes! Innerhalb der Westeuropäischen Union hat sich die Bundesrepublik gemeinsam mit ihren Partnern einer Rüstungsbegrenzung und Rüstungskontrolle unterworfen. Das sind konkrete Beiträge der Bundesrepublik zu den Abrüstungsbestrebungen in der Welt.

Sechstens. Bis zum Erfolg der Abrüstungsbemühungen kann die Bundesregierung im Interesse der Sicherheit der Bundesrepublik den Streitkräften der Vereinigten Staaten, dem Rückhalt der gemeinsamen Verteidigung, die Bereitstellung solcher Waffen nicht verweigern, die denen der Roten Armee im entsprechenden Bereich mindestens gleichwertig sind.

Siebtens. Zum Schutz der Bevölkerung sind, unter Berücksichtigung des neuesten Standes der Technik, wirksame Maßnahmen geplant. Ihre Durchführung hat bereits begonnen und wird nach Verabschiedung des Gesetzes über den Schutz der Zivilbevölkerung in verstärktem Maße fortgesetzt werden. Zugleich mit dem Aufbau der Bundeswehr dienen auch diese Schutzmaßnahmen der Sicherheit des einzelnen und der Abwehrbereitschaft des Staates. Auch sie sind ein Beitrag zur Verhinderung des Krieges.

Achtens. Die Sowjetunion ist nach wie vor eine gewaltige Militärmacht, die über die stärksten konventionellen Streitkräfte und über Atomwaffen aller Art verfügt. Bisher liegt leider kein Beweis dafür vor, daß die Sowjets ihre aggressive politische Zielsetzung aufgegeben haben. Die Bundesregierung warnt davor, in der praktischen und psychologischen Verteidigungsbereitschaft nachzulassen, bevor die Sowjetunion eine sichtbare Bereitschaft zeigt, einen Ansatz dieser Bereitschaft zeigt, die Spannungsherde zu beseitigen und nach jahrelangen Verhandlungen endlich einem Abrüstungsabkommen zuzustimmen. Die Bundesregierung ist bereit, sich einem solchen Abkommen jederzeit zu unterwerfen. Bis zu diesem Zeitpunkt, den niemand mehr als das deutsche Volk herbeisehnt, muß aber auch für uns der Leitspruch aller in der atlantischen Sicherheitsgemeinschaft vereinigten Nationen gelten: Vigilia pretium libertatis. – Frei bleibt nur, wer auf der Hut ist.«

Mit dieser Bundestagsdebatte war das politisch brisante Thema Atomwaffen, auch mit dem Blick auf die im Herbst 1957 anstehenden Bundestagswahlen, weitgehend entschärft. Wie mir von Kanzler, Kabinettsmitgliedern und Regierungsparteien bestätigt wurde, hatte ich mit meiner Rede entscheidend dazu beigetragen. Ich habe nie daran geglaubt, daß die Russen sich einem Verschleißkrieg mit konventionellen Waffen aussetzen würden, wenn sie mit ein paar nuklearen Feuerschlägen die ganze Front aufrollen könnten. Um sie davon abzuhalten, mußte ihnen für den Fall eines Angriffs das gleiche Schicksal glaubhaft angedroht werden können.

Als Waffenträger hatten wir uns für die »Mace« entschieden. Wir haben sie gekauft, dann aber doch nicht genommen wegen der Ungenauigkeit der elektronischen Steuerung, was nicht nur ein amerikanischer Vorwand war. Die »Mace«, die eine Reichweite von 2000 Kilometer haben sollte, hätte alle Jagdbomberbasen der Sowjetunion in den

Satellitenstaaten erreicht. Wegen der unpräzisen Steuerung der »Mace« rieten uns die Amerikaner zur präziser treffenden Pershing I A, für die wir uns dann auch noch zu meiner Zeit als Verteidigungsminister entschieden haben.

Ein halbes Jahr nach den Bundestagswahlen, im März 1958, wurde die Frage der atomaren Bewaffnung noch einmal Gegenstand einer fünftägigen erbitterten Bundestagsdebatte, in der Fritz Erler und Helmut Schmidt als Hauptkontrahenten auftraten. Schmidt hat am 22. März eine jakobinische Rede gehalten, in der er mir lang und breit »eine beachtliche politische Potenz ... ein hervorragendes Gedächtnis, eine rasche Auffassungsgabe, eine nicht unbeträchtliche Bildung«, Vitalität, Intelligenz und dergleichen mehr attestierte, um dann alle diese Eigenschaften in dem Satz zusammenzufassen: »Ich glaube, der Verteidigungsminister Strauß ist ein gefährlicher Mann, gerade wegen seiner überragenden Fähigkeiten, meine Damen und Herren, ein gefährlicher Minister!« Bis dahin hatten die Gegner behauptet, ich sei gefährlich, weil ich dumm sei - das hat sich dann geändert. Gut eine Woche später hat Helmut Schmidt zu einem befristeten Generalstreik aufgefordert. Der FDP-Fraktionsvorsitzende Erich Mende wollte gar den nationalen Notstand ausrufen. Ich habe ihm nach der Debatte geantwortet, Notstand könne es möglicherweise bei ihm geben, aber die Bundesrepublik brauche weder einen Notstand noch eine Allparteienregierung. Der ehemalige baden-württembergische Ministerpräsident und FDP-Vorsitzende Reinhold Maier verstieg sich zu der Aussage: »Wer so spricht wie der Herr Bundesverteidigungsminister, der schießt auch.« Was hätte denn die Bundeswehr im Ernstfall zu tun? Hymnen zu singen, Psalmen zu beten? Natürlich müßte die Bundeswehr schießen. Nur: ein deutscher Verteidigungsminister kann das gar nicht anordnen. Im Ernstfall kämpft das Bündnis. Reinhold Maier hat sich später bei mir formell entschuldigt. Am Ende der Debatte faßten die Regierungsparteien den Beschluß, die Bundeswehr »mit den modernsten Waffen« auszurüsten.

Es wurden schwerste Vorwürfe gegen mich erhoben, indem man mir unterstellte, ich hätte den Auftakt gegeben zur nationalen Atombewaffnung. Das war falsch. Richtig war, daß damit in die Bundeswehr eine nukleare Komponente im Rahmen des Bündnisses und unter amerikanischer Zuständigkeit eingeführt wurde. Die Kernsätze meiner Rede vom 20. März 1958 lauteten daher auch: »Wir wollen doch keine Ausstattung der Bundeswehr mit Atomwaffen, damit die deutsche Nationalarmee in die großdeutsche Zukunft marschieren kann, oder ähnliches ... Wir wollen keine Atomwaffen in deutschen Händen, wir wollen keine Atomwaffen in deutscher Verfügungsgewalt. Wir wollen sie auch nicht für die Bundeswehr, sondern für die der NATO unterstellten Einheiten aller europäischen Bundesgenossen. Das ist ein wesentlicher Unterschied ... Wir sind aber nicht gewillt, das Potential der Verteidigung durch unser Nein so zu schwächen, daß daraus der Angreifer die Hoffnung schöpfen könnte, eines Tages Europa ohne das Risiko eines dritten Weltkrieges in seine Hand zu bekommen ... Wir wissen, daß die deutsche Politik und damit auch die deutsche Sicherheit von der Funktionsfähigkeit des Bündnisses abhängt. Wir halten eine Schwächung des Bündnisses oder eine Auflösung des Bündnisses für eine Todsünde wider die elementaren Lebensinteressen der deutschen Politik.«

Ich war mir als Verteidigungsminister ständig und bei dieser Entscheidung im besonderen meiner Verantwortung bewußt. Mein einziges Ziel war, dem großen politischen Auftrag entsprechend, die Sicherung von Frieden und Freiheit. Ich hatte, wie alle, die mit mir im politischen und militärischen Bereich des Verteidigungsministeriums Führungsverantwortung trugen, ausreichendes Wissen und genügend Phantasie, mir die furchtbaren Auswirkungen eines atomaren Schlagabtausches vorstellen zu können. Das dominierende Motiv war, die Apokalypse des Krieges so zu steigern, daß er sich selber abschaffte, also die Abschreckung des Krieges durch die erschreckenden Folgen eines Krieges. Natürlich war bei der Einführung atomarer Waffenträger in der Bundeswehr auch der Gedanke der Wiedergewinnung deutscher Selbständigkeit und Souveränität mit im Spiel.

Von nuklearen Waffen hatte ich im Jahre 1940 zum ersten Mal gehört. Ich war von Ende Januar bis Mitte März beurlaubt von der Truppe, um mein Referendarexamen zu machen, ein Jahr später legte ich das Assessorexamen ab. Nach der zweiten Staatsprüfung war ich für den Rest dieses Studienurlaubs Assistent im Seminar für klassische Philologie und Alte Geschichte an der Ludwig-Maximilians-Universität, bis ich im April 1941 wieder zu meiner Batterie mußte. Zwei Monate später begann der Rußlandfeldzug.

Eines Tages sagte mir mein hochverehrter Lehrer, Geheimrat Walter Otto: »Herr Strauß, in der Sahara werden seit der Niederlage Frankreichs Überlegungen angestellt, eine furchtbare Waffe zu entwickeln. Die Alliierten werden sie besitzen und wir nicht.« Auf meine Frage, woher er diese Information habe: »Von meinem Freund Gerlach. Er hat mir erzählt, daß es eine Möglichkeit gibt, radioaktive Substanzen für eine Waffe zu benutzen, die alles bisherige in den Schatten stellt.« Professor Otto hatte von Technik noch weniger Ahnung als ich, aber Walther Gerlach, Professor für Physik an der Universität München, hatte ihm das Prinzip erläutert und ihn darauf hingewiesen, daß die Franzosen daran arbeiteten. Im Dezember 1938 hatten Otto Hahn und seine Mitarbeiter in Berlin das Prinzip der Kernspaltung entdeckt, aber die deutschen Wissenschaftler konnten ihre theoretischen Erkenntnisse nicht ohne weiteres umsetzen, weil ihnen die Vorstellungskraft und die technischen Voraussetzungen fehlten. Später haben sie dann die Legende verbreitet, sie hätten die Bombe gar nicht haben wollen. Der Weg ging über Lise Meitner nach England und in die USA. Der Hinweis auf die Sahara war ein Gerücht.

Es ist erstaunlich, aber ich habe mir nie eine Atomwaffe angeschaut. Ich war in Hiroshima und Nagasaki gewesen, habe diese furchtbaren Mahnmale der Zerstörung gesehen, aber ich habe mich nie darum bemüht, die Waffen selbst in Augenschein zu nehmen. Ich wußte ungefähr, wie sie aussehen, ich wußte, wie sie funktionieren, schon von meiner Zeit als Atomminister her, weil ich auch die militärische Seite dieses Bereichs kennen mußte. Als Verteidigungsminister wußte ich natürlich, daß wir so und so viele Lager haben, in denen atomare Sprengköpfe verwahrt wurden. Aber betrachtet habe ich sie mir nie.

Ein merkwürdiger Bericht General Heusingers ist mir in Erinnerung geblieben. Er habe einen Flugplatz der Bundeswehr besucht, auf dem A-Waffen gelagert waren. Gegenüber dem Kommandeur der amerikanischen Bewachungsmannschaft äußerte er den Wunsch, eine solche Waffe zu sehen. Das sei verboten, antwortete ihm der amerikanische Offizier, er könne ihm diese Waffe nicht zeigen. Heusinger, eine friedliche Natur, fand sich mit der Auskunft ab. Am Ende seines Besuches meinte ein deutscher Oberfeldwebel: »Warum haben Sie mich nicht gefragt, Herr General? Ich zeige Ihnen die Waffen, wenn Sie sie sehen wollen, ich warte sie nämlich.« So hat Heusinger doch noch die A-Waffen sehen dürfen. Die Schlußfolgerung des Generals: Man dürfe sich eben nicht an die Vorgesetzten wenden, man frage besser den Hausmeister oder die Putzfrau.

Der Dramatik der Entscheidungen von 1957/58 war ich mir voll bewußt. Es waren Entscheidungen von größter Tragweite, Entscheidungen, die seither den Frieden gesichert haben und die, wenn sie nicht in ihrem Kern preisgegeben werden, den Frieden auch in Zukunft und für die Generationen nach uns sichern können. Trotz aller Widerstände und politischen Angriffe, die wir zu überwinden und abzuwehren hatten, waren Vernunft und Logik auf unserer Seite - und auch die Mehrheit der Wähler. So ist die Kampagne der SPD und der Gewerkschaften - »Kampf dem Atomtod« - ins Leere gegangen. 1960 mußte die SPD einräumen, Adenauer und Strauß hätten im Prinzip eine richtige Politik geführt, und kein Verteidigungsminister der SPD, weder Helmut Schmidt noch Georg Leber noch Hans Apel, hat den von mir gezeichneten Weg im Grundsatz verlassen.

Es war die Zeit der großen Anti-Atomtod-Demonstrationen, das Geschehen auf den Straßen beherrschte wochenlang die Schlagzeilen. Und es beschäftigte die Regierung. Ich erinnere mich einer Kabinettssitzung im April 1958, die für die Beurteilung der Mentalität Adenauers vielleicht nicht ohne Bedeutung ist. Es sei schlimm, so der Bundeskanzler, was sich da an Demonstrationen und öffentlichem Widerstand gegen die Politik der Bundesregierung abspiele: »Meine Herren, das halten wir nicht durch. Hamburg, Hannover, Frankfurt - wir werden von dieser Welle überrollt. Zudem haben wir im Juli Landtagswahlen in Nordrhein-Westfalen. Ich schlage vor, daß wir von der Vollmacht, die uns der Bundestag gegeben hat, vorerst keinen Gebrauch machen und den Vollzug unserer Pläne aussetzen.« Die Meinung im Kabinett war geteilt, nicht so bei mir: »Herr Bundeskanzler, wir haben das alles zugesagt, wir haben in der NATO-Konferenz dem Dokument MC-70 zugestimmt, wir haben in schweren Auseinandersetzungen die Zustimmung des Bundestages erreicht. Wenn die Deutschen jetzt die Durchführung anhalten oder gar nicht einleiten, werden erstens unsere Bundesgenossen das als ein sehr schlechtes Beispiel ansehen, und es wird zweitens der Widerstand noch viel größer werden, wenn wir später wieder auf den Beschluß zurückkommen. Es gibt jetzt nur eines - vollziehen und durch!« Wir würden die bellenden Hunde nur noch bissiger machen, wenn wir jetzt zurücksteckten. Sollte der Bundeskanzler jedoch bei seiner Meinung bleiben, dann möge er sich einen anderen Verteidigungsminister suchen. Ich würde dann allerdings offen in den Protest eintreten - gegen eine Politik der Nachgiebigkeit und der Unterwerfung unter die aufgewiegelte Volksmeinung.

Die Anti-Atomtod-Kampagne war nichts anderes als die deutsche Dramatisierung eines Vorgangs, der in allen Ländern der NATO stattfand. Zwar erwies sich Adenauer auch hier als meisterhafter Taktiker, er sagte nicht, daß man auf die Einführung dieser Waffensysteme verzichten solle, so nachgiebig war er nicht. Aber er wollte, wahrscheinlich unter dem Einfluß seiner Berater, den Vollzug des Beschlusses aussetzen. Ich widersprach heftig und setzte mich durch – wenn wir jetzt nachgäben, hätten wir nie mehr eine Chance zum Handeln, wären wir Gefangene.

So eisern ist der Kanzler nicht, wie immer gesagt und geglaubt wird, habe ich damals bei mir gedacht. Ob Adenauer mir meine Haltung übelgenommen hat, ist schwer zu sagen. Er hat später einmal gesagt, Rache müsse man kalt genießen. Sicherlich hat er mir vieles übelgenommen – im Laufe der Zeit kam einiges zusammen –, und sicher wäre ihm ein biegsamerer Verteidigungsminister lieber gewesen. Andererseits mußte ich eine ungeheure Aufgabe bewältigen, in fünf Jahren 360.000 Mann aufstellen. Und dabei mußte ich öfter mit dem Kopf durch die Wand – wir hatten damals eben einen rauhen Stil.

Wir haben dann Zug um Zug die atomare Ausbildung der Strike-Verbände der Luftwaffe und die atomare Ausbildung der Raketen-Artillerie vorgenommen. Zu einer Meinungsverschiedenheit kam es noch einmal mit General Norstad. Zwar hatten wir die Erlaubnis für die Aufstellung atomarer Waffen, aber Norstad wollte, daß wir mit konventioneller Munition anfangen und dann erst die atomare Ausbildung durchführen sollten. Ich war anderer Meinung. »Nein, Herr General! Sie haben militärisch recht, ich habe politisch recht. Denn es kann noch immer ein neuer Querschuß erfolgen. Ich will vollendete Tatsachen schaffen. Ich will die atomare Ausrüstung und Ausbildung mit Vorrang betreiben, weil es dann keine Verhinderung mehr geben kann. Etwas wieder abzubauen ist viel schwieriger, als etwas nicht aufzubauen.« Nicht zuletzt auch unter diesen Gesichtspunkten haben wir dann den Starfighter F 104 G bestellt.

Es gab in diesen Jahren eine Fülle von Vorschlägen und Plänen aus Ost und West, Gaitskell-Plan, Kennan-Plan, Rapacki-Plan, und im Zusammenhang damit eine starke Strömung in der deutschen Öffentlichkeit und in der Presse, die von der trügerischen Hoffnung ausging, daß ein entscheidender Schritt in Richtung Wiedervereinigung getan wäre, wenn die Bundesrepublik die Wehrpflicht aufgebe, auf Atomwaffenträger verzichte und bereit sei, aus dem Bündnis auszuscheiden. Diese Stimmung hat an Boden gewonnen, und noch der Deutschland-Plan der SPD vom 18. März 1959 forderte ein Ausscheren aus dem Bündnis zugunsten der Wiedervereinigung. Ich habe damals in einem

Gespräch mit der militärischen Führung der Bundeswehr vereinbart, einmal klarzustellen, was die unerläßlichen Voraussetzungen für die Sicherheit der Bundesrepublik Deutschland nach Lage der Dinge sind: erstens Bündnis, zweitens Wehrpflicht, drittens Verfügungsgewalt über atomare Waffenträger. Daraufhin erschien in der »Information für die Truppe« im August 1960 eine Beilage: Voraussetzungen einer wirksamen Verteidigung. Daß der Verfasser General Albert Schnez hieß, war kein Geheimnis. Die Sozialdemokraten schrieen laut auf: Herrschen denn schon wieder die Militärs wie weiland unter Kaiser Wilhelm, bestimmen sie schon wieder den Gang der Politik und stellen Forderungen? Adenauer griff diese Kritik auf und richtete sie auch gegen mich. Unterstützt wurde er von Teilen der Fraktion, vor allem von Richard Jaeger. Der Streit zog sich längere Zeit hin.

Eines Tages rief mich Adenauer aus dem Urlaub zurück, Staatssekretär Hopf kam deshalb eigens zu mir nach Südfrankreich. Ich war wütend, Hopf besänftigte mich. Also flog ich nach Bonn, und im Palais Schaumburg kam es zu einem Disput, der an Deutlichkeit nichts zu wünschen übrig ließ. »Herr Bundeskanzler, was die Militärs geschrieben haben, entspricht doch unserer gemeinsamen politischen Überzeugung – die Analyse der Bedrohung, die Notwendigkeit der Allianz, die militärischen Konsequenzen, die sich daraus ergeben, die Unabdingbarkeit der Wehrpflicht. Sie sind doch der Vater der Wehrpflicht. Ich war bei der Einführung der Wehrpflicht viel zurückhaltender als Sie.« Adenauers Antwort: »Das hätte ein Politiker schreiben müssen, nicht ein General.« – »Das kann man so oder so bewerten. Wenn ich das schreibe, dann sagt man, ja, ja, der Strauß, der Verteidigungsminister, militärisch orientiert, für nukleare Waffen. Wenn der militärische Fachmann schreibt, hat das mehr Gewicht in den Augen der neutralen Öffentlichkeit, als wenn ein Politiker die sattsam bekannten Ansichten wiederholt.« Adenauer beharrte, in dem Artikel würden Forderungen aufgestellt. Und dann kam ein Satz, der mich perplex machte. Vor kurzem hätten die Militärs in der Türkei die Macht übernommen, die Militärgerichtsbarkeit eingeführt und Todesurteile gegen Politiker ausgesprochen: »Meinen Sie, Herr Strauß, ich will vor ein Militärgericht zitiert werden? Wenn bei uns die Militärs die Macht übernehmen – glauben Sie, daß ich mich dann aufhängen lasse?« Ich war fassungslos: »Herr Bundeskanzler, wie kommen Sie denn auf die Idee! Schauen Sie doch unsere Militärs an, die sind doch die staatstreuesten Diener dieser Demokratie und dieser Regierung. Das ist doch eine absurde Vorstellung!«

Beendet wurde der Streit durch einen Einfall, der mir rechtzeitig kam. Das Ganze sei ein großes Mißverständnis: »Herr Bundeskanzler, es gibt in der Fachsprache der NATO die ›military requirements‹, und was hier die Generale gesagt haben, das sind nicht Bedingungen der Militärs, sondern ›military requirements‹, das heißt militärische Anforderungen. Militärische Anforderungen gibt es beim Kampfstiefel, militärische Anforderungen gibt es beim Helm, militärische Anforderungen gibt es bei den Fahrzeugen – und was hier geschrieben wurde, sind eben die militärischen Anforderungen im strategischen Raum. Das hat mit einer Selbständigkeit der Militärs oder gar mit Ansätzen einer Militärdiktatur nicht das geringste zu tun.« Daraufhin haben wir ein Kommuniqué formuliert und veröffentlicht und sind nach vier, fünf Stunden in Frieden auseinandergegangen. Der Vorfall ist mir unauslöschlich im Gedächtnis geblieben.

Adenauer hatte durchaus einen starken Sinn für das, was in der Presse geschrieben wurde. Auch Umfragen, von deren Existenz ich nicht einmal wußte, hat er offensichtlich sehr genau zur Kenntnis genommen. Dann hat er mitunter geschwankt. Das verbreitete Bild des unbewegten Bewegers trifft nur einen Teil seiner Persönlichkeit. Er war zugleich ein Mann, der in den Strömungen der Zeit stand und von ihnen gelegentlich fortgerissen wurde.

Ich erinnere mich an eine Sitzung des Bundesverteidigungsrates. Wir waren zusammengekommen, um die Einsatzplanung der Bundeswehr sowie Fragen der militärischen und zivilen Mobilmachung zu besprechen, auch die Fragen der Notstandsgesetzgebung, Gesetzesvorlagen zur Dienstverpflichtung, zur Requirierung von Fahrzeugen. Adenauer erscheint, hält ein Buch in der Hand und sagt, mit einer Miene, als ob er eben dem Hades entronnen wäre: »Meine Herren, ich bin tief, tief, tief erschüttert. Wir können so nicht weitermachen. Sehen Sie, ich habe heute nacht dieses Buch gelesen. Ich bin regelrecht betroffen.« Das Buch war, wir trauten unseren Augen kaum, Hans Hellmut Kirsts Roman »Keiner kommt davon«. Das sei, so Adenauer, die Geschichte eines Atomkrieges, eine furchtbare Geschichte. Daß das so schlimm sei, habe er nicht gewußt.

Ich ergriff das Wort: »Herr Bundeskanzler, das ist der Krieg im Atomzeitalter. Wir haben doch nie eine andere Vorstellung von seiner Schrecklichkeit gehabt. Die Zeiten, wo man noch fröhlich Krieg führte, gehören längst der Vergangenheit an.« Dann habe ich Adenauer mit dem Hinweis darauf beruhigt, daß Hans Hellmut Kirst kein geeigneter und glaubwürdiger Zeuge sei. Kirst, der pseudopazifistische Schriftsteller, war zufällig mein Kamerad an der Flakartillerieschule in Schongau gewesen. Er bekleidete dort als Oberleutnant eine besondere Funktion, er war NS-Führungsoffizier. »Ich kenne den Herrn sehr genau«, sagte ich, »habe mit ihm die schwersten Auseinandersetzungen gehabt, die vorletzte am 18./19. April 1945, als er eine Geburtstagsfeier für Adolf Hitler veranstalten wollte.«

Der Kommandeur, Oberst Kretschmann, im Zivilberuf Rechtsanwalt, hatte mich damals rufen lassen: »Was machen wir, der Narr will eine Feier veranstalten?« Wir befanden uns in diesen Tagen in einer gefährlichen Phase nach beiden Seiten - auf der einen Seite die anrükkenden Amerikaner, auf der anderen eine wild gewordene SS, die aufgegriffene Soldaten an die Wand stellen oder aufhängen wollte. Wo es aber entschlossene Leute gab, wie bei uns in Schongau, wurden solche Vorhaben allerdings im Keim erstickt. Ich riet dem Kommandeur, Kirst gewähren zu lassen: »Lassen Sie den Deppen das machen, aber ohne uns, wir als Stab haben damit nichts zu tun.« Am 20. April abends sitze ich im Kasino, das Fenster weit offen, bei einer guten Flasche Rotwein, als es vom Hof her ertönt: »Noch nie in der Geschichte hat ein Volk in der Stunde der Not das Glück gehabt, einen solchen Führer zu haben, wie wir ihn in der Person Adolf Hitlers haben.« Redner: Hans Hellmut Kirst.

Ich komme in Kriegsgefangenschaft und begegne Kirst ein weiteres Mal. Der amerikanische Regimentskommandeur, Major Revinus, ursprünglich Kavallerist, ein Offizier der alten Schule - die zwielichtigen Gestalten saßen meist erst in den Militärregierungen -, hatte mich angesprochen: Er habe gehört, daß ich mich in der Gegend auskenne, ob ich ihm nicht ein Pferd besorgen könne. »Sie wissen doch, wo es gute Pferde gibt, selbstverständlich werde ich dafür zahlen.« Revinus gab mir zwei Leute mit, und wir machten uns auf den Weg, ein Pferd zu organisieren. Wir fuhren nach Schwabbruck und gingen von Bauernhof zu Bauernhof. Viele Leute haben mich gekannt und hatten mich wegen meines Auftretens in der Endphase des Krieges allgemein in guter Erinnerung. Wir kommen zu einem Bauern, da sehe ich, in der Badehose auf der Wiese sich sonnend, Hans Hellmut Kirst. Wir geraten schwer aneinander. Die beiden amerikanischen Soldaten spüren, daß ich koche, und da haben sie Kirst fürchterlich verdroschen.

Ein Buch von Hans Hellmut Kirst also hatte Adenauer in der Hand, und dieses Buch übte auf ihn eine lähmende Wirkung aus. Das Bild vom

Atomkrieg, das seit Hiroshima und Nagasaki jedem vor Augen stand und das auch aus der Fachliteratur hätte bekannt sein müssen, hatte Adenauer offensichtlich noch nicht in seiner ganzen Schrecklichkeit erfaßt. Vielleicht weigerte er sich auch einfach, dieses Bild des Grauens zur Kenntnis zu nehmen. Auf Kirst jedenfalls kam er nie wieder zurück.

Deutschland und Israel
Freundschaft der mutigen Tat

Zu meinen Gesprächspartnern über Fragen der Strategie gehörte Ende der fünfziger Jahre ein damals noch junger amerikanischer Professor an der Harvard-Universität, Henry Kissinger. »Herr Strauß, da jibt es 'nen Professor, dat is 'ne janz jescheite Mann, mit dem müssen Sie sich unterhalten«, sagte eines Tages Adenauer zu mir. Wo oder durch wen der Bundeskanzler auf Kissinger gestoßen war, weiß ich nicht, vermutlich ist er durch Zeitungsartikel auf ihn aufmerksam geworden. Meine erste Begegnung mit Kissinger fand in meinem Büro im Verteidigungsministerium statt. Ob ich ihn eingeladen oder ob er um einen Termin gebeten hatte, weiß ich nicht mehr. Jedenfalls stand er eines Tages auf der Besucherliste. Der erste Eindruck, den ich von ihm gewann, war der eines faszinierenden und gescheiten Gesprächspartners. Dieses Urteil zu ändern, hatte ich, trotz mancher Gegensätze, seither keinen Anlaß.

Es gab eine einzige wirkliche Auseinandersetzung zwischen uns, das war Anfang der sechziger Jahre, als er mir in einer Diskussion über die Atomwaffenstrategie McNamaras vorwarf, von diesem Thema besessen zu sein: »You are nuclear obsessed!« Meine trockene Antwort: »Ja, ich bin ein guter Schüler eines gewissen Professors namens Henry Kissinger.« Über die historischen Themen, mit denen sich Kissinger befaßt, Wiener Kongreß und europäisches System, haben wir uns immer nur am Rande unterhalten. Im Mittelpunkt stand meist die Frage nach dem Schicksal Europas auf lange Sicht und nach der Rolle Amerikas. So auch im Januar 1988, als wir nach meiner Unterredung mit Michail Gorbatschow rund um die Kreuther Klausurtagung der CSU-Landesgruppe Gelegenheit zu einem ausführlichen Meinungsaustausch hatten. Kissingers deutsch-jüdische Herkunft war in unseren Gesprächen nie ein besonderer Punkt.

In diesem Zusammenhang will ich erwähnen, daß ich im Jahre 1961 eine Anregung meines Presseoffiziers Schmückle aufgriff und die Neuauflage eines 1935 erstmals erschienenen Buches mit Kriegsbriefen gefallener deutscher Juden unterstützte. In einem Geleitwort stellte ich einige grundsätzliche Überlegungen an über die deutsch-jüdische Geschichte, über jüdische Größe und deutsche Schuld. Was mich zur

Wiederauflage dieses Buches veranlaßte, war »zu allererst der Wunsch mitzuhelfen, das von den Nationalsozialisten geschändete Bild des jüdischen Mitbürgers und Soldaten in Deutschland wieder in das rechte Licht zu rücken. Den Vorwurf, mir damit ein allzu einfaches Ziel zu setzen, nehme ich auf mich, denn in der Tat nimmt sich meine Absicht neben dem großen Problem des Antisemitismus und den damit verbundenen Ungeheuerlichkeiten recht bescheiden aus. Doch nützen, so meine ich, kluge Betrachtungen über das Judentum allein wenig bei Menschen, in deren Köpfe eine bösartige Propaganda jahrelang die Unmenschlichkeit in Form des Rassenhasses hineinzupumpen versucht hat.

Den unmenschlichen Haß über die Dauer ihres Lebens und ihrer Herrschaft hinaus zu erhalten, war das erklärte Ziel Hitlers und seiner Leute. Die Totalitären erfanden frühzeitig die Methode der Aktivierung von Gefühlen gegen Einzelpersonen und Menschengruppen mit dem Ziel, die menschliche Barmherzigkeit zu zerstören, die Bande der Nächstenliebe zu zerreißen, die Achtung der Menschenwürde, die Gleichheit von Schuld und Verantwortung vor Gott zu höhnen, die Bindung der Menschen untereinander aufzulösen, um schließlich mit eisernem Terror über sie herrschen zu können. Alle Propagandaapparaturen wurden auf das Opfer mit dem Ziel eingestellt, ihm kaltblütig Ruf, Ansehen und Würde zu rauben.

Der jüdische Mitbürger wurde so zum Gezeichneten, zum Verzeichneten. Er durfte nicht mehr Mensch, nicht mehr Ebenbild Gottes sein. Er wurde zum Untermenschen, zum Unmenschen gestempelt, mit Brandmalen versehen, ähnlich denen, die Fleischbeschauer in Schlachthöfen benutzen. Der Mensch wurde zur Sache degradiert, zum Vergnügungsmaterial für KZ-Wächter, zum Verarbeitungsmaterial in der überdimensionalen Tötungsmaschinerie. Die Systematik, in der jeder einzelne als Individuum ausgelöscht wurde, war wohlüberlegt: Der Anspruch, Mensch zu sein unter Menschen, wurde bestritten und geleugnet, die Rechte in der Gemeinschaft wurden aufgehoben ...

Die Kriegsbriefe gefallener deutscher Juden zeigen uns die andere Auffassung; sie zeigen uns einc Generation jüdischer Mitbürger, in ihrer Haltung, Gesinnung und Vaterlandsliebe ganz Kinder ihrer Zeit, manchmal für unser Gefühl etwas zu pathetisch, eingenommen vom Stolz und kriegerischen Temperament des Nationalstaates, befeuert von einem Patriotismus, dessen Zielsetzung uns heute seltsam fremd berührt und der nur aus der Zeit heraus zu verstehen ist.

»Der erste Eindruck, den ich von ihm gewann, war der eines faszinierenden und gescheiten Gesprächspartners. Dieses Urteil zu ändern, hatte ich, trotz mancher Gegensätze, seither keinen Anlaß.« (Franz Josef Strauß über Henry Kissinger).

Unten: Aufnahme aus dem Jahre 1961; links: Aufnahme vom Januar 1988, als Kissinger zur Klausurtagung der CSU-Landesgruppe nach Wildbad Kreuth kam

Hunderttausend Männer jüdischen Glaubens und jüdischer Abstammung hatten die graue Uniform des Deutsches Reiches angezogen, mehr als jeder dritte von ihnen wurde dekoriert, über 2000 waren Offiziere, 1200 Militärärzte und Beamte. Im Kampf und im guten Glauben an ihr Vaterland fielen 12.000 jüdische Soldaten. Der jüngste Kriegsfreiwillige des deutschen Heeres, Josef Zippes, 14 Jahre alt, war ebenso Jude gewesen wie Wilhelm Frankl, einer der ersten Pour-le-mérite-Träger der deutschen Fliegertruppen. Frankl fiel 1917 im Luftkampf. Zwanzig Jahre später ist sein Name in der Liste der Pour-le-mérite-Träger unauffindbar. Er ist ausgelöscht, denn Juden durften nach einer offiziellen Anschauung des Hitler-Reiches nicht tapfer gewesen, sie durften nicht einmal - so verrückt es klingt - für Deutschland gefallen sein. Die Namen ihrer Gefallenen, so wollten es die Nationalsozialisten, mußten von den Ehrenmalen verschwinden ...

Die Ungeheuerlichkeit des Juden- und Völkermordes, die Größenordnungen, in denen sich die Verbrecher austobten, entziehen sich leicht der menschlichen Vorstellungskraft und damit dem Mitleiden. Es gehört zur Methode moderner totalitärer Herrschaftsformen - sie haben nie gezögert, sich damit öffentlich zu brüsten -, ihre tollen Aktionen und Lügen bis zu Dimensionen zu steigern, denen selbst eine entfesselte Phantasie nicht folgen kann. Dem Betrachter verzerren sich dadurch die Perspektiven. Ja, es kann ihm erscheinen, sobald er sich außerstande sieht, das Ver-rückte in den Kategorien der Totalitären zu begreifen, daß der Ermordete - und nicht der Mörder - schuldig sei. Er mag, geblendet vom Anblick so schrecklicher Tötungen, versucht sein, in die grausame Frage auszuweichen: Was müssen diese Menschen verbrochen haben, um dieser Strafe teilhaftig geworden zu sein? Diese Wirkung zu erzielen, war wiederum ein erklärtes Ziel Hitlers.

Obwohl es mich nicht befriedigen kann, daß die Geschichte der Menschheit fast ausschließlich an der Elle der Jahreszahlen von Schlachten gemessen wird, empfinde ich doch die Tiefe der Furchen, die der zweimalige grauenvolle Opfergang auf die Schlachtfelder in die Seele der heute lebenden Generationen gezogen hat. Mit der Veröffentlichung der Kriegsbriefe möchte ich den Blick auf einen Ausschnitt der bösen Ereignisse lenken, der dem menschlichen Begreifen faßbar bleibt. Denn ich glaube, daß im Bewußtsein jedes Menschen und jedes Volkes auch dem Undank des Vaterlandes seinen Frontsoldaten gegenüber bestimmte Grenzen gesetzt sind, soweit sich mit dem Begriff Undank - der manchmal etwas billig verwendet wird - überhaupt ausdrücken läßt, was den deutschen jüdischen Frontsoldaten geschehen ist.

Sie glaubten, als sie Hitlers Terror zu spüren bekamen, zunächst an ein Mißverständnis, an einen schrecklichen Irrtum, der sich wie alle Irrtümer aufklären lassen müsse. In Wahrheit war auch ihnen das Los schon geworfen. Aber wie andere Deutsche, standen auch sie den Methoden der totalitären Politik psychologisch unvorbereitet und daher ebenso ahnungs- wie fassungslos gegenüber. Sie hofften in und urteilten mit den gewohnten sittlichen Maßstäben - bis sie eines Schlechteren belehrt wurden. Nichts, aber auch gar nichts konnte die Totalitären von ihren kaltblütigen Planungen abbringen, nicht das Opfer der Gefallenen, nicht die erwiesene Liebe zum Vaterland, nicht die Staatstreue, nicht einmal die politische, wirtschaftliche oder militärische Zweckmäßigkeit.

Die offene Zweckwidrigkeit staatlicher Maßnahmen scheint mir geradezu das Symbol totalitärer Herrschaftsformen zu sein. Die Verfolgungen staatstreuer Menschen, das Löschen der Namen Gefallener an Ehrenmalen, die Weigerung mitten im Krieg, schwerbeschädigten jüdischen Frontkämpfern weiterhin Schwerbeschädigtenausweise auszustellen, die Judentransporte zu einem Zeitpunkt, in dem die Waggons der Reichsbahn nicht ausreichten, die kämpfenden Truppen zu versorgen - dies alles trägt das Signum der Irrationalität und konsequenter Tollheit ...

Keiner der gefallenen deutschen Juden, deren Kriegsbriefe uns vorliegen, konnte ahnen, daß eine solche Herrschaftsform über Deutschland hereinbrechen würde. Sie starben für ihre Heimat, für ihr Vaterland und viele in der Hoffnung auf eine bessere Zukunft Deutschlands und der Juden in Deutschland. Ich meine, daß ihr Schicksal, ihr Tod, ihr Hoffen unlöslich zur Geschichte der deutschen Armee gehört ... Es ist nötig, die Schicksale der deutschen jüdischen Soldaten, ihre Treue zur Heimat, ihre Tapferkeit im militärischen Kampf, als Teil der Tradition der Bundeswehr zu sehen. Dazu gehört auch der Leidensweg, den ihnen die Totalitären, die ihr Hauptquartier zwölf Jahre lang in Deutschland aufgeschlagen hatten, bereitet haben.

Diese Kriegsbriefe wurden im Jahre 1935 veröffentlicht, eine Jahreszahl, die deutlich zeigt, um was es damals ging. Wahrscheinlich war es der letzte Versuch, auf diese Weise am Gewissen der Machthaber zu rütteln, der antijüdischen Propaganda entgegenzuwirken und die sogenannten Arierparagraphen der bevorstehenden Nürnberger Gesetze stumpf zu machen.

In der Tat waren und sind diese Kriegsbriefe ein wunderbarer Beweis für die patriotische Haltung der deutschen Juden und ein schlagender Gegenbeweis gegen die Nazi-Propaganda, die bemüht war, den jüdischen Mitbürger als von Natur feige, korrupt und verräterisch hinzustellen. Die Nationalsozialisten fühlten sich damals schon durch den Titel des Buches gestört ...

Himmler, in dessen Hand die Verhaftungs- und Tötungsaktionen lagen, verkündete seiner Mannschaft damals, Humanität sei Rückenmarkserweichung. Doch gab es in Deutschland auch Ausnahmen, großartige Aktionen der Hilfsbereitschaft, der Nächstenliebe, der Humanität. In ihrem Sinne sucht heute die Bundeswehr ihren Weg. Die Kriegsbriefe gefallener deutscher jüdischer Soldaten sollen sie dabei begleiten als Warnung vor dem Bösen, dem Rassenhaß, den modernen totalitären Herrschaftsformen, als Beispiel für Vaterlandsliebe, Leidensfähigkeit und Treue.«

Die »Kriegsbriefe gefallener deutscher Juden« mit meinem Geleitwort, im Sommer 1961 erschienen, hatte ich in meinem Reisegepäck, als ich im Herbst dieses Jahres zu einer Amerikareise aufbrach, in deren Verlauf ich im Waldorf Astoria in New York mit dem Präsidium der Liga der Jüdischen Veteranen zusammentraf. In kleinem Kreise hielt ich eine Rede über die deutsch-jüdischen Beziehungen, über die Leistungen der jüdischen Frontkämpfer im Ersten Weltkrieg, über das im Jahr 1935 erschienene Buch, über meine Absicht, mit einer Neuauflage einen Beitrag zur moralischen Wiedergutmachung zu leisten. Da an diesem Abend ein Wechsel an der Spitze des Verbandes stattfand, überreichte ich dem scheidenden und dem neuen Präsidenten je ein Exemplar des Buches als Zeichen dafür, daß die Bundeswehr in einem anderen, in einem demokratischen Geist aufgebaut worden sei und aufgebaut werde. Ich sprach englisch, aber die Herren meinten, ich könne mit ihnen ruhig deutsch sprechen. Der scheidende Präsident stellte sich als Rechtsanwalt aus Nürnberg und Frontkämpfer des Ersten Weltkrieges vor: »Ich war Kompanieführer bei einem bayerischen Reserveinfanterieregiment und habe mich im November 1938, als ich persönlich gefährdet war, abgesetzt nach den USA.« Ich zeigte Interesse an seinem Schicksal, sprach davon, daß wir jetzt in Deutschland einen anderen Staat aufgebaut hätten, daß ich als Verteidigungsminister dem Staate Israel in schwerster Not geholfen hätte. Er unterbrach mich: »Ja, wissen Sie, Herr Minister, das war eine große Schlacht in Lothringen, 1914. Wir haben damals schreckliche Verluste gehabt, aber wir waren eine tapfere Truppe.« Ich wollte das Gespräch wieder auf die Gegenwart bringen, auf die Bundesrepublik Deutschland, auf die Bundeswehr. Ich war erfolglos. Die Erzählung ging weiter und fand ein überraschendes Ende: »Wissen Sie, ich war Jurastudent, Leutnant, mein Kompaniechef war gefallen, ich hatte das Kommando übernommen. Sturmangriff gegen eine französische Stellung – ›Sprung auf, marsch, marsch‹, und wieder Verluste, aber wir kommen vorwärts. Da sehe ich so ein feiges Schwein, das beim Kommando ›Sprung auf, marsch, marsch‹ liegengeblieben ist. Ich bin zu ihm hingesprungen, habe ihm einen Tritt gegeben, habe zu ihm gesagt: ›Du feige Sau!‹ Die Schlacht ist vorbei, ich werde zum Bataillonskommandeur gerufen und verwarnt. Es sei in der königlich bayerischen Armee verboten, Untergebene zu beleidigen oder tätlich anzugreifen. Wenn es Anlaß gebe, müßte ein Tatbericht erstattet werden. ›Aber so nicht, Herr Leutnant!‹ – ›Jawohl, Herr Major!‹ Wissen Sie, wer das feige Schwein war, Herr Minister? Julius Streicher!«

Auch der neue Vorsitzende der jüdischen Veteranen entpuppte sich als deutscher Offizier aus dem Ersten Weltkrieg, er hatte in einem preußischen Infanterieregiment gedient. Wir haben uns wie Kriegskameraden, wie zwei Frontkämpfer – er aus dem Ersten, ich aus dem Zweiten Weltkrieg – unterhalten. Auch er wollte nichts hören von der beispielhaften demokratischen Aufbauleistung der neuen deutschen Republik, auch sein Herz war voll der Erinnerung an seine Zeit als deutscher Offizier. Der eine hatte in Lothringen, der andere an der Somme gekämpft, und beide fühlten sich noch nach Jahrzehnten und trotz aller bitteren Erfahrungen als deutsche Patrioten – eine nachdenkliche und ermutigende Begegnung zugleich!

Ende 1957 erreichte mich auf verschlungenen Wegen die Nachricht, daß mich eine israelische Delegation unter Leitung von Generalstabschef Moshe Dajan, dem gefeierten Helden des Sinai-Krieges von 1956, besuchen wolle. Ich sagte sofort zu. Das Treffen sollte geheimgehalten werden, aber die Nachricht sickerte in die israelischen Zeitungen durch, und auch deutsche Journalisten bekamen Wind von der Sache. Für den Fall, daß ich die Israelis im Verteidigungsministerium empfangen würde, zeichnete sich ein Belagerungszustand durch die Journalisten ab. Dieser Öffentlichkeit wollten wir aus dem Wege gehen, und so schlug ich als Treffpunkt Rott am Inn vor. Im tiefen Winter und weitab von der Bundeshauptstadt schienen wir sicherer zu sein.

An dem Nachmittag, für den sich die israelischen Gäste in unserer Privatwohnung in Rott angesagt hatten, war unser damaliger Hund, ein junger ungarischer Hirtenhund, ein schönes, noch sehr verspieltes Tier, ausgerissen. Stundenlang bin ich ihm im tiefen Schnee nachgelaufen, bis ich ihn endlich wieder an der Leine hatte. So kam ich erst nach dem Eintreffen der israelischen Besucher nach Hause. Meine Frau hatte die Gäste inzwischen empfangen. Moshe Dajan war wegen der Indiskretion im Zusammenhang mit seiner geplanten Reise in die Bundesrepublik nicht dabei. An seiner Stelle waren General Laskov, der Chef der israelischen Panzertruppen im Sinai-Feldzug und von 1958 an Nachfolger Dajans, sowie ein weiterer hoher Offizier mit von der Partie. Geleitet wurde die Delegation vom Generalsekretär des israelischen Verteidigungsministeriums. Sein Name: Shimon Peres.

Das Ablenkungsmanöver gegenüber der Presse war geglückt. Im Juni 1957 hatte ich geheiratet, und es war natürlich nicht unbekannt, daß meine Frau und ich, sobald wir Bonn verließen, in Rott lebten, aber niemand kam auf die Idee, daß eine so interessante Begegnung außerhalb der Bundeshauptstadt stattfinden könnte. Nachrichten über das Treffen erschienen erst geraume Zeit später in der israelischen Presse.

27 Jahre später erzählte mir während eines Besuches in Israel Ministerpräsident Shimon Peres in einer langen nächtlichen Unterhaltung von seiner abenteuerlichen Reise nach Rott. Die Israelis hatten sich mit dem Auto in Oberbayern verfahren. Durch das heruntergekurbelte Wagenfenster fragte Peres in einem Dorf diskret und in englischer Sprache nach dem Weg. Die Antwort, fröhlich, lautstark und ohne jede diplomatische Zurückhaltung: »Ach, Sie wollen zum Verteidigungsminister Strauß!« Freundlich wurde dann den überraschten Israelis der Weg gewiesen. Die Pointe dieser Geschichte wird erst dann voll und ganz verständlich, wenn man weiß, wie Peres in seinem Englisch den Ortsnamen Rott am Inn ausspricht.

Peres und seine Begleiter waren am späten Nachmittag in Rott angekommen, blieben zum Abendessen – meine Frau hatte gekocht –, und anschließend saßen wir bis tief in die Nacht hinein zusammen. Winterlich war die Stimmung nur draußen; Peres und ich hatten keinerlei Anlaufschwierigkeiten, um in ein offenes, menschliches Gespräch zu kommen. Von Anfang an bestand eine Vertrauensgrundlage, die sich als tragfähig durch die Jahrzehnte erwiesen hat. Auch die Tatsache, daß ich hinsichtlich deutscher Waffenlieferungen an jene arabischen Staaten, die Faktoren der Stabilität im Nahen und Mittleren Osten sind,

Besuch in Israel, Mai 1963; Strauß wird von Shimon Peres und Moshe Dajan am Flughafen begrüßt. Im Verlauf seines zehntägigen Aufenthalts wird Strauß auch von Ministerpräsident David Ben Gurion empfangen

Strauß und der ägyptische Staatspräsident Anwar as Sadat, 1980

Besonders herzlich war das Verhältnis zwischen Strauß und Ezer Weizmann, 1985

eine Meinung habe, die zu vertreten mehr Mut verlangt als das bequeme Heulen mit linken Wölfen, hat nichts an unserer Einstellung zueinander geändert, die nach wie vor von Wertschätzung und gegenseitigem Respekt gekennzeichnet ist. Dazu trägt auch bei, daß man in Israel sehr wohl zwischen Freundschaft des billigen Wortes und Freundschaft der mutigen Tat zu unterscheiden weiß.

Um eine solche Tat ging es bei dem Besuch von Peres und seiner Begleitung damals in Rott am Inn – noch lange vor jener denkwürdigen Begegnung David Ben Gurions mit Konrad Adenauer am 14. März 1960 in New York. Israel habe den Feldzug im Sinai geführt und gewonnen, sei aber noch immer in höchster Gefahr. Deshalb, so meine Gesprächspartner, brauche der jüdische Staat militärisches Gerät und Waffen. Die Bitte, die sie vorzutragen hätten: die Bundesrepublik Deutschland solle helfen! Eine vorbereitete Liste enthielt das von Israel Gewünschte: Transportflugzeuge, Hubschrauber, Artillerie, Panzerabwehrraketen.

Peres und seine Begleiter fanden bei mir, in voller Kenntnis der für die deutsche Seite damit verbundenen Schwierigkeiten, ein offenes Ohr. Die Bundeswehr war zwar noch in der Aufbauphase und besaß selbst nur bescheidene Vorräte an Waffen und Gerät, aber ich war bereit, von dem wenigen zu geben, weil ich es als meine Pflicht ansah, Israel in einer schwierigen und bedrohlichen Situation zu helfen. Erleichtert durch meine Zusage, verabschiedeten sich die Israelis zu später Stunde. Als Gastgeschenk hatten sie mir ein antikes Glas vom Berge Karmel und ein Fotoalbum mit Frontaufnahmen aus dem Sinai-Krieg mitgebracht.

Meine in Rott bekundete Bereitschaft zur Hilfe für Israel wurde in Bonn in die Tat umgesetzt. Ich informierte Adenauer, der einverstanden war. Eingeweiht wurden Heinrich von Brentano, Heinrich Krone und Fritz Erler, auch ein Vertreter der FDP. Sie alle stimmten zu, die Verantwortung für diese Hilfsaktion aber blieb bei mir. So hatte ich wenig Rückendeckung für ein Vorgehen, das in allem dem Haushaltsrecht zuwiderlief. Wir haben die Israel zugesagten Geräte und Waffen heimlich aus den Depots der Bundeswehr geholt und hernach als Ablenkungsmanöver bei der Polizei in einigen Fällen Diebstahlsanzeige erstattet. Hubschrauber und Flugzeuge wurden ohne Hoheitszeichen nach Frankreich geflogen und von Marseille aus nach Israel verschifft. Besonders hilfreich war mir der damalige Referent in der Abteilung Verteidigungswirtschaft, Oberst, später Brigadegeneral Herbert Becker, ein Ostpreuße, dessen entschlossenes »Herr Minister, machen wir!« ich immer noch im Ohr habe. Insgesamt haben wir Israel damals Lieferungen im Wert von 300 Millionen Mark - heutiger Wert 1,2 Milliarden - zukommen lassen, ohne Bezahlung dafür zu verlangen. Was heute unvorstellbar wäre: die Aktion blieb geheim, und dies für fast sieben Jahre. Erst 1964, unter Erhard, kam die Geschichte hoch, als es um Panzerlieferungen nach Israel ging.

Vordergründige und oftmals scheinheilige Belehrungen an meine Adresse, daß beispielsweise eine von mir unterstützte Lieferung von deutschen U-Booten an Saudi-Arabien gegen die Sicherheitsinteressen Israels gerichtet sei, haben mich nie berührt. Unverbindliches Gerede vom Lebensrecht Israels ist das eine, dafür unter hohem persönlichen Risiko sich einzusetzen, wie ich es 1958 getan habe, das andere. Die seit fast drei Jahrzehnten bewährte Freundschaft mit Shimon Peres ist nur ein Beispiel dafür, daß meine Haltung gegenüber den Problemen des Nahen Ostens in Israel verstanden wird.

In einem sehr persönlichen Wort zu meinem 70. Geburtstag hat sich Shimon Peres an den Beginn unserer Freundschaft erinnert: »Ich bin nicht ganz sicher, an welchem Punkt in seinem Leben Franz Josef Strauß den Nahen Osten entdeckte. Mein eigenes reges Interesse an Deutschland und meine spätere Bekanntschaft und Freundschaft mit Strauß gehen auf das Jahr 1957 zurück. Damals - die wichtige Rolle, die die Bundesrepublik Deutschland im westlichen Bündnis im weiteren Verlauf spielen sollte, deutete sich gerade erst an - hatte ich David Ben Gurion, unserem damaligen Ministerpräsidenten und Verteidigungsminister, vorgeschlagen, mit Strauß, dem 42jährigen deutschen Verteidigungsminister, Kontakt aufzunehmen. Zwischen Westdeutschland und Israel gab es noch keine diplomatischen Beziehungen. Bei unserem ersten Treffen in seinem Hause betonte Strauß mir gegenüber nachdrücklich seine Verpflichtung, einen Beitrag zur Wiederherstellung des damals ungleichen Waffen- und Kräfteverhältnisses im Nahen Osten zu leisten. Zweierlei Gründe waren für ihn dabei ausschlaggebend: seine Einsicht in die moralische und historische Verantwortung für die Sicherung des jüdischen Staates und seine überaus kritische Einschätzung der Lage im Nahen Osten. Man sollte nicht vergessen, daß es im Gefolge des Suez-Krieges um das Vertrauen zwischen den Vereinigten Staaten von Amerika und ihren europäischen Verbündeten nicht gerade zum besten bestellt war. Der in zyklischen Abständen wiederkehrende Drang der Europäer, sich dadurch Geltung zu verschaffen, daß sie versuchen, eine eigenständige Politik zu betreiben, setzte sich damals durch. Hinzu kam, daß Israels Stellung und Ansehen nach seinem Sieg im Sinai mehr einfallsreichen politischen Führern half, die bis dato vorherrschende Abneigung der Europäer, Israel offen zu unterstützen, zu überwinden. Strauß' Bereitschaft, Israel beizustehen und uns entschlossen seine Unterstützung zu gewähren, war in dieser Zeit außergewöhnlich und hat sich für Jahre danach fest in unserem Gedächtnis eingeprägt …

Über ein Vierteljahrhundert ist seit meinem ersten Treffen mit Strauß vergangen, und – ganz gleich, ob er im Amt war oder nicht – stets hat er sich zu einer grundsätzlichen Einstellung und seinen Verpflichtungen gegenüber Israel und dem Nahen Osten bekannt. Die Analyse von Franz Strauß der Lage im Nahen Osten stimmt deutlich mit unserer eigenen überein. Aus dieser Analyse ergab sich als eine der nach wie vor gültigen Schlußfolgerungen die Stärkung Israels auf militärischem, diplomatischem und wirtschaftlichem Gebiet und andererseits die dringende Notwendigkeit, direkte Verhandlungen zwischen den Konfliktpartnern in der Region zu unterstützen mit der Hoffnung, Frieden zu schaffen.«

Lieferungen von militärischem Gerät und Waffen an Israel waren keine Einbahnstraße. Als es um die Einführung einer Maschinenpistole für die Bundeswehr ging, haben wir eine Reihe von Modellen erprobt; ein italienisches und ein schwedisches Modell kamen in die engere Wahl. Besonders gut im Rennen lag die finnische Maschinenpistole, die der russischen aus dem Zweiten Weltkrieg sehr ähnlich war; sie schied dann aus, weil sie eine zu hohe Feuergeschwindigkeit hatte und zu lang war. Am Ende entschieden wir uns für die israelische »Uzi«, die auch unter schlechtesten Bedingungen, selbst wenn sie in Schnee oder Dreck gefallen war, funktionierte. Die »Uzi« wird noch heute bei der Bundeswehr verwendet. Aber nicht nur die Maschinenpistole haben wir aus Israel bezogen, wir haben auch für mehrere hundert Millionen Mark Granatwerfermunition in Israel gekauft.

Diese enge militärische Zusammenarbeit mit den Israelis ist nach meiner Zeit als Verteidigungsminister so gut wie ganz eingestellt worden. Schon als Gerhard Schröder im November 1961 Außenminister wurde, hat er mich deswegen heftig bekämpft und volle Breitseiten losgelassen gegen die deutsch-israelische Kooperation, die nach seiner Meinung die deutsche Politik gegenüber den Arabern gefährdete. Einen Höhepunkt erreichte Schröders Abneigung gegen die von mir praktizierte Zusammenarbeit mit Israel, als Peres anläßlich eines Besuches bei mir in Bonn, bei dem es um militärtechnische Routineangelegenheiten ging, den Wunsch äußerte, auch vom Außenminister empfangen zu werden. Ich rief Schröder an, aber der weigerte sich. Sein Ansehen als Außenminister könne beeinträchtigt werden, so seine Argumentation, wenn er mit dem De-facto-Verteidigungsminister Israels - Peres führte die Geschäfte dieses Amtes, das formell vom israelischen Ministerpräsidenten geleitet wurde - zusammentreffe.

Ich war immer der Ansicht, daß sich die deutsche Politik gleichermaßen um ein gutes Verhältnis zu Israel und zu den Arabern bemühen müsse und daß dies nur durch eine offene und ehrliche Sprache gegenüber beiden Seiten zu erreichen sei. Als besonders bedenklich und gefährlich sind mir in diesem sensiblen Bereich immer die Versuche erschienen, mit doppelter Zunge zu reden, gegenüber Israel so, gegenüber den arabischen Staaten anders. 1952 hatte ich mich gegen die pauschale Zahlung von drei Milliarden Mark im Rahmen des großen Wiedergutmachungsabkommens ausgesprochen. Ich vertrat den Standpunkt, daß man zuerst die individuelle Wiedergutmachung abwickeln sollte. Vielleicht war meine Haltung, die mich auch in einen gewissen Gegensatz zu Adenauer, Hallstein und Blankenhorn brachte, politisch falsch. Dieser Weg hätte aber zumindest den Vorzug gehabt, daß die Araber gegen die individuelle Wiedergutmachung nichts einzuwenden gehabt hätten.

Aufgrund dieser Einstellung unterhielt ich von Anfang an auch gute Beziehungen zu Ägypten. Ich war öfter zu Gast beim ägyptischen Botschafter und vergab an Kairo Lieferaufträge für militärische Güter. Dieses gute Verhältnis ist dann fast bis zur Feindseligkeit erkaltet, als der ägyptische Botschafter 1964 von meiner umfangreichen und unkonventionellen militärischen Hilfe an Israel erfuhr. Meine Beziehungen zu Ägypten waren von da an eingefroren.

Jahre später hat mich der ägyptische Presseattaché aufgesucht und mir gesagt, daß sein Botschafter gerne mit mir sprechen würde. Ich stimmte zu und lud den Vertreter Ägyptens nach Rottach-Egern ein, wo wir damals ein Haus hatten. In einem langen und offenen Gespräch wurde die Vergangenheit bewältigt und der Blick in die Zukunft gerichtet. Als Folge dieses Gespräches wurde ich mehrfach und dringlich nach Ägypten eingeladen. Dreimal bin ich gereist, zweimal zu Sadat, einmal zu Mubarak. »Glauben Sie mir, daß ich den Frieden will!« hatte Sadat, noch vor seiner Reise nach Jerusalem, beschwörend zu mir gesagt. Aus den Begegnungen mit Sadat, vor allem aus einer privaten

Einladung in sein Haus bei Alexandria im Mai 1977, entwickelte sich ein konstruktiv-freundschaftliches Verhältnis zur politischen Führung in Kairo, das auch unter Mubarak fortgesetzt wurde und das sich in schwierigen Fällen bewährt hat.

Wenige Tage, bevor ich im März 1985 zu einer Israelreise aufbrach, wurde ein Interview veröffentlicht, das ich im Herbst 1984 der Zeitschrift »Wehrtechnik« gegeben hatte. Eine der Fragen bezog sich auf die Möglichkeit deutscher Waffenlieferungen an Saudi-Arabien. In der Antwort wiederholte ich meine bekannte Position: Wenn die israelischen Sicherheitsinteressen gewährleistet seien, würde ich zu Lieferungen an Riad – die für alle waffenproduzierenden Staaten der westlichen Welt seit Jahren eine nach Milliarden zählende Realität sind – ja sagen. Überbesorgte Freunde rieten mir, angesichts der Aufregung, die meine Aussage in der israelischen Öffentlichkeit hervorgerufen habe, meine Reise zu verschieben. Ich hörte nicht auf solch verzagten Ratschlag und flog, als mein eigener Pilot, nach Israel; dabei plagte mich zu diesem Zeitpunkt ein entzündetes Kleingelenk an der Hüfte, und ich hätte wirklich einen guten Grund gehabt, den Besuch abzusagen. Aber allein schon der Anschein feigen Drückens, der damit zwangsläufig verbunden gewesen wäre, machte mir jeden Gedanken daran unmöglich, diesen Besuch in Israel ausfallen zu lassen.

Die Reise widerlegte alle voreilig-hysterischen Alarmmeldungen nachdrücklich. Zu einer Bereinigung des Klimas trug wesentlich Ezer Weizmann bei, einst der höchstdekorierte Offizier der israelischen Luftwaffe. Er lasse auf seinen Freund Franz Josef Strauß nichts kommen; als Israel in höchster Bedrängnis gewesen sei, habe Strauß unter Inkaufnahme größter persönlicher Risiken dem Staate Israel geholfen; ohne die Hilfe von Strauß und ohne die deutsche Lieferung von militärischem Gerät und Waffen wäre Israel im Krieg von 1967 in größte Bedrängnis geraten. Dieses mutige Wort von Weizmann sorgte damals restlos für Klarheit und Ruhe. Manche Wichtigmacher, die geglaubt hatten, anläßlich meines Aufenthaltes in Israel ihr Mütchen an mir kühlen zu können, verstummten.

Die Frage deutscher Waffenlieferungen an arabische Staaten war Gegenstand eines ausführlichen Gesprächs mit einer Gruppe führender Knesseth-Abgeordneter. Wenn die Bundesrepublik Deutschland das einzige Land wäre, das als Waffenlieferant in Betracht käme, würde ich ein solches Geschäft nicht befürworten, sagte ich. Zahlen und Fakten aber sprächen eine andere Sprache. Amerikaner, Franzosen, Engländer, Italiener und viele andere lieferten Waffen an die Araber, und dies im Umfang von vielen Milliarden. »Sind Sie der Meinung, daß nur die Deutschen gute Waffen herstellen? Daß allein deutsche Waffen in arabischer Hand gefährlich sind, nicht aber amerikanische, französische, englische, italienische und andere?« Antwort der Israelis: »Wir verurteilen auch diese Waffenlieferungen.« Ich konnte mir nicht verkneifen, zu bemerken, daß diese Opposition nicht sehr wirksam sei.

Den Einwand, die Deutschen dürften aus moralischen Gründen keine Waffen an Saudi-Arabien liefern, griff ich gern auf. Wenn man sich über moralische Aspekte unterhalten wolle, müsse dies gründlich und umfassend geschehen. Ich sei lebender Zeuge und in gewisser Weise auch Mitgestalter dieser Epoche. Nach dem Ersten Weltkrieg habe es geheißen »Nie wieder Krieg«, nach dem Zweiten Weltkrieg sei diese Parole ergänzt worden durch die Forderung »Nie wieder deutsches Militär«. Die Israelis wüßten, sagte ich, wie sich die Geschichte auf dem Boden des besiegten, daniederliegenden, wehrlosen Deutschland nach 1945 abgespielt habe. Es habe zwei Richtungen gegeben, die eine vertreten durch Konrad Adenauer, mich und unsere politischen Freunde, die sich zu der Überzeugung durchringen mußten, daß der Bundesrepublik, eingezwängt zwischen Washington und Moskau, gar nichts anderes übrig bleibe, als wieder Streitkräfte aufzustellen. Die andere, theologische Richtung habe davon gesprochen, daß die Deutschen aus moralischen Gründen sich nie mehr bewaffnen dürften. Die Bundeswehr sei aufgestellt worden, 500.000 Mann, modern bewaffnet, ausgestattet auch mit atomaren Waffenträgern. Ich sei zwar überzeugt, daß es nie mehr zum Krieg komme, aber unterstellt, es käme zum Krieg: Auf wen würden diese Deutschen im Rahmen des NATO-Bündnisses schießen? Sie würden schießen auf Deutsche, auf Polen, auf Tschechen, auf Slowaken, auf Russen - mit Ausnahme der Deutschen also allesamt Opfer der Kriegspolitik Hitlers. Wäre das moralisch erlaubt?

Hätten die Deutschen jedoch nicht aufgerüstet, wäre ein gefährliches Vakuum entstanden. Die Amerikaner hätten dann vor der Wahl gestanden, entweder das Vakuum selbst zu füllen, was wegen der Überforderung der USA nicht möglich gewesen wäre, oder es den Russen zu überlassen. »Wäre die Lage Israels besser«, so fragte ich, »wenn es die 500.000 deutschen Soldaten, die aus moralischen Gründen gar nicht da sein dürften, nicht gebe? Die Sowjetunion hätte in Europa freie Hand, nur der Rand Europas würde noch verteidigt werden als Brückenkopf der Amerikaner. Die sowjetische Macht aber könnte sich im Mittelmeer, im Nahen und Mittleren Osten voll entfalten. Also nehmen wir Druck weg von Israel, und Moskau kann sich nur mit schwachem Trommelklang im Mittleren Osten engagieren. Das, was ich hier sage, entspricht den geschichtlichen Tatsachen, es ist keine moralische Betrachtung. Wenn, dann müssen Sie schon konsequent sein. Wünschen Sie, daß die Sowjetunion im Mittleren Osten freie Hand bekommt? Wünschen Sie, daß PLO-Chef Arafat zu einer gefährlichen Bedrohung für Sie wird?« Die Wirkung meiner Argumentation in dieser denkwürdigen Gesprächsrunde in der Knesseth war mit Händen zu greifen. Was dann noch folgte, waren lediglich Rückzugs-Scharmützel. Freilich ist es schwierig, zumal für Deutsche, in Israel offen zu sprechen. Da man hierzulande wie in Israel eine gewaltige Medienlast auf sich hat, weicht man bestimmten Themen lieber aus. Privat, in kleinem Kreise, fällt ein offenes Wort durchaus auf fruchtbaren Boden.

Als wir bei der Vorbereitung des Programms für die erste Regierung Kohl im Oktober 1982 ausgedehnte Gespräche auch über die Lage im Nahen Osten und die Haltung der Bundesregierung führten, geriet ich mit Außenminister Hans-Dietrich Genscher hart aneinander. Genscher entwickelte seine Vorschläge: Erstens, Respektierung des Rechtes Israels, in anerkannten und gesicherten Grenzen zu leben, zweitens, Anerkennung des Rechtes der Palästinenser, ihre nationale Selbstbestimmung auszuüben, drittens, Befürwortung eines Vertrages, in dem beide Seiten sich zu Gewaltverzicht bekennen, viertens, Garantien für die Einhaltung dieser Regelungen. Ich erklärte, dieses Konzept sei ein Stück aus dem Poesiealbum. Das Recht Israels, in anerkannten und gesicherten Grenzen zu leben, werde allgemeine Zustimmung finden – aber wo verliefen diese Grenzen? Ich habe Genscher gebeten, mir zu sagen, welche Grenzen er meint und wo bei dieser Grenzziehung die Golan-Höhen, das Westufer des Jordans, Jerusalem, der Gaza-Streifen liegen. Der Außenminister blieb die Antwort schuldig.

Was das Selbstbestimmungsrecht der Palästinenser angehe, so bejahte ich dies, wie ich grundsätzlich das Selbstbestimmungsrecht aller Völker bejahe – aber wie sollte im konkreten Fall die Ausübung dieses Rechts aussehen? Das könnte man doch nur – so jedenfalls verstünden es die Araber – als Recht zur Bildung eines unabhängigen und souveränen Nationalstaates auf dem Westufer des Jordans, wahrscheinlich unter der Herrschaft der PLO, verstehen, oder sei ein föderativer Teil des Königreichs Jordanien gemeint? Auf diese Frage erklärte Genscher, daß es für die Bundesregierung nicht wünschenswert und auch nicht nützlich sei, hier klare Festlegungen zu treffen; die von ihm vorgeschlagenen Formulierungen gäben jeder Seite die Möglichkeit, das herauszulesen, was ihr genehm sei. Und wer, fragte ich, solle den Gewaltverzicht verkünden? Ob er, Genscher, glaube, daß angesichts der bestehenden Verhältnisse ein Gewaltverzicht überhaupt durchsetzbar sei? Ich hielt auch dies für ein Stück außenpolitischer Unverbindlichkeit, das in den Medien gut ankomme, aber in Wirklichkeit kein bißchen weiterhelfe. Ich konnte mir Schlagzeilen wie »Genscher tritt für Gewaltverzicht ein« ohne weiteres vorstellen – in der Realität steckt hinter einer so großartigen Meldung nicht die geringste Substanz. Zu den vorgeschlagenen internationalen Garantien merkte ich an, daß dies folgerichtig die Bereitschaft zum Einsatz von Streitkräften einschließe, wenn die Bestimmungen eines solchen Vertrages auch durchgesetzt werden sollen. Ob er, Genscher, der Meinung sei, daß es der Bundesrepublik Deutschland gut anstehe, lautstark schöne Forderungen zu erheben, sich aber im Ernstfall, wenn es um die Wahrnehmung der zugesagten Garantien gehe, krankzumelden? Genscher antwortete, daß er nicht militärische, sondern diplomatische Garantien gemeint habe. Ich war daraufhin der Meinung, daß man dieses Gespräch besser abbreche.

Helmut Kohl fragte, was denn meine Vorstellungen zu diesem schwierigen Themenbereich seien. Ich antwortete, daß ich zwar keine ausgearbeitete und druckreife Konzeption bei mir trüge, daß ich mir aber die entscheidenden Leitlinien konkret vorstellen könnte. Erstens müßte die Politik der Vereinigten Staaten von Amerika, Ägyptens und Israels im Sinne des Abkommens von Camp David zur Herbeiführung einer friedlichen Regelung unterstützt werden. Zweitens müßte Israel auf die Okkupation der Westbank verzichten, seine Besatzungspolitik aufgeben und seine Siedlungspolitik in den besetzten Gebieten beenden. Diese Schritte hatte auch der ehemalige israelische Verteidigungsminister Moshe Dajan in einem Vier-Augen-Gespräch in der Münchner Staatskanzlei mir gegenüber als dringend notwendig und als Voraussetzung für eine Friedensregelung bezeichnet. Drittens müßte den Israelis die Garantie gegeben werden, daß das Westufer des Jordans nicht für einen militärischen Aufmarsch gegen Israel mißbraucht werden darf. An dieser Stelle ist Israel nur wenige Kilometer breit. Ich habe mir einmal per Auto und Hubschrauber ein Bild der Lage gemacht und von einem pensionierten Bundeswehrgeneral eine militärische Studie anfertigen lassen. Binnen einer Stunde wäre der Gegner am Mittelmeer,

Israel in zwei Teile zertrennt. Eine Kontrolle über die Westbank zur Verhinderung eines militärischen Angriffs ist für Israel eine existentielle Frage. Ich habe darüber ausführliche und in der Bewertung übereinstimmende Gespräche mit Shimon Peres geführt. Eine der Möglichkeiten, die ich ins Spiel brachte, war die Umwandlung des Westufers des Jordans in eine autonome Provinz des Königreichs Jordanien, in der die Stationierung militärischer Streiftkräfte verboten sein müßte. Als Beispiel nannte ich das im Versailler Vertrag ausgesprochene Verbot, daß bis zu fünfzig Kilometer östlich des Rheins keine deutschen Truppen stationiert werden durften.

Dies waren meine konkreten Gegenvorschläge zu den unverbindlichen Anmerkungen Genschers, Vorschläge, die sicherlich nicht bis ins letzte durchdacht waren und nicht allen Modalitäten gerecht wurden, die aber dennoch Hand und Fuß hatten.

Am 4. Juni 1957 heiratete Bundesverteidigungsminister Strauß die Diplom-

Volkswirtin Marianne Zwicknagl, Tochter eines Brauereibesitzer in Rott am Inn. Zu den Hochzeitsgästen zählte auch Bundeskanzler Adenauer

Franz Josef und Marianne Strauß, 1961

Mit den Kindern Max Josef, Franz Georg und Monika

Strategie im Wandel

Im November 1960 war John F. Kennedy mit knappem Vorsprung vor Richard Nixon zum Nachfolger von Präsident Eisenhower gewählt worden. Die deutsche Politik hatte sich auf diesen Wechsel einzustellen. Nach dem soliden, phantasievollen Konzeptionen abgeneigten Eisenhower kam ein junger Mann, der Amerika zu neuen Ufern führen wollte. Kennedy und seine liberale Führungscrew von der Ostküste schienen die damaligen Modeworte »egghead« und »thinktank« geradezu erfunden zu haben. Skeptikern wie mir fiel dabei freilich auch der Begriff »deskwarriors«, Schreibtischkrieger, ein.

In meinem Bonner Ministerium verfolgten wir den Regierungswechsel in Washington mit großer Aufmerksamkeit. Das Verteidigungsressort - dies kann nicht deutlich und oft genug gesagt werden - kümmerte sich damals noch viel mehr um außenpolitische Fragen, als dies später der Fall war, als es auf den Status eines reinen Bundeswehrministeriums zurückgedrängt wurde und sich zurückdrängen ließ. Die Änderungen, die sich mit dem Amtsantritt der Regierung Kennedy abzuzeichnen schienen, nährten die Furcht vor einem Abbau oder einer Verringerung der amerikanischen Sicherheitsgarantie für die Bundesrepublik Deutschland. Unsere Sorge vor dem Hintergrund einer schwelenden und im Sommer 1961 dann akut werdenden Berlinkrise war, daß sich bei den Amerikanern womöglich eine optimistisch-irreale Beurteilung der sowjetischen Politik einnisten könnte. Oberst Gerd Schmückle, Oberstleutnant Wolfram von Raven, der spätere, im Juli 1985 verstorbene Bundestagsabgeordnete Werner Marx, der damals im Bereich der psychologischen Verteidigung tätig war, aber auch die Bundeswehrführung mit Generalinspekteur Foertsch und der Chef des Stabes des Führungsstabes der Bundeswehr, General Schnez - das war der Kreis, in dem die Fragen nach dem künftigen Kurs der amerikanischen Politik immer wieder gestellt und erörtert wurden.

Die Einstellung der Europäer zu den über die entscheidende Atommacht verfügenden Amerikanern war und ist zwiespältig, scheinbar sogar paradox. Die Amerikaner galten als absolut zuverlässig, solange ihre Heimat nicht in Gefahr war. Sie galten als nicht mehr so zuverlässig von dem Augenblick an, als die Sowjets über die Möglichkeit verfügten,

mit ihren Atomwaffen Ziele in Amerika anzugreifen. Die Amerikaner wiederum hatten kein Verständnis dafür, daß ihre Bemühungen, weniger verwundbar zu werden – 1983 hieß das Stichwort SDI –, von den Europäern als ein Versuch des Rückzuges aus der europäisch-atlantischen Schicksalsgemeinschaft interpretiert wurden. Die Amerikaner hatten und haben es schwer, es den Europäern rundum recht zu machen. Deshalb ist die nukleare Diskussion im Bündnis so kompliziert. Totale Abschreckung, abgestufte Abschreckung, »flexible response«, Vorwärtsverteidigung – um der Sowjetunion nicht den geringsten Vorwand zu geben, darunter werde ein Angriff auf ihr Territorium und das ihrer Verbündeten verstanden, später umbenannt in Vorneverteidigung –, alle diese Begriffe markieren mühsam erreichte Stationen der bündnispolitischen Diskussion.

Erschwert wurde und wird der transatlantische Dialog über Sicherheit im Zeitalter der Atomwaffen dadurch, daß Europa und Amerika mit dem Begriff Krieg jeweils ganz andere Erfahrungen verbinden. Die Ausgangslage ist eine völlig andere. Die Amerikaner haben in den Ersten Weltkrieg eingegriffen und die Entscheidung herbeigeführt – wenn wir in den Krieg eintreten, hatte Präsident Wilson erklärt, hat Deutschland verloren. Die Amerikaner haben in den Zweiten Weltkrieg eingegriffen und die Entscheidung herbeigeführt – Hitlers Kriegserklärung vier Tage nach dem japanischen Überfall auf Pearl Harbor hat es Roosevelt erleichtert, den Weg zu gehen, den er gehen wollte. Beide Kriege haben die Amerikaner durch die Entsendung von »Expeditionskorps« gewonnen. Die letzten kriegerischen Handlungen auf amerikanischem Boden ereigneten sich im Bürgerkrieg zwischen den Nord- und den Südstaaten in den Jahren 1861 bis 1865 oder, wenn man noch weiter zurückgehen will, bei der Zerstörung Washingtons im Jahre 1814 durch britische Soldaten. Seit dieser Zeit war das Territorium der USA nie mehr Kriegsschauplatz. Im Gegenteil, die Amerikaner waren die moralischen, politischen und militärischen Sieger in zwei Weltkriegen, ohne daß ein Ziegel von einem amerikanischen Dach gefallen wäre.

Mit dem Aufkommen der Atommacht Sowjetunion und mit dem Start des sowjetischen Weltraumsatelliten »Sputnik« war für das amerikanische Bewußtsein hinsichtlich eines möglichen Krieges eine neue Zeit angebrochen. Die Vereinigten Staaten sahen sich plötzlich mit der Tatsache konfrontiert, daß ihr Territorium nicht mehr »sanctuary«, unverletzlich war, sondern im Ernstfall Kriegsschauplatz sein könnte. Für uns Europäer war aufgrund eigenen Erlebens und Erleidens die

Vorstellung eines Krieges stets mit schrecklichen Zerstörungen verbunden, für die Amerikaner war dies, bis der Sputnik im Oktober 1957 seine Kreise zu ziehen begann, außerhalb jeder Vorstellung. Das Bild Amerikas war geprägt von dem Glauben an Unverwundbarkeit, vom Selbstgefühl einer kontinentalen Nation. Der sowjetische Schritt in den Weltraum löste denn auch einen regelrechten Sputnik-Schock aus: Immerhin hatte die konkurrierende Supermacht eine bis dahin für unerreichbar gehaltene Grenze als erste durchbrochen.

Während für Europäer das Wort Grenze an Auseinandersetzung und Krieg erinnert, verbinden die Amerikaner mit dem Wort »frontier« ein Traumziel, einen Auftrag, eine Herausforderung. Das Wort war nicht zufällig ein Schlüsselbegriff der Kennedy-Administration. Jedenfalls rechneten wir damit, daß substantielle Änderungen in den Grundlagen der amerikanischen Außen-, Sicherheits- und damit auch Bündnispolitik eintreten könnten. Ich weiß noch sehr wohl, wie bei Adenauers Besuch in Washington im November 1961 die Gegensätze verhüllt und unverhüllt zum Ausdruck kamen. Die Berlinkrise mit dem Mauerbau am 13. August war noch nicht endgültig überwunden, die Konfrontation zwischen Ost und West hielt an.

Am 21. November kam es zu einer Besprechung im Arbeitszimmer des amerikanischen Kabinetts. Kennedy, der wegen seines Rückenleidens in einem Schaukelstuhl saß, leitete die Sitzung. Neben Adenauer nahmen die Außenminister Dean Rusk und Gerhard Schröder sowie Verteidigungsminister Robert McNamara und ich teil. Ein amerikanischer Oberst gab einen Bericht über die Kräfteverhältnisse auf beiden Seiten, zu Lande, zu Wasser und in der Luft. Mir fiel sofort auf, daß die militärische Stärke des Warschauer Paktes ganz anders dargestellt wurde als in vorangegangenen NATO-Konferenzen. Die Zahl der verfügbaren Divisionen – der ersten Welle aus dem Stand, der zweiten Welle innerhalb von dreißig Tagen, der dritten Welle innerhalb von sechzig bis neunzig Tagen – wurde viel niedriger angegeben, als es bisher innerhalb der NATO die Regel war, obwohl auch dort die Amerikaner das Lagebild bestimmten.

Ich meldete mich als erster zu Wort. Die offensichtliche Diskrepanz veranlaßte mich zu der Bemerkung, daß es zwar erfreulich sei, wenn die feindlichen Stärken geringer seien als angenommen – was ironisch gemeint war und auch so verstanden wurde –, aber ich wolle trotzdem davor warnen, die Stärke der sowjetischen Armeen auf amerikanischen Schreibtischen auf- oder abzubauen. Gerhard Schröder war empört über mich, Adenauer vielleicht unangenehm berührt, was er aber nicht zu erkennen gab, die Amerikaner waren betreten. Ich könne nicht sagen, so fuhr ich fort, welche Darstellung die richtige sei, jedenfalls müsse ich aus eigener Erinnerung feststellen, daß uns bislang im Rahmen der NATO die Stärke der sowjetischen und der verbündeten Ostblock-Armeen hinsichtlich der Verfügbarkeit und Einsatzfähigkeit in einer für den Westen wesentlich ungünstigeren Weise dargelegt worden sei, als es hier geschehe. Damit erhebe sich für mich die Frage, welche Darstellung stimme und von welchen Kräfteverhältnissen wir ausgehen müßten.

Als deutscher Verteidigungsminister wurde ich natürlich auch vom Bundesnachrichtendienst über die militärische Stärke der Sowjetunion unterrichtet, mit dem auch die Amerikaner eng zusammenarbeiteten. Die Frage war aber weniger, was der BND an fremdem Material oder an eigenen Erkenntnissen beschaffen konnte, die entscheidende Frage war, von welchem Stärkeverhältnis auf der anderen Seite unsere amerikanischen Verbündeten ausgingen. Die Expertisen, die General Reinhard Gehlen mit seinem Dienst anfertigte, waren nicht bestimmend für das Gesamtbild des Bündnisses, hier gaben im wesentlichen die Berichte und Analysen des amerikanischen Geheimdienstes CIA den Ausschlag. Aus den uns vorgelegten Unterlagen ging nicht hervor, was Erkenntnisse des BND und was Erkenntnisse von verbündeter Seite waren, alle Quellen wurden zu einer Gesamtschau zusammengefügt.

Die Vorstellung, daß der deutsche Verteidigungsminister sozusagen mit einem eigenen Lagebild im Bündnis und gegenüber den USA hätte auftreten können, weil man über eigene Kundschafter, über ein vollständiges eigenes Informationsnetz und deshalb über Souveränität auf dem Felde der Aufklärung verfügte, ist theoretischer Natur. Auch der Hinweis auf die große Rußlanderfahrung der Deutschen im Zweiten Weltkrieg geht an der Realität vorbei. Die deutsche Rußlanderfahrung war Vergangenheit, und was unsere Agentenaufklärung betraf, so war sie fast gleich Null. Die »individuelle« Spionage hatte sich nach dem Zweiten Weltkrieg, besonders nach der Übernahme der »Organisation Gehlen« als BND in den Dienst der Bundesrepublik Deutschland 1956, sehr schnell zurückentwickelt. Was blieb, war vor allem die elektronische Aufklärung, also Abhörtechniken aller Art, und die Auswertung der Publizistik aus dem Bereich des potentiellen Gegners. Dazu kamen dann die von den Verbündeten, vor allem von den Amerikanern, erzielten Ergebnisse der Luftaufklärung und der Agententätigkeit.

In der elektronischen Aufklärung war der BND durchaus erfolgreich. Als sich Willy Brandt und Willi Stoph im Mai 1970 in Kassel trafen, wurde von einem Flugzeug aus ein Telefongespräch, das Stoph mit Walter Ulbricht vom Zug aus führte, abgehört und aufgezeichnet. Ich konnte mich über den Inhalt dieser Unterredung selbst informieren.

Der Widerspruch, der mich in Washington so sehr irritierte, war weit mehr als nur formaler Natur. Alle Überlegungen und Planungen der NATO waren immer auf einem Feindbild aufgebaut, bei dem die Stärke der militärischen Bedrohung die beherrschende Rolle spielte. Um zu einer richtigen Einschätzung zu kommen, waren nicht nur Zahlen wichtig, sondern vor allem die Frage der Verfügbarkeit und Einsatzfähigkeit der Truppen. Hier war der Gegensatz am größten. Den Besuchern aus Deutschland wurden im November 1961 sowohl die Zahl der Divisionen und Luftgeschwader des Warschauer Pakts als auch der Zeitplan ihrer Einsatzfähigkeit gänzlich anders, nämlich weniger bedrohlich dargestellt. Die Amerikaner begründeten auf meinen Einwand hin ihre veränderte Sicht der Dinge nicht etwa damit, daß sie neue Quellen aufgetan oder alte Informationen neu interpretiert hätten. Man sei, so hieß es, von überzogenen Annahmen ausgegangen. Andererseits waren die Amerikaner seit Mai 1960, seit sie sich aufgrund des Abschusses eines Aufklärungsflugzeuges vom Typ U 2 über Swerdlowsk mit weiteren Aufklärungsflügen dieser Art verständlicherweise zurückhielten, in ihren eigenen Informationsmöglichkeiten eher eingeschränkt. Die Satelliten verfügten noch nicht über perfekte photographische Möglichkeiten. Deshalb war ich in jenem November 1961 in Washington der Ansicht, daß die Amerikaner bei der Darstellung der sowjetischen Gefahr mehr oder minder von vorgefaßten Meinungen oder Wunschvorstellungen ausgingen und weniger von veränderten Tatsachen. Der selbsttrügerische Grundsatz, daß nicht sein kann, was nicht sein darf, schien mir zu offensichtlich.

Am nächsten Tag fand in der Deutschen Botschaft ein Abendessen statt, Adenauer durfte wegen einer schweren Erkältung nicht das Haus verlassen. Der Bundeskanzler saß Kennedy gegenüber, Schröder saß links, ich rechts vom Präsidenten. Ich bin – als Schnellredner bekannt – auch ein Schnellesser. Kennedy aber hat einen Geschwindigkeitsrekord im Essen aufgestellt, der selbst mir unvorstellbar war. Sonst meistens der erste, der fertig ist, hatte ich gegen meinen Tischnachbarn keinerlei Chance. Kennedy aß mit einer geradezu atemberaubenden Geschwindigkeit. Aufgefallen ist mir, daß seine Hände in ständiger, hektischer

Bewegung waren. Während des ganzen Essens herrschte, weitab von jeder entspannten Gelassenheit, eine nervöse und aufgeladene Atmosphäre. Dazu mag auch die Tatsache beigetragen haben, daß Adenauer und Kennedy viel zu verschieden waren, als daß sich Harmonie zwischen ihnen hätte einstellen können. Der alte Bundeskanzler hatte tief im Innern ein abgrundtiefes Mißtrauen gegen den jungen und ihm so fremden Präsidenten. In ihrer beider Tischreden war davon natürlich nichts zu spüren. Es war im übrigen eine Geste großer Höflichkeit, daß der Präsident zu Adenauer in die Botschaft kam. Er hatte gehört, daß der Bundeskanzler seine Einladung zum Abendessen nicht annehmen konnte, weil ihm der Arzt das Verlassen des Hauses strikt verboten hatte.

Im Juni 1962 hatte ich noch einmal ein längeres Gespräch mit Kennedy. Der Aufenthalt in Washington ist mir in schmerzlicher Erinnerung, weil meine Mutter im Sterben lag - ich mußte den Besuch vorzeitig abbrechen. Kennedy stellte mir eine bemerkenswerte Frage. Er wollte wissen, was ich an seiner Stelle tun, ob ich den Franzosen die nukleare Gleichberechtigung einräumen würde. Dies war eine der berühmten theoretischen Fragen, für die Kennedy bekannt war. Ich schloß daraus, daß er über die Pläne einer deutsch-französischen atomaren Zusammenarbeit unterrichtet sein mußte. Nach einigen abwiegelnden Formulierungen der Bescheidenheit darüber, daß er zu diesem Problem meinen Rat hören wolle, gab ich ihm folgende Antwort, die sein Sekretär eifrig mitschrieb: Zum einen müsse er davon ausgehen, daß die Franzosen sich mit einer minderen atomaren Rolle als die Briten niemals abfinden würden. Schon deshalb würde ich den Franzosen die gleiche Behandlung in der nuklearen Frage zugestehen wie den Engländern. Zum anderen würde ich an seiner Stelle gar nicht erst versuchen, ein amerikanisches Monopol aufrechtzuerhalten. Denn dann sei Washington, so meine Gedankenführung, der einzige Ansatzpunkt für eine sowjetische Erpressung. Verfügten auch London und Paris über A-Waffen, könnte er bei einer kritischen oder bedrohlichen Situation den Sowjets glaubhaft machen, daß das Thema Atomwaffen und ihr möglicher Einsatz nicht allein in seiner Hand liege. Er könnte sich darauf berufen, daß er einen mächtigen Verbündeten in England habe, das selbständig sei, und einen mächtigen Verbündeten in Frankreich, das ebenfalls selbständig sei, und daß es nicht in seiner Gewalt stehe, den Engländern und Franzosen hinsichtlich des Einsatzes ihrer Kernwaffen Befehle zu geben. Ich würde an seiner Stelle das aus dem amerikanischen Monopol entstehende spezielle Erpressungspotential der anderen Seite dadurch verringern. Kennedy hörte außerordentlich interessiert zu und bedankte sich für diese Analyse.

Noch aus den Anfängen der amerikanischen Atomtechnik stammte die McMahon-Bill, die die Weitergabe nuklearer Schlüsseltechnologien an andere Nationen, gleichgültig an welche, untersagte. Dieses Gesetz von 1946 sollte auch gegen Frankreich angewendet werden. Andererseits schloß Washington im Dezember 1962 mit London das Bahamas-Abkommen, das eine »special relationship« im nuklearen Bereich vorsah, um England in eine privilegierte Position zu bringen. Die Franzosen verstanden diese den Briten eingeräumte Sonderstellung als eine kränkende Mißtrauenserklärung der Amerikaner, de Gaulle war in besonderer Weise darüber empört. Präsident Eisenhower hatte in einer weit früheren Phase vorübergehend mit dem Gedanken gespielt, den Verbündeten aus amerikanischen Beständen nukleare Sprengkörper für A-Waffenträger zur Verfügung zu stellen. Als er von seinen Beratern auf die Unmöglichkeit einer Änderung der McMahon-Bill hingewiesen wurde, ließ er dieses Projekt wieder fallen. Auch vor diesem Hintergrund war Kennedys Frage zu verstehen.

In den fünfziger Jahren war man davon ausgegangen, daß man es im Kriegsfall mit einer ungeheuer großen, schnell einsatzbereiten und voll funktionsfähigen russischen Dampfwalze zu tun haben werde, die man aufhalten und zurückwerfen müsse, und daß deren militärische Kraft der eigentliche Ansatzpunkt für die Minimalstärke der NATO sei. Hiermit wurde im wesentlichen die nukleare Rüstung begründet. Von 1960 an wurde das Feindbild von den Amerikanern nicht zuletzt deshalb in seiner Bedrohlichkeit abgemildert, weil sie die Notwendigkeit des Einsatzes von Atomwaffen graduell abzubauen wünschten. McNamaras Bemühen, das bei der NATO-Ministerratstagung Anfang Mai 1962 in Athen besonders deutlich wurde, durch eine Verstärkung der konventionellen Streitkräfte des Bündnisses die atomare Schwelle anzuheben und somit Amerikas Sicherheit zu erhöhen, war Ausdruck dieses neuen strategischen Denkens unter Kennedy.

In Athen traf ich mich nach dem Ende der Sitzung mit Verteidigungsminister Robert McNamara und seinem Staatssekretär Paul Nitze in der US-Botschaft zu einer Unterredung, die nicht sehr freundlich verlief. Beide machten mir heftige Vorwürfe, daß die Bundesrepublik Deutschland auf dem Gebiet der konventionellen Verteidigung zu wenig tue, weil sie sich zu sehr auf die Atomwaffen verlasse, und daß wir unsere konventionellen Streitkräfte gewaltig aufstocken müßten. Den Amerikanern genügte keineswegs, daß wir erst im Dezember 1961 die Dauer der Wehrpflicht von zwölf auf achtzehn Monate verlängert hatten. Auch mein Argument, daß Washington völlig falsche Vorstellungen von der deutschen Leistungsfähigkeit habe - finanziell, personell und strukturell -, beeindruckte nicht. Wenn es auch nicht offen gesagt wurde, so war doch zu spüren, daß McNamara und Nitze mir und der Bundesregierung, für die ich stellvertretend als der böse Bube stand, schlechterdings den guten Willen absprachen. Ich war wieder einmal in der mir bekannten und vertrauten Lage - die Sowjets attackierten mich, weil ich angeblich eine auf Angriff ausgerichtete starke deutsche Armee haben wollte, die Amerikaner kritisierten mich, weil ich angeblich eine schwache deutsche Armee haben wollte, um die USA möglichst früh in einen nuklearen Schlagabtausch globalen Ausmaßes hineinzuziehen.

Das Ergebnis von Athen war, daß sich, wie in späteren Konferenzen auch, der Begriff der Stärke der konventionellen Verteidigung sehr im Theoretischen bewegte. Wir waren noch immer nicht in der Lage, die ursprüngliche Planung, die auf Blank, Heusinger und Speidel zurückging, durchzuführen - auch 1962 hatten wir noch nicht die vorgesehenen zwölf Divisionen plus vier Brigaden. Von unseren Schwierigkeiten in der Bundesrepublik hatten die Amerikaner aber nur eine sehr vage Vorstellung. Sie dachten, daß sich die Bundesrepublik bewußt um eine Verstärkung der konventionellen Verteidigungskraft herumdrücke und daß der Hauptwortführer gegen eine Änderung der Strategie der deutsche Verteidigungsminister sei. Deshalb versuchten McNamara und Nitze mich ins Gebet zu nehmen und mich zu veranlassen, mehr im konventionellen Bereich zu tun. Wir könnten nicht damit rechnen, daß die nuklearen Waffen der Amerikaner sozusagen den ganzen Bereich abdeckten.

Die Kernfragen der atomaren Strategie des Bündnisses haben sich im Grunde genommen nie revolutionär verändert. Es ging immer darum, das nukleare Risiko auszugleichen. Als Verteidigungsminister war ich mit dieser Problematik praktisch und fast täglich befaßt, wobei jede Entscheidung stets von langfristiger Wirkung war. Die Intuition, die ein Politiker braucht, überwog Rechenspiele und Planungen, die nur allzuoft in der Wirklichkeit nicht aufgehen. Einerseits sollte mit der Kennedy-Politik die nukleare Schwelle angehoben werden durch Verstärkung der konventionellen Streitkräfte, und dies mit dem Ziel, für den Fall eines von niemandem gewollten, aber vielleicht trotzdem ausbrechenden Krieges die Schäden zu minimieren. Andererseits sollte die NATO keine zu starken konventionellen Streitkräfte haben, weil sonst bei den Sowjets die Angst vor einer möglichen Invasion hätte auftauchen können oder weil dies ihnen zumindest den Vorwand geliefert hätte, dem Westen die Vorbereitung einer Angriffsfähigkeit aus dem Stande vorzuwerfen. Dieser Zwiespalt hat sich immer besonders stark in der Bundeswehr widergespiegelt. Nicht zuletzt durfte die andere Seite durch zu starke konventionelle Kräfte des Bündnisses nicht die Illusion gewinnen, ein europäischer Krieg könnte konventionell, also ohne Atomwaffen geführt werden.

Gedankenspiele, die darum kreisten, im Ernstfall mehr Zeit zu gewinnen und abgestufte Aktionen vorzunehmen, entsprangen mehr oder minder westlichen Wunschträumen. Moskau hatte aus seiner Kriegsdoktrin nie ein Hehl gemacht. Selbstverständlich gab es die Beteuerungsformel, daß die östliche Seite keinen Krieg anfangen werde, aber ebenso selbstverständlich lief die Planung darauf hinaus, einen Krieg, wenn er dennoch kommen sollte, nicht auf dem Boden der Sowjetunion und ihrer Verbündeten, sondern auf dem Territorium des Feindes, also der NATO-Staaten, auszutragen. Sowjetisches Planungsziel war es, die Armee des Feindes zu besiegen, seine Streitkräfte zu vernichten und auszuschalten und das Gebiet des Gegners zu besetzen. Man hätte nicht irgendwo an Weser oder Rhein innegehalten, sondern erst am Atlantik. Erst dann wäre die sowjetische Sicherheitsgrenze so weit nach vorne verlegt gewesen, daß es kein weiteres Vorne mehr gab. Im Anschluß daran wäre der Frieden diktiert worden, mit allen politischen, ideologischen und gesellschaftlichen Folgen, die ein von der Sowjetunion diktierter Frieden bedeutet.

Der Westen ging demgegenüber von der Vorstellung aus, daß ein Krieg, den man selbstverständlich nie beginnen würde, durch Aufhalten der feindlichen Truppen zum Stillstand gebracht, eine Verhandlungspause erzwungen und dann Frieden geschlossen werden müsse. Deshalb sind im Bündnis nie irgendwelche Überlegungen angestellt worden, den Krieg in das Gebiet des Gegners hineinzutragen. Vereinzelte Gedanken, daß man für den Fall eines sowjetischen Angriffs stark genug sein müsse, den Gegner nicht nur aufzufangen und über die Demarkationslinie zurückzuwerfen, was für den Angreifer ein relativ risikoloses Unternehmen wäre, sondern nachzustoßen bis zum militärischen Sieg, gerieten über das Stadium unverbindlicher Theorien nicht hinaus und spielten keine Rolle. In gewisser Weise hat sich die NATO, die sich ausschließlich als ein auf Verteidigung ausgerichtetes Bündnis demokratischer Staaten versteht, die Quadratur des Kreises vorgenommen – auch im Ernstfall stehenbleiben, wo man steht, weil es aus politischen Gründen ebensowenig ein Zurückweichen wie ein Vorgehen geben kann. Bei kritischer Betrachtung, die sich vor allem im Rückblick ergibt, ist dies keine militärische, sondern eine politisch-psychologische Strategie. Man befiehlt dem NATO-Kommandeur – wie einem Admiral, der mit seiner Flotte auf See ist –, an einem bestimmten Punkt zu halten, obwohl die einzige Chance der NATO, neben der ausreichenden Bewaffnung und neben dem Ausbildungsstand ihrer Soldaten, ihre schnelle Beweglichkeit und ihre Kombinationsfähigkeit ist. Gedanken dieser Art gingen mir zum ersten Mal nach einer Unterredung mit Maxwell Taylor durch den Kopf.

Im Jahre 1960 hatte der pensionierte amerikanische General Maxwell Taylor sein Buch »The Uncertain Trumpet« veröffentlicht. Resumee: Keine A-Waffen besitzende Macht wird bei Gefahr der Zerstörung des eigenen Landes diese A-Waffen zur Verteidigung der Bundesgenossen einsetzen. Nun war Maxwell Taylor, wie gesagt, pensionierter General, pensionierte Generale haben schon viel geschrieben. Als aber John F. Kennedy im Januar 1961 Präsident wurde, reaktivierte er Maxwell Taylor, der von 1955 bis 1959 Stabschef des Heeres gewesen war, und machte ihn zu seinem persönlichen Militärberater. 1962 berief er ihn zum Vorsitzenden der Vereinigten Stabschefs. Ich habe den Bundeskanzler sofort gewarnt vor dem, was da auf uns zukommen könnte. Die Kernfrage, die uns bewegte, lautete: Ändern die Amerikaner nun ihre Strategie?

Als ich im Juni 1962 in Washington war, holte mich Paul Nitze am Flugplatz ab. »Ich würde gern mit General Taylor sprechen.« Nitze: »General Taylor wird zu Ihnen ins Hotel kommen und Ihnen zur Verfügung stehen.« Ich wollte Taylor eigentlich allein sprechen, er kam aber in Begleitung von Paul Nitze, der fast wie ein Politkommissar auf mich wirkte. Wir sitzen uns im Shoreham-Hotel in Washington gegenüber, und ich stelle Maxwell Taylor die Gretchenfrage: »Gilt die Meinung des pensionierten Generals, oder gilt die offizielle NATO-Doktrin, die damit nicht vereinbar ist? Was sagt der jetzt reaktivierte General, der als pensionierter General dieses Buch geschrieben hat?« Antwort: »Herr Minister, die NATO-Doktrin gilt. Was ich in meinem Buch sagte, war meine persönliche Meinung. Ich bin jetzt Vorsitzender der Joint Chiefs of Staff, und was Sie als verbindliche Verteidigungsplanung kennen, ist auch für mich verbindlich.«

Am nächsten Tag besuchte ich Robert McNamara, Kennedys Verteidigungsminister. Meine Frage: »Was haben die Amerikaner, abgesehen von der NATO-Planung, die wir kennen, an Überlegungen für den Einsatz amerikanischer Atomwaffen? Konkrete Frage: Präventivkrieg oder was? Ergänzungsfrage: Werden die Amerikaner Atomwaffen als erste verwenden?« McNamara zu mir: »Ich möchte Ihnen nicht hier im Pentagon meine Antwort geben. Ich lade Sie für Sonntagabend zu mir nach Hause ein.« Zu dem Abendessen kamen außerdem Maxwell Taylor, die Chefs der Luftwaffe und der Marine sowie Paul Nitze. Nach dem Essen sitzen wir zusammen. McNamara räumt ein, daß er seine Antwort nicht schriftlich geben könne, die einschlägigen Dokumente seien nicht für die Bundesgenossen bestimmt: »Wir lehnen einen Präventivkrieg rundweg und bedingungslos ab. Das entspricht nicht amerikanischem Denken, das ist völlig ausgeschlossen. Aber: nicht ausgeschlossen ist ein preemptive strike.« Worin denn der Unterschied bestehe, will ich wissen. Was ein Präventivkrieg ist, sei, so McNamara, klar. Wenn sich jedoch ein Gesamtbild aus Geheimdienstquellen und Luftaufklärung ergebe, aus dem der Aufmarsch der anderen Seite eindeutig hervorgehe, und keine Zweifel mehr möglich seien, daß der Krieg in wenigen Stunden ausbreche, man gewissermaßen nur auf den ersten Schuß warte, dann dächten die USA auch an einen »preemptive strike«, einen atomaren Erstschlag, um die Kapazität der Sowjets zu vermindern. Meine drängende Frage, ob es nach amerikanischer Vorstellung eine Lage geben könnte, in der die USA als erste Atomwaffen verwendeten, war damit in überraschender Weise beantwortet. Und die Antwort war eindeutig: Präventivkrieg nein, »preemptive strike« dann, wenn es keinen Restzweifel mehr gibt, daß in wenigen Stunden der Feind losschlagen wird. Für die Amerikaner war die NATO-Doktrin der »massive retaliation« eigentlich schon mit dem Dokument MC-70 gestorben. Von da an galt im Prinzip eine Strategie der »flexible response«, die von 1962 an diskutiert und 1967 vom Bündnis beschlossen wurde.

Das Bekenntnis Maxwell Taylors zur NATO-Strategie konnte mein Mißtrauen gegen die Regierung Kennedy nicht ausräumen. Zudem konnte ich diesem blitzschnell vollzogenen Meinungswechsel eines Generals, der pensioniert so völlig anders denkt als im aktiven Dienst und umgekehrt, nicht ohne weiteres absolute Glaubwürdigkeit zumessen.

Der Groll gegen die Kennedy-Administration blieb, und es blieb die Sorge, daß die Amerikaner gegenüber den Sowjets einen weichen Kurs fahren könnten und zum Schluß Europa in den sowjetischen Sog gerate. Meine Grundstimmung war Mißtrauen. Es lag jedoch jenseits der Möglichkeiten des deutschen Verteidigungsministers, hier Pflöcke einzuschlagen, die der Unsicherheit im Bündnis und der Unsicherheit der deutschen Lage ein Ende gesetzt hätten. Bundeskanzler und Bundesregierung haben gar nicht erst versucht, sozusagen eine deutsche Vetorolle einzubauen in die großen Fragen der Nuklearstrategie. Man hat sich nicht getraut, obwohl die Deutschen schon wegen der geographischen Lage ihres Landes von diesen Problemen in existentieller Weise betroffen sind.

In Washington, in Kreisen der NATO und auch in Bonn habe ich immer wieder auf die Binsenwahrheit hingewiesen, daß, wenn es zu einem Krieg käme, unser Land zu beiden Seiten des Eisernen Vorhangs Kriegsschauplatz und das Volk der Deutschen erstes Opfer wäre. Deshalb, so meine Schlußfolgerung, hätten wir einen legitimen Anspruch darauf, über den Einsatz von Atomwaffen mitzuentscheiden, andernfalls legten wir die Entscheidung über Leben und Tod, über das biologische Überleben der Deutschen, in die Hände von Politikern und Militärs anderer Länder. Die im Dezember 1966 beschlossene »Nuclear Planning Group« der NATO ist alles andere als ein Ersatz und bei nüchterner Beurteilung kaum mehr als eine Geste des guten Willens der Amerikaner, ein Placebo für die Verbündeten und ein Feigenblatt für die amerikanische Suprematie. Da läßt man den kleinen Kasperl mit der Kindertrompete neben der Militärmusik herlaufen und ihn glauben, er sei der Tambourmajor.

Zurückgekehrt nach Deutschland, kam es zu einer der skurrilsten Szenen meiner gesamten politischen Laufbahn. Ich bat die Generale Foertsch und Schnez zu mir und berichtete ihnen von meiner Reise, von meinen Gesprächen mit Maxwell Taylor und McNamara. Mein Auftrag an den Führungsstab der Bundeswehr: »Erarbeiten Sie eine Kriegsplanung, die unterstellt, daß die Amerikaner vom preemptive strike Gebrauch machen. Also statt der traditionellen NATO-Annahme, daß beispielsweise bei Hof geschossen wird, daß es bei Coburg weitergeht und so weiter, ein atomarer Erstschlag der USA. Die Sowjets wollen Krieg, die Sowjets wollen angreifen, die Sowjets wollen sich durch einen Erstschlag einen entscheidenden Vorteil verschaffen, nur ist noch nicht geschossen worden, kein Gewehr und kein Maschinengewehr,

Der Verteidigungsminister und sein Pressereferent, Oberst Gerd Schmückle, 1959

Im Gespräch mit Robert McNamara, Washington, Juli 1961

US-Generalstabschef Maxwell Taylor auf Deutschlandreise, August 1957

keine Kanone und keine Haubitze ist in Tätigkeit getreten. Aber das Bild ist zwingend, die Sowjets schlagen jetzt los. Wie ist dann die deutsche Lage?«

Ich informiere den Bundeskanzler. In seiner nächsten Sitzung befaßt sich der Bundesverteidigungsrat mit dem Thema. Foertsch leitet kurz ein, Schnez gibt eine etwa einstündige Darstellung. Dann der Bundeskanzler: »Haben Sie das schriftlich?« Foertsch: »Ja, aber nicht in ausgearbeiteter Form, nur als Rohmaterial für meinen Vortrag, Herr Bundeskanzler.« Adenauer: »Das ist so wichtig, das muß ich schriftlich haben, das möchte ich gründlich nachlesen.« Die Generale arbeiten mit ihren Mitarbeitern diese Denkschrift aus, ich richte ein Geheimschreiben an den Bundeskanzler, daß ich seinem Auftrag entsprechend den Inhalt der mündlichen Vorträge der Generale Foertsch und Schnez in schriftlicher Form übermittle.

Kurz darauf - ich sitze im Bundesverteidigungsministerium - ruft mich Bundespräsident Heinrich Lübke an. Lübke war ein väterlicher Freund. Er müsse mit mir ganz vertraulich reden, könne das nicht am Telefon tun, ich solle zu ihm kommen. Ich gehe zu Lübke, er und ich sind allein, ohne Zeugen. Lübkes Eröffnung: »Herr Strauß, bei mir war der Bundeskanzler und hat Ihre Entlassung beantragt.« Zwar hatte es seit meiner Berufung viele Meinungsverschiedenheiten mit dem Bundeskanzler gegeben, aber dennoch machte mich Lübkes Mitteilung fassungslos. Der Bundeskanzler habe ihm mit Grabesstimme eröffnet, so Lübke, Strauß plane einen Präventivkrieg und er, Adenauer, werde binnen kurzem den Bundespräsidenten bitten, die Entlassungsurkunde für Strauß zu unterschreiben. »Was sagen Sie dazu, Herr Strauß?« Da sage ich: »Herr Bundespräsident, das ist unfaßbar, das ist unglaublich!« Dann habe ich ihm die Geschichte erzählt. Obwohl Lübkes militärischer Überblick nicht sehr groß war, konnte ich ihm den Vorgang, glaube ich, einigermaßen klarmachen.

Dann bin ich zur Offensive übergegangen und mit der Bonner CSU-Spitze bei Adenauer anmarschiert: »Herr Bundeskanzler, Sie werfen mir die Vorbereitung eines Präventivkrieges vor. Das ist eine ausgemachte Lüge, eine unerhörte Diffamierung. Wie kommen Sie zu dieser Behauptung?« Ich dachte mir, jetzt ist es ohnehin vollkommen gleichgültig, was du sagst, und habe den Bundeskanzler angenommen, wie kein Mensch glaubt, daß Adenauer jemals von einem seiner Minister angeredet worden ist. Ich war wütend und fest entschlossen, aufs Ganze zu gehen. Adenauer sagte: »Sie haben doch eine Denkschrift eingereicht, in der Sie den Präventivkrieg empfehlen.« – »Auch Ihnen, Herr Bundeskanzler, ist es nicht erlaubt, sich so töricht zu dieser Frage zu äußern. Sie wissen doch ganz genau, was ich Ihnen berichtet habe. Was mir die Amerikaner auf meine konkrete Frage über einen möglichen preemptive strike mitgeteilt haben, das haben im Verteidigungsrat die Generale Foertsch und Schnez in einem Vortrag erläutert. Sie haben über das Kriegsbild anhand der vertraulichen Informationen gesprochen, die man mir in Washington persönlich gegeben hat. In der Denkschrift steht, daß die Amerikaner einen Präventivkrieg unter allen Umständen ablehnen, daß sie sich aber den preemptive strike vorbehalten. Und das, was in der Denkschrift steht, stammt aus dem Pentagon, als Information, als Grundlage für unsere Überlegungen. Den Vortrag der Generale Foertsch und Schnez haben Sie selbst gehört, die schriftliche Ausarbeitung ist nur die exakte Wiedergabe des mündlichen Vortrages. Sie haben sie ja um Übermittlung des Textes gebeten, und meine Mitwirkung hat sich darauf beschränkt, daß ich in einem Anschreiben Sie von der Erfüllung Ihres Wunsches oder Ihres Auftrages unterrichtet habe.«

Adenauer: »Ja, da steht das drinnen von dem Präventivkrieg.« – »Herr Bundeskanzler, das ist eine Lüge. Sie haben die beiden Schreiben.« Ich merke, wie Globke sich verfärbt, er spürt, daß Adenauers Stellung nicht zu halten ist.

Ich setze nach: »Ich verlange, daß die Denkschrift hier auf den Tisch gelegt wird, dann reden wir darüber. Das lasse ich mir nicht gefallen, daß Sie mich als Verbrecher hinstellen.« Globke eilt hinaus, bringt das Papier.

»Herr Bundeskanzler, aus welcher Zeile dieser Denkschrift entnehmen Sie den Präventivkrieg?« Adenauer: »Globke, wo steht denn das?«

Ich werde lauter: »Herr Bundeskanzler, da steht drin, daß ein Präventivkrieg ausgeschlossen ist. Offen bleibt die Möglichkeit eines preemptive strike. Herr Bundeskanzler, wer könnte denn einen solchen preemptive strike auslösen, den ich als möglich bezeichnet habe aufgrund der amerikanischen Information? Den kann doch nicht der deutsche Verteidigungsminister auslösen! Ich kann vielleicht ein paar verrückte Bataillonskommandeure anhalten, an der Grenze herumzuschießen, aber einen preemptive strike mit nuklearen Waffen, wie stellen Sie sich denn das vor? Nur der amerikanische Präsident kann diesen Befehl geben. Ich bin doch nicht der amerikanische Präsident!« Dann wurde ich beleidigend: »Wissen Sie was, Herr Bundeskanzler? Sie haben ein Lexikon aus dem Jahre 1890, als Sie in die Schule gegangen sind, dort steht das Wort preemptive strike noch nicht. Sie haben keine Ahnung, was preemptive strike bedeutet. Sie haben keine Ahnung von den Begriffen der modernen Verteidigungstechnik. Bevor Sie so absurde Vorwürfe erheben, sollten Sie mich fragen, was preemptive strike ist. Es steht sogar drin, in der Denkschrift, was das ist, und auch, daß es keinen Präventivkrieg gibt, steht ausdrücklich drin. Wie können Sie dann behaupten, daß ich einen Präventivkrieg will? Wenn Ihr Wissen nicht ausreicht, den Begriff preemptive strike zu verstehen, ist es Ihre Sache, Ihre Unzulänglichkeit. Aber das erlaubt Ihnen nicht, mir verbrecherische Pläne zu unterstellen.«

Adenauer vollzog eine Kehrtwendung um 180 Grad: »Ja, dann ist die Angelegenheit damit erledigt. Ich nehme den Vorwurf zurück.« Das war im Sommer 1962. Sicherlich hat sich mein Verhältnis zum Bundeskanzler von dieser Auseinandersetzung nie mehr ganz erholt.

Die in diesen Jahren ständig und rasch wechselnden Theorien amerikanischer »Schreibtischkrieger« über die Führbarkeit oder Nichtführbarkeit eines atomaren Krieges einerseits, die offensichtliche Neigung der Amerikaner, ihre Analysen des gegnerischen militärischen Potentials den in Washington gerade herrschenden politischen Strömungen anzupassen, andererseits – dies veranlaßte uns zu einer deutlichen Stellungnahme. In diesem Zusammenhang ist an erster Stelle ein Aufsatz meines Pressesprechers Oberst Gerd Schmückle zu nennen. Das Pressereferat im Verteidigungsministerium hatte zum einen die nationale und internationale Presse nach Themen, die im Zusammenhang mit Verteidigungsfragen standen, auszuwerten, zum anderen natürlich die Öffentlichkeitsarbeit für Bundeswehr und Verteidigung schlechthin sowie für den zuständigen Minister zu betreuen. Ausgrenzungen nach Freund-Feind-Kriterien gab es im Pressebereich nicht. Hier waren »freischaffende Künstler« mit militärischem Status tätig, die ihren Dienst meist in Zivil versahen. Individuelle Köpfe hatten den Freiraum, den sie brauchten. Gerd Schmückle genoß mein volles Vertrauen, er dürfte in alles eingeweiht gewesen sein. Ich hatte zu ihm ein gutes persönliches Verhältnis, das auch angehalten hat nach meinem Ausscheiden als Verteidigungsminister. Persönlich wie fachlich bestehen bis heute zwischen uns gute Beziehungen.

Schmückles Aufsatz »Die Wandlung der Apokalypse« in der Wochenzeitung »Christ und Welt« vom 26. Januar 1962 war eine unserer wichtigsten politisch-publizistischen Gemeinschaftsleistungen, war in vieler Hinsicht richtungweisend. Man darf nicht vergessen, daß zu dieser Zeit bei nicht wenigen Angehörigen des Offizierkorps weitgehend Unkenntnis hinsichtlich der Auswirkung der Atomwaffen auf Krieg und Kriegführung bestand, und hier vor allem hat der Aufsatz von Oberst Schmückle wichtige Aufklärungsarbeit geleistet. Er setzte sich deutlich ab von jenen Militärs, die von der nuklearen Schwelle, von der nuklearen Pause sprachen, das heißt von der Konzeption eines nuklearen Krieges ausgingen, den man steuern könne. Schmückle sagte klipp und klar, daß ein solcher Krieg nicht steuerbar sei.

»Die Aufgabe der Streitkräfte besteht insgesamt und in allererster Linie in der Abschreckung, das heißt in der Kriegsverhütung, nachdem von einer Kriegführung bei einer gegenseitigen totalen Vernichtung im eigentlichen Sinne des Wortes nicht mehr gesprochen werden kann ... Natürlich ist der atomare Bewaffnungsanteil der Heere ihr entscheidender Abschreckungs- und Vernichtungsfaktor. Konventionelle Waffen müssen vorhanden sein, um die verbleibende ›Lücke‹ zu schließen, um die Abschreckung zu perfektionieren. In diesem Sinne und in diesem Rahmen müssen sich die Heere auch heute noch mehr auf die traditionell-soldatischen Wesenselemente abstützen, als es den Luftwaffen erlaubt ist. Sonst aber gilt es, von veralteten Kriegsbildern in Europa Abschied zu nehmen. Je rascher, desto besser.

Es kann in Europa keinen konventionellen Krieg mehr geben, da beide Seiten atomar bewaffnet sind. Auch dort, wo nur mit konventionellen Waffen geschossen wird, sind die Truppen gezwungen, die Taktik der atomaren Kriegführung anzuwenden. Es gibt also grundsätzlich nur noch nichtatomare oder atomare Gefechts- und Kriegssituationen. Die Idee vom konventionellen Krieg in Europa ist militärische Alchimie. Auch die Hoffnung auf eine atomare Abrüstung darf uns dabei nicht in das Land der Illusionen führen. Selbst wenn die atomare Abrüstung glücken sollte – was im besten Fall die Beseitigung aller Atomwaffen in der Welt bedeutet –, änderte sich dadurch das Kriegsbild in Europa nicht. Aus dem Gedächtnis der Wissenschaftler und Ingenieure läßt sich das Wissen über die atomare Waffenproduktion auch durch das vollkommenste Abrüstungsabkommen nicht löschen. Die Atomwaffen würden also im Fall einer gewaltsamen Auseinandersetzung um Europa alsbald wieder auf die Bühne des Kriegstheaters geworfen werden. Es wäre allerdings ein lebensgefährlicher Fehlschluß, aus allen diesen Überlegungen die Konsequenz zu ziehen, man könne einseitig die Streitkräfte vermindern oder gar auf sie verzichten. Vielmehr kommt es darauf an, die Streitkräfte, vor allem ihre Feuerkraft im Vergleich zum potentiellen Gegner, in Balance zu halten.«

Schmückle zog aus seiner Analyse durchaus ein hoffnungsvolles Fazit: »Das schreckliche Bild vom Atomkrieg räumt der Abschreckung vom Krieg eine hohe Chance ein. Eine höhere Wahrscheinlichkeit als je zuvor in der Menschheitsgeschichte spricht dafür, daß der Krieg als Mittel der Politik in Europa ausgeschaltet wird. So ist es unter Militärs üblich geworden, sich als waffentragende Pazifisten auszuweisen.

Der militärische Hinweis, unsere Aufgabe sei es, den Krieg zu verhindern, verkündet durchaus nicht nur eine gute, lobenswerte Absicht: Die Atomwaffen, diese fürchterlichen Vernichtungsmittel, bieten nämlich zugleich die Chance, diese Absicht verwirklichen zu können. Der Soldat wird dadurch in die paradoxe Situation versetzt, seine Waffen bis zur Perfektion beherrschen zu müssen, um sie nie anzuwenden. Dennoch muß er über einen außerordentlich hohen Grad der Einsatzbereitschaft und des Einsatzwillens verfügen, soll die Abschreckung glaubwürdig sein. Franz Josef Strauß hat diesen Gedanken mit großer Eindringlichkeit immer wieder geäußert. Aus dieser neuen Aufgabe – dem Kampf gegen den Krieg –, erwächst dem Militär seine neue Würde. Die politische Situation in Europa scheint mir daher – seit der Krieg als Mittel der Politik an sich ausscheidet – nicht einfacher, sondern komplizierter geworden zu sein, hängt doch die friedensgefährdende Spannung mit dem Status quo, also einem Zustand, der allen geschichtlichen Erfahrungen widerspricht, unlöslich und verhängnisvoll zusammen.«

Dies alles schrieb ein bekanntermaßen dem Verteidigungsminister nahestehender hoher Offizier kein halbes Jahr nach der Berlinkrise. Er gab damit Gedanken seines Ministers wieder, die er in vielen Gesprächen bis zum letzten Detail kennengelernt hatte. Was Schmückle schrieb, war dem Sinne nach Originalton Strauß, was nicht heißen soll, daß Schmückle nur ausführendes Organ gewesen wäre. Es war unser beider Beurteilung und Meinung.

Der Aufsatz hat im Verteidigungsministerium einen Aufstand ausgelöst, vordergründig gegen Schmückle, aber die eigentliche Zielscheibe war ich. Schmückle hatte an einer Stelle geschrieben, er gehöre nicht zu denen, die argumentierten, das Heer habe nur noch die Aufgabe, Luftwaffenflugplätze zu bewachen. Genau mit diesem Argument kamen dann einige Generale des Heeres, die gegen Schmückle und damit gegen mich antraten: Sie wehrten sich gegen die von der Luftwaffe beanspruchte Dominanz. Hier trat ein tiefer Riß innerhalb der Bundeswehr zutage, der sich seit meiner Amtsübernahme angedeutet hatte.

Das politische Heiligtum im Amt Blank war die »Innere Führung«. Bei mir kam zu allem Bemühen um den Aufbau einer dem demokratischen Staat angemessenen Armee ein zusätzlicher politischer Akzent hinzu: die Verkoppelung von westlicher Verteidigung und Schlüsselstellung der Bundesrepublik Deutschland, ausgedrückt in konventionellen Anstrengungen und in strategischen Überlegungen, die sich aus der völligen Veränderung des Kriegsbildes durch die Atomwaffen ergaben. Ich hatte eine politische Konzeption für die Bundeswehr, die sowohl den Militärs als auch den Politikern der Gründerjahre erhebliche Korrekturen aufnötigte.

In der Auseinandersetzung von 1961/62 war bemerkenswert, daß auch die SPD mit schwerstem Geschütz gegen Schmückle aufgefahren ist. Paradoxerweise fanden sich hier in ihrem Denken konservative bis reaktionäre Stabsoffiziere mit Sozialisten, die mehr oder minder gegen alles Militärische waren. Unter den Militärs erhob der spätere Brigadegeneral Karst schwerste Vorwürfe gegen Schmückle. Im Ministerium kam es zu großen Spannungen. Schmückle wurde schlechterdings die Zerstörung des militärischen Denkens vorgeworfen. Ich nahm Schmückle in Schutz, aber die Front der Kritiker wankte nicht. Sie konnten sich nicht damit abfinden, daß ein Krieg nach dem Muster des Ersten Weltkrieges, also mehr oder minder ohne Panzer, oder auch ein Krieg mit modernen konventionellen Waffen nicht mehr führbar sein sollte.

Es ging, zusammengefaßt, um die Frage: Ist ein Krieg möglich oder nicht? Damit stellte sich für die Gruppe der Opponenten die Sinnfrage der Soldaten. Ich habe ihre Einstellung verglichen mit dem Spiegelbild-Schießen der schweren Flak. Ein Zielflugzeug stellte das Ziel dar, ohne ein Schleppgerät. Man schoß in einem um 180 Grad versetzten Winkel und konnte dann aufgrund der Photoaufnahmen feststellen, ob man getroffen hatte. Das Flugzeug flog auf der einen, nach der anderen Seite schoß man – auch wenn man traf, passierte in Wirklichkeit nichts.

Der daraus von mir gezogene Vergleich: die Offiziere und Soldaten, die die durch die Atomwaffen völlig gewandelte Situation nicht akzeptieren wollten, könnten sich nicht in die Vorstellung fügen, daß ihre Tätigkeit jeglichen Sinn verloren hätte, sobald sie von ihren Geräten, Waffen und Fähigkeiten Gebrauch machen müßten. Ich habe zwar eine

Zeitlang auch mit einem möglichen Krieg gerechnet, habe aber nie daran geglaubt, daß ein Krieg ohne Atomwaffen geführt werden könnte, weil nach meiner Überzeugung die unterliegende Seite, wenn sie in Bedrängnis geriet, stets zur größeren und schlimmeren Waffe greifen würde. Nach dem Gespräch mit McNamara im Jahre 1962 über das atomare Kriegsbild war mir ein für allemal klar: Ein Krieg ist nicht mehr denkbar, weil er nicht mehr kalkulierbar ist.

Aufgrund dieses Wandels der Apokalypse bin ich davon überzeugt, daß es keine geschichtliche Veränderung mehr durch Kriege oder Revolutionen geben wird. Krieg wäre ein Spiel mit dem Selbstmord. Diese festgegründete Einsicht ist elementarer Bestandteil meiner militärphilosophischen und politisch-strategischen Konzeption. Wäre damit die Geschichte zum Stillstand gekommen, weil zwei ihrer Hauptantriebskräfte, nämlich Krieg und Revolution, nicht mehr möglich sind? Man muß nur die Geschichtsbücher lesen, die ganzen Schülergenerationen zur ersten Orientierung gedient haben, auch mir: Kriege, Schlachten, Siege, Niederlagen, Friedenschlüsse, neue Kriege, dann die Revolutionen, die »Glorious Revolution« in England, die Französische Revolution, die russische Revolution, die Pseudorevolutionen in Deutschland und so weiter. Das alles findet nicht mehr statt. Ist die Geschichte also am Ende?

Nein. Die Schlachtfelder und Revolutionsbarrikaden haben sich nur verlagert. Die Welt der Medien mit ihren ungeheuren Auswirkungen, die keine echte Abschottungsmöglichkeit mehr bieten, die Laboratorien der Wissenschaft, die Studios der Denker, die Schreibtische der Ingenieure, die Produktionshallen moderner Industrie - hier werden die Schlachten von morgen geschlagen, das sind die Schlachtfelder der Zukunft. Hier wird entschieden, welches System das stärkere ist. Deshalb liegt der Sinn des Militärischen nicht mehr in Aufmarschplänen, nicht mehr darin, Kriege vorzubereiten, nicht mehr darin, militärische Siege zu planen, sondern nur noch darin, dem potentiellen Aggressor die Anwendung militärischer Mittel gegen uns unmöglich zu machen. Das ist der einzige Sinn des schweren Berufs des Soldaten - die beste Ausrüstung, die perfekte Ausbildung, und beides darf nie angewandt werden!

Die Offiziere, die den von den Atomwaffen erzwungenen Wandel jedes Kriegsgedankens nicht mit allen Konsequenzen zur Kenntnis nehmen wollten, hatten gewissermaßen noch immer die »Höhe 305« vor Augen, die es zu erstürmen galt. Für die anderen Offiziere waren mit der Wandlung der Apokalypse alle Gesetze der bisherigen Kriegführung praktisch außer Kraft gesetzt. Zu dieser »nuklearen Kriegsverbotsschule« gehörten der Führungsstab der Luftwaffe einschließlich Kammhubers und ein Teil des Führungsstabs des Heeres. Die Konfrontation zwischen den beiden Denkschulen spiegelte sich selbstverständlich auch im Verteidigungsministerium. Nachdrücklich ist mir eine Abteilungsleiterbesprechung im Gedächtnis, zu der ich einige der kritischen Obristen aus dem Führungsstab des Heeres gegen Jahresende 1962 eingeladen hatte. Aus dem Gesicht des damaligen Oberst i. G. Heinz Guderian schlug mir nackte Feindseligkeit entgegen, was nicht nur mit Differenzen über die Heeresstruktur und Mobilmachungsfragen, sondern auch damit zusammenhängen mochte, daß ich über seinen Vater, den nicht unumstrittenen Schöpfer der deutschen Panzerwaffe, nicht eben freundlich geurteilt hatte. Außerhalb der Bundeswehr, etwa in der CDU/CSU-Bundestagsfraktion, gab es eine solche Spaltung nicht.

Meine konservativen Kritiker warfen mir im Zuge der Auseinandersetzung um den Schmückle-Aufsatz vor, daß ich den »normalen Krieg« ablehnen, aber den Atomkrieg befürworten würde. Diese Offiziere, allesamt vom Heer, kritisierten des weiteren, daß ich eine Luftwaffe aufgebaut hätte, die weit überzogen sei – dabei entsprach unsere Luftwaffe maximal 70 Prozent dessen, was im NATO-Dokument MC-70 von uns verlangt worden war. Davon, daß ich beim Aufbau der Luftwaffe über das Ziel hinausgeschossen sei, konnte also keine Rede sein. Diese Unterstellung war absolut und objektiv falsch. Objektiv richtig war, daß ich die nukleare Ausbildung der Luftwaffe ihrer konventionellen Ausbildung gleichgestellt, daß ich sie zeitlich vorgezogen habe – dies geschah aber aus Gründen der politischen Zweckmäßigkeit.

Meinen Kritikern unter den Militärs gefiel das alles nicht. Im Sommer 1962 schrieb General Müller-Hillebrand, damals bei SHAPE in Paris in der wichtigsten Position, die wir im Bündnis besetzten, einen Brief an General Foertsch, der Heusinger als Generalinspekteur abgelöst hatte. Er führte darin über mich Klage: Dieser Minister sei eigentlich kein Verteidigungsminister, sondern ein Luftwaffenminister, der das Heer zu Flughafenbewachungseinheiten degradiere. Müller-Hillebrand verlangte konkret, daß einige Geschwader der Luftwaffe aufgelöst und die freiwerdenden Mittel für die Aufstellung weiterer Heeresbrigaden verwendet würden. Damit würde unter den Militärs der richtige Proporz zwischen Heer und Luftwaffe wiederhergestellt werden. Das Kräfteverhältnis innerhalb der Bundeswehr sollte so austariert sein, als ob sich seit der Entwicklung der Atombombe und seit ihrem Abwurf auf Hiroshima und Nagasaki nichts geändert hätte.

Im übrigen entsprach es wohl der Meinung Müller-Hillebrands, eines meiner schärfsten Kritiker, daß für alle militärischen Aufgaben der Generalstab zuständig sei und daß der Verteidigungsminister lediglich die Aufgabe habe, im Parlament die Entscheidungen des Generalstabs zu vertreten und die finanzielle Ausstattung der Streitkräfte sicherzustellen - eine weit über General Hans von Seeckt hinausgehende, fast an Ludendorff erinnernde Attitüde! Meine Auffassung von einem dem Parlament verantwortlichen Minister in einer Demokratie sah anders aus. Auch anders als zu Zeiten Bismarcks und seiner Nachfolger, wo die Arbeitsteilung ebenfalls sehr eindeutig war: für das Militärische der Generalstab, für seine Abdeckung im Parlament der Minister!

Mit Müller-Hillebrand hatte es während seiner Verwendung in der Personalabteilung mehrfach Zusammenstöße gegeben, so zum Beispiel, als er die Gegenzeichnung von zwei Beförderungen verweigerte. Zunächst ging es um Oberstleutnant Bucksch, der persönlicher Referent von Theo Blank gewesen und noch von diesem zum Oberst vorgeschlagen worden war. Niemand hatte gegen diese Beförderung Einspruch erhoben. Blank ging, ich überprüfte die Angelegenheit und sagte zu Bucksch, daß ich ihn als persönlichen Referenten behielte, daß mir aber seine vorgesehene Beförderung als eine typische Stabsbeförderung zu schnell gehe. Ich schlug ihm vor, die Beförderung zum Oberst ein Jahr später vorzunehmen. Als es soweit war, stellte sich Müller-Hillebrand quer.

Beim zweiten Fall handelte es sich um Major Acker, der als Abteilungskommandeur bei der Sturmartillerie im Krieg schwer verwundet worden und nach einem Zwischenspiel als Rechtsanwalt wieder zum Militär gegangen war. Auch bei seiner Beförderung zum Oberstleutnant verweigerte Müller-Hillebrand die Gegenzeichnung. Daraufhin schrieb ich eine barsche Aktennotiz des Inhalts, daß die Bundeswehr nicht aufgebaut werde auf dem Schreibtisch des Brigadegenerals Müller-Hillebrand, sondern bei der Truppe. Das hat Müller-Hillebrand als Beleidigung bezeichnet und mir einen unverschämten Brief geschrieben. Daraufhin bestellte ich ihn zum Rapport. Staatssekretär Rust und Ministerialdirektor Gumbel redeten auf mich ein, den General milde zu behandeln. Als Müller-Hillebrand eine Viertelstunde warten mußte, verließ er das Vorzimmer mit der Begründung, diese Warterei im Zimmer eines zivilen Ministers könne man ihm nicht zumuten. Daraufhin ließ ich ihn durch Feldjäger zurückholen und las ihm in unmißverständlicher Weise die Leviten. Er wurde dann von mir zunächst als stellvertretender Divisionskommandeur zur Truppe versetzt.

Der Vorfall erregte, auch weil Müller-Hillebrand im konservativen Teil des Offizierkorps starke Unterstützung hatte, größte Aufmerksamkeit. Vor allem die Tatsache, daß Strauß einen General von Feldjägern vorführen ließ, fand ein breites Presseecho. Es kam zu heftigen Diskussionen in der militärischen Führung. Daraufhin hielt ich im Ministerium einen zweistündigen Vortrag, um für Klarheit zu sorgen und verlorengegangene Maßstäbe wieder zurechtzurücken. Ich sprach über meine Einstellung zum Militärischen, über das Verhältnis von politischer und militärischer Verantwortung in der Armee eines demokratischen Staates, über notwendiges Vertrauen, über Befehl und Gehorsam.

Bei meiner Einschätzung und Praktizierung des Verhältnisses von ziviler und militärischer Gewalt stand ich voll und ganz auf dem Boden dessen, was der Bundestag in seiner Gesamtheit gewollt hatte – volle Unterordnung des militärischen Instruments unter die parlamentarische Kontrolle. Andererseits suchte ich die Bundeswehr in Fortführung und Verdeutlichung der Linie Adenauers auch zu einem Mittel der Gewinnung der staatlichen Souveränität der Bundesrepublik und zu einem gleichberechtigten Partner im Bündnis zu machen. Dabei ging es zwangsläufig auch darum, die Bundeswehr an der nuklearen Politik, nicht notwendigerweise an nuklearen Waffen teilhaben zu lassen.

So sehr ich den Primat der Politik gegenüber dem Militärischen verfocht, so deutlich nahm ich auch, wenn es mir geboten schien, die Rechte der Militärs gegenüber den Beamten wahr. In diesem Zusammenhang kam es zum einzigen heftigen Streit zwischen Staatssekretär Hopf, dem Nachfolger Rusts, und mir. Die dramatische Besprechung fand in meiner kleinen Münchner Wohnung in der Ohmstraße 11 statt, auch der Generalinspekteur, General Heusinger, war dabei. Es ging um die Frage, die auch im Verteidigungsausschuß des Bundestages behandelt wurde, wer im Falle der Verhinderung des Verteidigungsministers Stellvertreter in der Befehls- und Kommandogewalt der Bundeswehr in Friedenszeiten ist. Für den Verteidigungsfall ist diese Frage in Artikel 115 b des Grundgesetzes eindeutig geregelt – die Befehls- und Kommandogewalt geht mit der Verkündigung des Verteidigungsfalles automatisch auf den Bundeskanzler über. Ich vertrat die Ansicht, daß der Bundesminister der Verteidigung in seiner Funktion als Oberbefehlshaber der Bundeswehr keinen Vertreter hat, sondern daß ihn in allgemeinen Fragen der Staatssekretär, in militärischen Fragen bei Abwesenheit oder Verhinderung der Generalinspekteur vertritt. In dieser Auseinandersetzung hatte ich wohl die meisten Offiziere auf meiner Seite. Richard Jaeger vertrat die gegenteilige Meinung und plädierte für den Staatssekretär als Vertreter auch in militärischen Fragen. Schmückle brachte diese These mit der sarkastischen Formulierung auf den Punkt, daß man wohl Jura studieren und ziviler Abteilungsleiter in einem Ministerium werden müsse, wenn man zum Oberbefehlshaber aufsteigen und die Nachfolge Moltkes antreten wolle.

Die Oberbefehlshaberfunktion, so argumentierte ich, sei in der Verfassung, die Stellvertretung des Ministers durch den Staatssekretär in der Geschäftsordnung der Bundesregierung geregelt, die Verfassung aber habe einen höheren Rang als eine Geschäftsordnung. Der Vertreter des Oberbefehlshabers könne schon deshalb nicht auf dem Wege der Geschäftsordnung bestimmt werden, da der Oberbefehlshaber seine Funktion kraft Verfassung wahrnehme. Ich schlug als Interpretation und Ausweg vor, daß im Falle der wirklichen Verhinderung des Verteidigungsministers, der bei dem modernen Stand der Nachrichtentechnik im allgemeinen immer erreichbar sei, sein Kabinettsstellvertreter diese Funktion ausüben solle. Der Staatssekretär könne auch nur deshalb für die laufenden Geschäfte die Vertretung innehaben, weil er im Kabinett ohne Stimme sei. Zu einer befriedigenden, praktikablen Lösung dieser Frage ist es wegen divergierender juristischer Auffassungen zwischen der »zivilen« und der militärischen Seite zu meiner Amtszeit nicht mehr gekommen.

Die Unterstellung, ich hätte mit allen Mitteln die atomare Bewaffnung der Bundeswehr betrieben und die NATO mehr oder weniger gezwungen, diese Bewaffnung den Deutschen einzuräumen, ist reine politische Hetze. Dies geht schon daraus hervor, daß ich als Bundesminister für Verteidigung nicht einmal die atomare Zielkartei des Bündnisses kannte. In einem Gespräch mit der Generalität - Heusinger, Schnez und auch Kammhuber waren sicherlich dabei - habe ich es als unzumutbar bezeichnet, daß wir nicht wüßten, welche atomaren Ziele die Amerikaner eingespeichert hätten. Angesichts der furchtbaren Wirkung dieser Waffe hielte ich das für einen unerträglichen Zustand.

Auf den Flugplätzen, auf denen Atomwaffen der Amerikaner gelagert waren, standen jeweils zwei deutsche Jagdbomber, atomar munitioniert, 365 Tage rund um die Uhr startbereit; sie hatten deutsche Piloten. Zuerst handelte es sich um Bomber vom Typ F-84-F, später dann um Starfighter. Die Luftwaffe verlangte ein sehr schnelles Flugzeug für diese Aufgabe. Die Behauptung, daß ich für den Starfighter gewesen sei und ihn unbedingt wollte, ist falsch. Es gibt beim Militär eine Zwangsläufigkeit, der sich auch der Minister nicht entziehen kann. Wenn vom Testpiloten angefangen bis hinauf zum General alle für den Starfighter sind und man selbst anderer Meinung ist, steht man auch als Minister auf verlorenem Posten. Die Gründe, weshalb ich die Mirage bevorzugte, habe ich bereits geschildert.

Wie dem auch sei, die Alarmbomber mußten vom Alarm an in 600 Sekunden in der Luft sein. Amerikanisches Personal hätte im Ernstfall nach einem komplizierten Verfahren die Waffen einsatzfähig gemacht. Der Pilot, der bis zu diesem Augenblick nicht wußte, welches der vorgesehenen Ziele er anfliegen sollte, bekam, während er seine Maschine startklar machte, einen Umschlag überreicht, aus dem die Zielkoordinaten in Grad, Minuten und Sekunden hervorgingen. Diese Koordinaten hatte der Pilot einzuspeisen. Das System, das ihm dies ermöglichte, wurde inzwischen auch von der Zivilluftfahrt übernommen und ist bei Boeing und Airbus heute selbstverständlich.

Die Tatsache, daß ich die atomare Zielkartei für den Ernstfall nicht einmal kannte, wird ergänzt durch die Tatsache, daß ich nie einen der blauen Briefe, die unseren Piloten beim Alarmeinsatz überreicht wurden, in der Hand gehabt, geschweige denn gelesen habe. Die Übergabe der Briefe mit den Zielkoordinaten war eine Sache zwischen den Amerikanern und den Piloten. Auch der Führungsstab der Bundeswehr war nur zum Teil eingeweiht. Ich wurde ohnehin schon so sehr mit der atomaren Kriegführung identifiziert, daß jedes Drängen auf Einsichtnahme von meiner Seite als eine neuerliche Aktion des atomwaffenbesessenen Verteidigungsministers dargestellt und diffamiert worden wäre.

Im Ernstfall hätte es so ausgesehen, daß, sobald der angegebene Punkt erreicht war, die Bombe fiel. Verlangt wurde eine Eindringtiefe in den gegnerischen Raum von 1000 Kilometern mit Rückkehr. Schon aus diesem Grund kamen viele Flugzeuge von vornherein nicht in Frage, weil sie nicht auf 1000 Kilometer »usual range« gebracht werden konnten. Ein Ziel waren die Brücken über den Bug. Es wäre Aufgabe der deutschen Luftwaffe gewesen, sie im atomaren Einsatz zu zerstören.

Das erfuhr ich jedoch erst, nachdem ich General Norstad klargemacht hatte, daß es unerträglich sei, wenn die Deutschen, deren Territorium zu beiden Seiten der Demarkationslinie im Ernstfall Kriegsschauplatz sei, keinerlei Information über die atomare Zielkartei hätten. Norstad hatte Verständnis für mein Vorbringen; zwar könne er mich nicht einweihen, aber er mache mir einen Vorschlag, der auf dasselbe hinauslaufe. Wir sollten uns auf einen meiner militärischen Mitarbeiter einigen, dem dann Einblick gegeben würde. Dieser Mann war Generalmajor Albert Schnez, den ich umgehend nach Paris zur NATO schickte. Er kam zurück und berichtete mir voller Entsetzen: »Um Gottes Willen, da bleibt im Falle des Falles nichts mehr übrig. Nicht nur die Zahl der Ziele, sondern auch die Wiederholung der Angriffe auf bestimmte Ziele - es ist furchtbar! Es bleibt nichts mehr übrig von Deutschland. Das ist nicht zu verantworten.« Das wiederholte Anfliegen und Bombardieren desselben Ziels hatte die schauerlich-verharmlosende Bezeichnung »nachheizen«!

Ich wandte mich sofort an Norstad: »Was mir General Schnez mitteilt, ist für uns unannehmbar. Es ist entsetzlich, und außerdem ist es überflüssig. Ein derart massiver Einsatz so vieler Sprengkörper und obendrein dieselben Ziele mehrmals angreifen - das ist so, als wenn man drei Tage nach dem 6. August noch eine Bombe auf Hiroshima geworfen hätte und vielleicht drei Tage später noch eine.« Wir haben die Zielkartei dann gemeinsam so bereinigt, daß die Mehrzahl der Ziele und die Wiederholung der Angriffe auf gleiche Ziele gestrichen wurden. Ich selbst habe die Zielkartei auch dabei nicht zu Gesicht bekommen - weil die Bundeswehr keine national geführte Armee mit eigenem Generalstab, sondern eine in die Kommandostruktur eines Bündnisses integrierte Armee ist.

Das war die Zeit, als wir im Verteidigungsministerium mit unserer Überzeugung an die Öffentlichkeit gingen, daß kein Krieg mehr zu gewinnen sei, daß Krieg die neue Apokalypse bedeute, daß die Parole nur heißen könne: Um keinen Preis mehr einen Krieg! Die Atomwaffen unterlagen gerade in diesen Jahren einem Funktionswandel, das Bild, das man sich von ihnen machte, wechselte mehrfach - erst von der weiterentwickelten Artillerie zur absoluten Waffe, dann von der absoluten Waffe der Kriegführung zur absoluten Waffe gegen die Kriegführung. Diese Entwicklung löste bei den militärischen Spitzen im Verteidigungsministerium hitzige Diskussionen aus. Der Heeresinspekteur, General Röttiger, war zunächst grundsätzlich gegen atomare Waffenträger in der Bundesrepublik, der Luftwaffeninspekteur, General Kammhuber, war dafür, der Generalinspekteur, General Heusinger, hat sich auf den Standpunkt gestellt: »Ja, wenn es sein muß, aber es ist furchtbar!« Die Marine, die keine atomaren Sprengkörper in ihrem Bereich hatte, war an dem Streit weniger beteiligt.

Das Offizierkorps spaltete sich etwa auf der Etage der Obristen: Auf der einen Seite stand als einer der Wortführer Schmückle, auf der anderen der junge Guderian. Die von meinen Gegnern unter den Militärs gegen mich verbreitete Stimmung wurde nicht nur an Konrad Adenauer herangetragen. Sie war auch Hintergrund der »Spiegel«-Affäre. Die zentrale Rolle dabei spielte Oberst Alfred Martin.

Der Leiter der Personalabteilung, Ministerialdirektor Gumbel, hatte mir eröffnet, daß Martin entgegen seinem Wunsch nicht die Führung einer Brigade übernehmen könne, weil er aufgrund einer schweren Kriegsverletzung - er hatte ein Bein verloren - nicht über die volle Verwendungsfähigkeit verfüge, die nach modernen Führungsgesichtspunkten notwendig sei. Damit mußte auch die Beförderung Martins zum Brigadegeneral unterbleiben. Diese Ablehnung fraß innerlich an Martin. Dann wurde er angeblich zum Überzeugungstäter, und obwohl ich ursächlich mit seiner Nichtbeförderung nicht das geringste zu tun hatte, sah er nur noch ein Zerrbild - Strauß, der Atomwaffenpolitiker, Strauß, der Atomkriegstreiber, Strauß, der den ordentlichen Soldaten sozusagen das Gewissen stiehlt und sie zu unmoralischen Handlungsweisen verleiten will. Gegen diesen Strauß müsse mit allen Mitteln Widerstand mobilisiert werden. Hier bildete sich eine Fronde im Führungsstab der Bundeswehr, was ich jedoch erst im Zusammenhang mit der »Spiegel«-Krise in seiner ganzen Tragweite erfaßte. Oberst Martin war jener Gesinnungstäter, der dem »Spiegel« - außer dem klassifizierten Bericht über die Übung FALLEX 62 - wahrscheinlich auch die berüchtigte Zielkartei überließ. Der »Spiegel« hatte indessen soviel Instinkt, nicht alles zu veröffentlichen, was ihm zugespielt worden war. Hätte er alles publiziert, was nachher im Panzerschrank von Augstein gefunden wurde, dann wäre dieser unter fünf Jahren wohl nicht weggekommen.

Im Januar 1975 schrieb mir der damalige Bundestagsvizepräsident Richard Jaeger, der sich in seiner Zeit als Bundesjustizminister mit der Materie vertraut gemacht hatte: »Auch wenn der Landesverratsfall wesentlich weniger gravierend gewesen wäre, als er es war, hattest Du als Verteidigungsminister das Recht und die Pflicht, alles mögliche zu seiner Aufklärung zu tun.« Jaeger gestand ein, daß er »den berühmten Ausspruch von Konrad Adenauer vom ›Abgrund von Landesverrat‹ für eine vielleicht psychologisch geschickte, aber doch übertriebene Formulierung gehalten und mich erst beim Studium der Akten davon überzeugt habe, daß Adenauer voll und ganz recht hatte«. Auch der spätere Bundespräsident Karl Carstens, 1966/67 Staatssekretär im Bundesverteidigungsministerium, hat mir, offensichtlich nach gründlicher Kenntnisnahme der Akten, bestätigt, daß mein Verhalten in der »Spiegel«-Krise vollauf gerechtfertigt gewesen sei.

Mit meinem Ausscheiden als Verteidigungsminister trat zunächst Ruhe ein. An dem strategischen Kernproblem aber änderte sich nichts. Mein Name war zum Synonym für Atombewaffnung geworden. Die Schelle hat mir der »Spiegel« umgehängt, aber auch die Ostblockpropaganda und Teile der Massenmedien zogen kräftig mit.

Berlinkrisen und Mauerbau

Die Blockade von 1948/49 und die Vorgänge von 1958 bis hin zum Mauerbau am 13. August 1961 - waren es zwei Berlinkrisen, oder war es eine einzige lange Krise von dreizehn Jahren Dauer, mit gewissen Waffenstillständen, Pausen, Hoffnungszeichen? Wenn man die beiden großen Kriege dieses Jahrhunderts als einen Krieg in zwei Phasen betrachtet, der von einer längeren Pause unterbrochen wurde - man denke an Charles de Gaulles und Raymond Arons berühmte Formel vom »Dreißigjährigen Krieg« des zwanzigsten Jahrhunderts -, könnte eine solche einheitliche Betrachtung auch für die Berlinkrisen gelten.

Die Berlinkrisen, wenn es denn zwei waren, haben eine weit über Berlin, über Deutschland, selbst über Europa hinausgehende Rolle gespielt. Berlin war weniger eine Regionalkrise als Vietnam. Die Stadt war 1945 durch die Torheit des alliierten Oberbefehlshabers Eisenhower und der amerikanischen Politik in die Hände der Russen gefallen. Die Amerikaner ließen sich Zeit, warteten ab, räumten in krasser Fehleinschätzung der Situation den Russen in Berlin den Vorrang ein. Für die USA war Berlin zunächst nur eine zerstörte Stadt ohne politische Bedeutung, allenfalls von symbolischem Erinnerungswert. Die Sowjets hingegen sahen in Berlin die Hauptstadt des Feindes, die es als Zeichen des vollständigen Sieges zu erobern und zu besetzen galt.

Die beiden Berlinkrisen waren Teil eines großen Ringens. Wesentlich ist der zeitliche Abstand, die militärische Entwicklung in den dreizehn Jahren, die zwischen beiden Krisen liegen: Die Blockade von 1948 wurde von der Sowjetunion inszeniert, bevor sie Nuklearmacht war, bei der Krise von 1961 hatte die Sowjetunion die atomare Parität fast erreicht. 1948 wollten die Sowjets wieder ganz in ihren Besitz bringen, was ihnen 1945, zumindest militärisch, schon einmal ganz gehört hatte!

Am 12. September 1944 war die Dreiteilung Berlins - die Franzosen wurden erst später berücksichtigt - beschlossen worden. Jede Siegermacht wollte an der Zentrale der Firma Deutschland Anteil haben, nicht zuletzt um den Anspruch auf das Ganze zu unterstreichen. Auch wenn man nicht wußte, was mit Deutschland insgesamt anzufangen sei, wollte man die anderen Sieger daran hindern, ihrerseits eine geschlossene Deutschlandkonzeption unter Einbeziehung der Hauptstadt zu entwickeln. So war Berlin ein wesentliches Pfand, das der Westen nicht aus der Hand geben wollte. Andererseits waren die Sowjets im Herbst 1944 auf die militärische Unterstützung der Westalliierten angewiesen. So kam es zur Einigung über die gemeinsame Besetzung Berlins. Die Bildung der Bizone im Westen bedeutete dann für die Sowjets den Zusammenbruch ihrer ursprünglichen Berlin- und Deutschlandpolitik. Sie mußten, auch weil die Amerikaner ihre europäische Verantwortung erkannt hatten und danach handelten, Abschied nehmen von der Idee, ganz Deutschland infolge wirtschaftlicher Not und sozialen Elends einkassieren zu können.

Die Berlin-Lösung, die sich nach Überwindung der sowjetischen Blockade 1949 ergab, habe ich allenfalls als Modus vivendi betrachtet. Dieser ist nach einigen schmerzlichen Zwischenetappen, darunter am einschneidendsten der Mauerbau, im Viermächteabkommen von 1971 geregelt worden. Aber der Mauerbau mit seiner krisenhaften Dramatik war selbstverständlich mehr als nur eine Zwischenstation. Er bedeutete eine wesentliche Wende sowohl in der Weltpolitik als auch in der Deutschlandpolitik. Und er war nicht zuletzt auch ein Zeichen der Schwäche des kommunistischen Blocks, Moskaus wie Ost-Berlins, nämlich eine Notlösung, die Volksabstimmung zu Fuß gegen das kommunistische Regime auf deutschem Boden zu beenden. Nur materiell gesehen war der Mauerbau ein Sieg der Russen, moralisch und psychologisch aber war er ein Offenbarungseid, der die Diskussion über die Vergleichbarkeit und Attraktivität der beiden Systeme eindeutig zugunsten des Westens entschied.

Im November 1958 kamen die ultimativ vorgetragenen sowjetischen Forderungen, daß binnen sechs Monaten der Berlin-Status neu zu regeln sei. Weitere Drohungen und Forderungen schlossen sich an, so die am 25. März 1960 verkündete Absicht, einen separaten Friedensvertrag mit der DDR abzuschließen. Mögliche Unklarheiten hat Walter Ulbricht mit seiner Behauptung ausgeräumt, Berlin liege auf dem Territorium der DDR. Chruschtschows Raketengerassel, große Herbstmanöver der Roten Armee in der gesamten DDR – es begann ernst zu werden. Nach Verkündung des ersten Berlin-Ultimatums wurden auf westlicher Seite alle möglichen Überlegungen angestellt: Was wollen die Russen tun, was können die Russen tun, was werden die Russen tun? Zunächst war es Sache der alliierten Regierungen, Antwort auf diese Fragen zu geben. Bei uns wurde die sich zuspitzende Lage mehrfach in sondierenden Gesprächen im Bundeskabinett, im Vorstand der

Fraktion sowie in kleinstem Kreis in Unterredungen mit dem Bundeskanzler erörtert. Nadelstiche gegen Berlin und sowjetische Forderungen hatte es in den Jahren zuvor immer gegeben, aber diesmal erreichte die Bedrohung eine neue Qualität.

Zwei Dinge waren voneinander zu trennen, obwohl sie in der Sache zusammengehörten. Das eine war das Chruschtschowsche Ultimatum, das mit zunehmendem Druck durchgesetzt werden sollte, ohne daß die von ihm genannten Fristen jedoch eingehalten wurden. Das andere war die ständig zunehmende Flucht von immer mehr Menschen aus der DDR in die Bundesrepublik Deutschland. Die Anziehungskraft der in einem atemberaubenden wirtschaftlichen Aufstieg begriffenen Bundesrepublik war groß. Der Mangel an Arbeitskräften, die guten Verdienstmöglichkeiten, der wachsende Wohlstand in der Bundesrepublik Deutschland, all das hat, verbunden mit den unerträglichen Zuständen, die das Ulbricht-Regime kennzeichneten, zu einer Massenabwanderung von qualifizierten, meist jüngeren Arbeitskräften aus der DDR geführt. Vielleicht war es auch die Furcht, daß eines Tages die Falle zuschnappen und die Abwanderung unmöglich gemacht werden könnte. Die Kollektivierung der Landwirtschaft 1959/60, die Zwangsgründung landwirtschaftlicher Produktionsgenossenschaften (LPG), steigerte noch den Abscheu gegen das Regime. Es ist wahrscheinlich, daß Ulbricht sich an Chruschtschow gewandt und gesagt hat, es müsse etwas geschehen, damit die Völkerwanderung nach dem Westen nicht zum wirtschaftlichen Zusammenbruch der DDR führe, was eine schwere politisch-psychologische Niederlage des gesamten sozialistischen Systems bedeuten würde.

Chruschtschows Ultimatum läuft folgenlos ab, das diplomatische Management dreht auf Hochtouren. Von Mai bis August 1959 findet in Genf die Viermächte-Konferenz statt, ein Jahr später kommt es zum Abschuß der amerikanischen U 2 über der Sowjetunion und zu Chruschtschows Schuh-Auftritt im Plenum der Vereinten Nationen. Anfang Juni 1961 treffen sich Chruschtschow und Kennedy in Wien. Was sich ungebrochen fortsetzt, ist das Ausrinnen der DDR, die Massenflucht in den Westen.

Nach unserer Informationslage, basierend auf Berichten der eigenen und der alliierten Dienste, konnten wir 1961 von drei Möglichkeiten ausgehen: Erstens, totale Blockade von Berlin, ähnlich wie 1948; zweitens, eine Forderung der Sowjetunion, ihr oder den Behörden der DDR die Kontrolle der West-Berliner Flughäfen Tempelhof und Tegel zu ermöglichen, um so das Schlupfloch zu stopfen; drittens, der Mauerbau. Das erste wäre der schlimmste Fall gewesen. Das zweite schien politisch utopisch zu sein – daß die Westmächte russische oder DDR-Kontrollen auf ihren Flugplätzen zulassen würden, war undenkbar. Der Mauerbau schließlich wurde als nicht sehr wahrscheinlich angesehen. Alles in allem richtete man sich auf eine Wiederholung der Blockade ähnlich wie 1948 ein.

Eine militärische Besetzung West-Berlins schlossen wir aus. Damit hätten die Russen den Dritten Weltkrieg riskiert, denn die Amerikaner hatten nie einen Zweifel daran gelassen – und das war nicht nur Drohgebärde, das war blutiger Ernst –, daß ein russischer Überfall auf West-Berlin furchtbare Folgen haben würde. Man ging also davon aus, daß die sowjetische Seite letzten Endes rational handeln und sich unterhalb der Schwelle des großen Krieges bewegen werde. Unter Ausnutzung seines gesamten Spielraumes würde Moskau allerdings entscheidende Positionsgewinne anstreben. Als optimales Resultat schwebte Moskau wohl vor, West-Berlin einen von der Sowjetunion oder von der DDR abhängigen Sonderstatus aufzuzwingen.

Die allgemeine Strategie der sowjetischen Berlinpolitik und die Sorge der DDR-Führung angesichts der Massenabwanderung aus der DDR als zusätzlich treibendes Element trafen im Sommer 1961 zusammen. Ulbricht wandte sich wiederholt gegen Behauptungen von »Abenteurern« im Westen, die DDR wolle eine Mauer quer durch Berlin errichten. Dies sei ein aufgelegter Schwindel und eine krasse Lüge, niemand denke an den Bau einer Mauer. Er leugnete solche Absichten am 4. Juni im »Neuen Deutschland«, am 6. Juli vor der Volkskammer und noch am 31. Juli in einem Interview mit dem Londoner »Evening Standard«. Da man wußte, was Beteuerungen von Kommunisten wert sind, mußte mit dem Mauerbau nun doch ernsthaft gerechnet werden. Eine aktive Anti-Mauerbau-Politik hätte jedoch bedeutet, daß man notfalls bereit sein mußte, die Sektorengrenze und die Zonengrenze zu überschreiten, denn nur durch aktive Maßnahmen hätte man den Mauerbau vereiteln können – mit all den Risiken, die damit verbunden gewesen wären.

Die politische Planung im Westen, an der ich marginal, und die militärische Planung, an der ich zentral beteiligt war, liefen nach wie vor auf den schlimmsten Fall hinaus, der aber unterhalb der Kriegsschwelle lag. Die militärischen Vorbereitungen des Westens ließen an eindringlicher Deutlichkeit nichts zu wünschen übrig. Vor allem die Amerikaner haben angesichts der krisenhaften Zuspitzung in einer für mich sehr befriedigenden Weise reagiert. Selbstverständlich fanden Gespräche auch bei der NATO in Paris statt. Bei einer meiner Unterredungen mit General Norstad, dem Oberbefehlshaber der NATO-Streitkräfte, war als Vertreter der parlamentarischen Opposition Fritz Erler dabei. So konnten wir nationale Geschlossenheit in einer schwierigen Situation demonstrieren. Auch dabei bewährte sich Erler, trotz aller sonstigen politischen Gegensätze, als ernst zu nehmender und ehrlicher Partner.

Die Tatsache, daß ich im Juli 1961 in den USA war, beweist, daß sich die Lage noch nicht so dramatisch aufgebaut hatte, jedenfalls nicht so, daß man hätte rasche Entscheidungen treffen müssen. Einen Monat zuvor hatte Kennedy beim Gipfeltreffen mit Chruschtschow in Wien der Sowjetunion eine deutliche Warnung zukommen lassen: »It is going to be a cold winter.« Ich traf mich mit General Lucius D. Clay, der mir im Zusammenhang mit der kritischen Lage um Berlin von interessanten Überlegungen berichtete. Er habe seiner Regierung vorgeschlagen, Berlin förmlich in die NATO aufzunehmen, das heißt, die einschränkenden Bestimmungen gegen die Gültigkeit des Grundgesetzes für Berlin in diesem Punkt aufzuheben, Berlin zu einem Bundesland im Sinne des Grundgesetzes zu machen und die Schutzgarantie der Amerikaner als NATO-Macht für die Integrität des Bündnisgebietes auf West-Berlin auszudehnen. Dieser Vorschlag sei abgelehnt worden mit dem Argument, daß dann ein Teil des NATO-Territoriums mitten im Bereich des Warschauer Paktes läge, was politisch unklug sei. So haben die Vorgesetzten von Clay ihr Nein begründet.

Ob dies die ganze Wahrheit war, weiß ich nicht, ein Teil der Wahrheit war es sicher. Denn immerhin sind Amerikaner, Briten und Franzosen in Berlin gewissermaßen der Souverän, während ihre Anwesenheit in der Bundesrepublik auf vertraglichen Vereinbarungen beruht. In Berlin liegt noch ein Rest der Souveränität des Deutschen Reiches, es hat einen Status anderen Rechts, und dieser wird von den Alliierten verwaltet.

Als zweites erzählte mir Clay, daß er bereits 1948 bei der Berlin-Blockade der amerikanischen Regierung vorgeschlagen habe, mit Panzertruppen auf der Autobahn nach Berlin vorzudringen und, falls er mit militärischen Mitteln daran gehindert werden sollte, dann auch die Panzerkanonen sprechen zu lassen. Den Panzervorstoß auf Berlin hätte man ihm erlaubt, allerdings ohne Munition. Angesichts dieser skurrilen Einschränkung habe er den Gedanken nicht weiter verfolgt. In der gegenwärtigen Lage, so Clays Ratschlag, sollte man noch einmal die Frage der Einbeziehung Berlins in die NATO ernsthaft erwägen und im übrigen keiner russischen Drohung nachgeben.

Zurück in Europa, wo ich zunächst Konrad Adenauer in seinem oberitalienischen Urlaubsort Cadenabbia aufsuchte, um ihm Bericht über meine Amerikareise zu erstatten, kam das »contingency planning« für den von uns angenommenen schlimmsten Fall, eine völlige Blockade Berlins, auf den Tisch: Die Russen geben am Tage X bekannt, daß ab soundsoviel Uhr der Zugang nach Berlin zu Wasser, zu Lande und in der Luft gesperrt ist - was unternimmt der Westen dagegen? Sämtliche contingency-Pläne wurden durchgespielt, der Fall zu Wasser wurde ausgeklammert.

Wir besaßen ein detailliertes Feindlagebild, und dies war für uns von besonderer Wichtigkeit. Denn was sich an sowjetischen Truppenbewegungen und Konzentrationen feststellen ließ, schloß die Möglichkeit einer totalen Blockade Berlins ein. Die erste Überlegung galt dem Luftraum und den Luftwegen. Wenn Berlin blockiert wird, kann man die Luftbrücke von 1948 wiederholen? Antwort: Nicht mehr nach dem gleichen Muster, allein schon wegen der fehlenden Transportkapazität, aber auch deshalb, weil der Lebensstandard der Bevölkerung inzwischen um vieles höher lag. Trotz aller Hoffnung auf die Tapferkeit der Berliner wären kaum zu bewältigende Versorgungsengpässe entstanden. Des weiteren wurde die Frage gestellt, was die Versorgung aus der Luft nütze, wenn die Landverbindungen auf Dauer gesperrt blieben. Jedenfalls wurde beschlossen, den Passagierverkehr von und nach Berlin fortzusetzen. Wenn die Russen androhen, ihn zu behindern, wird durch alliierte Luftstreitkräfte Geleitschutz geflogen, notfalls werden angreifende Feindflugzeuge abgeschossen. Ein schwieriger Fall, aber dies ist ernsthaft diskutiert worden. Sollten westliche Flugzeuge vom Boden aus durch Flakartillerie oder Raketen beschossen werden, dann sollten diese Stellungen - gleichgültig, ob es sich um russische oder deutsche handelte, was man ohnehin nicht hätte unterscheiden können - zerstört werden. Wenn die schießende Batterie nicht festgestellt werden könnte, dann wäre ein zuvor festgelegtes Ersatzziel in Gestalt einer Flakeinheit zu vernichten. Präventivangriffe auf Flugplätze waren nicht vorgesehen.

Bis zu diesem Punkt herrschte Einigkeit zwischen den Beteiligten. Bei der Beantwortung der Frage, wie die Blockade durchbrochen werden könne, gingen die Meinungen auseinander. Ich habe, im Einvernehmen mit der gesamten Bundesregierung, den Standpunkt vertreten, daß die Sicherheit Berlins und damit auch die Lebensfähigkeit der Stadt Aufgabe der drei Garantiemächte sei und nicht Aufgabe der Bundesrepublik. Damit wurde auch unterstrichen, daß es sich hier um eine weltpolitische, nicht um eine regionale Krise handelte. Es entspricht meiner Auffassung, daß Berlin - unabhängig von seiner Geschichte und seinem symbolischen Wert - eine politische Position der USA, dann erst eine deutsche Position ist. Dies bedeutet selbstverständlich nicht, daß die Deutschen Berlin ruhig aufgeben oder in die Lüneburger Heide verlegen könnten - solche absurden Gedankenblitze sind unter der Kennedy-Administration wohl mitunter besprochen worden. Die von mir vertretene Meinung war immer die, Berlin sei eine Viermächte-Stadt und der Schutz Berlins eine Angelegenheit der drei westlichen Garantiemächte. Wenn die vierte Macht hier unzulässige Ziele verfolgt und ihre Grenzen überschreiten will, so daß die drei westlichen Garantiemächte in der Wahrnehmung ihrer Verantwortung für die Stadt in kriegerische Handlungen verwickelt werden, könnte daraus der NATO-Fall entstehen. Dann würde die Bundesrepublik alle ihre NATO-Verpflichtungen im Rahmen ihrer Leistungsfähigkeit in vollem Umfange erfüllen. So ergriffen wir Maßnahmen wie den Ausbau von Flugplätzen und die Anlage von Depots, in erster Linie in Norddeutschland, und wir kauften zusätzliche Munition.

Meine Unterscheidung war also ganz klar: Der Schutz Berlins ist Aufgabe der Westmächte; wenn sie dabei behindert wurden, wenn es zu feindlicher Waffeneinwirkung kam und wenn der Kriegsfall eintrat, mußte festgestellt werden, ob der Bündnisfall gegeben war oder nicht. Erst wenn der NATO-Fall gegeben war, kam ein Einsatz der Bundeswehr in Betracht.

Im NATO-Hauptquartier in Paris hatte man, hauptsächlich unter dem Einfluß der Engländer, ganz andere Vorstellungen. Dort gingen die Pläne dahin, eine unbewaffnete Kolonne in Richtung Berlin in Marsch zu setzen; sollte sie aufgehalten und zurückgeschickt werden, würde sich ein bewaffneter Konvoi auf den Weg machen, der aber, wenn er angegriffen würde, keinen Widerstand leisten, sondern sich zurückziehen sollte. Als nächstes sollte eine Kampfgruppe mit Panzerverstärkung in Größenordnung einer Brigade losgeschickt werden, dann eine Division, dann mehrere Divisionen und so weiter. Ich setzte mich gegen diese Pläne mit allem Nachdruck zur Wehr und befahl dem Generalinspekteur, General Foertsch, seine bereits gegebene Zustimmung zurückzunehmen. Wenn der Ernstfall eintrete, so meine Bewertung, dann werde es keinen Krieg um die Autobahn und auf der Autobahn geben, keinen Krieg, den man gewissermaßen von einer Tribüne aus zu beiden Seiten der Autobahn als militärisches Spektakel verfolgen könne. Die durch ein solches Vorgehen ausgelöste militärische Entwicklung könne nicht unter Kontrolle gehalten werden. Vor allem aber sei eine Teilnahme deutscher Verbände in diesem Stadium wegen der Rechtslage ausgeschlossen. Auch wegen der mangelnden militärischen Ausstattung der Bundeswehr seien diese Pläne undurchführbar und nicht zuletzt im Hinblick auf die sowjetische Propaganda, die dies zum Anlaß nehmen würde, die Deutschen auf die Anklagebank zu setzen. Die Deutschen dürften, so mein Standpunkt, nur in der Konsequenz der Ereignisse als NATO-Partner in Erscheinung treten, nicht aber in der ersten Phase. Denn das wäre ein Auftritt, der in der ganzen Welt eine neue antigermanische Kampagne entfesseln würde, selbst in den Reihen unserer Verbündeten: Die Deutschen hätten den Ersten Weltkrieg ausgelöst und verloren, den Zweiten Weltkrieg ausgelöst und total verloren – und ein paar Jahre später greifen sie schon wieder an!

Mein heftigster Gegner war, wie mir Foertsch sagte, Lord Louis Mountbatten, der Chef des britischen Verteidigungsstabes. Er verlange am nachdrücklichsten die sofortige Eingliederung der Deutschen in Gestalt von ein oder zwei Divisionen an der Durchbruchsfront. Mein Gegenvorschlag war, in der Luft in der vorgeschlagenen Weise zu verfahren, aber statt zu Lande mit stärkeren und immer größeren Einheiten zu operieren, sollte – und hier schieden sich die Geister – eine internationale Blockade gegen die Sowjetunion aufgebaut werden: durch den Entzug der Landeerlaubnis für sämtliche sowjetische Flugzeuge und durch die Aufbringung sowjetischer Schiffe auf den Ozeanen. Wenn in Berlin zwei Divisionen kämpfen, so mein Vergleich, dann ist das, als ob man ein Streichholz nahe ans Pulverfaß legt. Folge man meinem Vorschlag, dann wäre es so, als ob man einzelne Tropfen Benzin über eine große Fläche ausschütte; das Benzin könne man anzünden, ohne daß gleich das Ganze in Flammen stehe. So würde die Sowjetunion merken, daß ihr Vorstoß nach Berlin ein ungeheures militärisches Risiko bedeute, schmerzliche Konsequenzen bringe und die Welt an den Rand eines Dritten Weltkrieges führe.

Adenauer hatte meiner Idee einer Seeblockade nichts in den Weg gelegt, ich durfte sie vertreten. Für ihn wie für uns alle war die Vorstellung, daß deutsche Divisionen kämpfen und verbluten würden, schrecklich. Darauf wies ich innerhalb der eigenen Reihen immer wieder hin. Glaubwürdig habe ich argumentiert, daß die Aufbringung eines Schiffes oder auch mehrerer Schiffe – damals war die Sowjetunion noch keine große Seemacht – im Vergleich zu einem militärischen Einsatz in Divisionsstärke eine lokal begrenzte Operation sei, bei der die Sowjets von vornherein den kürzeren ziehen würden. Sie würden einen derartigen Rückschlag und derartige Einbußen erleiden, daß sie noch einmal überlegen würden, ob sie in Berlin wirklich aufs Ganze gehen wollten.

Das war damals meine Überlegung, von deren Unrichtigkeit ich auch heute nicht überzeugt bin. Ich habe vor allen Dingen beschwörend darauf gedrängt, nach Möglichkeiten zu suchen, wie man, wenn der militärische Konflikt eine bestimmte Dimension erreicht hätte, den Krieg noch anhalten könne. Wenn es einmal soweit ist, gerät man erstens schnell ins Handgemenge, zweitens gibt es das Problem, daß auch die Sowjets ihr Gesicht wahren müssen, drittens kommt es aus Panikstimmung heraus leicht zur tödlichen Eskalation, wie der Ausbruch des Ersten Weltkrieges gezeigt hat. Man kann, so sagte ich, zwar bestimmen, wo man zu schießen anfängt, man kann aber nicht mehr bestimmen, wo mit dem Schießen aufgehört werden muß.

Ich war ein leidenschaftlicher Gegner eines größeren »militärischen Kontaktes« oder eines größeren militärischen Engagements auf dem Boden, und ich war dagegen, daß die Autobahn Helmstedt–Berlin zum Kriegsschauplatz werden sollte. Für mich war diese Krise erst in zweiter oder dritter Linie eine deutsche Angelegenheit. In erster Linie hatte sie eine weltpolitische Dimension, deshalb mußte sie auch weltpolitisch gespielt und gelöst werden. Ich lehnte es ab, daß man uns Deutsche auf einmal wieder in die vorderste Linie der Weltpolitik schieben wollte. Auf die Engländer war ich wegen ihrer Vorschläge regelrecht zornig.

Die von mir vertretene Konzeption stammte, dies sei abschließend festgestellt, von mir. Sie kam nicht von der Generalität, deren Rolle insgesamt nicht besonders stark war. Foertsch hatte in Paris zunächst ja zu den englischen Plänen gesagt. Mein Fernschreiben an den Generalinspekteur in Paris ließ an Deutlichkeit nichts zu wünschen übrig. Den Text hatte ich im Auto diktiert und sofort absetzen lassen. Kurz danach meldete Foertsch Vollzug. Der Fall war für mich so gravierend, daß Foertsch, wenn er auf seinem Ja beharrt hätte, von mir entlassen worden wäre.

Die Gespräche im NATO-Hauptquartier in Paris sind in kurzen Abständen wiederholt und fortgesetzt worden. Eines Tages kam Foertsch zu mir – es muß nach der Auseinandersetzung mit den Engländern gewesen sein, bei der sich die Franzosen im übrigen ziemlich zurückhaltend gaben –, um mir aufgeregt das Neueste aus dem NATO-Hauptquartier zu berichten. An dem Gespräch nahmen meiner Erinnerung nach noch General Schnez und Staatssekretär Hopf teil. Für den Fall, daß der von den Amerikanern geplante Vorstoß zu Lande nach Berlin von der Sowjetunion aufgrund ihrer Überlegenheit aufgehalten werde, hätten die USA die Absicht, so Foertsch, bevor es zum großen Schlag gegen die Sowjetunion komme, eine Atombombe zu werfen und zwar im Gebiet der DDR. Ich fragte nach: »Im Gebiet der Sowjetunion?« Nein, so die Antwort, im Gebiet der DDR.

Die Amerikaner brachten diesen Gedanken ernsthaft ins Gespräch, was schon daraus hervorgeht, daß sie uns nicht nur allgemein gefragt haben, sondern daß sie von uns wissen wollten, welches Ziel wir empfehlen. Das war die kritischste Frage, die mir je gestellt wurde. Ich sagte, diese Verantwortung könne niemand übernehmen. Ein Ziel wie Hiroshima oder Nagasaki komme, so meine eiserne Position, nicht in Betracht, damit würden wir uns trotz eines eventuellen Erfolges, nämlich Erzwingung der Zugänge zu Berlin, eine solche politische Last auferlegen, daß der Preis in keinem Verhältnis stünde zum Ergebnis. Es war dann von einem russischen Truppenübungsplatz die Rede, auf dem große Mengen russischer Truppen konzentriert waren. Wenn diese Atombombe präzise geworfen und wenn sie einen begrenzten Wirkungsradius haben würde, dann wären die Opfer unter der zivilen Bevölkerung weitgehend auf die Menschen beschränkt, die auf diesem Truppenübungsplatz arbeiteten. Einen Truppenübungsplatz, den ich kannte, habe ich namentlich genannt – ich war dort im Jahre 1942 eine Zeitlang bei der Aufstellung einer neuen deutschen Panzerflakeinheit. Dies erschien mir, wenn es schon dazu kommen mußte und wir den Amerikanern nicht in den Arm fallen konnten, unter den gegebenen Übeln das geringste zu sein, obwohl es noch immer schlimm genug war.

Der amerikanische Gedanke eines Atombombenabwurfs auf einen sowjetischen Truppenübungsplatz hätte, wäre er verwirklicht worden, den Tod von Tausenden sowjetischer Soldaten bedeutet. Das wäre der Dritte Weltkrieg gewesen. Die Amerikaner wagten einen solchen Gedanken, weil sie sehr genau wußten, daß die Sowjets damals noch nicht über präzise treffende und zuverlässig funktionsfähige Interkontinentalraketen verfügten, auch nicht über einsatzgenaue Mittelstreckenraketen, die in Stellung zu bringen gewesen wären. Der Krieg hätte also weitgehend in Europa stattgefunden, und zwar als konventioneller Krieg, dem die USA eine nukleare Komponente hinzufügen konnten. Solche Überlegungen sind am Sonntag, dem 13. August 1961, zum Glück Makulatur geworden.

Nach dem Bau der Mauer, mit dem eine für uns nur bedingt wahrscheinliche Entwicklung Wirklichkeit geworden war, sah ich die Ereignisse vom 25. Oktober 1961, als sich am Kontrollpunkt Friedrichstraße noch einmal russische und amerikanische Panzer gegenüberstanden, als nachhallenden Theaterdonner. Auch war dies ausschließlich eine Angelegenheit der Westmächte. Wenn es ernst geworden wäre, wären die schwachen westlichen Streitkräfte in Berlin von den Russen sehr schnell überwältigt worden. Etwas anderes wäre es gewesen, wenn Panzermassen der NATO und des Warschauer Paktes an der Demarkationslinie aufgefahren wären. An der Demarkationslinie standen auf unserer Seite nur schwache Verbände und dies mit einem deutlichen Abstand. Auch habe ich, ohne daß die Alliierten mir dabei entgegengetreten oder gar in den Rücken gefallen wären, für die Bundeswehr verboten, in den Luftraum der Bundesrepublik Deutschland eindringende sowjetische Hubschrauber zu beschießen. Mir lagen Meldungen vor, wonach sich solche grenzverletzenden Hubschrauberflüge der Sowjetunion vom Beginn des Mauerbaus an häuften. Die Piloten hatten bei uns über die Grenze zu schauen, um zu erfahren, ob sich etwas zusammenbraut. Die Russen rechneten wohl damit, daß der Westen militärisch reagieren werde. Im übrigen sagte mir General Norstad, er habe sämtliche Vorbereitungsmaßnahmen im Rahmen des »contingency planning« mit dem amerikanischen Militärgouverneur in Berlin absichtlich offen am Telefon besprochen, weil er fest davon ausgegangen sei, daß dieses Gespräch von den Sowjets mitgehört werde. Das sei alles andere als Unvorsichtigkeit gewesen, die Russen sollten wissen, daß es den Amerikanern ernst sei.

Die Verhandlungen mit den Alliierten und die Beratungen im Bündnis blieben während der Berlinkrise weitgehend dem Verteidigungsminister und dem Außenminister überlassen. Im Kabinett wurde darüber nur in groben Zügen informiert und beraten. Interna – »contingency planning« – wurden im Kabinett nicht erörtert, die Runde wäre dafür zu groß gewesen. Die Rolle der Opposition war bei alledem ohne Gewicht, der ganze Vorgang war strikte Regierungssache. Adenauer habe ich mehrmals persönlich unterrichtet. Noch vor dem 13. August habe ich ihm in Cadenabbia nach einem stundenlangen Gespräch tief in der Nacht eine sofortige Erhöhung des Verteidigungshaushalts abgerungen – für die Durchführung von Sondermaßnahmen wie Aufnahme alliierter Truppen und Vermehrung des Munitionsbestandes. Adenauer, der vermutlich von Globke auf dem laufenden gehalten wurde, kannte die Lage. Er war sehr besorgt, sehr vorsichtig, sehr zurückhaltend.

Die Bundesrepublik Deutschland hat zwar in gewisser Weise immer eine Schlüsselrolle gespielt, aber nur in ihren Entstehungsjahren und während der Berlinkrisen bestimmten an sich regionale Ereignisse die weltpolitische Tagesordnung. 1961/62 wurde dies durch die Überschichtung mit der Kubakrise vierzehn Monate nach dem Mauerbau in besonderer Weise augenfällig. Adenauers Denken und Sorgen konzentrierte sich jedoch bis zum Schluß auf das deutsche Schicksal. Hier Unheil abzuwehren, sah er als seine politische und persönliche Aufgabe. Weitverzweigte globale Verflechtungen interessierten und bewegten den ersten Kanzler nur insoweit, als davon unmittelbar deutsche Interessen berührt waren.

Krisenhafte Zuspitzungen in der Politik treten in aller Regel nicht von einer Stunde zur anderen auf. Allerdings neigt man dazu, die ersten Signale, die vielleicht eine Krise ankündigen, allzu geschäftsmäßig zu behandeln. Bei der Berlinkrise von 1961, die sich im Grunde drei Jahre lang aufgebaut hatte, merkte man plötzlich im Frühjahr, daß sich hier etwas zusammenbraute, was außerhalb des üblichen Ost-West-Geplänkels lag und eine weit über Deutschland hinausreichende, eine weltpolitische Dimension hatte. Man spürte, dies kann der Ernstfall werden, wenn nicht militärisch, dann jedenfalls politisch. Wenn es ein Ereignis gibt, auf das man in der Bundesrepublik seither viele Entwicklungen zurückführen kann, dann ist es diese Krise, dann ist es der Mauerbau, dann ist es die schwache Reaktion Adenauers, dann ist es die Enttäuschung über die Alliierten.

Bei der Betrachtung der Berlinkrise, wie sie sich anbahnte, wie sie sich dramatisch zuspitzte, wie sie abklang, ist meine Bewertung, die ich als Verteidigungsminister vor bald dreißig Jahren getroffen habe, aktuell geblieben. Ich hätte nur gewünscht, daß die Alliierten wenigstens den Versuch machten, jenseits der Sektorengrenze tätig zu werden, den zuerst gezogenen Stacheldrahtzaun niederzuwalzen und den Mauerbau zu verhindern. So aber habe ich in dem ganzen Ablauf der Krise eine Bestätigung der Torheiten der Amerikaner gesehen. Gravierende Irrtümer, die in der unmittelbaren Nachkriegszeit zu den Fehleinschätzungen und Fehlern der amerikanischen Politik geführt hatten, trugen 1961 immer noch ihre schlimmen Früchte.

Mit dem Mauerbau war die Krise, wenn auch in einer für die Deutschen unerfreulichen Weise, nicht nur aufgehoben, sondern eigentlich auch abgeschlossen. Es gab noch kurzfristig Meinungen und Hinweise, daß die Vorgänge vom 13. August nur die Vorstufe seien zur Besetzung von West-Berlin, aber sie waren falsch. Dabei hätte dies an sich der von harter Konfrontation geprägten Stimmung zwischen Ost und West entsprochen. Die Erfahrung, daß ein Diktator, wenn er einmal etwas erreicht hat, immer mehr will, wurde im Fall von Kreml-Chef Chruschtschow nicht bestätigt, der Vergleich Hitlers mit den Sowjetführern stimmt eben nicht. Während Hitler risikoblind und risikobesessen war, lassen sich die Sowjetführer von einer bewahrenden Ängstlichkeit leiten, von einer Scheu vor dem Risiko. Ein Beispiel: Da Hitler die Grundzüge des europäischen Machtgleichgewichts und der britischen Entscheidungskriterien hätte kennen müssen, hätte er Polen nicht angreifen dürfen – die Sowjets hätten sich in vergleichbarer Lage nie auf dieses Risiko eingelassen. Die Sowjets mögen zu wenig Selbstvertrauen haben, Hitler hatte in maßloser Selbstüberschätzung zuviel. Jedenfalls sind die Kreml-Herrscher Entscheidungen, die unter Risiko zu treffen gewesen wären, immer aus dem Wege gegangen. Auch bei der Kubakrise 1962 sind sie von dieser Linie nicht abgewichen, obwohl sie es nicht an kräftiger Prahlerei fehlen ließen. Chruschtschow drohte, daß für Frankreich sechs, für England sieben Wasserstoffbomben genügten, und die habe er. Auch mit Amerika würde man fertig werden. McNamara erwiderte kühl, die USA verfügten über zehntausend Bomben. Solchen Drohungen maß ich, trotz des Ernstes der Lage, keine große Bedeutung zu.

Atomwaffenstrategie und Fragen der nuklearen Sicherheit waren für uns – zum Glück und Gott sei Dank – immer nur theoretische Themen. Im Laufe der Berlinkrise wurden wir damit in anderer, konkreterer Weise befaßt, und auch während der Kubakrise vom Oktober 1962 wurden alle strategischen Überlegungen zwangsläufig in einem weniger theoretischen Licht gesehen. Schon vor der Kubakrise waren aufgrund von Überlegungen, die im Zusammenhang mit der Verwirklichung des NATO-Dokuments MC-70 standen, Thor- und Jupiter-Raketen in

Norditalien und in der Türkei aufgestellt worden. Die Frage der Amerikaner lautete, wie man die Bündnispartner an einem Raketensystem größerer Reichweite beteiligen könne und ob man diese weitertragenden Raketen auf Lastwagen, auf Eisenbahnwaggons oder in Tunnels aufstellen, ob man sie unter Wasser oder über Wasser stationieren sollte. Zu wassergestützten Raketen kam es nicht, weshalb ich 1964 bei der Wehrkundetagung in München ironisch davon sprach, daß dies die erste Flotte der Welt sei, die man in den Grund gebohrt habe, bevor sie noch auf Stapel gelegt worden war.

Der große Unterschied der beiden Krisen bestand für uns darin, daß die Berlinkrise nicht nur geographisch, sondern dadurch, daß wir an vorbereitenden Überlegungen selbst beteiligt waren, auch in ihren möglichen Auswirkungen überschaubar blieb. Wir kannten die Gefährlichkeit der beabsichtigten Maßnahmen und ihrer möglichen Steigerungen, während wir über die amerikanischen Überlegungen und die damit verbundenen sowjetischen Reaktionen im Zusammenhang mit Kuba weniger informiert waren. Wir wußten nur, daß die Amerikaner die Aufstellung sowjetischer Mittelstreckenraketen an ihrem »weichen Unterleib« mit Gewalt verhindern würden. Unsere Bewertung und Einschätzung der Lage lief darauf hinaus, daß man mit kriegerischen Ereignissen in Europa rechnen mußte, zumindest rechnen konnte. So haben wir Maßnahmen ergriffen und zum Beispiel Vorbereitungen zur Einberufung von 50.000 bis 60.000 Reservisten getroffen. Das Auswärtige Amt hatte dagegen Bedenken, ebenso Adenauer, weshalb die Aktion ausgesetzt wurde. Die Einberufungen, in allen Einzelheiten geplant, sollten Ende Oktober 1962 an einem Samstag hinausgehen, was dann auf den Sonntag und von Sonntag auf Montag verschoben wurde. Dann zeigte sich, daß die Russen einlenken würden, und so wurde das Ganze wieder abgeblasen. Die in diesen Tagen zu entlassenden Wehrpflichtigen wurden jedoch bei der Truppe behalten und mußten nach Ableistung ihrer Dienstzeit die erste Wehrübung gleich anschließen. Alles in allem aber haben wir die Kubakrise nicht so ernst genommen wie die Berlinkrise.

In den Wochen nach dem 13. August 1961 war ich im Bundestagswahlkampf unterwegs, drei Tage vor der Bundestagswahl, am 14. September, sprach ich im oberfränkischen Forchheim. Während meiner Rede wurde mir ein Zettel heraufgereicht – ich solle abbrechen, mein Staatssekretär Volkmar Hopf sei am Telefon, wünsche mich unbedingt zu sprechen. Ich dachte an einen Flugzeugabsturz oder ein ähnliches Unglück - stumme und bedrückende Ahnung, unter der ein Verteidigungsminister im Grunde genommen ständig zu leben gezwungen ist.

Als ich erfuhr, was Hopf mir zu sagen hatte, traute ich meinen Ohren kaum. Der Staatssekretär teilte mir mit, daß zwei Jagdbomber der Bundeswehr sich »verirrt« hatten und nach einem Flug durch die DDR in Berlin-Tegel gelandet waren. Es mußte sofort etwas unternommen werden, um den drohenden politischen Schaden in Ost und West zu begrenzen. Ich beauftragte Hopf, den Bundeskanzler und den Außenminister zu informieren und sich anschließend zu den Botschaftern der vier Mächte zu begeben, sich bei ihnen offiziell zu entschuldigen und zu erklären, es habe sich um einen Fehler in der Navigation gehandelt, der wahrscheinlich auf ein Versagen des elektronischen Systems zurückzuführen sei. Für nähere Untersuchungen war jetzt keine Zeit. Es kam darauf an, schnellstens eine plausible Erklärung für den peinlichen »Betriebsunfall« vorzubringen.

Um die Dramatik, ja die Gefährlichkeit dieses Vorfalls zu verstehen, ist an den Zeitpunkt zu erinnern: Die Sowjetunion hatte ihre Streitkräfte in der DDR im allgemeinen, im Raum Berlin im besonderen verstärkt. Auf den Schreibtischen der Bundeswehr, mehr noch bei den NATO-Stäben, lagen die Unterlagen des »contingency planning«. Die politische Stimmung zwischen Ost und West war vier Wochen nach dem Mauerbau aufs höchste gespannt. Was die Lage zusätzlich kritisch machte, war die Tatsache, daß die beiden Flugzeuge, Jagdbomber vom Typ F 84 »Thunderstreak«, zu einem in Lagerlechfeld in der Nähe von Augsburg stationierten Geschwader gehörten, das für den atomaren Einsatz vorgesehen war. Auf ihrem Flug im Rahmen der NATO-Übung »Check-mate« hatten die Jagdbomber selbstverständlich keine scharfen Bomben im Schacht. Die beiden Maschinen waren auf der Strecke Würzburg–Laon vom Kurs abgekommen, hatten Lüttich in Belgien für Reims in Frankreich gehalten, über Westfalen schließlich vollends die Orientierung verloren und sich dann in einer rasch laufenden Schlechtwetterfront in den Luftraum der DDR verirrt. Nördlich von Leipzig war ihnen nichts anderes übriggeblieben, als den Notruf »Mayday« durchzugeben. Darauf hatte sich der französische Flughafen Berlin-Tegel gemeldet. Die Maschinen landeten dort unversehrt; ihre Piloten, die von den Franzosen sofort festgesetzt wurden, erfuhren erst später, daß sie von sowjetischen MiG-Jägern verfolgt worden waren - allerdings erfolglos, was zu Strafversetzungen in der sowjetischen Luftabwehr führte.

Ich ordnete eine strenge Untersuchung des Vorgangs an. Als mich aber bereits am nächsten Tag eine neue, ähnliche Hiobsbotschaft erreichte – zwei in Husum stationierte Jagdbomber hatten sich »verfranzt« und waren über Rostock geflogen –, befahl ich den Luftwaffeninspekteur, General Josef Kammhuber, zu mir nach München und verlangte von ihm scharfes Durchgreifen, damit sich gefährliche Zwischenfälle dieser Art nicht wiederholten. »Herr General«, sagte ich, »es muß vor der Weltöffentlichkeit ein Zeichen gegeben werden. Wie sollen wir den Vorwurf, das sei eine bewußte Provokation, überhaupt zerstreuen? Die Russen werfen uns ohnehin vor, daß wir die Amerikaner in einen Krieg hineintreiben wollen. Wenn wir uns so etwas leisten wie diese Flüge, werden auch unsere Freunde im Westen mißtrauisch sagen: Wollen die nicht durch irgendeinen technischen Zwischenfall den Krieg auslösen, damit sie die Wiedervereinigung kriegen?« In diesem Ruf standen wir lange Zeit. Bomber der Luftwaffe, die durch die DDR flogen, konnten leicht unabsehbaren Schaden anrichten.

Kammhuber schlug die Ablösung des Kommodores des Jagdbombergeschwaders Lagerlechfeld, Oberstleutnant Barth, vor, seine Versetzung an das Allgemeine Luftwaffenamt in Wahn. Der Husumer Kommodore sollte bis zur Überprüfung des Vorfalls dienstenthoben werden. Außerdem sollten neue und noch schärfere Vorschriften an die Luftwaffe ähnlichen Vorfällen vorbeugen. Ich stimmte diesen Vorschlägen zu und wies Kammhuber an, alles Erforderliche zu veranlassen. Das war aber nicht möglich, weil ein Inspekteur nicht über die notwendigen Vollmachten verfügt, um einen Kommodore abzulösen. Außer dem Verteidigungsminister und seinem Staatssekretär hat nur die Personalabteilung diese Befugnis. Also forderte ich den Luftwaffeninspekteur auf, den entsprechenden Befehl sofort handschriftlich aufzusetzen, und ich unterschrieb. Am nächsten Tag fand eine Besprechung der Kommandeure sämtlicher fliegender Verbände der Luftwaffe statt, bei der General Kammhuber die Ablösung von Oberstleutnant Barth und dessen Versetzung an das Luftwaffenamt sowie die vorläufige Dienstenthebung des Husumer Kommodores bekanntgab.

Es stellte sich nachträglich heraus, daß der von mir unterschriebene Befehl einen rechtlichen Fehler enthielt. Ich hätte Oberstleutnant Barth nur des Dienstes entheben, ihn aber nicht gleichzeitig versetzen dürfen. Die Dienstenthebung war eine durch den Vorfall gerechtfertigte Maßnahme, die Versetzung dagegen kam einer Disziplinarstrafe gleich, hätte also erst nach Abschluß der Untersuchungen angeordnet werden

Verteidigungsminister Strauß steigt ins Cockpit des ersten Starfighter F-104-G, Oktober 1961

Über seine Zeit als Verteidigungsminister hinaus hielt Franz Josef Strauß engen Kontakt zur Truppe. Der Bayerische Ministerpräsident beim NATO-Wintermanöver in der Nähe von Ansbach, Februar 1979

Verteidigungsminister Strauß, Professor Carlo Schmid und der Inspekteur der Luftwaffe, Generalleutnant Kammhuber, vor Beginn einer Sitzung des Verteidigungsausschusses des Bundestages, November 1959

dürfen. In dieser Situation – Höhepunkt des Wahlkampfes, vier Wochen vorher Mauerbau, die Amerikaner toben, die Franzosen sperren in Berlin die beiden Flieger ein, die Engländer runzeln die Stirn, die Russen schreien: »Provokation, Provokation, jetzt fliegen sie schon nach Berlin« – ging es um Stunden, um den Schaden für die Bundesrepublik Deutschland so klein wie möglich zu halten. Ich mußte handeln, und ich mußte schnell handeln.

Oberstleutnant Barth reichte beim Wehrdienstsenat in München Klage ein mit dem Antrag, seine Ablösung und Versetzung rückgängig zu machen. Ich war der Meinung, die Bundeswehr habe nichts zu verbergen, und unterschrieb daher die Aussagegenehmigung für die vom Wehrdienstsenat für notwendig gehaltenen Zeugen. Daraufhin erschienen Staatssekretär Hopf, der Leiter der Personalabteilung, Gumbel, und mehrere hohe Offiziere und baten mich nachdrücklich, diese Entscheidung rückgängig zu machen. Das Verhandlungsergebnis könne möglicherweise dem Ansehen der Bundeswehr schaden, vor allem werde dabei ans Tageslicht kommen, daß es sich keineswegs um ein Versagen der Elektronik, sondern auch um ein Versagen der noch nicht sonderlich flugerfahrenen Piloten gehandelt habe. Da man sich den Botschaftern der vier Mächte gegenüber zunächst auf einen technischen Fehler herausgeredet habe, könne man nun in die unangenehme Situation geraten, einer falschen Auskunft bezichtigt zu werden.

So wurde die Aussagegenehmigung wieder aufgehoben. Das Verteidigungsministerium stellte dem Wehrdienstsenat anheim, das Vorbringen des Klägers in vollem Umfang als Wahrheit zu unterstellen. Eine günstigere Rechtsposition konnte es für Oberstleutnant Barth gar nicht geben, denn das Verteidigungsministerium wäre in dem Verfahren vor dem Wehrdienstsenat als Partei und nicht etwa als übergeordnete Behörde aufgetreten. Es verzichtete darauf, seine Argumente geltend zu machen, und sorgte gleichzeitig dafür, daß die Situation des betroffenen Oberstleutnant durch die Verweigerung der Aussagegenehmigung nicht verschlechtert, sondern im Gegenteil verbessert wurde.

Trotzdem, um nicht zu sagen selbstverständlich, warf man mir später vor, ich hätte mich im Fall Barth verfassungs- und rechtswidrig verhalten und gegen das Rechtsstaatsprinzip verstoßen. Der »Spiegel« war mit allen Kräften bei der Sache! Die SPD gab den Anstoß, daß die Affäre Barth vom Verteidigungsausschuß des Deutschen Bundestages untersucht wurde. Das Ergebnis: »Nach ausführlicher Sachdiskussion stellt der Verteidigungsausschuß einstimmig fest, daß keiner dieser Vorwürfe berechtigt ist, sondern daß im Gegenteil der Minister sich völlig korrekt verhalten hat.« Noch über meine Zeit als Verteidigungsminister hinaus wurde der Fall Barth von meinen politischen wie publizistischen Gegnern zum untauglichen Anlaß heftiger Angriffe gegen mich genommen.

Die Frage, wie es dazu kommen konnte, daß zwei vollausgebildete, allerdings noch nicht genügend flug- und einsatzerfahrene Piloten der Bundeswehr statt nach Laon in Frankreich, wo sie Übungsziele bombardieren sollten, in entgegengesetzter Richtung über Leipzig nach Berlin flogen, war trotz zahlreicher Verhöre und Gutachten nicht mit letzter Schlüssigkeit zu klären. Offiziell mußten wir uns mit der Erklärung »menschliches Versagen« zufriedengeben. Aber hinter verschlossenen Türen rätselten wir im Verteidigungsministerium an einem anonymen Brief herum, der aus dem betreffenden Geschwader zu stammen schien. In diesem Schreiben hieß es, bei dem Berlinflug der beiden Piloten habe es sich um das Ergebnis einer feucht-fröhlichen Kasinowette gehandelt: Man könne es sich ruhig erlauben, nach Berlin zu fliegen, die Russen würden es bei ihrer schlechten Luftverteidigung gar nicht merken. Einer der beiden Piloten war nach seinem Ausscheiden aus der Bundeswehr als Privatpilot tätig. Der Zufall wollte es, daß ich eines Tages zu seinen Fluggästen gehörte. Mein Versuch, über den Vorfall vom September 1961 Näheres zu erfahren, scheiterte - schweigendes Grinsen war die Antwort.

Ich weiß übrigens nicht, ob die Öffentlichkeit je erfahren hat, daß es in der Zeit von Verteidigungsminister Georg Leber ein ähnliches Ereignis, nicht in der Luft, sondern zu Wasser gegeben hat. Ein Schnellboot der Bundesmarine stieß in einer »friedlichen Blitzaktion« zum Kai des Hafens Rostock vor und verschwand wieder, bevor die DDR-Grenztruppen überhaupt etwas merkten.

Die Regierungsbildung von 1961

Der Mauerbau bedeutete für die Adenauersche Deutschlandkonzeption nicht nur einen Rückschlag, sondern im Grunde einen Wendepunkt. Das Klima schlug um, gegen Adenauer, gegen die Bundesregierung, gegen die Union - die Bundestagswahlen vom 17. September 1961 zeigten es. Aber auch gegen die Amerikaner, die beim Mauerbau zumindest duldend zugeschaut hatten, wendete sich die Stimmung. Die Enttäuschung Willy Brandts steht hier als eindrucksvolles Beispiel. Der Regierende Bürgermeister von Berlin hatte davon geträumt, daß die Amerikaner eingreifen würden. Als dies nicht geschah, vollzog sich die große Peripetie in Brandts politischer Biographie. In einer Rede, die er fünf Tage nach dem Mauerbau im Bundestag hielt, sagte er, was sich im anderen Teil Deutschlands vollzogen habe, sei »das kalte Ungarn«. Die Regierung der Sowjetunion dürfe »nicht glauben, uns ins Gesicht schlagen zu können, und wir lächelten noch dazu«. Brandt hatte mit Spannung auf die Bühne geblickt, die vom Vorhang verhüllt war, als der Vorhang hochgezogen wurde, blieb die Bühne leer.

Bei den Wahlen zum 4. Deutschen Bundestag verloren CDU und CSU die absolute Mehrheit. Sie erreichten gemeinsam 45,3 Prozent, auf die SPD entfielen 36,2 Prozent, auf die FDP 12,8 Prozent der Stimmen. Noch Anfang Juli, als die CSU ihren zweiten Parteitag in diesem Jahr veranstaltete - auf dem ersten, am 18. März, war ich zum Parteivorsitzenden gewählt worden -, hatten alle Prognosen eine deutliche absolute Mehrheit der Unionsparteien in Aussicht gestellt. Richard Stücklen sprach Adenauer auf diese optimistischen Prognosen an. Der Kanzler war skeptisch, sprach davon, daß die Ergebnisse der Meinungsforscher für den Augenblick vielleicht Gültigkeit hätten, daß sich aber auf dem langen Weg, der bis zum Wahltermin zurückzulegen sei, noch manches ereignen könnte. Immerhin schwelte zu dieser Zeit die Berlinkrise, es zeichnete sich eher Zuspitzung als Entwarnung ab. Aus seiner langen Lebenserfahrung warnte Adenauer, wie sich zeigen sollte zurecht, vor voreiliger Siegeszuversicht. Auch meinen Erfahrungen nach pflegen sich spektakuläre Ereignisse meistens zum Schaden der regierenden Parteien auszuwirken, auch wenn diese ohne jede Mitschuld sind. Es kam der 13. August 1961 mit dem Bau der Mauer in Berlin, das Rätselraten im Westen war beendet.

In dieser Situation hat Adenauer einige psychologische Fehler begangen, die er später selbst nicht leugnete. Erstens setzte er den Wahlkampf fort, statt ihn abzubrechen. Zweitens gebrauchte er einen Tag nach dem Mauerbau die anders gemeinte, aber vom politischen Gegner bewußt mißdeutete und ausgeschlachtete Formel »Herr Brandt alias Frahm«. Und drittens ging er nicht unverzüglich nach Berlin, sondern überließ die publikumswirksame Bühne öffentlichen Handelns dem Regierenden Bürgermeister und SPD-Kanzlerkandidaten Willy Brandt. Zwischen Mauerbau und Wahltermin fand eine Sitzung des Parteipräsidiums der CDU statt, an der ich teilnahm. Ich erklärte dabei so schonungsvoll und maßvoll wie möglich, daß die Union die absolute Mehrheit, die bis zum 13. August als sicher gegolten habe, verloren hätte. Ich führte aus, daß dies die Folge psychologischer Fehler sei, die zwar jetzt allmählich wieder ausgeglichen würden, die aber nicht so schnell wettgemacht werden könnten, daß sie bis zur Wahl vergessen seien.

Bei dieser Zusammenkunft hatte ich ein Erlebnis zu verzeichnen, das leider nicht einmalig, sondern eher kennzeichnend war. Mehrere Teilnehmer, an ihrer Spitze Johannes Albers aus der rheinischen CDU, Vorsitzender der CDU-Sozialausschüsse, widersprachen mir wütend, kritisierten meine Analyse und meine Prognose als eine von der Sache her nicht begründete und dem Bundeskanzler abträgliche Situationsschilderung. Ich empfand es dankbar, daß Adenauer der Darstellung von Albers und seinen Freunden entgegentrat. Er stand auf und sagte, sicherlich nicht freudigen Herzens: »Meine Herren, Herr Strauß hat recht. Wir haben die absolute Mehrheit verloren, und wir werden sie bis zum Tag der Wahl nicht mehr wiedergewinnen.« Damals habe ich zum ersten Mal die weitverbreitete und von gefälligem Wunschdenken bestimmte Haltung gewisser CDU-Spitzenpolitiker zur Kenntnis genommen, unangenehmen Diskussionen aus dem Wege zu gehen. Schließlich saßen in dieser Runde zahlreiche CDU-Prominente, die in Abwesenheit Adenauers ganz anders über ihn sprachen.

Der Mauerbau schien einen wesentlichen Teil der Adenauerschen Deutschland-Politik widerlegt zu haben. Sein Konzept, daß eine starke, im westlichen Bündnis verankerte Bundesrepublik die DDR zwangsläufig in ihren Sog ziehen würde, war nicht aufgegangen. Im Gegenteil, der Mauerbau zeigte, daß das Gebäude der DDR nicht auf Flugsand errichtet war und daß dessen baldiger Einsturz durch die Wiedervereinigung keineswegs bevorstand. Ulbricht wurde von Moskau massiv gestützt, der Westen dagegen erschien als untätig. Die Menschen in der

Bundesrepublik Deutschland mögen dies nicht so sehr mit dem Kopf als vielmehr mit dem Herzen verstanden haben. Es war ein Gefühl, und zu diesem Gefühl kamen allgemeine Unsicherheit und auch Kriegsangst.

Adenauer wurde in dieser komplizierten Situation von den Wählern in vereinfachender und damit sicherlich auch ungerechter Weise zum Sündenbock gemacht. Niemand kann sich heute ausmalen, wie es weitergegangen wäre, wenn Ulbricht die Mauer nicht gebaut und wenn die ständig anwachsende Abwanderung der Menschen aus der DDR in die Bundesrepublik Deutschland weiter angehalten hätte. Eines kann man nach meiner Überzeugung jedoch mit Sicherheit sagen, daß nämlich ohne den Bau der Mauer CDU und CSU 1961 die absolute Mehrheit gewonnen hätten. Gewissermaßen über Nacht war das Selbstverständnis der Bürger in der Bundesrepublik, in ungefährdeter Existenz und in ungefährdetem Wohlstand auf der Seite des Westens zu leben, erschüttert worden. Unvermutet war die bittere weltpolitische Realität über unser Land hereingebrochen.

Bei politischen Versammlungen und besonders bei Wahlkampfveranstaltungen gibt es ein spezielles Fluidum zwischen Publikum und Redner. Am 13. August 1961, am Tag des Mauerbaus, an dem ich mindestens auf drei Versammlungen gesprochen habe, in Dortmund, in Hamburg und in Schleswig-Holstein, war das aufgeladene Klima besonders zu spüren. Die Menschen waren voller Angst, ohne genau zu wissen, wovor sie Angst hatten, sie waren erfüllt von der instinktiven Sorge, daß der Mauerbau in Berlin eine erste Maßnahme sein könnte, die nunmehr die ganze Ost-West-Szenerie in Bewegung bringe. Deshalb bemühte ich mich an diesem Tag und bei meinen Wahlkampfauftritten der kommenden Wochen, nicht durch martialische Erklärungen zusätzlich zur Aufheizung der Atmosphäre und zur Erregung der Gemüter beizutragen. Aus Überzeugung wie aus staatspolitischer Notwendigkeit ging es mir in diesen fünf Wochen darum, den Bau der Mauer als eine in sich abgeschlossene Handlung darzustellen, von der keine weiteren gefährlichen Konsequenzen zu erwarten seien. Ich berief mich auf das funktionierende Bündnis, auf den Schutzwall der Alliierten, auf die abschreckende Wirkung der Atomwaffe, auf ihre kriegsverhindernde Funktion.

Die Stimmung in der Bevölkerung war ähnlich wie nach dem Einmarsch der Russen in Budapest im Herbst 1956. Angst ging um, Sorge breitete sich aus, bange Fragen wurden gestellt. Die Menschen wollten wissen, was die Bundesregierung, was der Kanzler, natürlich auch was der Verteidigungsminister zu den Vorgängen in Berlin zu sagen hatten. Wir alle, die wir an jenem 13. August öffentliche Auftritte zu absolvieren hatten, standen in einer besonderen Pflicht und Verantwortung. Die Menschen erwarteten von den Politikern an der Spitze verläßliche Auskunft, sie wollten angeschlagene oder verlorengegangene Zuversicht wiedergewinnen. Es wurde klare politische Führung erwartet, dazu die Fähigkeit, in einfacher und verständlicher Sprache Vertrauen zu vermitteln.

Die Beschreibung der Zuverlässigkeit des westlichen Bündnisses, der Appell an die nationale Solidarität, die Gewißheit, daß die Menschen trotz der Ereignisse in Berlin in Sicherheit lebten, das waren die Leitlinien meiner Reden an diesem Tag und in dieser Zeit. Zur Entwicklung langwieriger theoretischer Gedankengänge bestand weder Anlaß noch Gelegenheit. Die Menschen waren unruhiger und gespannter als sonst bei Wahlveranstaltungen. Darauf hatte ich mich als Redner einzustellen, mit der ganzen Kraft des Wortes und des Arguments. Auch wenn der Mauerbau selbst überraschend kam, so fiel er doch in eine Zeit überdurchschnittlicher politischer Erregung, in der immer wieder über mögliche Schritte der Sowjetunion in Sachen Berlin diskutiert und vielfältige Pläne über die Zukunft Deutschlands, einschließlich einer vielleicht möglichen Wiedervereinigung, erörtert worden waren. Selbstverständlich stand in meiner Rede die flammende Anklage gegen die aggressive und imperialistische Politik der Sowjetunion am Anfang. Dem folgte die eindringliche Mahnung an Moskau, Langmut und Geduld des Westens nicht zu unterschätzen, und die Warnung vor weiteren, die Krise verschärfenden Schritten.

Als sich nach einiger Zeit der Staub über dem Berliner Schlachtfeld einigermaßen gelegt hatte, sagte sich der amerikanische Heeresminister in Begleitung des amerikanischen Botschafters bei mir im Verteidigungsministerium zu Besuch an. Auf die Amerikaner hatte ich wegen ihrer Behandlung des Bundeskanzlers einen gewaltigen Zorn. Die beiden Gäste bekamen dies zu spüren, indem ich sie eine Stunde in meinem Vorzimmer warten ließ. Als sie dann vorgelassen wurden, entschuldigte ich mich keineswegs für die Verspätung. Es kam zu einem frostigen Routinegespräch über verteidigungspolitische Fragen. Als die Besucher sich verabschieden wollten, bat ich den Botschafter, Walter C. Dowling, noch einen Augenblick zu bleiben. Ihm sagte ich dann, daß dieses Wartenlassen nicht Unhöflichkeit gewesen, sondern meiner tiefen Empörung über das amerikanische Verhalten entsprungen sei. Der Vertreter Washingtons in Bonn bekam an diesem Tag alles zu hören, was sich bei mir an Unmut über die Amerikaner angestaut hatte, und dies in einer Klarheit, die mich zum weiteren Mal als Mitglied des Vereins für deutliche Aussprache in der Politik auswies.

Daß die Sowjets in Berlin hätten ungestört die Mauer bauen können, sei nur nach Abstimmung mit den Amerikanern möglich gewesen. Dies hielte ich für einen skandalösen Vorgang. Als Vizepräsident Johnson eine Woche nach dem Mauerbau von Bonn nach Berlin geflogen sei, habe man Bundeskanzler Adenauer die Möglichkeit des Mitflugs verweigert, weil man anscheinend fürchtete, dies könne im laufenden Wahlkampf als eine Begünstigung Adenauers erscheinen. Statt dessen habe dann der Spitzenkandidat der SPD die Medien, vor allem das Fernsehen, in dieser emotional aufgewühlten Situation ganz für sich allein gehabt, von Adenauer sei nichts zu hören und nichts zu sehen gewesen. Damit hätten die Amerikaner in massiver Weise in den Wahlkampf eingegriffen, nämlich gegen den Bundeskanzler und gegen die Regierungsparteien. Dies sei ein um so größerer Affront, als die Verdienste Adenauers um das deutsch-amerikanische Verhältnis, seine eindeutige Option für den Westen und nicht zuletzt die Durchsetzung der Wiederbewaffnung gegen den erbitterten Widerstand der SPD hätten erkämpft werden müssen. Zum Dank dafür hätten die Amerikaner Partei für Brandt und die SPD ergriffen. Sollte diese unerträgliche Haltung der Amerikaner beispielhaft für die Zukunft sein, so könnten die deutsch-amerikanischen Beziehungen in eine tiefe Krise geraten.

Die Reaktion des amerikanischen Botschafters, der sich meine Anklage ruhig angehört hatte, war verblüffend: »Herr Strauß, ich gebe Ihnen völlig recht. Aber warum sagen nur Sie das, warum sagt das niemand sonst? Warum hat das der Bundeskanzler nicht gesagt? Warum hat sich der Bundeskanzler diese Behandlung gefallen lassen? Auch kein anderer Bundesminister hat uns das je gesagt. Wir haben nie ein Wort der Kritik an unserem Verhalten gehört.« Hier wurde jener zentrale Punkt angesprochen, der mein Vertrauen in die Führungsfähigkeiten Adenauers, das ich viele Jahre hatte, endgültig erschütterte.

Wiewohl es bei der Bundestagswahl einen durch den Mauerbau und durch Adenauers Verhalten bedingten Rückschlag für die Union gegeben hatte und die FDP aufgrund ihres hervorragenden Abschneidens ein anspruchsvoller und schwieriger Koalitionspartner zu werden drohte, wurde kein Gedanke an eine Große Koalition verschwendet.

Allerdings kam es zu einer für mich interessanten Begegnung. Am Montag oder Dienstag nach der Bundestagswahl bat mich der SPD-Kanzlerkandidat und Regierende Bürgermeister von Berlin, Willy Brandt, um ein Gespräch. Wir trafen uns zu diesem Zweck nicht in meinem Arbeitszimmer im Verteidigungsministerium, sondern am Vormittag, bevor ich zum Dienst fuhr, in meinem Haus auf dem Venusberg, Zeppelinstraße 52. Während der ersten Legislaturperiode des Bundestages, in den Jahren bis 1953, als die Dinge politisch-menschlich trotz aller Gegensätze noch nicht so verkrampft waren wie später, war ich in lockerem Kreise gelegentlich mit Willy Brandt und anderen Abgeordneten der SPD zusammengetroffen. Das waren vergnügliche Abende mit ein bißchen Alkohol und ein bißchen Geschwätz. Die Begegnungen mit Brandt, der zu dieser Zeit als Exponent des rechten Flügels der SPD galt, hatten nur atmosphärisch und menschlich Bedeutung, nicht politisch. Sie spielten keine Rolle bei irgendwelchen Entscheidungen und sind dann später auch nicht fortgesetzt worden. Immerhin habe ich Brandt damals auch von seiner menschlichen Seite kennengelernt.

Wir saßen, als wir uns an diesem Septembertag 1961 trafen, im Wohnzimmer unseres Hauses. Meine Frau brachte Kaffee und zog sich dann zurück. Brandt hat noch einmal seine Erschütterung über die Augustereignisse in Berlin zum Ausdruck gebracht und bekräftigt, wie sehr ihn das Verhalten der westlichen Alliierten enttäuscht habe. Er sprach davon, zumindest in Andeutungen, daß die Amerikaner den Sowjets Stillhalten zugesagt hätten, wenn die andere Seite die Demarkationslinie nicht überschreite. Dann kam Brandt zum entscheidenden Punkt: In dieser Zeit der politischen Krise, die mit dem Mauerbau noch nicht zu Ende sei, müsse eine geschlossene Front der demokratischen Parteien in der Bundesrepublik Deutschland hergestellt werden. Die Sozialdemokraten seien selbstverständlich bereit, in einer solchen Allparteienregierung mitzuarbeiten, um die Herausforderung, vor der die deutsche Politik stehe, zu meistern.

Ich habe vorsichtig geantwortet, daß weder bei der CDU noch bei uns in der CSU und schon gar nicht im Bundeskanzleramt die Signale in diese Richtung gestellt seien. Ich sagte, daß ich mir seinen Vorschlag überlegen und ihn mit politischen Freunden besprechen wolle. Ich glaubte aber nicht, daß die Erschütterung oder die Krise wirklich so tief reiche, eine Allparteienregierung, die immer nur als Ausnahmefall denkbar sei, zu rechtfertigen. Daß es Brandt ernst war mit seinem

Angebot und daß sein Vorstoß keine Einzelgänger-Aktion war, stand für mich fest. Auch wenn er keine Namen nannte, hatte ich die Gewißheit, daß hinter seinem Vorschlag einflußreiche Kräfte seiner Partei standen. Selbstverständlich zählte ich dazu in meinem Kopf auch Herbert Wehner. Insgesamt war Brandt an diesem Vormittag rund eine Stunde bei mir.

Wie sich in den mehr als fünfundzwanzig Jahren, die seither vergangen sind, die Szene in Bonn verändert hat, geht daraus hervor, daß diese Zusammenkunft geheim geblieben ist. Der Regierende Bürgermeister von Berlin konnte am hellen Tag den CSU-Vorsitzenden, der gleichzeitig Verteidigungsminister war, in dessen Wohnung besuchen, ohne daß über diese Begegnung Stunden vorher bereits geredet und am nächsten Tag darüber berichtet wurde. Ich sprach mit Fritz Zimmermann, damals Generalsekretär der CSU, über den Besuch Brandts und sein Anliegen. Mit der CDU unterhielt ich mich darüber nicht. Für eine Allparteienregierung fehlten einfach die Voraussetzungen.

Zu Herbert Wehner hatte ich im September 1961 keinen Kontakt. Zum einen war das Thema Allparteienregierung ohnehin nicht ernsthaft auf dem Prüfstand, zum anderen stand ich als Mitglied im Kabinett Adenauer in einer selbstverständlichen Loyalität, die engere Beziehungen zur SPD ausschloß. Vor allem aber gab es zwischen Wehner und mir nicht diese sagenhafte Sympathie, wie sie offensichtlich seit Frühjahr 1961 zwischen Wehner und Baron Guttenberg bestand. Für den fränkischen Reichsfreiherrn lag in den Sonderkontakten zum Altkommunisten Wehner auch ein Stück Emotion, sozusagen die Versöhnung zwischen rechts und links. Seine Kontakte zu Wehner hat Guttenberg allerdings erst Ende 1962, als ich in Schwierigkeiten geriet, auszuspielen begonnen. Erst dann schlug er Adenauer die Bildung einer Großen Koalition vor – als Ausweg aus dem Dilemma, das durch die apodiktischen Forderungen der FDP gegen mich aufgrund der »Spiegel«-Affäre entstanden war. An den Gesprächen mit Wehner war dann auch maßgeblich Wohnungsbauminister Paul Lücke beteiligt. Spätere abfällige Äußerungen Wehners über Baron Guttenberg, als dieser schon schwer erkrankt war, ließen bei mir erhebliche Zweifel aufkommen, ob der SPD-Fraktionsvorsitzende die Ehrlichkeit, die ihm entgegengebracht wurde, mit der gleichen Gesinnung erwiderte.

Die Beurteilung Wehners als Urgestein der deutschen Politik, als der verläßliche Block der SPD, hat mich nie sehr beeindruckt. Mein Mißtrauen gegen die Konversion Wehners war immer stärker als meine

Bereitschaft oder meine Selbstverpflichtung, einen Dialog mit ihm zu suchen. Ich habe an seine Wandlung vom stalinistischen Kommunisten zum demokratischen Sozialisten über viele Jahre hin nicht recht geglaubt. Es war zwar eine unbestrittene Leistung Wehners, als er in seiner berühmten Bundestagsrede vom 30. Juni 1960 die grundsätzliche Bereitschaft der SPD bekundete, auch eine sozialdemokratische Regierung werde die Grundlinien der Außenpolitik Adenauers fortsetzen. Das von Mißtrauen geprägte Unbehagen gegenüber dem außenpolitischen Kurs der SPD konnte dadurch allerdings nicht ausgeräumt werden. Nach dem Godesberger Programm der SPD von 1959 war dies gewissermaßen das außenpolitische Godesberg. Aber als ganz so dramatisch habe ich diese sicherlich wichtige Rede dennoch nicht empfunden. Die Möglichkeit eines Bruches innerhalb der Partei sah ich nicht; für einen solch lebensgefährlichen Schritt war und ist die SPD viel zu diszipliniert. Wehner hat seine Partei, die dafür eigentlich noch nicht reif war, gewaltsam auf diesen Kurs gebracht, und große Teile der Sozialdemokratie sind damit innerlich nie fertiggeworden. Für mich war das kein Wechsel aus prinzipieller Einsicht. Die Änderung der außenpolitischen Grundpositionen war vielmehr notwendig geworden, weil Wehner und seine Freunde erkannt hatten, daß mit dem strikten und absoluten Nein der SPD zur Westintegration eine Mehrheit nicht zu gewinnen war. Das Godesberger Programm und die Rede Herbert Wehners markierten die taktische Abkehr der SPD von einer Politik erwiesener Erfolglosigkeit. Um einen Abschied für immer handelte es sich nicht, gibt es doch heute noch starke Strömungen in der SPD gegen die Marktwirtschaft, gegen die Bundeswehr und gegen das Bündnis. Immerhin hat die von Wehner seiner Partei verschriebene und aufgezwungene Kurskorrektur knapp zwanzig Jahre angehalten. 1979 begab sich die SPD auf ihre alten Pfade zurück. Startschuß war der innerparteiliche Streit um den NATO-Doppelbeschluß.

Bei allem Respekt vor dieser Leistung Wehners sehe ich in seiner landläufigen Beurteilung auch eine Überschätzung. Er war auch ein bürokratischer Langweiler. Die Tatsache, daß er immer gelobt wurde, weil er bei allen Sitzungen, ob im Bundestag oder wo immer, in starrer Unbeweglichkeit von Anfang bis Ende durchhielt, machte auf mich den Eindruck, als ob hier einer der Politik aus dem Wege gehen wolle. Was ich Wehner nie vergessen habe, war das hinterhältige Spiel, das er zur Zeit der Großen Koalition mit den italienischen Kommunisten gegen die eigene Regierung – er war Bundesminister für gesamtdeutsche Fragen – und gegen ihren Chef Kurt Georg Kiesinger getrieben hat.

Die mit Godesberg und Wehner-Rede gekennzeichnete Kurskorrektur hatte der SPD bei den Wahlen von 1961 im übrigen keine nennenswerten Erfolge gebracht. Die Bevölkerung empfand dieses Einschwenken auf den Kurs der Regierung nicht als taktischen Sieg, sondern als Eingeständnis der SPD, daß sie mit ihrer drei Legislaturperioden lang verbissen und hartnäckig verfolgten Oppositionspolitik gescheitert war. Die Menschen sahen erst recht, daß es keine Alternative zur Politik von CDU und CSU gab. Wäre es 1961 nicht zum Bau der Mauer und den damit verbundenen Schwächeerscheinungen Adenauers gekommen, hätte die Union diese Wahlen mit absoluter Mehrheit gewonnen, trotz Godesberg und trotz Wehner-Rede. Die Wähler, die die SPD später aus anderen als ihren angestammten Schichten zu sich herübergezogen hat, gewann sie, weil sie sich als Partei der Wissenschaft, des technischen und industriellen Fortschritts sowie als Partei der Kernenergie gebärdete. Das brachte den Zulauf.

Zu den Gesprächspartnern, die sich nach der Wahl von 1961 bei mir einfanden, gehörte neben Willy Brandt auch der FPD-Vorsitzende Erich Mende, der am Abend des 26. September ebenfalls zu mir in die Wohnung kam. Die Unterredung kreiste zwei Stunden lang immer um das gleiche Thema - die FDP war sich nicht sicher, ob sie nicht doch Opfer eines Regierungspaktes zwischen Adenauer und den Sozialdemokraten werden könnte. Immerhin hatte Adenauer am Tag zuvor mit führenden SPD-Politikern Gespräche geführt. Dies irritierte Mende, und seine Gretchenfrage lautete denn auch, ob Adenauer mit der SPD nur spiele, oder ob er seriöse Verhandlungen anstrebe. Dazu wollte er meine Einschätzung und meinen Rat hören. Mein Standpunkt: »In einer schwarz-roten Koalition, Herr Mende, würden Sie den Verteidigungsminister Strauß nicht finden. Wir werden alles tun, um dagegen anzugehen, selbst wenn wir ausscheiden müßten. Wenn wir beide draußen sind« - ich meinte damit die FDP und die CSU -, »haben wir zwar 66 plus 50, gleich 116 Mandate, aber wir können das nicht verhindern. Der Alte ist zu allem bereit.« Mit dem letzten Satz meinte ich Adenauers entschlossenen Willen, jetzt sein Amt nicht abzugeben.

Die FDP fürchtete offensichtlich, daß sie sich, wenn sie ihre Anti-Adenauer-Haltung überzog, unversehens draußen vor der Tür, das heißt auch weiterhin auf den Bänken der Opposition finden könnte. Mende, der im FDP-Vorstand über das Gespräch mit mir und meine Einschätzung detailliert berichtete, könnte daraufhin den Weg bereitet haben, der es seiner Partei ermöglichte, einer Verlängerung der Amtszeit Adenauers ohne allzu großen Gesichtsverlust zuzustimmen. Für die FDP war eine Große Koalition stets der schlimmste aller denkbaren Alpträume. Fünf Jahre später, 1966, wurde er Wirklichkeit. So war meine Lagebeurteilung Mende gegenüber durchaus auch als Warnung zu verstehen und wurde von ihm auch so verstanden. Daß es in diesen Tagen auch Kontakte zwischen FDP und SPD gegeben hatte - Brandts Stichwort von der Notwendigkeit der Zusammenarbeit aller demokratischen Parteien in einer kritischen Lage -, habe ich erst später erfahren.

Der eigentlich nie mit konsequenter Ernsthaftigkeit erwogene Gedanke einer Großen Koalition von Union und SPD hat die FDP in verständliche Erregung versetzt. Paul Lücke und andere CDU-Abgeordnete sprachen bereits von einer Wahlrechtsänderung in Richtung Mehrheitswahlrecht, um der FDP den Garaus zu machen, ein Gedanke, der ein Jahr später, als tatsächlich eine Große Koalition zur Diskussion stand, erneut ins Spiel gebracht wurde und den später auch Kiesinger aufgriff. 1969 bot er der FDP, neben den tatsächlichen Gründen, einen weiteren Vorwand zum Zusammengehen mit der SPD. Die Überlegungen hinsichtlich einer Wahlrechtsänderung gingen jedoch viel weiter zurück, nämlich in die frühen fünfziger Jahre. Der Hamburger CDU-Abgeordnete Hugo Scharnberg, ein Bankier, hatte von Adenauer den Auftrag erhalten, über eine Reform des Wahlrechts nachzudenken und geeignete Vorschläge zu machen. Das Ziel war die Einführung des Mehrheitswahlrechts. Scharnbergs Vorbild war die englische Regelung, die allerdings dahingehend modifiziert werden sollte, daß zwar die große Mehrheit der Abgeordneten nach dem Mehrheitswahlrecht, ein Teil aber nach wie vor über Listen in den Bundestag einzog. Solchen Plänen standen nicht nur die Sozialdemokraten und die Freien Demokraten ablehnend gegenüber, auch in den Reihen der Union gab es erheblichen Widerstand. Viele sorgten sich, daß gewisse Komponenten einer großen Volkspartei nicht mehr im Parlament vertreten wären, wenn überwiegend Wahlkreisabgeordnete in den Bundestag kämen. Die Frauen, die Junge Union und die CDU-Sozialausschüsse wurden dabei als Beispiele angeführt. Gegen eine Reform wandten sich auch jene Regionen der CDU, in denen wenig Hoffnung bestand, nach der Einführung des Mehrheitswahlrechts noch Abgeordnete nach Bonn entsenden zu können. Hier drängt sich eine aktuelle Anmerkung auf: Nach der Landtagswahl in Bayern 1986 und nach der Bundestagswahl von 1987 gäbe es, hätten wir das Mehrheitswahlrecht, kaum einen von der SPD in den Bayerischen Landtag entsandten Abgeordneten und kaum einen bayerischen SPD-Parlamentarier im Deutschen Bundestag.

Scharnbergs Vorschlag des sogenannten Grabenwahlrechts war eine Schlußfolgerung aus der Spaltung der FDP im Februar 1956. Als sich die Widerstände gegen die Wahlrechtspläne verstärkten, hat Adenauer unter dem Einfluß seiner Berater Scharnberg über Nacht fallen lassen. Der brave Mann stand plötzlich als der böse Bube da, der mit einem trickreichen Wahlrecht andere politische Gruppierungen parlamentarisch mundtot machen wollte. Scharnberg ist aber nur der tapfere Soldat Adenauers gewesen, und dafür wurde er erschossen.

1966, bei den Verhandlungen über die Große Koalition, ging es konkret um eine Änderung des Wahlrechts mit dem Ziel, klare Verhältnisse zu schaffen und klare Mehrheiten zu ermöglichen. Besprochen und angestrebt wurde die Einführung des relativen Mehrheitswahlrechts für die übernächste Bundestagswahl, also 1973. Ich nahm als Mitglied der CDU/CSU-Kommission an allen Gesprächen mit der SPD teil. Herbert Wehner hat diese Änderung des Wahlrechts stark befürwortet, wohl in Erinnerung an seine Gespräche mit Baron Guttenberg und Paul Lücke. Als wir diese Absicht der Großen Koalition jedoch in die Vereinbarung aufnehmen und zum Gegenstand des Koalitionsvertrages machen wollten, widersprach Wehner. Dies sei eine politische Entscheidung, so Wehner, auf die die Kader der SPD noch nicht vorbereitet seien. Es kam zu einem Gentleman's Agreement: Wir machen die Wahlrechtsänderung, aber wir machen sie nicht zum öffentlich ausgewiesenen Bestandteil des Koalitionsvertrages, weil wir mit der frühzeitigen Bekanntgabe die Chancen der Durchführung stören oder gar zerstören würden. Paul Lücke war Feuer und Flamme für diesen Plan; er glaubte, auf diese Weise die Elemente der Instabilität und Unzuverlässigkeit, die er in der FDP verkörpert sah, loszuwerden.

Dann aber kam der Nürnberger Parteitag der SPD mit zwei gravierenden Schwerpunkten – Anerkennung beziehungsweise Respektierung der Oder-Neiße-Linie wider die Politik der Großen Koalition und Aussetzung der Wahlrechtsänderung, da das Mehrheitswahlrecht in der Partei umstritten blieb. Das war im März 1968, und damit waren bei der SPD die Weichen gestellt in Richtung FDP. Der erste konkrete Schritt auf diesem Weg war ein Jahr später die Wahl Gustav Heinemanns zum Bundespräsidenten, bei der sich bereits ein Stück Machtwechsel vollzog. Die Union hat damals den Fehler gemacht, wider ihre eigenen Interessen den der FDP nahestehenden Gerhard Schröder zu nominieren. Hätten wir statt dessen einem FDP-Politiker klassischen Zuschnitts, etwa Friedrich Middelhauve, das Amt des Bundespräsidenten angeboten und hätte Schröder auf seine Kandidatur verzichtet, wäre Gustav Heinemann nicht gewählt worden und die liberal-sozialistische Koalition nicht zustande gekommen.

Die Regierungsbildung des Jahres 1961 fiel in eine politisch aufregende Zeit. Der 13. August hatte vieles verändert, er war ein Wendepunkt in der Geschichte der Republik, ein Wendepunkt im Verhältnis zwischen Ost und West, ein Wendepunkt auch für die SPD, die sich bis dahin in chancenloser Opposition erschöpft hatte. Es gab in dieser Zeit eine Reihe von taktischen Spielen, Plänen und Neuordnungen, die aber meist nur kurz aufblitzten und uns erst später ausführlich beschäftigen sollten, Ostpolitik, Große Koalition, die Möglichkeit einer Koalition aus FDP und SPD. Es war eine Art Prolog auf halboffener Bühne, ein Prolog zu einem Stück, das erst viel später gespielt werden sollte. Die handelnden Personen aber, und das gilt auch für mich, waren viel zu nahe an den Ereignissen und Entscheidungen des Tages, als daß sie für so weitreichende Perspektiven hätten aufgeschlossen sein können.

Im Mittelpunkt der Koalitionsverhandlungen stand die Hallstein-Doktrin. Die FDP verlangte die förmliche Aufhebung und Preisgabe dieser außenpolitischen Leitlinie. Der exponierte Verfechter dieser Doktrin, Außenminister Heinrich von Brentano, wurde von der FDP hart attackiert und schied aus der Regierung aus. Das zweite nicht weniger wichtige Thema war, wie lange Adenauer noch im Amt bleiben sollte. Die FDP wollte Adenauer durch Erhard ersetzen, der aber machte klar, daß er nicht gegen Adenauer antreten werde. Der Anti-Adenauer-Affekt der FDP war stärker als Überlegungen, die im Interesse der Partei gelegen hätten. Der große Wirtschaftsliberale Erhard hätte nämlich, wäre er ein erfolgreicher Bundeskanzler geworden, der FDP schon deshalb gefährlicher werden können als Adenauer, weil er ihr weit weniger Kontrast- und Profilierungsmöglichkeiten bot. Adenauer mußte sich in jenen Wochen von der FDP sehr viel an Kritik gefallen lassen. Das Ergebnis war, daß Adenauer nur noch eine Kanzlerschaft auf Zeit zugesprochen wurde. Unmittelbar nach seiner Wiederwahl am 7. November 1961 mußte er in Briefen an Heinrich Krone und Erich Mende seine Bereitschaft zu einem vorzeitigen Rücktritt vor Ablauf der Legislaturperiode erklären.

Diesen Kompromiß hatte der FDP-Parteivorsitzende Mende gegen starke innerparteiliche Widerstände, vor allem gegen die Stimmung an der Basis durchgesetzt. Im Kampf gegen Adenauer taten sich besonders der freidemokratische Justizminister von Baden-Württemberg, Wolfgang Haußmann, und der hessische FDP-Landesvorsitzende und stellvertretende Bundesvorsitzende, Oswald Kohut, hervor. Bei einer Unterredung, die ich mit FDP-Politikern in der Bayerischen Vertretung in Bonn hatte, fragte mich Kohut, ohne daß seine anwesenden Parteifreunde widersprachen, ob ich bereit wäre, das Außenministerium zu übernehmen. Das Hauptmotiv dieser Anfrage lag weniger in liberaler Zuneigung zu mir als in dem dringenden Wunsch der FDP, um jeden Preis Heinrich von Brentano aus dem Amt zu bringen. Wenn man schon Adenauer nicht loswerden konnte, dann - nach dem Grundsatz, daß man den Sack schlägt und den Esel meint - wenigstens seinen getreuen Paladin Brentano. Der Außenminister hatte zwar keine starke Hausmacht im klassischen Sinne, aber er hatte viele Freunde und war allseits beliebt. Durch die Offerte an mich glaubte man wohl, die Widerstände in der Union gegen ein Ausscheiden Brentanos leichter überwinden zu können.

Auf das Thema Außenminister hat mich damals nicht nur die FDP angesprochen, sondern zu meiner Überraschung auch Konrad Adenauer. Als der Bundeskanzler sah, daß Brentano nicht zu halten war, sagte er zu mir unter vier Augen in seinem Arbeitszimmer: »Herr Strauß, ich hätte Sie am liebsten als Nachfolger im Auswärtigen Amt. Aber jetzt« - er meinte das gespannte Ost-West-Verhältnis nach der Berlinkrise - »möchte ich den Verteidigungsminister nicht austauschen.«

Bei den Koalitionsverhandlungen 1961 spielte, wie schon zuvor, der CDU/CSU-Fraktionsvorsitzende Heinrich Krone eine zentrale Rolle. Krone kam aus der Weimarer Tradition, vom sozialen Flügel der Zentrumspartei, die in besonderer Weise vom Erlebnis der gequälten Mitte geprägt war. Zu dieser gequälten Mitte gehörten auch die SPD und, mit Einschränkungen, die Bayerische Volkspartei. Heinrich Krone war in den fünfziger und frühen sechziger Jahren der erfahrene Moderator, der seriöse Vermittler, ein Mann, auf dessen Zuverlässigkeit und Anständigkeit gerechnet werden konnte, auf den vor allem Konrad Adenauer baute, ein Mann von großer persönlicher Integrität, ein »ehrlicher Makler«. Krone war ein Diener des Staates, ein Diener Konrad Adenauers, ein Diener der CDU, und im übrigen hatte er den Wunsch, seine politische Laufbahn nicht als Fraktionsvorsitzender zu beschließen, sondern als Bundesminister, was ihm 1961 auch gelungen ist. Mein persönliches Verhältnis zu ihm war außerordentlich gut. Wir haben uns oft ausgesprochen über die anstehenden Probleme, 1961 natürlich auch über die mögliche Nachfolge Adenauers durch Erhard. Gegen ihn hatte Krone erhebliche Vorbehalte, ohne sich aber an irgendwelchen Intrigen zu beteiligen.

In die zweite Septemberhälfte, in der es in der Union viel Unruhe und Ärger gab, fiel ein berühmtes Weißwurstessen im Hause des Verteidigungsministers, an dem die Führung der Unionsfraktion teilnahm, an der Spitze Heinrich Krone. Was diese Begegnung so denkwürdig machte, war die Tatsache, daß man die Wortmeldungen weniger darauf richtete, offen seine Meinung zu sagen, als vielmehr, wahre Absichten zu verdunkeln. Das gehört mit in das Bild der ausgehenden Ära Adenauer. Die vielen unbeantworteten Fragen zum weiteren Gang der Dinge - vor allem die Frage der Kanzlernachfolge und die Frage, ob Brentano bleiben oder sein Amt abgeben und wer ihn möglicherweise ersetzen sollte - ließen manchem Bonner Akteur Zurückhaltung und Verschleierung angeraten erscheinen. Das ganze Geschehen rund um die Regierungsbildung, die unter Stocken und Stöhnen vor sich ging, war überlagert von dem Wissen, daß Adenauer ein Kanzler auf Abruf war. Das Ende der Ära Adenauer zeichnete sich bereits ab. Dies schuf Unsicherheiten und setzte Fragezeichen. Noch überwogen in der CDU die Treueschwüre zu Adenauer, wenn auch in Abwesenheit des Bundeskanzlers ganz andere Töne zu hören waren. Es herrschte eine Atmosphäre heldenhafter Scheinentschlossenheit oder pseudoheldenhafter Courage, die in bezug auf Adenauer verbreitet wurde, von der aber im Ernstfall nichts mehr zu spüren war.

Zwar gehörte ich zu denen, die die Meinung vertraten, daß Adenauers Zeit als Bundeskanzler im Ablaufen begriffen war, ich sah aber auch, daß Erhard bei aller Popularität, die er besaß, nicht durchzusetzen war. Vielleicht war das auch gut so, wie ich nachträglich sagen muß. Erhard war für jede Form machtpolitischer Auseinandersetzung ungeeignet, da ihm der entschlossene Umgang mit den Instrumenten der Macht seinem Charakter nach tief zuwider war. Der gefährdete Adenauer indessen verstand es, seine Truppen zusammenzuhalten und schwankende Einheiten wieder zu gewinnen.

Zu denen, die am eifrigsten den Übergang des Kanzleramtes von Adenauer auf Erhard betrieben, gehörte der CDU-Abgeordnete Gerd Bucerius, der offenbar sogar kurze Zeit mit dem Gedanken spielte, eine Art liberale Absplitterung von der CDU zu betreiben, um dadurch die Berufung Erhards zum Kanzler zu beschleunigen. Die »Brigade Erhard« erwies sich indessen als nicht sehr standhaft. Andererseits war klar, daß gegen Ludwig Erhard innerhalb der Union kein Gegenkandidat durchzusetzen war. Auch Adenauers Versuche sind später kläglich mißlungen. Übereinstimmung bestand jedoch darin, zumindest im inneren Kreis der Union, daß die Außen- und Sicherheitspolitik, also ein existentieller Bereich deutscher Politik, nicht Erhards Stärke sei, weshalb er im Falle des Falles von einer starken Phalanx umgeben sein müßte. In dieser Phalanx sollte auch ich, an welcher Stelle und in welchem Amt auch immer, meinen Platz haben.

Daß ich 1961 einen Wechsel der Kanzlerschaft für sinnvoll hielt, blieb Adenauer nicht verborgen – ich wollte es auch gar nicht verbergen. Der Alte hat es mir nicht vergessen. Im März 1962 hatte ich mit dem CDU-Ministerpräsidenten von Nordrhein-Westfalen, Franz Meyers, ein vertrauliches Gespräch, über das wir Stillschweigen vereinbarten. Es ging um die Frage, ob wir in der Bundesrepublik Deutschland eine Notstandsgesetzgebung brauchten. Das Thema lag damals in der Luft. Aber niemand wagte, das heiße Eisen anzupacken, obwohl viele Staatsrechtler immer wieder betont hatten, daß eine solche Regelung nach dem Deutschlandvertrag und nach dem Truppenvertrag evident und unabweisbar sei. Ich habe Meyers, Regierungschef des größten Bundeslandes, gefragt, wie er sich in einem solchen Notstandsrecht die Rolle des Militärs vorstelle. In allen demokratischen Staaten sei ja das Militär im Notstandsfall die ultima ratio. Meine Hoffnung auf Diskretion trog. Franz Meyers zog aus dieser Unterredung und aus den von mir gebrauchten Formulierungen völlig falsche Schlüsse und erstattete Adenauer offensichtlich alarmiert Bericht. Bundespräsident Lübke wurde von Adenauer daraufhin mit der absurden Nachricht aufgeschreckt, Strauß plane einen Staatsstreich. Lübke, der mich von diesem Gespräch unterrichtete, wies die absonderliche Unterstellung Adenauers auf der Stelle zurück. Diesen Vorgang sah ich als Spätfolge meiner in Adenauers Augen ungebührlichen Meinung vom Herbst 1961, daß die Zeit eines Kanzlerwechsels gekommen sei. Zu diesen Spätfolgen gehörte auch Adenauers nicht gerade übertriebene Loyalität zu seinem während der »Spiegel«-Krise wankenden Verteidigungsminister.

Das Ende der Ära Adenauer

Im Verhalten des Bundeskanzlers rund um dem 13. August 1961, das von Unsicherheit gekennzeichnet war, kulminierte eine Entwicklung, die 1959 mit dem verwirrenden Spiel um seine mögliche Kandidatur für das Amt des Bundespräsidenten begonnen hatte und die sich in der leidvollen und mißlichen Diskussion über seinen Nachfolger im Amt des Bundeskanzlers fortsetzen sollte. Das Nachbeben der Erschütterung, die Adenauer mit seinem Hin und Her um das höchste Staatsamt ausgelöst hatte, hielt noch an, die Spuren der daraus herrührenden Vertrauenskrise waren noch nicht verwischt. Und weiterhin ungelöst im Raum stand die Frage der Kanzlernachfolge.

Ob Adenauer allein auf den Gedanken gekommen ist, Bundespräsident werden zu wollen, weiß ich nicht. Ich vermute, daß sein engerer Kreis, Pferdmenges und Globke, ihm zugeredet haben. Jedenfalls trug er sich im Frühjahr 1959 mit dem Gedanken, fernab der Kritik des Tages ein längeres politisches Mitwirkungsrecht sich zu sichern, indem er aus dem Amt des Bundeskanzlers in das Amt des Bundespräsidenten überwechselte. Ich habe diese Überlegungen Adenauers nie verstanden. Offensichtlich hat er die Macht des Bundespräsidenten falsch eingeschätzt, indem er glaubte, von der Villa Hammerschmidt aus weiterhin Einfluß auf den Gang der aktuellen Politik nehmen zu können. Er wollte seinem Nachfolger den Mantel übergeben, die Substanz des Amtes aber behalten. Eine genaue Prüfung des Grundgesetzes hat ihn dann zu der Einsicht und Überzeugung gebracht, daß dieses Amt weder seinem Wesen angemessen war noch seinen Ansprüchen gerecht werden würde. Eigentlich war die falsche Einschätzung der Möglichkeiten des Staatsoberhauptes erstaunlich, da Adenauer selber doch oft genug Theodor Heuss in die Schranken gewiesen und immer auf einer engen Auslegung der Rechte des Bundespräsidenten bestanden hatte. Das war 1952 besonders deutlich geworden, als Heuss in die Diskussion über die Verfassungsmäßigkeit des EVG-Vertrages eingriff und damit an den nervus rerum der Politik des Kanzlers rührte. Adenauer jedenfalls ließ, als er einsehen mußte, daß der Bundespräsident keine Möglichkeit hatte, Politik aktiv zu gestalten, schon gar nicht in der Weise, wie es Adenauer als der Herr über die Richtlinien gewohnt war, das Projekt Bundespräsident fallen.

Der Grund, warum Adenauer die Kandidatur zurückzog, war nicht nur die späte verfassungsrechtliche Einsicht. Ich halte ein zweites Motiv für ausschlaggebend, nämlich Adenauers Erkenntnis, seinen Wunschkandidaten für das Amt des Bundeskanzlers, Finanzminister Franz Etzel, nicht durchsetzen zu können und sich statt dessen mit Ludwig Erhard abfinden zu müssen. In dieser Konstellation - Etzel als Kanzler, er selbst als Bundespräsident - hätte Adenauer die Möglichkeit gehabt, die großen politischen Linien auch weiterhin bestimmen zu können, ohne freilich in die mühselige Tagesarbeit verwickelt zu sein. Franz Etzel, wie Adenauer aus der rheinischen CDU kommend, hatte sich stets der besonderen Wertschätzung und des besonderen Wohlwollens des Bundeskanzlers erfreut. 1952 war er auf Vorschlag Adenauers zum deutschen Vertreter bei der Hohen Behörde der Montanunion ernannt worden. 1957 hatte er als Nachfolger Fritz Schäffers das Finanzministerium übernommen. In Etzel hätte Adenauer einen Bundeskanzler gehabt, der ihm, ungeachtet der durch das Grundgesetz vorgeschriebenen Machtverteilung, den Einfluß gesichert hätte, der bei Ludwig Erhard schon wegen grundsätzlicher und persönlicher Differenzen nie möglich gewesen wäre.

Alle Überlegungen Adenauers, auf dem Umweg über das Amt des Bundespräsidenten die Dauer seiner konkreten politischen Gestaltungsmöglichkeiten prolongieren zu können, waren uns im engeren Führungskreis von CDU und CSU von vornherein als irreal erschienen. Ob ein Blick nach Frankreich und auf die dort eingetretene Entwicklung stimulierend auf Adenauer gewirkt haben könnte, vermag niemand mit Sicherheit zu sagen. In Paris war General de Gaulle 1958 an die Macht zurückgekehrt und hatte die Verfassung der Vierten Republik kurzerhand liquidiert. Bis dahin hatte Frankreich eine stark parlamentarische, seither hat es eine stark präsidentielle Verfassung. De Gaulle und Adenauer hatten ein eigentümliches Verhältnis zueinander, beide schätzten sich und bewunderten einander, der Franzose verstand sich als Retter seiner Nation, Adenauer sah sich - eine Einschätzung, die von weiten Kreisen der mittleren und älteren Generation geteilt wurde - als »pater patriae«, als Vater des Vaterlandes. De Gaulle als Präsident der Republik berief den Chef der Regierung und sicherte sich alle wesentlichen Entscheidungen, vor allem im Bereich der Sicherheits- und Außenpolitik. Daß Adenauer an diesem Beispiel Gefallen gefunden hat, ist nicht auszuschließen. Nach den Erfahrungen der deutschen Vergangenheit, nach den Regeln der deutschen Verfassungsentwicklung und nach der Ausgestaltung des Grundgesetzes der Bundesrepublik Deutschland wären solche Wunschträume aber von Haus aus obsolet gewesen.

Daß Adenauer 1959, als er sein Präsidentenspiel inszenierte, plötzlich von der Machtlosigkeit des Bundespräsidenten so überrascht war, könnte also durchaus nur ein Vorwand gewesen sein. Auf jeden Fall schadete es ihm erheblich, als er seinen Entschluß, Bundespräsident werden zu wollen, widerrief; die Mehrheit der Fraktion hätte dies mit Aufatmen begrüßt und mit Leidenschaft in der Wahl bestätigt. Das war der erste Knick. Hätte er die Bundespräsidentenkarte überhaupt nicht gespielt, hätte er nur gesagt: »Ich bleibe Kanzler«, dann hätte man dies sicherlich nicht mit voller Begeisterung zur Kenntnis genommen, aber man hätte es akzeptiert. Aber dieses Hin und Her, dieses Nein, Ja, Nein, wurde mit Recht als Unsicherheit ausgelegt. Das Ergebnis war dann die Wahl Heinrich Lübkes zum Bundespräsidenten.

Das unglückliche Verhalten Adenauers, den Nachfolger, den er wollte, nämlich Franz Etzel, nicht durchsetzen zu können, und den Nachfolger, den er um keinen Preis wollte und nahezu um jeden Preis zu verhindern suchte, nämlich Ludwig Erhard, zu demontieren, hat sein Ansehen empfindlich geschwächt. Die Tatsache, daß man sich in der CDU der historischen Größe Adenauers bewußt war, verhinderte ebenso wie die in der CDU weitverbreitete Neigung, zutage liegende Probleme personeller Art gegenüber dem Betroffenen nicht offen anzusprechen, daß in einem verantwortlichen Kreis das anstehende Thema der Nachfolge in vernünftiger Weise behandelt wurde. Nun hatte Adenauer seit seiner ersten Wahl zum Bundeskanzler allerdings mit großem Selbstbewußtsein regiert. Sein Alter war für ihn kein Problem, und er hat deshalb auch nichts getan, um einen Nachfolger aufzubauen.

Denkbare Nachfolger gab es mehrere, und sie wurden auch diskutiert. Anfang bis Mitte der fünfziger Jahre war in diesem Zusammenhang bisweilen der Name Fritz Schäffer gefallen, der als erfolgreicher und sparsamer Finanzminister große Reputation genoß. Schon früh kam es jedoch zu erheblichen Zerwürfnissen zwischen dem Kanzler und seinem Minister. Adenauer beklagte Schäffers Halsstarrigkeit und warf ihm, obwohl er selbst zwölf Jahre älter war, Alterserscheinungen vor. So hat mir Adenauer einmal einen handgeschriebenen Brief gezeigt, den Schäffer ihm anläßlich einer der vielen Krisen zwischen ihnen geschrieben hatte. Dieser Brief war in einer etwas zittrigen Sütterlinschrift geschrieben, was Adenauer zu der Bemerkung veranlaßte: »Sehen Sie, ich habe Sorge um den Herrn Schäffer, wenn er so schreibt. Er ist doch sehr krank.«

Mir hat die Auseinandersetzung zwischen beiden einen Antrag auf Ausschluß aus der Partei eingebracht, eine groteske Episode meiner politischen Laufbahn. Bei einer Pressekonferenz im Dezember 1956, wenige Tage vor Weihnachten, hatte ich auf die Frage, was los sei zwischen Adenauer und Schäffer, um mich aus der Affäre zu ziehen, gesagt: »Ehre sei Schäffer in Ostermünchen« – Schäffers Wohnsitz bei Tuntenhausen im Landkreis Rosenheim – »und Friede für Adenauer in Rhöndorf.« Dies wurde damals von ganz Glaubenseifrigen als eine Persiflage der Bibel bezeichnet und mir zum Vorwurf gemacht.

Schäffers Rolle als möglicher Nachfolger blieb ein Zwischenspiel. Ganz anders verhielt es sich mit dem Wirtschaftsminister, obwohl Adenauer von Anfang an deutlich machte, daß er von Erhard politisch nicht viel hielt und es immer wieder zu Spannungen zwischen ihnen kam, 1961 beispielsweise wegen der DM-Aufwertung. Adenauer hatte zwei Bedenken gegen Erhard. Das eine war dessen völlige Ahnungslosigkeit auf dem Gebiete der Außenpolitik – »Ludwig das Kind« hieß er in der Umgebung Adenauers, ein Beiname, der bis zu mir gedrungen ist. Die andere Besorgnis Adenauers, der ja sehr stark vom Zentrum und von christlich-sozialer Gewerkschaftspolitik geprägt war, galt der Wirtschaftspolitik. Er fürchtete, daß die Union unter Erhard zu stark akzentuierte wirtschaftsliberale Züge aufweisen und den Bezug zum christlichen Arbeitnehmerlager verlieren könnte. Damit würde, so Adenauers Angst, die Mehrheitsfähigkeit und die breite Basis, über die die CDU damals auch in Nordrhein-Westfalen noch verfügte, gefährdet. Hinzu kam natürlich, was nicht ohne Bedeutung war, daß sich die beiden persönlich nicht verstanden. Für jemanden, der das nötige Fingerspitzengefühl hatte, eine Antenne für atmosphärische Stimmungen, war zu spüren, daß die beiden nicht miteinander harmonierten.

Schon durch sein Auftreten, seine gerade Haltung, seine Körpergröße, seinen an einen Indianer gemahnenden Gesichtsausdruck schuf Adenauer Distanz, flößte er Respekt ein, strahlte er Autorität aus. Hierin war er in allem das Gegenteil von Ludwig Erhard. Der verbreitete Gemütlichkeit, Jovialität, Zigarrenduft. Adenauer war leidenschaftlicher Nichtraucher. In der zweiten Hälfte der fünfziger Jahre war das Rauchen am Kabinettstisch verpönt. Allen Regierungsmitgliedern wurde mitgeteilt, daß die Bronchien des Bundeskanzlers schwach seien – was auch stimmte – und daß man deshalb das Rauchen unterlassen möge. Dies war dem Dauerraucher Erhard eine Tortur. Adenauer ärgerte sich schon, wenn Erhard nur nach einer Zigarre griff. Auch wenn das eine völlig unpolitische Beobachtung sein mochte, so war es doch kennzeichnend dafür, daß Adenauer und Erhard auf völlig verschiedener Wellenlänge lagen.

Andererseits war Adenauer alles andere als ein Asket. Er trank gern Champagner und sehr guten Rheinwein. Unter den Abenden, die ich mit ihm in kleinem Kreise verbrachte und die oft bis in den frühen Morgen hinein dauerten, ist mir besonders ein Zusammensein auf dem Petersberg 1954 in Erinnerung. Es war damals noch Brauch, daß der Bundesrat jährlich einmal die Bundesregierung zum Abendessen einlud. Der Abend begann völlig harmlos. Ich saß am Nebentisch zusammen mit Heinrich von Brentano, Siegfried Balke und anderen »kleineren Staatsmännern«. Am Haupttisch waren die »Großen« versammelt, Adenauer, Fritz Schäffer, der Bayerische Ministerpräsident Wilhelm Hoegner, Arbeitsminister Anton Storch und einige andere.

Der Abend war schon fortgeschritten, als am »Prominententisch« der Name Pater Johannes fiel. Dieser Pater Johannes Albrecht war eine bekannte Figur, er war Pater Cellarius des Klosters Ettal, Busenfreund des Ochsensepp und ehemaliger Mitarbeiter von Canaris. Ich habe ihn persönlich gut gekannt und war oft Gast bei ihm. Es wurde der Vorschlag gemacht, auf den Pater Johannes ein Glas zu leeren – man einigte sich auf Ettaler Klosterlikör. Daraufhin wurde Ettaler Klosterlikör bestellt, und das war der Anfang vom Untergang. Die Wogen der Geselligkeit, der Gemütlichkeit, der Heiterkeit schlugen am Nachbartisch immer höher.

Adenauer, dem einfiel, daß ich den Pater Johannes kannte, rief mich an seinen Tisch. Hoegner hatte sich bereits verabschiedet, und so setzte ich mich auf seinen Platz neben Fritz Schäffer. Nach dessen Aufbruch löste sich die Runde allmählich immer mehr auf. Nur Adenauer war nicht zum Gehen zu bewegen, bekundete vielmehr entschlossen seinen Willen, noch einen zu trinken. Ich wollte den Aufbruch beschleunigen, indem ich zu dem Ober sagte, er möge uns zum Schluß die sauerste Flasche Wein bringen, die er im Keller habe. Adenauer widersprach heftig: »Pfui Teufel, so bringen Sie mich nicht los, Herr Strauß!« Daraufhin orderte ich beim Kellner die teuerste und beste Flasche, die er auf Lager habe. Es kam – zu einem für damalige Verhältnisse völlig abenteuerlichen Preis von 150 Mark – eine Flasche Eiswein oder Trockenbeerenauslese. Adenauer kostete, war zufrieden – und trank die Flasche allein aus. Dabei wurde er immer munterer, schlug zur Unterstreichung seiner Worte kräftig auf den Tisch. Gegenüber dem vereinten Bemühen seiner Höflinge, ihn zum Gehen zu bewegen, stellte er sich taub. Gegen 3.00 Uhr erst kam ein mühsamer Aufbruch zustande.

Konnte die Bundesrepublik Deutschland in den ersten zwölf Jahren ihres Bestehens als Kanzlerdemokratie gelten, so verschob sich nach der Bundestagswahl und nach der Regierungsbildung von 1961 der Akzent mehr in Richtung einer Koalitionsdemokratie. Das Spiel der Parteien war wichtiger geworden, ihr Auftreten selbstbewußter. Vor allem sah sich die FDP durch ihr überraschend gutes Abschneiden in Höhe von 12,8 Prozent, ein Ergebnis, an das sie vor dem Mauerbau nicht im Traum zu denken gewagt hatte, in ihrer Anti-Adenauer-Haltung ermutigt und in die Lage versetzt, auf einer Kanzlerschaft auf Zeit zu bestehen. CDU und CSU dagegen hatten - auch dies eine Folge des Mauerbaues - die als sicher geltende absolute Mehrheit nicht erreicht und damit die Möglichkeit verloren, die Tagesordnung der Bundesrepublik Deutschland zu bestimmen. Ob Adenauer, seit dem Hin und Her um seine mögliche Bundespräsidentschaft in seiner Autorität geschwächt und auch angesichts seines Lebensalters von 85 Jahren zwangsläufig eingeschränkt, dazu noch die Kraft gehabt hätte, ist eine andere Frage.

Die verminderte Durchsetzungsfähigkeit des Kanzlers zeigte sich mir um die Jahreswende 1962/63 beim Tauziehen um den Deutsch-Französischen Vertrag. Ich war schon nicht mehr Verteidigungsminister, aber durch den großartigen Wahlerfolg der CSU bei der Landtagswahl am 25. November innerhalb der Koalition in wiedererstarkter Position. Adenauer trat damals angesichts eines Heeres von Widersachern den Rückzug an und ließ die Idee einer deutsch-französischen Union fallen. Der Elysée-Vertrag ist ein Tiger ohne Zähne, weil Gerhard Schröder und die anglophilen Kräfte in der CDU eine Präambel durchsetzten, die das, was ein Jahrhundertereignis hätte werden können, in seiner Bedeutung erheblich schmälerte. Die Präambel war das Mittel, mit dem Schröder und seine Freunde, die natürlich keinen Bruch mit Frankreich wollten, den Elysée-Vertrag formal zwar am Leben ließen, in seiner wesentlichen Substanz aber abtöteten. Adenauer hatte nicht mehr die Kraft oder die Entschlossenheit, dieser Fehlentwicklung erfolgreich entgegenzutreten.

Konrad Adenauer und Charles de Gaulle waren trotz aller Unterschiede in Wesen und Prägung zwei Staatsmänner, die in geschichtlichen Bahnen dachten, die sich gegenseitig verstanden und respektierten. Die beiden hatten sich etwas zu sagen und hörten einander zu. Zwischen ihnen gab es nie eine lähmende Verlegenheit, weil sie unter dem Zwang gestanden hätten, wortlose Zeit überbrücken zu müssen, wie es mitunter zwischen dem General und Erhard der Fall war.

De Gaulles Vorschlag, Deutsche und Franzosen, miteinander 110 Millionen Menschen, müßten zusammengehen und der Rest Europas werde sich dieser Union dann anschließen, entsprach durchaus der Vorstellung Adenauers. Mit diesem Zusammengehen war politische, wirtschaftliche, technische, kulturelle und nicht zuletzt militärische Kooperation gleichermaßen gemeint. Die entscheidenden Gespräche zwischen de Gaulle und Adenauer fanden anläßlich des Staatsbesuches in Frankreich Anfang Juli 1962 statt. Adenauer hatte sich zu weitgehenden Zusagen bereitgefunden, aber nach einem Protest des Auswärtigen Amtes unter Gerhard Schröder wurde die entsprechende Protokollpassage aus dem Gespräch de Gaulles mit Adenauer durch eine unverbindliche Phrase ersetzt. Begründet wurde dieses Vorgehen damit, daß Adenauer einem sprachlichen Mißverständnis, einem Übersetzungsfehler zum Opfer gefallen sei. Schröders gesamte Politik stand in einem diametralen Gegensatz zur deutsch-französischen Annäherung und damit im Gegensatz zu einem der Grundgedanken Adenauers.

Zwischen Schröder und mir hatte sich Anfang der sechziger Jahre ein deutlicher Dissens herausgebildet, der mit den Schlagworten »Atlantiker« für Schröder und »Gaullist« für mich Zeitgeschichte machte. Der Grund für den Beginn dieser Abneigung lag im Umfeld der Kuba- und der Berlinkrise. Im Zusammenhang mit der Kubakrise waren militärische Aktionen in Europa denkbar geworden; man mußte befürchten, daß die Russen in Europa zuschlagen, wenn die Amerikaner in Kuba landen oder im Zusammenhang mit der von Kennedy befohlenen Blokkade sowjetische Schiffe aufbringen. In den Jahren zuvor hatte es eine lange und hartnäckige Auseinandersetzung zwischen dem Verteidigungsministerium und dem Innenministerium gegeben. Wir im Verteidigungsministerium beanstandeten, daß es das Innenministerium versäumt habe, die unpopulären Gesetze einzubringen, die auf der zivilen Seite als Ergänzung der militärischen Mobilmachung unbedingt notwendig waren. Dazu gehörten zum Beispiel die Regelung von Dienstverpflichtungen und die Einziehung privater Fahrzeuge. In einem Dreiergespräch mit Adenauer erhob ich schwere Vorwürfe gegen Schröder: Ich hätte ihn seinerzeit als Innenminister immer wieder gebeten, die entsprechenden Gesetze vorzulegen, hätte ihm gesagt, daß wir diese Gesetze brauchten, da sonst unser Verteidigungssystem in der Luft hänge; wir hätten von der militärischen Seite getan, was wir hätten tun können, aber durch Versäumnisse im zivilen Bereich hätten wir eine offene Flanke. Da wurde Schröder wütend, da er mir in der Sache nicht widersprechen konnte: »Hören Sie endlich mit Ihrer sagenhaften Tüchtigkeit auf, das kann ich nicht mehr hören!« Schröder hat dann im Zusammenhang mit der »Spiegel«-Krise meinen Sturz betrieben.

Anfang Dezember 1962, als mein Rücktritt vom Amt des Verteidigungsministers schon feststand, hatte mir Konrad Adenauer ein Photo gezeigt, auf dem er neben de Gaulle steht und das ihm der General gewidmet hatte mit den Worten: »Vive l'union allemande-française.« Adenauer deutete auf die Worte de Gaulles und sagte mit schmerzlichem Pathos: »Herr Strauß, das ist Ihre Aufgabe. Ich werde das nicht mehr erleben und nicht mehr schaffen, aber das Erbe vermache ich Ihnen, daß die deutsch-französische Union geschaffen wird.« Diese Union war das Herzstück der Adenauerschen Politik. Meine Antwort auf diesen Appell, den ich als eine Art persönliches Vermächtnis auffaßte, war nicht frei von Groll gegen Außenminister Gerhard Schröder, der alles getan hatte und tat, um eben diese deutsch-französische Union zu hintertreiben: »Wenn Sie das ernsthaft wollen, Herr Bundeskanzler, dann werfen Sie Ihren Außenminister hinaus. Mit diesem Außenminister ist ein solches historisches Vorhaben nicht zu verwirklichen. Alle Ihre Beteuerungen, daß Sie das wollen, taugen nichts, wenn Sie nicht den ersten Schritt tun, nämlich den Mann abzulösen, der diesen Plänen als unüberwindliches Hindernis im Wege steht.«

Im Oktober 1963, wenige Tage vor seinem Rücktritt, sprach ich den Kanzler darauf an. Nach einer bewegenden Abschiedsveranstaltung, die wir für ihn in München ausgerichtet hatten und die unter dem Leitwort stand »Bayern dankt Adenauer«, begleitete ich den Bundeskanzler in seinem Auto zum Flugplatz Neubiberg. Ich dankte ihm, daß er gekommen war, sprach von der großartig verlaufenen Veranstaltung und knüpfte dann an meinen Abschiedsbesuch bei ihm im Bundeskanzleramt an: »Herr Bundeskanzler, wir Bayern waren immer Ihre treuesten Kampfgenossen. Sie scheiden in wenigen Tagen aus dem Amt, aber meine Bitte vom vorigen Jahr, Schröder wegen seiner Gegnerschaft zu Ihrer Außenpolitik zu entlassen, haben Sie leider nicht erfüllt.« Adenauer ging darauf nicht näher ein. Es war auch mir klar, daß zu diesem Zeitpunkt eine solche Personalentscheidung für Adenauer nicht mehr möglich war, daß er ungeheure Schwierigkeiten mit der FDP und mit

General de Gaulle und Franz Josef Strauß beim Besuch der Führungsakademie der Bundeswehr in Hamburg-Blankenese, September 1962

Ankunft de Gaulles auf dem Flughafen Wahn am 4. September 1962

Strauß und de Gaulle bei einer Truppenparade in Münsingen, September 1962

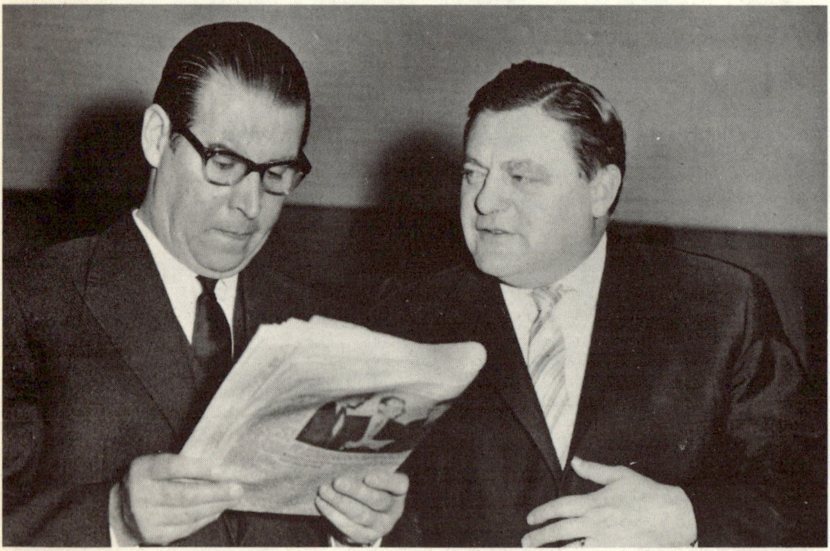

Außenminister Schröder und Verteidigungsminister Strauß während der NATO-Ministerratssitzung in Paris im Dezember 1961

seiner eigenen Partei bekommen hätte. Vielleicht wäre die Trennung von Schröder 1962 noch vorstellbar gewesen, aber auch da war Adenauer als ein Kanzler auf Zeit in seinem Spielraum bereits erheblich eingeschränkt.

General de Gaulle hatte sicherlich eine Schwäche für manche Vision, die über die Realität hinausging. Der Gedanke einer deutsch-französischen Union aber war ihm ernst. Hier kam Verschiedenes zusammen. Zum einen sollte für alle Zukunft ein erneuter Krieg zwischen den einstigen »Erbfeinden« unmöglich gemacht werden. Zum anderen wäre ein Kern geschaffen und damit der künftige Weg des Kontinents vorgezeichnet worden. Die Enttäuschung über US-Präsident Kennedy, der den Franzosen die nukleare Kooperation, die den Engländern eingeräumt worden war, verweigert hatte, bestärkte de Gaulle in seiner Suche nach einer europäischen Zukunftskonzeption. Sicherlich kann davon ausgegangen werden, daß er in dieser Zweierunion Frankreich eher in der Rolle des Seniorpartners, die Bundesrepublik Deutschland als Juniorpartner gesehen hätte. Andererseits dürften bei de Gaulle Überlegungen eine Rolle gespielt haben, die Bundesrepublik Deutschland zu stabilisieren, und dazu bestand nach dem Schlag des 13. August 1961 aller Anlaß. Durch eine enge Bindung mit Frankreich sollte jedes Abrutschen der Bundesrepublik in östliche Richtung, psychologisch und politisch, verhindert werden.

Hier deckte sich der europäisch-deutsche Zukunftsentwurf de Gaulles nahtlos mit den Überlegungen Adenauers. Wie der Alte immer wieder betonte, mußten die Deutschen vor sich selbst und der Versuchung ihrer Lage bewahrt werden, durften nie wieder zwischen den Blöcken herumtanzen. Andererseits wollte Adenauer auch Frankreich festbinden, damit es nie wieder sein altes Spiel mit Rußland neu eröffnen konnte.

Angesichts dieser großen Konzeption war der Deutsch-Französische Vertrag vom Januar 1963 mit der abschwächenden, von den »Atlantikern« um Gerhard Schröder eingebrachten Präambel alles andere als die Erfüllung der Zielvorstellungen des Bundeskanzlers. Im gleichen Jahr gab es eine abendliche Diskussion in der CDU/CSU-Bundestagsfraktion über außenpolitische Grundsatzfragen. Es ging um die Atlantische Allianz, um unser Verhältnis zu Frankreich, England und den USA, um die Frage, auf wen wir uns vorrangig abstützen sollten, und darum, wieviel Selbständigkeit und Unabhängigkeit von Amerika wünschenswert sei. Die Wortführer auf der atlantischen Seite waren Schröder und von Hassel, auf der europäisch-französischen Baron Guttenberg und ich. Diese Diskussion ist mir wegen der Argumentation Kai-Uwe von Hassels in besonderer Erinnerung geblieben: Wir dürften gar nicht, so meinte er, die Amerikaner dadurch entlasten, daß wir selbst größere militärische Verteidigungsfähigkeit und Selbständigkeit anstrebten, weil wir dadurch das amerikanische Verantwortungsbewußtsein für Europa lähmten. Mein ironischer Kommentar ging dahin, daß wir also um so sicherer wären, je schwächer wir seien.

Ich habe es stets als ein Zeichen europäischer, insbesondere aber deutscher Dekadenz empfunden, daß man auf unserer Seite immer der Neigung nachgegangen ist und nachgeht, sich hinter dem militärischen Schutzmantel der Amerikaner zu verstecken. Eine solche Haltung stand und steht für mich in eklatantem Widerspruch zur geschichtlichen Verantwortung Europas, zu der Zahl seiner Menschen und zu seiner wirtschaftlichen Leistungskraft. Verstärkte europäische Anstrengungen zur Aufrechterhaltung der eigenen Sicherheit schienen mir Anfang der sechziger Jahre, über diese grundsätzliche Einstellung hinaus, von besonderer Notwendigkeit, da seit der Amtübernahme durch Kennedy und seit dem Erstarken der Sowjetunion als Atommacht Washington in offenkundige Versuchung gekommen war, seine europäische Sicherheitsverpflichtung zu relativieren.

Für mich stand die Wichtigkeit der Amerikaner für die Verteidigung Europas im Rahmen des Bündnisses immer außer Zweifel. Dennoch trat ich, nicht zuletzt weil sich mir hinsichtlich der weiteren Entwicklung der amerikanischen Politik eine Reihe von Fragen stellte, für die von de Gaulle und Adenauer angestrebte deutsch-französische Union ein. Dadurch kam es mit Gerhard Schröder, der eine andere Sicht der Dinge hatte, der vor allem einer möglichen Achse Bonn–Paris mit Mißtrauen gegenüberstand, zu anhaltenden Spannungen und Auseinandersetzungen. Persönlich hatte ich zu Schröder in den Anfangsjahren der Bonner Politik durchaus ein gutes Verhältnis; es kühlte sich später aufgrund politischer Meinungsverschiedenheiten ebenso ab wie durch seine Kaltschnäuzigkeit und seine zum Teil unkollegiale Rücksichtslosigkeit.

Die Gründung der Union 1945/46 war eine historische Leistung insofern, als damit etwas erreicht wurde, was es vor 1933 nicht gegeben hatte, nämlich die Zusammenführung der beiden christlichen Konfessionen in einer politischen Partei. Dennoch war diese Zusammenführung eine anhaltende Herausforderung und auch eine Quelle mancher Spannungen. Ich möchte nicht ausschließen, daß in den Beziehungen zwischen

Schröder und mir psychologische Momente mitgewirkt haben, die sich daraus ergaben, daß Schröder ein norddeutscher Protestant, ich der süddeutsche Katholik war. Für Schröder mußte ein enges deutsch-französisches Zusammengehen, verkörpert in den großen katholischen alten Männern de Gaulle und Adenauer, zwangsläufig eher Aversion denn Begeisterung wecken. Schröder war der Exponent des protestantischen Flügels und Vorsitzender des Evangelischen Arbeitskreises der Union. Hinter Schröder standen vor allem die norddeutsch-protestantischen Landesverbände der CDU, Schleswig-Holstein, Niedersachsen, Bremen, Hamburg.

Im außenpolitischen Bereich gab es ein Zusammenspiel mit jenen Kräften, die wie Schröder einer besonderen deutsch-französischen Allianz ablehnend und abwehrend gegenüber standen. Zu ihnen gehörte Großbritannien, dessen Standpunkt, da es nicht selbst Mitglied der Europäischen Wirtschaftsgemeinschaft war, von dem holländischen Außenminister Joseph Luns, dem späteren NATO-Generalsekretär, zur Geltung gebracht wurde. All dies zusammen bewirkte, daß Schröder in zunehmend skeptischer Distanz zu Adenauer stand, was freilich auch umgekehrt in sehr dezidierter Weise galt. Entscheidend aber war die publizistische Hilfestellung, die Schröder bekam. Sie erst hat ihn in die Lage versetzt, Adenauers Politik gegenüber Frankreich zu torpedieren. Schröder war ein Lieblingskind der Hamburger Publizistik, gleich, ob von »Spiegel«, »Stern« oder »Zeit«. In diesen Medien hat man Gerhard Schröder als den Mann gesehen, der unaufhaltsam auf dem Weg in das Amt des Bundeskanzlers war.

Ich selbst bin mit »Spiegel«-Herausgeber Rudolf Augstein nur einmal auf privater Ebene zusammengekommen. Das war im März 1957, ein halbes Jahr nach meiner Ernennung zum Verteidigungsminister, in seiner Hamburger Wohnung, nach einer Veranstaltung, die ich in der Hansestadt hatte. Ich habe diesen Versuch, zu einer vernünftigen Gesprächsbasis zu kommen, nur einmal unternommen, und dieser Versuch ging schief. Es standen sich nicht nur zwei Männer gegenüber, die völlig gegensätzliche politische Einschätzungen und Urteile hatten, es handelt sich bei Augstein und mir auch um zwei völlig entgegengesetzte Charaktere. Augstein, von Komplexen geplagt, ist in der deutschen Politik und Publizistik das, was der listig-verschlagene Loki in der germanischen Sagen- und Götterwelt ist. Zudem hat sich mir beim »Spiegel« und bei Augstein nicht nur einmal die Frage gestellt, in wessen Auftrag sie arbeiten, vor allem dann, wenn sie ihren hemmungslosen Kampf gegen mich führten. Der Prozeß zwischen dem »Spiegel« und dem englischen Unternehmer James Goldsmith hat dazu interessante Informationen zutage gefördert. Es wurde festgestellt, daß der »Spiegel« Material des sowjetischen Geheimdienstes KGB verwendet hat, daß dies aber nicht bewußt geschehen sei. Goldsmith hat sich mit diesem Teilsieg vom September 1984 zufriedengegeben, weil er den Prozeß nicht endlos fortsetzen wollte.

Der »Spiegel« ist – und früher war er das noch mehr als heute – auch ein tiefer Ausdruck der Zerrissenheit und des Nihilismus der deutschen Seele, wobei er selbst zu dieser Zerrissenheit entscheidend beigetragen hat. Er ist Produkt und Produzent dieser Haltung gleichermaßen. Fred Luchsinger, jahrelang Bonner Korrespondent, später Chefredakteur der »Neuen Zürcher Zeitung« und in seinem Rang als Kenner der deutschen Verhältnisse unbestritten, zog am 5. Januar 1963 in seiner Zeitung eine Bilanz der »Spiegel«-Affäre: »Jenseits einer solchen Sachdiskussion stellt sich aber doch die Frage, in welchem Grade etwa die öffentliche Reaktion auch eine Kundgebung zugunsten dieses besonderen politischen Magazins war und ist – inwieweit die deutsche öffentliche Meinung sich mit ihrem ›Spiegel‹ identifiziert hat. Offensichtlich ist der Einfluß dieses Magazins auf die Urteilsbildung in Deutschland gewachsen, durch die Publizität, zu der ihm der Staat selber nun verholfen hat, seit längerem aber auch auf indirektem Weg. Es gibt Institute zur Bildung deutschen Pressenachwuchses, in denen die Meinung wegleitend ist, daß der einzig zukunftsträchtige Arbeitsstil des Journalismus in diesem Lande der des ›Spiegels‹ sei. Der Niederschlag solcher Pädagogik und die sonstige Wirkung des wöchentlichen Exempels sind bereits spürbar geworden, Nachahmung blüht allerorten, bis ins Studentenblatt der christlichen Partei hinein.

Stil und Substanz sind im Falle des ›Spiegels‹ schwer zu trennen. Mit so blasierter Überheblichkeit, so angeekelt von einer Welt, wo außer dem ›Spiegel‹ selber nur Dilettanten und Korrumpierte am Werk sind, so leichtfüßig nach links, rechts, oben, unten kickend, so ›wertfrei‹ kann nur schreiben, wer sich am blanken Nichts orientiert oder nichts weiter als Abbruch im Sinne hat. Das schließt durchaus nicht aus, daß mit einem solchen Organ, mangels eines anderen, auch Funktionen der politischen Hygiene in diesem Staat ausgeübt werden, doch sind sie nicht das Wesentliche, denn der ›Bonner Staat‹ gilt dem ›Spiegel‹ nichts. Daß ›Dr. Lieschen Müller‹, als gehobenes ›Lieschen Müller‹ die Hauptkonsumentin dieses Blattes, sich auch seinen Nihilismus in der fashionable werdenden Form zu eigen macht, ist nicht auszuschließen. Deutschlands Nachbarn und Partner könnten sich auf einiges gefaßt machen, wenn die Geisteshaltung des ›Spiegels‹ zur Geisteshaltung einer deutschen Generation werden sollte.«

Der »Spiegel«, 1947 in der britischen Besatzungszone gegründet, hatte mehr als nur eine geographische Nähe zu den Engländern. Damals herrschte in London eine linke Labour-Regierung, die gegenüber dem besiegten und besetzten ehemaligen Deutschen Reich ganz andere Ziele verfocht, als dies den heutigen Vorstellungen von gemeinsamer westlicher Bündnispolitik entspricht. Die moralische und nationale Erneuerung der Deutschen, ihre Organisation in einer glaubwürdigen und starken Demokratie sollten nicht nur nicht unterstützt, sondern behindert und hintertrieben werden. Um dies auch publizistisch wirksam durchzusetzen, gründeten die Engländer im September 1946 das Magazin »Diese Woche« – Redakteur Rudolf Augstein. Obwohl sich Augstein sehr schnell unbeliebt gemacht hatte und das Magazin gegen Jahresende wieder eingestellt wurde, war es bezeichnend, daß im Gefolge der »Spiegel«-Krise, als Augstein gut drei Monate in Untersuchungshaft saß, die Entrüstung darüber in England besonders groß war und die Anfeindungen gegen mich besonders bösartige Formen annahmen. Die gleichen britischen Kreise, die 1947 mit der Lizenzierung des »Spiegels« zu tun gehabt hatten, eilten jetzt zu publizistischen Entlastungseinsätzen herbei. Massiv wurde für Augstein plädiert, massiv die angeblich gefährdete Pressefreiheit beklagt.

Obwohl die Haftbefehle gegen Augstein und andere »Spiegel«-Mitarbeiter nicht von mir, sondern von der Justiz kamen und obwohl die zugrunde liegenden Fakten der Wahrheit entsprachen und nicht von mir erfunden worden waren, wurde ich zur Zielscheibe. Aber die Wahrheit spielte damals keine Rolle, nur die emotionalisierte, aufgeheizte Stimmung. Ich bin damals behandelt worden wie ein Jude, der es gewagt hätte, auf dem Reichsparteitag der NSDAP aufzutreten. Es gab Anzeichen eines ausgesprochenen Massenwahns – ohne Rücksicht auf die Fakten wurde für den »Spiegel« und damit gegen mich agiert und agitiert. Unter einer Woge einseitiger Stimmungsmache sollte der Kern der Affäre verborgen werden, nämlich der ungeheuerliche Verrat brisanter militärischer Geheimnisse durch Augsteins Blatt.

Die politische und publizistische Kumpanei funktionierte damals, im Herbst 1962 und in den Monaten danach, so wie sie viele Jahre später funktionierte, als Rudolf Augstein in Italien wegen Rauschgiftbesitzes zu einer Haftstrafe von 16 Monaten mit Bewährung und umgerechnet etwa DM 5.000.- Geldstrafe verurteilt wurde. Berichte über diesen Skandal und über die Verurteilung des »Spiegel«-Herausgebers, der seit Jahrzehnten von der publizistischen Verurteilung anderer lebt, erschienen in der deutschen Presse kaum. In allgemeiner stillschweigender Übereinkunft, zu deren Beschreibung der fatale Begriff Gleichschaltung durchaus angemessen ist, erfolgte hier weitgehend die Unterdrükkung eines Vorganges, der, wenn ihn der »Spiegel« einem seiner Gegner hätte anlasten können, zu dessen öffentlicher publizistischer Hinrichtung geführt hätte.

Alle Bedenken, die Konrad Adenauer hinsichtlich der außen- und sicherheitspolitischen Qualitäten Ludwig Erhards hatte, wurden während dessen Amtszeit als Bundeskanzler nachdrücklich bestätigt. Adenauer stand damit nicht allein. Im Führungskreis von CDU und CSU glaubte man jedoch, Erhard gewissermaßen »einrahmen« und damit dieses Defizit ausgleichen zu können. Auch ich habe dabei meinen Platz gesehen, von dem aus ich Erhard den notwendigen Flankenschutz hätte geben können. Dazu kam es nach meinem Rücktritt als Verteidigungsminister nicht mehr. Ende 1963, Erhard war kurz zuvor gekürt worden, saßen wir in meiner damaligen Bonner Wohnung zusammen. Trotz des guten Cognacs, den ich anbot, war die Stimmung alles andere als freundschaftlich. Erhard, erfüllt von dem Gefühl, endlich und gegen alle Widerstände Adenauers das Amt des Bundeskanzlers erreicht zu haben, ermahnte mich, endlich zu begreifen, daß ich nicht mehr Mitglied der Bundesregierung sei und daß ich eine Zeitlang Ruhe geben müsse. »Sie müssen Ihren unstillbaren und unbezähmbaren Ehrgeiz jetzt endlich einmal unter Kontrolle bringen.« Das Gespräch verlief entsprechend frostig.

Eine der heftigsten Auseinandersetzungen in meiner an Auseinandersetzungen nie armen politischen Laufbahn gab es nach der Bundestagswahl von 1965. Die CSU hatte unter meiner Führung mit 55,6 Prozent wieder einen weit überdurchschnittlichen Anteil zum Wahlergebnis der Union beigetragen, CDU und CSU gemeinsam erzielten 47,6 Prozent der Stimmen. In einer Runde mit der FDP ging es um die Zusammensetzung der neuen Bundesregierung. Knut Freiherr von Kühlmann-Stumm, damals stellvertretender Fraktionsvorsitzender, bestätigte die Position der FDP - kein Kabinett mit Strauß. Ludwig Erhard rührte keinen Finger, um auf die FDP einzuwirken, war

Strauß während der Bundestagsdebatte über die »Spiegel«-Krise, November 1962

Adenauer und Strauß beim Großen Zapfenstreich aus Anlaß des Ausscheidens von Strauß aus dem Amt des Verteidigungsministers, Dezember 1962

offensichtlich sogar im Hintergrund tätig, sie in dieser Haltung gegen mich zu bestärken, was Kühlmann-Stumm bestätigte, vielleicht eher ungewollt und weil es ihm herausrutschte. Als der Ton des FDP-Vertreters immer feindseliger und unerträglicher wurde, platzte mir der Kragen: »Glauben Sie, weil Sie vom deutschen Geldadel sind, daß Sie mich hier mit Ihrem schnarrenden preußischen Offizierston abqualifizieren können? Ich bin der Vorsitzende einer Koalitionspartei, die ein hervorragendes Ergebnis erzielt hat und verbitte mir ein für allemal Ihren Ton, sonst verlassen wir den Raum, und dann gibt es noch ganz andere Sorgen für Sie!«

Von Ludwig Erhard, dem ich auf seinem Weg ins Kanzleramt geholfen hatte, war keinerlei Unterstützung für mich zu erwarten. In dieser Hinsicht war er alles andere als der barocke und gemütliche Vater des Wirtschaftswunders. Dieses in der Öffentlichkeit verbreitete Bild entsprach auch ganz und gar nicht seinem Lebensstil. So hatte er sich am Tegernsee einen Bungalow in modernem Stil bauen lassen – Architekt war der berühmte Sep Ruf –, für den eine Sondergenehmigung erforderlich war, was den Protest der einheimischen Bevölkerung erregte. Ich selbst war ein spätes Opfer dieser Baumaßnahme, als mir für ein an sich bebauungsfähiges Grundstück am Ammersee vom Regierungspräsidenten von Oberbayern schon im Vorfeld die Genehmigung verweigert wurde mit der Begründung, daß er soviel Ärger mit dem Haus von Erhard gehabt habe und man sich solchen Verdruß nicht ein weiteres Mal aufladen wolle.

Erhard lebte in einer modern-komfortablen Einrichtung in einem funktionalen Haus, dessen Verwandtschaft zum Kanzlerbungalow in Bonn spürbar war. Er hatte Sinn für einen gepflegten Weinkeller, selbstverständlich für gute Zigarren, und solange es nicht um strittige Themen ging, war er freundlich und leger in seinen Umgangsformen. Nicht selten vermittelte er jedoch den Eindruck, als ob er seinem Gesprächspartner gar nicht zuhöre. Vielleicht war es diese Fähigkeit, sich auf die eigene Person zu konzentrieren, die Erhard half, seine epochalen marktwirtschaftlichen Entscheidungen gegen ein Heer von Zweiflern, Widersachern und Feinden durchzusetzen.

Ludwig Erhard war ein herausragender Wirtschaftspolitiker von singulärem Rang, dem auch die Tatsache, daß ihm die tagtägliche Verwaltung des Wirtschaftsministeriums weit weniger lag, keinen Abbruch tat. Sein Ministerium war im wesentlichen von seinem Mitstreiter und Freund, Staatssekretär Alfred Müller-Armack, in Ordnung gehalten worden. Erhard, ein Symbol für Aufstieg und Leistung, war jedoch unermüdlich in seiner Missionstätigkeit für die Soziale Marktwirtschaft, im Inland wie im Ausland. Er war der Mann einer klaren Grundsatzentscheidung und des Mutes, sie durchzusetzen. Die Zigarre war das vertrauenerweckende Gütesiegel des Wirtschaftsministers, der mit seinem unverwechselbaren runden Kopf ein Liebling aller Karikaturisten war.

In außenpolitischen und militärischen Fragen aber gingen unsere Meinungen schon früh weit auseinander. Eine geradezu groteske Auseinandersetzung mit Erhard - allein schon vom Thema her - hatte ich 1957 als Verteidigungsminister. Es ging um das für das Schuhwerk der Bundeswehr verwendete Leder, über dessen miserable Qualität in der Truppe heftig geklagt wurde. Bei einer Abteilungsleitersitzung im Verteidigungsministerium fragte ich, warum unsere Soldaten denn dieses furchtbare Schuhzeug tragen müßten, das völlig unzulänglich sei, einer Bettlerarmee angemessen. Der für das Schuhwerk zuständige Abteilungsleiter erläuterte mir, daß es eine Abmachung mit dem Wirtschaftsminister gebe, wonach zum Zwecke der Sicherstellung einer optimalen Versorgung der Bevölkerung für die Bundeswehr nur Leder zweiter Qualität verwendet werden dürfe. Daraufhin gab es auf meiner Seite eine Explosion. Ich habe Erhard erklärt, daß ich mich durch diese absurde Abmachung, die er mit Blank getroffen habe, nicht gebunden fühlte. Wir hätten in der Bundesrepublik 50 Millionen Einwohner, die alle ihre Schuhe hätten. Die Bundeswehr habe - damaliger Stand - etwas mehr als 100.000 Mann; wenn wir für sie besseres Leder beanspruchten, beeinträchtige das die zivile Versorgung überhaupt nicht. Ich setzte mich durch.

Der Wirtschaftsminister war ein ausgesprochener Gegner jeder Machtpolitik und hatte überhaupt kein Verhältnis zum Militärischen und seinen Notwendigkeiten. Er hat mich beispielsweise gerügt, als ich Strafantrag gegen Pastor Martin Niemöller, den Präsidenten der Evangelischen Kirche von Hessen-Nassau, stellte. Niemöller hatte bei einer Veranstaltung in Kassel am 25. Januar 1959 die Ausbildung zum Soldaten als eine »Hohe Schule für Berufsverbrecher« bezeichnet, was unter den Soldaten zu Recht große Empörung auslöste. Als Dienstherr hatte der Verteidigungsminister die Pflicht, gegen eine solche Diffamierung vorzugehen. Dennoch konnte es Erhard nicht fassen, wie man gegen einen hochrangigen Kirchenmann Strafantrag stellen könne. Meinungsverschiedenheiten mit Erhard gab es auch, weil er meinte, daß eine Besserung der Versorgungslage in der Sowjetunion automatisch zu einer Besänftigung der sowjetischen Politik führe und damit auch die Bedrohung nachlasse. Mit Handelsverträgen wollte er diese Besserung in der Sowjetunion herbeiführen helfen.

Überhaupt kein Verständnis hatte Erhard für eine strategisch-politische Konzeption, um die es mir immer ging, daß nämlich die Bundesrepublik Deutschland, gestützt auf die zwei Säulen einer starken Wirtschaft sowie einer starken, in die Atlantische Allianz eingebundenen Bundeswehr, eine machtpolitische Position neuer Qualität gewinnen müsse. Ich unterhielt mich darüber des öfteren mit Alfred Müller-Armack, der meine Sorge teilte. Zu Müller-Armack hatte ich einen ausgesprochen guten Draht, er war ein Ordo-Liberaler der klassischen Schule, ein Gelehrter mit ausgeprägter politischer Begabung. Er hatte keinen ins Rampenlicht drängenden politischen Ehrgeiz, übte aber erheblichen politischen Einfluß aus, sein Wort, seine Stimme, sein Rat hatten Gewicht.

Erhards Unverständnis für außenpolitische Zusammenhänge gipfelte in seiner den Amerikanern gegenüber bekundeten Bereitschaft, Bundeswehr nach Vietnam zu entsenden. In den Tagen nach Weihnachten 1963 hatte er Lyndon B. Johnson einen Antrittsbesuch abgestattet. Der Präsident bereitete ihm auf seiner Ranch in Texas einen rührenden Empfang mit dem Abspielen von Weihnachtsliedern, worüber die Amerikaner noch lange gelacht haben. Die Deutschen hatten weniger zu lachen. Erhard machte nicht nur heikle Versprechen hinsichtlich einer deutschen Beteiligung an den Kosten der amerikanischen Truppenstationierung in der Bundesrepublik. Der Bundeskanzler ließ sich offensichtlich zu weit verfänglicheren Zusagen verleiten. Davon erfuhr ich im Mai 1964, als ich mich mit US-Verteidigungsminister Robert McNamara traf - eine Begegnung, die mir aus mancherlei Gründen denkwürdig geblieben ist. Auf meine Frage, wie es im Vietnamkrieg stünde, bekam ich die verblüffende Antwort: »Vergessen Sie Vietnam. Der Krieg ist zu Ende.« Mein ungläubiges Staunen erfuhr dann die Belehrung: »Der Rest ist nur noch eine Polizeiaktion.« Dafür allerdings, so McNamara, brauchten die USA die Unterstützung ihrer Verbündeten. Bundeskanzler Erhard habe bei seinem Besuch im Weißen Haus im vertraulichen Gespräch ja bereits zugesichert, daß die Bundeswehr einige Bataillone für Vietnam zur Überwachung des Friedens stellen werde. Ich war wie vor den Kopf geschlagen, glaubte, falsch gehört zu haben, vergewisserte mich durch Nachfragen. Der US-Verteidigungsminister blieb bei seiner Darstellung. Ich warnte McNamara eindringlich. Vielleicht sei den Amerikanern die deutsche Situation nicht ganz vertraut – ein Bundeskanzler, der deutsche Soldaten nach Vietnam schicken wolle, würde vom Volkszorn in einem Sturm der Entrüstung hinweggefegt werden.

Erhard reduzierte seine Aussage später dahingehend, daß er nur ein Sanitätsbataillon gemeint habe. Auch dies war reichlich naiv, berücksichtigte es doch in keiner Weise die tatsächliche Lage in Vietnam, ebensowenig wie sein Plan einer massiven wirtschaftlichen und finanziellen Hilfe für das Land, mit der die amerikanischen Aufbaubemühungen unterstützt werden sollten. Dies alles war geboren aus dem Wunsch, den Amerikanern um fast jeden Preis zu Gefallen zu sein. Verwirklicht wurde zum Glück nichts, auch nicht Erhards Überlegung, während der kriegerischen Wirren auf Zypern für das alliierte Expeditionskorps ein Bundeswehrkontingent zu stellen. Über dieses Vorhaben Erhards war es im Bundeskanzleramt zu einer heftigen Kontroverse gekommen, bei der ich außerordentlich scharf argumentierte.

Unvergessen sind mir Gespräche mit Erhard aus dem Jahre 1966, dem Jahr seines Rücktritts. Bei einem Besuch in seinem Haus am Tegernsee sprach ich über die zunehmenden Schwierigkeiten bei den Bundesfinanzen, über Krisenerscheinungen in der Koalition, über einen Mangel an klarer politischer Führung und davon, daß seine Regierung auf ihr Ende zutreibe, wenn er nicht rechtzeitig gegensteuere. Die Antwort offenbarte ein völliges Unverständnis der dramatischen Lage in Bonn: »Herr Strauß, seien Sie doch nicht so ungeduldig. Es dauert nicht mehr lange, dann nehme ich Sie in mein Kabinett auf.« Diese Ankündigung hatte mir in seinem Auftrag schon ein paar Wochen vorher sein Ministerialdirektor Karl Hohmann gemacht. Ich erwiderte Erhard mit großem Ernst: »Herr Bundeskanzler, begreifen Sie doch endlich, daß es hier nicht um den Eintritt in Ihr Kabinett geht. Dieses Kapitel ist abgeschlossen. Sie können mir anbieten, was Sie wollen, ich trete nicht ein. Es geht darum, den Zusammenbruch Ihres Kabinetts zu verhindern.« Erhard war empört und beleidigt, als ob ich eine absurde Theorie vertreten würde, über die weiter zu reden keinen Sinn habe.

Im Spätsommer 1966 kam es zu einer nächtlichen Zusammenkunft im Bundeskanzleramt, an der unter anderem der Fraktionsgeschäftsführer der CDU/CSU, Will Rasner, und Detlef Struve, ein Bauernführer aus Schleswig-Holstein, Mitglied des Bundesvorstandes der CDU, teilnahmen. Ich zog mir schwerste Vorwürfe zu, weil ich – zunächst nachdrücklich für Erhard, dann immer weniger und zum Schluß gegen ihn - mit dem Bundeskanzler in eine harte Kontroverse geraten war wegen seines Regierungsstils, den ich für völlig unzulänglich hielt. Struve beschwor mich, doch das Denkmal Erhard nicht zu beschädigen und versuchte mich mit dem Hinweis zu beruhigen, daß bald alles besser werde. Es war vor der Hessen-Wahl, und Erhard konnte damals Triumphe der Zustimmung im Fraktionsvorstand einheimsen. So berichtete er in dieser Sitzung denn auch von seinen erfolgreichen Wahlkampfauftritten in Hessen, bei denen das Volk gejubelt habe und die Anhänger begeistert gewesen seien. Dann kam das Ergebnis vom 6. November: 26,4 Prozent. Die CDU in Hessen schien am Ende zu sein.

Zwei Wochen später waren Landtagswahlen in Bayern. Bei der SPD herrschte vorweggenommene Siegesfreude, bei der CDU vorweggenommene Schadenfreude, und auch in der eigenen Partei ging die Angst um vor einer dramatischen Niederlage, die zum Verlust der Regierungsmacht in München führen könnte. Der stellvertretende Dienststellenleiter in der Bayerischen Vertretung in Bonn, der sozialdemokratische Oberregierungsrat Heinz von Dessauer, der noch aus der Ära Hoegner kam, soll bereits durch die Dienstzimmer der Bonner Vertretung gegangen sein, sich eine neue Einteilung der Räume überlegt und mit seinen Mitarbeitern besprochen haben, welche Möbel oder Einrichtungsgegenstände ausgewechselt werden müßten, wenn jetzt die SPD in München an die Regierung komme.

In dieser Zeit der Depression auch in den eigenen Reihen habe ich die CSU hochgerissen, habe deutlich Bayern von Bonn abgegrenzt. Ich argumentierte, daß nur ein starker und überzeugender Wahlerfolg der CSU die Möglichkeit schaffe, den endlosen Ärger in Bonn zu beenden. Die Wende in der Stimmung brachte eine großartige Versammlung im Saal des Gasthauses Heide-Volm in Planegg im Landkreis München, zu der Tausende von Besuchern kamen. Meine mit stürmischem Beifall aufgenommene Kernaussage: Mit dem Saustall in Bonn müsse Schluß sein, und mit einer starken CSU würde die Wende am Rhein herbeigeführt werden. Wenn ein Redner Hoffnungslosigkeit spürt, muß er Hoffnung machen, wenn er Mutlosigkeit spürt, Mut, wenn er eine Stimmung der Ausweglosigkeit registriert, muß er Wege zeigen. Nur dann ist es möglich, eine wankende Truppe noch einmal umzudrehen. Gibt man in so einem Fall der vorgefundenen Stimmung nach, ist das Scheitern des Unternehmens vorgezeichnet. Tatsächlich erreichten wir bei der

Landtagswahl nicht nur wiederum die absolute Mehrheit der Mandate, sondern auch ein besseres Wahlergebnis als 1962 – deutlicher hätte der Unterschied zur CDU, wie er sich in dem kläglichen hessischen Ergebnis und auch bei den Landtagswahlen in Nordrhein-Westfalen im Juli manifestiert hatte, nicht ausfallen können.

Dabei war schon das bayerische Wahlergebnis von 1962 eine ausgesprochene Sensation gewesen. In den Wochen der »Spiegel«-Krise hatten meine Gegner in, wie sich zeigen sollte, reichlich verfrühtem und verfehltem Triumph gejubelt, nun sei meine Karriere an ihrem Ende angelangt. Die bayerischen Wähler aber verhielten sich nicht so, wie es von meinen Widersachern erwünscht und erwartet, erhofft und betrieben worden war. Dieser Wahl wurde geradezu der Charakter einer Volksabstimmung über meine Person zugesprochen. Vor dem Wahltag gab es Überschriften wie »Morgen Plebiszit über Strauß«. Es kam anders, als die Freunde befürchtet und die Gegner es sich freudig ausgemalt hatten. »In dieser für Strauß ziemlich ausweglosen Situation erbrachte die Landtagswahl vom 25. November einen erstaunlichen Solidarisierungseffekt der bayerischen Wähler mit dem von preußischen Intellektuellen angegriffenen Landsmann. Trotz des bundesweit für die CDU negativen Trends gelang es der CSU, knapp zwei Prozent mehr Wählerstimmen zu erringen als bei den vorhergehenden Wahlen«, schreibt Hans-Peter Schwarz. Der Stimmenanteil der CSU stieg von 45,6 auf 47,5 Prozent, die Zahl unserer Abgeordneten im Bayerischen Landtag von 101 auf 108, alle anderen Parteien zusammen verfügten im Maximilianeum nur über 96 Mandate. Unter den Parteivorsitzenden Hans Ehard und Hanns Seidel hatten wir nie die Mehrheit der Mandate gewonnen – und ich, gerade erst anderthalb Jahre im Amt des Parteivorsitzenden und in der härtesten Auseinandersetzung meiner Laufbahn stehend, sozusagen als der Prügelknabe der Nation, konnte erleben, daß die Bayern uns mit der absoluten Mehrheit der Mandate ausstatteten. Meine Gegner hatten in ihrem Kampf gegen mich überzogen und in der Wahl ihrer Mittel danebengegriffen – Bayern stand gewissermaßen gegen den Rest der Welt, und es stand für mich.

Am Tag nach der 66er Wahl fand in Bonn eine Vorstandssitzung der CDU/CSU-Fraktion statt. Die Freude über den gewaltigen Wahlerfolg der CSU hielt sich in außerordentlich bescheidenen Grenzen. Jetzt stehe das bayerische Ergebnis fest, und das sei das Schlimmste, was passieren konnte, klagte Kai-Uwe von Hassel. Die CDU habe in Düsseldorf verloren, die CDU habe in Wiesbaden verloren, und man sei fest davon ausgegangen, daß Bayern diese Linie des Niedergangs fortsetzen werde. Jetzt komme für die CDU eine schwere Zeit, denn die CSU werde siegesbewußt und noch entschlossener auftreten. Es interessierte die CDU offensichtlich nicht, daß wir in Bayern den Niedergang der Union insgesamt aufgehalten hatten. Es interessierte die CDU nicht, daß in Bayern ein kraftvolles Gegensignal gesetzt worden war. Es interessierte die CDU nicht, daß ich den Bann gebrochen und dem Schrekken über den Verfall der Union ein Ende gesetzt hatte. Diese Grundeinstellung ist heute noch in weiten Teilen der CDU vorhanden.

In der Karwoche 1964, ein halbes Jahr nach dem Rücktritt Adenauers, kamen meine beiden Vertrauensleute aus dem französischen Geheimdienst zu mir nach Bonn. Wir trafen uns im Hotel Königshof: »Herr Strauß, wir müssen Sie vertraulich sprechen. Die deutsch-französische Freundschaft und Zusammenarbeit stehen auf dem Spiele. Der General ist verärgert und mißtrauisch geworden.« Im Juli werde de Gaulle nach Bonn kommen, und bei diesem Besuch werde er zum letzten Mal die Frage stellen, ob die Deutschen bereit seien, mit den Franzosen zusammenzuarbeiten, einschließlich der nuklearen Kooperation. Wenn die Deutschen ja sagten, dann müsse die Zusammenarbeit ausgebaut werden, wenn nein, werde der General zwar selbstverständlich keine Feindschaft demonstrieren, aber doch eine wesentliche Kursänderung vornehmen und über Deutschland hinweg auch Kontakte mit dem Osten suchen, vor allem mit Polen.

Ich bitte um nähere Erläuterung. Bundeskanzler Erhard, so meine Gesprächspartner, habe zwei Äußerungen getan, die General de Gaulle alarmiert hätten. Zum einen habe er bei dem Besuch des schwedischen Ministerpräsidenten Tage Erlander am 9./10. März in Bonn in der Tischrede sich lustig gemacht über »Klein-Europa«, habe gesagt, nicht Klein-Europa sei das Ziel, sondern das große Europa, einschließlich Schwedens. Ähnlich hatte sich Erhard auch bei seinem Besuch in den Niederlanden geäußert. »Das betrachtet der General als einen glatten Affront. Er ist ein Anhänger des Europa der Sechs, Großeuropa ist in seinen Augen phantastischer Unsinn.« Der zweite Stein des Anstoßes sei ein Interview von Erhard in der »Welt der Arbeit« vom 13. März 1964, in dem die »Force de frappe«, die französische Atommacht, lächerlich gemacht und General de Gaulle deswegen ironisch kritisiert werde. Der General habe dazu gesagt: »Ist das die deutsche Politik? Ist das die deutsche Ehrlichkeit gegenüber Frankreich? Gilt das, was wir bisher betrieben haben, oder gilt das, was der Bundeskanzler jetzt gegenüber den Schweden und in Interviews von sich gibt?« Deshalb werde de Gaulle bei seinem bevorstehenden Besuch in Bonn die Gretchenfrage stellen. »Wenn Sie nicht in der Lage sind, Ihrem Kanzler beizubringen, daß er diese Frage mit Ja beantwortet, wenn Erhard nicht soweit ist, diese Frage mit Ja beantworten zu können, geben wir Ihnen den dringenden Rat, den Besuch aufzuschieben. Es ist besser, zu warten und dann zu einem guten Ergebnis zu kommen, als jetzt diese Frage negativ zu beantworten. Wir bitten Sie, sprechen Sie darüber mit Ludwig Erhard, sonst geschieht ein großes Unglück.«

Ich melde mich bei Ludwig Erhard an, der in seinem Haus in Gmund am Tegernsee seinen Osterurlaub verbringt, und bekomme am Weißen Sonntag Termin. Frau Erhard geht mit meiner Frau am See spazieren, Erhard und ich sitzen im Arbeitszimmer. Ich erzähle ihm, was ich von französischer Seite erfahren habe und daß er im Juli werde Farbe bekennen müssen. Eventuell sollte man den Besuch de Gaulles lieber verschieben und sich noch einmal in Ruhe darüber unterhalten, denn hier würden unwiderruflich Weichen gestellt.

Die Antwort Erhards war ebenso unpolitisch wie verblüffend: »Lieber Herr Strauß, wer waren denn die Leute, die Ihnen diesen Bären aufgebunden haben? Was Sie mir da erzählen, ist doch Blödsinn. Das sind ja Schwindler.« Ich durfte bei der bekannten Redseligkeit Erhards meine Quellen nicht verraten: »Herr Erhard, täuschen Sie sich nicht, ich habe gute und seriöse und zuverlässige Verbindungen nach Frankreich. Ich nehme das ganz, ganz ernst.« Er darauf: »Das hat doch gar keinen Sinn. Ich sage Ihnen eines, Herr Strauß, wenn Sie es erlebt hätten, wie de Gaulle aufgeatmet hat, als er nicht mehr mit Konrad Adenauer zu sprechen brauchte, sondern mit mir sprechen konnte!« Ich habe ihn angeschaut, als ob ein Gespenst im Raum umginge.

Erhard weiter: »Wenn Sie gesehen hätten, wie mich de Gaulle am Flugplatz begrüßt hat, mit Umarmung und Bruderkuß! Wenn Sie erlebt hätten, welch feierliches Zeremoniell man bei meinem Einzug in den Elysée-Palast aufgeboten hat, mit prächtigen Uniformen und rauschenden Ehrenbezeugungen! Wenn Sie das erlebt hätten, Herr Strauß, dann hätten Sie den Unsinn nicht geglaubt, mit dem Sie heute gekommen sind.« Mein dringender Hinweis, daß man das von den Franzosen aufgebotene Zeremoniell und Gepränge nicht mit dem politischen Inhalt verwechseln dürfe, jeder werde in Paris so empfangen, blieb ebenso fruchtlos wie meine Warnung, sich nicht der Selbsttäuschung hinzugeben.

Zur Illustration des Verhältnisses von Ludwig Erhard und Charles de Gaulle mag ein Ereignis anläßlich eines Besuches Erhards in Paris dienen, bei dem Erhard auch in de Gaulles privatem Wohnsitz in Colombey-les-deux-Églises war. Als man nicht mehr wußte, was man miteinander reden sollte, hat der Gastgeber einen Farbfilm über Tiefseefische vorführen lassen. Erhard hat das noch als Zeichen besonderen Vertrauens angesehen.

De Gaulle kommt also im Sommer 1964 nach Bonn, stellt die angekündigte Frage, Erhard sagt nein. De Gaulle, tief erbittert, unternimmt einen letzten Versuch und hält – er war ja ein großer Meister der französischen Sprache, der pathetischen Rhetorik – auf der abschließenden gemeinsamen Sitzung ein glühendes Plädoyer für die Zusammenarbeit auf allen Gebieten, beschwört die große europäische Epoche, die durch das Zusammengehen Frankreichs mit Deutschland anbreche. Teilnehmer haben diese Rede als herzlich, bewegend und tiefgreifend empfunden. Schröder aber reagierte eiskalt: »Ich danke dem Herrn Präsidenten, wir fahren fort in der Tagesordnung.« De Gaulle ging zum Flugplatz, bestieg seine Maschine und sagte wörtlich: »Je suis déçu, découragé, mais furieux.« (Ich bin enttäuscht, entmutigt, aber wütend.)

Der mitfliegende Botschafter, der frühere Staatssekretär bei Bundespräsident Heuss, Manfred Klaiber, war der eine Gewährsmann für diesen Ausspruch. Der Bericht des deutschen Militärattachés in Madrid, der dies von seinem französischen Kollegen erfuhr, der zweite. Die Franzosen hatten die Reaktion de Gaulles auf das Desaster in Bonn offenbar allen diplomatischen Missionen und militärischen Stäben mitgeteilt.

Nach der Bundestagswahl 1965, bei einem abendlichen Treffen in Erhards Bungalow, wurde das Thema von Rainer Barzel noch einmal zur Sprache gebracht. Die Atmosphäre war locker. »Jetzt haben wir also die Kuh vom Eis«, sagte Erhard, »jetzt wollen wir uns einen Schluck gönnen, was wünschen die Herren?« Teilnehmer der Runde waren neben Erhard und Barzel Eugen Gerstenmaier, Kanzleramtsminister Ludger Westrick und ich. Erhard nahm einen Whisky, ich ein Glas Champagner. Dann wird es ernst. Rainer Barzel meldet sich zu Wort: »Herr Bundeskanzler, ich möchte jetzt von Ihnen in dieser vertraulichen Stunde eine Auskunft haben auf eine Frage, die ich schon lange stellen wollte, eine Frage, die mich sehr bewegt. Hat de Gaulle Ihnen ein Angebot gemacht bei seinem Besuch im Juli 1964? Wie hieß das Angebot, und wie haben Sie darauf reagiert?« Erhards Antwort: »Herr

Barzel, ja. De Gaulle hat zu mir gesagt, wenn wir zwei, Frankreich und Deutschland, zusammengehen, bestimmen wir den Gang der europäischen Politik, und die anderen vier« - de Gaulle war ja gegen die Aufnahme Englands aus diesem Grunde - »haben sich dem einzufügen oder unterzuordnen, was wir beide bestimmen. Das war sein Angebot.« - »Und wie haben Sie geantwortet?« - »Ich habe dieses Angebot mit Entrüstung zurückgewiesen, weil ich es als unmoralisch empfunden habe.«

Rainer Barzel berichtete mir später, er habe auch mit de Gaulle darüber gesprochen. Dieser habe ihm gesagt, Strauß wolle den deutschen Zugriff auf die Atomwaffe, aber er lasse sich nicht »in die teutonischen Sümpfe der inneren deutschen Auseinandersetzungen hineinziehen«. Ich habe Barzel klargemacht, daß ich die Darstellung in dieser Form nicht akzeptieren könne, denn die Anregung zur gemeinsamen Entwicklung und Produktion von Atomwaffen sei 1957 nicht von mir, sondern von meinem französischen Kollegen gekommen und offensichtlich von de Gaulle abgesegnet gewesen. Das Projekt ist von den Franzosen später wohl deshalb zu Fall gebracht worden, weil die von de Gaulle angestrebte deutsch-französische Symbiose nicht zustande kam. Wäre etwas daraus geworden, dann hätten wir, wie ich glaube, längst eine deutsch-französische Armee, eine Armee mit gemeinsamen Atomwaffen, gemeinsamer politischer und militärischer Führung - Frankreich wäre primus inter pares, Erster unter Gleichen, wir die Nummer zwei.

Dieses Ziel versucht man heute, lange nach de Gaulle, im Grunde noch immer zu erreichen, aber man kann es nicht mehr erreichen, es trennen uns Welten von damals. Die Franzosen sind festgelegt auf ihre nationalen Atomwaffen. Sie denken nicht daran, sich hier mit den Engländern zu arrangieren, und beide zusammen denken nicht daran, ihre Waffen mit den Deutschen zu teilen. Die Amerikaner wiederum wollen im Zuge ihrer bilateralen Politik mit der Sowjetunion, einer Politik des gegenseitigen »sanctuary«, der Unverletzbarkeit des eigenen Territoriums, nicht gestört werden. Die Tatsache schließlich, daß Bundeskanzler Kohl im August 1987 das Angebot machte, die von mir 1962 entsprechend der strategischen Doktrin der NATO erworbenen Pershing-I-A-Raketen aufzugeben, bedeutet für die Bundeswehr das Absinken auf den Status einer Kolonialarmee. Die Deutschen werden auf die Rolle eines militärischen Flohzirkus reduziert, einer Operettenarmee. Denn nichts anderes ist eine Armee, die nicht an Atomwaffenträgern beteiligt ist.

Hinzu kommt eine Bewußtseinsverwerfung in der Bundesrepublik. Weite Teile unserer Bevölkerung tun so, als ob nur die eigenen Waffen, nicht aber die Waffen des potentiellen Gegners gefährlich wären. Es ist für mich ein unerklärliches Phänomen, welches mit charakterlicher Pervertierung, um nicht zu sagen Zerstörung und Selbstzerstörung zusammenhängt, daß die Deutschen sich nicht für moralisch reif halten, über die Mittel der Souveränität, die Atomwaffe, selbst verfügen zu wollen. Bei uns wird einer schon zum Verbrecher erklärt - ich selbst habe dieses Schicksal über viele Jahre mit allen Bitternissen ausgekostet -, wenn er für eine europäische Atomstreitmacht als eines der Hauptziele der europäischen Entwicklung eintritt. Sofort heißt es, der will den Finger an den Drücker kriegen. Das könne man den Franzosen und Engländern nicht zumuten. Was man den Deutschen zumuten kann, danach fragt niemand.

Ich bin schon angegriffen worden, als ich nur die Forderung erhob, daß wir Bescheid wissen müßten über die französische Atomwaffeneinsatzplanung, ihre Zielkartei, ihre strategische Konzeption. Schon wieder dieser nukleare Größenwahn, hieß es sofort, und man entrüstete sich darüber, daß sich die Deutschen in etwas einmischen wollten, was sie nichts angehe. Viele hierzulande sind geistig-moralisch so kastriert, daß sie selbst dann, wenn die Ziele der französischen A-Waffen im Raum Aschaffenburg oder Lüneburg lägen, sagen würden, es sei besser, die Franzosen entschieden das allein, als daß wir dabei Einblick und Mitsprache hätten.

Politik, vor allem aber die für ein Volk lebenswichtige Außen- und Sicherheitspolitik, muß den Menschen eine Vorgabe machen. Wenn die Politiker von der Richtigkeit der eigenen Sache überzeugt sind, diese erarbeitet, durchdacht und formuliert haben, müssen sie diese ihre Sache dem Volk gegenüber auch dann vertreten, wenn sie nicht gefällt. Dann muß der Kanzler und müssen die Minister öffentlich auftreten, müssen argumentieren und überzeugen. Aber das Problem beginnt schon damit, daß es in Bonn seit Jahren keine gemeinsame politische Strategie gibt, daß die Regierung gar nicht im Sinne einer Willensbildung an das Volk herantreten kann. Man kann geistig-moralische Führung nicht durch eine Serie von Meinungsumfragen ersetzen. »Sind Sie nicht der Meinung, daß die Atomwaffenpolitik des Herrn Strauß eine Gefahr darstellt?« Wenn so zehn Leute gefragt werden, dann sagen acht ja. Dreht man die Frage um und formuliert: »Vertreten Sie die gleiche Meinung wie Strauß, daß ein unüberwindliches Hindernis gegen jeden

Angriff auf uns auch in Zukunft aufrechterhalten werden muß«, dann sagen dieselben acht, die vorher ja gesagt haben, auch jetzt ja. Mit Meinungsumfragen hätten wir in den fünfziger Jahren die große politische Schlacht um den deutschen Verteidigungsbeitrag bis zu den atomaren Waffenträgern weder wagen dürfen noch gewinnen können. Und wenn damals Meinungsumfragen gemacht worden sind, so ist mir das, der ich die Zeit bewußt kämpfend und bewußt in der vordersten Front miterlebt habe, entgangen.

Voraussetzung jeder tragfähigen und langfristigen nationalen Strategie ist meiner Ansicht nach eine grundlegende Bewußtseinsänderung in der Bundesrepublik Deutschland. Diese Veränderung, von der die Menschen erfaßt werden müssen, hat zuallererst in der Politik stattzufinden. Wie erreichen wir, daß die Bundesrepublik Deutschland nicht als der ständige Prügelknabe, nicht als der dauernde Fürsorgezögling, nicht als das Aschenbrödel, wenn auch ein gut genährtes und zahlungskräftiges Aschenbrödel, im Konzert der Mächte dasteht? Es ist eine Gefahr, die nicht unterschätzt werden darf, daß Deutschland als nukleare Sperrfeuerzone in den Köpfen mancher Strategen wieder vorstellbar wird.

Der Weg, um aus diesem Tal der Ohnmacht herauszukommen, die Voraussetzung dafür, daß dieser Weg überhaupt beschritten werden kann, ist eine Maximierung der vorhandenen Machtmöglichkeiten der Bundesrepublik Deutschland. Dies hat ganz und gar nichts mit militärischen Kategorien zu tun. Es geht darum, vorhandene Möglichkeiten zusammenzufassen und zu bündeln, sie in politische Handlungsfähigkeit umzusetzen. Es geht um die Maximierung unserer wissenschaftlichen Leistung, auf dem Gebiete der Geisteswissenschaften ebenso wie der Naturwissenschaften, wobei auf letzteren sicherlich ein besonderer Schwerpunkt liegen muß.

Es geht nicht um Weltmachtträume. Auf diesem Weg ist Deutschland zu seinem eigenen und zum Unglück vieler Völker zweimal gründlich gescheitert. Es geht darum, daß die Bundesrepublik Deutschland den Anspruch erhebt und den Anspruch verwirklicht, als in jeder Hinsicht gleichberechtigte Macht etwa wie England oder Frankreich behandelt zu werden. Wer hierzulande eine solche Überlegung ausspricht, die für jedes andere Volk und für jeden anderen Staat eine Selbstverständlichkeit darstellt, bricht ein uns selbst auferlegtes Tabu, macht sich zum Zielpunkt eifernder und vielfältiger Angriffe. Vor allem Fragen der Sicherheitspolitik, der militärischen Sicherheit, also Lebensfragen unseres Volkes, sind durch einen Wall der öffentlichen Hysterie von der notwendigen und offenen Behandlung abgegrenzt.

Hier ist ein Kernproblem der deutschen Nachkriegspolitik angesprochen, ein Problem, das sich im Laufe der Zeit leider nicht verringert hat, dessen Belastung eher noch von Jahr zu Jahr zunimmt. Deshalb erhebe ich seit Jahr und Tag meine Forderung, daß wir endlich aus dem Schatten Hitlers, aus dem Dunstkreis des Dritten Reiches heraustreten, daß wir den Kreidekreis einer lähmenden Vergangenheit verlassen müssen. Geht es weiter wie bisher, dann wird man in hundert Jahren noch sagen, die Deutschen dürfen, weil sie einen Hitler gehabt haben, dieses nicht denken, jenes nicht sagen, ein Drittes nicht tun. So werden wir nie die Freiheit für Deutschland auf friedlichem Wege, die Freiheit für Europa erreichen.

Meine vor Jahren getroffene Feststellung, daß die Deutschen aus dem Schatten Hitlers heraustreten und wieder den aufrechten Gang lernen müßten, hat zu schriller Polemik gegen mich geführt. Dabei taten sich nicht nur der politische Gegner und die mit ihm verbündete Publizistik hervor, auch aus der Schwesterpartei CDU wurden Vorwürfe laut. Man sprach von einem Rechtsruck, den Strauß wolle. Bewußt wurde übersehen, daß ich mit meiner Forderung immer die verpflichtende Mahnung verband, daß nicht vergessen werden dürfe, was geschehen ist, daß nicht unter den Teppich gekehrt werden dürfe, was in deutschem Namen an Verbrechen begangen worden ist.

Der Begriff des aufrechten Gangs, den ich in den letzten Jahren in meinen politischen Reden häufiger verwende, hat für mich weit zurückreichende Bedeutung. In einem Brief an einen meiner Professoren hatte ich am 9. Juni 1940 von der französischen Front geschrieben: »Ich habe heuer wohl ein unvergeßliches Pfingsten erlebt, und nie hat mir die alte Hymne ›Veni creator spiritus ...‹ im Inneren stärker wiedergeklungen als in diesen Tagen, wo das Auge so viel Zerstörung sehen mußte. Es ist mir immer ein Zeichen, ein Beweis für die Schuld, die Verkehrung des Menschen, wenn er Schutz suchen muß unter der Erde in künstlichen Deckungen, auf der er als homo erectus (aufrecht gehender Mensch) wandeln sollte, im Gegensatz zum Tier, das pronus (vornüber gebeugt) geschaffen ist.« In diesem Brief, den ich erst viele Jahre nach dem Kriege wieder sah, schrieb ich übrigens, im krassen Gegensatz zur offiziellen Stimmung der Zeit, daß ich angesichts des schaurigen Geschehens Begriffe wie »frischfrohes Erleben« oder »erhebendes Bewußtsein« ablehnen müsse: »Ich weiß nicht, für wen dies zutrifft. Für uns jedenfalls gibt es nur den Begriff der Pflicht.«

Manchmal wiederholen sich geschichtliche Abläufe. So wurde die

Weimarer Republik haftbar gemacht für den verlorenen Krieg des Kaiserreiches, den schuldhaft verursachten Krieg, wie im Versailler Vertrag dann ausgeführt wurde. Und die Bundesrepublik Deutschland wird im Grunde genommen immer noch und permanent haftbar gemacht, bis in die Grundfragen militärischer Sicherheit hinein, für den Krieg Hitlers. Auf diese Weise aber kann man Hitler nicht überwinden.

Erhält man die Bundesrepublik weiterhin in diesem Zustand, dann muß sich das über die nationalen Grenzen hinweg auswirken und kann, langfristig, zur Tragödie Europas werden. Die Bundesrepublik bleibt dann handlungsunfähig, und eine handlungsunfähige Bundesrepublik Deutschland ist die sicherste Garantie für eine dauerhafte Festigung des sowjetischen Imperiums. Die Deutschen im Zustand der geistigen Knechtschaft, die Deutschen im Zustand der permanenten Demut, die Deutschen als Büßer in härenem Hemde zu erhalten – hinter solchen Bemühungen stehen kalt kalkulierte politische Überlegungen.

Meine Forderung, daß, bei aller Anerkennung der ganzen geschichtlichen Wahrheit, die Deutschen aus dem Schatten Hitlers heraustreten müßten, wurde denn auch von der »Prawda« begierig aufgegriffen. Ihrem Namen »Wahrheit« jede nur denkbare Unehre machend, berichtete sie in ihrer Ausgabe vom 22. Januar 1987 unter der Überschrift »Strauß küßt Hitler«: »Bei einem Auftritt bei einer Wahlversammlung in München erklärte der CSU-Vorsitzende Franz Josef Strauß wörtlich folgendes: ›Es wird Zeit, daß wir aufhören, Lügen zu reden und ständig das Andenken des verstorbenen Adolf Hitler zu schmähen. Natürlich, das heißt nicht, daß man das Dritte Reich vergessen sollte, aber dieses Kapitel in der Geschichte Deutschlands muß man endlich abschließen.‹ Was kann man diesem Zitat hinzufügen? Nur, daß die westdeutschen Revanchisten ihrem Anführer auf dieser Zusammenrottung lauten Beifall spendeten.«

In einem Schreiben an den sowjetischen Botschafter in Bonn, Julij Kwizinski, verwahrte ich mich schärfstens gegen diese verleumderische Unterstellung und schrieb weiter: »Über meinen berechtigten Anspruch auf einen eindeutigen und umfassenden Widerruf der unwahren und empörenden Berichterstattung der ›Prawda‹ hinaus stellt sich für mich die Frage, ob dieser auf eine moralische Verurteilung des Vorsitzenden einer der die Bundesregierung der Bundesrepublik Deutschland tragenden Parteien hinauslaufende Angriff der ›Prawda‹ von der sowjetischen Führung gebilligt wurde und als sowjetische Absage an meine Bereitschaft zur Zusammenarbeit zu werten ist.«

Kwizinski reagierte umgehend, drückte schriftlich sein Bedauern aus und betonte ausdrücklich, »daß die Führung der Sowjetunion darüber im Bilde ist, daß Sie die fragliche Erklärung nicht abgegeben haben«. Auch die »Prawda« veröffentlichte eine Richtigstellung. Darüber hinaus hieß es in ihrer Ausgabe vom 15. April 1987: »Die Zeitung übermittelt ihre Entschuldigungen.« Nach den Beobachtungen des Auswärtigen Amtes in Bonn war dies insofern ein Vorgang ohne Beispiel, weil es Richtigstellungen in der »Prawda« schon öfters gegeben habe, nie zuvor aber auch eine ausdrückliche Entschuldigung.

Ich bin ein leidenschaftlicher Gegner von Geschichtsklitterungen, im Positiven wie Negativen. Warum denn wollen linke Schulreformer die Geschichte, den Geschichtsunterricht abschaffen und durch »Gesellschaftslehre« ersetzen? Weil der Marxismus vor der sondierenden Urteilskraft der Geschichte nicht bestehen kann, weil er weder eine Geschichtslehre bietet, die tragfähig ist, noch eine ökonomische Lehre, die etwas taugt. Wenn die Geschichte als Kompaß dienen soll, dann muß man sie, soll keine Mißweisung auftreten, als Ganzes begreifen, auch wenn die Nadel bisweilen ausschlägt. Vor allem aus der geschichtlichen Situation Deutschlands heraus muß dies gesagt werden. Geschichte muß sich gegen jede Einseitigkeit wenden, die in aller Regel nur dazu gedacht ist, als Waffe im politischen Kampf der Gegenwart eingesetzt zu werden. Die Forderung nach der ganzen geschichtlichen Wahrheit schließt selbstverständlich ein, daß kein Kapitel der deutschen Geschichte, und sei es noch so düster, verschwiegen wird. Ich bin der entschiedene Feind jeder Einseitigkeit – das heißt aber auch, daß ich gegen eine einseitige Geschichtsdarstellung bin, die allein zu Lasten des deutschen Volkes, seiner Lebensrechte, seiner geschichtlichen Würde und seiner künftigen Ansprüche geht. »Geschichte ist ihrer Natur nach universell«, sagte Leopold von Ranke.

Da Geschichte unteilbar ist, kann man auch nicht eine abgestufte Skala von Schuld schaffen, wo es um schuldhafte Perioden einzelner Völker geht. Wer 1910 geboren ist, ist ein Verbrecher, wer 1915 geboren ist wie ich, ist ein halber Verbrecher, wer 1920 geboren ist, ist ein Viertelverbrecher, wer der Gnade der späten Geburt teilhaftig ist, wie Helmut Kohl formulierte, der hat mit dem Dritten Reich praktisch nichts zu tun, höchstens insoweit, als er an den Spätfolgen leidet – solche Einteilung kommt mir vor, als wolle ein Abc-Schütze seinem Mathematiklehrer die Relativitätstheorie erläutern. Geschichtliche Schuld ist ein kompliziertes Thema. Es geht nicht um Vergessen und nicht um Verdrängen. Aber der freiheitlich-demokratische deutsche Staat darf nicht nach mehr als vier Jahrzehnten beispielhafter Bewährung auf ewig ein Wischi-Waschi-Staat oder eine Art Halbkolonie bleiben, eine Art internationale Fürsorgeerziehungsanstalt, die von außen kontrolliert wird.

Bemerkenswert ist, daß gerade jene, die den Deutschen wegen der Vergangenheit für alle Zeiten eine Demutshaltung aufnötigen wollen, oftmals die gleichen sind, die in absurder Selbstüberschätzung andere Völker, Staaten und Regierungen ständig belehren. Daß wir heute einen anderen Staat, eine andere Gesellschaftsform, eine andere Wertordnung haben, als die Machthaber des Dritten Reiches es verlangten, ist gut, es ist zu verteidigen und allen kommenden Generationen zu erhalten. Aber deshalb sollten wir uns jetzt nicht dazu berufen fühlen, als übereifrige Lehrmeister der ganzen Welt aufzutreten. Das Ausland empfindet es schlichtweg als unerträglich, von der Bundesrepublik Deutschland ohne Unterlaß ermahnt und belehrt zu werden. Die Politik zum Schutze der Umwelt ist dafür nur ein Beispiel. Kein vernünftiger Mensch und schon gar nicht ein konservativer Politiker, für den das Bewahren ein wichtiges Wesenselement darstellt, wird sich dieser Herausforderung verweigern. Der emotionsgeladene Fanatismus aber, der in dieser Frage hierzulande insbesondere von linken und grünen Kreisen praktiziert wird, stößt ab und alarmiert. Er weckt draußen Mißtrauen gegen die irrationalen Deutschen, die offensichtlich wieder einmal glauben, am deutschen Wesen müsse die Welt genesen.

Eine böse »altdeutsche« Philosophie wird hier auf neudeutsch-neurotische Zustände übertragen. Diese Fehlentwicklung begann im Grunde mit der Reichsgründung, indem die Deutschen den Sieg von 1870/71 falsch gedeutet haben. Der Sieg der deutschen Waffen, der Sieg der Heere, die gegen Frankreich - nach damaligen Maßstäben aus gutem Grund - zu Felde zogen, war ein Akt, wie er in der Geschichte häufiger vorkommt. Aber aus diesem Siege leitete man eine Vorzugsstellung der deutschen Nation im Sinne einer höheren Berufung ab. Aus der Tatsache, daß die Deutschen einen Krieg gewonnen hatten, wurde die Schlußfolgerung gezogen, daß die Deutschen auserkoren seien, Maßstäbe für die Welt zu setzen, daß sie Anspruch darauf hätten, Weltmacht zu werden. Auch mit Blick darauf habe ich in vielen Reden gesagt, daß eine richtig gedeutete Niederlage nicht so schlimm sei wie ein falsch gedeuteter Sieg.

»Welch eine Wendung durch Gottes Führung«, stand nach dem Sieg von Sedan groß am Brandenburger Tor. Die Vergötzung der »schimmernden Wehr«, der Rausch um Preußens Gloria, die Vorstellung vom blitzenden Schwert, das aus der Scheide fährt, um die Macht- und Lebensinteressen des deutschen Volkes zu verteidigen – diese Begriffe kennzeichneten eine totale Selbstüberschätzung der Deutschen nach der Abdankung Bismarcks. Die Arroganz Kaiser Wilhelms II. und der preußischen Generalsschicht hat uns dann in den Ersten Weltkrieg getrieben mit all seinen Folgen. Die Deutschen haben eben nie gelernt, Maß zu halten. So folgte dem Überschwang der Absturz. Und wie 1870/71 der Sieg fast theologisch verklärt worden war, so kam es nach 1945 zu einer theologischen, tief moralischen Pseudo-Deutung der Niederlage.

Vereidigung des Kabinetts der Großen Koalition durch Bundestagspräsident Gerstenmaier; links neben Finanzminister Strauß Wirtschaftsminister Schiller

Die führenden Politiker der Großen Koalition auf dem Neujahrsempfang des Bundespräsidenten 1967: Außenminister Brandt, Verteidigungsminister Schröder, Vertriebenenminister von Hassel (hinter Lübke), Finanzminister Strauß und Bundeskanzler Kiesinger

Aus den Jahren der Bonner Opposition

Vom 10. bis 16. Dezember 1971 war der soeben zum Kanzlerkandidaten der Union nomimierte Rainer Barzel in Moskau. Bei seiner Rückkehr – Barzel war empört, daß er in Moskau protokollarisch nicht seinen Vorstellungen entsprechend behandelt worden war – wollten Richard Stücklen und ich ihn nicht auf dem Flughafen empfangen, weil das so ausgesehen hätte, als wären wir seine Untergebenen. Wenn er mit uns sprechen wollte, dann sollte er uns einladen, bevor er vor den Fraktionsvorstand trat. Wir waren also nicht am Flugplatz, was Barzel ebenfalls indigniert zur Kenntnis nahm. Er lud daraufhin in sein Haus ein, um uns über die Moskau-Reise zu informieren. Am Ende seines Berichtes, der von Ärger und Enttäuschung getragen war, sagte er, daß er jetzt im Fraktionsvorstand beantragen werde, nein zu den Ostverträgen zu sagen. Schon vor Barzels Moskau-Reise war ein Papier entworfen worden, in dem unter anderem das Nein von CDU und CSU zu den Ostverträgen detailliert begründet wurde. Bei der Sitzung, die im Bierkeller der Bayerischen Vertretung stattgefunden hatte, sagten die CDU-Vertreter, in der Sache stimmten sie zu, dennoch bäten sie uns, diese Formulierungen nicht aufzunehmen, weil sie innerhalb ihrer Partei Schwierigkeiten bekommen könnten, wenn das Nein gleichsam vorgegeben sei, ohne daß darüber offiziell gesprochen worden war. Die CDU-Vertreter bekräftigten: »Wir geben euch unser Ehrenwort!« Kurze Zeit später aber hatten sie alles vergessen. Die Sitzung habe zwar stattgefunden, aber diese Szene sei ein Phantasieprodukt der CSU. Noch heute sehe ich Barzel vor mir, wie er sagte: »Ich bitte euch, mein Ehrenwort habt ihr. Aber wir wollen es jetzt nicht im Text haben.«

Als der Moskaureisende Barzel sein Nein ankündigte, erinnerte ich daran, daß wir unser Nein in dem Papier bereits formuliert und nur mit Rücksicht auf CDU-interne Abläufe herausgenommen hätten. Wenn er jetzt ein Nein empfehle, dann sehe das so aus, als sei seine Ablehnung nur ein Ergebnis persönlichen Beleidigtseins. Stücklen und ich empfahlen, dieses Nein vorerst nicht anzukündigen. In der Ablehnung der Ostverträge seien wir uns ohnehin einig.

Der dritte Akt dieses Dramas der Unglaubwürdigkeit vollzog sich in der Karwoche 1972. Ich stand kurz vor dem Aufbruch zu meiner Oster-

reise, wollte noch am Abend in Bologna sein. Mein persönlicher Referent Dr. Friedrich Voss, später Abgeordneter und Parlamentarischer Staatssekretär im Finanzministerium, rief mich an und berichtete mir von merkwürdigen, im Bundestag umgehenden Gerüchten, wonach die CDU bei der Abstimmung über die Ostverträge im Umfallen sei. Ich solle vorsichtig sein, er habe mit mehreren Leuten gesprochen. 400.000 Plakate, mit denen das Ja begründet werde, seien schon gedruckt und lägen im Konrad-Adenauer-Haus bereit. Rainer Barzel war in Taormina auf Sizilien. Ich rief ihn von Rom aus an und konfrontierte ihn mit diesen Informationen. Barzel war entrüstet und sagte: »Reine Feindpropaganda, gröbste Irreführung, ein Versuch, Mißtrauen zu säen zwischen uns beiden. Ich gebe dir mein Ehrenwort mit Brief und Siegel, es bleibt beim Nein.« Die Realität ist bekannt. Nachdem die CDU dann doch ja sagen wollte, einigte man sich auf einen wenig befriedigenden und unsere Glaubwürdigkeit nicht stärkenden Kompromiß - am 17. Mai 1972 enthielt sich die Opposition der Stimme.

Das Mißtrauensvotum gegen Willy Brandt, über das im Deutschen Bundestag am 27. April 1972 abgestimmt wurde, ist vielleicht einer der größten Skandale in der Geschichte der Bundesrepublik Deutschland. Leider wurde er nie richtig und mit allen Konsequenzen aufgedeckt. Obwohl CDU und CSU mit einer wenn auch nur knappen rechnerischen Mehrheit in die Abstimmung gingen, verfehlte Rainer Barzel die absolute Mehrheit um zwei Stimmen, Willy Brandt blieb Bundeskanzler. Ich meine, daß wir, die Unionsparteien, den Schlüssel zur Aufklärung der mit dieser Abstimmung verbundenen Umstände in der Hand gehabt hätten, aber nicht in der Lage waren - auch später nicht, als wir die Bundesregierung stellten -, einen klaren Sachverhalt auszuwerten oder einen beinahe klaren Sachverhalt zu einem wirklich klaren Sachverhalt zu machen. Die andere Seite ist auf jeden Fall viel geschickter darin, aus solchen Vorgängen, auch wenn sie nicht annähernd solche Bedeutung haben oder ganz und gar jedes realen Kerns entbehren, politisches Kapital zu schlagen. Damals haben mindestens zwei, wenn nicht drei Unionsabgeordnete ihre Stimme Brandt gegeben beziehungsweise Rainer Barzel nicht gegeben. Zwei Namen glaube ich mit Sicherheit zu kennen, auch wenn man es vielleicht nur bei einem beweisen könnte, der dritte war Julius Steiner, von dem man es weiß. Im Frühjahr 1973 gab Steiner zu, von Karl Wienand, dem Geschäftsführer der SPD-Fraktion, DM 50.000,- erhalten zu haben. Auch der Name des damaligen Kanz-

Strauß bei einer Bundestagsdebatte im Februar 1970; auf der Regierungsbank Bundeskanzler Brandt und Außenminister Scheel

Strauß und Barzel während einer Bundestagsdebatte im Januar 1980

leramtschefs Horst Ehmke wurde in diesem Zusammenhang genannt. Wienand war der »Schmuser«, wie man bei uns in Bayern sagt, und hat die verschiedenen Fäden gezogen.

Am Tag der Abstimmung über das konstruktive Mißtrauensvotum saß meine Frau auf der Diplomatentribüne, wo sie sich nie sehr wohl gefühlt hat und wo sie deshalb auch selten erschien. So haben die anderen Damen dort in der Aufregung des Tages die Frau des Abgeordneten Strauß zunächst übersehen. Meine Frau konnte deshalb hören, wie Mildred Scheel zu Rut Brandt sagte, jetzt sei alles verloren, jetzt sei es aus. Frau Brandt hat darauf Mildred Scheel beruhigt und gesagt, es sei alles in Ordnung gebracht und es werde gut gehen. Daneben saß die Frau des Abgeordneten Strauß, und als sie »entdeckt« wurde von Frau Brandt, hat diese sofort abwiegelnde, beschwichtigende Handbewegungen gemacht.

Es ist nicht tief genug zu beklagen, wie sehr die Union der linken Seite unterlegen ist, wenn es darum geht, einen Skandal als solchen zu behandeln, der Öffentlichkeit sichtbar zu machen und die politischen Konsequenzen daraus zu ziehen. Was im Gegensatz dazu die SPD aus der kleinsten Geschichte bei uns macht – wochenlange Diskussionen, Protestveranstaltungen, Untersuchungsausschüsse und so weiter und so weiter. Das jüngste Beispiel ist die Tragödie Barschel. Nach Barschels Tod hat sich die CDU kleinlaut der von der Presse erzeugten und von der SPD geförderten Psychose gebeugt. Pausenlose Schuldbekenntnisse, ununterbrochene Rechtfertigungen, die demonstrative Demutshaltung, all das konnte viele frühere CDU-Wähler beim besten Willen nicht dazu bringen, der Partei in dieser schwierigen Lage die Treue zu halten.

Nach der Wahl kam Engholm und ließ die dezimierte, zur Opposition verdammte CDU gönnerhaft wissen, daß er nicht nachtragend sei, daß er nicht aufrechnen wolle, obwohl er selbst das Opfer der Verfolgung gewesen sei. Zudem habe die CDU einen sehr noblen Wahlkampf geführt. Ins gleiche Horn stieß der SPD-Vorsitzende Vogel. Ein CDU-Landesverband, der von der SPD in dieser Weise gelobt wird, kann sicher sein, im Wahlkampf unkorrigierbare Fehler gemacht zu haben. Jeder erfolgreiche CDU- oder CSU-Politiker ist in der Propaganda der SPD ein Demagoge, ein Neokonservativer, ein Nationalist, ein sozialer Umverteiler zu Lasten der kleinen Leute. Ein erfolgloser Unionspolitiker dagegen erfährt von der SPD Anerkennung als ein läuterungsfähiger und im Zustand der Läuterungsfähigkeit möglichst lang zu haltender, politisch vielleicht sogar noch einmal brauchbarer Bürger.

Nach dem Tode von Uwe Barschel habe ich in der Konferenz der Ministerpräsidenten, deren Gastgeber ich in München war, Worte des Gedenkens gesprochen. Ich nannte Barschels Tod »ein Ereignis, das nicht nur die Öffentlichkeit in Schleswig-Holstein, sondern auch in der Bundesrepublik Deutschland und in Europa tief bewegt hat. Der Tod wirft Rätsel auf, gibt Probleme auf, hat Erschütterungen ausgelöst. Vielleicht dürfen wir bei dieser Gelegenheit sagen, daß unser Kollege Barschel, der nicht mehr unter uns weilt, sich in diesem Jahre in einer besonders schweren Situation befunden hat ... aus der heraus man vielleicht versuchen kann, das Geschehen zu verstehen. Ich habe mir immer die Frage gestellt, was muß in ihm vorgegangen sein. Es ist hier nicht die Zeit, über Sünden, Fehler oder Versäumnisse zu reden. Ich sage: Gott möge ihm ein gnädiger Richter sein, und wer frei ist von Schuld, der werfe den ersten Stein.« Alle Kollegen sind dagestanden und haben mit dem Kopf genickt.

Hier hätte die CDU ansetzen können. Nach einer Schlußerklärung zum Fall Barschel wäre die Offensive gegen die SPD notwendig gewesen, deren Verhalten in der ganzen Angelegenheit durchaus Anlaß zu vielen kritischen Fragen gab. Statt dessen hat sich die CDU willig ins Barschel-Ghetto sperren lassen und war sich nicht einmal zu schade, sich am allgemeinen Scherbengericht über Barschel zu beteiligen und zusätzlich Steine auf ihn zu werfen. Der Acker für die SPD war bestellt. Der Fall zeigt, wie sehr es die SPD versteht, echte oder angebliche Skandale im Unionslager zu instrumentalisieren und auszunutzen.

Die bürgerliche Seite aber läßt die Dinge schleifen. Da war zum Beispiel die mißglückte Notlandung einer Maschine der später bankrott gegangenen Fluggesellschaft »Paninternational« auf der Autobahn bei Hamburg im Sommer 1971, bei der 22 Menschen ihr Leben verloren; durch Bestechung war eine Verlängerung der Betriebsgenehmigung für diese unmögliche Gesellschaft erreicht worden. Was hat die Union aus der bösen Verstrickung Karl Wienands und der SPD in diese trübe Affäre gemacht? Da war 1976 das skandalöse Abhören meines Telefons und die Verbreitung der gefälschten Niederschrift eines mit Wilfried Scharnagl geführten Gespräches. Das hat die Union insgesamt so behandelt, wie ein Gendarm die Anzeige einer alten Frau entgegennimmt, die ihre Schlüssel verlegt hat.

Oder der nie aufgeklärte Vorgang vom 14. Dezember 1972, als nach der vorgezogenen Bundestagswahl vom November Brandt bei der Kanzlerwahl im Bundestag auf einmal 18 Stimmen mehr hatte, als die

Regierungskoalition besaß. 18 Stimmen mehr - die Bekanntgabe des Ergebnisses löste brausenden Jubel bei der Koalition aus. Hernach gab es ein Treffen des engsten Führungskreises der CDU/CSU-Fraktion im Zimmer von Barzel mit erregten Diskussionen und Erklärungen. Ich erklärte für unsere Partei, daß kein CSU-Abgeordneter Brandt gewählt habe, die CDU-Vertreter erklärten wahrheitsgemäß das gleiche für ihre Seite. Bezeichnend war, daß man es überhaupt für möglich hielt, Unionsabgeordnete könnten so von der Person und dem Mythos Brandt fasziniert sein, daß sie ihm ihre Stimme gaben. Dann kam einer - das war leider nicht ich - und zweifelte das Auszählungsergebnis an, hier könnte doch ein Fehler vorliegen. Es gab Einwände: Das Ergebnis dürfe man nicht anzweifeln, es sei ordnungsgemäß ausgezählt und geprüft worden. Es wurde beschlossen, eine Nachzählung zu verlangen.

Eine Delegation ging zur neuen Bundestagspräsidentin Annemarie Renger, die das Ansinnen zunächst abwies; die Stimmen seien unter Aufsicht ausgezählt worden, die Stimmzettel seien jetzt verschlossen und versiegelt. Die Unionsabgeordneten drängten weiter, ließen sich nicht abspeisen, drohten mit einem bitteren Nachspiel, wenn sich Frau Renger weigern sollte, was auf ein schlechtes Gewissen hindeute. Bei der Nachzählung ergab sich dann, daß einer der Auszähler ein Päckchen mit Nein-Stimmen auf die Ja-Seite gelegt hatte.

Liberalsozialistische »Öffentlichkeitsarbeit«, unterstützt von einer linksüblichen Medienkumpanei und indirekt begünstigt durch die Schwächlichkeit der Union, hat es vermocht, diesen Vorgang der Öffentlichkeit gegenüber zu bagatellisieren. Für Brandt 18 Stimmen mehr, als der Koalition zur Verfügung standen, also 18 Stimmen für Brandt aus den Reihen von CDU und CSU, zustande gekommen dadurch, daß auf wundersame Weise ein Päckchen mit Nein-Stimmen auf die Ja-Seite gewandert war, einmal ausgezählt, mit Jubel festgestellt, mit tiefster Niedergeschlagenheit hingenommen, sofort versiegelt und verwahrt und aus! Wie die Nachzählung ergab, hatten sämtliche Abgeordneten der CDU/CSU ihre Stimme gegen Brandt abgegeben, Brandt hatte also nicht eine Stimme mehr, als es der Stärke von SPD und FDP entsprach, im Gegenteil, zwei Abgeordnete aus den Reihen der Regierungskoalition hatten ihm ihre Stimme verweigert. Was jedoch haften blieb, war die verheerende psychologische Wirkung des Augenblicks - die lichtstrahlende, mythologische Heldenfigur Willy Brandt hat schon eine solche Unwiderstehlichkeit und Faszinationskraft, daß selbst 18 Unionsabgeordnete sich dieser Wirkung nicht entziehen konnten! Hätte es die aufklärende Nachprüfung nicht gegeben, hätte der Vorgang eine lang anhaltende demoralisierende Nachwirkung im Lager der Union gehabt. Und darin lag meiner Meinung nach auch der eigentliche Zweck.

Willy Brandt hat politisch und persönlich einen Kreisbogen zurückgelegt. Der glühende Linkssozialist der dreißiger Jahre trat in mein Gesichtsfeld als ein Befürworter der Aufrüstung, als ein Mann von der rechten Seite des SPD-Spektrums, als der junge Mann Ernst Reuters. Als die Sowjets einen West-Berliner festgenommen und verschleppt hatten, hielt er im Bundestag eine bemerkenswerte, uns alle bewegende Rede. Brandt galt damals als ein Sozialdemokrat, der, abgesehen von seiner persönlichen Lebensführung, genausogut hätte bei der CDU sein können. Noch lange Zeit, auch als Regierender Bürgermeister von Berlin, war er ein »kalter Krieger«. Seine Wandlung erfolgte nach dem Bau der Mauer, in den Jahren 1961/62.

Willy Brandt hatte natürlich eine bestimmte Ausstrahlung und übte auf viele Menschen große Faszination aus. Er war der Mann der Visionen und Utopien, der Prophet, der Seher, der den Eindruck zu erwecken wußte, daß er die Ufer der Zukunft erblickte. Davon war sein Auftreten in der Mitte der sechziger Jahre geprägt. Auch als Außenminister hat er dann in solche Richtung gewirkt, wobei er ursprünglich sich gar nicht zugetraut hatte, Außenminister der Großen Koalition zu werden. Er wollte Forschungsminister werden. Die Genossen aber wollten so billig nicht in die Regierung eintreten. Es war wohl Wehner, der Brandt drängte. Er wollte jemanden mit einer Reputation als rechter Sozialdemokrat als Außenminister. Darüber hinaus besaß Brandt den Bonus eines Regierenden Bürgermeisters von Berlin, und die Zugkraft des Namens Berlin war gewaltig, vor allem auch im westlichen Ausland. Brandt öffneten sich bereitwillig die Tore.

Am 21. Dezember 1972 war der Vertrag »über die Grundlagen der Beziehungen zwischen der Bundesrepublik Deutschland und der Deutschen Demokratischen Republik« unterzeichnet worden. Über den Inhalt dieses Grundlagenvertrages - unter Bundeskanzler Willy Brandt und im Rahmen von dessen neuer Ostpolitik vorangetrieben und ausgehandelt von Egon Bahr, seit Oktober 1969 Staatssekretär im Bundeskanzleramt und beauftragt als Bevollmächtigter der Bundesregierung in Berlin - gab es zwischen Regierung und Opposition erbitterte Auseinandersetzungen. Auch die Verfassungsmäßigkeit des vieldeutigen Vertragswerkes stand für CDU und CSU zur Diskussion. Es gab viele Gutachten, die die Verfassungsmäßigkeit des Grundlagenvertrages bestritten, es gab andere Gutachten, die ihn für verfassungskonform erklärten. Eine Klage vor dem Bundesverfassungsgericht war deshalb keineswegs eine »sichere« Klage, und sie war gewiß auch nicht populär. Aber ich dachte an das Wort von Theodor Storm:

> Der eine fragt, was kommt danach?
> der andere fragt nur: Ist es recht?
> und also unterscheidet sich
> der Freie von dem Knecht.

Meine Initiative zu einer Klage gegen den Grundlagenvertrag erfolgte zu einer Zeit, in der die Gefahr wuchs, daß jede Politik, die unter dem Etikett Entspannung, Sicherheit, Frieden angeboten wurde, sich ungeprüft zum Zeitgeist erhob, zum Mythos verklärte. Wer immer sich gegen diese Politik zur Wehr setze, geriet in das Räderwerk der Verteufelungspropaganda, wurde zum Feind der Entspannung, der Sicherheit und des Friedens gestempelt. Es fehlte nur noch ein Schritt, um als negative Symbolfigur feierlich zum Volksfeind ernannt zu werden. Brandt konnte es sich leisten, von »primitivem Antikommunismus« zu reden und damit jeden Kampf gegen den Kommunismus in den Zweifel moralischer oder politischer Minderwertigkeit zu ziehen. Damit aber stand die deutsche Außenpolitik nicht mehr auf dem Boden solider Politik, sondern glitt ab auf die schiefe Ebene politischer Wunschvorstellungen mit zeitgeistiger Verbrämung.

Anpassung an den Zeitgeist und seinen Mythos kennzeichnete auch die Reaktion auf die Klage des Freistaates Bayern. Die Unbeherrschtheit, mit der dieser Schritt von der Bundesregierung und den ihr ergebenen publizistischen Kreisen begleitet wurde, strafte all' jene Lügen, die mit demonstrativer Gelassenheit behaupteten, die Klage sei aussichtslos. Die Bonner Hintermänner des Grundlagenvertrages hatten offensichtlich ein viel schlechteres Gewissen, als sie die Öffentlichkeit glauben zu machen versucht hatten. Bestürzend war zunächst die Reaktion des Bundeskanzlers selbst. Im Bundestag nannte Brandt, in seiner gewohnten Rolle beleidigter Majestät, eine Verzögerung »abwegig« und »abträglich« und erging sich in vagen weltpolitischen Deutungen. Er erklärte, daß uns bei einem Nichtinkrafttreten des Grundlagenvertrages die weltpolitische Isolierung drohe. Zu fragen blieb, wie Brandt überhaupt zu einer solch düsteren Einschätzung kommen konnte, wenn er sich der Verfassungsmäßigkeit des Vertrages so sicher war, wie er immer getan hatte. Oder sollte diese Anmerkung als »Wink« an das höchste deutsche Gericht verstanden werden? Herbert Wehner nannte das bayerische Vorgehen gar eine »Denunziation«.

Die Fraktion der CDU/CSU im Deutschen Bundestag hatte sich mit knapper Mehrheit gegen eine Anrufung des Verfassungsgerichtes entschieden, obwohl die Fraktion die Aktivlegitimation zu einer Klage in Karlsruhe gehabt hätte. Demgegenüber sprach sich die CSU-Landesgruppe in zwei Beratungen mit überwältigender Mehrheit dafür aus, der Bayerischen Staatsregierung den Gang nach Karlsruhe zu empfehlen. Der Parteivorstand der CSU hatte sich in drei Sitzungen eingehend mit dem Thema befaßt. In den beiden ersten Sitzungen befürwortete eine Mehrheit der Mitglieder des Parteivorstands den Gang nach Karlsruhe, darunter auch mehrere Mitglieder der Bayerischen Staatsregierung. In der dritten Sitzung fand nach langer Aussprache eine förmliche Abstimmung statt. Dabei votierten 21 Mitglieder für den Gang nach Karlsruhe, darunter wiederum mehrere Mitglieder der Bayerischen Staatsregierung, vier stimmten dagegen, vier enthielten sich der Stimme.

Die Erörterung in der CSU ging nicht um die Frage, ob man den Grundlagenvertrag für verfassungsmäßig einwandfrei, verfassungsmäßig bedenklich oder verfassungswidrig hielt. Alle Mitglieder der genannten Gremien hatten den Vertrag als verfassungswidrig oder verfassungsmäßig äußerst bedenklich bezeichnet. In dieser Hinsicht gab es auch keinen Gegensatz zu dem Fraktionsvorsitzenden der CDU/CSU. Professor Karl Carstens hatte am 24. Mai 1973 im Deutschen Fernsehen erklärt: »Das Verfahren ist anhängig. Ich muß sagen, daß es meiner Auffassung nach allen politischen Instanzen in unserem Land wohl ansteht, in einem anhängigen Verfahren sich zurückhaltend zu äußern über das voraussichtliche Urteil. Ich kann nur sagen, daß ich selbst starke verfassungsrechtliche Bedenken gegen den Grundvertrag habe ... Sicherlich schreibt das Grundgesetz der Regierung nicht vor, welchen Weg sie einschlagen muß, um zur Wiedervereinigung zu kommen, aber man wird wohl aus dem Grundgesetz entnehmen müssen, daß eine Regierung auch nichts tun darf, was die Wiedervereinigung erschwert, und zwar die Wiedervereinigung in den verschiedenen Formen, in denen das Grundgesetz sie ins Auge faßt. Das ist meiner Meinung nach der Punkt, auf den es hier ankommt. Aber das ist nicht der einzige Punkt. Es gibt eine Reihe weiterer verfassungsrechtlicher Bedenken gegen den Grundvertrag.«

Zweifel an der Verfassungsmäßigkeit des Grundlagenvertrages waren also weit über die CSU hinaus verbreitet, und die einzige, heftig diskutierte Frage innerhalb der CSU war, ob es politisch zweckmäßig und taktisch richtig sei, das Verfassungsgericht anzurufen. Nur an diesem Thema haben sich die Geister geschieden. Die Gegner einer Klage bezweifelten, daß es angesichts der politischen Zusammensetzung des Gerichtes und angesichts des starken psychologischen Druckes, der aus vielen Himmelsrichtungen zugunsten des Grundlagenvertrages ausgeübt wurde, überhaupt möglich sei, ein von äußeren Einflüssen freies, am Recht orientiertes Urteil zu erlangen. Im übrigen, so meinten manche, verbiete auch die Solidarität mit der CDU einen bayerischen Alleingang. Die große Mehrheit aber hat aus grundsätzlichen Erwägungen dem Gang nach Karlsruhe den Vorzug gegeben.

Vor der Sitzung der Bayerischen Staatsregierung, bei der über das Thema endgültig entschieden werden sollte - ich saß in der CSU-Landesleitung, die damals, vor unserem Umzug in die Nymphenburger Straße, noch in der Lazarettstraße war -, rief mich Ministerpräsident Goppel an. »Franz Josef, wir brauchen keine Kabinettssitzung mehr, und deshalb brauchst du auch nicht teilzunehmen. Ich habe heute eine Probeabstimmung gemacht, ob wir nach Karlsruhe gehen sollen oder nicht« - bei mir haben schon alle Alarmglocken geläutet - »und die Probeabstimmung hat ergeben, daß das gesamte Kabinett mit Ausnahme von zwei Ministern« - das waren Max Streibl und Fritz Pirkl - »gegen einen Gang nach Karlsruhe ist.« Ich war wütend, wandte ein, daß eine Probeabstimmung ohne ausreichende Information und Diskussion einfach unmöglich sei. Ich war zwar nicht Kabinettsmitglied, aber meinem Drängen wurde nachgegeben.

Es kam zu der angekündigten Kabinettssitzung, und es kam zu einer erbitterten dreistündigen Redeschlacht, in der noch einmal alle Argumente und Stimmungen gegen meine Ansicht vorgetragen wurden. Ich mußte voll und ganz mein Gewicht als Parteivorsitzender zur Geltung bringen; man müsse sich davor hüten, aus Angst vor einem Risiko die Glaubwürdigkeit des CSU-Vorsitzenden in gefährlicher Weise zu beschädigen. Im übrigen wußte ich durch Beziehungen zu einem Richter des Bundesverfassungsgerichts, daß unsere Sache nicht völlig schief gehen konnte. Dies wußte auch Alfons Goppel. Entweder würden wir ein Mehrheitsvotum zu unseren Gunsten erreichen oder, wenn das nicht der Fall sein sollte, zumindest in der Urteilsbegründung Hinweise, die der Brandtschen Ostpolitik diametral zuwiderliefen. Am Ende gewann ich eine große und klare Mehrheit, die Bayerische Staatsregierung stimmte für den Gang nach Karlsruhe. Nach diesem Entscheid haben sowohl die Landtagsfraktion als auch der Parteiausschuß mit überwältigender Mehrheit den Beschluß der Staatsregierung gebilligt.

Der bayerische Schritt löste eine heftige innenpolitische Diskussion aus, nicht nur über das Vorgehen Bayerns, sondern auch über das Verhältnis von Politik und Verfassungsrecht im allgemeinen. Gerade nach den schrecklichen Erfahrungen aus der Vergangenheit hatten die Väter der Verfassung dem Verfassungsgericht eine umfassende Zuständigkeit verliehen. Alle Akte der Gesetzgebung und der Verwaltung müssen nachprüfbar sein. Es lag also im Interesse aller Deutschen, von entscheidender Stelle einen höchstrichterlichen Spruch zu erhalten, wie es um die Verfassungsmäßigkeit des Grundlagenvertrages bestellt war. Die Frage lautete konkret, ob der Grundlagenvertrag bei einer bestimmten Anwendung und Auslegung noch als verfassungsmäßig angesehen werden könne, ob das Grundgesetz bei konsequenter Fortsetzung der Bonner Ostpolitik geändert werden müsse, oder ob das Verfassungsgericht infolge höherer Gewalt seinem Auftrag nicht mehr gerecht werden könne beziehungsweise ob nunmehr eine völlig neue Deutung des Wiedervereinigungsgebotes des Grundgesetzes notwendig sei.

Die Bundesregierung hätte diesen Schritt der Bayerischen Staatsregierung nach meiner Überzeugung verhindern können, wenn sie die von Egon Bahr schon beim Moskauer Vertrag vom August 1970 angewandte Methode der bewußten Doppeldeutigkeit der Formulierungen mit dem unvermeidbaren Ergebnis der gegensätzlichen Auslegung durch die Vertragspartner beim Grundlagenvertrag vermieden hätte. Auch hätte sich die Bundesregierung bei der Aushandlung des Grundlagenvertrages im Lichte der mit dem Moskauer Vertrag gemachten Erfahrungen mehr Zeit lassen müssen und sich nicht durch den Wahltermin im November unter Druck setzen lassen dürfen. Sie wäre am längeren Hebel gesessen und hat statt dessen freiwillig den kürzeren gewählt.

Es war nicht Wunsch oder Absicht der CSU, auch nicht der Bayerischen Staatsregierung, ein Abkommen mit der DDR zu verhindern, das eigentlich Selbstverständlichkeiten betraf, nämlich freie menschliche

Begegnungen zu erleichtern. Es mußte jedoch festgestellt werden, ob in der Bundesrepublik Deutschland Verfassungsrecht durch doppeldeutige Formulierungen und widerrufliche pragmatische Regelungen unterlaufen werden konnte, oder ob auch bei absolut unterschiedlicher Auslegung die Noch-Verfassungsmäßigkeit durch Zwang zu einer bestimmten Anwendung und Auslegung verfassungsrechtlich zu sanieren war. Wir zogen auch die Möglichkeit in Betracht, daß die durch die Wahl der Begriffe eingetretene Verschiebung des Bewußtseins zu einer neuen Bewertung der verfassungsrechtlichen Grundsätze geführt hatte, und hätten es für einen Erfolg gehalten, wenn das Bundesverfassungsgericht, seiner früheren Rechtsprechung getreu, die leichtfüßige Nichtanerkennungsauslegung der Bundesregierung mit verfassungsrechtlicher Gewichtung versah.

Daß wir der Deutung durch die Bundesregierung nicht trauten, hatte eine besondere Bewandtnis. Der für die Formulierung des Grundlagenvertrages verantwortliche Egon Bahr hatte am 24. Januar 1973 vor dem Deutschen Bundestag erklärt, mit den Wahlen 1969 sei »eine politische Entscheidung gefallen, die es ermöglichte, dem allgemeinen Grundsatz Rechnung zu tragen, daß, wenn möglich, in der Demokratie und in der Politik die Wahrheit gesagt werden soll«. Auf Zwischenrufe führte er dann aus, daß die Mehrheitsverhältnisse zur Zeit der Großen Koalition nicht so gewesen seien, »daß sie es zugelassen hätten, die Wahrheit zu sagen«. Bahr räumte also ein, daß die SPD politische Beschlüsse des Bundestages zwar unterstützt und auch eingehalten habe, jedoch in der Absicht, sie bei Änderung der Mehrheitsverhältnisse unverzüglich aufzugeben.

Bahr hatte also unterschieden zwischen der Wahrheit, die man öffentlich bekennt, und der Wahrheit, die man im geistigen Marschgepäck trägt und so lange zurückhält, bis die Änderung des politischen Bewußtseins und der Mehrheitsverhältnisse es erlaubt, sie zu verkünden. Wer konnte es angesichts dieses Bekenntnisses von Bahr, dessen Entlassung ich dem Bundeskanzler vorgeschlagen hatte, ernsthaft verlangen, daß man die Auslegung des Grundlagenvertrages durch die Bundesregierung für etwas anderes nahm als, gelinde gesagt, eine vorläufige Wahrheit? Wer konnte uns die fast schon zur Gewißheit verdichtete Furcht nehmen, daß die Bundesregierung ihre Auslegung des Grundlagenvertrages aufgeben würde, sobald aufgrund gewandelten Bewußtseins und veränderter Mehrheitsverhältnisse eine neue Auslegung möglich wäre? Deshalb mußte die Auslegung vom Verfassungsgericht ein für allemal festgeschrieben werden.

Alle politischen Kräfte in Deutschland, nicht zuletzt die Bundesregierung selbst, sollten der CSU als Anstoßgeber und der Bayerischen Staatsregierung als Antragsteller für diesen Beitrag zur Klärung und Redlichkeit als Ausweg aus einer verfahrenen Situation dankbar sein – so meine Argumentation für diesen von mir durchgesetzten Schritt. Mochte das Zurückweichen vor Zeitgeist und Mythos als der bequemere Weg erscheinen, der sich mit guten Gründen verteidigen ließ, so war der Opposition andererseits mit kurzfristigen Erfolgen gar nicht gedient, sie brauchte den langen Atem. Statt billiger Vergleiche zwischen West- und Ostverträgen war Mut zur Verantwortung gefordert, Mut zum unbequemen, aber als richtig erkannten Weg.

Die Auseinandersetzung in Karlsruhe begann mit einem Befangenheitsantrag Bayerns gegen den Verfassungsrichter Joachim Rottmann, der auf einer FDP-Versammlung des Kreisverbandes Karlsruhe nach Presseberichten »BRD und DDR souveräne Staaten« genannt hatte. Unter Hinweis auf Äußerungen Rottmanns, wonach »das Deutsche Reich staatsrechtlich untergegangen« sei, bekam Bayern im zweiten Anlauf recht, der Antrag gegen Rottmann wurde angenommen. Nicht durchsetzen konnte sich Bayern mit seinem Antrag auf eine einstweilige Anordnung, daß »die Gegenzeichnung, Ausfertigung und Verkündigung« des Grundlagenvertrages auszusetzen sei.

Beim Prozeß vor dem Bundesverfassungsgericht bot die SPD/FDP-Koalition alles auf, was nur denkbar war – Bundesjustizminister Gerhard Jahn, Egon Bahr, eine Reihe von Staatssekretären und Ministerialdirektoren. Dieser Phalanx trat der Freistaat Bayern mit einem zahlen- und rangmäßig bescheidenen Aufgebot entgegen. Unsere Positionen vertraten Professor Dieter Blumenwitz und der Amtschef der Bayerischen Staatskanzlei, Dr. Rainer Keßler. Ich hatte mich zwar grundsätzlich durchsetzen können, nicht aber mit meinem drängenden Wunsch nach einer höherrangigen politischen Vertretung. Angesichts der Wucht, mit der die Bundesregierung und ihre Vertreter in Karlsruhe auftraten, stellt sich die Frage, ob nicht eine massivere Präsenz des klagenden Freistaates zumindest atmosphärisch die bayerische Karte verbessert hätte. Überzeugt bin ich davon, daß die Entscheidung hätte anders ausgehen können, wenn Bayern mit seiner Klage nicht allein gewesen wäre, sondern wenn die CDU/CSU-Bundestagsfraktion und die CDU-geführten Bundesländer an seiner Seite gestanden hätten.

Der Antrag Bayerns auf eine einstweilige Anordnung wurde von der Bundesregierung mit einem düsteren Zukunftsszenario gekontert.

Bahr behauptete, wie zuvor schon Brandt, die Bundesrepublik Deutschland würde, wenn das Gericht die Verfassungswidrigkeit des Grundlagenvertrages durch Urteil feststellen sollte, sich völlig isolieren. Die Aufnahme der DDR in die Vereinten Nationen sei beschlossene Sache, aber die Sowjets würden ihr Veto einlegen gegen die Aufnahme der Bundesrepublik, und die westlichen Alliierten würden sich nicht für uns stark machen, im Gegenteil, sie würden aus Verärgerung dann der Aufnahme der DDR zustimmen. Dann sitze die DDR in der UNO, in den Ausschüssen, womöglich im Sicherheitsrat, die Bundesrepublik aber sei nirgends vertreten. Wir haben Egon Bahr daraufhin Prozeßbetrug vorgeworfen, weil wir von den Amerikanern wußten, daß ihnen das Thema Grundlagenvertrag keineswegs dringlich war. Daß im Falle eines Scheiterns des Vertrages die Bundesrepublik von Washington bestraft, die DDR belohnt würde, war eine geradezu absurde Behauptung.

Die SPD/FDP-Koalition und vor allem Egon Bahr hatten zur Durchsetzung ihrer Ostpolitik stets den Eindruck zu erwecken gewußt, daß die Vereinigten Staaten in ganz besonderer Weise hinter ihnen stünden. In Wahrheit war Washington zwar an einer begrenzten Bonner Ostpolitik interessiert, stand der Ausuferung jedoch mit größtem Mißtrauen gegenüber. Diese Skepsis galt vor allem für Henry Kissinger, in dessen Vertrauen sich Egon Bahr gern eingeschlichen hätte. Ich selbst habe in einem langen Gespräch mit Kissinger einen Wutausbruch wegen der Ostpolitik von Brandt und Bahr erlebt: Wenn die Deutschen glaubten, sich über die USA hinweg mit Moskau verständigen zu können, so täuschten sie sich. »Bevor euer erster Unterhändler kommt, haben wir mit den Russen schon abgeschlossen!« Was Egon Bahr betraf, war Kissinger voller Fragen und Zweifel.

Am 31. Juli 1973 verkündete der Zweite Senat des Bundesverfassungsgerichts sein Urteil zum Grundlagenvertrag. Schon die Leitsätze, welche die Richter in 9 Punkten ihrem Spruch voranstellten, signalisierten, daß mein Drängen zur Klage und der Schritt Bayerns mehr als berechtigt waren. Nach Klärung grundsätzlicher juristischer Streitpunkte hieß es:

»4. Aus dem Wiedervereinigungsgebot folgt: Kein Verfassungsorgan der Bundesrepublik Deutschland darf die Wiederherstellung der staatlichen Einheit als politisches Ziel aufgeben, alle Verfassungsorgane sind verpflichtet, in ihrer Politik auf die Erreichung dieses Zieles hinzuwirken – das schließt die Forderung ein, den Wieder-

vereinigungsanspruch im Inneren wachzuhalten und nach außen beharrlich zu vertreten – und alles zu unterlassen, was die Wiedervereinigung vereiteln würde.
5. Die Verfassung verbietet, daß die Bundesrepublik Deutschland auf einen Rechtstitel aus dem Grundgesetz verzichtet, mittels dessen sie in Richtung auf Verwirklichung der Wiedervereinigung und der Selbstbestimmung wirken kann, oder einen mit dem Grundgesetz unvereinbaren Rechtstitel schafft oder sich an der Begründung eines solchen Rechtstitels beteiligt, die ihr bei ihrem Streben nach diesem Ziel entgegengehalten werden kann.
6. Der Vertrag hat einen Doppelcharakter; er ist seiner Art nach ein völkerrechtlicher Vertrag, seinem spezifischen Inhalt nach ein Vertrag, der vor allem inter-Se-Beziehungen regelt.
7. Art. 23 GG verbietet, daß sich die Bundesregierung vertraglich in eine Abhängigkeit begibt, nach der sie rechtlich nicht mehr allein, sondern nur noch im Einverständnis mit dem Vertragspartner die Aufnahme anderer Teile Deutschlands verwirklichen kann.
8. Art. 16 GG geht davon aus, daß die ›deutsche Staatsangehörigkeit‹, die auch in Art. 116 Abs. 1 GG in Bezug genommen ist, zugleich die Staatsangehörigkeit der Bundesrepublik Deutschland ist. Deutscher Staatsangehöriger im Sinne des Grundgesetzes ist also nicht nur der Bürger der Bundesrepublik Deutschland.
9. Ein Deutscher hat, wann immer er in den Schutzbereich der staatlichen Ordnung der Bundesrepublik Deutschland gelangt, einen Anspruch auf den vollen Schutz der Gerichte der Bundesrepublik Deutschland und aller Garantien der Grundrechte des Grundgesetzes.«

Das Ziel Bayerns, das Ziel der CSU, mein Ziel war erreicht. Es galt, durch Auslegung und Klarstellung den Vorrang des Grundgesetzes vor dem Grundlagenvertrag zu bestätigen. Nicht der Buchstabe war zu Fall zu bringen, sondern der Geist, in dem und mit dem er niedergeschrieben war. Nicht darum ging es, das Objekt als solches auszulöschen, sondern darum, seine verhängnisvolle Vieldeutigkeit einzugrenzen. Der Grundlagenvertrag war nun an die Leine eines Interpretationszwanges gelegt worden, der die deutsche Verfassungswirklichkeit berücksichtigte, den Begriff Deutschland am Leben erhielt und künftige Regierungen verpflichtete, die Verfassung nicht nach jeweils opportunistischem Gutdünken zu unterlaufen. Vor allem war die Regierung Brandt gehalten, sich in dem von Karlsruhe gezogenen Rahmen zu bewegen, wenn sie nicht offenen Verfassungsbruch begehen wollte. Damit hatte Bayern einen entscheidenden Schlag gegen die von Brandt und Bahr entwickelte Politik des doppelten Bodens geführt, die bis dahin mit großer Unverfrorenheit betrieben worden war, nämlich dem Vertragspartner DDR gegenüber die eigene Interpretation gar nicht ernsthaft zu verteidigen und damit dessen Interpretation gelten zu lassen, zu Hause aber mit Entrüstung das Gegenteil für sich in Anspruch zu nehmen.

Die Sieger von Karlsruhe hießen nicht Brandt und Bahr. Der Sieger hieß zwar auch nicht Grundgesetz, aber Verlierer war mit Sicherheit der Grundlagenvertrag. Der Sieger hieß deshalb nicht Grundgesetz, weil das Gericht durch den Vortrag der Bundesminister Bahr und Jahn, durch das einschüchternde Auftreten des Ministerialdirektors Bahlmann und durch den Schriftsatz der Bundesregierung vom 2. Juni 1973 unter Druck gesetzt worden war. Es war sehr bezeichnend, daß die drohenden Teile dieses Schriftsatzes mit ihren ungeprüften und unbeweisbaren Behauptungen über mögliche Folgen als »der Öffentlichkeit nicht mitteilbar« bezeichnet worden waren. Somit war das Gericht außerstande, den strengen Maßstab der Verfassungsmäßigkeit nach den vom Verfassungsgericht selbst aufgestellten Grundsätzen anzulegen. Das Urteil unseres obersten Gerichts stellte dann aber doch wieder, wenn auch über den Umweg der Urteilsbegründung, die richtige Ordnung zwischen dem Grundgesetz und einem verhängnisvollen Vertragswerk her, dessen Wirkungen und Folgeerscheinungen nicht nur an die Wurzel unserer staatlichen Existenz, sondern an die Grundlagen unserer Verfassung überhaupt rühren mußten.

Mit der Vieldeutigkeit des Grundlagenvertrages war es zu Ende. Die Besonderheit des Verhältnisses der Deutschen zueinander, das die Bundesregierung Moskau zuliebe immer mehr zu verwischen suchte, wurde ein für allemal festgeschrieben. Unsere Verfassung war nicht erdolcht worden. Sie lebte weiter. Und dies hatte sie Bayern zu verdanken. Ministerpräsident Alfons Goppel konnte zurecht zufrieden sein: »Die Bayerische Staatsregierung sieht in dem Urteil einen Erfolg ihrer Bemühungen um die Einheit Deutschlands. Der Antrag wurde zwar abgewiesen, aber das Urteil interpretiert bindend, wie und in welchen Grenzen der Grundvertrag in Übereinstimmung mit dem Grundgesetz – auch für die DDR deutlich – anzuwenden ist und welche Anforderungen an ihn und ähnliche Verträge zu stellen sind. Das Urteil befriedigt inhaltlich – soweit die Entscheidungsgründe bisher bekannt sind –, weil das Bundesverfassungsgericht in seinem Urteil für jedermann verbindlich feststellt:

1. Die bisherige Rechtsauffassung besteht fort: Gesamtdeutschland ist nach wie vor als solches Völkerrechtssubjekt. Die Bundesrepublik bleibt als ein reorganisierter Teil für das ganze Deutschland verantwortlich.
2. Die Deutsche Demokratische Republik ist rechtlich für die Bundesrepublik nicht Ausland.
3. Die Wiederherstellung der staatlichen Einheit auf der Grundlage der freien Selbstbestimmung bleibt Aufgabe aller Verfassungsorgane ...
4. Auch die Menschen in der Deutschen Demokratischen Republik sind und bleiben Deutsche im Sinne des Grundgesetzes mit allem sich daraus ergebenden Recht.
5. Folgeverträge des Grundvertrags dürfen für die Deutschen in der DDR ebensowenig wie für die Deutschen in der Bundesrepublik eine Schmälerung ihrer im Grundgesetz verbürgten Rechte bringen. Deshalb sind Mauer, Stacheldraht, Todesstreifen und Schießbefehl mit dem Vertrag unvereinbar und dürfen von der Bundesregierung nicht als Ausfluß einer Hoheit der DDR akzeptiert werden.
Dieser Ausgang des Verfahrens rechtfertigt die Anrufung des Bundesverfassungsgerichts. Das Urteil zeigt auch, daß jene unrecht hatten, die mit dem Antrag der Bayerischen Staatsregierung einen außenpolitischen Schaden befürchteten. Davon abgesehen ging es hier um die Inanspruchnahme eines vorgegebenen Rechtswegs ...
Für die Bayerische Staatsregierung bedeutet die Erklärung des Bundesverfassungsgerichts eine Genugtuung, es sei mit einer umfassenden Verfassungsgerichtsbarkeit unvereinbar, wenn die Bundesregierung ein anhängiges Verfahren überspielt.«

Wieder einmal hatte der deutsche Süden Entscheidendes geleistet, indem er der Bundesregierung in den Arm gefallen war. Die positiven Folgen dieses Schrittes waren 1973 noch gar nicht abzuschätzen. Bedauerlich bleibt, daß dies nur die Stunde Bayerns war, nicht aber auch die der gesamten Opposition und aller von der CDU regierten Bundesländer. Hier wurde eine wesentliche Etappe im Kampf gegen eine in Ansätzen und Folgen verhängnisvolle Politik versäumt. Es waren das formaljuristische, zivilrechtliche Denken und die Angst vor dem »Verlieren«, die hier im Wege standen.

Das Urteil des Bundesverfassungsgerichts hat unverrückbare Pflöcke eingeschlagen. Auch die damals skeptisch und passiv abseits stehende CDU beruft sich seither immer wieder auf dieses Urteil. Bei dem »Zehnergespräch« von CDU und CSU, das immer von Zwölfen besucht wurde, stellte Alfred Dregger 1985 besonders nachdrücklich fest, daß die CDU den Freunden von der CSU bestätigen müsse, mit dem Gang nach Karlsruhe eine historische Leistung für Deutschland erbracht zu haben. Diese Klage sei ein geschichtliches Verdienst von Franz Josef Strauß. Solches hörte und höre ich öfter. 1973 hatte man mich ausgelacht, verspottet, allein gelassen.

Am 19. Februar 1976 hatte der Deutsche Bundestag mit den Stimmen der Regierungskoalition - sowie 15 Stimmen aus dem Lager der Opposition - die Vereinbarungen mit Polen vom Oktober 1975 ratifiziert. Es ging um einen Finanzkredit, ein Abkommen zur Renten- und Unfallversicherung und ein Protokoll über Ausreisen. Damit verbunden war ein Programm für die Entwicklung der wirtschaftlichen, industriellen und technischen Zusammenarbeit. Am 12. März mußte der Bundesrat zustimmen. Der Ausgang dieser Entscheidung war offen, weil die Mehrheit im Bundesrat damals bei den unionsregierten Ländern lag. Durch die Übernahme der Regierungsverantwortung durch Ernst Albrecht in Niedersachsen war im Januar diese Mehrheit sogar noch ausgebaut worden. Bei einem Spaziergang hatten sich der CDU-Vorsitzende Helmut Kohl und ich noch einmal auf die von uns bis dahin vertretene Ablehnung der Vereinbarungen festgelegt und abgemacht, an dieser Linie festzuhalten. Unsere Bedenken gründeten vor allem darauf, daß die Gegenleistung der polnischen Seite, nämlich die Ausreiseerlaubnis für 120.000 Angehörige der deutschen Volksgruppe innerhalb von vier Jahren, nicht ausreichend sei. Ferner waren wir uns darüber einig, daß finanzielle Leistungen der Bundesrepublik Deutschland im Zusammenhang mit Rentenzahlungen nicht zu dem von uns gewünschten Ziel führen konnten, nämlich einzelnen polnischen Bürgern Unterstützung zukommen zu lassen, sondern lediglich eine Großeinnahme für das Regime in Warschau bedeuteten. So ist es dann auch gekommen - die von deutscher Seite erbrachten Leistungen hat der polnische Staat vereinnahmt, die polnischen Rentner, um die es angeblich ging, haben davon keinen Pfennig gesehen. Unser drittes Bedenken richtete sich dagegen, daß die Bedingungen für den Kredit in Höhe von einer Milliarde Mark für beide Seiten beschämend seien. Kreditgeber war die Bundesrepublik Deutschland durch die »Kreditanstalt für Wiederaufbau«. Bei einer Laufdauer von zwanzig Jahren, was an sich nicht ungewöhnlich war, wurde ein Zinssatz von zweieinhalb Prozent vereinbart, die Differenz zum Zinssatz des Kapitalmarktes mußte über den Bundeshaushalt ausgeglichen werden; über einen Zeitraum von zwanzig Jahren konnte dies Zinssubventionen bis zu einer Milliarde Mark bedeuten. Nicht zuletzt haben wir damals auch von dem Risiko gesprochen, daß die Zahlung an Polen eine Fülle von Anschlußforderungen anderer Staaten auslösen könnte. Es ging also um das Stichwort offene oder versteckte Reparationen.

Auch wenn es nicht unmittelbar mit dem Polen-Abkommen in Zusammenhang stand, so war es doch die gemeinsame Sorge von CDU und CSU, daß man sich nach Osten zu weit aus dem Fenster lehnen und dadurch im Westen mindestens Vertrauen, wenn nicht gar Rückhalt verlieren könnte. Diese Sorge hatte schon mit den Vorwehen der Ostpolitik im Jahre 1969 begonnen und zog sich dann durch alle Vertragsverhandlungen und Vertragsabschlüsse mit der Sowjetunion, mit den Satelliten der Sowjetunion und nicht zuletzt mit der DDR.

Bedauerlicherweise hat der Westen, haben unsere Verbündeten in dieser Auseinandersetzung nicht mit offenen Karten gespielt. Das gilt besonders für die Amerikaner. Einerseits hatten sie Angst davor, daß die Bundesrepublik Deutschland eine Kursänderung ihrer Politik vornehmen, daß sie allmählich nach Osten abdriften könnte. Der Westen sah das Gespenst von Rapallo. Andererseits aber war der Westen, waren auch die Amerikaner durchaus zufrieden und erleichtert angesichts einer Entwicklung, die sie aus den von ihnen einst mit dem Deutschlandvertrag übernommenen Verpflichtungen lösen und ihnen damit politische Erleichterung verschaffen konnte. Einerseits begrüßte man die Entkrampfung der Situation, glaubte man sich doch durch die Bundesrepublik Deutschland – über die militärische Problematik hinaus – in einem besonderen Spannungsverhältnis zu den östlichen Staaten –, und so schienen Vertragsabschlüsse nach Art der Bonner Ostpolitik durchaus zeitgemäß. Andererseits aber herrschte im Westen die Furcht, daß die Bundesrepublik Deutschland sich allmählich, wenn schon nicht in Richtung Warschauer Pakt, so doch zumindest in Richtung Neutralität bewegen könnte.

Die deutsch-polnischen Vereinbarungen vom Oktober 1975 gewannen einen zusätzlichen Akzent durch das überdurchschnittliche persönliche Engagement von Bundeskanzler Helmut Schmidt. Dieser hatte eine merkwürdige Verehrung für Edward Gierek, den Ersten Sekretär des ZK der Polnischen Vereinigten Arbeiter-Partei, einen sozialistischen Arbeiterführer, der schwer unter Stalins Knute gelitten hatte. Dieser Mann, so Schmidt, wolle das Beste für sein Volk, er habe hart zu kämpfen, und deshalb müsse man ihm helfen. Schmidt wertete die Polen-Verträge mit ihren großen materiellen Leistungen als eine »Magna Charta« der deutsch-polnischen Versöhnung. Er sah darin ein Werk, dessen Scheitern unabsehbaren politischen Schaden anrichten würde, und dies stünde in keinem Vergleich zu den von deutscher Seite zu erbringenden finanziellen Leistungen.

Auf der einen Seite standen also Helmut Schmidt und die Regierungskoalition, auf der anderen die unionsregierten Länder. CDU und CSU wollten dieses Vertragswerk über den Bundesrat ablehnen, der, vor allem wegen des Rentenabkommens, das auch die Verwaltung der Länder betraf, zustimmungspflichtig war. Schwierigkeiten hatten wir im Saarland, dessen Ministerpräsident in einem Regierungsbündnis mit der FDP stand. Franz Josef Röder sagte mir unter vier Augen, man müsse den Vertrag zu Fall bringen, aber er selbst habe Probleme mit seinem Koalitionspartner. Was die Haltung des niedersächsischen Ministerpräsidenten Albrecht betraf, so waren wir uns anfangs noch sicher, denn Albrecht, seit dem 6. Februar im Amt, war nicht von der FDP abhängig und hatte freie Hand. Allmählich aber bemerkte ich, daß Helmut Kohl unter dem Druck Albrechts begann, mehr und mehr in Richtung einer Zustimmung zu den Verträgen sich zu bewegen. Er hat jeden Strohhalm ergriffen, um eine Änderung seiner Haltung begründen zu können.

In den ersten Märztagen 1976 hatten wir, Kohl und ich, in meiner Wohnung in Bonn eine Unterredung, in der wir die Lage und den Vertragstext noch einmal analysierten. Im Ergebnis stimmten wir überein, daß kein Grund vorliege, die bisherige Haltung von CDU und CSU, die auf Verweigerung der Zustimmung hinauslief, zu ändern. »In Treue fest« gehen wir auseinander. In der gleichen Nacht, gegen zwei oder halbdrei Uhr, läutet das Telefon. Der Anrufer: Helmut Kohl. Seine Nachricht zu dieser ungewöhnlichen Stunde: Der Durchbruch sei gelungen, die Hindernisse, die einem Ja der Unionsparteien zu den Polen-Verträgen im Wege gestanden hätten, seien beseitigt. Auf meine Frage, was denn diesen wunderbaren Sinneswandel herbeigeführt habe, kommt eine verblüffende Antwort. Der polnische Außenminister sei bereit, einen Brief des Inhalts zu schreiben, daß Ausreiseanträge über die 120.000 vereinbarten Fälle hinaus behandelt werden können. Das sei ein Durchbruch! Mir war klar, daß Helmut Kohl mit Hans-Dietrich Genscher gesprochen hatte, mit dem ihn schon damals ein hintergründiges Verhältnis verband. Meine Antwort war frostig und ablehnend: »Du benutzt aber wirklich jeden Vorwand, um dich von deiner bisherigen Haltung abzusetzen. In Wirklichkeit besteht doch überhaupt kein Grund. Ein solcher Brief ist völlig unverbindlich.«

In den nächsten Tagen ging es hin und her, obwohl es zunächst noch bei der grundsätzlichen Ablehnung des Vertragswerkes durch CDU und CSU blieb. Es kam zu mehreren Gesprächen, unter anderem zu einer dramatischen Besprechung in der Bonner Vertretung von Rheinland-Pfalz, wenige Tage, bevor die Ratifizierung im Bundesrat auf der Tagesordnung stand. Ich hatte dabei ein Dokument in der Hand, dessen Inhalt ich in dieser Runde bekanntgab, ohne allerdings Urheber und Absender zu nennen. Es handelte sich um eine Meldung des Bundesnachrichtendienstes, die auf Informationen eines hochrangigen polnischen Beamten zurückging. Dieser teilte mit, daß die Polen auf dieses Abkommen dringend angewiesen seien, daß sie vor dem politischen und wirtschaftlichen Ruin ständen, daß sie schnellstens eine wirksame Entlastung brauchten und daß Helmut Schmidt ihnen diese Entlastung versprochen habe. Bliebe diese Entlastung aus, käme es zu unübersehbaren Folgen, Unruhen, Streiks, Chaos.

Dann aber kam der wesentliche Kern der Information: Wenn, so der polnische Gewährsmann, die Ratifizierung des Vertrages insgesamt auf dem Spiel stehe, sei Polen bereit, weitere Konzessionen zu machen, die über den im Herbst paraphierten und unterschriebenen Vertragstext hinausgingen. Die polnische Seite würde zwar versuchen, solche Veränderungen zu verhindern, aber in letzter Not müßte Warschau sicherstellen, daß das Vertragswerk in Bonn durchgeht. Wenn die Opposition eine größere Gegenleistung von Polen verlange, sei die Regierung in Warschau gegebenenfalls bereit, in zwei Punkten eine erhebliche Änderung anzubieten. Zum einen werde man die Zahl der zugestandenen Umsiedlungen wesentlich erhöhen, zum anderen werde man auch auf einen beachtlichen Teil der in Aussicht gestellten Zinssubvention verzichten. Man sei bereit, für den Kredit auch eine Verzinsung von 4 bis 4,5 Prozent hinzunehmen.

Die Information aus Polen hatte nach Mitteilung meiner Gewährsleute vom BND einen merkwürdigen Weg genommen. Die Meldung lag einige Wochen herum, weil der BND sich weigerte, sie weiterzugeben, nach dem Motto »Das darf der Führer nicht erfahren!« Meine Informanten haben BND-intern gedroht, den Bundeskanzler unmittelbar zu verständigen, und daraufhin ging die Information ins Kanzleramt. Eine Kopie war unterdessen in meine Hände gelangt.

Auf der Grundlage dieser Nachricht habe ich damals in kleinem Kreise – auch Alfred Dregger war dabei – folgende Schlußfolgerung gezogen: Wenn wir jetzt ablehnen beziehungsweise die Verhandlungen aussetzen und die Bundesregierung beauftragen, neue Verhandlungen mit dem Ziel zu führen, gewisse Bedingungen des Vertrages zu modifizieren, werden die Polen nachgeben. Dies wäre ein triumphaler Erfolg über die SPD/FDP-Bundesregierung, weil Helmut Schmidt das Abkommen als einen Geniestreich, als eine politische Meisterleistung betrachte, an dem kein Jota mehr verändert oder wegverhandelt werden könne und dürfe. Dann hätten wir, so meine Überlegung, Helmut Schmidt so in der Enge, daß er die Bundestagswahlen im Herbst 1976 verlieren werde. Wir hätten einen starken Trumpf in der Hand und könnten die Verhandlungsführung der Bundesregierung als stümperhaft und unzulänglich entlarven.

In jener Besprechung in der Landesvertretung von Rheinland-Pfalz vereinbarten wir unter dem Druck der Information aus Polen und unter dem Druck auch meiner Argumentation einen Rütli-Schwur mit Helmut Kohl: Wir bleiben beim Nein, sprechen uns aber noch mit den Ländern ab, ob es zu einer Stimmenthaltung, zu einer Aussetzung oder zu einer Verweigerung der Zustimmung kommen soll. Auf jeden Fall bestand die Absicht, nicht den Vertrag insgesamt zu Fall zu bringen, sondern ihn unter veränderten Bedingungen, das heißt unter für die deutsche Seite günstigeren Bedingungen, in Kraft treten zu lassen. Die Tatsache, daß Polen mit dem Rücken zur Wand stand, sollte von uns politisch genutzt werden. Obwohl es bei dieser Unterredung Übereinstimmung gab, war deutlich spürbar, daß Helmut Kohl mit dieser Entwicklung nicht glücklich war. Nachts um zwei Uhr gingen wir auseinander. Ich war überzeugt, daß wir Geschichte gemacht, daß wir einen Meilenstein unserer Oppositionspolitik gesetzt hatten.

Aber es kam anders. Am nächsten Morgen saß ich in meinem Bonner Büro, als mich ein Anruf des CDU-Bundestagsabgeordneten Werner Marx erreichte. Bei ihm sitze ein Besucher, der mir etwas mitteilen möchte. Der Besucher war Gerhard Löwenthal, Moderator des ZDF-Magazins. Wir hätten ja gestern einen kühnen Beschluß gefaßt, meinte Löwenthal, er müsse aber sagen, daß dieser kühne Beschluß bereits heute morgen verraten worden sei. Auf meine erstaunte Gegenfrage, wie er denn dazu komme, die Verabredung der Spitzen von CDU und CSU liege doch erst wenige Stunden zurück, gab Löwenthal folgende Schilderung: Er sei am Morgen bei Ernst Albrecht wegen eines Interviews gewesen. Da sei ein Anruf gekommen. Albrecht, der Löwenthals Anwesenheit entweder in Kauf genommen oder vergessen habe, habe mit seinem Gesprächspartner »Helmut« – womit nur Kohl gemeint sein konnte – darüber gesprochen, daß man sich heute mittag mit Schmidt treffen werde, um den Übergang vom Nein zum Ja zu besprechen, das heißt dem Bundeskanzler die Mehrheit im Bundesrat zu gewährleisten. Um 13 Uhr finde ein Gespräch statt, an dem Helmut Schmidt, Hans-Dietrich Genscher, Helmut Kohl und Ernst Albrecht teilnähmen. Ich erwiderte Gerhard Löwenthal, daß ich diese Auskunft für denkbar unwahrscheinlich hielte, denn Helmut Kohl sei nach unserer Unterredung heute nacht nach Mainz zurückgefahren, es sei keine Rede davon gewesen, daß er am Mittag wieder nach Bonn komme. Außerdem habe er versprochen, niemanden von anderer Seite ohne Beteiligung des Unionspartners in dieser Angelegenheit zu informieren. Ich rufe die Staatskanzlei in Mainz an. Ministerpräsident Kohl ist nicht da. Auf meine Frage, wann er erwartet werde, teilt man mir mit, Ministerpräsident Kohl sei auf dem Weg nach Bonn, ich könne ihn über das Autotelefon erreichen.

Sofort rufe ich Kohl unterwegs an: »Du bist schon wieder auf dem Weg nach Bonn? Das ist aber merkwürdig, warum bist du denn noch nach Mainz gefahren heute nacht? Du strengst dich ja fürchterlich an.« Er habe, so Kohl, in Mainz nur kurz etwas zu erledigen gehabt und sei jetzt nach Bonn unterwegs zu einem Routinebesuch im Konrad-Adenauer-Haus. Die Verlegenheit meines Gesprächspartners war deutlich spürbar. Nachts um zwei hatten wir uns verabschiedet, inzwischen war er in Mainz gewesen, jetzt war es vormittags 11 Uhr, und er war schon wieder unterwegs nach Bonn – die Angelegenheit war offenkundig voller Widersprüche.

Ich habe die Hintergründe meiner Information etwas verwischt und ihm von einer Nachricht berichtet, die ich allerdings kaum glauben könne. Aus der Umgebung Genschers hätten wir gehört, daß er und Albrecht sich heute mit Genscher treffen würden, um über die Zukunft des Polen-Abkommens zu verhandeln. Kohl: »Franz Josef, davon weiß ich kein Wort, das ist mir völlig neu.« Ich hätte natürlich, so meine Erwiderung, Kohls Fahrt nach Bonn mit dieser Information in Zusammenhang gebracht, obwohl wir doch heute nacht ausgemacht hätten, daß keiner ohne den anderen irgendwelche Verhandlungen führe. Er, so Kohl, habe davon nichts gehört, könne mir dazu auch keine weitere Antwort geben. Es könnte natürlich sein, daß er in seinem Bonner Büro eine entsprechende Nachricht Genschers vorfinde, das sei möglich, aber er wisse davon nichts. Ich ließ Kohl nicht im Zweifel darüber, was ich von seinen Ausflüchten hielt: »Ich sage dir gleich, wenn es zu einer solchen Besprechung kommen sollte, muß die CSU beteiligt sein.«

Eine Stunde später, Anruf Kohl: »Franz Josef, tatsächlich, ich komme ins Büro, erhalte die Mitteilung, daß Herr Genscher mich zu sprechen wünscht.« Ich machte noch einmal meine Zweifel an der von ihm gegebenen Schilderung der Abläufe deutlich, wies vor allem darauf hin, daß Genscher doch wegen eines Termins in Mainz hätte anrufen können. Auf jeden Fall, so meine Feststellung, werde die CSU an dieser Unterredung teilnehmen, entweder Richard Stücklen oder ich, Stücklen aber auf alle Fälle. Nach einer halben Stunde habe ich Kohl wieder angerufen: »Die Sache ist zu bedeutsam, ich komme selbst mit.« Es genüge doch völlig, so Kohl, wenn einer komme. »Wenn du den Stücklen nicht dabeihaben willst, dann sage es ihm selbst.« Darum aber ging es Kohl nicht, es ging ihm darum, mich von der Unterredung fernzuhalten. Kurz vor 13 Uhr ruft mich wieder Kohl an. Genscher sei nicht bereit, das Gespräch zu führen, wenn Strauß teilnähme, das habe eine solche politische Dimension, daß er diese Unterredung dann dem Bundeskanzler überlassen müsse.

Um 14 Uhr dann Besprechung im Palais Schaumburg: Helmut Schmidt, Hans-Dietrich Genscher, Helmut Kohl, Ernst Albrecht, Richard Stücklen und ich. Helmut Schmidt empfing uns ausgesprochen unfreundlich. Er hatte einen schlechten Tag, war grün und gelb im Gesicht, ging schleppend. Offensichtlich war er krank, sicherlich auch deprimiert. Wir trafen uns in dem klassischen Zimmer, in dem ich oft bei Adenauer, manchmal bei Erhard und Kiesinger gesessen hatte. Das Arbeitszimmer Adenauers war im wesentlichen unverändert.

Schmidt fuhr uns schon beim Eintreffen in seiner forschen Art an: »Meine Herren, wenn Sie kommen, um eine Änderung des Vertrages zu erreichen, dann sage ich Ihnen gleich, daß Sie umsonst gekommen sind.« – »Warum gehen Sie uns denn so hart an, Herr Bundeskanzler? Wir sind doch nur gekommen, um mit Ihnen noch einmal über die Vertragssituation zu reden«, hielt ich entgegen. Es war deutlich, wie viel persönliches Engagement und auch Gefühl Schmidt in die deutsch-polnischen Vereinbarungen investiert hatte. Er berichtete von einem langen nächtlichen Gespräch mit Edward Gierek in Helsinki; er habe dort die einmalige Chance ergriffen, die deutsch-polnische Verständigung zu erweitern, und zwar zu einem Preis, der von der Bundesrepublik Deutschland nie mehr erreicht werden könne. Wir wußten, daß diese Darstellung unzutreffend war, da wir ja die gleichen Informationen wie Schmidt darüber hatten, wie weit die Polen noch zu gehen bereit waren.

Schmidt führte aus, daß er, wenn er an seinem Schreibtisch sitze, Angst habe, daß das Telefon läuten und am anderen Ende der Leitung der polnische Parteichef sein könne. Der Bundeskanzler sprach von Edward und unterstrich damit, welches Vertrauensverhältnis zwischen ihm und seinem polnischen Verhandlungspartner bestand. Sollte auf deutscher Seite weiter gezögert werden, werde Gierek, so Schmidt, das Abkommen als endgültig gescheitert ansehen.

Ich widersprach. Die Einschätzung des Bundeskanzlers entspreche nicht der Wirklichkeit. Die polnische Situation sei derart prekär und explosiv, daß Warschau auf unsere Hilfe angewiesen sei. Wenn die deutsche Seite zusätzliche Forderungen erhebe, müßten die Polen in wesentlichen Punkten nachgeben. Es kam zu einem erregten Austausch der Standpunkte und Argumente. Helmut Schmidt blieb bei seiner Meinung, weitere Verbesserungen des ausgehandelten Vertragswerkes seien nicht mehr möglich. Ernst Albrecht stellte die entscheidende Frage: »Also, Herr Bundeskanzler, Sie sind nicht bereit, einer Änderung des Vertrages zuzustimmen?« Antwort Schmidts: »Nein!« Darauf Albrecht: »Dann bleibt es bei unserem Nein.«

Ich fliege nach München, treffe mich dort mit einem Kreis von Professoren, mit denen ich zu dieser Zeit gelegentlich über Kultur- und Wissenschaftspolitik zu debattieren pflegte. In dem Lokal, in dem wir sitzen, werde ich ans Telefon gebeten. Ernst Albrecht wolle mich sprechen. Mir schwant Böses. Albrecht am Telefon: »Herr Strauß, der Vertrag ist geändert, wir können jetzt zustimmen.« Dann folgt die Begründung. Der polnische Außenminister habe sich bereit erklärt, seinen Brief dahingehend zu ändern, daß in dem Satz, »daß Ausreiseanträge über die 120.000 vereinbarten Fälle hinaus behandelt werden können«, das Wort »können« gestrichen werde. Somit würde es heißen, daß weitere Anträge behandelt werden. Dies sei doch, so Albrecht, eine erfreuliche Änderung, deshalb könnten die Unionsparteien jetzt zustimmen. Ich widersprach. Das Verfahren müsse jetzt ausgesetzt werden, man müsse das Ganze noch einmal sorgsam überlegen, denn die angekündigten Änderungen entsprächen keineswegs unseren gemeinsamen Vorstellungen, die deutsche Seite könne wesentlich mehr erreichen. Daraufhin Albrecht: »Ich kann nicht mehr zurück, ich habe Herrn Genscher schon die Zusage gegeben.« Meine Frage: »Und Helmut Kohl?« Albrechts Antwort: »Helmut Kohl natürlich ebenfalls.«

Das war die unheilvolle und klägliche Geschichte der Ratifizierung vom 12. März 1976. Alle Unionsländer haben unter dem Druck der von Kohl bewußt und entgegen den Absprachen herbeigeführten Situation dem Vertragswerk zugestimmt, wobei Albrecht eine verhängnisvolle Schlüsselrolle gespielt hat. Am längsten hat sich noch Bayern gewehrt. Die CDU-Länderregierungen, die dagegen waren – mit großer Entschiedenheit Baden-Württemberg –, beugten sich zähneknirschend dem Argument, daß die Union, wenn sie in einer so wichtigen Frage gespalten sei, schlechte Karten in der Bundestagswahl hätte. Auch der Bayerische Ministerpräsident Goppel stimmte deshalb mit Ja. So haben die Polen einen Erfolg errungen, so hat die SPD/FDP-Bundesregierung einen Erfolg errungen, und so haben die Unionsparteien eine ungeheure Chance vertan. Verantwortlich für diese Entwicklung, die wesentlich zum knappen Wahlsieg der Linkskoalition im Herbst 1976 beitrug, war die Taktik Helmut Kohls.

Das Ringen um die deutsch-polnischen Vereinbarungen stand in zeitlichem Zusammenhang mit der Diskussion über das neue Grundsatzprogramm der CSU, das in diesen Tagen verabschiedet wurde. Das Ja oder Nein zu den Verträgen hat den ganzen Parteitag überlagert. Ernst Albrecht aber wurde für seine hilfreiche Rolle demonstrativ belohnt. Er erhielt eine Einladung nach Polen, wo er gewissermaßen als der »bessere Deutsche« gefeiert wurde, im Gegensatz zu denen – und damit war ohne jeden Zweifel ich gemeint –, die nicht so progressiv dächten wie er.

Wie wir erst später erfahren haben, war in den entscheidenden Tagen, Anfang Januar, eine SPD-Delegation unter Leitung von Herbert Wehner in Warschau vorstellig geworden, um Gierek vor jeder weiteren Nachgiebigkeit zu warnen, weil ein von der Union durchgesetzter Verhandlungserfolg sich innenpolitisch außerordentlich negativ für die SPD und die von ihr geführte Bundesregierung auswirken müßte. Als die Polen einwendeten, daß sie nicht anders könnten und nachgeben müßten, weil ihnen das Wasser bis zum Halse stehe, versprach die SPD diesen Informationen zufolge, alles zu tun, um die Opposition zur Annahme des unveränderten Vertragstextes zu bringen.

Mit Verbitterung habe ich damals vermerkt, daß man nachrichtendienstliche Erkenntnisse nicht in die politische Entscheidungsfindung einbezog – vielleicht weil man sich dem Thema mit vorgefaßten Absichten näherte und auf eine Verbesserung der Ergebnisse gar keinen Wert mehr legte. Es war für mich eine bestürzende und deprimierende Erfahrung, daß zugunsten kurzgesteckter taktischer Ziele die Information, die ich brachte, auf seiten der CDU zwar mit Staunen zur Kenntnis genommen wurde, daß man aber in keiner Weise bereit war, sie ernsthaft auszuloten. Dies wirft auch ein bezeichnendes Licht auf das Verhältnis der politisch Verantwortlichen zu den Nachrichtendiensten. Im Warschauer Pakt funktioniert diese Zusammenarbeit vorzüglich, da werden alle Erkenntnisse und Informationen der Nachrichtendienste sorgfältig geprüft, bewertet und in das Kalkül einbezogen. In der Bundesrepublik Deutschland ist dies selten der Fall. Am meisten hat sich meinen Beobachtungen und Erfahrungen nach Konrad Adenauer der Arbeit der Dienste bedient.

Und noch etwas wurde mir im März 1976 klar, daß es nämlich zwischen Helmut Kohl und Hans-Dietrich Genscher besondere Beziehungen gab. Das Ja zum Polenvertrag, auf das Kohl die Union mit seinen taktischen Winkelzügen hinführte, muß auch als große Gefälligkeit Genscher gegenüber gesehen werden. Spätestens bei der Bonner Wende im Herbst 1982 wurde die Hintergrund-Politik der beiden auch den weniger Eingeweihten bildhaft vor Augen geführt.

Im Januar 1975 war ich zum ersten Mal in der Volksrepublik China, ein Besuch, der heftige Auseinandersetzungen auslöste, weil die damalige SPD/FDP-Bundesregierung in ihrer ostpolitischen Euphorie und Beflissenheit fürchtete, Moskau könne ob der Reise eines prominenten deutschen Politikers zum feindlichen kommunistischen Bruder Unmut und Mißfallen erregen. Ein dreiviertel Jahr später reiste Helmut Schmidt allerdings ebenfalls nach China. Ich wurde von Mao Zedong empfangen, der vor einer »Finnlandisierung« Westeuropas warnte. Mao war bereits hinfällig: »Ich bin durch und durch krank, meine Beine, meine Lungen, meine Augen. Ich kann nicht so klar sprechen, wie ich möchte.« Zu später Nacht kam es noch zu einem Treffen mit Ministerpräsident Zhou Enlai. Er erzählte von seinem Deutschland-

人民日報

1948年6月15日创刊 第9688号 1975年1月17日 星期五 农历甲寅年十二月初六

毛主席语录

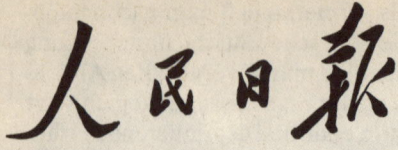

我们坚决主张，一切国家实行互相尊重主权和领土完整、互不侵犯、互不干涉内政、平等互利、和平共处这样大家知道的五项原则。

毛泽东主席会见施特劳斯先生等贵宾

毛主席同施特劳斯主席和福斯先生进行了友好的谈话
邓小平副总理、王海容副外长等参加会见和谈话

新华社一九七五年一月十六日讯 毛泽东主席今天会见了德意志联邦共和国基督教社会联盟主席弗兰茨—约瑟夫·施特劳斯和夫人玛丽安妮·施特劳斯，以及随行人员沃尔夫冈·霍尔拉赫、弗里德里希·福斯。

毛主席同施特劳斯主席和福斯先生进行了友好的谈话。

参加会见和谈话的有邓小平副总理、王海容副外长、唐闻生和章含之副司长。

• • • •

◇ 毛泽东主席一月十六日会见德意志联邦共和国基督教社会联盟主席弗兰茨—约瑟夫·施特劳斯。

新华社记者摄

解放军北京部队某部指挥连理论骨干同群众一起战斗
把认真看书学习同实际斗争结合起来

紧紧围绕批林批孔和群众斗争需要刻苦钻研革命理论，推动了群众的学习和批判深入发展

新华社一九七五年一月十六日讯 人民解放军北京部队某部指挥连党支部在批林批孔中，引导连队理论骨干扎根群众，树立为群众服务的思想，根据群众斗争的需要，刻苦学习革命理论，进一步带动群众的学习和批判，推动了连队运动普及、深入、持久地向前发展，越来越显示了在群众斗争中成长壮大起来的理论队伍的强大生命力。

在批林批孔的群众运动中，这个连队涌现了一大批理论骨干。这些理论骨干，来自群众，服务于群众，在运动中发挥了重要作用。但是有的同志在做出一些成绩以后，认为老是跟着连队的学习和批判跑，搞不出大的名堂，一度出现离开班、排的学习活动，自己埋头啃书本的现象。这个问题，引起了党支部的重视。他们认为，连队理论骨干是在批林批孔的群众斗争中涌现出来的，只有紧紧围绕着批林批孔运动，根据群众的斗争需要，从事理论学习和理论研究，才能紧密联系实际，从而战胜前进道路上的各种困难，不断创造出深受群众欢迎的学习研究成果，和群众一起用马克思主义、列宁主义、毛泽东思想占领上层建筑领域的各个阵地。基于这种认识，党支部及时组织理论骨干学习毛主席关于**"为什么人的问题，是一个根本的问题，原则的问题"**的教导，分析本连理论骨干在斗争中进步成长的典型事例，使大家逐步树立起全心全意为群众服务的思想，根据群众学习和批判的需要，搞好理论小组的学习和研究，使骨干和群众密切结合起来。连队党支部这个意见，受到干部、战士的热烈欢迎。

指挥连党支部为了保证理论骨干坚持为群众学习和批判服务，采取了以下几点做法：

一、把理论骨干学习、批判的内容和群众学习、批判的内容统一起来。批林批孔运动以来，党支部根据全连学习、批判的需要，确定理论骨干的学习内容，并有意识地安排他们先学一步，为连队的学习、批判摸索经验，提供材料。去年春天，连队在批判林彪攻击无产阶级文化大革命的谬论时，党支部首先组织理论骨干分析了战士们的状况。大家感到，连队有相当一部分战士由于当时年纪还小，对无产阶级文化大革命中的两条路线斗争体会不深，更多的同志则缺乏大量的实际材料。面对这种情况，党支部把理论骨干分成两个小组：一个小组认真学习毛主席、党中央关于无产阶级文化大革命的一系列指示和文献，请部队首长介绍文化大革命中两条路线斗争的情况，围绕着无产阶级文化大革命的性质、任务和取得的伟大成果等几个方面，选编了有关的学习材料。另一个小组，到驻地一个农业学大寨的先进单位，调查了文化大革命带来的深刻变化，向全连作了介绍。在这个基础上，理论骨干又和群众一起对林彪的谬论展开深入的批判，使大家受到了深刻的教育。

二、把群众学习、批判中碰到的问题，作为理论骨干学习、批判的主要课题。去年六月下旬，这个连队开始学习毛主席的军事著作，批判林彪推行的资产阶级军事路线。当时干部战士普遍提出这样一个问题：究竟怎样围绕辽沈、平津两大战役中的两条路线斗争，学好毛主席的军事著作；从中着重领会哪些基本思想？为了回答和解决这个问题，连队的理论骨干认真学习了毛主席在解放战争时期的军事著作，初步弄清了毛主席这些军事著作的基本内容和精神实质，围绕着形势、对人民群众的根本态度、作战方针、党的领导问题等四个方面，拟订了深入批判林彪资产阶级军事路线的提纲。然后，交给群众反复讨论，广泛征求意见，经过三次修改，最后写出了一套比较完整的辅导材料，向战士们作了宣讲。大家在理论骨干的辅导下，认真学习毛主席的军事著作，批判林彪的资产阶级军事路线；在学习和批判中碰到一些问题，理论骨干们经过学习研究，再一次进行辅导，使这次批判收到了比较好的效果。

三、认真学习群众经验，不断提高理论水平。在党支部的引导下，理论骨干们坚持在班排同群众一起战斗，一方面帮助群众把感性的东西上升到理论，把分散的东西系统化，来提高群众的思想认识；另一方面，又认真学习群众的好经验，不断提高自己的理论水平。最近，在学习毛主席的无产阶级建军路线，批判林彪推行资产阶级军事路线，破坏我军建设的罪行时，党支部让理论骨干都直接参加班、排的学习，广泛地听取群众学习和批判的收获体会。这些同志亲眼看到许多干部战士把马列著作和毛主席著作结合起来学，把林彪和儒家的反动谬论联系起来批，有许多比较深刻的体会。他们把群众中好的发言集中起来，认真学习研究，从军队要不要坚持党的领导，用什么路线教育部队，实行什么样的建军原则等方面，整理了一份学习和批判的材料，印发到全连。干部战士按照这个材料的内容，一个专题一个专题地对林彪破坏我军建设的罪行进行了集中的批判。理论骨干把群众学习和批判的成果再次进行加工整理，写出了四篇批判文章，在全连作了比较系统的批判发言。干部战士一致认为，他们的发言质量较高，帮助大家较好地划清了在军队建设上两条路线斗争的界限。

四、根据各种人员的不同特点，加强个别辅导。这个连的理论骨干不仅努力做好普遍性的辅导工作，而且注意帮助个别人搞好学习。他们对因公外出、值勤而缺课的同志，认真补好课；对学习缺乏计划性、方法不对路的同志，注意向他们介绍学习体会，做好启发诱导工作；对文化低、基础差的同志，帮助他们一边学文化，一边学理论。

指挥连党支部由于认真引导理论骨干紧紧围绕批林批孔和群众斗争的需要进行理论学习和理论研究，不仅推动了群众的学习和批判深入发展，而且使理论骨干在实际斗争中得到很大锻炼和提高。全连出现了一个骨干带群众、群众促骨干的生动局面，使连队的学习与批判越搞越好。

我国研制成功一种射电望远镜
对太阳进行高分辨率观测

新华社一九七五年一月十五日讯 一种可以对太阳进行高分辨率观测的射电望远镜——四五〇兆赫射电复合干涉仪，在我国研制成功。

太阳是对地球影响最大的天体，开展对太阳的理论研究和活动预报，对于国防、经济建设和科学研究都有重要意义。太阳活动剧烈多变，其主要表现如黑子，耀斑，以及无线电波、X射线等活动，都是目前科学上集中探索的课题。太阳上的毫米波、厘米波、分米波、米波等各种无线电辐射，反映出太阳大气不同高度的物理状况和活动现象。通过射电望远镜对太阳进行各种波段的观测，有助于对太阳活动的全面了解。我国新研制成的射电复合干涉仪，就是为了在长分米波段的频率处对太阳进行高分辨率的观测。

在无产阶级文化大革命取得伟大胜利和批林批孔运动不断深入发展的大好形势鼓舞下，中国科学院北京天文台的工人、干部和科研人员从一九七二年开始研制这种望远镜，一九七四年十二月初完成了调试工作，并观测了太阳和一些宇宙射电源。观测结果表明，复合干涉仪的分辨率、主瓣间距、灵敏度等主要指标，都达到了设计要求。

这台射电望远镜是在原有的米波多天线射电干涉仪基础上发展起来的。它利用了原有的十六面天线，并增加两面新天线与之组合，成为一种复合干涉仪系统。这种复合干涉技术在我国射电天文中还是第一次使用。它和其他类型的太阳观测设备互相配合，可以对太阳进行比较全面的观测和监视，从而为太阳活动预报和太阳物理研究提供依据，并为下一个太阳活动峰年的观测研究提供了一种新的手段。

Titelseite der »Volkszeitung«, Peking, 17. Januar 1975

aufenthalt im Jahre 1922 und sprach davon, daß die Zaren im Gegensatz zu ihren kommunistischen Nachfolgern im Kreml Königsberg nie erobert hätten. Zhou bekannte sich zur Einheit der deutschen Nation: »Es ist kurios, daß gerade wir, Marxisten und Kommunisten, davon reden, daß es in Deutschland nur eine Nation gibt.«

Bei diesem Besuch begegnete ich auch zum ersten Mal Deng Xiaoping, der damals stellvertretender Ministerpräsident war. Dies war der Anfang einer besonderen Beziehung mit sehr offenen Gesprächen, und seither bin ich mehrmals mit Deng zusammengetroffen, zuletzt 1987.

Bei einem Essen, das der chinesische Außenminister 1975 für mich gab, kam es zu einem Zusammenstoß mit dem deutschen Botschafter Rolf Pauls, der die Rede des Gastgebers durch einen Zwischenruf unterbrach, um die Ostpolitik der Bundesregierung zu verteidigen. Chiao Kuanhua hatte vor dem Imperialismus der Großmächte gewarnt und damit in erster Linie die Sowjetunion gemeint: »Treiben denn nicht gerade die Supermächte, die die hinreißendste Friedensmelodie anstimmen und am lautesten von Entspannung schwätzen, die Aufrüstung und Kriegsvorbereitung emsig voran, um sich von den inneren und äußeren Schwierigkeiten zu befreien?« fragte Chiao Kuanhua, um fortzufahren: »Wir unterstützen die Völker der Welt in ihrem gerechten Kampf, wir unterstützen ebenfalls die europäischen Völker bei ihren Bemühungen, sich zu vereinigen und der Demütigung, Intervention und Drohung seitens der Supermächte Widerstand zu leisten.«

Ich habe in meiner Erwiderung den deutschen Botschafter darauf hingewiesen, daß wir nicht hier seien, um uns über eine höchst fragwürdige Ostpolitik zu unterhalten, sondern daß wir hier seien, um die Beziehungen mit China enger zu gestalten. Den chinesischen Außenminister bat ich, es mir nicht übel zu nehmen, wenn ich zu seinem Urteil über die Großmächte auf einen »ganz kleinen Unterschied« – das war ironisch gemeint – aufmerksam machen müßte: »Wir haben durch die Teilung zur Zeit leider zwei deutsche Staaten, die DDR und die Bundesrepublik Deutschland. Wenn heute die Regierung in Ost-Berlin beschließen würde, aus dem Warschauer Pakt auszutreten oder sich neutral zu erklären oder sich gar der NATO anzuschließen, dann würde das mit Sicherheit bedeuten, daß die Sowjetarmee sofort eingreifen und die Regierung in Ost-Berlin über Nacht gestürzt würde; die Sowjets würden die gesamte vollziehende Gewalt übernehmen. Wenn dasselbe in der Bundesrepublik Deutschland passieren würde – ich halte das angesichts der Einstellung unserer Bevölkerung für ausgeschlossen –, dann würden unsere Freunde den Kopf schütteln, würden uns nicht verstehen, würden wieder Angst haben vor Deutschland, die Amerikaner würden uns grober Undankbarkeit bezichtigen und massive finanzielle Forderungen stellen, aber sie würden abziehen. Die Alliierten kämen nicht auf den Gedanken, in Bonn unsere Regierung zu stürzen und eine Militärregierung einzusetzen, wie wir sie in den ersten Nachkriegsjahren hatten. Sehen Sie, Herr Außenminister, das ist der ganz kleine Unterschied zwischen den beiden Großmächten!« Daraufhin lächelte Chiao Kuanhua verschmitzt und sagte: »Ich habe den kleinen Unterschied schon begriffen!«

Der Milliardenkredit und die Begegnungen mit Honecker

Das Verhalten der neuen Bundesregierung gegenüber der DDR stand nach den Märzwahlen 1983 auf der Tagesordnung der Koalitionsverhandlungen. Während einer nächtlichen Sitzung gab es schwerste Auseinandersetzungen über die Frage, ob man gegenüber der DDR eine weiche oder eine harte Linie einschlagen solle. Helmut Kohl stellte fest, daß wir für eine harte Politik keine Bundesgenossen fänden - womit er weitgehend recht hatte. Die FDP würde nicht mitmachen, die Sozialdemokraten erst recht nicht, von den Grünen gar nicht zu reden, die Gewerkschaften seien dagegen, die Kirchen seien dagegen, die Medien seien dagegen, Teile der deutschen Industrie seien dagegen. Auf meine Frage, ob er Erich Honecker einladen wolle, antwortete Kohl, er habe ihn schon eingeladen, nämlich die alte Einladung von Helmut Schmidt erneuert. Ich war verärgert - einerseits wolle man sich mit einer Berufung auf Schmidt gewissermaßen entschuldigen, andererseits aber sage man, man habe ihn ja eingeladen. Kohl selbst müsse entscheiden - entweder einladen oder nicht einladen. Ich sei im jetzigen Stadium dagegen. Dann gab es einen wütenden Streit, der erst spät in der Nacht endete. Diese Nacht war die geistige Geburtsstunde des Milliardenkredits.

Von den Wünschen der DDR hatte ich zum erstenmal im Spätsommer 1982 erfahren, noch zur Regierungszeit Helmut Schmidts. Nach dem Wechsel vom Oktober hat mir die DDR dann mehr Wirkungsmöglichkeiten zugetraut.

Am 10. April 1983 kam es zu einem scheußlichen und bedrückenden Vorfall am Grenzübergang Drewitz. Der Bundesbürger Rudolf Burkert, von Beruf Kraftwagenfahrer, war bei einem Verhör durch DDR-Grenzorgane am Kontrollpunkt Drewitz zu Tode gekommen. Die offizielle Lesart der DDR-Behörden, wonach Burkert an Herzversagen gestorben sei, war rundum unglaubwürdig. Zu schwer waren die Verletzungen, die bei der Obduktion des Opfers festgestellt wurden; Kopf- und Halsverletzungen sowie Blutergüsse wiesen auf Gewalteinwirkung hin.

Frau Siegrid Burkert, die Witwe des Toten, schrieb mir kurz nach dem Zwischenfall: »Ich lege Ihnen ein Foto meines toten Mannes bei.

Fragen Sie bitte Ihre Frau. Was hätte sie getan? Habe ich recht oder unrecht, wenn ich frage, was ist vorausgegangen? Ich bekomme meinen Mann, der am morgen fröhlich, gut gelaunt, lächelnd von zu Hause wegfährt, so zurück wie auf dem Foto.« Auch der Bruder des Toten, Hans J. Burkert, äußerte sich: »Ich glaube auf keinen Fall an einen natürlichen Tod meines Bruders, der in einer DDR-Baracke des Grenzüberganges Drewitz bei Berlin gestorben ist. Die von mir gesehenen Verletzungen sagen eigentlich alles. Ich glaube, daß der Zwischenfall an der Zonengrenze die innerdeutschen Beziehungen so stark belastet und daß der Parteienstreit so viel Wirbel verursacht hat, daß man jetzt zur Beruhigung einen natürlichen Todesfall bestätigt.«

Ich habe in der öffentlichen Diskussion über dieses Thema davon gesprochen, daß es sich hier um Mord handle. Die Linken hierzulande haben aufgeschrien, das sei eine Beleidigung des Herrn Honecker, jetzt käme er nie mehr. Die CDU »ermahnte« mich, was sie ja immer wieder gerne tat. Alfred Dregger billigte mir mildernde Umstände zu; da ich kein Jurist sei, hätte ich den falschen Ausdruck gewählt. Daß ein solcher Vorgang kein Mord ist im Sinne des Strafgesetzbuches, wußte ich natürlich auch, aber ich wählte bewußt eine deutliche Formulierung. Sie hat dann auch bombenmäßig eingeschlagen, hüben und drüben.

Etwa zwei Wochen nach dieser Äußerung kam mein Freund Josef März auf mich zu – ein Mittelsmann Erich Honeckers wolle mich sprechen. Er zweifle allerdings, ob ich ihn überhaupt empfangen wolle und ob die Begegnung nicht mit einem Hinauswurf enden werde. Auch in der DDR also dieselben Klischeevorstellungen wie hierzulande! Der Mittelsmann war Staatssekretär Alexander Schalck-Golodkowski, ein, wie sich herausstellen sollte, ebenso gewandter wie zuverlässiger »Intermediator«. Es wurde verabredet, daß ich ihn mit dem Wagen auf halber Strecke abholen ließ, Treffpunkt war ein Parkplatz der Transitstrecke. So hielten wir es auch bei unseren folgenden Begegnungen; Schalck-Golodkowski fuhr jeweils noch in der Nacht zurück, um gleich am anderen Morgen in Ost-Berlin Bericht zu erstatten. Unsere Gespräche – insgesamt drei – führten wir im Gästehaus von Josef März. Am 5. Mai 1983, dem Tag des ersten Treffens mit Schalck-Golodkowski, war ich beim feierlichen Gelöbnis meines zweiten Sohnes Franz gewesen, der bei der Luftwaffe in Roth bei Nürnberg seinen Wehrdienst ableistete.

Erich Honecker sei betroffen über meine Mord-Äußerung zum Vorfall von Drewitz – so leitete mein mir bis dahin unbekannter Gesprächspartner die Unterhaltung ein. Ich horchte auf. Das war nicht der übliche propagandistische Ton kommunistischer Funktionäre. Sachlich legte ich meinen Standpunkt zum Fall Drewitz dar, wies den verharmlosenden Bericht der DDR-Behörden zurück, die Tatsachen bis hin zum Obduktionsbericht bewiesen etwas anderes. Aber er sei ja wohl nicht dieses Themas wegen aus Ost-Berlin gekommen, sondern um mit mir über Möglichkeiten, Formalitäten und Modalitäten eines Überbrükkungskredites zur Entlastung der Zahlungsbilanz der DDR zu sprechen. Schalck-Golodkowski stimmte mir zu, beharrte aber darauf, daß er von Generalsekretär Honecker den Auftrag habe, meine Einschätzung der Vorgänge am Kontrollpunkt Drewitz anzusprechen. Ich schlug den Bogen zwischen den beiden Themen, zwischen der Behandlung von Bundesbürgern durch DDR-Grenzorgane und dem Kreditwunsch Ost-Berlins, und wiederholte meinen bekannten Standpunkt: »Ich bringe es auf einen Generalnenner - Sie können die Bürger der Bundesrepublik an der Grenze und in Ihrem Lande nicht als Bürger eines Feindstaates behandeln und die Währung der Bundesrepublik als die Währung eines Freundstaates in Anspruch nehmen wollen.« Das war meine lapidare Formulierung.

Auf Nachfrage, was ich damit meine, erläuterte ich: »Die Praxis der Grenzabfertigung, das Gebrüll und Geschrei, die Schikanen, man meint ja wirklich, man kommt in einen Zuchthausstaat, wenn man bei Ihnen als normaler Tourist die Grenze überschreitet. Dieses Verhalten Ihrer Grenzorgane steht im scharfen Gegensatz zum Grundlagenvertrag - oben die schönen Worte, unten die brutale Praxis.« Schalck-Golodkowski: »Was verlangen Sie von uns?« Meine Antwort: »Das ist ganz einfach. Sie sollen unsere Bürger so behandeln, wie die Polizei in Frankreich, in Italien, Dänemark oder Schweden deutsche Bürger behandelt, wenn sie einreisen, genauso. Wir wollen einen normalen, freundlichen Umgangston, eine korrekte Abfertigung. Ich unterstütze weder Zoll- noch Devisenvergehen, die Ihre Wirtschaft ruinieren, aber Behandlung und Kontrolle müssen den zivilisatorischen Gepflogenheiten entsprechen. Die Unfreundlichkeit, das Geschrei, der Kasernenhofton müssen aufhören!«

Schalck-Golodkowski: »Wenn wir das ändern, wären Sie dann bereit, das Gespräch fortzusetzen? Ich muß morgen dem Staatsratsvorsitzenden Bericht darüber erstatten, wie das Gespräch mit Ihnen verlaufen ist.« - »Dann sagen Sie ihm erstens, wie Sie hier behandelt und aufgenommen worden sind, zweitens unseren guten Willen und drittens unsere generelle Forderung. Wenn wir merken, daß sich in den nächsten Wochen etwas ändert, dann führen wir ein zweites Gespräch, sonst vergessen wir es.« Daß Bundesbürger schlecht behandelt würden, entspreche nicht, so die entschuldigende Erklärung, dem Willen des Staatsratsvorsitzenden, aber ich wisse ja, daß zwischen dem Willen oben und der praktischen Ausführung unten oft große Unterschiede klafften, daß es sehr schwierig sei, eingefahrene Apparate zu ändern. Ich ergänzte: »Jahrzehntelang mit einem Feindbild erzogen zu werden und dies dann von heute auf morgen zu ändern, ist schwer. Der kleine Beamte meint wunders, welches Verdienst er sich erwirbt, wenn er das Feindbild persönlich mit großer Schärfe demonstriert.«

Es dauerte vierzehn Tage. Dann kamen die ersten Meldungen vom Bundesgrenzschutz und von der Bayerischen Grenzpolizei, daß in der Behandlung der Reisenden eine Veränderung zu konstatieren sei, und zwar entlang der gesamten Demarkationslinie bis hinauf nach Lübeck. Weitere vierzehn Tage später kam es zum zweiten Gespräch mit Schalck-Golodkowski.

Generalsekretär Honecker sei sehr zufrieden gewesen mit der freundlichen Behandlung seines Abgesandten. Im übrigen habe er, Schalck-Golodkowski, eine Botschaft Honeckers für mich. Er langte in seine Mappe, zog einen etwa elfseitigen Brief heraus und begann zu lesen: »Sehr geehrter Herr Ministerpräsident ...« Der Inhalt gliederte sich in drei Abschnitte:

1. die wirtschaftliche Lage der DDR,
2. die Notwendigkeit, ohne harte Einschränkungen des Lebensstandards der Bevölkerung die akuten Probleme zu lösen,
3. die Möglichkeiten zu einer Lösung.

Die Wirtschaft der DDR sei nach wie vor in einer guten Entwicklung, so die übliche Beschönigungsphrase, aber man habe zuviel investiert und zuviel importiert, komme jetzt bei der Zahlungsbilanz in erhebliche Schwierigkeiten. Deshalb suche man einen Ausweg, wobei eine Einschränkung des Lebensstandards der Bevölkerung nicht in Frage käme. Er, Honecker, so hieß es in dem Brief weiter, könne um Hilfe beim COMECON, also praktisch bei Moskau, nachsuchen, aber eine Alternative wäre auch Hilfe vom Westen, mit dem er ja wirtschaftlich immer stärker zusammenarbeiten wolle. Fazit des Schreibens: Wenn ich ihm helfen würde, in Bonn die Barriere zu durchbrechen, die solchen Wünschen bisher entgegengestanden habe, dann wäre ihm der Weg nach Westen lieber.

Es folgte eine Liste der Gegenleistungen: Beseitigung der Selbstschußanlagen vom kommenden Herbst - 1983 - an, Änderung in Art und Ton der Grenzabfertigungen, wesentlich erleichterte Familienzusammenführungen, Verbesserungen im Reiseverkehr und weitere Punkte. Zum Schluß mit großer Dringlichkeit die Bitte um strengste Vertraulichkeit; sollte etwas von diesem Brief und dem darin enthaltenen Angebot an die Öffentlichkeit gelangen, bevor der Ministerrat der DDR darüber beraten und beschlossen habe, dann seien alle Zusagen gegenstandslos. Die Mahnung war keine Drohung, sondern eine klare Geschäftsbedingung.

Nachdem Schalck-Golodkowski den Brief Honeckers vorgelesen hatte, bot er mir an, ihn auch selbst zu lesen - einmal, zweimal, dreimal, so oft ich wolle. Aushändigen könne er mir diesen Brief allerdings nicht, auch keine Kopie. Das sei kein Mißtrauen gegen mich, aber wenn ich in Bonn mit diesem Brief operieren würde, was ich ja tun müßte, wenn ich ihn hätte, so stünde es ein paar Tage später im »Stern« oder im »Spiegel«.

Für Erich Honecker war der Kontakt zu mir nicht ohne Risiko. Ich weiß aus Quellen außerhalb der DDR, daß er sich im Zentralkomitee der SED kritischen Fragen ausgesetzt sah, wie er denn ausgerechnet Strauß an den Werbellinsee einladen könne. Auch hörte ich damals von einem Gespräch unter Professoren, das vier Wochen vor meiner ersten Begegnung mit Honecker in Halle stattfand und bei dem das Gerücht eines möglichen Strauß-Besuches in der DDR diskutiert wurde. Dabei sagte ein besonders linientreuer Professor: »Das ist völlig unsinnig, der wird bei uns nicht einmal von einem Hausmeister empfangen.« Nach meinem Besuch am Werbellinsee ist derselbe Professor dann von seinen Kollegen gefragt worden, ob Erich Honecker nun Hausmeister geworden sei.

Für mich war von Anfang an völlig klar, daß ein staatlicher oder quasistaatlicher Kredit an die DDR nicht in Frage kam. Ich reichte zur Vermittlung nur deshalb meine Hand, weil niemals auch nur ein Pfennig Steuerzahlergeld auf dem Spiele stand. Schon in meinem ersten Gespräch mit Schalck-Golodkowski machte ich das deutlich. Private Banken aber brauchten eine Sicherheit. Der Vorschlag der anderen Seite: Man sei bereit, die Ansprüche der DDR aus der Berlin-Pauschale für fünf Jahre zu verpfänden - was nach damaliger Lage und angesichts programmierter weiterer Steigerung einen Rahmen von rund drei Milliarden Mark steckte. Sollte die DDR also mit Tilgung und Zinszahlungen in Verzug geraten, könne Bonn die entsprechende Summe von der Berlin-Pauschale einbehalten und an die Banken abliefern.

Ich habe dann – Politik geht manchmal seltsame Wege – in Stichworten den Brief entworfen, den der Finanzminister der DDR an Bundesfinanzminister Stoltenberg schreiben sollte. Die Bundesregierung brauche weder eine Bürgschaft zu geben noch eine Haftung zu übernehmen. Sie brauche nur zu erklären, daß sie mit dem Modus einverstanden sei, im Falle einer Zahlungsverzögerung durch die DDR die fälligen Beträge aus der Berlin-Pauschale abzuzweigen und an die federführende Bayerische Landesbank und die anderen Konsortialbanken zu überweisen. Mein Briefentwurf ist in Ost-Berlin so gut wie nicht geändert worden.

Bei meiner dritten Begegnung mit Schalck-Golodkowski ist das Schreiben des DDR-Finanzministers dann dem für die deutsch-deutschen Beziehungen zuständigen Staatsminister Philipp Jenninger, der an dem Gespräch teilnahm, zur Weiterleitung an Stoltenberg überreicht worden. Die Atmosphäre war deutlich gelockert, sie war ein Stück vertrauensvoller geworden. Vereinbarungen und Zusagen waren eingehalten worden, auf beiden Seiten. Meine diskrete Behandlung des elfseitigen Honecker-Briefes wurde gewissermaßen honoriert. Eine vorzeitige Publizität hätte Honecker in der Tat große Schwierigkeiten bereitet, nicht nur in Ost-Berlin, sondern wohl auch in Moskau. Wir hatten ungeschriebene Regeln aufgestellt, die minutiös beachtet worden waren.

Der Generalsekretär danke für meine Bemühungen und Interventionen in Bonn. Er würde über diese und andere Fragen der möglichen Zusammenarbeit gern ein Gespräch mit mir führen, und er lade mich aus diesem Grunde ein, in die DDR zu kommen. Wir einigten uns auf den 24. Juli 1983. Ich hatte eine private Autoreise durch die Tschechoslowakei und Polen geplant und disponierte so, daß ich an diesem Tag am Werbellinsee sein konnte.

Am 17. Juli brach ich auf, unmittelbar im Anschluß an den CSU-Parteitag, bei dem ich wegen des Milliardenkredits »Prügel« bezogen hatte – ich wurde mit »nur« 77 Prozent der Delegiertenstimmen in meinem Amt als Parteivorsitzender bestätigt. Die Aufgeregtheit ging nicht zuletzt darauf zurück, daß ich vieles nicht hatte sagen können, um nicht alles zu gefährden. Wenn wir eine wochenlange Diskussion über den Milliardenkredit geführt hätten, dann hätte ich das ganze Unternehmen gleich beerdigen können. Es muß meiner Meinung nach auch heute noch möglich sein, politische Strategien zu entwickeln und durchzuführen – natürlich unter Berücksichtigung des damit verbundenen Risikos –, ohne vorher darüber auf dem offenen Markt Palaver abzuhalten. Andernfalls hören wir auf, Politik zu machen, spielt sich Politik nur noch ab in Meinungsumfragen, in den Schlagzeilen der Boulevardpresse, in aufgeregten Stammtischdiskussionen.

Sicherlich sind die Vorgänge um den Milliardenkredit auch ein Symptom für eine starke Einschränkung der politischen Gestaltungsmöglichkeiten. Ich sehe hierin ein deutsches Phänomen, wenn ich beispielsweise daran denke, mit welcher Souveränität und Unabhängigkeit Margaret Thatcher regiert. Ein Politiker wird in seinem Handlungsspielraum, in seiner Führungsfähigkeit erheblich begrenzt, wenn er vor einer wichtigen Entscheidung diese auf breiter Ebene diskutieren und möglichst noch durch eine Meinungsumfrage in der Öffentlichkeit absegnen lassen soll. Heutzutage gibt es anstelle eines Vertrauensvorschusses im Grunde eher einen Vorschuß an Mißtrauen – ganz im Gegensatz zum 19. Jahrhundert, wo Geheimdiplomatie und Kabinettspolitik die Grundlagen einer oft wirkungsvollen Politik waren.

Der Milliardenkredit hatte eine stark innenpolitische Komponente. Das Unverständnis, der Widerstand, der Aufruhr der Gefühle hierzulande waren für mich in diesem Ausmaß überraschend. Auch manche Schwerfälligkeit in der CSU hatte ich nicht richtig eingeschätzt. Ich hatte wohl nicht genügend bedacht, daß das an sich gutwillige, politisch disziplinierte Gros unserer Mitglieder und Abgeordneten in festen Vorstellungen lebt und eine ungewöhnliche Handlungsweise, die man öffentlich nicht erläutern und begründen kann, nicht immer gleich versteht. Der eine hat gesagt, Strauß ist ein Verräter geworden, die anderen unkten, ich sei wahrscheinlich bestochen worden. Es gab alle möglichen dummen und bösen Gerüchte, bis hin zu denen, die meinten, jetzt ist er alt geworden und will als Friedensfürst in die Geschichte eingehen. Ich hatte nur Gerold Tandler informiert, selbstverständlich Edmund Stoiber, der bei mir in der Staatskanzlei war, und Theo Waigel. Da die Entscheidung zeitlich in die Nähe einer Klausurtagung der CSU-Landesgruppe in Schloß Banz fiel, wurde sofort gefragt, warum der Kredit dort nicht öffentlich diskutiert worden sei.

Bei meinem Entschluß, den Kreditwunsch der DDR zu unterstützen, ließ ich mich auch von den Erfahrungen der jüngsten Geschichte leiten. 1953, 1956, 1968, 1980/81, ob in der DDR, in Ungarn, in der Tschechoslowakei oder zuletzt in Polen – niemals, wenn es zu Aufständen in einem der Ostblockstaaten kam, hat der Westen eingegriffen. Wegen der damit verbundenen Gefahr lebensgefährlicher, kriegerischer Verwicklungen konnten und können Volkserhebungen in den Staaten des Warschauer Paktes nicht unterstützt werden. Es hat deshalb keinen Sinn, die Notsituation dort so zu verschärfen, daß die Belastungen für die Menschen unerträglich werden und es zur Explosion kommt. Während der Westen auf den Bänken gesicherten Wohlstands sich auf die Zuschauerrolle beschränkt, gibt es drüben Tote, Verwundete, massive Strafen und Verfolgungen. Ich jedenfalls konnte und kann aufgrund meiner von christlichem Gewissen geprägten Grundhaltung eine solche Politik nicht hinnehmen oder gar fördern. Dieses Motiv hat man vielleicht nicht richtig verstanden.

Verstanden wurde zunächst auch nicht, daß wir uns mit der Einfädelung des Kredits eine neue Freiheit und einen neuen Spielraum auch nach rechts verschafft haben. Wer mit Honecker umzugehen versteht, den kann man mit Diffamierungen nicht so leicht in die rechtsradikale Ecke drängen. Meine angestammten und eingefleischten Kritiker taten sich plötzlich schwer, weil das Strauß-Bild nicht mehr in die linke Schublade paßte. Dort war ich als weit rechts abgelegt worden, als Feind der Entspannung, als Rüstungspolitiker, als unversöhnlicher Gegner des Ostens. Hatten sie mich lange Zeit als schlimmen Störer der Ost-West-Beziehungen hinstellen wollen, so gingen ihnen jetzt die Argumente aus.

Während der berühmte Milliardenkredit, weil mit meinem Namen verbunden, ungeheures Aufsehen erregte, redete niemand von einem Drei-Milliarden-Folgekredit ein Jahr später, von dem die DDR freilich nur die erste Rate abgerufen hat. Ich habe dazu eine interessante These gehört. Da man nicht wissen konnte, wohin die Diskussion über SS 20, Cruise Missiles und Pershing II führte, und Angst hatte vor der Gefahr einer totalen Abschottung, habe sich die DDR im Westen Einkaufsreserven sichern wollen. Falls die Russen dicht machten, wollte man im Westen noch einen gewissen Spielraum haben. Die Vorstellung, daß die DDR-Führung mit dem Kredit ein Signal im Raketenstreit setzen wollte, geht wahrscheinlich zu weit. Von unserer Seite aber ist dieser Gedanke gespielt worden – auf dem Höhepunkt der Raketenkrise wird plötzlich über einen großen Kredit verhandelt! Dies war, als Kontrapunkt zu der Aufregung jener Monate, von höchster Bedeutung, auch für das seelische Gleichgewicht bei uns, das stark gestört war. In der Zeit der Nachrüstungsdiskussion wurden ja Kriegsangst und Hysterie in beispielloser Weise geschürt. Der amerikanische Präsident Reagan wurde als Kriegshetzer diffamiert, der die Sowjetunion »kaputtrüsten« wolle, die Russen seien deshalb gezwungen, rechtzeitig zurückzuschlagen – solche Meinungen waren damals im Umlauf.

Ein Erlebnis vom Herbst 1983, noch vor dem Nachrüstungsbeschluß vom November, ist bezeichnend. Ich sitze in unserer Sauna, als meine Frau kommt. Einer der Spitzenleute der deutschen Wirtschaft – ich will seinen Namen nicht nennen – müsse mich unbedingt sprechen. Ich reagiere zunächst unwillig, vertröste den Anrufer, er solle sich in zehn Minuten wieder melden. Das Telefon klingelt. Wir brauchten nicht lange zu reden, entschuldigt sich der Anrufer – unser Gespräch dauerte dann 63 Minuten, davon hat er 57 Minuten gesprochen und ich sechs. »Herr Strauß, ich beschwöre Sie, wirken Sie auf Bonn ein, daß die Nachrüstung unterbleibt, Sie haben doch den Einfluß. Ich komme soeben aus Moskau, dort lebt man in Kriegsangst. Ich war schon auf dem Flugplatz, da hat man mich noch einmal zurückholen lassen und hat mir gesagt: ›Sagen Sie Ihren Landsleuten, daß wir am Abgrund des Krieges stehen!‹ Verhindern Sie diesen Krieg, Herr Strauß, der Krieg steht vor der Türe, der kann jede Stunde ausbrechen.« So redete der Anrufer fast eine Stunde auf mich ein. Ich kam gerade noch zu einer Schlußbemerkung: »Ich schätze es sehr, daß Sie mich für so einflußreich halten. Ich war nicht in Moskau, aber ich kann Ihre Einschätzung der Lage dennoch nicht teilen. Wenn ich etwas für eine unverrückbare Tatsache halte, dann dies, daß die Russen zu keinen militärischen Mitteln greifen werden. Die wollen doch nicht all das riskieren, was sie seit 1917 aufgebaut und seit dem Zweiten Weltkrieg sich geschaffen haben. Sagen Sie mir doch einmal, wer soll denn den Krieg anfangen?« Die Antwort: »Die Russen fangen ihn nicht an.« Darauf ich: »Glauben Sie denn, daß Reagan ihn anfängt? Das hat man Ihnen in Moskau erzählt, und Sie haben das geglaubt, aber da führt doch überhaupt kein Weg hin.« Mein Anrufer, verängstigt und eingeschüchtert, läßt sich nicht beruhigen.

Daß die Russen auf die westliche Nachrüstung hin Gegenmaßnahmen ergreifen würden, konnte ich mir durchaus vorstellen – und sie haben ja auch reagiert mit der massiven Aufstellung neuer Kurzstreckenraketen, wie sie es für diesen Fall geplant hatten. Aber daß sie einmarschieren würden, um die Aufstellung der Pershing oder Cruise Missiles zu verhindern, war für mich völlig ausgeschlossen. Das wäre der Untergang der Sowjetunion gewesen und der unsere ohnehin. Aber so weit ging damals die Hysterie.

In diesen Zusammenhang paßt ein weiteres Erlebnis. Über die Gesprächsschiene, die sich nach Ost-Berlin entwickelt hatte, bekam ich Ende September 1983 einen Anruf auf meiner privaten Relaisstation, also außerhalb der Staatskanzlei. Heute abend werde der Generalsekretär der Kommunistischen Partei der Sowjetunion, Juri Andropow, eine wichtige Rede halten in Moskau, die auch in der DDR ausgestrahlt werde. Man wäre mir dankbar, wenn ich diese Rede hören oder lesen würde und dann meinem Gesprächspartner sagte, was ich davon halte. Ich habe in Bonn angerufen, bei Ministerialdirektor Norbert Schäfer vom Bundespresse- und Informationsamt, und habe mich erkundigt. In Bonn wußte man von nichts. Solche Reden würden lange vorher angekündigt, eine solche Plötzlichkeit widerspreche allen Gepflogenheiten, ich sei wohl einer falschen Information aufgesessen. Meine Nachricht erwies sich indessen als richtig.

Am 28. September gab Andropow seine angekündigte Erklärung ab. Die sowjetische Führung halte es für erforderlich, so Andropow, ihre Einschätzung des Kurses zur Kenntnis zu geben, den die US-Administration in den internationalen Angelegenheiten verfolge: »Kurz gesagt, handelt es sich dabei um einen militärischen Kurs, der eine ernste Gefahr für den Frieden darstellt. Er läuft darauf hinaus, unter Mißachtung der Interessen anderer Staaten und Völker zu versuchen, den Vereinigten Staaten von Amerika dominierende Positionen in der Welt zu sichern. Diese Ziele sind es, denen der bisher beispiellose Ausbau des Militärpotentials der USA und die großangelegten Programme zur Produktion aller Arten von Waffen - von nuklearen, chemischen und konventionellen - gelten. Das zügellose Wettrüsten soll nunmehr auch auf den Weltraum ausgedehnt werden.« Obwohl die Amerikaner hart angegriffen wurden, waren der eigentliche Adressat dieser Erklärung die Europäer, hier vor allem die Bundesrepublik Deutschland, deren Regierung im Begriff stand, den Nachrüstungsbeschluß der NATO zu vollziehen. Andropow: »Von der Warte Washingtons stellt sich die Operation zur Aufstellung dieser amerikanischen Nuklearraketen in Europa äußerst einfach und für die USA in höchstem Maße vorteilbringend dar, vorteilbringend auf Kosten Europas. Die europäischen Bündnispartner der USA werden als Geiseln betrachtet. Das ist eine ebenso unverhohlene wie zynische Politik. Wirklich unbegreiflich ist nun aber folgendes: Denken denn darüber jene europäischen Politiker nicht nach, die unter Mißachtung der Interessen ihrer Völker und der Interessen des Friedens der US-Administration bei der Verwirklichung ihrer ambitiösen militaristischen Pläne helfen? Hier darf es keine Unklarheiten geben. Wenn amerikanische nukleare Raketen entgegen dem Willen der Mehrheit der Bevölkerung der westeuropäischen Länder auf dem europäischen Kontinent erscheinen, wird das von seiten der Führung der USA und der mit ihr konform gehenden Politiker der anderen NATO-Länder ein friedensfeindlicher Schritt von prinzipieller Tragweite sein.«

Der von mir erbetene Kommentar, der auch Erich Honecker erreichte: Die Rede Andropows habe ihr Ziel verfehlt. Drei schwere Fehler seien darin enthalten. Erstens liege er mit der Schilderung der drohenden Kriegsgefahr völlig daneben – da die Aufstellung amerikanischer Raketen noch nicht erfolgt sei und die längst aufgestellten russischen Raketen überhaupt nicht erwähnt würden, sei dieses Szenario ohne jede Glaubwürdigkeit. Zweiter Irrtum: Die Darstellung des amerikanischen Präsidenten als eines Kriegshetzers oder Kriegstreibers werde nur von einem ganz kleinen Teil der deutschen Bevölkerung ernst genommen; den amerikanischen Präsidenten schlechterdings als potentiellen Kriegsverbrecher hinzustellen und auch hierbei die Rolle der sowjetischen Führung mit keinem Wort zu erwähnen, sei ebenfalls völlig unglaubwürdig. Der dritte Fehler sei Andropows groteske Fehleinschätzung der innenpolitischen Lage der Bundesrepublik. Die Hoffnung, die Opposition im Bundestag könnte, verstärkt durch die Friedensbewegung, eine Volkserhebung anzetteln, um den Nachrüstungsbeschluß zu verhindern, sei illusorisch. Der Beschluß werde auf jeden Fall gefaßt werden. Die deutsche Innenpolitik laufe nun einmal nicht so, wie es der KGB und der diplomatische Dienst Moskaus gerne sähen.

Diese Beurteilung, die sich als rundum richtig erwies, hat meine Glaubwürdigkeit in Ost-Berlin wesentlich gefestigt. Daß ich ihn meine Meinung frank und frei wissen ließ, hat mir Honecker anscheinend hoch angerechnet. Für die weiteren Beziehungen zu Ost-Berlin jedenfalls war dieser Vorgang von erheblicher Bedeutung. Ob die innenpolitische Lage bei uns von Ost-Berlin und Moskau in gleicher Weise falsch eingeschätzt wurde oder ob es deutliche Unterschiede gab, läßt sich nicht mit Bestimmtheit sagen. Ich glaubte zumindest unterschiedliche Nuancen herauszuhören.

Erst nachdem die Entscheidungen getroffen waren, konnte ich mit einer Erklärung »Tatsachen über einen Kredit«, veröffentlicht im »Bayernkurier« vom 16. Juli 1983, Vorgeschichte und Zusammenhänge aufzeigen. In neun Punkten berichtete ich ausführlich über den Verlauf der Verhandlungen und wies auch darauf hin, daß der Bundeskanzler von Anfang an unterrichtet gewesen war. Kohl hatte nicht nur Interesse bekundet, sondern auch selbst den Vorschlag gemacht, eine bayerische Bank solle die Konsortialführung übernehmen. »So habe ich mit dem Präsidenten der Bayerischen Landesbank, Dr. Ludwig Huber, gesprochen und ihn gefragt, ob er diesem Wunsch des Bundeskanzlers entsprechen wolle. Die Antwort war positiv. Am Tage nach meinem Gespräch mit Ludwig Huber rief Staatsminister Jenninger bei ihm an und erteilte ihm im Namen des Bundeskanzlers den Auftrag, die Führung des Bankenkonsortiums zu übernehmen.«

Dann betonte ich noch einmal, daß es sich um einen Kredit von Bank zu Bank handle und daß es keinen Pfennig Zinssubvention gebe. »Die Belastung des Steuerzahlers der Bundesrepublik Deutschland ist gleich Null. Damit unterscheidet sich dieser Kredit grundsätzlich von dem leichtfertig gewährten und großzügig subventionierten Polen-Kredit sowie von anderen Krediten, zum Beispiel an Jugoslawien. Der Kredit belastet nicht den deutschen Kapitalmarkt, sondern wird am Euromarkt abgewickelt.«

Ich wollte meine Rolle weder großspurig herauskehren noch abstreiten. Ich hatte den Kredit vermittelt und einen Abschluß befürwortet. »Ich möchte mit allem Nachdruck darauf hinweisen, daß die Einfädelung, wenn man sich so ausdrücken will, von mir stammt. Die Behauptung, ich hätte gesagt, daß Kohl und Genscher die ganze Sache eingefädelt und dann mich hineingezogen hätten, ist völlig falsch und steht im genauen Gegensatz zur Wahrheit. Bundesminister Genscher hat mit der ganzen Angelegenheit nicht mehr zu tun, als daß er im Kabinett seine Zustimmung erklären ließ.«

Am Schluß unterstrich ich noch einmal, daß ganz klar zu trennen sei »zwischen dem Kredit zu banktechnischen Bedingungen, auf die von keiner politischen Seite irgendwelcher Einfluß genommen wurde, und den politischen Beziehungen, beziehungsweise dem Verhältnis zwischen Bundesrepublik Deutschland und DDR«. Ich deutete an, daß nicht nur an der Grenze eine Wende zum Erfreulichen eingetreten sei, sondern daß die DDR jetzt offensichtlich auch bereit sei, Gespräche über gemeinsame Maßnahmen zur Luftreinhaltung, über eine Verbesserung des Fernsprech- sowie des Paket- und Päckchenverkehrs und andere Probleme im deutsch-deutschen Verhältnis zu führen. Es habe jedoch keinen Sinn, zu diesem Zeitpunkt Hoffnungen zu formulieren, denn damit würden die Lösungsmöglichkeiten nur zerredet.

Daß in der Behandlung der Deutschen aus der Bundesrepublik durch die Organe der DDR bei Reisen und Grenzüberschreitungen ein Wandel stattgefunden hatte, setzte sich im allgemeinen Bewußtsein immer mehr durch. Auch die starke Zunahme von Reise- und Ausreisegenehmigungen für Deutsche aus der DDR hatte sich ausgewirkt. Es war allgemein spürbar, daß in die deutsch-deutschen Beziehungen Bewegung gekommen war. Dabei hatte Honecker am Werbellinsee mir gegenüber noch beteuert, daß er alles tue, damit die Bürger in der DDR sich wohl fühlten. Er verwies auf die soziale Sicherheit und auf den Lebensstandard. Er sollte vielleicht, so mein Vorschlag, jedem Bürger in der DDR die Möglichkeit geben, einmal im Jahr einen Urlaub im Ausland zu verbringen, dann sei »der stärkste Druck aus dem Kessel raus«.

Auf der Leipziger Frühjahrsmesse 1984 hat mir Honecker dann vorgeworfen, daß er dem gefolgt sei, was ich ihm empfohlen hätte, daß aber die Angriffe in der Bundesrepublik dennoch weitergingen. Jetzt heiße es, die DDR schicke ihre Arbeitslosen, ihre strukturell Arbeitsunfähigen in die Bundesrepublik. Er frage, was er denn eigentlich noch tun solle. Zuerst klage man, daß zu wenige heraus dürften, und wenn die DDR dann die Schleusen öffne, schimpfe man wieder und spreche von einem Trick der DDR, die damit nur die Arbeitslosigkeit in der Bundesrepublik steigern und die soziale Not mangels Unterbringungskapazitäten verstärken wolle.

Tatsache bleibt, daß mehr und mehr Menschen die DDR verlassen konnten. Was ich an Haftentlassungen erreicht habe – auch in Fällen, in denen die Gefahr bestand, daß die Betroffenen die Haft nicht überleben würden –, was ich erreicht habe an Familienzusammenführungen – viele leidvolle und jahrelang unlösbar scheinende Fälle: ich habe die Vorgänge nie gezählt, es sind aber Tausende, denen ich auf diese Weise zu einem neuen Leben verholfen habe. Ich habe mich um jeden einzelnen Fall, der an mich herangetragen wurde, bemüht, meistens mit Erfolg. Die einschlägige Korrespondenz füllt viele Aktenordner, erschütternde Hilferufe sind darunter.

Je mehr Menschen aus der DDR die Möglichkeit haben, die Bundesrepublik zu besuchen, um so kritischere Fragen stellen sie nach ihrer Rückkehr. Sie fragen nicht nur, warum sie auf den bei uns üblichen Lebensstandard verzichten müssen. Sie wollen vor allem nicht ständig gegängelt werden. Von morgens bis abends wird ihnen vorgeschrieben, was man tut, was man nicht tut, was man liest, was man sagt, was man denkt – dies ist einfach zuviel. Das freie Reisen ist dabei zum Synonym für Freiheit geworden.

Ein bis zwei Jahre nach der Entscheidung über den Milliardenkredit gab es in der CSU keinen mehr, der mir nicht anerkennend auf die Schulter klopfte. Und 1987, als Erich Honecker in die Bundesrepublik Deutschland kam, hieß es dann: Meine Güte, wären wir abseits in der Ecke stehen geblieben, dann hätte der Bundeskanzler Herrn Honecker herzlich begrüßt, und wir in Bayern wären die von gestern gewesen, die die Zeichen der Zeit nicht erkannten. Daß ich 1983 die Union insgesamt und die CSU im besonderen aus einem toten Winkel herausgeholt und Handlungsspielraum hergestellt habe, wurde von vielen allerdings nach wie vor nicht gesehen - und manch einer wollte es auch nicht sehen.

Bundeskanzler Kohl hat auf dem CSU-Parteitag jenes Jahres in München gesagt, wer Strauß wegen des Milliardenkredits kritisiere, kritisiere auch ihn. Das war eine korrekte und der politischen Verantwortung angemessene Darstellung. Aber sonst hat Bonn gemauert. Man wollte nicht haben, daß zuviel Sonnenschein auf mich fiel. Deshalb wurde dieser Kredit schief dargestellt, gründliche Aufklärungsarbeit unterblieb. Tatsächlich war der Kredit eine politisch so bedeutsame Angelegenheit, daß er in einer Serie ausführlicher Pressekonferenzen, zu denen ich selbstverständlich gekommen wäre, um Rede und Antwort zu stehen, hätte erläutert werden müssen. Dann wäre ein ganz anderes Stimmungsbild entstanden. Selbst die linke Presse, die diese Politik an sich mit lautem Jubel hätte begrüßen müssen, überschlug sich in freilich grundloser Kritik. Die Tatsache eines einstimmigen Beschlusses des Bundeskabinetts änderte daran nichts - vor allem weil einige FDP-Minister, die im Kabinett zustimmten, draußen gegen mich stänkerten.

Die Kritik an mir war wohl auch deshalb so heftig gewesen, weil vielerlei Empfindlichkeiten hineingespielt haben, nicht zuletzt bei denen, die uneingeschränkt für diesen Kredit waren. Wirtschaftsminister Otto Graf Lambsdorff war beleidigt, weil er nicht selbst der Akteur war. Außenminister Hans-Dietrich Genscher setzte sich zwar im Kabinett für die Sache ein, verzögerte aber die Beschlüsse. Finanzminister Gerhard Stoltenberg war vergrämt, weil er Regeln des Haushaltsrechts in Gefahr sah. Hinzu kam, daß die Öffentlichkeitsarbeit der Bundesregierung auch in dieser Angelegenheit eher schädlich und störend denn hilfreich war. So wurde das törichte und sachlich absolut falsche Wort Bürgschaft ins Spiel gebracht, was, nicht zuletzt in Erinnerung an Helmut Schmidts unseligen Milliardenkredit an Polen, zur Verwirrung der Geister beitrug. Manch einem mag der mir entstandene Ärger durchaus willkommen gewesen sein.

Auch meine Erfahrungen mit dem »Bermuda-Dreieck« im Kanzleramt gehören hierher. Ende September 1983 war mir über meine private Relaisstation mitgeteilt worden, daß jetzt die versprochenen Gegenleistungen der DDR kämen – der Abbau der Selbstschußanlagen an der Demarkationslinie beginne in wenigen Tagen, durchgehend von Schleswig-Holstein bis Bayern. Ich hatte ausdrücklich zurückgefragt, ob diese Nachricht frei sei, ob ich nicht blamiert werde, wenn ich sie veröffentliche. Die Antwort: »Nein, das ist nunmehr beschlossen, der Vorbehalt Honeckers ist erledigt, der Ministerratsbeschluß liegt vor.« Unmittelbar darauf formulierte ich ein Fernschreiben an Helmut Kohl, in dem ich diesen Erfolg mitteilte. Der Durchbruch sei gelungen. Was Helmut Schmidt nicht erreicht habe und was wir immer verlangt hätten, die Beseitigung der Selbstschußanlagen beginne jetzt. Ich schlug vor, diesen Erfolg der neuen Deutschlandpolitik durch das Presse- und Informationsamt der Bundesregierung groß herauszustellen.

Das Fernschreiben ging an einem Montag aus der Staatskanzlei ab, der Eingang wurde vom Kanzleramt bestätigt. Am Dienstag, wir hatten Kabinettssitzung, rief Staatssekretär Peter Boenisch, der Leiter des Presse- und Informationsamtes, an. Es gebe ein Gerücht, daß von mir ein Fernschreiben vorliege, wonach die DDR mit dem Abbau der Selbstschußanlagen beginne, das sei eine großartige Nachricht. »Aber wir finden das Fernschreiben nicht, gibt es das?« Ich habe Boenisch eine Kopie geschickt. Bis 6 Uhr abends hatte das Bundeskanzleramt jedoch noch immer nicht reagiert. Ich rief Boenisch an, der mir sagte, er hätte die Nachricht in der Pressekonferenz gern verwendet, habe sich aber nicht getraut, weil das Original nicht auffindbar sei. Tage später tauchte es auf – in den Aktenstapeln von Staatssekretär Schreckenberger, obwohl es an den Bundeskanzler persönlich adressiert war.

Wie wenig die Bundesregierung beim Thema Milliardenkredit aufklärend tätig war, erfuhr ich noch 1984 bei einer USA-Reise. Bei einem Besuch in der Deutschen Botschaft äußerte der deutsche Heeresattaché, daß man in Washington nicht verstehe, warum ich der DDR aus Mitteln des Bundeshaushalts einen Milliardenkredit verschafft habe. Auf meinen Hinweis, daß er als Militärattaché eigentlich richtig informiert sein sollte, bekräftigte Botschafter Hermes, dies sei der allgemeine Eindruck. Meine Frage, ob er denn nicht klare Weisung aus Bonn bekommen habe, die amerikanische Regierung über Motive, Hintergründe, Fakten und Zahlen zu unterrichten, wurde klar verneint. Was ich in einem anschließenden Gespräch mit Vizepräsident George Bush erfuhr, konnte mich deshalb nicht mehr überraschen. Er habe doch sicherlich erfahren, so begann ich die Unterredung, daß wir mit der DDR wirtschaftlich zusammenarbeiten, was ja auch im Sinne der amerikanischen Ost-West-Politik sei, er habe gewiß auch von dem Kredit an die DDR gehört, mich interessiere seine Meinung dazu. Er sei informiert, so Bush, man habe darüber gesprochen und die erstaunte Frage gestellt, wie ausgerechnet Strauß, dieser leidenschaftliche Gegner des Kommunismus, der DDR aus dem Bundeshaushalt eine Milliarde Mark zuschanze. Ich habe dann, wie in vielen anderen Fällen auch, jene Informationsarbeit geleistet, die eigentlich Sache des Bonner Regierungsapparates gewesen wäre. Bush versicherte mir, daß er jetzt alles streichen müsse, was er bisher zu diesem Thema gehört und gedacht habe.

Zurück zu meiner ersten Begegnung mit Erich Honecker am 24. Juli 1983. Am 17. Juli waren meine Frau, mein Sohn Max und ich zu unserer Reise durch die Tschechoslowakei und Polen aufgebrochen. Die letzte Etappe war die Fahrt von Stettin an den Werbellinsee. Honecker ließ uns am Grenzübergang Pomellen von Schalck-Golodkowski abholen. Wir frühstückten im DDR-Grenzgebäude, eine Ordonnanz der DDR-Grenztruppen bediente uns mit scheuem Blick und eisig verschlossener Miene. Er durfte wohl nicht freundlich sein, weil man erst einmal abwarten mußte, wie das Treffen ausging. Verfrühte Freundlichkeit hätte übel vermerkt werden können. Dann stiegen wir in die Staats-Volvos; meine Frau und Frau Schalck-Golodkowski folgten im Wagen meines Sohnes Max, einem Mercedes 300 TD, einem Turbo-Diesel – ein ungeheuer schnelles Auto. Die DDR-Polizisten wunderten sich, warum sie einen Diesel nicht abhängen konnten. Ich beschränkte mich auf eine kurze Erklärung: »Westliche Technik!«

Wir sind mit 180 Kilometer Stundengeschwindigkeit über die Autobahn gebraust. Ein abgehängter Photoreporter aus der Bundesrepublik, der unbedingt rechtzeitig am Werbellinsee sein wollte und der die in der DDR geltende Geschwindigkeitsbeschränkung von 100 km/h haushoch überschritt, wurde von der Volkspolizei prompt gestoppt und zur Rede gestellt. Sein Hinweis, er müsse an den Werbellinsee, wo heute Herr Strauß mit Herrn Honecker zusammenkomme, beschwichtigte die Polizei, die ihn sofort weiterfahren ließ. So weit ging die Regie.

Das Gelände am Werbellinsee ist ein großes Jagdareal, wie ich es ähnlich in Bulgarien bei Todor Schiwkoff erlebt habe, sehr gut gepflegt natürlich und mit einem wunderbaren Jagdhaus aus der Zeit der Hohenzollern. Ich glaube kaum, daß Kaiser Franz Josef von Österreich über ein ähnlich großes und luxuriöses Jagdhaus verfügte. Von der Bevölkerung habe ich wenig gesehen, und auch auf dem letzten Stück vor Hubertusstock gab es eigentlich kein Publikum. Gewiß war der Staatssicherheitsdienst allgegenwärtig, aber man hatte nicht den Eindruck, daß man hier sozusagen in Polizeigewahrsam gehe.

Gegen halb eins kamen wir am Werbellinsee an. Als wir vorfuhren, stand Erich Honecker vor dem Haus auf der Terrasse. Grüßend hob er die Hand. Ich ging auf ihn zu, bedankte mich für die Einladung. Dann waren zunächst die Fotografen an der Reihe, die in halber Regimentsstärke aus dem Westen angereist waren.

Schon nach den ersten Sätzen war ich überrascht, nicht auf jene hölzerne Funktionärsmentalität zu treffen, die der Generalsekretär und Staatsratsvorsitzende bei seinen Fernsehauftritten vermittelt. Sicherlich, wenn ich ein Gespräch mit Jacques Chirac oder Ronald Reagan, mit Cossiga oder Deng Xiaoping führe, dann herrscht noch eine andere Atmosphäre. Honecker tritt nie aus seiner Rolle heraus, aber das Bild maskenhafter Starre, das man sich von ihm macht, stimmt nicht. Im Gegenteil, mein Gedankenaustausch mit ihm - bis hin zu unseren Unterredungen in München - war alles andere als eine Aneinanderreihung formelhafter Sprüche.

Obwohl meine Begegnungen mit Erich Honecker in einer gelockerten und entspannten Atmosphäre stattfanden, wurde das menschliche Klima bei Zusammenkünften mit einem anderen Staats- und Parteichef des Ostblocks deutlich übertroffen, ich meine Bulgariens Todor Schiwkoff. Dieser alte Revolutionär, der einen langen Lebensweg und ebenso viele Wandlungen - zur Zeit vielleicht seine letzte - hinter sich hat, hat Verständnis für offene Worte und Sinn für Humor - auch dort, wo dies für einen kommunistischen Spitzenfunktionär nicht unbedingt angenehm ist. Als wir uns wieder einmal über die wirtschaftlichen Unterschiede zwischen Ost und West unterhielten, erzählte ich Schiwkoff folgenden Witz: In der DDR fragt der Lehrer den Schüler: »Fritz, wie ist das im kapitalistischen System in der Bundesrepublik, wie verhält es sich mit Arbeiterklasse, Wirtschaft, Kapitalismus?« Die Antwort: »Herr Lehrer, in der Bundesrepublik beutet der Mensch den Menschen aus.« Der Lehrer: »Ausgezeichnet, du hast deine Lektion gelernt.« Dann ruft er den nächsten Schüler auf: »Hans, wie ist es bei uns?« Die Antwort: »Bei uns ist es genau umgekehrt, Herr Lehrer.« Interessant die

Reaktion meiner Gastgeber – die bulgarischen Gesprächsteilnehmer zögerten, schauten, was »Gottvater« macht, und als Schiwkoff in dröhnendes Lachen ausbrach, lachten alle mit.

Ich habe dann noch einen Astronauten-Witz erzählt, den ich ein wenig umformulierte. »Ich hätte da noch eine Geschichte, Herr Präsident, bei der Sie eine wichtige Rolle spielen. Der erste amerikanische Astronaut, der hinter den Mond geflogen ist – also jener, der uns bestätigt hat, daß er hinter dem Mond keinen Bayern gesehen habe und daß deshalb die Bayern wirklich nicht hinter dem Mond seien –, hat nach seinem Ausflug ins All eine Tournee gemacht. Zuerst war er beim Heiligen Vater in Rom. Der Papst hat ihn beiseite gezogen: ›Hast du draußen im Weltall den lieben Gott gesehen?‹ Die Antwort des Amerikaners: ›Nein!‹ Darauf der Papst: ›Um Gottes Willen, hier hast du eine Million Golddollar, sage ja nichts. Unser Unternehmen hat zur Zeit schon Probleme genug, aber wenn herauskommt, daß da draußen der liebe Gott nicht sichtbar ist, dann ist es ganz aus.‹ Der Astronaut bedankt sich, sichert Stillschweigen zu, reist weiter nach Moskau. Dort nimmt ihn Breschnew beiseite: ›Wie ist denn das da draußen? Die Kapitalisten reden doch vom lieben Gott, hast du den da gesehen?‹ Da sagt der Astronaut: ›Ja, den habe ich gesehen, Herr Generalsekretär!‹ Breschnew ist entsetzt: ›Das ist ja furchtbar, hier hast du eine Million Goldrubel, aber halte ja den Mund. Bei uns bricht sowieso schon das ideologische Gebäude ein, und wenn jetzt auch noch herauskommt, daß es einen lieben Gott gibt, wird alles nur noch schlimmer.‹ Drittes Ziel der Astronautenreise war dann Bulgarien. Hier hat er Sie getroffen, Herr Präsident. Und auch Sie haben gefragt: ›Wie ist das denn mit dem lieben Gott da draußen?‹ Der Astronaut dachte, daß er in Sofia nichts anderes sagen könne als in Moskau: ›Ja, ich habe ihn gesehen.‹ Ihre Antwort aber war verblüffend: ›Stimmt es wirklich, daß er mir ein bißchen gleich sieht?‹« Wieder die gleiche Situation – einige Sekunden Schweigen, die begleitenden Funktionäre blicken auf ihren Herrn und Meister, zögern. Erst als Schiwkoff Messer und Gabel zur Seite legt und schallend zu lachen beginnt, setzt auch bei ihnen Heiterkeit ein.

Schiwkoff gehört zu jenen Politikern im Ostblock, die wissen, daß es ohne grundlegende Veränderungen nicht weitergehen kann. Er will den langen Weg der Reformen gehen. Ob und wie er sie durchsetzen kann, ist eine hochinteressante Frage. Vor allem wird er der Partei und Zehntausenden von Funktionären einiges zumuten, wenn er die von ihm angestrebte Neueinteilung der Verwaltungsbezirke und die Trennung der Partei von Wirtschaft und Verwaltung durchsetzt. Die Partei soll zwar weiterhin die Leitlinien bestimmen, aber nicht mehr in Wirtschaft und Verwaltung unmittelbar hineinregieren dürfen. Darüber hinaus will er westliches Investitionskapital auf dem Wege von »joint ventures« nach Bulgarien holen. Dabei sollen westliche Unternehmen frei sein sowohl bei der Einstellung und Entlassung von Mitarbeitern als auch in der Lohngestaltung, also die Möglichkeit der Bezahlung nach Leistung haben. Gewinne sollen in den Westen transferiert werden können. Auch die Frage, ob im Rahmen eines Gemeinschaftsunternehmens bulgarische Arbeitnehmer bei Projekten in anderen Ländern, beispielsweise der Dritten Welt, eingesetzt werden könnten, wurde bejaht.

Ich machte gegenüber Schiwkoff und seinen Ministern aus meinem Erstaunen über so weitgehende Ankündigungen kein Hehl. Das alles sei in meinen Augen ein großartiger Fortschritt, nur wisse ich nicht, wo dann die Ideologie bleibe und was der Unterschied zwischen Sozialismus und Kapitalismus sei. Das Eigentum an den Produktionsmitteln, das sei der große Unterschied, wurde mir entgegengehalten, und auch die Gewinnverteilung. Das Gerede von der Gewinnverteilung, wandte ich ein, habe doch keinen Sinn; zuerst müsse man die Masse mehren, die man verteilen wolle. Was nütze die Verteilung eines kleinen Gewinns oder gar eines Dauerverlustes – man müsse einen großen Gewinn erzielen und dann verteilen! Stereotype Antwort: »Darum wollen wir ja die Wirtschaft reformieren, damit mehr verteilt werden kann.« Das gewissermaßen offizielle Eingeständnis, daß der Kommunismus gescheitert und zur Lösung der wirtschaftlichen Probleme nicht imstande ist, fällt verständlicherweise unsagbar schwer. So gleichen alle Reformvorhaben dem Versuch der Quadratur des Kreises.

Das Bewußtsein der krisenhaften Zuspitzung der ökonomischen Situation des Ostblocks sitzt überall im kommunistischen Machtbereich tief. Die Sorge der Sowjetunion, auf das Niveau einer zweitrangigen Macht abzusinken, ist auch bei den Satelliten spürbar. Eine allgemeine Reformbedürftigkeit ist unbestritten, das Problem ist nur, daß die Reform nicht das Funktionärssystem angreifen darf. Die Angst, daß Gorbatschow alle Strukturen zerschlägt, die in den einzelnen Ländern des Ostblocks in jahrzehntelangen Bemühungen aufgebaut wurden, ist groß. Daher herrscht bei den Satelliten Unsicherheit, was Gorbatschow wirklich will und ob er sich durchsetzen kann mit dem, was er will. Diese Ungewißheit ist lähmend.

Selbstverständlich ist auch die Führung der DDR von solchen Sorgen und Ängsten nicht frei. Die frühere Vorstellung vom monolithischen Block des Stalinschen Imperiums mußte revidiert werden, und sie muß laufend weiter revidiert werden. Hinter den erkennbaren Bemühungen der DDR, sich als eigenständiger Staat mit einer eigenständigen Politik darzustellen – selbstverständlich als Bundesgenosse Moskaus und selbstverständlich im marxistisch-leninistischen System –, steht eine unausgesprochene, aber unüberhörbare Sorge, daß in der Sowjetunion hoffentlich nicht wieder ein Rückschlag kommt, in dessen Folge die DDR wieder fester an die Kandare genommen werden würde.

Ob die DDR-Führung in der neuen Politik Gorbatschows ein für sie selber destabilisierendes Element sieht, hängt von der Dosis ab, von der Geschwindigkeit, mit der »Glasnost« und »Perestroika« auf die DDR übergreifen. Honecker will natürlich nicht eine unkontrollierbare Kettenreaktion einleiten, bei der der »point of no return« überschritten werden könnte. Andererseits ist auch bei Honecker ein Wandel spürbar, etwa in Menschenrechtsfragen. Am Beispiel vieler einzelner Härtefälle, zu deren Lösung ich beitragen konnte, wurde mir deutlich, daß Honecker heute ein ganz anderer ist, als er es noch vor Jahren war. Jetzt, wo er sein Lebensziel erreicht hat und am Ende seiner politischen Laufbahn steht, bereitet es ihm wohl Sorgen, auch wenn er darüber nicht ausdrücklich gesprochen hat, einen geeigneten Nachfolger zu finden.

Die Art, wie Honecker mir gegenüber von seiner Vergangenheit sprach, deutet darauf hin, daß in seinem Denken das nationale Element durchaus eine Rolle spielt. Im Dritten Reich im Widerstand, verhaftet, Gerichtsverfahren, viele Jahre im Zuchthaus Brandenburg wegen Hochverrats – das Leben dort sei alles andere als leicht gewesen, aber er sei nicht ermordet worden. Wäre er ins Konzentrationslager gekommen wie viele seiner Freunde, hätte er wohl nicht überlebt. Die Justiz sei zwar hart gewesen, aber sie habe nicht gemordet – kein böses Wort gegen die Richter, etwa als Nazirichter oder Bluthunde. Das war ein Punkt, über den er ausführlich, aber ohne Haß und Bitterkeit sprach. Auch sein Verhältnis zu den Kirchen, zu denen er die staatlichen Beziehungen verbessert habe, paßte nicht ins Klischee. Er habe zwei Dinge im Leben nicht vergessen: erstens, daß während der großen Wirtschaftskrise mit Hunger und Elend der örtliche Pfarrer ohne Rücksicht auf Partei- oder Kirchenzugehörigkeit aus den von der Kirche gesammelten Lebensmitteln auch die kommunistische Familie Honecker versorgt habe; zweitens, daß seine sehr früh an Leukämie erkrankte älteste Schwester im katholischen Johannes-Stift in Wiebelskirchen von den

Strauß bei Honecker auf
Jagdschloß Hubertusstock,
Sonntag, 24. Juli 1983

Im Anschluß an das Gespräch mit Honecker am Werbellinsee reiste Franz Josef Strauß nach Dresden. Bei seinem Gang durch die Stadt wurde der Bayerische Ministerpräsident von DDR-Bürgern immer wieder herzlich begrüßt

Gegenbesuch Erich Honeckers in München, September 1987

Schwestern bis zu ihrem Tod gepflegt worden sei, obwohl sie wußten, daß das Mädchen aus einem kommunistischen Arbeiterhaushalt stammte. Das habe er nie vergessen. Es waren Töne, denen man bei Walter Ulbricht sicherlich nicht begegnet wäre.

Wir erinnerten uns, daß wir uns im Jahre 1946 auf Burg Hoheneck bei Neustadt an der Aich das erste Mal getroffen hatten. Es ging um Jugendfragen. Ich war in Vertretung des Bayerischen Kultusministeriums dort, Honecker als Vorsitzender der FDJ. Ich erzählte ihm, daß mein Freund Heinrich Lades damals gesagt habe, auf diesen Honecker sollte ich aufpassen, der werde noch einmal eine wichtige Rolle spielen.

Von der Vergangenheit zurück in die Gegenwart, zu ihren Problemen. Honecker vermittelte nicht nur den Eindruck, daß er das Problem der Mittelstreckenraketen versteht und kompetent beurteilt, sondern auch, daß er hier ein fundamentales gemeinsames Interesse zwischen den Deutschen in der Bundesrepublik und den Deutschen in der DDR sieht. Nach der Begrüßung am Werbellinsee und nach den üblichen Höflichkeitsfloskeln hatte er zunächst ein Papier hervorgezogen. Er wolle mir seinen Standpunkt zu den großen Fragen der Nachrüstung, der Sicherheit, der Bedrohung durch die Reagansche Kriegspolitik und so weiter darlegen. Er begann, den Text zu verlesen. Nach drei Seiten hörte er auf - was da drinnen stehe, sei ja bekannt. »Da gebe ich Ihnen das Papier!« Ich habe ihm zugestimmt, daß das Gespräch dann leichter falle, zudem sei meine Antwort auf diese Argumente ebenfalls bekannt. Es war die Zeit der Diskussion über die Nachrüstung im Rahmen des NATO-Doppelbeschlusses. Würde der Westen nachrüsten, so Honekker, käme es zu Gegenmaßnahmen der Russen, die Menschen in der DDR oder in der Tschechoslowakei seien dann die Opfer; sie müßten sowjetische Kurzstreckenraketen in Kauf nehmen, die sie gar nicht wollten. Das war der erste Ansatz, der mich zu der Auffassung brachte, Honecker sehe in der Raketenfrage eine gemeinsame Sorge beider deutscher Staaten. Ihm, Honecker, gehe es darum, »das Teufelszeug« loszuwerden. Wenn aber, so meine Antwort, die sowjetischen SS 20 nicht abgezogen würden, sei über die Pershing II nicht zu reden.

Unser Gespräch fand während eines großen Mittagessens von langer Dauer statt und wurde danach fortgesetzt. Große Trinksprüche nach russischer Sitte gab es nicht. Wir beschränkten uns auf den Austausch eines höflichen Toasts, wie es den Gepflogenheiten entspricht. Honekker war während des Essens, zumal bei dieser ersten Begegnung, etwas steifer und formeller als bei späteren Gelegenheiten. Unser Treffen am

Werbellinsee war ja auch eine Sensation, die Freund und Feind bewegte. Keiner hat sich mehr ausgekannt. Was ist da eigentlich los mit Franz Josef Strauß, wurde bei uns gefragt, und die auf der anderen Seite fragten: Was ist da los mit dem Erich Honecker, was hat der ausgerechnet mit unserem Hauptgegner, mit unserem härtesten Kritiker zu schaffen? Von all dem war natürlich nicht die Rede zwischen uns, aber es lag in der Luft. Es gebe manche, so Honecker, die weder den Milliardenkredit noch unser Gespräch gern sähen und die schon besorgt die Frage stellten, ob da zwischen Ost-Berlin und Bonn etwas vorgehe, was besser nicht vorgehen sollte. Daß auch die Sowjetunion in umfassender Weise an meinen Unterredungen mit Honecker interessiert war, erfuhr ich später bei Gesprächen mit kommunistischen Führern außerhalb der DDR und außerhalb der Sowjetunion. Hier wurde viel deutlicher auf manche Begrenzung der Handlungsfähigkeit und auf manche Einschränkung im politischen Gestaltungsraum der DDR verwiesen, als dies begreiflicherweise Honecker je tun konnte.

Meine Frau war Honeckers Tischnachbarin. Die beiden haben sich offenbar gut verstanden. Meine Frau, Schmeicheleien keineswegs zugänglich, war beeindruckt von seiner Wendigkeit, seiner Frische, seiner geistigen Reaktionsfähigkeit. Schade, daß er ein Kommunist ist, meinte sie hinterher. Und: »Das ist ein beeindruckendes Mannsbild!« Dieser Satz ist bei mir hängengeblieben. Der gute Eindruck scheint wechselseitig gewesen zu sein. Bei den Begegnungen nach dem Tod meiner Frau am 22. Juni 1984 ist Honecker mehrfach auf sie zu sprechen gekommen. »Ich denke oft an Ihre Frau Mutter«, sagte er zu meinem Sohn Max in Leipzig.

Honecker ist ein lebendiger Erzähler, wenn es beispielsweise um Jagderlebnisse geht oder um Ereignisse aus seinem Leben. Er ist ein Liebhaber guter trockener Weine. Zu seinem 75. Geburtstag schenkte ich ihm eine große Kiste mit 50 Flaschen der besten fränkischen Weißweine, die es in Bayern gibt. Damit hätte ich ihm eine große Freude erwiesen, meinte er. Ich hätte ihn, erwiderte ich, nicht so eingeschätzt, wie manche seiner Biographien ihn darstellten, daß er nämlich ein Asket sei, der nur Wasser, gelegentlich ein Glas Bier trinke. Denn dann hätte mein Geburtstagsgeschenk das Ziel verfehlt, ihm eine Freude zu machen.

Im Vorfeld des Honecker-Besuches in der Bundesrepublik Deutschland im September 1987 stellte sich die Frage eines offiziellen Geschenkes. Die erste Überlegung ging in Richtung eines Geigerzählers, ein

Gedanke, der nach vorsichtiger Erkundung in seiner Umgebung rasch fallengelassen wurde. In die engere Wahl kamen dann eine Jagdgruppe aus Nymphenburger Porzellan und ein Originalaquarell von François de Cuvilliés. Ich habe mich dann für das Aquarell entschieden, weil zum einen Honecker eine gute Sammlung an Meißner Porzellan besitzt und zum anderen das Blatt von Cuvilliés eine besondere Geschichte hatte. Es handelte sich um den lange verschollenen Originalplan, den Cuvilliés 1760/61 für den Wiederaufbau Dresdens nach dem siebenjährigen Kriege angefertigt hatte. Daß der in den Diensten des bayerischen Kurfürsten stehende Cuvilliés Pläne für den Wiederaufbau Dresdens entwarf, war Ausdruck alter bayerisch-sächsischer Verbindungen. 1759, vor der Beschießung und teilweisen Zerstörung Dresdens durch die Truppen Friedrichs II. von Preußen, waren Friedrich Christian von Sachsen und seine Gemahlin, eine Schwester des Kurfürsten Maximilian III. Joseph, nach München geflüchtet. Für das sächsische Kurfürstenpaar und seine Begleitung war der Wiederaufbau Dresdens während der Münchner Zeit von Januar 1760 bis Dezember 1761 das zentrale Gesprächsthema. Der kurfürstliche Oberhofmeister Cuvilliés legte Pläne vor, mit denen er seiner Zeit weit vorauseilte. Er ging davon aus, daß die bisherigen Stadtbefestigungen angesichts der neuen Kriegstechnik keinen Schutz mehr böten; mit der Schleifung dieser Befestigungen verband er Pläne für eine neue, den Ansprüchen der Zeit gerecht werdende Residenz für den sächsischen Kurfürsten. Allerdings ist diese Form der bayerisch-sächsischen Zusammenarbeit über das Planungsstadium nicht hinausgekommen; Geldmangel verhinderte, daß Dresden nach seiner Zerstörung im Juli 1760 aufgrund bayerischer Pläne wiederaufgebaut wurde.

Mein persönliches Geschenk lag fast an der Grenze einer freilich harmlosen Provokation. Ich schenkte Honecker, dem begeisterten Jäger, das begehrteste Fernglas, das es in der Bundesrepublik Deutschland gibt, ein Produkt der Firma Zeiss, die ja ursprünglich aus Jena stammt. Es war die allerneueste Ausgabe des alten deutschen Marinefernglases, 8x56, das schon von der kaiserlichen Marine verwendet worden war und seit 1945 in erster Linie als Jagdglas dient. Erich Honecker hat sich sehr darüber gefreut, hat sich sofort ans Fenster gestellt und hinausgeschaut. Auch er wußte offensichtlich, daß es sich hier um ein Traumglas für einen Jäger handelte. Er selbst hatte eine große Deckelvase aus Meißen mitgebracht, edelste Porzellankunst, wie sie dort auch heute noch in Blüte steht, und als Privatgeschenk, wohl für meine Tochter Monika gedacht, ein Meißner Kaffeeservice.

Honecker, dem man gemeinhin eine trockene Art nachsagt, war während seines Staatsbesuches mehr als einmal sichtlich bewegt. Das begann schon mit dem Empfang auf dem Flughafen München-Riem. Bayern hat als einziges Land der Bundesrepublik eine Ehrenformation der Polizei, eine phantastische Musikkapelle, die jedem Bundeswehrmusikkorps ebenbürtig ist, und wir haben neuerdings, von mir gestiftet, eine Polizeifahne. Diese Ehrenfahne der bayerischen Polizei ist auch ein Zeichen der Dankbarkeit für die 140 im Dienste ums Leben gekommenen bayerischen Polizeibeamten. Ausländische Gäste grüßten in Ermangelung einer Fahne immer den Schellenbaum. Auf meine Frage, warum wir denn keine Fahne hätten, bekam ich die Antwort, die Gewerkschaft der Polizei sei dagegen. Das sei, so habe ich entschieden, nicht Sache der Gewerkschaft der Polizei. Die solle sich um Besoldung und Einstufung, um Beförderung und Versorgung kümmern, aber nicht um die Frage, ob Fahne oder nicht Fahne. Die Fahne wurde beschafft und fand beim Besuch Honeckers erstmals Verwendung. Er ist dann prompt, erfahren im Abschreiten von Ehrenformationen, vor der bayerischen Polizeifahne stehengeblieben, hat 90 Grad linksum gemacht und sich tief vor der Fahne verneigt.

Honecker hat das ungeheuer gut gefallen, ebenso wie das Abspielen der Nationalhymnen, zuerst die Hymne der DDR, dann das Deutschlandlied, zuletzt die Bayernhymne. Diese Szene, vom Fernsehen der DDR übertragen, führte im anderen Teil Deutschlands zu bewegter und bewegender Anteilnahme. Augenzeugen haben mir berichtet, daß Menschen sich vor den Schaufenstern der Fernseh- und Rundfunkgeschäfte drängten, Tränen in den Augen. Bei aller Hoffnung auf eine Normalisierung der Beziehungen mögen die Menschen in der DDR an diesem Tag auch ein gewisses Selbstbewußtsein empfunden haben, jetzt wieder als Deutsche anerkannt zu sein. Die Menschen drüben wollen nicht die armen Verwandten sein, nicht die »underdogs« der Nation, die Ausgestoßenen. Eindrucksvoll wurde bestätigt, daß das von Moskau und Ost-Berlin jahrelang verbreitete Gerede von der kapitalistischen Nation und der sozialistischen Nation Unsinn ist, daß es von den Deutschen diesseits und jenseits der Demarkationslinie zu keiner Stunde ernst genommen wurde.

Erich Honecker hatte mir bei unserem ersten Treffen am Werbellinsee gesagt, daß nach dem Vollzug des NATO-Doppelbeschlusses durch die Bundesrepublik die Russen Gegenmaßnahmen ergreifen würden. Wir seien uns doch darin einig, antwortete ich, daß diese Gegenmaßnahmen niemals in kriegerischen Aktionen bestehen würden. Er wisse doch genausogut wie ich, daß die Russen deswegen keinen Krieg anfangen, denn damit wäre der erste Schritt in den allgemeinen Untergang getan. Es sei klar, worin Moskaus Gegenmaßnahmen bestehen würden, nämlich in der Aufstellung neuer Raketensysteme. Und so kam es auch. Seither hat die Sowjetunion nahezu 1.500 atomare Raketen mit einer Reichweite bis zu 500 Kilometern aufgestellt, denen in der Bundesrepublik 88 Lance-Raketen mit einer Reichweite von 120 Kilometern gegenüberstehen. Die Russen haben in diesem Bereich eine lückenlose Raketenfront, die das gesamte Territorium der Bundesrepublik bis in die Aachener Ecke hinein abdeckt. Die anderen Bündnispartner liegen knapp außerhalb dieser Reichweite, aber wir haben das doppelte Risiko.

Vier Jahre später, am 11. September 1987, habe ich Erich Honecker an diesen Teil unseres Gesprächs erinnert. Er habe damals gesagt, daß man die Raketen, »das Teufelszeug«, an die Absender zurückschicken müsse. Dann kam der Verzicht auf die Pershing I A durch Helmut Kohl zur Sprache – Gorbatschow habe den Bundeskanzler dafür ebenso gelobt wie die Amerikaner. In der DDR sehe man aber offensichtlich auch die Kehrseite der Medaille. Er, Honecker, wisse, was die Raketen diesseits und jenseits für Deutschland insgesamt bedeuten könnten.

Bezüglich eines möglichen Krieges gebe es zwei Vorstellungen. Die eine Vorstellung laufe darauf hinaus, daß es nie mehr Krieg in Europa oder Krieg zwischen den hochgerüsteten Industriestaaten der beiden Paktsysteme geben werde, weil die Kernkraft als eine kosmische Waffe alle bisherigen militärischen Überlegungen ad adsurdum geführt habe. Die Parole »Nie wieder Krieg« habe nicht als allgemeine pazifistische Formel, sondern aufgrund nüchterner und harter Überlegungen Gültigkeit. Ein Krieg bedeute für alle den gleichen Schrecken, und deshalb müßten alle darin übereinstimmen, daß niemand angreife, niemand provoziere, niemand eine Situation schaffe, die eine Spontanreaktion der anderen Seite hervorrufen könnte. Honecker hat all dem zugestimmt.

Die andere Vorstellung, so erläuterte ich weiter, sei die: In Europa hätte es in 2.500 Jahren Geschichte viele Hunderte von Kriegen gegeben, den jüngsten und schrecklichsten, den Zweiten Weltkrieg mit all seinen Folgen, hätten wir erlebt. Nun seien einige der Meinung, wenn es in Europa in den letzten 2.500 Jahren so viele Kriege gegeben hat, warum sollte es dann in den kommenden 2.500 Jahren keinen Krieg mehr geben. Die Wahrscheinlichkeit der Statistik spreche dafür, auch wenn zur Zeit keinerlei Anzeichen für einen Krieg in Europa sichtbar seien. Wenn es dennoch zu diesem Krieg komme, dann sei dies der dritte Weltkrieg, der von uns Deutschen mit totalem Risiko, von den anderen Europäern mit halbem und von den Amerikanern lediglich mit dem Risiko der Preisgabe ihres Expeditionskorps bezahlt würde. Das Ende sei der Holocaust für Deutschland. Erich Honecker stimmte auch mit diesem zweiten Teil meiner Analyse überein. Weder die DDR noch die Bundesrepublik Deutschland könnten, sagte er, eine Entwicklung wollen, die dazu führe, daß, falls die Großmächte in einem Krieg aufeinanderstießen, die beiden deutschen Staaten dies mit ihrer Vernichtung und der Ausrottung ihrer Bevölkerung bezahlten.

Die Sowjets, fuhr ich fort, redeten allerdings noch immer von der Möglichkeit eines begrenzten Krieges, von einem möglichen Sieg in einem atomaren Krieg. Honecker widersprach. Das stimme nicht mehr. Seit Tschernobyl habe in Moskau ein Umdenken eingesetzt, das noch nicht abgeschlossen sei. Auch die Militärs, die einen Atomkrieg bisher für führbar und für gewinnbar gehalten hätten, seien nun voller Zweifel. Die im Verhältnis zu den Atomwaffen in ihren Auswirkungen relativ begrenzte Katastrophe von Tschernobyl habe ihnen gezeigt, daß diese Kräfte, einmal entfesselt, nicht unter Kontrolle gehalten werden könnten. In Moskau und selbstverständlich auch in Ost-Berlin, so Honecker, wisse man nun definitiv, daß nach einem atomaren Schlagabtausch die Welt nicht mehr bewohnbar sein würde.

Daß es in Moskau erst nach einem Reaktorunfall zu dieser grundsätzlichen Erkenntnis gekommen ist, nach einem Reaktorunfall, wie er von westlichen Wissenschaftlern angesichts des ungenügenden Sicherheitsstandards sowjetischer Kernkraftwerke mit hoher Wahrscheinlichkeit erwartet worden war, erscheint geradezu absurd. Die sowjetischen Militärs wären also erst durch die Folgen des Reaktorunfalls von Tschernobyl dazu gebracht worden, ihre Ansicht über die Auswirkungen eines bis dahin für kalkulierbar gehaltenen Atomkrieges zu revidieren.

Die Zustimmung, die Erich Honecker zu meiner Lageanalyse bekundete, war für mich mehr als überraschend. Hier gab es Ansatzpunkte für Gemeinsamkeiten, die allerdings mit der von der SPD so genannten »Sicherheitspartnerschaft« nicht das geringste zu tun haben. Die Berührungsflächen sind aus meiner Sicht völlig andere, als die SPD mit ihrer typisch pazifistisch-neutralistischen Grundeinstellung sie sieht. So ist die SPD, aus ihrer Sicht nur konsequent, gleich über mich hergefallen, als ich gegen Kohls Pershing-Entscheidung Stellung bezog. Die SPD hat nicht begriffen, worum es geht und was da im Hintergrund lauert.

Während seines Aufenthaltes in der Bundesrepublik Deutschland besuchte Erich Honecker auch seine saarländische Heimat. Er löste dort mit seiner Äußerung, Grenzen könnten auch eine einigende Funktion haben, lebhafte Spekulationen aus. Bei meiner Tischrede im Antiquarium der Münchener Residenz griff ich diesen Gedanken auf. Ich habe meinem Gast, der mir gegenüber saß, keine bittere Wahrheit erspart, als ich das Thema der deutschen Teilung, als ich Mauer und Stacheldraht ansprach: »Wir wollen die Einheit der deutschen Nation erhalten. Deshalb ist es unser Bestreben, daß die Menschen ungehindert zueinander kommen und miteinander sprechen können. Wir wollen Kommunikation und nicht Abschottung. Tausend Jahre gemeinsame Geschichte und Kultur können auch durch ideologische Schranken nicht ungeschehen gemacht werden. Wir werden deshalb alles, was in unserer Kraft steht, tun, damit das Bewußtsein von der Einheit der Deutschen Nation bewahrt wird. Die Mauer in Berlin, ein fast vollkommenes Netz von Sperrmaßnahmen, ein Rechtssystem, das den illegalen Grenzübertritt als Verbrechen einstuft – mit der juristischen Folge des Schießbefehls –, der Zwang behördlicher Genehmigung für den Besuch von Eltern, Geschwistern und Verwandten, all das paßt nicht mehr in die neue Phase weltpolitischer Entwicklung, in die wir hoffentlich eingetreten sind. Ich habe mit großer Aufmerksamkeit Ihre frei gesprochenen Worte, die Sie gestern in Ihrer saarländischen Heimat zweimal geäußert haben, verfolgt. Wir leiten daraus keine utopischen und phantastischen Schlußfolgerungen ab, sehen in Ihren Worten aber hoffnungsvolle Anzeichen für einen besseren Weg in eine gesicherte Zukunft.«

Meine Tischrede wurde in ganzer Länge, ohne jede Zensur, in Rundfunk und Fernsehen der DDR übertragen – einschließlich dieser unangenehmen und für das Regime und seine Verantwortlichen bitteren Passagen. Auch das SED-Zentralorgan »Neues Deutschland« hat meine Rede vollständig abgedruckt. Honecker selbst nahm meine Ausführungen kommentarlos, also auch ohne Widerspruch, zur Kenntnis. Er selbst weiß am besten, daß die Zustände, die an der deutsch-deutschen Demarkationslinie herrschen, nicht mehr in unsere Zeit passen.

Erich Honecker, der nicht überschätzt, aber auch nicht unterschätzt werden sollte, hat meiner Beurteilung nach einen Sinn für manche tragischen Züge seiner Lage. Er ist sicherlich geprägt von den kommunistischen Idealen seiner Jugend, für die er geradegestanden hat im

Dritten Reich und für die er einen hohen persönlichen Preis zahlen mußte. Die Vorstellung, als ein russischer Satrap, als ein Statthalter angesehen zu werden, der die Wünsche Moskaus zu erfüllen hat, wo ihm doch, bei aller Eingebundenheit in das System des Ostblocks, die Wahrnehmung deutscher Interessen nicht nur einmal einen anderen Weg vorzeichnen müßte, ist für Honecker sicher nicht leicht. An seiner Stellung als linientreuer Parteigänger der Strategie des Kreml, die er allerdings anders schildert, als wir sie sehen, möchte Honecker nicht den geringsten Zweifel aufkommen lassen. Daß auch Gründe der Selbsterhaltung eine Rolle spielen, daß es in der SED-Führung verschiedene Strömungen gibt, sollte bei der Beurteilung seiner Politik nicht übersehen werden.

Im Dezember 1979 besuchte ich Papst Johannes Paul II. im Vatikan, eine Begegnung, die nicht ohne Folgen blieb. Im Gegensatz zu seinem Vorgänger, der ununterbrochen redete und bei dem man nur zu Wort kam, wenn man entschlossen dazwischenging, kann Johannes Paul II. zuhören. Er tut dies mit gefalteten Händen und geneigtem Haupt, ganz in sich gekehrt. Ich käme als Vertreter der deutschen Katholiken, sagte ich, die sich zur Kirche bekennen und die politisch auf der christlich-demokratischen Seite stehen, und ich hätte drei Bitten an ihn. Erstens, keine Änderung der Diözesangrenzen in Deutschland; zweitens, keinen diplomatischen Vertreter des Vatikans bei der Regierung der DDR; drittens, keine gesellschaftliche und politische Aufwertung des Marxismus durch die Kirche.

Die Punkte zwei und drei könne ich, so Johannes Paul II., von vornherein als erledigt betrachten. Der Vatikan denke nicht an einen eigenen Nuntius in Ost-Berlin, der Bischof von Berlin sei der Bischof für ganz Berlin, eine Teilung werde es hier nicht geben. Über die erste Frage aber, Änderung der Diözesangrenzen, müsse man sich unterhalten. »Sollen wir deutscher sein als die Deutschen?« Wenn er, so meine Erwiderung, die Politik Willy Brandts meine, das sei nicht unsere Politik gewesen. Wir hätten diese Ostpolitik aufs schärfste bekämpft. Eine Änderung der deutschen Diözesangrenzen wäre ein politischer Erfolg für die DDR und für uns ein schmerzlicher politischer Rückschlag.

Darauf fragte der Papst: »Was empfehlen Sie mir?« Ich würde an seiner Stelle, so mein Rat, diese Frage zehn Jahre auf Eis legen und überhaupt nichts tun. Für die Kirche seien zehn Jahre kein nennenswerter Zeitabschnitt, die Kirche habe einen langen Atem. Ich sei überzeugt, daß sich in diesen zehn Jahren manches ändern werde. Der Vatikan stünde in keiner Weise unter Zeitdruck, auch wenn Kardinalstaatssekretär Casaroli dies so darstelle. Der Papst wußte natürlich, daß wir dem Kardinalstaatssekretär nicht besonders grün sind.

Ich hielte ihn, so sagte ich zum Papst weiter, für einen polnischen Patrioten. Johannes Paul II. schaute mich an, begann zu lächeln und sagte: »Ja, Herr Strauß!« Darauf ich: »Betrachten Sie mich bitte als einen deutschen Patrioten. Wir beide sind Katholiken. Sie können als polnischer Patriot kein Interesse daran haben, das Regime in Ost-Berlin aufzuwerten.« Mit der Zusicherung des Papstes, darüber nachzudenken, ging die eigentliche Audienz zu Ende.

Vom Papst ging ich zu Kardinalstaatssekretär Agostino Casaroli, der mich in einem zweistündigen Gespräch mit allen nur denkbaren Argumenten von der Notwendigkeit einer Änderung der Diözesangrenzen in Deutschland überzeugen wollte. Ich blieb unnachgiebig, machte ihm höflich, aber unmißverständlich klar, daß wir Deutschen außerordentlich enttäuscht wären, wenn es zu diesem Schritt und damit zu einer Anpassung der Kirche an eine falsche politische Richtung käme. Vor allem für die deutschen Katholiken wäre dies außerordentlich schmerzlich.

Fünfeinhalb Jahre später, im Frühjahr 1985, bat mich Johannes Paul II. zu einer Begegnung mit ihm nach Rom. Der Besuch im Vatikan fand am Montag der Karwoche statt. Ich wußte nicht, was der Papst von mir wollte, aber ich ahnte es. Ich wisse sicher, so eröffnete der Papst das Gespräch, daß in wenigen Tagen Herr Honecker zu ihm komme. Wir hätten uns das letzte Mal interessant unterhalten, ob ich ihm auch diesmal eine Bewertung der Lage geben könne. Ich erwiderte: »Die Welt ist in Bewegung geraten, und niemand weiß wohin. Aber was ich Ihnen vor fünfeinhalb Jahren sagte, ist im großen und ganzen eingetroffen. Sie haben die Diözesanbeauftragten ernannt, das war eine seelsorgerische Handlung, aber keinen Nuntius in der DDR. Eine politische und gesellschaftliche Aufwertung des Marxismus ist ebenfalls nicht erfolgt.« Er habe in dieser Frage nichts unternommen, sagte der Papst, und er werde auch jetzt nichts tun, er wolle von mir nur wissen, wie ich die allgemeine Lage und Herrn Honecker bewerte. Ich habe dann meine Einschätzung der Ost-West-Beziehungen dargelegt, habe mich mit der Lage im Ostblock und insbesondere mit der Situation in Polen beschäftigt. Zu Honecker stellte ich fest, daß sich das Verhältnis zwischen dem Regime und den Kirchen entspannt, die Lage der katholischen Kirche verbessert habe, obwohl die Diözesangrenzen nicht geändert worden seien.

Nach Honeckers Besuch im Vatikan am 24. April habe ich über meine Kanäle erfahren, daß er das Thema der Diözesangrenzen nicht angesprochen hatte. Daß eine Anpassung der Bistumsgrenzen an die Teilung Deutschlands nicht erfolgt ist, schreibe ich bis zu einem gewissen Grade mir zu. Ich hatte auf Vorschlag des katholischen Büros in Bonn und mit Wissen der Bischöfe ihr Anliegen unterstützt. Seit dieser Zeit gibt es zwischen Papst Johannes Paul II. und mir eine besondere Beziehung. Abermals sah ich ihn aus Anlaß des 60. Geburtstages von Josef Kardinal Ratzinger am 16. April 1987. Zur bayerischen Geburtstagsdelegation, die im großen Audienzraum des Vatikans versammelt war, gehörten auch ungefähr 150 Gebirgsschützen in Uniform - allerdings ohne Gewehre, weil dies die Italiener nicht erlaubt hatten - sowie eine Musikkapelle der Gebirgsschützen, die zur Freude der Römer stundenlang auf den Straßen und Plätzen der Stadt musizierten. Am Ende der Audienz kam es zu einem kurzen Dialog mit dem Papst. »Heiliger Vater«, sagte ich, »jetzt gehen wir vielleicht doch einer neuen Zeit entgegen.« Er darauf: »Sie meinen Gorbatschow?« Als ich bejahte, kam eine überraschende Antwort: »Hmmm, haben Sie nicht zu hohe Erwartungen, ich verspreche mir nicht allzuviel davon.«

Die Wende

Helmut Kohl wußte schon am 31. August 1982, daß die SPD/FDP-Koalition in einigen Tagen zusammenbrechen werde. Ich machte an diesem Tag mit ihm eine Wanderung in Tirol; am Abend fuhr ich ihn bei einem furchtbaren Unwetter nach München. Ein paar Tage später rief er mich an: »Jetzt ist es soweit.«

Die Tradition meiner Wanderungen oder Spaziergänge mit Helmut Kohl begann in der Zeit, als unsere Familie in Rottach-Egern am Tegernsee ein Haus hatte, ungefähr 1974. Dort trafen wir uns und sind dann entweder nach Wildbad Kreuth oder nach Gmund marschiert. Später habe ich Helmut Kohl meist am Flughafen in München abgeholt, ohne Begleitung und ohne Polizei. Wir sind dann hinausgefahren ins bayerische Land und haben längere Wanderungen unternommen. Die lockere Freizeitkleidung, in der wir unterwegs waren, sollte die Ernsthaftigkeit unserer Unterredungen keineswegs kaschieren. Ich habe jeweils die Themen angesprochen, die mir einer dringlichen Klärung bedürftig erschienen, und auch langfristige strategische Überlegungen entwickelt. Notizen konnten bei diesen Gesprächen nicht gemacht werden, was den Absichten Helmut Kohls vielleicht sogar entgegenkam. Es ist eines seiner Charakteristika, konkreten Ergebnissen – mit ganz seltenen Ausnahmen, bei einer Personalfrage beispielsweise – aus dem Wege zu gehen. Oft sind wir bei unseren gemeinsamen Wanderungen Spaziergängern oder Bauern begegnet. In aller Regel stießen wir auf große Freundlichkeit, da die Menschen offensichtlich davon ausgingen, daß wohl alles in Ordnung sei, wenn Kohl und Strauß gemeinsam die Dinge anpackten. Gefährliche Situationen hat es, soweit ich mich erinnere, bei diesen oft stundenlangen Fußwanderungen nie gegeben. Einmal ging uns das Benzin aus; ich parkte am Rande der Autobahn, marschierte zu Fuß zur nächsten Tankstelle und holte den notwendigen Treibstoff.

Als mich Helmut Kohl Anfang September 1982 anrief, um den bevorstehenden Regierungswechsel anzukündigen, war ich aufgrund von Lageberichten und Stimmungsmeldungen der CSU-Landesgruppe auf diese Nachricht vorbereitet. Der Zerfall der Regierung Schmidt/Genscher hatte sich zunehmend beschleunigt, das Bild der liberal-sozialistischen Koalition wurde in den Medien – auch in denen des linken Spektrums – immer negativer gezeichnet. Den Gong zur letzten Runde hatte Graf Lambsdorff geschlagen, der in seinem Thesenpapier vom 9. September programmatisch zusammenstellte, was alles getan werden müßte; wenn dies nicht geschehe, werde man die Koalition nicht weiterführen können.

Diese Auflistung war geschrieben worden, um die Koalition auszuhebeln und der FDP einen anständigen wirtschaftspolitischen Abgang zu sichern. Der endgültige Zerfall der Linkskoalition war damit eingeläutet. Meine Einschätzung war bestätigt, daß die FDP abspringen würde, sobald ihre Überlebensstrategie und ihr bekannt populistisch-opportunistisches Arsenal der Entscheidungskriterien dies geboten erscheinen ließen. Genauso ist es gelaufen. Die Lambsdorff-Abrechnung wurde zu einem Selbstläufer mit Sprengwirkung.

Für Genschers Partei war im September 1982 die Zukunft ebenso klar wie düster: Man wußte, daß bei einer Fortsetzung der Koalition mit der SPD, die nur noch ein Dahinschleppen auf der Straße des Untergangs sein konnte, bei der nächsten Bundestagswahl CDU und CSU die absolute Mehrheit gewinnen, die SPD auf erheblich reduziertem Niveau in den Bundestag einziehen und über die FDP vom Wähler die Akten geschlossen würden.

Dennoch, hätte die SPD ihren Kanzler bei seinem Versuch, eine solidere Finanzpolitik zu betreiben, nicht völlig im Stich gelassen, so glaube ich nicht, daß aus außenpolitischen oder welchen Gründen auch immer die Koalition gescheitert wäre. Der akute Anlaß war der rapide Verfall der Bundesfinanzen. Am 22. Juni 1982 hatte Schmidt seine dramatische Rede vor der SPD-Fraktion gehalten: »Mit mir jedenfalls wäre eine Kreditausweitung über das genannte Maß hinaus nicht zu machen. Weil ich nicht glaube, sie verantworten zu dürfen vor dem eigenen Sachverstand und dem eigenen Gewissen.« Damit stellte Schmidt seine Partei vor die Wahl, ihm zu folgen oder die Koalition scheitern zu lassen. Die SPD entschied sich durch ihr Verhalten für das Scheitern.

Das Ende der Regierung Schmidt/Genscher und die Bildung der Regierung Kohl im Herbst 1982 vollzogen sich nach einem Fahrplan, der nicht der meine war. Mein Rezept, in einer dramatischen Vorstandssitzung der CSU am 27. September 1982 vorgetragen und vom Vorstand einschließlich der Mitglieder unserer Landesgruppe in Bonn einstimmig angenommen, sah anders aus, als es dann dem tatsächlichen Ablauf entsprach. Mein Ausgangspunkt war, daß ein konstruktives Miß-

Am runden Tisch in Bonn: Bundeskanzler Schmidt und Außenminister Genscher mit dem CDU-Vorsitzenden Helmut Kohl und dem Kanzlerkandidaten der Union im Bundestagswahlkampf 1980, Franz Josef Strauß

Im Bundeskanzleramt, August 1980, zwei Monate vor der Bundestagswahl

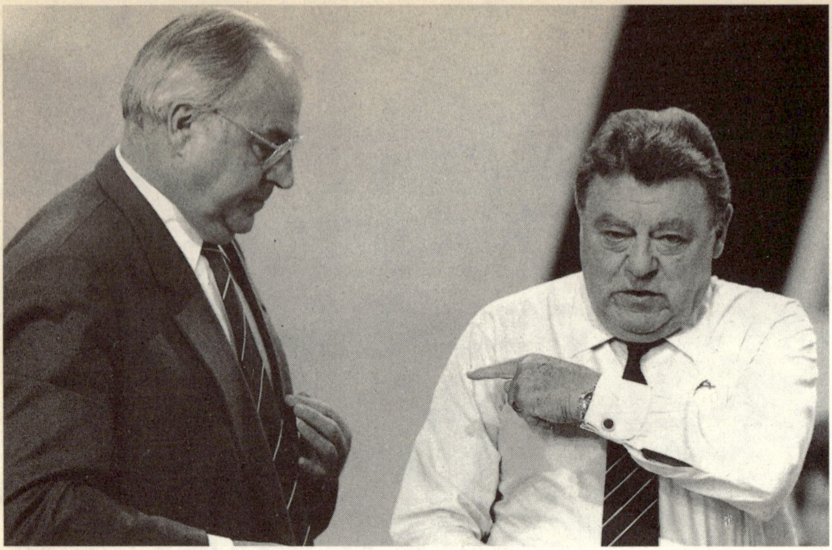

Nach dem Regierungswechsel vom Oktober 1982 führte die Münchner Kritik am Führungsstil der Regierung zu heftigen Debatten auch außerhalb der Koalitionsparteien

Der Bayerische Ministerpräsident gratuliert dem Bundeskanzler nach dessen Wahl am 12. März 1987

trauensvotum in der Bevölkerung nicht annähernd so populär sein würde wie das Eingeständnis des Scheiterns der SPD/FDP-Koalition. Helmut Schmidt genoß auch damals noch weit mehr Ansehen als seine Partei. Zudem empfindet man in Deutschland – das gescheiterte Mißtrauensvotum gegen Willy Brandt vom April 1972 ist ein nachdrückliches Beispiel dafür – den »Kanzlersturz«, auch wenn er parlamentarisch und verfassungsmäßig korrekt ist, als ein Stück »Verrat an Siegfried«. Er ist ein willkommener Anlaß für spätere Dolchstoßlegenden.

Mein Vorschlag ging dahin: Helmut Schmidt muß gegenüber dem Bundestag feststellen – dies kann er durch einen einfachen Antrag erreichen –, daß er keine parlamentarische Mehrheit mehr hat. Das Risiko, daß die FDP noch einmal zur Koalition mit der SPD zurückkehren würde, war angesichts der offenbar gewordenen Zerrüttung des Regierungsbündnisses denkbar gering. Schmidt hätte dann Bundespräsident Carstens melden müssen, daß er im Parlament über keine Mehrheit mehr verfüge. Der Bundespräsident hätte den Bundeskanzler aufgefordert, es noch einmal zu versuchen, Schmidt hätte es wieder nicht geschafft. Daraufhin hätte der Bundespräsident das Parlament aufgelöst, Neuwahlen wären Ende November erfolgt. Bis dahin hätte die Autorität Helmut Schmidts von Tag zu Tag abgenommen, die Flut der Verdrossenheit und der Unzufriedenheit in der Bevölkerung wäre angestiegen, und vor diesem Hintergrund hätte es einen phänomenalen Wahlsieg von CDU und CSU gegeben, bei dem die absolute Mehrheit nicht unerreichbar gewesen wäre.

Dieser Weg wäre vor allem für die FDP mit erheblichen Risiken verbunden gewesen, aber sie hätte durchaus die Chance gehabt, diese Risiken zu meistern, und es ist keineswegs ausgeschlossen, daß der Wähler der FDP diesen klaren und sauberen Weg honoriert hätte. Wir Liberalen, so hätte man argumentieren können, haben alles versucht, die Koalition mit der SPD fortzusetzen, aber es geht nicht mehr, weil der Bundeskanzler von seiner eigenen Partei im Stich gelassen worden ist. Wir sind für eine ehrliche Lösung, setzen uns an die Spitze der Bewegung und fordern den Wähler auf, durch seine Stimmabgabe zu entscheiden. Vielleicht hätte die FDP damit tatsächlich eine Chance gehabt, aus Neuwahlen passabel herauszukommen. Der Wechsel in Bonn wäre von seinem unguten Odium befreit gewesen, das schon dadurch augenfällig wird, daß heute Genscher als Vizekanzler und Außenminister neben Bundeskanzler Helmut Schmidt auf der Regierungsbank sitzt und morgen, als ob nichts geschehen wäre, in gleicher Eigenschaft und Funktion neben Bundeskanzler Helmut Kohl.

In der allerletzten Phase, als er seinen Rücktritt beziehungsweise seinen Sturz schon für unvermeidbar hielt, habe ich mit Helmut Schmidt telefoniert. Vermittler war meiner Erinnerung nach Hans-Jürgen Wischnewski, der das Vertrauen Schmidts hatte und der auch mir als zuverlässiger Partner bei der Übermittlung vertraulicher Informationen bekannt war. Wir haben beispielsweise bestimmte Afrika-Probleme besprochen, und einmal hat er mich dabei unterstützt, Staatspräsident Eyadema von Togo aus einer für ihn unangenehmen Verpflichtung herauszuhelfen. Helmut Schmidt sagte mir, daß es ihm lieber wäre, nicht über ein konstruktives Mißtrauensvotum gestürzt zu werden, sondern den normalen verfassungsmäßigen Weg zu gehen. Dies traf sich mit meinen Vorstellungen. An meine Zustimmung knüpfte ich jedoch zwei Bedingungen: Zum einen dürfe das Bundespresse- und Informationsamt im bevorstehenden Wahlkampf nicht mehr für die Bundesregierung tätig werden, zum anderen müßten die Mitglieder der Bundesregierung auf die Nutzung der Flugbereitschaft, jener Maschinen, die für Mitglieder der Bundesregierung zur Verfügung stehen, verzichten. Diese beiden Punkte, die sehr technisch klingen, wären für den Verlauf des Wahlkampfes sehr wichtig gewesen. Immer wieder hatten wir seit 1969 die Erfahrung machen müssen, daß der Regierung durch die Nutzung dieser Möglichkeiten zu Wahlkampfzwecken erhebliche propagandistische Vorteile entstanden. Helmut Schmidt, der gar kein Interesse mehr daran hatte, noch Punkte zu sammeln, hat beides sofort konzediert.

Ich habe das Helmut Kohl mitgeteilt, aber dieser war nicht bereit, darauf einzugehen. Er hatte die Weichen längst anders gestellt und den bequemen Weg gewählt. Im Hinblick auf seine künftige Tätigkeit als Bundeskanzler und die damit verbundenen Möglichkeiten der Vergabe von Ämtern hatte er der FDP feste Zusagen gemacht. Damit waren ihm die Hände gebunden. Die CSU-Abgeordneten in Bonn haben sich, entgegen vorheriger einhelliger Meinungsbildung und Beschlußfassung im Parteivorstand, diesem Spiel gebeugt. Am 17. September wurden die FDP-Minister von Helmut Schmidt entlassen. Zwischen diesem Tag und dem 1. Oktober 1982 gab es zwischen Genscher und mir kein Gespräch unter vier Augen; wenn wir zusammenkamen, dann nur gemeinsam mit Helmut Kohl.

Kohls sicherer Weg bedeutete den endgültigen Abschied von der absoluten Mehrheit der Union. Wenn seither das Wort »absolute Mehrheit« von uns nur in den Mund genommen wird, findet in der CDU bereits die große Teufelsbeschwörung statt. Ich sage nicht, daß die Art des Wechsels von vornherein falsch war, denn eine knappe absolute Mehrheit bringt Splittergruppen in der eigenen Fraktion in die Lage einer aktiven Erpressungsfähigkeit. Dennoch hätte es nach dem Ende der Regierung Schmidt/Genscher und vor einem Neuanfang weit gründlicherer Überlegungen und Abstimmungen bedurft. Ein überzeugender und glaubwürdiger Start, verbunden mit der notwendigen Aufarbeitung der von der liberal-sozialistischen Regierung hinterlassenen miserablen Erblast, die der FDP zuliebe unterblieb, wäre bei einer Befolgung meines Konzeptes weit weniger beeinträchtigt gewesen.

Zu überstürzter Eile bestand schon deswegen kein Anlaß, weil nichts den Sturz der Regierung Schmidt/Genscher und den weiteren wirtschaftlichen und finanziellen Abstieg der Bundesrepublik Deutschland hätte aufhalten können.

Genscher war also gesprungen und schwebte in der Luft. Es stellte sich für ihn nur die Frage, ob er auf festem Boden landen oder ins Wasser fallen würde, und hier hatte Genscher das Wort von Helmut Kohl, daß die FDP sicher aufgefangen werde. CDU und CSU haben dafür einen hohen Preis bezahlt. Mit der Verrats- und Dolchstoßlegende konnte die SPD bei den Landtagswahlen in Hessen, die am 26. September stattfanden, der CDU eine empfindliche Niederlage beibringen. Im Wahlkampf spielte es plötzlich keine Rolle mehr, daß die Sozialdemokraten selbst es waren, die Helmut Schmidt allein gelassen hatten. Ähnlich war es bei der bayerischen Landtagswahl zwei Wochen später, für die uns alle Meinungsumfragen ein Wahlergebnis zwischen 63 und 65 Prozent vorausgesagt hatten. Nach dem Sturz Schmidts durch das Mißtrauensvotum erzielten wir nur noch 58,3 Prozent, verloren also über Nacht rund 7 Prozent. Die haben wir geopfert auf dem Altar der Treue für Genscher. Die Tatsache, daß Kohl und Genscher sich frühzeitig über das konstruktive Mißtrauensvotum abgesprochen hatten, beraubte uns eines großartigen Wahlerfolges. Es war eine »Wende«, die die CSU teuer bezahlt hat und noch teurer bezahlen wird.

Mein Gegensatz zu Genscher ist nicht nur ein Gegensatz im Stil des Denkens, sondern auch ein Gegensatz aus parteipolitischen Unterschieden. Ich bin der Vorsitzende einer weitgehend geschlossenen und homogenen Partei, die ihre Wahlerfolge nicht zuletzt dieser starken und glaubwürdigen Einheit verdankt. Genscher hatte als Vorsitzender der FDP über viele Jahre hin diametral entgegengesetzten Kräften, die von linkest-liberal bis national-konservativ reichen, Rechnung zu tragen, ein Hintergrund, der zwangsläufig einen Schlingerkurs erforderlich macht. Die Instabilität des Standortes der eigenen Partei führt bei Genscher in Verbindung mit einer überdurchschnittlichen persönlichen Wendigkeit zu einer Politik der vagen und leeren Papierkorbformeln, deren Nichtigkeit vom Außenminister selbst sicher auch in den meisten Fällen erkannt wird. Genscher ist der Inhaber eines Weinfasses und einer Schublade. Im Faß ist der Wein, wenn auch schlechter, in der Schublade sind viele verschiedene Etiketten, die jeweils auf die gerade abgefüllte Flasche geklebt werden.

Ich habe mich mit Genscher mehrmals auch unter vier Augen über konkrete politische Probleme unterhalten. Selbst wenn es dabei zu gelegentlicher Übereinstimmung kam, hielt diese kaum länger, als das Gespräch dauerte, weil aufgrund von Genschers bewußter Unverbindlichkeit verläßliche Auskünfte kaum zu bekommen waren. Hinzu kommt die Fähigkeit zu doppeltem Spiel. So war das Verhalten des Auswärtigen Amtes mehr als zwielichtig und geradezu darauf ausgerichtet, mir persönlich zu schaden, als der damalige österreichische Vizekanzler und Außenminister Norbert Steger, Genschers Parteifreund, sich als Demonstrant gegen den Bau der atomaren Wiederaufarbeitungsanlage im oberpfälzischen Wackersdorf ankündigte. In Genschers Amt wurde, auch durch Fehlinformation, alles getan, den Freistaat Bayern und seinen Ministerpräsidenten in schlechtem Licht erscheinen zu lassen, anstatt daß man sich auf diplomatischem Wege eine solche Einmischung eines ausländischen Regierungsmitgliedes in rein innenpolitische Angelegenheiten verbeten hätte.

Helmut Kohl hat sich immer eines guten Kontaktes zu Genscher gerühmt, was auch umgekehrt galt. Schon im Zusammenhang mit den Bundestagswahlen von 1969, die CDU und CSU beinahe gewonnen hätten, behauptete Kohl, daß, wenn er selbst mit Genscher verhandelt hätte, die linksliberale Koalition nicht zustande gekommen wäre. Diese Aussage deckt sich mit den Vorwürfen gewisser Wirtschaftskreise an die Adresse der Union, aber auch mit der Einschätzung mancher CDU-Politiker, daß Kurt Georg Kiesinger damals der FDP kein Angebot gemacht und damit die SPD/FDP-Koalition verschuldet habe. Diese Darstellung ist falsch. Selbstverständlich hat die Union mit der FDP verhandelt. Aber wir standen vor der Tatsache eines längst beschlossenen Bündnisses.

1976, als er Kanzlerkandidat der Union war und auch zum Vorsitzenden der CDU/CSU-Fraktion gewählt wurde, hat Helmut Kohl darauf gehofft, daß die FDP den Partner wechseln, Genscher »springen« würde. Genscher sprang nicht – obwohl CDU und CSU gemeinsam 48,6 Prozent der Stimmen erreichten und dieses Ergebnis ein natürlicher Anlaß für einen Koalitionswechsel der FDP gewesen wäre. Es kann doch wohl kaum üblichem Demokratieverständnis entsprechen, daß eine Fraktion, für die sich fast die Hälfte der Wähler entschieden hat, durch die Wahlverlierer von der Regierungsverantwortung ausgeschlossen wird. Genscher sprang nicht – obwohl ihn mit dem Kanzlerkandidaten der Union, Helmut Kohl, gute persönliche Beziehungen verbanden.

Kontakte dieser Art haben die FDP nie zu einem Koalitionswechsel veranlaßt. Die FDP war immer nur dann zu einem Wechsel bereit, wenn sie sich davon mehr an Nutzen versprechen konnte, als ihr durch Verbleiben bei ihrem alten Koalitionspartner an Schaden drohte. Als ich im Jahre 1980 Kanzlerkandidat der CDU/CSU war, verpflichtete ich mich öffentlich, und nicht nur einmal, auf die Kandidatur zu verzichten, falls die FDP ihre Bereitschaft zu einer Koalition mit der Union davon abhängig mache, wer Kanzler werden solle. Zunächst hatte die FDP die Unmöglichkeit eines Koalitionswechsels nämlich mit dem Hinweis auf den Kanzlerkandidaten Strauß begründet. Als ich ihr durch meine wiederholte öffentliche Offerte diesen Vorwand nahm, hat sich Genschers Partei in ihrer Verlegenheit in dünne Ausreden geflüchtet: meine feierlich erklärte Bereitschaft, im Falle des Falles auf die Kanzlerkandidatur zu verzichten, sei nur »Theaterdonner«. Das Helmut Kohl zugeschriebene geflügelte Wort »Hans-Dietrich, jetzt mußt du springen!« hat sich 1980 ebensowenig erfüllt wie vier Jahre zuvor.

In einer Klausurtagung der CSU-Landesgruppe nach der Bundestagswahl im Herbst 1980 habe ich aus den vergeblichen Bemühungen der letzten Jahre, die FDP als Koalitionspartner zu gewinnen, meine Schlußfolgerungen gezogen. Meine Ausgangsfrage lautete: Wie können CDU und CSU wieder an die Regierung kommen, welche Möglichkeiten dazu gibt es? Die absolute Mehrheit der Union schloß ich als sehr unsicher aus, weil es, anders als in der CSU, wo dieses Ziel mit Erfolg erreicht wurde, in der CDU an Bereitschaft und Zuversicht fehlte, dafür mit aller Entschlossenheit zu kämpfen. Eine Koalition mit der SPD schied wegen der Natur des Partners und seiner Politik aus. Die Gründung einer vierten Partei, einer bundesweiten CSU, würde bei der CDU haßerfüllte Reaktionen hervorrufen – die Kreuther Beschlüsse von 1976 waren für viele in der CDU ein Alptraum. Ich war und bin kein Herostrat, der durch die Zerstörung der Union in die Geschichte eingehen will. Also eine Dauerkoalition von SPD und FDP, entsprechend der damals vom FDP-Innenminister Maihofer ausgegebenen Parole, wonach es sich bei dem Zusammengehen von SPD und FDP um ein historisches Bündnis von Liberalismus und Sozialismus handelt?

Keine politische Partei, und schon gar nicht Parteien von der Größe und Bedeutung der CDU und der CSU, kann darauf verzichten, wieder an die Macht zu kommen, ohne zu degenerieren. Also stellt sich, so meine damalige Analyse, die Frage, was die FDP tun werde. Meine Antwort: Sie werde so lange an der Seite der SPD bleiben, bis sie durch den Abstieg dieser Koalition, vor allem auf wirtschafts- und finanzpolitischem Gebiet, zunehmend selbst in Gefahr und ins Schleudern gerät. Sie wird erst dann springen, wenn der liberal-sozialistische Koalitionswagen in den Straßengraben fährt. Dann wird sie als Retterin der Nation auftreten und sich dafür noch feiern lassen. Es gehört zur Grundbefindlichkeit der FDP, daß sie erst dann den Partner wechselt, wenn die Frage des eigenen Überlebens sie zu diesem Schritt zwingt.

Noch nicht einmal zwei Jahre später kam mit dem Lambsdorff-Papier, dem entscheidenden Dokument im liberal-sozialistischen Scheidungsprozeß, die Bestätigung der Richtigkeit dieser Prognose. 1976 hatte sich die FDP der Union verweigert, obwohl Kohl Kanzlerkandidat war. 1980 hatte sie sich ebenfalls verweigert und diesmal meine Kandidatur vorgeschützt, obwohl ich sie mit meiner Bereitschaft, auf die Kandidatur zu verzichten, argumentativ in die Enge trieb. 1982 dann, als das links-liberale Gespann sich mit zunehmender Geschwindigkeit auf den Abgrund zu bewegte, war es soweit. Die FDP tat den für sie lebenserhaltenden Sprung.

Die FDP als eine Partei, die ständig vom Schrecken der Fünf-Prozent-Hürde bedroht und von der Dauersorge um das parlamentarische Überleben geprägt ist, verfügt dadurch über ein breites geistiges Manövrierfeld. Hans-Dietrich Genscher ist seit vielen Jahren die Verkörperung der daraus erwachsenden Wendigkeit, mit einem ausgeprägten Gespür für Chancen und Risiken. Er gehörte zu denen, die aus der Koalition mit der SPD herausholen wollten, was möglich war, wie er mir bei einem Gespräch unter vier Augen sagte. Diese Unterredung fand im Januar oder Februar 1981 im Auswärtigen Amt in Bonn statt.

Genscher hatte mich eingeladen, um sich mit mir über die allgemeine politische Lage auszusprechen. Ich wollte unter anderem sondieren, ob er schon einmal den Gedanken erwogen habe, unter Umständen als Kanzler einer Koalition mit der Union zur Verfügung zu stehen. Das abendliche Gespräch, das in einer sehr freundlichen Atmosphäre stattfand, endete mit Unverbindlichkeiten. In den letzten Jahren bin ich noch einige Male bei ihm zum Frühstück gewesen, wobei es weniger um konkrete Themen als um eine allgemeine politische »tour d'horizon« ging. Unter anderem haben wir über die von ihm angeschnittene Frage gesprochen, ob die CSU unter Umständen bereit sei, in der bayerischen Verfassung den Wahlrechtsparagraphen zugunsten der FDP zu ändern.

In meinem Wunsch, Anfang 1981 bei Genscher – militärisch gesprochen – zu rekognoszieren, ob er um den hohen Preis der Kanzlerschaft bereit sei, von der Fahne der SPD zu gehen, war ich bestärkt worden, weil ich damals, wenige Monate nach der Wahl, aus seiner engsten Umgebung gehört hatte, daß er eine Fortsetzung der Koalition mit den Sozialdemokraten nicht mehr lange für möglich halte. Zudem hatte ich auf Umwegen erfahren, daß sich Genscher gegenüber seinem Vertrauten Klaus Kinkel, dem Präsidenten des Bundesnachrichtendienstes und späteren Staatssekretär im Bonner Justizministerium, skeptisch über Helmut Kohl geäußert habe. Da der CDU-Vorsitzende als der nächste Kanzler der Union galt, wollte ich deshalb eruieren, ob hier nicht von seiten der FDP ein neues personelles Hindernis für einen möglichen Koalitionswechsel aufgebaut werde.

Sicherlich wäre es für die FDP außerordentlich problematisch geworden, wenn das Ergebnis eines Koalitionswechsels ein Bundeskanzler Genscher gewesen wäre, weil man diesen Schritt dann nur als Erfüllung einer persönlichen Ambition verstanden hätte. Daß ich dieses Gespräch mit Genscher im Alleingang führte, verstand sich von selbst, weil eine Abstimmung mit anderen zur Folge gehabt hätte, daß drei Tage vorher darüber in den Zeitungen zu lesen gewesen wäre. Genscher wie ich bewahrten über diese Unterredung, die zudem ohne Ergebnis blieb, Stillschweigen.

Die damals in der FDP gegen Kohl umgehende Kritik lief darauf hinaus, daß man dem CDU-Vorsitzenden vorwarf, ein Generalist zu sein. In solcher Vereinfachung kann dieser Begriff kein Vorwurf sein, weil ein Spitzenpolitiker und erst recht ein Bundeskanzler Kompetenz auf allen politischen Feldern haben muß. Allerdings kann es sich ein Generalist beispielsweise nicht erlauben zu sagen, ich marschiere nach Süden, weil es egal ist, wohin ich marschiere, da ich als Generalist in alle vier Himmelsrichtungen marschieren kann. Bundeskanzler Kohl vertritt in der Innen- wie in der Außenpolitik die richtigen Überzeugungen. Er ist ein klarer Befürworter der Sozialen Marktwirtschaft, er ist entschieden für den Erhalt und die Unterstützung der Familie und gegen gesellschaftliche Auflösungstendenzen, er ist für die klare Bindung der Bundesrepublik Deutschland an den Westen und gegen ostpolitische Abenteuer, er ist für die Aufrechterhaltung der Verteidigungsfähigkeit der Bundesrepublik, was er bei der Durchsetzung des NATO-Doppelbeschlusses gegen den erbitterten Widerstand der Opposition und der Straße bewiesen hat. Die Probleme beginnen im Detail.

Bei allen meinen Gesprächen mit Genscher stellte ich, nicht zu meiner Überraschung, fest, daß die deutsche Außenpolitik seit 1969 systematisch ihrer Konturen beraubt worden war. Es gibt keine deutsche Außenpolitik für den pazifischen Raum, es gibt keine deutsche Afrikapolitik, es gibt keine deutsche Nahostpolitik und so weiter und so weiter. Es gibt seit Genscher nur noch eine multilaterale deutsche Kongreßpolitik: Europäische Gemeinschaft, Europäisches Parlament, Vereinte Nationen, OECD, KSZE sind die institutionellen Stichworte, an denen eine angebliche deutsche Außenpolitik festgemacht wird. Zu fragen ist, ob diese Multilateralisierung nicht dem Zustand mancher Teile unserer Nation entspricht, ja, ob diese Nation überhaupt noch, zumindest in der Meinung vieler politischer und publizistischer Verantwortungsträger, Nation sein will.

Jedenfalls sind wir weit fortgeschritten auf dem Wege einer Abwendung von Kernthemen unserer staatlichen, politischen und nationalen Existenz hin zu einer Einstellung, in der persönliches Wohlergehen über alles gestellt wird. Aber ich bin überzeugt, daß eines Tages ein Umdenken kommen wird. Dazu steht mir immer ein historisches Beispiel vor Augen: Im Jahre 1934 haben die Studenten der Oxford Union in einer ihrer Debatten beschlossen, niemals wieder für König und Vaterland in den Krieg zu ziehen. Das waren dieselben Engländer, die fünf Jahre später den Krieg gegen Hitler forderten und bis zum bitteren Ende durchhielten.

Wer meint, Nation und nationales Denken hintanstellen zu müssen, könnte sich in seiner politischen Rechenfähigkeit als sehr kurzsichtig erweisen. Wenn es einer seriösen Rechtspartei, einer progressiven nationalkonservativen Partei gelingt, auf Dauer über die Fünf-Prozent-Hürde zu kommen, wäre die Kombination aus CDU, CSU und FDP nicht mehr mehrheitsfähig. Die Optionen, die es dann für CDU und

CSU noch gäbe, können bei den Verfechtern der mit Adenauer begonnenen klassischen Unionspolitik nur Entsetzen hervorrufen. Eine Koalition von SPD und Grünen ist für mich keine demokratisch akzeptable Alternative. Der Gedanke einer Großen Koalition weckt mehr Unbehagen als Zuversicht. Wo also bleibt die Bewegungsfähigkeit der Union?

Die CDU ist von ihrem Generalsekretär Geißler auf eine Linie gebracht worden, die von einer ideologisch-progressiven Öffnung nach links gekennzeichnet ist. Es ist mit Sorge die Frage zu stellen, ob Geißler und die von ihm vertretenen Kreise der CDU nicht mehr merken, daß sie unverdrossen weite Teile der Stammwählerschaft vor den Kopf stoßen. Wenn die CSU sich beispielsweise zur Begnadigung von Terroristen in klarer Weise so äußert, wie es der Einstellung der großen Mehrheit unserer angestammten Wählerschaft entspricht, ist Geißler sofort zur Stelle, uns zu tadeln und zu kritisieren. Geißler glaubt nicht, daß es rechts von der CDU ein nennenswertes Wählerpotential gibt, um das es sich zu kämpfen lohnt. Zudem geht er von der irrigen Annahme aus, daß diese Wähler ohnehin keine andere Wahl als die Union haben und daß man deshalb mit ihnen umspringen könne, wie man wolle. Er erkennt nicht, daß auf der rechten Seite des politischen Spektrums zwangsläufig ein Vakuum entstehen muß, wenn sich die CDU in Konkurrenz zur SPD auf einen Wettlauf nach links einläßt.

Gemeinsam mit Helmut Kohl habe ich die Formel entwickelt und vertreten, daß es rechts von der Union keine demokratisch legitimierte Partei geben darf. Diese Formulierung, deren Mitschöpfer also auch der CDU-Vorsitzende ist, hat Geißler und Norbert Blüm nicht daran gehindert, die CSU eines Rechtsrucks zu bezichtigen und uns deswegen zu diffamieren. Das geschah während des Bundestagswahlkampfes 1987. Als ich mich bei der ersten Generalabrechnung nach dieser Wahl über das empörende Verhalten von Teilen der CDU beklagte, so über Aussagen Geißlers in einem »Spiegel«-Interview, saß Helmut Kohl schweigend dabei. Ich mußte ihm sagen: »Helmut, der Gegenstand des Vorwurfes, den der Generalsekretär und Herr Blüm gegen die CSU und mich erhoben haben, bezieht sich exakt auf die zwischen uns beiden abgesprochenen Formulierungen. Ist es so oder ist es nicht so?« Kohls Antwort: Das sei doch so selbstverständlich, daß er dazu gar nicht Stellung nehmen wolle.

Unser Problem seit 1982 ist, daß wir an den Symptomen herumdoktern. Da wird beschlossen, daß wir nunmehr eine Frühjahrs- und eine

Herbstoffensive starten, daß die Zusammenarbeit institutionalisiert und erheblich verbessert werden soll, daß man schon im Vorfeld von Entscheidungen Meinungsverschiedenheiten auslotet und sie durch Abstimmungsgespräche aus der Welt schafft. Währenddessen sorgt Heiner Geißler mit seiner Lagertheorie für die Verwischung eines klaren Bildes der Union und für Verwirrung bei unseren Wählern. Geißlers Ansatz, daß es praktisch nur mehr zwei politische Lager gebe, ein rotgrünes und eines aus CDU, CSU und FDP, beinhaltet, daß die Grenzen innerhalb dieser Lager fließend sein müssen. Demnach wäre es fast unerheblich, wenn die FDP zu Lasten der Union Stimmen gewinnt, weil das Gesamtergebnis doch nur einem gemeinsamen Lager zugute käme.

Das ist eine Rechnung mit mehr als nur einer Unbekannten, die zudem den grundsätzlichen Fehler hat, daß die FDP keineswegs, wie ihr Verhalten seit 1949 beweist, ein Koalitionspartner ist, auf den auf unabsehbare Zeit und felsenfest gebaut werden kann. Wie brüchig die Lagertheorie ist, mußte Walter Wallmann 1983 bei seinem ersten Antreten in Hessen erfahren, als er die Parole ausgab: Wer FDP wählt, wählt auch mich. Von diesem Angebot haben zwar viele Wähler Gebrauch gemacht, aber Wallmann wurde dann doch nicht zum Ministerpräsidenten gewählt, sondern schaffte dieses Ziel erst im zweiten Anlauf und um Haaresbreite.

Obwohl seit dem Regierungswechsel von 1982 eine im großen und ganzen erfolgreiche Politik betrieben wird, mit beachtlichen wirtschaftlichen und finanzpolitischen Erfolgen, geht von Bonn ein Strom der Entmutigung, der Lähmung, im günstigsten Fall noch des Gähnens, des Überdrusses aus. Es fehlt an Impulsen, von charismatischer Ausstrahlung ganz zu schweigen. Helmut Schmidt konnte durch Bölling einen Schleifstein als einen Goldklumpen verkaufen – heute machen sie in Bonn aus einem Goldklumpen einen Schleifstein. Deshalb habe ich in einem Interview mit der »Welt am Sonntag« die Frage nach dem Kanzlerbonus gestellt, was dann gleich als Majestätsbeleidigung empfunden wurde.

Als wir im Jahre 1976 die Bundestagswahl nicht gewannen – wir waren nahe daran an einem Kabinett Kohl/Strauß –, wurde mit Recht der Kanzlerbonus von Helmut Schmidt, der auch 1980 noch seine Wirkung tat, als Grund angegeben. 1980 war ich Kanzlerkandidat – von der FDP wütend bekämpft, von der SPD ohnehin, getragen nur von der CSU und von weiten Teilen der CDU, wenn auch von Teilen der CDU kaum. In dieser Situation erlangten CDU und CSU zusammen 44,5 Prozent - die CSU allein erreichte an die 58 Prozent -, die SPD kam nur auf 42,9 Prozent. Durch die Haltung der FDP, durch ihre Bindung an die alte Koalition bin ich nicht zum Ziel gekommen. Und jetzt der Vergleich zu 1987: Bei einer voll laufenden Konjunktur, bei einer Konsolidierung der Finanzen, bei einer Inflationsrate von Null erzielten wir in der Bundestagswahl zusammen 44,3 Prozent, also weniger, als ich sieben Jahre zuvor als schlecht unterstützter Oppositionskandidat hatte. Zieht man aus diesem Ergebnis noch einmal das Ergebnis der CSU heraus, dann kommt die CDU in ihrem Bereich mit 41,9 Prozent auf das schlechteste Wahlergebnis seit den Wahlen von 1949, die natürlich anders gewertet werden müssen.

Die Frage nach dem Kanzlerbonus kann deshalb weder Hochverrat noch Majestätsbeleidigung noch Verhöhnung des Kanzlers sein. Soll man denn nicht einmal die Frage stellen dürfen, warum die CDU so viele ihrer Wähler verloren hat, warum sie so weit abgesackt ist, daß das »Lager« CDU plus FDP weniger Stimmen hat als früher die CDU allein? Es muß abwärts gehen, wenn eine Partei willenlos wird, wenn sie bis zur Profillosigkeit mit der FDP identifiziert werden kann, wenn sie Wähler an die FDP abgibt, die ihrerseits weiterhin darauf bedacht ist, einen Kanzler zu haben, der sich ihrem Willen beugt, einen Kanzler, der nicht bereit ist, eigene Positionen mit Nachdruck zu verteidigen. Dieses Spiel funktioniert aber nur, solange CDU plus FDP die Mehrheit haben, was ja in den Bundesländern, wo der Bestand der CDU erheblich abgeschmolzen ist, immer weniger der Fall ist. Es geht nicht um rechtsradikale Narren, wie etwa um die Deutsche Volksunion des Gerhard Frey. Aber wenn sich eine Rechtspartei bildet mit einem populistischen Programm und einer charismatischen Führung, dann stimmt die ganze Lagertheorie CDU und FDP endgültig nicht mehr. Dann müßte man entweder mit dieser Rechtspartei und der FDP zusammengehen, was kaum möglich ist, oder Genschers Traumziel einer neuerlichen Koalition SPD/FDP wäre nach den nächsten oder übernächsten Bundestagswahlen erreicht. Darum auch hat Genscher sich bemüht, daß Baum und Hirsch ihre Funktionen behalten und in der Partei immer noch eine beachtliche Rolle spielen. Und auf diesem Waagebalken reitet Helmut Kohl.

Eines der skandalösesten Vorkommnisse seit dem Regierungswechsel von 1982 ist die Affäre um den Bundeswehrgeneral Günter Kießling.

Wenn ich daran denke, daß ich als Verteidigungsminister gehen mußte, weil ich angeblich dem Parlament eine falsche Auskunft gegeben habe! Daß Wörner trotz der Kießling-Affäre im Amt blieb, verrät ein geradezu unvorstellbares Maß an Skandalfähigkeit. Da verläßt sich ein Verteidigungsminister auf dubioseste Agentenberichte aus der Halbwelt, hält sie für glaubwürdig, setzt ein Verfahren gegen den betroffenen General in Gang, das an Widerwärtigkeit nicht zu überbieten ist, kommt dann in Beweisnot, lädt auf Kosten des Steuerzahlers einen schillernden, einschlägig bekannten »Schriftsteller« aus dem Homosexuellen-Milieu aus der Schweiz nach Bonn ein, ein Oberst gibt dem Herrn das Ehrengeleit, der Minister spricht stundenlang mit diesem »Zeugen«, läßt sich detailliert über die angeblichen Verfehlungen des Generals berichten – und am Ende dieser unsäglichen Aktion mit ihrem unsäglichen Kronzeugen bricht das ganze Gebäude der Anklage gegen den General zusammen. Daß der Schweizer »Ehrengast« im Verteidigungsministerium hinterher in einem Interview berichtete, der Adjutant des Verteidigungsministers, Oberst Klaus Reinhardt, habe ihn »angefleht, rüberzukommen, weil es nicht mehr nur um den Kopf von Herrn Wörner, sondern um die ganze Bundesregierung ginge und ich aufgrund meiner Aussage in der Lage sei, zu verhindern, daß unter Umständen Herr Strauß nach Bonn käme und Herr Zimmermann Verteidigungsminister wird«, ist nur ein zusätzlicher Aspekt dieser unerträglichen Affäre.

Der Minister muß nach erwiesener Windigkeit seiner angeblichen Informationen den in Unehren hinausgeworfenen General in allen Ehren reaktivieren. Kurz darauf wird dann General Kießling, seinem Alter gemäß, mit allem militärischen Zeremoniell, einschließlich Großem Zapfenstreich, in Pension geschickt – in Anwesenheit Wörners! Ein Verteidigungsminister, der sämtliche Ehrengebote verletzt, das Offizierkorps beleidigt, Generale demütigt, sich dazu noch widerlichster Kronzeugen bedient, wäre in jedem anderen demokratischen Land keinen Tag länger im Amt geblieben. Alle Koalitionsparteien in Bonn, auch die CSU, waren hier viel zu tolerant und nachsichtig. Daß es Sache des Bundeskanzlers gewesen wäre, einen solchen Minister sofort zu entlassen, steht auf einem anderen Blatt.

Nur: Wörner war mit der Affäre Kießling ein geschwächter Mann, ein Minister ohne Gewicht und Einfluß. Am deutlichsten wurde mir dies im August 1987, als Helmut Kohl seinen Verzicht auf die Pershing I A ankündigte – entgegen seinem bis dahin vertretenen Standpunkt, entgegen der noch kurz vorher feierlich erfolgten Koalitionsfestlegung und entgegen allen mir persönlich unter Beschwörungen abgegebenen Parolen, dies wäre ein verhängnisvoller Schritt. Einseitig und ohne Not auf die Pershing-I-A-Raketen zu verzichten, so hatte Verteidigungsminister Wörner erklärt, sei geradezu lebensgefährlich. Im Sommer besuchte mich Wörner in meiner Münchner Wohnung, um mich – was gar nicht nötig war, weil ich den Abzug der Pershing I A im Interesse der deutschen Sicherheit von Haus aus für völlig verantwortungslos hielt – als Verbündeten zu gewinnen. Es gehe darum, Unheil abzuwenden: »Herr Strauß, Sie müssen mir helfen, eine Katastrophe zu verhindern!« Als es dann soweit war und Kohl seine durch nichts begründete Wendung um 180 Grad vollzog, von Heiner Geißler ebenso listiger- wie absurderweise als Wahlhilfe für die dann mit Pauken und Trompeten von der CDU verlorene Landtagswahl in Schleswig-Holstein gedacht, blieb Verteidigungsminister Wörner stumm. Seine seit der Affäre Kießling offenkundige Position der Ohnmacht und die Tatsache, daß ihm Kohl das Amt des NATO-Generalsekretärs in Aussicht gestellt hatte, verschlossen ihm den Mund. Plötzlich war der deutsche Verzicht auf die Pershing I A keine Katastrophe mehr.

Die Bedeutung der Bundesrepublik muß auch, obwohl dieses Wort als ominös gilt, geopolitisch, geostrategisch und militärgeographisch gesehen werden. Es ist einer der Fehler der Bonner Politik, auch jener seit 1982, daß sie dafür einfach keinen rechten Blick hat. Ich gehöre nicht zu denen, die aus der Bundesrepublik eine Supermacht machen wollen und der Gefahr erliegen, die Dimensionen zu verwechseln. Aber Bonn hat die ganze Raketendiskussion und das Thema der Null-Lösungen verschlafen. Außenminister Genscher hat es bewußt versäumt, weil er von vornherein auf dem falschen Fuß hurra geschrieen hat. Bundeskanzler Kohl hat sich immer wieder auch offiziell für die Beibehaltung der Pershing I A auf deutschem Boden ausgesprochen, das letzte Mal wenige Tage vor seiner Verzichtserklärung, von der ich während einer Bulgarienreise am 26. August 1987 am Telefon erfuhr. Meiner Meinung nach hätte der Kanzler bei Beginn dieser Diskussion in die USA fliegen und dort für klare Verhältnisse sorgen müssen.

Das Haupthindernis für eine nüchterne und realistische Waffen- und Abrüstungsdiskussion ist der in vielen Köpfen fest verwurzelte und von großen Teilen der veröffentlichten Meinung genährte, offensichtlich unausrottbare Aberglaube, daß Abrüstung allein schon den Frieden sichert. Dabei haben wir in den zwanziger und dreißiger Jahren an einem dramatischen Beispiel, das mehr als fünfzig Millionen Menschen das Leben gekostet hat, erlebt, daß Abrüstung nicht den Weg zum Himmel des Friedens, sondern zur Hölle des Krieges geöffnet hat. Abrüstung darf nicht zu einseitiger Schwächung führen. Ich sage für Europa im allgemeinen und für die Bundesrepublik im besonderen dann ja zu einem Abrüstungsschritt, wenn auch danach die Bürger von Passau und Lübeck, von Hamburg und München die gleiche Sicherheit haben wie die Menschen in New York und San Francisco. Das atlantische Bündnis hat für mich nur dann einen Sinn, wenn es für das gesamte Gebiet der Allianz allen Menschen bei gleichem Risiko die gleiche Sicherheit gewährleistet. Eine Bündnisstrategie, die auf Zonen höherer und minderer Sicherheit hinausliefe oder diese gar anstrebte, trüge den Keim der Zerstörung in sich. Seit Jahren kämpfe ich mit größter Hartnäckigkeit für die Erhaltung der gleichen Sicherheit für alle Menschen im Gebiet der atlantischen Allianz. Noch im Juli 1987 hat mir Präsident Reagan im Weißen Haus nachdrücklich bestätigt, daß meine Forderung nach gleicher Sicherheit für alle nahtlos mit seiner Politik übereinstimme. Teile man das Bündnisgebiet in Zonen unterschiedlicher Sicherheit ein, bereite man dem politischen und militärischen Neutralismus in der Bundesrepublik den Weg. In der Tat herrscht im Weißen Haus, im State Departement und im Pentagon eine Höllenangst davor, daß eine überzogene Null-Lösung ein Schuß nach hinten sein und eine gefährliche Neutralismus-Diskussion in der Bundesrepublik herbeiführen könnte. Eine solche grundsätzliche Klärung hat Bonn im Zusammenhang mit der Pershing I A versäumt.

Im Streit um die Pershing I A hat sich merkwürdigerweise niemand daran erinnert, zumindest wurde es in keinem Kommentar erwähnt, daß die Entscheidung für ihre Aufstellung noch in meine Zeit als Bundesverteidigungsminister zurückreicht. Die Pershing war der Ersatz für die Mace. Die Mace hatte zwar eine Reichweite von 2.000 Kilometern, aber sie flog nur mit einer Stundengeschwindigkeit von etwa 800 Kilometern. Der Unterschied zwischen Mace und Pershing war ähnlich wie der zwischen der V 1, die auch zu langsam war, und der V 2. Wir haben damals eine Waffe gewünscht, die in den Aufstellungsraum der zweiten sowjetischen Angriffswelle – das ist der Raum westlich von Warschau – wenigstens hineinreicht. Dabei wollten wir damals ebensowenig schießen wie heute, sondern durch die Gewißheit, daß wir schießen könnten, jeden gegnerischen Angriff unmöglich machen. Dies entsprach dem später so genannten FOFA-Konzept (»follow on forces attack«), das

NATO-Oberbefehlshaber Bernard Rogers Anfang der achtziger Jahre entwickelt hat. Der Grundgedanke ist der: Die Russen greifen an mit der ersten Welle, die sie verstärken können, aber nicht unbemerkt. Für die NATO-Streitkräfte, die fast keine Reserven haben, ist eine Verschiebung von Divisionen oder ein Einsatz von Reservedivisionen nicht mehr möglich. Sämtliche NATO-Streitkräfte wären im Falle eines Angriffs von der ersten Minute an festgezurrt, eine Verlegung im Hinterland, wie früher, als man militärische Großverbände mit der Eisenbahn oder mit Kraftfahrzeugen hin und her geschoben hat, wäre ausgeschlossen.

Der Oberbefehlshaber der amerikanischen Streitkräfte in Deutschland, General Kroesen, auf den in Heidelberg ein terroristischer Anschlag verübt wurde, sagte mir einmal, seine Aufgabe sei eine Stunde nach Kriegsausbruch zu Ende. Er könne dann nichts mehr machen, alle seine Truppen seien im Einsatz, er habe keine Reserveverbände mehr. Die erste Welle des Feindes werde aufgehalten unter schwersten Verlusten auf beiden Seiten, die zweite Welle erziele wahrscheinlich den Einbruch, die dritte Welle schaffe den Durchbruch zum Atlantik. Darum brauchen wir Waffen, die in den Aufstellungsraum der dritten Welle des Gegners hineinreichen. Das wäre die Pershing II gewesen. Unter allen Umständen aber brauchen wir Waffen, die in den Aufstellungsraum der zweiten Welle hineinwirken. Die Frage nach Waffen, die in die Aufmarschräume einer zweiten und dritten Angriffswelle des Warschauer Paktes hineinreichen, ist eine Kernfrage der deutschen Sicherheit. Sie muß von deutscher Seite immer wieder gestellt, ihre Beantwortung bei unseren Verbündeten, den Amerikanern zumal, immer wieder dringend angemahnt werden.

Für die Russen war und ist es von entscheidender Bedeutung, auf europäischem Festland Raketen zu verhindern, die sowjetisches Territorium erreichen könnten. Der damalige russische Botschafter in Bonn, Semjonow, hat mir Anfang der achtziger Jahre, als es um den Vollzug des NATO-Doppelbeschlusses ging, diese Haltung Moskaus eindringlich vor Augen geführt. Die Sowjets seien sonderbare Verbündete, meinte ich, da sie anscheinend nichts gegen Raketen hätten, die andere Länder des Warschauer Paktes, beispielsweise polnische Kerngebiete, treffen könnten. »Wir können nicht alles verhindern«, sagte Semjonow. »Für uns ist der entscheidende Punkt die Integrität und Nichtverletzbarkeit des Mutterbodens der Sowjetunion.« Daß dies ein roter Faden in den strategischen Uberlegungen der Sowjetunion ist, geht auch aus einem Angebot hervor, das Breschnew Henry Kissinger unterbreitet hat, der mir davon berichtete. Breschnew wollte ein Abkommen zwischen den beiden nuklearen Weltmächten dahingehend, daß man im Kriegsfalle nur das Gebiet der gegnerischen Verbündeten, nicht aber sowjetischen oder amerikanischen Boden mit Atomwaffen angreife.

Jede theoretisch denkbare Auseinandersetzung in Europa würde heute auf deutschem Boden stattfinden. Es gibt keinen Frontverlauf mehr von zehn oder zwölf Kilometern Tiefe auf beiden Seiten, wie dies noch im Prinzip während des ganzen Zweiten Weltkrieges der Fall war. Heute mißt das Schlachtfeld 500 Kilometer Tiefe nach beiden Seiten. Im Zentrum dieser Landkarte liegt Deutschland, Deutschland in seiner Gesamtheit – alle Deutschen sitzen in einem Boot. Wir stellen das Schlachtfeld, wir stellen 500.000 Mann – die Hälfte aller Landstreitkräfte der NATO in Europa, 100 Prozent der Seestreitkräfte in der Ostsee –, und davon lebt die NATO. Die Franzosen sind ausgeschieden aus der Militärorganisation, die Engländer haben mehr Truppen in Irland als am Rhein, die Holländer und Belgier sind im Vergleich zu uns militärisch wenig engagiert, ähnliches gilt für die Dänen und Norweger. Deshalb habe ich den Amerikanern nicht nur einmal gesagt: »Wenn ihr eure atlantische Konzeption durchhalten wollt, dann könnt ihr es nur mit uns.« Um so unverzeihlicher ist der freiwillige Verzicht auf die Pershing I A in unserer Hand.

Die Amerikaner haben uns Ende der siebziger Jahre in die Nachrüstungsdiskussion hineingetrieben. Helmut Schmidt gab mit seiner Londoner Rede im Oktober 1977 den Startschuß für die Europäer, war aber wegen der Entwicklung in seiner eigenen Partei nicht in der Lage, den gut zwei Jahre später zustande gekommenen NATO-Doppelbeschluß durchzusetzen. Die Koalition aus CDU, CSU und FDP hat mit der Verwirklichung dieses Beschlusses eine große Leistung vollbracht. In der Schlußphase der Reagan-Präsidentschaft ist eine für uns Deutsche schwierige Situation eingetreten. Mit den gleichen Argumenten, mit denen Ende der siebziger Jahre die Durchführung der Nachrüstung als unabwendbar und unabweisbar begründet worden war, sollte jetzt, vor dem Hintergrund des INF-Abkommens, das Gegenteil begründet werden. Die Null-Lösung war aus westlicher Sicht nicht akzeptabel, solange bei den atomaren Raketen mit einer Reichweite von null bis 500 Kilometer die erdrückende sowjetische Überlegenheit bestand. Die Sowjets hatten während der Verhandlungen modernisierte Kurzstreckenraketen nachgeschoben, so daß wir in der paradoxen Situation waren, keine dritte Null-Lösung verlangen zu dürfen, weil wir dann der überwältigenden Stärke der konventionellen Bewaffnung der Sowjets ausgesetzt gewesen wären. Aus deutscher Sicht hätte geklärt werden müssen, was in den Reichweiten bis 500 Kilometer zur Angleichung der Raketenstärken geschieht, wobei wir auf westlicher Seite die Reichweiten von 120 Kilometer auf 450 bis 500 Kilometer hätten ausweiten müssen.

Weitere Fragen schließen sich an, aber am Ende führt das Ganze zu der Feststellung, daß es nicht um Raketenzählen geht, sondern um die Frage, ob es in der Sowjetunion wirklich einen politischen Wandel gibt. Kommt dieser Wandel nicht, ist jede Abrüstungsmaßnahme für sich allein nur mit höchster Skepsis zu betrachten. Helfen wir Gorbatschow, das zu erreichen, was er nach unserer Meinung anstreben sollte? Verpflanzen wir unseren politischen Willen in das Herz von Gorbatschow? Helfen wir ihm dabei, die Schwierigkeiten im Innern der Sowjetunion zu überwinden? Helfen wir ihm dabei, die aggressive Außenpolitik abzubauen? Helfen wir ihm dabei, einen grundlegenden Wandel herbeizuführen? Das Ganze wäre überlegenswert, wenn endlich auch konkrete Zeichen kämen, Tatsachen zumindest am Horizont sichtbar würden. Andernfalls stellt der Westen einen Wechsel aus, einen Blankoscheck, der nie zu unseren Gunsten eingelöst wird. Deshalb war ich so enttäuscht und empört darüber, daß Bundesregierung und Bundeskanzler, entgegen ihrer zuvor als unverrückbar geltenden Position, plötzlich auf die Pershing I A verzichteten und damit ein wichtiges Faustpfand aus der Hand gaben, das für die Wahrung der deutschen Interessen, trotz des veralteten Zustandes der Raketen, noch von großer Wichtigkeit gewesen wäre. Aus falsch eingeschätzten innenpolitischen und wahltaktischen Gründen - im September 1987 waren Landtagswahlen in Schleswig-Holstein - und aus einer überflüssigen Neigung heraus, den Amerikanern ständig behilflich sein zu wollen, wurde dieser Verzicht ohne Not geleistet. Deutsche Interessen, die der erste Maßstab deutscher Politik sein müßten, wurden dabei in geradezu gefährlicher Weise vernachlässigt.

Adenauer hat Kabinettssitzungen regelmäßig dazu benutzt, die Grundlinien seiner Politik in einprägsamer, holzschnittartiger Form darzulegen. Grundfragen der Sicherheit nahmen dabei stets einen besonderen Rang ein. Seine Vorträge im Kabinett hatten vor allem die Funktion, die Regierungsmitglieder auf seinen Kurs einzuschwören und sie dazu anzuhalten, diesen auch nach außen wirksam zu vertreten. Ständig hat er vor der sowjetischen Bedrohung gewarnt, ständig hat er uns die drei Grundpfeiler der deutschen Politik in Erinnerung gerufen: Aussöhnung mit Israel, Freundschaft mit Frankreich, Bündnis mit den USA. Seine Ausführungen waren immer auch Geschichtslektionen - wir dürften nicht vergessen, was hinter uns liege, wir hätten keinen Grund zu glauben, daß man uns in der Welt liebe und uns alles verziehen habe. Diese Mahnung kam immer wieder.

Adenauer war beeindruckend in seiner Darstellungskraft, er war ein großer Meister in der Kunst der Vereinfachung und damit in der Kunst der einprägsamen Formulierung. An eine bestimmte Gedankenführung erinnere ich mich deshalb besonders gut, weil sie oft wiederholt wurde und meine Zuständigkeit als Verteidigungsminister betraf: »Meine Herren, das ist ganz einfach. Wir wollen doch keinen Krieg. Wenn wir der NATO beitreten, gibt es keinen Krieg, wenn wir der NATO nicht beitreten, gibt es Krieg.« Immer wieder entwickelte er seine Argumentation: Es dürfe in Europa kein Vakuum entstehen, keine Unsicherheit geben, die Deutschen dürften nicht zwischen West und Ost hin und her gerissen werden. Die Deutschen müßten eine feste Verankerung haben, wenn wir die nicht hätten, brauchten wir an Wiedervereinigung zu akzeptablen Bedingungen gar nicht zu denken. Das war eine wesentliche Grundlinie, Wiedervereinigung ja, aber nicht um den Preis der Gefährdung oder gar der Preisgabe der Bundesrepublik.

Oft wurde und werde ich gefragt, ob ich mich als Schüler Adenauers fühle. Die Antwort heißt ja, aber mit einer gewissen Einschränkung. Im Bekenntnis zu den drei »Leuchttürmen«, im Bekenntnis zur Westbindung der Bundesrepublik Deutschland, in der Angst, die Deutschen könnten wieder einmal unkalkulierbar werden, in der Sorge, der rote Faden der geschichtlichen Kontinuität einer demokratischen deutschen Innen- und vor allem Außenpolitik könnte verlorengehen - in all dem sehe ich mich in der Nachfolge des ersten Kanzlers. Die Einschränkung bezieht sich auf eine gewisse ängstliche Nachgiebigkeit, die Adenauer bei aller ehernen Grundsatztreue zu eigen war.

Was ich seit 1982 in Bonn vermisse, sind klare Leitlinien, überzeugende Vorgaben und konsequente Durchsetzung gefaßter Beschlüsse. Statt dessen kennzeichnen mühsame, stundenlange, tagelange, wochenlange, oft monatelange Gespräche die Szene, ehe es zu Ergebnissen kommt. Diese stehen dann, vor allem was ihre Durchschlagskraft betrifft, zu dem damit verbundenen zeitlichen Aufwand in einem völlig ungenügenden Verhältnis. Die Beratungen über die Steuerreform gehören zu den bedrückendsten Erfahrungen, die ich diesbezüglich gemacht habe.

Solange wir in der Opposition waren, gehörte es zum gemeinsamen Programm von CDU und CSU, nach der Regierungsübernahme eine Steuerreform aus einem Guß zu machen, deren Hauptziel es sein sollte, daß Leistung sich wieder lohnen müsse. Wir waren uns in der Union einig, daß dazu selbstverständlich auch eine Senkung des Spitzensteuersatzes gehört. Wir haben nur deshalb darauf verzichtet, dies in unser gemeinsames Programm aufzunehmen, weil die CDU erklärte, daß dies noch einmal diskutiert werden müsse, daß aber an ihrem grundsätzlichen Ja keinerlei Zweifel möglich sei. Kohl führte seinen Wahlkampf ganz wesentlich mit dem Argument leistungsfreundlicher Steuergesetze.

Als es nach der Wahl zum Schwure kam, sah plötzlich alles ganz anders aus. Geißler und Blüm brachen, von Kohl in keiner Weise dabei behindert, einen sinnlosen und mit Klassenkampfparolen ausgetragenen Streit um die Senkung des Spitzensteuersatzes vom Zaun, der dem politischen Gegner erst die Stichworte für seine Agitation gegen uns lieferte. Drei Wochen lang haben wir zermürbende und quälende Gespräche geführt, insgesamt dreißig Stunden. Die CSU mußte sich wildeste Attacken von Geißler, Blüm und ihren Freunden gefallen lassen, die Verletzung des Gerechtigkeitsgebotes wurde beklagt, die Zerstörung des christlich-sozialen Gedankens an die Wand gemalt, der Untergang der CDU beschworen, wenn es zu einer Senkung des Spitzensteuersatzes käme. Die FDP war auf unserer Seite.

Kohl, der vor der Wahl nicht weniger entschlossen als ich im Interesse der internationalen Wettbewerbsfähigkeit der deutschen Wirtschaft, im Interesse von Investitionen sowie im Interesse der Erhaltung bestehender und der Schaffung neuer Arbeitsplätze diesen Schritt für notwendig hielt, erklärte nun, daß er gegen jede Senkung des Spitzensteuersatzes sei, weil dies die Gefahr eines Auseinanderbrechens der CDU in sich berge. Dabei berief er sich auch auf Telefongespräche mit den Ministerpräsidenten der CDU-regierten Länder, die dieser Meinung seien. Von einigen hörte ich hinterher, daß sie zu Unrecht für diese Argumentation in Anspruch genommen worden seien.

In Wirklichkeit war der Spitzensteuersatz zunächst überhaupt kein Thema gewesen, sondern ist erst durch einseitige, voreilige und überflüssige Festlegung von Geißler, Blüm und den Sozialausschüssen dazu gemacht worden. Dieser Stimmungsmache hätte eine entschlossene

Führung von Anfang an entgegenwirken müssen. Aber Kohl machte keinerlei Vorgaben. So brauchte man sich nicht zu wundern, daß die Union auseinanderflatterte, daß jeder Ausschußvorsitzende und jede Arbeitsgemeinschaft der CDU Meinungen vertraten, die von einem anderen Ausschußvorsitzenden und einer anderen Arbeitsgemeinschaft zumindest in Frage gestellt, wenn nicht heftig und öffentlich bekämpft wurden. Die Union ist zu einem riesigen Supermarkt geworden.

Ich habe dann für die CSU, um diese unerträgliche Diskussion zu einem einigermaßen verantwortbaren Ende zu führen, ein Ultimatum gestellt. Wenn die CDU nicht bereit sei, eine Senkung des Spitzensteuersatzes von 56 auf 53 Prozent mitzumachen, dann komme keine Regierung mit CSU-Ministern zustande; wir würden die Regierung zwar tolerieren, seien aber nicht bereit, sie zu stützen, solange der Hauptpartner CDU eine sozialistische Steuerpolitik betreibe. Daraufhin kam es zu Beratungen innerhalb der CDU, bei denen man sich über das angeblich rücksichtslose Verhalten der CSU entrüstete und ereiferte. Am nächsten Tag verkündete der Bundeskanzler dann den Kompromiß, der exakt meinem Angebot entsprach. Die Bitternis über diesen Vorgang sitzt sehr tief bei uns.

Wenn die Bonner Politik schärfer profiliert wäre, wenn sie stärkere Konturen hätte, wenn echte Führungsvorgaben kämen, dann wäre auch die Stimmung in der Bevölkerung nicht so diffus, die Unzufriedenheit nicht so verbreitet. Den Leuten geht es im allgemeinen gut. Niemandem geht es schlechter, als es ihm zur Zeit der liberal-sozialistischen Koalition gegangen ist. Was die Menschen von ihrer Regierung aber erwarten, ist klares und entschlossenes Handeln. Dazu gehört vor allem eine Finanz-, Ausgaben- und Steuerpolitik, die sich nicht im Kleckern erschöpft, sondern die auch den Mut hat, einmal zu klotzen.

Als erfolgreicher Finanzminister der Großen Koalition stehe ich nicht in dem Verdacht, einer leichtfertigen Ausgabenpolitik das Wort zu reden. Ich war wohl auf absehbare Zeit der letzte Finanzminister der Bundesrepublik Deutschland, der beim Ausscheiden aus seinem Amt weniger Staatsschulden hinterließ, als er beim Amtsantritt vorgefunden hatte. Zu einer überzeugenden Finanzpolitik gehört aber auch der Mut, größere Schritte zu tun, insbesondere dann, wenn sich damit auf mittlere und längere Sicht höhere Steuereinnahmen verbinden.

Ein Thema, das von der Bundesregierung längst hätte angepackt werden müssen, ist die Arbeitslosenstatistik, die auf einen aussagefähigen Stand gebracht werden muß. Manchmal habe ich den Eindruck, als ob die Bundesanstalt für Arbeit, die schon allergisch reagiert, wenn man dieses Thema nur anspricht, ihre Arbeitslosen so sehr liebt, daß sie keinen von ihnen aus ihrer Statistik entlassen will. Es geht nicht darum, daß an der Zahl der tatsächlichen Arbeitslosen manipuliert wird. Notwendig ist, den wirklichen Stand der Arbeitslosigkeit festzustellen; längst nicht alle sind arbeitslos, die unter arbeitslos laufen. Die soziale Betroffenheit muß differenziert dargestellt, die Frage der Zumutbarkeit einer zugewiesenen oder möglichen Arbeit überprüft werden. Hier sind die Grenzen erheblich zu erweitern.

Das dröhnende Schlagwort von der Massenarbeitslosigkeit - ein Begriff, der angesichts der wirtschaftlichen und sozialen Wirklichkeit in der Bundesrepublik völlig verfehlt ist, mit dem aber viel Schindluder getrieben wird - steht in schreiendem Gegensatz zu der in vielen Fällen geradezu skandalösen Ausdeutung des Begriffes der Zumutbarkeit. Unzumutbar scheint mir vielmehr, mit welchen oft fadenscheinigen Gründen ein Arbeitsplatz abgelehnt werden kann. Geradezu grotesk ist das Phänomen, daß es zu einem Arbeitsverhältnis oft auch deshalb nicht kommt - sogar wenn sich der potentielle Arbeitgeber und der potentielle Arbeitnehmer einig sind -, weil eine »Überqualifikation« vorliegt. Ich kenne Fälle, in denen Jugendliche mit voller Berufsausbildung für eine Übergangszeit einen nicht ganz ihrer Ausbildung entsprechenden Arbeitsplatz bekommen hätten - auf dem Arbeitsamt riet man ihnen jedoch von einer Annahme dieser Stelle ab, indem man sie auf die Möglichkeit des Arbeitslosengeldes verwies. Nicht zufällig habe ich bei einer Klausurtagung der CSU-Fraktion des Bayerischen Landtags in Kloster Banz den stärksten Beifall bekommen, als ich die Arbeitsverwaltung die ineffizienteste Bürokratie nannte, die es in diesem Staat gibt.

Auch mit Helmut Kohl habe ich mich mehrfach über das Thema Arbeitslosenstatistik unterhalten. Ich mahnte dringend notwendige Korrekturen an. Der Bundeskanzler gab mir recht, verwies aber auf den bevorstehenden Wahltermin von 1987, vor dem man besser nicht schlafende Hunde wecken sollte. Nach der Wahl müßte dieses Problem in der Tat angepackt werden. Geschehen aber ist noch immer nichts. Wir müssen von dem Odium loskommen, die Bundesregierung kultiviere zwei Millionen Arbeitslose - zwei Millionen Arbeitslose übrigens, die, was heute schon weitgehend vergessen ist, die Regierung Kohl von der

Regierung Schmidt geerbt hat – und tue nichts für den Abbau dieser sogenannten Massenarbeitslosigkeit.

Wer, wie meine Generation, die Arbeitslosigkeit der frühen dreißiger Jahre als ein schreckliches politisches, wirtschaftliches und soziales Phänomen, als Ausdruck bitterster menschlicher Not kennengelernt hat, der weiß, daß es zwischen der Arbeitslosigkeit von damals und der Arbeitslosigkeit von heute fast keine Vergleichsmöglichkeiten gibt. Der Name allerdings ist der gleiche geblieben. Damals ging es buchstäblich um das tägliche Brot für die Familie, heute geht es um die Erhaltung des Sozialprestiges.

Natürlich gibt es Bereiche der Arbeitslosigkeit, in denen es zu schweren menschlichen Tragödien kommt. So können viele ältere Angestellte aus dem Dienstleistungsbereich, deren Arbeitsplatz den Rationalisierungsmaßnahmen durch modernste Bürotechnik zum Opfer gefallen ist, nur schwer einen Wiedereinstieg finden. Weite Bereiche der Arbeitslosigkeit entfallen auf Arbeitnehmer mit mangelnder oder gar keiner Berufsausbildung. Andererseits muß dann gefragt werden, warum es Tausenden von Betrieben oftmals nicht möglich ist, auch nur einen Hilfsarbeiter zu finden. Die diesbezüglichen Klagebriefe, die ich aus der Wirtschaft, vor allem von mittelständischen Unternehmen, bekomme, füllen ganze Aktenordner. Besonders bedrückend und empörend sind Erfahrungsberichte, in denen detailliert beschrieben wird, daß von fünf oder zehn Arbeitnehmern, die vom Arbeitsamt zur Vorstellung geschickt wurden, nicht einer ernsthaft bereit war, die Stelle anzunehmen.

Wenn man eine Koalitionsregierung bildet, wie dies im Oktober 1982 der Fall war, müssen Bestandsaufnahme und Arbeitsprogramm am Anfang stehen. Es muß ausgelotet werden, wo eine breite Übereinstimmung der Koalitionsparteien möglich ist, und es muß zumindest in Umrissen geklärt werden, wo abweichende, aber kompromißfähige Meinungen vorhanden sind. Es muß auch deutlich gemacht werden, wo die Gegensätze so groß sind, daß es besser ist, ein Thema überhaupt auszuklammern. Nur so können einigermaßen brauchbare Leitlinien für die gemeinsame Regierungsarbeit festgelegt werden.

Ein Bereich, der in der Koalition nicht von vornherein von Konsens getragen war, war die Familienpolitik. Dabei ging es vor allem um die Frage, was gegen die erschreckend hohe Zahl jener Abtreibungen getan werden könne, die auf der Grundlage einer sogenannten sozialen Indikation erfolgen. Hier gab und gibt es einen deutlichen Dissens mit der

FDP, was sich auch in dem schier endlosen Ringen um ein nach der Wahl von 1987 vereinbartes Beratungsgesetz niederschlägt. Andererseits finden sich in manchen Bereichen der Finanz- und Wirtschaftspolitik, aber auch der Sozialpolitik Positionen, in denen der CSU die Freien Demokraten näherstehen als die Sozialausschüsse der CDU. Lägen klare Kursvorgaben der Führungsspitze vor, hätten wir uns viele quälende Auseinandersetzungen ersparen und das Erscheinungsbild der Regierung wesentlich verbessern können.

Adenauer hat diese Vorgaben gemacht, auch bei Themen, in denen er nicht von vornherein zu Hause war. Ich nenne als Beispiel den Lastenausgleich, die Montanmitbestimmung und die dynamische Rentenformel. Nur war zu Adenauers Zeiten die Homogenität innerhalb der CDU, aber auch die Gemeinsamkeit von CDU und CSU größer, als sie es heute ist. Heute ist in der CDU die Zerrissenheit leider die Regel. Wer im Blick zurück die CDU zu Zeiten Adenauers und auch noch eine Reihe von Jahren danach abschätzig als »Kanzlerwahlverein« einstuft, demgegenüber die CDU von heute eine moderne und gut durchorganisierte Dienstleistungspartei sei, und meint, dies stelle eine wesentliche Verbesserung dar, hat recht und unrecht zugleich. Unrecht deshalb, weil diese straffe Durchgliederung, die sich vor allem in einer Vielzahl von Arbeitsgemeinschaften niederschlägt, in vielen Fällen zu einem dissonanten und die Bevölkerung verwirrenden Meinungsbild führt. Dabei stehen in nicht wenigen Fällen die Mitgliederzahl und die politische Schlagkraft dieser CDU-Gliederungen in umgekehrtem Verhältnis zur Häufigkeit und Lautstärke ihrer Bekundungen. Von den Sozialausschüssen der CDU beispielsweise ist in den Betrieben und wenn es darum geht, die Politik der eigenen Partei kraftvoll zu vertreten, weit weniger zu hören als dann, wenn es gilt, diese Politik wegen einer angeblich unzulänglichen sozialen Komponente zu bejammern und anzuklagen. Die Sozialausschüsse der CDU berufen sich gern auf ihre Verfolgung in den Betrieben, ihre schreckliche Isolation und ihren heldenhaften Widerstand; ständig müßten sie eine Politik verteidigen, die bei der Arbeitnehmerschaft auf tiefste Abneigung stoße. Dabei wurde noch in keiner Phase der deutschen Geschichte und durch keine Partei gerade der Arbeitnehmerschaft auf so breiter Ebene ein weltweit beispielhafter wirtschaftlicher und sozialer Aufstieg ermöglicht wie in den Jahren seit 1949 durch die Union.

In der CSU gibt es dieses Auseinanderfallen der Meinungen nicht, obwohl auch unsere Partei über eine Vielzahl selbstbewußter Arbeitsgemeinschaften und selbstverständlich auch über eine Arbeitnehmerunion verfügt. Ich betrachte es seit dem März 1961, als ich Parteivorsitzender wurde, als eine meiner wesentlichen Aufgaben, Meinungen und Strömungen nicht auseinanderlaufen zu lassen, sondern zusammenzuführen, zu bündeln und in eine geschlossene und mithin wirksame Politik umzusetzen. Daß bayerisches Selbstbewußtsein und die Fähigkeit der CSU, sich überzeugend und glaubwürdig mit Bayern zu identifizieren, diese Integrationsaufgabe erleichtern, ist unbestritten. Bayern ist kein Land des Klassenkampfes. Ein weiteres kommt hinzu - bei uns ist der Arbeitnehmer keine seltene Minderheit. Sogar mehr als die Hälfte aller eingeschriebenen Mitglieder der DGB-Gewerkschaften in Bayern wählen die CSU, ein Ergebnis, von dem die CDU, obwohl sie über einen so lautstarken Arbeitnehmerflügel in Gestalt der Sozialausschüsse verfügt, nur träumen kann.

Die Zukunft im südlichen Afrika

Seit Jahren gehört Namibia, dem ehemaligen Deutsch-Südwestafrika, meine engagierte Aufmerksamkeit. Nicht zuletzt deshalb, weil ich der Ansicht bin, daß die Bundesrepublik Deutschland gegenüber den mehr als 20.000 dort lebenden Deutschen eine besondere Verpflichtung hat. Ich verhalte mich hier nicht anders, als sich England oder Frankreich gegenüber im Ausland lebenden Engländern oder Franzosen verhalten. Auch wenn dieses Thema aus der öffentlichen Diskussion verschwunden ist, so halte ich es nach wie vor für eine Schande, daß es der Bonner Regierung wegen des hartnäckigen Widerstandes von Genscher nicht möglich war, in Windhuk ein Generalkonsulat einzurichten.

Für die Zukunft sehe ich düstere Wolken über Namibia aufziehen. Wir müssen damit rechnen, daß die SWAPO, eine Organisation, deren Weg von Gewalt, Brandschatzung und Mord gekennzeichnet ist und die sich dennoch seit Jahren des besonderen Wohlwollens des deutschen Außenministers erfreut, die Macht übernehmen wird. Südafrika wird sich, schon aus Gründen der damit verbundenen finanziellen Belastung, aus Namibia weitgehend zurückziehen, eine Frontbegradigung vornehmen und seine Truppen in Namibia auf 1.500 Mann reduzieren, die in einem Camp zusammengezogen sein werden. Die Verfügung über diese Truppen hat während der Übergangszeit nicht die Regierung der Republik Südafrika, sondern ein Kommissar der Vereinten Nationen. Er allein wird bestimmen, wann diese Truppen ihr Lager verlassen dürfen, zu welchem Zweck und in welcher Stärke. Südafrika kann seinen Einheiten höchstens den Rückzug befehlen.

An Stelle der südafrikanischen Truppen soll zur Friedenssicherung und zur Gewährleistung der Durchführung freier Wahlen ein UNO-Kontingent von 7.500 Mann stationiert werden. Für mich ist es selbstverständlich, daß sich die Bundesrepublik Deutschland mit Truppen der Bundeswehr daran beteiligt. Zum einen entspricht dies den Wünschen unserer Verbündeten und der Beteiligten im südlichen Afrika, zum anderen steht es unserem Staat gut an, wenn wir endlich einmal auch international die Bereitschaft unter Beweis stellen, Verantwortung zu übernehmen. Im Falle Südwestafrikas kommt die besondere Verpflichtung der Bundesrepublik zum Schutz deutscher Landsleute hinzu.

Im Januar 1988 habe ich während einer Reise in das südliche Afrika - Ziele waren die Republik Südafrika, Moçambique und Namibia - im Rahmen meiner Möglichkeiten versucht, zu einem Ausgleich zwischen Pretoria und Maputo beizutragen. In Maputo habe ich mit dem Präsidenten von Moçambique, Joaquim Chissano, vier Stunden lang über Lösungsmöglichkeiten des schwelenden Konflikts gesprochen und nach Wegen gesucht, wie die Bundesrepublik helfen könnte. Als Folge dieses Gespräches, das in völliger Übereinstimmung mit der Bundesregierung geführt wurde, wird an drei konkreten Projekten gearbeitet: an der Modernisierung des Hafens von Maputo, an der Wiederherstellung der Eisenbahnlinie von Maputo nach Pretoria und an der Reparatur der Elektrizitätsleitungen, die Strom vom Caborabassa-Damm liefern. Moçambique kauft zur Zeit noch Strom in Südafrika, das hier jedoch selbst Mangel leidet und deshalb gern Strom aus Moçambique beziehen möchte. Bei funktionierendem Leitungssystem wäre dies für beide Seiten ein lohnendes Geschäft.

Das Kernproblem war - und daran hat sich im wesentlichen nichts geändert -, daß die Herstellung einer funktionierenden Stromleitung und auch der Eisenbahnlinie sinnlos bleiben muß, solange die in Moçambique tätige Untergrundbewegung RENAMO von einem Tag auf den anderen das Aufgebaute wieder zerstören kann. Präsident Chissano meinte zwar, daß es sich bei der RENAMO lediglich um einige kleine Gruppen versprengter Marodeure handle, aber mit den tatsächlichen Machtverhältnissen im Lande stimmte das nur sehr bedingt überein. Zum Zeitpunkt meines Besuches in Maputo wurden weite Teile von Moçambique von der RENAMO kontrolliert, die Sicherheit war nur im näheren Umkreis der Hauptstadt gewährleistet. Chissanos Vorwurf an die Regierung in Pretoria, daß die RENAMO überhaupt nur aufgrund der Unterstützung aus Südafrika handlungsfähig sei, wurde von der südafrikanischen Regierung in dieser Form bestritten. Sicher scheint zu sein, daß sich die RENAMO der Unterstützung von Übersee-Portugiesen, vor allem aus Südamerika, erfreut, die früher in Moçambique ansässig waren.

Meine Gespräche in der Republik Südafrika und in Moçambique haben den dünnen Verhandlungsfaden zwischen den beiden Staaten verstärkt. Die Möglichkeiten zur Beilegung der Konflikte zwischen Südafrika und Moçambique haben sich konkretisiert, eine Reihe bilateraler Gespräche wurde eingeleitet. Einer der wichtigsten Punkte meiner langen Gespräche war ein möglicher Ausgleich zwischen der Regierung Chissano und der RENAMO-Bewegung. Die Regierungen in Maputo und Pretoria baten mich, meine Einflußmöglichkeiten in Afrika geltend zu machen, um die RENAMO zu einem Stillhalten zu bewegen. Dabei denkt man in beiden Ländern durchaus auch an das klassische Rezept von Tributzahlungen: Laßt ihr unsere Eisenbahnlinien und unsere Stromleitungen in Ruhe, so kann uns dies durchaus bares Geld wert sein!

Im April 1988 suchte mich in München Afonso Dlakama, der Führer der RENAMO, zu einer Unterredung auf. Bis dahin hatte ich weder zu ihm noch zu seiner Organisation Kontakt gehabt. Ich stellte ihm die Frage, ob er zu einer Art Waffenstillstand bereit und an einer Vermittlung interessiert sei. Die Behauptung, seine Organisation führe terroristische Aktionen durch, wies Dlakama ebenso entrüstet wie unglaubwürdig zurück. Grundsätzlich bekundete er seine Bereitschaft, den blutigen Kampf einzustellen; er hatte wohl eingesehen, daß ein Sieg für ihn ausgeschlossen ist. Die Veränderung der politischen Situation im südlichen Afrika und die Bereinigung des Verhältnisses zwischen der Republik Südafrika und Moçambique berauben ihn zunehmend früherer Unterstützungen. Der RENAMO-Führer erklärte sich bereit, ein Abkommen über die Sicherheit der Eisenbahnlinie zwischen Maputo und Johannesburg und über die Stromleitungen vom Caborabassa-Staudamm abzuschließen. Da er jedoch kein Vertrauen zu Pretoria mehr habe und schon gar kein Vertrauen zu Chissanos FRELIMO-Regime, bitte er mich, zu einer Konferenz aller Beteiligten einzuladen und die Verhandlungen zu leiten. Das ist der gegenwärtige Stand der Dinge.

Die Befriedung der Beziehungen zu Moçambique geht für die Republik Südafrika einher mit einer Kursänderung gegenüber Angola und Namibia. Die Einsicht, daß der langjährige Bürgerkrieg in Angola militärisch von keiner Seite zu gewinnen war, und zunehmende wirtschaftliche und finanzielle Schwierigkeiten im eigenen Land haben Pretoria zu seiner einschneidenden Kursänderung veranlaßt. Noch vor fünf Jahren wären Präsident Botha und seine Partei bei einer solchen politischen Wende von der Wut der weißen Bevölkerung hinweggefegt worden. Heute sind auch die bisher härtesten Vertreter eines kompromißlosen Kurses gegenüber Angola und Namibia Befürworter des Rückzugs. Die Eisenfresser von gestern sind die Verfechter einer weichen Linie heute.

Ob diese Entwicklung freilich zu einer dauerhaften Friedenslösung in Afrika beiträgt, ist zweifelhaft. Vor allem schwarzafrikanische Länder rechnen mit neuen, großen Erschütterungen. Die Führer gemäßigter Staaten – wie Mobutu in Zaire, Eyadema in Togo, Arap Moi in Kenia und andere – befürchten, daß die im Süden Angolas gegenüber Namibia und Südafrika freiwerdenden angolanischen und kubanischen Streitkräfte zu einer Bedrohung für sie werden könnten. Da ich seit vielen Jahren eine bisweilen geradezu verhängnisvolle Blindheit des Westens gegenüber den politischen und ökonomischen Realitäten in weiten Teilen des afrikanischen Kontinents feststellen muß, habe ich keinerlei Anlaß, optimistisch in die Zukunft zu schauen.

Ein Lichtblick ist die neue Entwicklung der sowjetischen Außenpolitik unter Gorbatschow. Auch Moskaus Haltung gegenüber Afrika im allgemeinen und gegenüber Südafrika im besonderen ist von dieser Revision betroffen. Im Juli 1988 hat der Generalsekretär offen über außenpolitische Fehler Moskaus in der Vergangenheit und über die Notwendigkeit von Korrekturen gesprochen – was angesichts des früher üblichen starren Unfehlbarkeitsdenkens sowjetischer Führer nach wie vor staunenswert ist. Bei meinem Besuch im Dezember 1987 in Moskau habe ich im Gespräch mit Außenminister Schewardnadse das Thema Afrika angeschnitten. Ich stellte fest, daß die Sowjetunion aus ihrem Engagement in Afrika keinen politischen, keinen militärischen und keinen wirtschaftlichen Nutzen ziehen könne. Es zahle sich für Moskau nicht aus, Afrika sei ein Faß ohne Boden. Im übrigen seien die Völker des schwarzen Kontinents nicht geeignet zur Durchsetzung von Ideologien. Drei für Moskau schmerzliche Beispiele habe ich stellvertretend genannt: Angola, Moçambique und Äthiopien. Schewardnadse widersprach mir nicht. Er meinte nur, daß es leicht sei, mit Truppen einzumarschieren, aber schwer, wieder abzuziehen. Gemünzt war dieses Wort auf Afghanistan, aber es war auch durchaus allgemein zu verstehen. Sollte Moskau seine Interventionspolitik rund um den Erdball tatsächlich revidieren, so sind dafür in erster Linie nicht moralische Gründe, sondern solche der wirtschaftlichen und politischen Zweckmäßigkeit ausschlaggebend.

Am Vorabend meiner Reise ins südliche Afrika im Januar 1988 traf ich in Bonn erneut mit Schewardnadse zusammen. In unserer Unterredung, die von einer sehr höflichen und freundlichen Atmosphäre geprägt war, knüpften wir direkt an unsere Moskauer Gespräche vom Dezember an. Der Kernpunkt war Angola. Dort hatten in jüngster Zeit schwere Kämpfe stattgefunden, die Regierungstruppen hatten gegen die UNITA von Jonas Savimbi am Lombo-Fluß eine große Schlacht verloren, auf beiden Seiten gab es große Verluste. Ich fragte Schewardnadse, ob die Sowjetunion bereit sei, einen Waffenstillstand, einen Frieden in Angola zu unterstützen, oder ob sie als Voraussetzung einen vollständigen Sieg der von der Sowjetunion politisch und von den Kubanern militärisch unterstützten angolanischen Regierungstruppen fordere. Die Antwort stimmte hoffnungsvoll: »Die sowjetische Regierung unterstützt jede Regelung, die die Zustimmung aller Konfliktparteien findet.« Erstaunlich an der jüngsten Entwicklung im Zusammenhang mit der Zukunft Angolas und damit Namibias ist die Tatsache, daß die Sowjetunion in Brazzaville, in Kairo und anderswo Südafrika als Verhandlungspartner akzeptiert hat.

Durch Sachkenntnis, durch eine bedingungslos offene Sprache gegenüber dem jeweiligen Gesprächspartner und durch die Tatsache, daß ich mit weißen Regierungen in Afrika nicht anders rede als mit schwarzen, habe ich mir im Laufe vieler Jahre auf dem schwarzen Kontinent ein Kapital an Vertrauen und Autorität aufgebaut. Dies führt dazu, daß ich immer wieder von den verschiedensten Seiten um meine guten Dienste als Vermittler gebeten werde. Der südafrikanische Außenminister Roelof F. Botha, mit dem mich eine bewährte Freundschaft verbindet, zählt ebenso zu meinen Gesprächspartnern wie der Botschafter Angolas in Bonn, UNITA-Führer Jonas Savimbi oder die Mitglieder der Übergangsregierung in Windhuk. Das Bemühen um einen Frieden im südlichen Afrika ist seit Jahren auch ein wichtiges Thema meiner Beziehungen zu Präsident Reagan, zur englischen Premierministerin Margaret Thatcher und, seit meiner Moskaureise, zu Michail Gorbatschow.

Bayern und die CSU

Die Zusammenführung aller christlichen, konservativen, liberalen, nationalen und antisozialistischen Kräfte in einer Partei, der CSU – dies war von Anfang an mein Ziel. Die Sozialdemokraten waren für mich politische Konkurrenten, der strategische Gegner aber war über Jahre hinweg die Bayernpartei. Mit meinem Nein zu einem Eintritt der Bayernpartei in das erste Kabinett Adenauer hatte ich in der Landesgruppe volle Unterstützung gefunden. Wir wußten, was der Landesvorsitzende der Bayernpartei, Josef Baumgartner, ein brillanter Demagoge, aus einem Bonner Ministeramt wahl- und werbewirksam gemacht hätte.

Seit vielen Jahren an die großartigen Wahlerfolge der CSU gewöhnt, wird auch in den eigenen Reihen leicht vergessen, wie außerordentlich schwierig unser Start bei der Bundestagswahl von 1949 gewesen war. In Oberbayern und München sah es sehr trübe für uns aus. Die vier Münchner Wahlkreise waren nicht zu erobern und gingen an die SPD, im übrigen Oberbayern wurden nur Richard Jaeger in seinem Wahlkreis Dachau und ich in meinem Wahlkreis Weilheim, Schongau, Garmisch-Partenkirchen, Bad Tölz gewählt. Alle anderen ländlichen Direktmandate gingen an die Bayernpartei. In Niederbayern errang einzig und allein Fritz Schäffer aufgrund seines hohen persönlichen Ansehens das Direktmandat in seinem Wahlkreis Passau. Hinter Schäffer stand auch die Geistlichkeit von Passau, die damals noch erheblichen Einfluß auf katholische Wähler hatte. Der Generalvikar Franz Seraph Reimer, von uns liebevoll der Reimer Franzi geheißen, gab die Richtung an. Ich erinnere mich noch eines Besuches bei ihm, gemeinsam mit Fritz Schäffer, bei dem wir ein herrliches »Prälatenbier« tranken. Sonst war Niederbayern sozusagen Sicherungsgebiet der Bayernpartei. Auch in Franken, wo sie viele desillusionierte Nationalsozialisten an sich binden konnte, war die Bayernpartei stark. Manchen Wählern erschien die CSU damals als zu klerikal, als zu »schwarz«, obwohl ich und meine Freunde immer betonten, trotz der christlich orientierten Grundlage unserer Politik alles andere als klerikal oder kirchenhörig zu sein.

Für unsere Auseinandersetzung mit der Bayernpartei konnten wir uns auf unsere Kenntnis der Bayern und der bayerischen Mentalität verlassen. Hochgestochene Analysen waren dazu nicht notwendig. Wir kannten die Wähler der Bayernpartei, unter denen sich Bauernbündler, besonders traditionsbewußte Bayern, Antiklerikale, Gegner einer angeblich allzu freundlichen Aufnahme der Heimatvertriebenen und ehemalige Nationalsozialisten befanden. Nicht zufällig wurde Josef Müller, der Mann des Widerstandes, zu einem besonderen Ziel der Angriffe der Bayernpartei. Josef Baumgartner verstieg sich 1952 im Bayerischen Landtag gar dazu, den Ochsensepp einen Vaterlandsverräter zu nennen. Die Wähler der Bayernpartei kamen, was die Partei zu einer besonderen Gefahr für uns machte, nicht aus der Generation der Alten. Vor allem radikale junge Kräfte fanden sich in ihr zusammen. Ein besonders radikaler Bayernparteiler war der Kreisvorsitzende von Schongau, der mich in geradezu haßerfüllter Weise bekämpfte.

Die Bayernpartei hätte die CSU in empfindlicher Weise schwächen können. Deshalb war es uns so außerordentlich wichtig, ihre Wähler an uns zu binden und ihnen in der CSU eine neue Heimat zu geben, was uns auch gelungen ist.

Nach der Wahl von 1953 und nach Entwicklungen, die viele gestandene Bayernparteiler nicht mehr mittragen wollten, kamen in beachtlicher Zahl wichtige und gute Leute zu uns, beispielsweise Anton Besold, der dann viele Jahre für die CSU im Bundestag war, der spätere langjährige bayerische Landwirtschaftsminister Hans Eisenmann, sein Nachfolger Simon Nüssel sowie der langjährige Finanzstaatssekretär Albert Meyer aus Unterfranken. Auch rückblickend läßt sich sagen, daß die Weichen für diese Entwicklung 1949 in Bonn gestellt wurden. Hätte man, was ich verhindert habe, die Bayernpartei in die Koalition aufgenommen und sie damit gesellschaftsfähig gemacht, dann wäre sie wahrscheinlich 1953 wieder in den Bundestag eingezogen, und die Übertritte ihrer befähigten Politiker zu uns wären nicht erfolgt. Die politische Entwicklung in Bayern wäre möglicherweise anders verlaufen.

Zwischen die Bundestagswahlen von 1949 und 1953 fiel die Koalitionsentscheidung in Bayern von 1950. Dabei trat ich in den zuständigen Parteigremiem für eine Koalition mit der SPD und gegen eine Koalition mit der Bayernpartei ein. Man hat mir daraufhin Inkonsequenz vorgeworfen – 1949 hätte ich in Bonn die Große Koalition verhindert, nicht zuletzt mit dem Argument, daß die SPD in schwierigen Zeiten unzuverlässig sei, und jetzt plädierte ich in München für ein Zusammengehen mit eben dieser SPD. Ich argumentierte von der anderen Seite: Ich hätte verhindert, daß Baumgartner Landwirtschaftsminister und seine Partei gesellschaftsfähig geworden seien, und diese Linie müsse in Bayern fortgesetzt werden. Unter den Wählern der Bayernpartei gebe es viele ehrliche, anständige, gute Bürger mit weiß-blauem Herzen, die zu uns gehörten und die mit uns bayerische Politik gestalten müßten. Ein Zusammengehen mit der Bayernpartei bedeute eine Aufwertung dieser Partei, und dies würde die Wähler davon abhalten, sich uns anzuschließen. Im übrigen fielen die Grundsatzentscheidungen der deutschen Politik nicht in Bayern, sondern in Bonn, und deshalb könnten die Sozialdemokraten als unser Juniorpartner in Bayern keinen großen Schaden anrichten. Meine Freunde und ich – für eine Große Koalition sprach sich auch Josef Müller aus – haben uns knapp durchgesetzt. Alois Hundhammer, der Fraktionsvorsitzende der CSU im Bayerischen Landtag, kämpfte leidenschaftlich für eine Koalition mit der Bayernpartei, ebenso Fritz Schäffer. Ich war Generalsekretär mit einigem Einfluß, und den setzte ich voll ein – ohne freilich mein Verbleiben im Amt vom Ausgang der Koalitionsentscheidung abhängig zu machen. Das habe ich nur einmal getan. Als Josef Müller, der mich zum Generalsekretär berufen hatte, auf der Landesversammlung der CSU am 29. Mai 1949 in Straubing gestürzt und Hans Ehard im Amt des CSU-Vorsitzenden sein Nachfolger wurde, bot ich dem neuen Parteivorsitzenden selbstverständlich meinen Rücktritt an. Das blieb das einzige Angebot dieser Art. Hans Ehard lehnte meinen Rücktritt damals ab. Er war nicht der Typ des Parteimanns, sondern ein Mann des Rechts, alles Volkstribunhafte war ihm fremd. In seinen Augen stellte ein Generalsekretär Strauß einen sinnvollen Ausgleich in der Parteiführung dar. Wäre auch ich der Typ des Rechtsprofessors oder des hohen Verwaltungsbeamten gewesen, hätten wir nicht zusammengepaßt.

Die einmalige Stellung der CSU, begründet in der bayerischen Geschichte und der bayerischen Tradition, ruht, politisch gesehen, auf drei Säulen. Für deren Stabilität und Tragfähigkeit kämpfe und arbeite ich zeit meines Parteilebens. Erste Säule – Zusammenführung aller politischen Kräfte, die zusammengehören. Deshalb hielt ich die Bayernpartei von Anfang an für überflüssig, so wie ich konservative Splittergruppen heute für überflüssig halte. Hierher gehört meine oft wiederholte Aussage und beschwörende Mahnung, daß es rechts von uns keine demokratisch legitimierte Partei geben darf. Zweite Säule – Entklerikalisierung und Liberalisierung der Partei. Dritte Säule – Identifizierung der CSU mit Bayern.

Unser Weg zur Überwindung eines engen konfessionellen Denkens war besonders leidvoll und nicht frei von Rückschlägen. Hätten wir – und dazu habe ich wesentlich beigetragen – die Grenzen nicht gesprengt, wären wir zu einer Minderheitenpartei geworden. In den Anfangsjahren hätte der klerikale Flügel der CSU die Mitgliedschaft am liebsten auf praktizierende Christen beschränkt, mit einer Präferenz für die katholische Kirche. Für mich dagegen war und ist die CSU eine Partei für Bürgerinnen und Bürger, die sich zum christlichen Sittengesetz in der weitesten Auslegung dieses Begriffes bekennen. Ob der Betreffende praktizierender Christ, ob er überhaupt Mitglied einer Konfession ist, habe ich nie als unsere Angelegenheit angesehen. Der Aufnahme dezidierter oder gar kämpferischer Atheisten freilich – wie es viele Jahre später ein Antrag der mittelfränkischen Jungen Union wollte – habe ich mich energisch widersetzt.

1954 wurden wir auf unserem Wege zu einer Entklerikalisierung der Partei ein großes Stück zurückgeworfen. Daß in diesem Jahr in Bayern die SPD an die Regierung kam, war nur darauf zurückzuführen, daß die CSU auf der konfessionellen Lehrerbildung beharrte. Das einigende Band zwischen der SPD, dem weit rechts stehenden BHE, der wirtschaftsliberalen FDP und der konservativen Bayernpartei war der Antiklerikalismus, dessen Zielscheibe die konfessionelle Lehrerbildung wurde. Ein konfessionelles Randthema hatte vier Parteien, die voller extremer Gegensätze waren, zusammengeführt. Es gab viele Gründe für die drei kleinen Parteien, nicht mit der SPD zu gehen, und es gab nur einen einzigen Grund, dies wohl zu tun, die konfessionelle Lehrerbildung. Es gab für die drei kleinen Parteien umgekehrt viele Gründe, mit der CSU zu gehen, und nur dieser eine stand dem entgegen.

Ich habe in dieser Frage viele Unterredungen mit Josef Kardinal Wendel, dem Erzbischof von München und Freising, geführt. Kardinal Wendel war später der erste katholische Militärbischof für die Bundeswehr. Mich verband ein persönlich-freundschaftliches Verhältnis mit ihm, und er war es auch, der im Juni 1957 meine Frau Marianne und mich in der Kirche von Rott am Inn getraut hat. In der Frage der konfessionellen Lehrerbildung waren wir grundsätzlich verschiedener Meinung. Der Kardinal wollte um jeden Preis daran festhalten. Ich habe argumentiert, daß es doch eine Reihe von Fächern gebe, in denen die Frage der Konfession bei der Ausbildung keinerlei Rolle spiele. Um ihn zu überzeugen und um Widerstände zu überwinden, entwickelte ich gemeinsam mit anderen einen Vorschlag, den die katholische Kirche dann – die evangelische Kirche hat nach meiner Erinnerung weniger

Vier Bayerische Ministerpräsidenten: Alfons Goppel (1962–1978), Hans Ehard (1946–1954 und 1960–1962), Wilhelm Hoegner (1945/46 und 1954–1957) und Franz Josef Strauß (1978–1988)

Franz Josef Strauß wird zum zweiten Mal als Ministerpräsident des Freistaates Bayern vereidigt, 26. Oktober 1982; rechts Landtagspräsident Franz Heubl

Schwierigkeiten gemacht - schweren Herzens akzeptierte. Wilhelm Ebert, der Präsident des Bayerischen Lehrer- und Lehrerinnenverbandes, stimmte ebenfalls zu. Der Kompromiß sah vor, daß nur bestimmte Fächer der Lehrerbildung, vor allem natürlich der Religionsunterricht, konfessionell geregelt werden sollten; dafür wurden konfessionsgebundene Lehrstühle, sogenannte Konkordatslehrstühle, geschaffen, die nur mit Zustimmung der katholischen oder der evangelischen Kirche besetzt werden konnten. Damit war der Stein des Anstoßes aus dem Wege geräumt und der Sturz der Viererkoalition eingeleitet.

Ende der sechziger Jahre - ich war Finanzminister der Großen Koalition - war die Fähigkeit der CSU, konfessionelle Grenzen zu überschreiten, ein weiteres Mal gefordert. Wieder hatte die CSU-Landtagsfraktion eine Festlegung getroffen, die uns unabsehbaren Schaden zugefügt hätte. Wieder lag es an mir, Festungsdenken zu durchbrechen und Wege aus einer für uns unhaltbaren Situation zu finden. Es ging um die in der bayerischen Verfassung verankerte Konfessionsschule, die in dieser Form nicht aufrechterhalten werden konnte. Es bestand Einigkeit darüber, daß es nicht mehr möglich war, in jedem Dorf eine achtklassige oder später gar neunklassige Konfessionsschule zu unterhalten. Die Landtagsfraktion hatte einen Gesetzentwurf beschlossen, der aus dem Kultusministerium kam, wonach in der Verfassung die Konfessionsschule zwar gestrichen, aber statt dessen Konfessionsklassen vorgesehen worden wären. Gegen diesen Gesetzentwurf bildete sich eine breite Front des Widerstandes, weit über die Reihen der oppositionellen SPD und FDP hinaus.

Konkret ging es um den Artikel 135 der Bayerischen Verfassung. Zwei Entwürfe standen sich bei den Vorschlägen zu seiner Änderung gegenüber. SPD und FDP wollten die Formulierung: »Die öffentlichen Volksschulen sind christliche Gemeinschaftsschulen. Öffentlich Bekenntnisschulen und Weltanschauungsschulen sind auf Antrag der Erziehungsberechtigten zu errichten, wenn ein geordneter Schulbetrieb möglich ist.« Im CSU-Entwurf hieß es: »Die öffentlichen Volksschulen (Grund- und Hauptschulen) sind christliche Schulen. In den Klassen mit Schülern verschiedener Bekenntnisse wird nach den gemeinsamen Grundsätzen der christlichen Bekenntnisse unterrichtet und erzogen; in solchen mit Schülern eines Bekenntnisses richtet sich die Erziehung nach den Grundsätzen dieses Bekenntnisses. Wo die Schulgliederung es gestattet, sind Klassen für Schüler eines Bekenntnisses einzurichten, wenn deren Erziehungsberechtigte zustimmen.« In Volksbegehren, der nach der Bayerischen Verfassung notwendigen Vorstufe zum Volksentscheid, hatten beide Entwürfe die notwendige Stimmenzahl erreicht. Einerseits war der Begriff »christliche Gemeinschaftsschule« in Bayern ein seit der Nazizeit verpönter Begriff, andererseits hätte angesichts der herrschenden Stimmung im Lande meiner festen Überzeugung nach die CSU mit einem Vorschlag, der die Einrichtung von Konfessionsklassen vorsah, keine Mehrheit bekommen. Im Parteivorstand hatte ich gegen eine Woge aus Engstirnigkeit, Fehleinschätzung und mangelndem Problembewußtsein anzukämpfen. Wenn wir es bei dem gegen uns gerichteten Klima zu einem Volksentscheid kommen ließen, würden wir einer dramatischen Niederlage entgegengehen. Bei einem Volksentscheid in Bayern bedarf es keiner bestimmten Quote, die einfache Mehrheit entscheidet.

Ich rief den mir persönlich sympathischen Landesvorsitzenden der SPD in Bayern, Volkmar Gabert, an, um mit ihm das Problem zu erörtern. Er wisse, daß ich gegen den Gesetzentwurf der CSU sei, den die Landtagsfraktion angenommen habe, und ich hielte es auch für einen politischen Fehler, daß es von der Fraktion abgelehnt worden sei, den Entwurf der SPD an die Ausschüsse zu überweisen. Ich hätte meinen Leuten gesagt, daß man so etwas nicht tue, Anträge demokratischer Parteien gehörten in die Ausschußberatung. Man könne sie nicht einfach mit Mehrheit ablehnen, demokratische Parteien könnten so nicht miteinander umgehen. Allerdings hielte ich, sagte ich zu Gabert, den Antrag der SPD für genauso verfehlt wie den der CSU. »Was schlagen Sie denn vor?« Wir vereinbarten ein Zweiertreffen in meiner kleinen Münchner Wohnung in der Ohmstraße. Dabei legte ich dem SPD-Landesvorsitzenden noch einmal meine Überlegungen dar: Siegten wir mit der Konfessionsschule, würde es keine Ruhe mehr geben. Siegte die SPD, wäre dies ebenfalls der Fall, weil die Kirchen massiv für die Konfessionsschule als Antragsschule werben würden. Wir müßten also einen Weg der Einigung suchen. Weil im Grunde genommen keiner Seite wohl in ihrer Haut war, beschlossen wir die Einberufung eines Drei-Parteien-Gremiums, in dem CSU, SPD und FDP - die damals nicht im Landtag war - zu gemeinsamer Beratung zusammenkamen. Die NPD, die zu dieser Zeit im Maximilianeum vertreten war, wurde nicht eingeladen. Von CSU-Seite gehörten dieser Runde Ministerpräsident Alfons Goppel, Kultusminister und Fraktionsvorsitzender Ludwig Huber, Generalsekretär Max Streibl und ich als Parteivorsitzender an. Für die SPD waren Volkmar Gabert, Wilhelm Hoegner und Hans-

Jochen Vogel, für die FDP ihr Landesvorsitzender Dietrich Bahner und ihr Schulexperte Georg Letz dabei. Dieses Gremium, das mehrmals in der Landesleitung der CSU in der Lazarettstraße zusammentrat, fand gemeinsam eine Regelung, die in einem Protokoll niedergelegt wurde. Man einigte sich auf folgenden gemeinsamen Vorschlag für eine Verfassungsänderung: »Die öffentlichen Volksschulen sind christliche Gemeinschaftsschulen. Öffentliche Bekenntnis- und Weltanschauungsschulen sind auf Antrag der Erziehungsberechtigten zu errichten, wenn ein geregelter Schulbetrieb ermöglicht ist.« Der Schulfrieden für Bayern war gerettet. Das Protokoll war ein bedeutender Schritt der CSU auf dem Wege zu einer Volkspartei, die den Herausforderungen der Zeit Rechnung trägt.

Bevor die drei Landesvorsitzenden am 6. Februar 1968 ihre Unterschrift unter die Vereinbarung setzten, hatte sich Alfons Goppel zu Wort gemeldet, unterstützt von Ludwig Huber: »Zwischen uns besteht doch Einvernehmen, daß dieses Protokoll nur in Kraft tritt, wenn die beiden Kirchen es genehmigen?« Wilhelm Hoegner stieg die Zornesröte ins Gesicht, Vogel war empört, Gabert verzweifelt. Nur eine deutliche Intervention meinerseits konnte das gemeinsame Vorhaben noch retten. Erstens handle es sich hier, so stellte ich klar, um ein Abkommen der Parteivorsitzenden, nicht um ein Abkommen des Ministerpräsidenten. Das, was hier ausgehandelt und im Text bis ins letzte ausgefeilt worden sei, entspreche dem politischen Willen der drei Parteien, die hier am Tische säßen, um den Schulfrieden in Bayern zu wahren und eine Regelung zu finden, die den veränderten Verhältnissen Rechnung trage. Selbstverständlich sei klar, daß die Verwirklichung der Vorschläge dieses Protokolls eine Änderung der bayerischen Staatskirchenverträge erfordere, des Konkordats mit der katholischen und des Staatsvertrags mit der evangelischen Kirche. Niemand von uns sei in der Lage, dem kirchlichen Partner Vorschriften zu machen. Goppels Frage sei insofern richtig, als die ausgearbeiteten Vorschläge nicht ohne Zustimmung der Kirchen in Kraft treten könnten. Das bedeute aber keinesfalls, daß der Wille der politischen Parteien von kirchlicher Zustimmung abhängig sei. Ich würde jetzt für die CSU unterschreiben. Die Kirchen könnten diese Vereinbarungen der Parteien dann ablehnen oder aber ihre Bereitschaft erklären, die Staatskirchenverträge entsprechend zu ändern.

In mehreren Durchgängen haben wir uns im Parteivorstand der CSU mit dieser Vereinbarung beschäftigt. Die Meinungen gingen hin und her. Ich vertrat mit aller Deutlichkeit meinen Standpunkt, der sich dann auch durchsetzte. Bei einer dieser Sitzungen ging Ludwig Huber kurz hinaus. Als er zurückkam, sagte er: »Ich habe eben mit dem Kardinal telefoniert. Der Kardinal erlaubt uns noch folgende Änderungen als Kompromiß, aber nicht mehr.« In Wirklichkeit hatte Huber, was ich erst später erfuhr, nicht mit Julius Kardinal Döpfner, sondern mit Monsignore Karl Forster telefoniert. Ich war empört. Es sei ein ungeheuerlicher Vorgang, daß einer aus unserem Kreise beim Kardinal anrufe und damit sozusagen die kirchliche Schulaufsicht wieder installiere: »Der Kardinal erlaubt uns! Wir sind Christen, wir sind mündige Laien, wir wollen das Beste, wir wollen Schulfrieden, wir wollen die Erhaltung der christlichen Substanz an unseren Schulen – aber die Zeit ist weitergegangen!«

Nach ausgiebigen Verhandlungen mit beiden Kirchen wurde der Inhalt des von den drei Parteien ausgearbeiteten Protokolls akzeptiert. Die Unterzeichnung fand in der Staatskanzlei statt. Kardinal Döpfner, der nicht mein Freund war, zog mich beiseite: »Das muß ich Ihnen schon sagen, Herr Strauß, das hätte ich Ihnen nicht zugetraut. Ich war dagegen. Aber was Sie da zusammengebracht haben, das ist schon sehr beachtlich. Dafür möchte ich Ihnen den Dank der Kirche ausdrücken.« Meine Antwort: »Eminenz, Sie sollten eben mehr Vertrauen zu den christlichen, zu den katholischen Laien haben. Ich freue mich, daß Sie jetzt einverstanden sind.«

In einem von CSU, SPD und FDP gemeinsam getragenen Volksentscheid, der eine überwältigende Mehrheit der Bürger Bayerns fand, wurde die auf meine Initiative hin zustande gekommene Schulregelung am 7. Juli 1968 angenommen. Alle beteiligten Parteien wirkten zusammen, die Eltern und die Kirchen, auch die katholische, haben uns massiv unterstützt. Als die Schlacht geschlagen war, ließ mir Kardinal Döpfner ausrichten, dies sei das letzte Mal gewesen, daß die katholische Kirche sich vor den Wagen der CSU habe spannen lassen. Wir dankten ihm sehr, teilte ich dem Kardinal daraufhin mit, daß er uns geholfen habe, aus einer schwierigen Situation herauszukommen, in die er und sein Ordinariat die CSU und ihre Landtagsfraktion erst hineingebracht hätten. Es werde hoffentlich keinen Anlaß mehr geben, bei dem wir noch einmal die Dienste der Kirche erbitten müßten für die Lösung eines Problems, das ohne die Kirche gar nicht entstanden wäre.

Unter den Würdenträgern der katholischen Kirche waren die Meinungen zur Konfessionsschule geteilt. Der Regensburger Bischof

Rudolf Graber, ein väterlicher Freund, gehörte zu den Besorgten: »Lieber Franz Josef, ich verstehe dich nicht mehr. Du gehst jetzt Wege, die sehr gefährlich sind.« Odilo Lechner, der Abt von Andechs und St. Bonifaz in München, ermutigte mich dagegen, mich nicht von meinem Kurs abbringen zu lassen: »Glaub' ja nicht, daß die Bischöfe und Priester, die Äbte und Ordensleute geschlossen für die Konfessionsschule sind. Du hast mehr Unterstützung in der Kirche, als du glaubst.«

In Bonn meldete sich der Vertreter des Heiligen Stuhls bei der Bundesregierung, Erzbischof Corrado Bafile. Der Nuntius besuchte mich in meinem bescheidenen Dienstzimmer im Finanzministerium. Er legte den Mantel ab und seinen bischöflichen Hut. Wir nahmen Platz. »Exzellenz, womit kann ich Ihnen dienen?« Damit begann eine Unterhaltung, die mir wegen ihres geradezu anekdotenhaften Charakters nachdrücklich im Gedächtnis geblieben ist. Er habe, so der Erzbischof, zwei Probleme mit mir zu besprechen. Erstens müsse er mir die Bedenken des Heiligen Stuhls über die schulpolitische Entwicklung in Bayern übermitteln: »Rom ist sehr besorgt, denn gerade Bayern ist immer ein Hort des Katholizismus, eine Säule des katholischen Schulwesens gewesen.« Dann kamen all jene Argumente, die mir von kirchlicher Seite in Bayern hinlänglich bekannt waren. Ich erwiderte, daß auch in Bayern die Meinungen in Kirche und Klerus geteilt seien, daß wir selbstverständlich die christliche Schule mit Unterricht in der jeweiligen Konfession aufrechterhalten wollten, daß man aber vor den eingetretenen Wandlungen nicht die Augen verschließen dürfe. Auch die Kirche bestreite nicht, daß es organisatorische und pädagogische Gründe nicht mehr erlaubten, die Konfessionsschule beizubehalten. »Es gibt ein anderes deutsches Bundesland, nämlich Baden-Württemberg, wo die christliche Gemeinschaftsschule, also die gemeinsame Erziehung der Kinder beider Konfessionen, seit vielen Generationen üblich ist. Dort gibt es diese Streitfrage nicht, die jetzt in Bayern die Gemüter bewegt. Würden Sie sagen, Exzellenz, daß dies eine schwere Belastung für die christliche Erziehung der Schüler darstellt? So einfach liegen die Dinge nicht.« Mit der Versicherung, daß ich Katholik sei, wurde dieses Thema abgeschlossen.

Dann kam Bafile mit seinem zweiten Problem, und damit wurde die Unterhaltung für mich burlesk. »Wie Sie wissen, Herr Bundesminister, bin ich Doyen des Diplomatischen Korps. In dieser Eigenschaft, und ich drücke hier die Meinung aller Botschafter aus, die bei der Bundesregierung akkreditiert sind, muß ich sehr beanstanden, daß wir Diplomaten die neue Mehrwertsteuer bezahlen müssen.« Ich wies auf die Steuerstruktur hin: »Darf ich Sie darauf aufmerksam machen, Exzellenz, daß die Diplomaten immer die Umsatzsteuer bezahlt haben. Die Gesamtsumme der Umsatzsteuer, die sich auch im Preis niederschlägt, ist nicht höher als bisher, nur ist das System der Berechnung anders.« Ich erläuterte dann den Unterschied zwischen der bisher gültigen Allphasenumsatzsteuer und der künftigen Mehrwertsteuer. Der Nuntius blieb hartnäckig: »Ich muß Ihnen vorhalten, daß nach dem Aachener Protokoll in der Wiener Fassung die Diplomaten von der Steuer befreit sind.« Ich erwiderte, daß er mit seiner Berufung auf die Beschlüsse des Aachener und Wiener Kongresses vom Beginn des vorigen Jahrhunderts nur bedingt recht habe: »Exzellenz, das ist nur zum Teil richtig. Sie sind befreit von allen direkten Steuern, nicht aber von den indirekten Steuern. Wenn Sie einen Vortrag halten und ein Honorar dafür bekommen, zahlen Sie keine Einkommensteuer, wenn Sie ein Kraftfahrzeug haben, zahlen Sie keine Kraftfahrzeugsteuer, wenn Sie Vermögen haben, keine Vermögenssteuer. Aber diese Regelung für Diplomaten betrifft nicht die indirekten Steuern; nur ist hier durch die Einführung der Mehrwertsteuer keine Änderung eingetreten. Wenn Sie in Bayern eine Maß Bier trinken, zahlen Sie die Biersteuer mit, wenn Sie eine Flasche Sekt oder Champagner trinken, zahlen Sie die Sekt- und Champagnersteuer mit.«

Ich machte Bafile auch auf die praktischen Schwierigkeiten aufmerksam, würden die Diplomaten von der Mehrwertsteuer freigestellt werden: »Der deutsche Verbraucher bis hin zum Rentner mit mäßigem Einkommen kauft ein beim kleinen Einzelhändler oder im Supermarkt, neben ihm Ihr Diener. Der Rentner zahlt bei sechzig Mark 11 Prozent Mehrwertsteuer mit, Ihrem Diener wird die Umsatzsteuer aus dem Preis herausgerechnet und erlassen. Glauben Sie nicht, Exzellenz, daß ein solches Vorgehen, bei dem Umfang des Diplomatischen Korps in Bonn und bei Einkäufen in beachtlicher Größenordnung, dem Mißbrauch Tür und Tor öffnen würde? Bedenken Sie doch bitte die verheerende psychologische Wirkung.« Der Erzbischof gab sich noch immer nicht geschlagen: »Ich möchte meinen Argumenten noch mehr Gewicht verleihen. Sie wissen, Herr Minister, Deutschland hat eine tragische Vergangenheit. Sie wissen, daß die Deutschen in der Welt alles andere als beliebt sind. Sie wissen, daß wir Botschafter auch Botschafter des guten Willens sind. Sie würden die Stimmung zugunsten des Ansehens der Deutschen im Ausland erheblich verbessern, wenn Sie die

Botschafter dadurch gewinnen könnten, daß Sie sie von der Mehrwertsteuer befreien.«

Das Gespräch ging zu Ende, ich verabschiedete meinen Gast: »Exzellenz, ich danke Ihnen sehr für diesen Besuch und für diese Unterredung. Ich werde mir alle Ihre Argumente noch einmal überlegen und sie sorgfältig prüfen. Seien Sie überzeugt, daß ich Ihr zweites Anliegen genauso ernst nehme wie Ihr erstes. Auf Wiedersehen, Exzellenz!« Das erste Anliegen, die bayerische Schulpolitik, nahm ich schon deshalb nicht ernst, weil die Dinge bereits gelaufen waren. Meine Versicherung, sein zweites Problem genauso ernst zu nehmen wie sein erstes, entsprach insofern ganz der Wahrheit.

Anderer Meinung als die Landtagsfraktion der CSU war ich nicht nur bei der Überwindung der konfessionellen Lehrerbildung und der Konfessionsschule. Ein weiteres Kampfthema war die Gebietsreform in Bayern. Hier waren von Staatsregierung und Landtagsfraktion Beschlüsse gefaßt worden, die in ihren Größenvorgaben für Landkreise und Gemeinden über jedes vernünftige Ziel hinausschossen. In vielen Sitzungen des Parteivorstandes habe ich mich gegen diese Entwicklung gestemmt, habe bohrend nach dem Sinn überzogener bis gigantischer Lösungen gefragt. Auch Bayern konnte sich damals nicht vollständig der mit der Kanzlerschaft Willy Brandts aufkommenden und sich mit Windeseile ausbreitenden, krankhaften Reformwut entziehen. Gebietsreform war überall Trumpf. In Hessen trieb diese Sucht mit der Abschaffung der Städte Wetzlar und Gießen und ihrer Zusammenführung in einer neuen Kunststadt »Lahn« ihre abenteuerlichste Blüte, eine Entscheidung, die später erfreulicherweise wieder zurückgenommen wurde.

Willy Brandt, der mit der Ankündigung angetreten war, jetzt fange die Demokratie erst wirklich an, löste mit seinem Reformgerede, das von einer hochschäumenden publizistischen Woge bis in die letzten Winkel unseres Landes getragen wurde, einen besessenen Eifer aus, Altes abzuschaffen und Neues an seine Stelle zu setzen, ohne daß gefragt und gründlich geprüft wurde, ob das Neue denn auch das Bessere sei. Es fehlte nur noch die Erfindung einer neuen Zeitrechnung. Ich habe in zahllosen Reden und bei allen möglichen Anlässen diese Entwicklung kritisiert und glossiert. In der Person Willy Brandt schienen brennpunktartig alle ungestillten Wünsche, alle unerfüllten Sehnsüchte, alle psychischen Bedürfnisse zusammenzulaufen. Brandt wurde, ähnlich wie Kennedy, das Idol vieler Bürger, das Pilgerziel aller Beladenen und Belasteten.

Der damals ausbrechende Reformwahn ging, wie gesagt, auch an Bayern nicht spurlos vorbei. Das Wort Reform war zu einer Art pseudotheologischer Beschwörungsformel geworden, zu einem rituellen Symbol, ganz im Sinne der neuen Vorstellungen von Emanzipation und Selbstverwirklichung. Ich habe in meiner Partei unzählige Male gesagt, daß man zwar eine natürliche Weiterentwicklung betreiben und den Anforderungen der modernen Zeit durch eine vorwärtsgerichtete Politik Rechnung tragen müsse, daß man sich aber von der krankhaften Reformsucht der SPD nicht anstecken lassen dürfe.

Daß hinsichtlich der Einteilung und Größe der Landkreise und Gemeinden eine Reform notwendig war, hat niemand bestritten, auch ich nicht. Ich war der Meinung, daß man Zwerglandkreise und Zwerggemeinden zu größeren Einheiten zusammenführen, dabei aber die gewachsenen und bewährten Strukturen Bayerns erhalten müsse. Die Politik der bayerischen Staatsregierung, vor allem des damaligen Innenministers Bruno Merk, ging jedoch wesentlich weiter. Ich habe nicht ohne Erfolg dafür plädiert, und Finanzminister Ludwig Huber hat dies unterstützt, daß man den Zusammenschluß von Gemeinden zu einer Einheitsgemeinde oder zu Verwaltungsgemeinschaften finanziell unterstützen sollte, um damit das Prinzip der Freiwilligkeit zu fördern. Auf diese Weise wurden viele lokale Probleme reibungslos gelöst. An meinem hartnäckigen Widerstand ist manche Gigantomanie gescheitert. Aber es sind auch bemerkenswerte, instinktlose Fehlentscheidungen getroffen worden.

Eine Fehlentscheidung war es zum Beispiel, den traditionsreichen oberbayerischen Landkreis Wasserburg am Inn aufzulösen. Der Innenminister hatte dem damaligen Landrat Josef Bauer versprochen, daß der Landkreis nicht aufgelöst werde. Unter dem Druck einer reformeuphorischen Bürokratie kam es dann anders. Ein weiterer Fehler war es, die alte fränkische Bischofsstadt Eichstätt Oberbayern einzuverleiben, ebenso wie es ein Fehler war, Neuburg an der Donau, das einst sogar dem Regierungsbezirk »Schwaben und Neuburg« mit den Namen gegeben hatte, von Schwaben nach Oberbayern umzugliedern. Ein unhistorischer Sinn offenbarte sich auch in der Entscheidung, den Landkreis Aichach, in dem die Stammburg der Wittelsbacher liegt, von Oberbayern wegzunehmen und Schwaben zuzuordnen. Daß das Ries mit seiner Kernstadt Nördlingen, eine charakteristische schwäbische

Landschaft, zu Franken kam, konnte ich verhindern. Verhindert wurde des weiteren, die alte fränkische Reichsstadt Dinkelsbühl nach Schwaben umzugliedern. Einer der schlimmsten Vorschläge, der überhaupt nie hätte gemacht werden dürfen, zielte darauf, den Hesselberg, den heiligen Berg der Protestanten in Bayern, von Franken nach Schwaben zu bringen. Auch das habe ich verhindern können. Hier wie in jedem der genannten Fälle bedurfte es gewaltiger Anstrengungen und langwieriger Diskussionen.

Im zweiten Teil der Gebietsreform, bei dem es um die Gemeinden ging, habe ich mich im großen und ganzen durchgesetzt. Manche Übertreibung konnte ich später, als ich Ministerpräsident wurde, wieder beseitigen. Zunächst war man im Innenministerium von der aberwitzigen Vorstellung ausgegangen, daß die Selbständigkeit einer Gemeinde nur mehr anzuerkennen sei, wenn sie 10.000 oder mehr Einwohner habe. Diese Zahl ist, da ich mit aller Kraft dagegen mobil machte, auf 7.500 und, nach weiterem Kampf, auf 5.000 Einwohner gesenkt worden. Auch das war mir noch eine viel zu hoch angesetzte Grenze. Wir haben dann durch fast einstimmigen Beschluß des Parteivorstandes die Zahl von 2.500 Einwohnern als Richtwert angenommen. Unsere Richtschnur war nicht eine starre Zahl, sondern ein Katalog von Kriterien, der durchaus Abweichungen erlaubte. Es kann nämlich sein, daß eine Gemeinde mit weniger Einwohnern, aber großer finanzieller Leistungsfähigkeit die Anforderungen, die an die Selbständigkeit zu stellen sind, eher erfüllt als eine Gemeinde mit größerer Einwohnerzahl, aber geringerer Leistungsfähigkeit.

Wenn wir den Vorstellungen des Innenministeriums - ob 10.000, 7.500 oder 5.000 Einwohner als Mindestzahl für eine selbständige Gemeinde - gefolgt wären, hätte Bayern sein Gesicht verloren. Ich war und bin ein überzeugter Anhänger möglichst vieler selbständiger politischer Einheiten - unter der Voraussetzung, daß sie in der Lage sind, die Grundanforderungen zu erfüllen, die die Bürger zu Recht an ihre Gemeinde stellen. Ich sage auch heute noch, daß die Vernichtung vieler tausend Mandate auf kommunaler Ebene ein schwerer Schlag gegen die CSU war. Je mehr Bürger ein Mandat haben im Gemeinderat, im Kreisrat oder als Bürgermeister, desto mehr sind am örtlichen Geschehen unmittelbar beteiligt, desto stabiler sind die politischen und soziologischen Strukturen, desto lebendiger ist die demokratische Wirklichkeit. Je kürzer der Weg zum Rathaus oder zum Landratsamt ist, desto mehr weiß der Bürger sich der Politik verbunden. Der gegenteilige Fall bringt Resignation und Frustration, bringt Abspaltungen, bringt die Aufstellung von Sonderlisten bei Wahlen und ewige Unzufriedenheit mit sich. Solche Auswirkungen hat die CSU bis heute zu spüren.

Daß ich erheblich dazu beigetragen habe, das Gesicht Bayerns auch für die Zukunft vielfältig und unverwechselbar zu erhalten, betrachte ich nicht als geringste Leistung meines Einsatzes für meine bayerische Heimat. Bayern ist nicht geeignet für verwaltungsmäßige Großkomplexe. Die Geschichte des Landes, seine Mannigfaltigkeit und seine vielgestaltige Tradition stehen dem entgegen.

Meine Einstellung zur kommunalen Gliederung hat sich auch niedergeschlagen in der Krankenhauspolitik. Ich bin ein leidenschaftlicher Anhänger der Erhaltung moderner Kreiskrankenhäuser. Ich bin ein Gegner großer Krankensilos, für die das von Johannes Rau zu verantwortende Großklinikum Aachen als abschreckendes Beispiel steht.

Wir haben im bayerischen Krankenhauswesen drei Versorgungsstufen. Es gehört zu den Maximen bayerischer Landespolitik unter meiner Verantwortung, in den Landkreisen möglichst viele Versorgungsstätten der ersten Stufe und in jedem Landkreis mindestens ein Krankenhaus der zweiten Stufe zu haben. Nur ein Teil der Krankenhauspatienten braucht eine Versorgung der dritten Stufe; wir sorgen jedoch dafür, daß für jeden Bürger Bayerns eine solche Einrichtung im Umkreis von nicht mehr als hundert Kilometern zu erreichen ist. Diese Politik bedeutet die Erhaltung möglichst vieler Kreiskrankenhäuser, sie bedeutet Modernisierung, Umbau, Ausbau, Neubau. Bayern gibt für seinen Krankenhausbau und für die Ausrüstung seiner Krankenhäuser pro Jahr 1,3 Milliarden Mark aus. 25 Prozent aller Mittel, die die Bundesländer insgesamt für den nicht-universitären Krankenhausbau ausgeben, entfallen auf Bayern. Ich habe diesen Bereich bewußt zu einem Schwerpunktthema meiner Politik gemacht. Das Arbeits- und das Finanzministerium habe ich durch Richtlinien dazu gezwungen, auf diesem Felde ein veraltetes durch ein modernes und bewegliches Finanzierungssystem zu ersetzen. Inzwischen haben wir die meisten Mißstände beseitigt, jedes Jahr finanzieren wir 25 bis 30 Projekte.

Das Krankenhauswesen ist in den Augen der Bürger eines der wichtigsten Probleme, weil es jeden betrifft oder betreffen kann. In Gesprächen mit Kommunalpolitikern stelle ich immer wieder fest, daß 40 und mehr Prozent aller Wortmeldungen dem örtlichen Krankenhausproblem gelten. Erst dann kommen die Wasserversorgung, die Abwasserbeseitigung, der Straßenbau und andere Themen der Verbesserung der

Infrastruktur. Ich mache diese Erfahrungen auch bei meinen Wahlkampfveranstaltungen. Obwohl bei den wichtigen internationalen und nationalen Themen, bei Europa-, Abrüstungs- und Deutschlandpolitik, größte Aufmerksamkeit herrscht, so gilt doch überall im Lande die erste Frage nach der Rede meist dem Krankenhaus. Gerade ältere Menschen sollten nur dann, wenn es medizinisch zwingend notwendig ist, aus ihrem gewohnten Lebensumkreis herausgerissen werden.

Für jeden Politiker stellt sich die Frage, woher er seine Übersicht, seine Kenntnisse, sein »Herrschaftswissen« bezieht. Ebenso wichtig wie der große politische Überblick, der für einen Spitzenpolitiker selbstverständlich sein sollte, ist das Wissen um das konkrete Detail, das rechtzeitige Erkennen der Stimmungen und Strömungen im Volk. Als Ministerpräsident hat man es relativ leicht, umfassend und volksnah informiert zu sein. Wenn ich nur daran denke, wie sich seit meinem Amtsantritt im November 1978 die Zahl der Posteingänge erhöht hat! Betrug die Zahl der Bürgerinnen und Bürger, die sich schriftlich an die Staatskanzlei wandten, im Jahre 1985 rund 45.000, so hat sich diese Zahl inzwischen mehr als verdoppelt. Verwirrte und Querulanten machen etwa zehn Prozent aus. Im allgemeinen tragen Menschen ihre persönlichen Anliegen mit mehr oder minder großer Berechtigung vor. Viele Fälle lassen sich erledigen durch einen Hinweis auf das zuständige Amt, durch Auskunft über die Gesetzeslage, durch Nachfrage bei der Behörde, über die Klage geführt wird. Eine Fülle der Eingaben betrifft Baufragen, gerade hier aber kann in den wenigsten Fällen geholfen werden. Die Berufung auf den Präzedenzfall und den Gleichheitsgrundsatz läßt hier auch in Härtefällen kaum Spielräume.

Selbstverständlich führen herausragende oder in der öffentlichen Diskussion hochgespielte Themen wie Milliardenkredit, Moskau-Reise, Steuerreform oder Honecker-Besuch zu einem Ansteigen der Briefflut. Es werden Fragen gestellt und Meinungen geäußert, es gibt Kritik und Zustimmung. Ich achte darauf, daß alle eingehenden Briefe beantwortet werden, weil meiner Ansicht nach der Bürger vom Politiker ein solches Verhalten erwarten kann – auch wenn es einen gewaltigen Arbeitsaufwand verlangt.

Bayern in seiner bäuerlichen und gewerblich-mittelständischen Struktur zu erhalten, es aber gleichzeitig zu einem modernen Industriestaat mit weltweit anerkannter Spitzenstellung auszubauen, ist mein Ziel nicht erst, seit ich am 6. November 1978 zum Bayerischen Ministerpräsidenten gewählt wurde. Schon als Atom- und Verteidigungsminister habe ich im Rahmen des Möglichen und Verantwortbaren dafür gearbeitet. Daß in Garching bei München der erste Kernversuchsreaktor der Bundesrepublik gebaut und daß dort ein international führendes Forschungszentrum errichtet wurde, geht ebenso auf mich zurück wie die Gründung und Erhaltung von MBB in Ottobrunn. Das hängt auch damit zusammen, daß wir im Süden für die mit dem Aufbau der Bundeswehr verbundenen rüstungstechnischen Belange aufgeschlossener waren als im Norden. Ich erinnere nur daran, daß sich Professor Heinrich Nordhoff, der Vorstandsvorsitzende des damals noch zu hundert Prozent bundeseigenen Volkswagen-Konzerns, weigerte, einen Geländewagen für die Bundeswehr zu entwickeln, und daß sich die Bundesregierung dies hat gefallen lassen. Ich habe deshalb meinem Freund Fritz Schäffer, der als Finanzminister die Aufsichtsratszuständigkeit hatte, schwere Vorwürfe gemacht. Ohne meinen Einsatz, der nicht ohne persönliches Risiko war, hätte das spätere Unternehmen MBB nicht überlebt. Die Auseinandersetzungen um das Unternehmen gingen so weit, daß Ende der fünfziger Jahre meine Beamten im Bundesverteidigungsministerium die Gegenzeichnung unter Verträge mit dem Unternehmen verweigert haben. Der unverdächtigste Zeuge dafür, daß meine Politik schon damals Früchte für Bayern getragen hat, ist Helmut Schmidt, der in jenen Jahren in Wahlversammlungen zu sagen pflegte, die Arbeitsplätze, die anderswo fehlten, habe der Verteidigungsminister Strauß um München herum geschaffen.

Schon bevor es zur Gründung von MBB kam, hatte ich Ludwig Bölkow von Stuttgart nach München geholt und systematisch unterstützt. Bölkow war der große, begabte, kreative Ingenieur, den immer der Mut zu neuen Wegen auszeichnete. Ich leistete bei der Gründung der Bölkow GmbH Hilfe und habe sie durch zwei Krisen hindurch gerettet. Dann haben wir Messerschmitt zu einem Zusammenschluß mit Bölkow veranlaßt, später kam aus dem Norden noch Blohm hinzu. Während meiner Bonner Ministerzeit haben wir einiges für den BMW-Motorenbau in München-Allach getan. Für MAN waren die großen Aufträge für Militärlastwagen von großer Wichtigkeit. In Gestalt der MTU entstand ein leistungsfähiges Unternehmen für Großmotoren, für stationäre Motoren ebenso wie insbesondere für Flugmotoren. Auch die Firma Diehl in Nürnberg, die schon im Zweiten Weltkrieg im Rüstungsgeschäft tätig war und während des Koreakrieges für die Amerikaner Munition fertigte, habe ich dabei unterstützt, wieder in der Wehrtechnik Fuß zu fassen.

Meine Grundidee war, mit dem Aufbau der Bundeswehr eine Kombination von militärischer und ziviler Technik zu schaffen und zu nutzen, die insgesamt einer modernen Wirtschaftsstruktur zugute kam. Manches geschah dabei unbewußt und aus dem Gespür für die Gunst der Stunde, auch wenn es so aussah, als ob es eine durchgehende strategische Planung gegeben hätte.

Ich war stets der Meinung, daß die Bundesrepublik Deutschland den Bedarf ihrer Streitkräfte in der Größenordnung von einer halben Million Soldaten im Friedensfall nicht mit Beschaffungen aus dem Ausland decken kann und daß sie deshalb eine eigene Rüstungsindustrie braucht. Mit dieser Haltung stand ich am Anfang weitgehend allein, nicht nur weil die SPD dagegen war, sondern auch deshalb, weil es in den Reihen der Union am nötigen Mut fehlte. Besonders deutlich wurde dies, als ich auf den Aufbau einer eigenen deutschen Luftfahrtindustrie drängte. Hier war Gerhard Stoltenberg einer meiner Gegner. Seiner Meinung nach war die luftfahrttechnische Entwicklung in Deutschland spätestens 1945 zu Ende gegangen.

Obwohl wir in unseren nordöstlichen Grenzgebieten auch bittere Folgen zu tragen und zu überwinden haben, profitierte Bayern bei seinem industriellen Aufstieg auch von der Teilung Deutschlands und der Isolierung Berlins. Am Beispiel zweier Wirtschaftsunternehmen, die heute zu den größten im Lande gehören, wird dies deutlich. Sowohl Siemens mit seiner führenden Position auf den Feldern Elektrotechnik, Elektronik und Mikroelektronik als auch die Allianz, der größte europäische Versicherungskonzern, haben ihren Sitz in München. Das sind Schwerpunkte der bayerischen Entwicklung, die unabhängig von der bayerischen Staatspolitik zu sehen sind, und diese Federn stecken wir uns auch nicht an den Hut. Aber aus dem, was sich daraus an Chancen und Anschlußmöglichkeiten ergab, haben wir alles gemacht, was nach menschlichem Ermessen denkbar und durchführbar war.

Was ich für Bayerns wirtschaftlichen Aufstieg schon in meiner Bonner Zeit getan habe, ist seit der Übernahme des Amtes des Bayerischen Ministerpräsidenten meine besondere Pflicht. Ich bin überzeugt davon, daß die Zukunft der nächsten Generation nur gesichert werden kann, wenn wir im Wettbewerb mit den anderen hochindustrialisierten Staaten und den Konkurrenten von morgen Schritt halten. Die Verantwortung für die Lebens- und Arbeitswelt verpflichtet uns, den wissenschaftlich-technischen Fortschritt nachhaltig zu fördern und zu nutzen. Technikfeindlichkeit, Zivilisations- und Kulturpessimismus, Verklärung der Vergangenheit und Flucht vor der Gegenwart lösen keine Probleme.

Es ist meine feste Überzeugung, daß wir auf moderne Wissenschaft und Technik angewiesen sind, wenn wir eine humane Gestaltung der Arbeitswelt erreichen, menschenwürdige Lebensbedingungen und soziale Sicherheit für alle weiterentwickeln und unsere natürliche Umwelt bewahren wollen. Auch gilt es, der Jugend den Ausblick in eine lebenswerte Zukunft zu vermitteln. Bayerische Politik in meiner Verantwortung will keinen Fortschritt um jeden Preis, sie will einen Fortschritt mit menschlichem Maß und mit Ehrfurcht vor der Schöpfung.

Es ist also nicht blinder Eifer, sondern die Sorge um die Menschen in Bayern, um ihre sichere wirtschaftliche und soziale Zukunft, die uns dafür arbeiten läßt, daß der Freistaat ein Zentrum modernster Spitzentechnik bleibt. Mikroelektronik, Luft- und Raumfahrt, Informatik und Datentechnik, Werkstoff- und Biotechnik werden die Wettbewerbsfähigkeit unserer Industrie von morgen bestimmen. Unermüdlich arbeite ich daran, Bayerns Attraktivität als Wirtschaftsstandort, die schon heute unbestritten ist, noch weiter zu verbessern. Daß sich immer neue Unternehmen in Bayern niederlassen und daß es sehr viel mehr wären, wenn sie die Möglichkeit dazu hätten, hängt wesentlich mit den stabilen politischen Verhältnissen im Freistaat zusammen. In zahllosen Gesprächen haben mir dies Vorstandsvorsitzende und Generaldirektoren versichert. »Der Fortschritt spricht bayerisch«, schrieb einmal das Magazin »Geo« über die wissenschaftlichen, technischen und wirtschaftlichen Erfolge Bayerns. Uns soll solches Urteil recht sein.

Der lang andauernde Erfolg der CSU in Bayern gründet auf unserer Fähigkeit, trittsicher und überzeugend den Weg zwischen Tradition und Innovation, zwischen konservativ und modern zu gehen. Vor allem gibt es an der bayerischen Identität der CSU keinerlei Zweifel. Wer im Zusammenhang mit Bayern den Namen einer Partei nennen sollte, käme gar nicht auf den Gedanken, etwas anderes als CSU zu sagen. Die SPD in Bayern hat hier nichts Gleichwertiges anzubieten. Sie wendet auf Bayern Urteile und Maßstäbe an, die vielleicht für die Genossen in Nordrhein-Westfalen zum Erfolg führen, die aber in Bayern nicht greifen, weil sie der Seelenlandschaft unserer Menschen, ihrem aus einer reichen Geschichte und aus bewährter Eigenstaatlichkeit gewachsenen Selbstbewußtsein nicht entsprechen. Die SPD kommt bei vielen Bürgern deshalb nicht an, weil sie übertreibt und ein derart grob verzerrtes Bild der bayerischen Wirklichkeit zeichnet, daß die Menschen sich gekränkt fühlen, in einem angeblich so rückständigen, verkommenen und trostlosen Land leben zu müssen. Die dadurch verlorene Glaubwürdigkeit gewinnt die SPD nicht dadurch zurück, daß sie sich in ihrem Erscheinungsbild mit dick aufgetragenem Weiß und Blau zu schmükken sucht. Der Widerspruch ist zu deutlich und wird durchschaut. Das ist so, als wolle man vor einem Nachtlokal eine Kirchenfahne aufhängen.

Einer der großen Brüche in der SPD, der wesentlich beigetragen hat zu ihrer Unglaubwürdigkeit und zu ihrer Unfähigkeit, die Herausforderungen der Gegenwart zu erkennen, liegt in ihrer Haltung gegenüber der Technik. Nachdem sie den von den Vätern übernommenen Kinderglauben abgelegt hatte, war die SPD in den fünfziger und sechziger Jahren geradezu besessen von einer totalen Technikgläubigkeit. Heute reiht sie sich in die Schar der Maschinenstürmer ein, die in eben dieser Technik das Prinzip des Unmenschlichen und Bösen sehen. Den alten Gott haben sie verloren, den neuen nicht behalten können. Jetzt haben sie sich sektiererischem Eifer verschrieben.

Zu leiden hat die SPD in Bayern auch an ihrem unzulänglichen personellen Angebot. Die Zeiten, in denen ein königlich-bayerischer Sozialdemokrat vom Schlag eines Wilhelm Hoegner das Bild der Partei prägte, sind längst vorbei. An Landesvorsitzende wie Volkmar Gabert denken die Genossen angesichts dessen, was im Laufe der Jahre nachgekommen ist, geradezu mit Sehnsucht zurück. Auch der SPD-Vorsitzende Hans-Jochen Vogel erwies sich bayernweit nicht als Erfolgsmodell, als er im Oktober 1974 Spitzenkandidat der SPD für die Landtagswahl war. »Bayern braucht Dr. Vogel«, verkündeten die Plakate, aber die Bayern waren nicht dieser Ansicht. Vogel, der stets an einen strebsamen und auf weniger fleißige Mitschüler herabschauenden Klassenprimus erinnert, geht mit seiner belehrungssüchtigen Besserwisserei vor allem eigenen Parteifreunden auf die Nerven.

Was sich in Wahlkämpfen wegen der damit verbundenen massiven organisatorischen und materiellen Unterstützung als Vorteil für die SPD erweist, ihr enger und dauerhafter Schulterschluß mit den DGB-Gewerkschaften, ist für sie im politischen Alltag und bei der Entwicklung langfristiger Konzeptionen durchaus ein Klotz am Bein. Die Gewerkschaften sind aus einer fortschrittlichen Arbeiterbewegung in weiten Teilen zu einer Organisation geworden, die für die Erhaltung altertümlicher Wirtschaftsstrukturen und gegen den notwendigen Fortschritt kämpft. Trotz mancher tiefer Gegensätze zwischen SPD und DGB dürfen sich die Unionsparteien jedoch nicht der trügerischen Hoffnung hingeben, daß es in kommenden Wahlkämpfen die rückhaltlose Hilfestellung des DGB, seiner Massen, Mittel und Möglichkeiten, für die SPD nicht mehr geben werde. Im Falle des Falles - und der Kampf um die politische Macht ist immer ein solcher Fall - wiegt die gemeinsame sozialistische Ausrichtung allemal schwerer als noch so heftiger programmatischer Streit.

Ich messe die im Interesse der Arbeitnehmer notwendige Fortschrittsfreundlichkeit der Gewerkschaften daran, ob sie den Mut haben, Ideen zu unterstützen, die nicht von vornherein in Betriebsversammlungen auf Begeisterung stoßen, ob sie den Mut haben, ihrer Klientel unbequeme Wahrheiten zu sagen oder unpopuläre Vorschläge zu machen. Die Deutschen sollen die kürzeste und immer kürzer werdende Arbeitszeit der Welt haben, die höchste und immer höher gehende Bezahlung der Welt, den längsten und immer länger werdenden Urlaub der Welt, dazu ein weltweit unübertroffenes System der sozialen Sicherung - das alles selbstverständlich bei Vollbeschäftigung. Daß aber die immer weitergehenden gewerkschaftlichen Forderungen mit Vollbeschäftigung - womit nie eine Arbeitslosenquote von null Prozent gemeint sein kann - nicht immer zu vereinbaren sind, darüber denken viele Gewerkschaftsfunktionäre längst nicht mehr nach. Die Gewerkschaften müssen sich davor hüten, zum Sinnbild reaktionärer Wirtschaftspolitik und eines Denkens in den Kategorien von vorgestern zu werden. Sie werden sonst nicht nur im Zusammenhang mit dem kommenden europäischen Binnenmarkt in Schwierigkeiten geraten, sondern auch in immer größeren Teilen einer modernen Arbeitnehmerschaft ihren Rückhalt verlieren. Das wirtschaftliche Geschehen und der wirtschaftliche Erfolg der Zukunft brauchen in höchstem Maße das, wozu gewerkschaftliches Denken in eingefahrenen Bahnen am wenigsten bereit ist, nämlich Flexibilität. Viele Gewerkschaftsmitglieder sind hier den Gewerkschaftsfunktionären um Längen voraus. In den Betrieben werden von den Belegschaften beispielsweise Arbeitszeitregelungen akzeptiert und zu beiderseitigem Erfolg praktiziert, die von realitätsfernen Gewerkschaftsführungen erbittert bekämpft werden. Die Tatsache, daß gerade in Unternehmen mit modernster Fertigung, in Bereichen der Spitzentechnologie und bei den Zukunftsindustrien die Zahl der in Gewerkschaften organisierten Arbeitnehmer immer geringer wird, sollte den Funktionären Alarmzeichen und Anlaß zu gründlichem Umdenken sein.

Auf der Suche nach Erklärungen für den anhaltenden Erfolg der CSU in Bayern verfallen manche auf das Argument, daß Bayern von Natur aus CSU-günstige Strukturen aufweise und daß im Freistaat die Uhren eben anders gingen. Diesem törichten Urteil ist entgegenzuhalten: Wenn die Uhren bei uns politisch tatsächlich anders gehen, dann deshalb, weil sie von uns anders gestellt wurden. Um ein Beispiel herauszugreifen: Die CDU hatte in Nordrhein-Westfalen, heute einem ihrer größten Problemgebiete, viele Jahre Wahlergebnisse nahe der absoluten Mehrheit. Zu dieser Zeit stand die CSU in Bayern deutlich schlechter. Seither hat Bayern eine dramatische Entwicklung hin zu einem modernen Industriestaat mit allen damit zusammenhängenden wirtschaftlichen, strukturellen und sozialen Veränderungen genommen, und die Wahlergebnisse der CSU haben sich auf einem bei der CDU nirgendwo mehr anzutreffenden hohen Niveau eingependelt. Früher wurden die Erfolge der CSU von unseren politischen Gegnern wie auch aus den Reihen der CDU mitleidig als Ergebnis einer letzten wärmenden Herbstsonne betrachtet. Bayern sei nun einmal ein ländlich-sittliches, mittelständisches, im großen und ganzen unter Bildungsmangel leidendes Land.

In diesem Zusammenhang erinnere ich mich an ein Gespräch mit dem Mannheimer Wahlforscher Professor Rudolf Wildenmann im Herbst 1966, wenige Wochen vor der Landtagswahl. Vier Jahre zuvor hatten wir unter meiner Führung als Parteivorsitzender zum ersten Mal die absolute Mehrheit der Mandate im Bayerischen Landtag erreicht. Wildenmanns Analyse: Die CSU sei noch immer eine Partei des Landes, der Prozeß der Industrialisierung und Urbanisierung schreite jedoch unaufhaltsam voran. Damit wüchsen die Ansprüche der Bürger und auch ihr Bildungsbedürfnis, und je mehr dieses Bedürfnis befriedigt werde, um so mehr Bürger würden sich von der CSU abwenden. Nur dem geringen Bildungsniveau, so der Professor, hätten wir die guten Ergebnisse zu verdanken. Die CSU sei die Partei der Vergangenheit, ihre Erfolge gründeten auf einer Struktur, die es in absehbarer Zeit nicht mehr geben werde. Jetzt müsse man – mit dem »man« meinte der Professor wohl sich selbst – eine genaue Analyse anstellen mit dem Ziel, der CSU das Profil der Altväterlichkeit und den Ruch des Anachronismus zu nehmen. Kurzum, die CSU habe eine gründliche Reform ihrer Politik an Haupt und Gliedern nötig, wenn sie sich weiterhin einigermaßen behaupten wolle. Wenn Professor Wildenmann geglaubt haben sollte, durch dieses Untergangsszenario mit der CSU ins Meinungsforschungsgeschäft zu kommen, wurde er bitter enttäuscht. Das war dann wohl der Grund dafür, daß sich Wildenmann über Jahre hinweg, wo immer er konnte, kritisch zu meiner Person und Politik äußerte.

Im Januar 1955 hatte ich zum ersten Mal für das Amt des Parteivorsitzenden kandidiert. Hans Ehard, bis dahin an der CSU-Spitze, rechnete wohl damit, daß er nicht mehr Ministerpräsident werden konnte, und trat zurück. Er wurde wunschgemäß Landtagspräsident und hat in dieser Funktion dem Parlament den Stempel seiner persönlichen Noblesse aufgedrückt. Bei der Wahl des neuen Landesvorsitzenden standen sich zwei fast gleich starke Fronten gegenüber, die »Landesfront« mit Hanns Seidel und die »Bundesfront«, die meine Kandidatur unterstützte. Es ging nicht um Ideologisches und nicht um Grundsätzliches, sondern einzig und allein um die Frage, ob ein »Bonner Bayer« oder ein »Münchner Bayer« die CSU führen sollte. 380 Delegierte stimmten für Hanns Seidel, 329 für mich. Es war eine Entscheidung, die ohne jeden bösen Ton zustande gekommen war. Die CSU habe eine Kraftprobe bestanden und ihren politischen Stil weiterentwickelt, sagte ich in meiner Glückwunschadresse an Hanns Seidel. Es war für mich selbstverständlich, auch unter dem neuen Vorsitzenden stellvertretender Vorsitzender zu bleiben - mein Kollege in diesem Amt war Rudolf Eberhard. Es gab für mich keinen Gegensatz zu Seidel und - ich glaube, ich darf das sagen - von ihm aus keinen Gegensatz zu mir.

Zwar konnten wir bei den Landtagswahlen von 1958 unseren Stimmenanteil um 7,6 Prozent steigern, aber zu einer Alleinregierung reichte es nicht. Es blieb bei der Koalition mit FDP und BHE. Hanns Seidel, seit Oktober 1957 Ministerpräsident, hatte einen schweren Autounfall gehabt und war gesundheitlich angeschlagen. 1958 brach er bei seiner Regierungserklärung am Rednerpult zusammen. Im Jahr darauf konnte er keine größeren Strecken mehr mit dem Auto fahren - zu einem gemeinsamen Auftritt in Innsbruck mußte er fliegen. Rudolf Eberhard und ich teilten uns die Parteiarbeit. Bei meinen Besuchen am Krankenbett habe ich Hanns Seidel immer wieder Mut zugesprochen. Zusammen mit der ganzen Partei hoffte ich auf seine Wiedergenesung. Als Wirtschaftsminister von 1947 bis 1954 und dann als Ministerpräsident hatte Hanns Seidel wesentliche Grundlagen für den erfolgreichen Wandel Bayerns von einem Agrarland zum modernen Industriestaat gelegt. 1960 trat er von seinem Amt als Ministerpräsident zurück. Hans Ehard wurde sein Nachfolger. Ich selbst, dem dieses Amt angeboten worden war, hatte abgelehnt.

»Aber versprich mir, nicht zu arge Wellen zu machen!« (1961)

»Aber geh' – grad g'sund is er, der Kreuther-Schnaps!« (1976)

»Wieder mal den Passauer Marsch geblasen!« (1978)

Sämtliche Karikaturen von Herbert Kolfhaus

1961 legte Seidel, dessen Gesundheitszustand sich zunehmend verschlechterte, auch sein Amt als Parteivorsitzender nieder. Uns allen in der CSU war schon vorher in schmerzlicher Weise klargeworden, daß Seidel nicht mehr lange an der Spitze der Partei würde stehen können. Im Juni 1960 waren im Weinhaus von Ria Maternus in Bad Godesberg, in einem Nebenzimmer im ersten Stock, Rudolf Eberhard, Richard Stücklen, Hermann Höcherl, Gerhard Wacher und ich zu einer Unterredung über die Zukunft der CSU-Führung zusammengetroffen. Es ging uns darum, ohne Streit und einvernehmlich eine Nachfolgeregelung zu finden. Wir entschieden einstimmig, daß Rudolf Eberhard der nächste Parteivorsitzende werden sollte. Auch ich war vorgeschlagen worden, hatte aber mit drei Argumenten abgelehnt: mein Wohnsitz in Bonn, das immer schwerer werdende Amt des Verteidigungsministers, die drohende Berlinkrise. Ich würde mich der Partei in Bayern nur unzureichend widmen können. Eberhard hat angenommen. Zu unserer Überraschung teilte er uns im November jedoch mit, er stehe als Kandidat für das Amt des Parteivorsitzenden doch nicht zur Verfügung und bitte uns, ihn von seinem Wort zu entbinden. Er habe sich das Angebot noch einmal gründlich überlegt und sei fest entschlossen, nicht Parteivorsitzender zu werden. Auch noch so gutes Zureden könne ihn in seiner Entscheidung nicht mehr schwankend machen.

Jetzt konnte ich mich dem Drängen und dem Willen unserer Partei nicht mehr entziehen. Ich mußte in die Bresche springen. Im März 1961 wurde ich zum Vorsitzenden der CSU gewählt, und seither übe ich dieses Amt aus, länger als jeder andere Vorsitzende einer demokratischen Partei in der Geschichte der Bundesrepublik Deutschland.

Anders als in den Jahren des Aufbaus herrscht in der politischen Gegenwart der Parteien, auch der CSU, eine gewisse Aufgeregtheit und die Neigung, über kleinlichem Ärger oder ärgerlichen Kleinigkeiten die bestimmenden Linien aus den Augen zu verlieren. Ich mahne immer wieder in den eigenen Reihen, das große Ganze zu sehen. Irritationen aus persönlicher Verärgerung oder enttäuschtem Ehrgeiz oder nur, weil ein Baugesuch abgelehnt wurde, dürfen nicht den Blick auf die entscheidenden Fragen und Grundpositionen der CSU versperren. Lokaler Verdruß – der eine ist verärgert, weil die Straßenführung westlich der Gemeinde liegt und nicht östlich, der andere ist verärgert, weil die Straßenführung östlich der Gemeinde liegt und nicht westlich, der dritte will die Autobahn am Hang haben – schlägt in einer Weise auf die politische Gesamtstimmung durch, wie das früher nicht der Fall war. Auch die persönlichen Empfindlichkeiten haben zugenommen. Die Einsicht, daß nicht mehr politische Ämter vergeben werden können, als vorhanden sind, fällt denen, die nicht zum Zuge kommen, immer schwerer. Wahlmißerfolge auf lokaler und regionaler Ebene, zurückzuführen auf Fehler bei der Kandidatenauswahl, werden aus menschlich verständlichen, aber objektiv ungerechtfertigten Gründen der Politik insgesamt und »denen da oben« angelastet.

Die Orts- und Kreisvorsitzenden, engagierte Idealisten, sind unerläßlich für die Stabilität und Leistungsfähigkeit unserer Partei, ihr Einsatz ist nicht hoch genug zu bewerten. Aber nicht jeder tüchtige Orts- oder Kreisvorsitzende ist automatisch der beste Kandidat für ein öffentliches Amt, über dessen Vergabe die Bürger mit ihrem Stimmzettel entscheiden. Das bayerische Kommunalwahlrecht begünstigt die Persönlichkeitswahl. Die CSU muß deshalb gerade auf dieser Ebene höchste Maßstäbe bei der Auswahl der richtigen Bewerber anlegen.

Es ist meine große Sorge, daß nach mir der Abstieg der CSU unter die 50-Prozent-Grenze kommen könnte, eine Erfolgsmarke, von der die CDU schon vor vielen Jahren bedauerlicherweise Abschied genommen hat. Daß diese Entwicklung in der CSU nicht eintritt, dem muß beizeiten die Sicherung meines Erbes dienen. Auf der politischen wie auf der Beamtenebene habe ich eine Führungsschicht aufgebaut, die sich sehen lassen kann. Die Beamtenschaft des Freistaates ist aus gutem Grund weit über die Grenzen Bayerns hinaus geachtet und anerkannt. Alle meine engeren Mitarbeiter, die aus der Beamtenschaft kamen, haben ihren Weg gemacht, nicht durch Protektion, sondern durch Qualifikation und Leistung.

Eines der politischen Ämter unserer Partei, das sich als Nachwuchsschule besonderer Art bewährt hat, ist das des Generalsekretärs. Ich erfüllte diese Aufgabe von 1948 bis 1952. Generalsekretär war viele Jahre Friedrich Zimmermann, 1955 von Hanns Seidel berufen, aber auch in meiner Zeit als Parteivorsitzender noch tätig. Dann die Generalsekretäre, die ich ins Amt holte: Anton Jaumann, später langjähriger Bayerischer Wirtschaftsminister; Max Streibl, später Bayerns erster Umweltminister und seit vielen Jahren Finanzminister; Gerold Tandler, später Innenminister, Fraktionsvorsitzender und Wirtschaftsminister; Edmund Stoiber, später Staatsminister und Leiter der Bayerischen Staatskanzlei; Otto Wiesheu, jetzt Geschäftsführer der Hanns-Seidel-Stiftung, und jetzt Erwin Huber.

Obwohl meine politischen Gegner das Gegenteil behaupten, habe ich immer darauf geachtet, hervorragende politische Nachwuchskräfte heranzuziehen. Ich bin keineswegs ein mürrischer, ehrgeiziger, alter Patron, der eifersüchtig darüber wacht, daß keiner in die Führungsspitze der Partei vordringt. Wenn man heute einen Parteivorsitzenden der CSU wählen müßte, dann könnten drei Bewerber mit Aussicht auf Erfolg antreten – Max Streibl, Theo Waigel und Gerold Tandler. Wenn ein Ministerpräsident gewählt werden sollte, dann fiele die Wahl wohl zwischen Streibl und Tandler, ein dritter zeichnet sich hier nicht ab. Edmund Stoiber ist altersmäßig noch nicht in dieser Etage. Das alles gehört unter die Rubrik Kontinuität in der CSU, und dazu bekenne ich mich verantwortlich.

Begegnung mit Gorbatschow

Vom 28. bis 31. Dezember 1987 war ich, begleitet von Theodor Waigel, Gerold Tandler, Edmund Stoiber und Wilfried Scharnagl, in Moskau. Die Reise erregte nicht nur deshalb Aufsehen, weil ich selbst am Steuer unserer Maschine saß und auf dem Moskauer Flughafen bei Nacht und Nebel, bei Schnee und vereister Landebahn eine der schwierigsten Landungen meiner Pilotenlaufbahn zu meistern hatte. Eine mehr als zweieinhalbstündige Unterredung mit Michail Gorbatschow stand im Mittelpunkt meines Besuches, und dieses Gespräch vor allem war es, das im In- und Ausland größte Aufmerksamkeit fand.

Ich habe mich nie gedrängt, nach Moskau eingeladen zu werden, ich habe nie antichambriert. Ich habe immer gesagt: Wenn eine Einladung kommt, unter angemessenen Voraussetzungen, nehme ich sie an. Zu diesen Voraussetzungen zählte für mich auf jeden Fall, daß zumindest bei einem ersten Besuch ein Gespräch mit der Nummer eins möglich war. Was mir im Sommer 1987 im Grundsatz angekündigt worden war, wurde am Heiligen Abend 1987 konkret, Gorbatschows offizielle Einladung wurde mir übermittelt. Die politisch ruhige Zeit zwischen den Jahren war auch mir gelegen, und so starteten wir am 28. Dezember vom Flughafen München-Riem.

Michail Gorbatschow empfing uns im Blitzlichtgewitter der Fotografen. Ich bemerkte dazu, den Profit von unserer Begegnung hätten in erster Linie die Japaner, denn fast alle Kameras, die hier benutzt würden, seien japanischer Herkunft. Gorbatschow wandte ein, es könne ja schließlich nicht alles aus Deutschland kommen.

Nachdem wir Platz genommen hatten, hieß mich Gorbatschow herzlich willkommen: »Die Tatsache, daß Sie hier sind, die Tatsache, daß Sie eine Einladung bekommen haben, die Tatsache, daß Sie mit mir sprechen können - ich habe mir genug Zeit genommen -, die Tatsache, wie Ihr Programm gestaltet wird, nämlich nach Ihren Vorschlägen - die Vorbereitungszeit war ja sehr knapp -, all das soll Ihnen zeigen, daß in der Sowjetunion eine neue Politik begonnen hat.

Es gibt qualitative Veränderungen in den letzten 45 Jahren. Es gibt noch ein altes Herangehen an die Probleme, es gibt überlebte Präzedenzfälle. Ich habe zur englischen Premierministerin Frau Thatcher gesagt, die Welt hat sich seit Churchill entscheidend verändert. Sie spricht aber, als ob sich das britische Reich nicht verändert habe. Dieses politische Denken entspricht nicht mehr den neuen Realitäten. Neue Realitäten bedürfen eines neuen Herangehens. Daß Sie, Herr Strauß, hier sind, zeigt ein neues Denken. Wir müssen haltmachen, um uns umzusehen. Information und Dialog sind notwendig. Wir werden gezwungen, die Welt neu zu überdenken. Eine Entideologisierung ist notwendig. Es gibt das souveräne Recht jedes Volkes auf seine eigene Ideologie, Religion und so weiter. Was macht die Tatsache, daß wir verschieden sind? Wir kennen und lieben die deutsche Kultur, sie war für uns sehr wichtig. Wir sind aber Russen geblieben und haben unsere Werte behalten. Wir sind aber auch anders geworden, weil wir die Kultur anderer Länder aufgenommen haben. Außenminister Schewardnadse hat mir berichtet, daß Sie mit ihm ein gutes und ehrliches Gespräch hatten. Er hat mir berichtet, daß Sie ein Gegner des Marxismus-Leninismus sind. Kommunist kann man nur werden, wenn man die Welt mit allen Reichtümern kennengelernt hat. Kommunisten stellen sich nicht gegen die eigene Geschichte oder gegen die Geschichte der Völkerschaften. Wir sagen ja zur Geschichte. Wir müssen die Bilder ändern, Herr Strauß! In Amerika hat man mich dargestellt, wie wir auch früher in Deutschland gemalt wurden, mit Hörnern. Wir müssen auf den Boden der Realität finden. Das Fehlen der Realitäten in der Vergangenheit hat zu furchtbaren Folgen geführt. Gerade für Deutschland und Rußland. Ich möchte in diesem Zusammenhang an John Foster Dulles erinnern. In Deutschland wurde damals die Frage gestellt, welche Waffen im Dritten Weltkrieg eingesetzt werden. Ich kann dazu nur sagen, Pfeil und Bogen werden es jedenfalls nicht sein. Jede Familie ist anders, doch sie bleibt eine Familie. Wir dürfen die Zeit nicht vergeuden.«

Ich war von dieser Aussage, von Atmosphäre und Umgangston überrascht. Gorbatschow ist eine modisch-westliche Erscheinung, mit elegantem Anzug, erstklassigem Hemd, zeitgemäßer Krawatte, alles tadellos aufeinander abgestimmt. Das empfindet man als angenehm. Im Gegensatz zu anderen Vertretern der gleichen Feldpostnummer zeigt er ein freundliches, heiteres, aufgeschlossenes Gesicht, nicht diese verkniffene, feindselige Maske, die man sonst anzutreffen pflegte. Sicherlich soll man von Äußerlichkeiten noch nicht auf den Inhalt schließen.

Gorbatschow fragte mich, ob dies mein erster Besuch in der Sowjetunion sei. »Nein«, antwortete ich, »der letzte liegt aber mehr als 45 Jahre zurück.« Er wollte von mir wissen, wo ich im Kriege in der Sowjetunion gewesen sei. Es stellte sich heraus, daß ich längere Zeit in seiner Heimat gewesen war.

Dann kam Gorbatschow auf unsere Ausbildung zu sprechen. Wir beide hätten ja erlernte, aber nicht ausgeübte Berufe, er als Jurist und Landwirt, ich als Professor für alte Sprachen. Das stimmte zwar nicht ganz – ich bin Gymnasiallehrer für Geschichte und alte Sprachen –, aber ich beließ es dabei. Er sei ein leidenschaftlicher Jurist, und »Sie sind ein leidenschaftlicher Philologe«, meinte er. Dieses Urteil brauchte ich nicht zu korrigieren.

Dann fuhr er fort: »Sie kennen doch den Ausspruch eines griechischen Philosophen: Alles ist in Bewegung, so auch in der Sowjetunion.« Das sei, antwortete ich, ein guter Anfang für unser Gespräch. »Das ist einer der ionischen Naturphilosophen, Heraklit, von dem der Ausspruch stammt: ›panta rhei‹, alles ist im Fluß.« Gorbatschow war sichtlich davon angetan, daß dieses Wort von mir aufgegriffen wurde. »Von Heraklit stammt aber noch ein anderes Wort«, fuhr ich fort, »und das können wir heute nicht mehr akzeptieren: ›polemos pater panton‹, der Krieg ist der Vater aller Dinge. Heute ist Krieg nicht mehr der Vater aller Dinge, heute wäre der Krieg das Ende aller Dinge.« Das war der natürliche Einstieg in eine lebhafte, aufgeschlossene Diskussion.

»Der Krieg ist die Fortsetzung der Politik mit anderen Mitteln«, dieses Wort von Clausewitz, das Lenin dann in seinem Sinne ausgelegt habe, sei nicht mehr gültig, ergänzte Gorbatschow. Ich stimmte zu: »Aber auch die Umkehrung gilt nicht mehr, daß heute Politik die Fortsetzung des Krieges mit anderen Mitteln sei. Es gibt im griechischen Denken den Begriff des Kairos, das heißt, unvollständig übersetzt: die richtige, die günstige, die einmalige Gelegenheit. Viele europäische Staatsmänner haben in der Vergangenheit diesen Kairos nicht begriffen. Die Folgen waren furchtbar.« Ich erzählte Gorbatschow, was mein Vater am Tage nach der Machtergreifung Hitlers zu mir gesagt hatte. Heute gebe es jedoch wieder die Chance des Kairos. »Wir stehen an der Schwelle zu einem neuen Zeitalter. Ihr Name ist mit diesem Kairos verbunden. Sie sind in Deutschland sehr populär.

Der Krieg ist in der Tat nicht mehr die Fortsetzung der Politik mit anderen Mitteln, sondern das Ende aller Dinge. Ich war deutscher Verteidigungsminister von 1956 bis 1962. Im Sommer 1962 führte ich im Pentagon in Washington ein Gespräch über das Kriegsbild im Atomzeitalter. Das Resümee lautete, nach einem Krieg ist die Erde nicht mehr bewohnbar! Ich habe damals den Generalinspekteur der Bundeswehr gebeten, bei allen Verteidigungsplanungen davon auszugehen, daß ein Krieg nicht mehr führbar sei. Meine gemeinsame Überlegung mit Bundeskanzler Adenauer lautete: Durch das Auftreten der Atomwaffen hat sich alles grundlegend geändert.«

Deshalb stimme auch die Doktrin der Weltrevolution nicht mehr. »Darum habe ich Außenminister Schewardnadse meine Bedenken gegen den Marxismus-Leninismus vorgetragen. Was bedeutet in ihrer Ideologie der Begriff Weltherrschaft? Gehört der ›letzte große Krieg‹ noch zur Philosophie des Marxismus-Leninismus?« Gorbatschows überraschende Antwort: »Warum schiebt man uns das in die Schuhe? Revolution kann nur auf natürlichem Boden entstehen. Die Revolution ist kein Exportartikel. Das wäre unnatürlich. Es gibt historische Vorgänge, nach denen sich die Völker entwickeln. Nach der marxistischen Theorie werden alle einmal zum Marxismus kommen. Das ist die Angelegenheit jeder Nation. Ob dies in diesem Jahrhundert oder im nächsten Jahrhundert erfolgt, werden wir sehen. Der Kapitalismus hat noch Reserven und kann sich an die Gegebenheiten anpassen. Es gibt kein Paradies auf Erden. Die Geschichte wird zeigen, wer recht hat.«

Ich berichtete von meinen zahlreichen Gesprächen mit Ostblockführern, bei denen mir zugestanden worden sei, daß manches im Westen sozialer sei als in den sozialistischen Ländern, daß vor allem die Lage der Arbeitnehmer besser sei.

Gorbatschow darauf: »Ich kenne Ihre politische Position und Ihre Vergangenheit. Sie sind ein Realist. Das ist notwendig. Wir müssen bereit sein zur Mobilisierung unserer Gesellschaft. Der Sozialismus hat noch nicht das letzte Wort gesagt, sondern nur das erste. Darum glauben wir an unsere Gesellschaftsordnung. Dadurch sind wir ein mächtiger Staat geworden. Wenn aber etwas gut ist, sucht man nicht das Bessere. Wir sind für unser System, aber wir respektieren die Wahl anderer Völker, auch der Bundesrepublik Deutschland, wir wollen mit ihnen leben und zusammenarbeiten. Es geht jetzt um die Verminderung des militärischen Potentials. Wir sind für reale Maßnahmen, und das ist notwendig im Innern wie in der äußeren Politik. Wir bitten Sie, mit anderen Augen auf uns zu schauen, uns nicht in der Gestalt des russischen Bären mit Klauen zu sehen. In den Vereinigten Staaten gibt es noch die Parole: Die Russen kommen! Das habe ich sogar bei meinem letzten Besuch noch gesehen.«

Immerhin habe das amerikanische Magazin »Time« Gorbatschow

zum »Mann des Jahres« gewählt und damit seine Popularität im Westen demonstriert, warf Theodor Waigel hier ein. Die so Ausgezeichneten, fügte ich hinzu, seien allerdings in großer Gefahr; sie seien später nicht selten gestürzt worden. Dies wünschten wir ihm nicht, ganz im Gegenteil!

Ich stimmte Gorbatschow bei seiner Darstellung der Geschichte in vielen Punkten zu. »Es gibt aber auch andere Punkte, zum Beispiel was die Vorgeschichte der Schuld am Zweiten Weltkrieg betrifft. Ich erinnere an den August 1939 im Kreml. Nach 1945 hat Stalin durch seine Politik die Amerikaner, die zu 90 Prozent Europa schon verlassen hatten, wieder nach Europa zurückgeholt.«

Ich fuhr fort: »Die wirtschaftlich-technische Revolution hat unsere Welt verändert. Der Erkenntniszuwachs verdoppelt sich in immer kürzeren Intervallen. Es gibt eine Akzeleration der Geschichte. In dieser Beschleunigung hat der Krieg keinen Platz mehr. Krieg ist zwischen den industriellen und hochentwickelten Völkern endgültig vorbei. Wir begrüßen diese Einsicht Ihrer Politik, zu der Sie wesentliche Anstöße gegeben haben. Wir stimmen überein in dem Ziel, ein Verbot aller chemischen Waffen zu erreichen. Was den INF-Vertrag betrifft, so kann die Beseitigung von drei Prozent des nuklearen Potentials nur ein Anfang sein, sonst hätte das keinen Sinn. Es wäre besser gewesen, man hätte mit der Abrüstung prozentual begonnen und dann Jahr für Jahr weitergemacht. Ich bin kein leidenschaftlicher Anhänger beider Null-Lösungen, weil die Nachrüstung der Kurzstreckenraketen durch die Sowjetunion Deutschland stärker bedroht. Chemische Waffen, Kurzstreckenwaffen und konventionelle Waffen sind für uns Sicherheitsprobleme.«

»Ein Mann wie Sie muß auch an der Abrüstung der strategischen Waffen interessiert sein«, wandte Gorbatschow ein. Ich beharrte auf meinem Standpunkt: »Unser Hauptproblem sind die Kurzstreckenraketen der Sowjetunion.« – »Das nehme ich zur Kenntnis«, erwiderte der Generalsekretär.

Ich verdeutlichte meinen Standpunkt und die besondere Lage der Deutschen: »In mehr als 2500 Jahren aufgeschriebener Geschichte gab es immer wieder Krieg, seit 1945 in Europa nicht mehr. Das Aufkommen der Atomwaffen und ihre verheerenden Folgen machen einen Krieg unmöglich. Dennoch gibt es eine verhängnisvolle Denkschule bei manchen Militärs und Politikern. Sie glauben, daß die Wahrscheinlichkeit eines weiteren Krieges nicht völlig ausgeschlossen werden könne. Wenn aber ein Krieg unvermeidlich sei, dann müsse das Gebiet

Franz Josef Strauß im Cockpit einer Cessna Citation bei der Landung auf dem Moskauer Flughafen, 28. Dezember 1987

Begrüßung durch Michail Gorbatschow, Moskau, 29. Dezember 1987

Gerold Tandler, Theo Waigel, Franz Josef Strauß und Edmund Stoiber vor der Basilius-Kathedrale auf dem Roten Platz in Moskau, 29. Dezember 1987

dieses Krieges und müßten die Waffen, mit denen er geführt werde, beschränkt werden. Das Gebiet wären dann die Bundesrepublik Deutschland und die DDR. Darum haben wir ein gemeinsames Interesse mit der DDR. Uns geht es darum, den Krieg in jeder geographischen Beschränkung absolut auszuschließen. Das erwarten wir von der Politik der Zukunft. Es gibt eine große psychologische Wirkung Ihrerseits, Herr Generalsekretär. Sie haben einen Teil der Angst weggenommen. Wir begrüßen jeden Schritt, der in diese Richtung geht. Ich habe in diesem Zusammenhang auch manchen NATO-Generalen widersprochen.«

Gorbatschows Antwort: »Jeder Krieg ist für die Bundesrepublik Deutschland, die DDR und die Sowjetunion unannehmbar. Darum müssen wir andere Beziehungen zwischen der Sowjetunion und Deutschland haben. Wir haben manchmal den Eindruck, daß die Bundesregierung amerikanischer ist als die Amerikaner selbst. Es gibt eine Lehre der Geschichte: Als die Deutschen und die Russen zusammengearbeitet haben, gab es Ordnung in Europa. Wann wird die Bundesregierung diese Lehre ziehen? Der Besuch des Bundespräsidenten Richard von Weizsäcker hat eine neue Seite in der Geschichte aufgeschlagen. Ist die Bundesregierung reif zu neuen Beziehungen?«

Ich kam dann, die Offenheit des Gespräches erlaubte es, auf die Ankündigung Chruschtschows zu sprechen, die Sowjetunion würde bis zum Jahre 1990 die »kapitalistischen« Länder überholt haben: »Wie würden Sie Ihr Land in zehn bis zwanzig Jahren gern sehen, welches Porträt der Sowjetunion würden Sie zeichnen?«

Gorbatschow: »Für die Abrüstung sind der Dialog und eine reale Politik notwendig. Die ersten Schritte sind besonders mühevoll. Es muß ein Programm bis zum Jahre 2000 entwickelt werden. Es sind reale Reduzierungen auf allen Gebieten notwendig. Es muß gleiche Sicherheit für alle Staaten geben. Keine Seite darf die andere übervorteilen. Wir kennen jetzt alle Probleme. Es muß praktische Schritte und Zugeständnisse geben. Es gibt den ersten und den zweiten Korb von Helsinki. Das INF-Abkommen ist ein wichtiger Schritt, konkrete Kontrollmaßnahmen sind vereinbart. Die englischen und französischen Mittelstreckenraketen sind zunächst ausgeklammert. Auf der Tagesordnung stehen nun START und die Beseitigung der chemischen Waffen. Die chemischen Waffen haben die Amerikaner zunächst zurückgestellt. In Washington gab es jetzt eine gemeinsame Erklärung. Gemeinsam mit der Bundesrepublik Deutschland sollte der Versuch zu einer Konvention gemacht werden. Die Sowjetunion protestiert gegen die Aufnahme der Produktion binärer chemischer Waffen.

Bei der konventionellen Rüstung gibt es Sorgen bei den Europäern. Damit ist auch das für uns eine wichtige Frage. Wir wollen den Europäern keine Sorgen bereiten. Wir sind selber Europäer, und wir wollen ihnen keine Sorgen machen. Einseitige Abrüstungsschritte zu vollziehen, ist kein richtiges Herangehen an das Thema. Es müssen alle Karten auf den Tisch gelegt werden, und dann wird alles klar sein. Dann wird sich herausstellen, wer wirklich das Übergewicht besitzt. Der Warschauer Pakt besitzt etwa 20.000 Panzer mehr als die NATO. Doch die NATO wiederum besitzt etwa 14.000 Flugzeuge mehr als der Warschauer Pakt. Unterschiedlich ist auch das Kräfteverhältnis bei vielen anderen konventionellen Waffen. Der Warschauer Pakt besitzt in Mitteleuropa ein Übergewicht, dafür gibt es ein Übergewicht der NATO an der Südflanke. Hier stellt sich die Frage, ob nicht ein Korridor geschaffen werden sollte in Europa, der das Problem lösen könnte. In diesem Zusammenhang könnte auch der Teilrückzug der US-Streitkräfte mit einbezogen werden.« Dann die feierliche Bekräftigung: »Wir wollen niemanden überfallen oder Krieg führen!«

Meine Antwort: »Wenn es gelingt, das militärische Denken in den Hintergrund zu rücken, ist auch die Abrüstung nicht mehr so wichtig!«

Er wolle, so Gorbatschow, die Beziehungen zum Westen und zur Bundesrepublik gut entwickeln. Besonders wichtig sei die Übereinstimmung unserer Gedanken. »Ich mag die Diplomatensprache nicht, und auch Sie sind ein direkter Mann!«

Meine Überzeugung als Christ sei es, so führte ich aus, daß nie wieder Gewalt herrschen und nie wieder der Griff zum Schwert erfolgen dürfe: »Es wird nie wieder eine politische Führung in Deutschland geben, für die durch Krieg oder ähnliche Handlungen ein Problem lösbar ist. Der Auftrag an die Soldaten lautet nicht mehr, deutscher Politik zum Sieg zu verhelfen, sondern uns gegen Gewaltanwendung zu verteidigen. Natürlich ist dieser Beruf ein Widerspruch in sich. Es gibt in der Politik faktische Zustände, und es gibt Rechtspositionen. Voraussetzung für einen Friedensvertrag ist, daß dabei ein gleichberechtigtes, wiedervereinigtes Deutschland am Tisch sitzen muß.«

»Stalin ist«, warf Gorbatschow ein, »für ein wiedervereinigtes Deutschland gewesen, so sehr wir ihn auch verurteilten.« Dem hielt ich entgegen: »Der Schlüssel für die Wiedervereinigung eines freien Deutschland liegt in Moskau, nicht in Washington.« Für die Geschichte sei es gleichgültig, was im Grundgesetz der Bundesrepublik Deutschland von 1949 stehe, sagte daraufhin der Generalsekretär.

Ich verdeutlichte den deutschen Standpunkt: »Wir halten an der Einheit der deutschen Nation fest, auch wenn es zur Zeit zwei deutsche Staaten gibt. In diesem Rahmen bewegt sich unsere Deutschlandpolitik. Das sage ich, obwohl ich neben Konrad Adenauer viele Jahre lang die permanente Zielscheibe der Propaganda der DDR gewesen bin.«

Gorbatschows Zwischenruf: »Vielleicht steckt doch etwas Objektives darin, wenn man sich eine Zielscheibe gesucht hat!«

Ich suchte die Schuld nie allein bei anderen, fuhr ich fort, und erinnerte an die Begegnung mit Erich Honecker am Werbellinsee: »Aus dem ›Teufel Franz Josef Strauß‹ ist ein ehrlicher Gesprächspartner geworden.« Bei meinem letzten Gespräch mit Erich Honecker im September sei mir deutlich geworden, daß die Lehren von Tschernobyl in Moskau tiefe Spuren hinterlassen hätten. Dazu gehöre die Erkenntnis, daß eine unkontrollierte Kettenreaktion unkontrollierbare Folgen nach sich ziehe. Wir alle wüßten, daß das in Tschernobyl ausgelöste radioaktive Potential nur ein Bruchteil dessen sei, was beim Einsatz nur eines einzigen Kernwaffensprengkörpers freigesetzt würde. Wenn man daran denke, daß auf beiden Seiten – unabhängig vom INF-Abkommen mit seiner sehr begrenzten Bedeutung – Tausende von Sprengkörpern in Europa verblieben und zum Teil auch verbleiben müßten, so spreche dies eindeutig dafür, daß ein Atomkrieg nicht führbar sei. Wenn es schon nicht möglich sei, das »kleine« Unglück von Tschernobyl – klein im Vergleich zu dem, was an radioaktivem Potential für militärische Zwecke in der Welt vorhanden ist – unter Kontrolle zu halten oder unter Kontrolle zu bringen, was wäre dann erst, wenn Dutzende, Hunderte von nuklearen Sprengkörpern in einem gegenseitigen sinnlosen Vernichtungskrieg gezündet würden!

Das Gespräch verlief ernst, nicht feindselig, und ich habe mit dieser Aussage volle Zustimmung gefunden, nicht nur im Gespräch mit Gorbatschow, sondern auch bei Schewardnadse und Dobrynin. Dobrynin, im ZK zuständig für auswärtige Angelegenheiten, war bei allen Gesprächen dabei – sowohl am ersten Abend mit Schewardnadse, wo wir fast drei Stunden sprachen, als auch am nächsten Morgen bei den zweieinhalb Stunden mit Gorbatschow. Zuletzt gab es mit Dobrynin noch ein dreistündiges Arbeitsessen in Fortsetzung und Vertiefung der Gespräche.

Gorbatschows Reformpolitik war zwangsläufig ein wichtiges Thema unserer Unterredung. Perestroika, so erklärte er, sei ein Prozeß der Umgestaltung: »Die politische Führung soll dabei richtig verstanden werden. Wir legen unsere Ziele offen und kritisch dar. Wir sagen, was notwendig ist. Wir wollen, daß man uns auch im Ausland versteht. Es ist nicht möglich, eine Detailprognose für die nächsten zwanzig Jahre zu geben. Im Verlauf der Umgestaltung wandeln wir uns selbst, und damit wandelt sich unser Werk. Im April 1985 wurde die Idee der Umgestaltung eingeführt. Wir haben noch zu wenig erreicht, wir müssen weitergehen. Wir wollen nicht alles grundlegend verändern, wir wollen, daß es sich besser entfaltet. Wir sind offen für internationale Erfahrung. Das betrifft die Technik, das Management und so fort. Aber wir werden unseren eigenen Weg gehen. Man sollte damit keine falschen Erwartungen verknüpfen. Das sagen wir dem eigenen Volk und auch dem Ausland. Die erste Etappe ist nun vorbei. Wir haben uns einer vernichtenden Selbstkritik unterzogen. Wir mußten die Gesellschaft begreifen, in der wir uns befinden. Es hat sich manches nicht realisiert, was wir vorhatten. Wir haben eine harte Analyse durchgeführt. Nicht alle haben das akzeptiert, aber immer mehr Menschen werden sich dessen bewußt. Der Leerlauf der Prozesse nahm zu, nicht nur in der Wirtschaft wurde Zeit vergeudet. Wir befinden uns nun in einem Prozeß der Demokratisierung in der Sowjetunion. Der Sozialismus ist eine Gesellschaftsordnung für die Werktätigen. Die Institutionen weisen ernsthafte Mängel auf. Die Menschen sollen real am Prozeß der Staatsführung beteiligt werden. Das hat uns geholfen, das Volk hat den Kopf gehoben. Selbst wenn der Umbau nicht zu Ende käme, würde das Volk das Leben von früher nicht mehr akzeptieren. Ich erwähne das Beispiel einer Motorenfabrik in Jaroslawl. Es gab dort eine Diskussion über die Organisation der Arbeit, über die Arbeitszeit und die Automatisierung. Die Direktion hatte vorgeschlagen, am Samstag zu arbeiten. Darauf gab es einen Konflikt. In einer Konferenz wurden diese Probleme zwei Tage lang erörtert. Das war für den Direktor sehr unangenehm. Nach einer eingehenden Argumentation gab es eine Mehrheitsentscheidung, auch am Samstag zu arbeiten, um die Automatisierung durchführen zu können. Dieses Beispiel zeigt: Das Volk ist anders geworden. Glasnost ist die Öffnung zur Demokratie und ist vom Volk angenommen worden. Dieser Prozeß wird noch zunehmen. Bei den Arbeitern wächst ein Verantwortungsgefühl und ein Gefühl für die Realität. Sie sehen, wer etwas taugt. Das ist ein Leistungsprozeß.«

Ich wollte wissen, ob es eine Umsetzung von Perestroika und Glasnost auch auf politischer Ebene gebe. Die Antwort: »Wir stehen jetzt vor der schwierigsten Etappe. Jetzt sind die Privilegien, der Schlendrian betroffen. In der Presse lesen Sie nur von der Spitze des Eisbergs. Jetzt entfachen sich Leidenschaften. Man kann nicht alles über Nacht erreichen. Bis 1991 soll diese schwierige Etappe erreicht werden beziehungsweise hinter uns gebracht sein. Eine Wirtschaftsrechnung gibt es jetzt schon bei 60 Prozent der Betriebe, bis 1990 sollen alle Betriebe umgestellt werden und diese Wirtschaftsrechnung durchführen. Dabei gibt es auch die Möglichkeit, daß ein Betrieb Konkurs macht. Es gibt eine unterschiedliche Startsituation der Betriebe. Einige haben die Modernisierung schon durchgeführt, einige stehen davor. Bisher wurden die Investitionen vom Staat zur Verfügung gestellt. Durch die neuen Wirtschaftsnormen sollen gleiche Bedingungen geschaffen werden. Es darf nicht Prinzip bleiben, wonach der Betrieb, der Gewinn macht, abliefern muß, und der Betrieb, der Verluste produziert, Subventionen bekommt. Die Nachteile liegen sonst beim Arbeiter selbst. Es gibt eine falsche Kritik an der Öffnung und Demokratisierung. Wir werden keine Kulturrevolution wie in China zulassen. Der Schriftsteller schreibt, und der Leser liest. In der Politik darf man kein Abenteurertum betreiben. Wir müssen mit dem Konservativismus kämpfen, aber wir werden keine Etappensprünge machen. Wir können aber auch keine Abenteurer brauchen.

Mitte des nächsten Jahres findet eine Parteikonferenz statt. Themen werden die Umgestaltung und die Demokratisierung der Gesellschaft sein. Dort werden wir Antwort auf die Fragen suchen, die es auch bei uns gibt. Es geht um die Demokratisierung der Partei, des Staates, der Gerichte. Das Ganze steht unter der Losung: Alle Macht den Sowjets. Es geht um reale Rechte bei den Neuwahlen des Systems. Wir werden den Prozeß der Umgestaltung noch weiter betreiben. Unsere Nachbarn sind dabei in keiner Weise bedroht.«

Bei meinem Besuch in der Sowjetunion ist mir nachdrücklich bewußt geworden, daß es dort zwei Techniken gibt. Es gibt eine hochentwickelte Militärtechnik, die beachtliche Leistungen erbringt. Das hat uns auch der Besuch im Weltraumzentrum gezeigt. Die Sowjets sind im bemannten Raumflug den Amerikanern weit voraus. Wir haben mit dem Leiter des Weltraumzentrums sowie mit einigen Kosmonauten gesprochen. Der eine war gerade zurückgekommen von einem 304 Tage dauernden Flug in einem Raumschiff. Sie koppeln an, sie koppeln ab, technische Vorgänge, die sie ohne weiteres beherrschen. Meine Frage:

»Halten Sie an der bemannten Raumfahrt fest, sehen Sie darin einen wissenschaftlich-technisch-ökonomischen Sinn?« Antwort des Direktors des Zentrums: »Wir halten daran fest. Wenn wir nicht daran festhielten, würde die Sowjetunion ihre große technische Leistungsfähigkeit auf vielen Gebieten verlieren. Bei uns ist ein Verzicht auf die bemannte Raumfahrt undenkbar und außerhalb jeder Erörterung.« Wahrscheinlich forschen und produzieren sie zu günstigeren Bedingungen als wir im Westen.

Ich habe mich so weit verstiegen zu sagen, daß die Sowjetunion ohne ihre Militärtechnik, ohne die Rote Armee ein Entwicklungsland wäre. Ich habe damit nicht viel Widerspruch gefunden. Die Militärtechnik ist hoch entwickelt, vielleicht etwas gröber, aber wer ihre Panzer, ihre Flugzeuge, ihre Raketen anschaut, muß zugeben, daß es sich militärtechnisch um eine gewaltige Leistung handelt. Der Problembereich ist die Ziviltechnik. Auf dieses Thema sprach ich mehrere unserer Gesprächspartner in Moskau an: »85 Prozent Ihrer Exporte in die Bundesrepublik Deutschland bestehen aus Erdgas und Erdölprodukten. Von den restlichen 15 Prozent wiederum sind die Hälfte Rohstoffe. Warum verkaufen Sie keine Fertigwaren, die auf unseren Märkten absetzbar sind? Sie verlangen von uns eine Steigerung des sowjetischen Imports, aber was können wir denn importieren? Erdgas, Erdöl, andere Rohmaterialien, Fertigwaren nur in ganz geringem Umfang. Wir sind kein Staatshandelsland. Wir können zwar Handelsverträge schließen, in dem Fall über die EG. Was aber wirklich gekauft wird, das entscheidet bei uns der Verbraucher, das entscheidet der Markt. Wenn Sie nicht in der Lage sind, Produkte herzustellen, die bei uns auf dem Markt absetzbar sind, dann ist an eine Steigerung des Exports oder an einen stärkeren Warenverkehr mit einer anderen Warenstruktur überhaupt nicht zu denken. Wir haben ein Verkaufssystem, wir haben aber kein Verteilungssystem. Das ist der große Unterschied.«

Eben deshalb, so die sowjetische Seite, müsse die wissenschaftlich-technische Zusammenarbeit so weit ausgebaut werden, daß die Sowjetunion in der Lage sei, auf westlichen Märkten absetzbare Güter herzustellen. Große Hoffnungen werden hier auf die Bundesrepublik gesetzt, nicht zuletzt hinsichtlich der Ausbildung qualifizierter Manager. Auch will man die militärische Technik mit der Ziviltechnik kombinieren. Vor allem auch die Militärs sind daran interessiert, daß die zivile Technik größere Fortschritte macht, weil das Nebeneinander der beiden Techniken finanziell nicht durchzuhalten ist und eine Verschleuderung von Ressourcen darstellt.

»Ich kämpfe an mehreren Fronten«, sagte Gorbatschow. »Ich kämpfe im Ausland für die Glaubwürdigkeit meiner Abrüstungspolitik. Ich kämpfe im Inland gegen die Konservativen und Reaktionäre, die keine Änderung wollen. Ich kämpfe gegen die Abenteurer, die Verrückten, die glauben, daß wir unser System aufgeben wollen.«

Ich konnte erwidern, daß ich dann meine Meinung über Perestroika und Glasnost nicht zu ändern brauchte. Ich hätte nie zu denen gehört, die glaubten, daß diese Begriffe mit westlichem Inhalt gefüllt seien. Perestroika und Glasnost sind, wie ich meine, Begriffe sowjetischer Diktion. Sie sollen endlich die Effizienz des Systems ermöglichen, die Leistungsfähigkeit der Menschen im Sozialismus entfesseln, die guten Seiten des Systems nach vorn kehren. Aber diese Begriffe beinhalten keine Änderung oder gar eine Abschüttelung des marxistisch-leninistischen Systems.

Wenn Gorbatschow das wollte und ernsthaft versuchen würde – er will es, wie gesagt, nicht –, dann wäre er nicht mehr lange an der Regierung und wahrscheinlich auch nicht mehr lange am Leben. Er machte allerdings eine Bemerkung, die man ernst nehmen oder nicht ernst nehmen kann, die man für Zufall, aber auch für Absicht halten kann. Er sagte: »Wenn wir die nächste Etappe hinter uns gebracht haben, dann werden wir sehen, was wir weiter tun können und tun müssen.«

Trotz der freundlichen Atmosphäre und bei aller Aufgeschlossenheit darf man sich nicht über die Härte Gorbatschows täuschen. Das ist kein Kompromißler, das ist kein Überläufer, das ist kein Verräter am System. Der möchte innerhalb des Systems mobilisieren, was zu mobilisieren ist. Was später wird, wird man sehen. Ich bin mir sicher, ohne Träumer zu sein: Er denkt an keinen Krieg mit dem Westen. Er weiß, daß ein Waffengang auch dem Osten furchtbare Verluste bringen würde, einen Rückschlag auf unabsehbare Zeiten.

Mit beifälligem Nicken wurde mein Wunsch aufgenommen, Gorbatschow möge, wenn es zu einem Besuch in der Bundesrepublik kommen sollte, auch einen Tag in München verbringen. Gorbatschow: »Ich war schon in Nürnberg. Das gehört doch zu Bayern. 1988 wird es aufwärts gehen. Der Austausch von Besuchen hat mit Ihrem Besuch begonnen. Es geht um praktische Politik für bessere Zusammenarbeit. Wenn mein Besuch stattfindet, dann wohl auch in Bayern.«

Die Sowjetunion sei kein russischer Bär mit Klauen, hatte Gorbatschow gesagt. Ich meinte dazu beim Abschied, daß auch die Bayern keine reißenden Löwen seien. Ich überreichte als Geschenk den größten Löwen, den es aus Nymphenburger Porzellan gibt. Wenn all das Wirklichkeit werde, was wir besprochen hätten, dann würden in Zukunft der russische Bär und der bayerische Löwe friedlich nebeneinander auf derselben Wiese äsen.

Ich bin in Moskau nicht der Versuchung erlegen, Standpunkte zu verwischen. Es gibt gravierende Unterschiede der Systeme, der Weltanschauungen, des Menschenbildes. Dennoch bin ich nach diesem Besuch von einem überzeugt: Gorbatschow und die neue politische Führung der Sowjetunion wollen keinen Krieg. Nach innen will man Reformen, aber keine grundsätzliche Änderung des Systems, und man will offenbar Konflikte abbauen. Es ist unsere Pflicht, auf diesem schwierigen Weg zu helfen, mit Augenmaß und Nüchternheit, ohne Illusionen und unter Anlegung der richtigen Maßstäbe. Wer mit westlichen Augen die neue Entwicklung in der Sowjetunion betrachtet und westliche Vorstellungen damit verbindet, wird enttäuscht werden.
Als Ergebnis meiner Moskauer Gespräche, vor allem meiner Unterredung mit Michail Gorbatschow, scheinen mir vier Schlußfolgerungen erlaubt:

Erstens: Die heutige Sowjetführung denkt an keine militärische Auseinandersetzung mit dem Westen.

Zweitens: Sie ist bereit, weitere Abkommen zu schließen, auch im Bereich der Kurzstreckenraketen und der konventionellen Streitkräfte, mit dem Ziel, ein Mindestmaß an Verteidigungsfähigkeit auf beiden Seiten zu gewährleisten, das aber weit unter dem für die Führung eines Angriffskrieges notwendigen Potential liegen soll.

Drittens: Gorbatschow will Reformen, die dem Lande nützen, glaubt aber, dies durchführen zu können, ohne das System aufgeben zu müssen. Meine Warnung, westliche Illusionen in die Begriffe Glasnost und Perestroika hineinzuzaubern, halte ich in vollem Umfange aufrecht.

Viertens: Die neue sowjetische Führung hat ein besonderes Interesse daran, auf wissenschaftlich-technischem, kulturell-künstlerischem und industriell-wirtschaftlichem Gebiet mit der Bundesrepublik Deutschland zusammenzuarbeiten. Wir haben Möglichkeiten und Grenzen dieser Zusammenarbeit in sorgfältig vorbereiteten, von Sachkunde und Ernsthaftigkeit getragenen Gesprächen ausgelotet.

Wenige Monate nach unserem Besuch hat Gorbatschow indirekt zugegeben, daß die Planungen der sowjetischen Militärs immer darauf gerichtet gewesen seien, daß die Sowjetunion stärker als jede denkbare gegnerische Koalition sein müsse. Das heißt nicht, daß sie unmittelbar den Krieg geplant hätten, sie haben aber eine absolute Sicherheit für sich verlangt, der gegenüber die Sicherheit aller anderen nicht nur relativ, sondern nahe Null war. Gorbatschow hat damit im Grunde bestätigt, was wir immer befürchtet hatten. Jetzt hoffen wir, daß es sich dabei um Vergangenheit handelt.

Gorbatschows Frage an seinen Generalstab, ob es politisch vernünftig und wirtschaftlich vertretbar sei, daß die Sowjetunion eine Politik betreibe, die sie stärker mache als jede denkbare gegnerische Koalition, zeigt, daß der Generalsekretär militärische Veränderungen und Gegebenheiten deutlicher sieht als seine Generalität. Die Sowjetunion kann nie so stark sein oder gar stärker werden als das Potential einer denkbaren gegnerischen Koalition, weil ein völlig neuer Faktor das Denken in herkömmlichen Schablonen beendet hat: die apokalyptische Zerstörungskraft der Atomwaffen.

In der Sowjetunion sind die Dinge im Umbruch. Was für die Vergangenheit galt, gilt nicht für Gorbatschow, nicht für die Gegenwart - und wie es in der Zukunft aussieht, steht wieder auf einem anderen Blatt. Dennoch lassen die verschiedenen Begriffsinhalte in West und Ost nach wie vor höchste Wachsamkeit geboten erscheinen. »Frieden« und das auf den ersten Blick gleichbedeutende russische »Mir« waren nie identisch, denn der Begriff »Mir« schloß praktisch die Vorstellung von der Weltherrschaft der Sowjetunion ein, die eines Tages, davon war man im Kreml siebzig Jahre lang überzeugt, kommen werde. Sicherheit in Europa sahen die Sowjets erst dann, wenn die Rote Armee am Atlantik und möglichst noch auf den britischen Inseln stand. Das war die strategische Zielsetzung des sowjetischen Imperialismus, der durch die »Verteidigung« Rußlands immer mächtiger wurde. Die gegenwärtige Intention zielt eher auf einen Abbau des militärischen Risikos. Dennoch erlaubt das militärische Potential nach wie vor alle Optionen, nicht nur eine wirksame Verteidigung. Das langfristige strategische Ziel wurde angeblich preisgegeben - diese Preisgabe ist aber noch nicht handgreiflich und unwiderruflich offiziell.

Weder abgrundtiefer Pessimismus noch überzogener Optimismus sind die richtigen Orientierungspunkte, die neue Entwicklung in der Sowjetunion zu beobachten. Realitätssinn, Gelassenheit und Wachsamkeit sind gefragt und gefordert.

Zu diesem Werk

Im Herbst 1987 hat Franz Josef Strauß die Arbeit am vorliegenden Werk aufgenommen und damit begonnen, seine Lebenserinnerungen auf Tonband zu sprechen. Am letzten Arbeitstag, dem 22. September 1988, nahm sich Strauß vor, beim nächsten Mal mit einer ausführlichen Darstellung der »Spiegel«-Krise vom Herbst 1962 fortzufahren. Am 3. Oktober 1988 starb Franz Josef Strauß.

Strauß hat in seinem Lebensbericht die chronologische Ordnung immer wieder durchbrochen. Einem Mann von seinem politischen Temperament konnte die bloße Schilderung der Abläufe nicht genügen. So erklärt es sich, daß einige Vorgänge aus der Zeit bis 1962 fragmentarisch behandelt wurden, der Autor andererseits aber politische Ereignisse, die ihn während der Arbeit an seinen Erinnerungen besonders bewegten, unter dem frischen Eindruck des Geschehens erzählte.

Beim Tode von Franz Josef Strauß lagen 1.200 Manuskriptseiten vor. Im Sommer 1988 hatte Strauß das bis dahin Geschriebene mit in die Ferien genommen, um daran zu arbeiten.

Der Stoff wurde chronologisch-systematisch in 26 Kapitel unterteilt, wobei gelegentliche Überschneidungen beseitigt wurden. Namen, Daten und Fakten sowie die von Strauß herangezogenen Zitate wurden überprüft, die Darstellung des Autors blieb davon unberührt. Die Möglichkeit, durch zusätzliches Material Lücken zu schließen, schied um der Authentizität des Werkes willen von vornherein aus.

Wolf Jobst Siedler — *September 1989*

Namenregister

Abbildungsnachweis

Archiv Franz Josef Strauß: 17 (3), 21 (3), 23 (1), 53 (3), 54 (1), 79, 91 (1), 147, 275, 390 (2), 518, 589 (1); Helmut Bloß: 628; CSU-Ortsverband Schongau: 73 (2), 77 (1), 91 (2); dpa: 98, 380 (1), 491, 493 (1), 541 (2), 542 (1), 589 (1), 617 (1), 628; Hubs Flöter: 391 (1), 393; Peter Hartmann: 193 (1); Jürgens Ost- und Europaphoto: 617 (1); Keystone Pressedienst: 337 (1), 356 (1), 405 (1), 463 (2); Herbert Kolfhaus: 608 (3); Stefan Moses: 135 (1); Nürnberger Nachrichten: 141 (1); Poly-Press: 183 (1); Presse- und Informationsamt der Bundesregierung: 77 (1), 405 (1); Winfried Rabanus: 183 (1), 380 (1); Sven Simon: 489 (1), 555 (1); Süddeutscher Verlag: 23 (1), 24 (2), 54 (1), 135 (1), 141 (1), 235 (1), 247, 257, 258 (1), 305, 306 (1), 321 (1), 337 (1), 355 (1), 356 (1), 373 (1), 379 (2), 390 (1), 391 (1), 405 (1), 437 (2), 464 (2), 471 (1), 489 (1), 493 (1), 542 (1), 555 (1), 556 (2), 617 (1); Ullstein Bilderdienst: 235 (1), 258 (1), 306 (1), 321 (1), 373 (1), 471 (1); Werek: 193 (1), 437 (1).